Acesse

www.moderna.com.br/ac/livro

e siga as instruções para ter acesso aos conteúdos exclusivos do

Livro Digital

CÓDIGO DE ACESSO:

A 00018 ICSSOCI5E U 71971

12104764 SOC INTODUCAO A CIENCIA ED5

04196

Faça apenas um cadastro. Ele será válido para:

MODERNA Richmond SANTILLANA ESPAÑOL

Cristina Costa

Professora titular de Comunicação e Cultura da Escola de Comunicações e Artes da Universidade de São Paulo. Bolsista de Produtividade em Pesquisa do CNPq. Presidente da Comissão de Pesquisa da ECA-USP. Coordenadora do Observatório de Comunicação, Liberdade de Expressão e Censura da USP. Docente responsável pelas disciplinas Mídia e Sociedade e Educação, Arte e Mídias na Escola de Comunicações e Artes da USP. Autora de livros como *Ficção, comunicação e mídias* e *Censura em cena*: teatro e censura no Brasil.

SOCIOLOGIA

Introdução à ciência da sociedade

5ª edição

MODERNA

MODERNA

Coordenação editorial: Fernando Carlo Vedovate
Edição de texto: Alice Kobayashi, Daniel Rodrigues Aurélio, Izabel Perez, Maria Carolina Aguilera Maccagnini, Tatiana Pavanelli Valsi
Gerência de *design* e produção gráfica: Sandra Botelho de Carvalho Homma
Coordenação de produção: Everson de Paula
Suporte administrativo editorial: Maria de Lourdes Rodrigues (coord.)
Coordenação de *design* e projetos visuais: Marta Cerqueira Leite
Projeto gráfico: Patricia Malizia
Capa: Patricia Malizia
Foto: Instalação com imagens de imigrantes no Arsenal da Esperança para a 14ª Festa do Imigrante, em 2009, promovida pelo Museu da Imigração em São Paulo (SP).
© Rita Barreto
Coordenação de arte: Wilson Gazzoni Agostinho
Edição de arte: Jordana de Lima Chaves
Editoração eletrônica: Setup Bureau Editoração Eletrônica
Coordenação de revisão: Elaine C. del Nero
Revisão: Barbara Arruda, Cárita Negromonte, Denise Ceron, Nancy H. Dias, Salete Brentan, Solange Martins, Tatiana Malheiro, Viviane T. Mendes, Willians Callazans
Coordenação de pesquisa iconográfica: Luciano Baneza Gabarron
Pesquisa iconográfica: Aline Chiarelli, Camila D'Angelo, Camila Lago, Camila Soufer, Carol Böck, Vanessa Manna, Odete Ernestina Pereira
Coordenação de *bureau*: Américo Jesus
Tratamento de imagens: Denise Feitoza Maciel, Marina M. Buzzinaro, Rubens M. Rodrigues
Pré-impressão: Alexandre Petreca, Everton L. de Oliveira, Fabio N. Precendo, Hélio P. de Souza Filho, Marcio H. Kamoto, Vitória Sousa
Coordenação de produção industrial: Luiz Carlos Peroni
Impressão e acabamento: Coan Indústria Gráfica Ltda.
Lote: 251330 / 251331

Dados Internacionais de Catalogação na Publicação (CIP)
(Câmara Brasileira do Livro, SP, Brasil)

Costa, Cristina

Sociologia : introdução à ciência da sociedade / Cristina Costa. – 5. ed. – São Paulo : Moderna, 2016.

Bibliografia.

1. Sociologia I. título

16-05169 CDD-301

Índice para catálogo sistemático:
1. Sociologia 301

ISBN 978-85-16-10476-4 (LA)
ISBN 978-85-16-10477-1 (LP)

EDITORA MODERNA LTDA.
Rua Padre Adelino, 758 – Belenzinho
São Paulo – SP – Brasil – CEP 03303-904
Vendas e Atendimento: Tel. (0_ _11) 2602-5510
Fax (0_ _11) 2790-1501
www.moderna.com.br
2018
Impresso no Brasil

1 3 5 7 9 10 8 6 4 2

Apresentação

Vivemos um momento histórico inquietante, em que novos paradigmas de vida se instalam na sociedade, abalando certezas e exigindo reflexão e posicionamento na sociedade. Essa transformação social é encarada com estranhamento, curiosidade e, também, como desafio. Globalização, novas estruturas produtivas e revolução tecnológica modificam a forma como nos vemos e como nos relacionamos com os outros e com a realidade que nos cerca.

É nesse cenário que a Sociologia se torna cada vez mais importante e necessária. Nascida das consequências das transformações ocorridas na sociedade durante a Revolução Industrial a partir do século XVIII, essa ciência procura explicar as dificuldades e as possibilidades da vida humana em sociedade. Mas, como as demais ciências, a própria Sociologia tem se modificado ao longo dos séculos, explicando as especificidades do mundo contemporâneo. Para nos situarmos na atualidade, refletirmos sobre ela e agirmos de forma consciente e responsável, ela oferece conceitos, discussões e perspectivas que nos orientam e esclarecem.

Neste livro, oferecemos uma breve introdução aos estudos das diversas escolas do pensamento sociológico, desde sua origem até o presente, explicitando as discussões que se desenvolveram entre os diferentes teóricos e buscando iluminar as questões e os problemas sociais da atualidade. Além do estudo da Sociologia clássica, mostramos também como essa ciência se desenvolveu no Brasil e os problemas nacionais sobre os quais se debruçaram importantes pensadores da vida social.

Além das abordagens histórica e teórica que permitem entender a especificidade dessa ciência, examinamos as principais questões que têm ocupado a reflexão dos sociólogos contemporâneos. Cultura, identidade, consumo, comunicação em rede e revolução tecnológica são temas aos quais os sociólogos têm se dedicado e que chegam a alunos, professores e pesquisadores em geral como fenômenos que definem a atualidade e são sentidos e vivenciados por todos no cotidiano.

Da abstração teórica a fatos da vida cotidiana, busca-se apresentar aos alunos o campo das Ciências Sociais, assim como auxiliá-los na compreensão de sua vida e dos problemas que enfrentam. Temos como objetivo, portanto, a informação atualizada e significativa, o desenvolvimento pessoal dos alunos, o incentivo à participação social consciente e cidadã deles, além da preocupação em fazer da educação um processo agradável e estimulante.

Enfim, este livro se propõe a estabelecer com você, aluno, professor ou leitor interessado nos temas sociológicos, um diálogo proveitoso a respeito dos principais temas sociais do presente, orientando-o a compreender, refletir e se posicionar diante das questões do mundo atual. Se você se reconhecer nas páginas deste livro e nele vislumbrar respostas a seus questionamentos, o objetivo primordial de nossa proposta terá sido atingido.

A autora

Conheça seu livro

Abertura de unidade

Cada uma das seis aberturas de unidade apresenta um sumário com o título dos capítulos e um texto introdutório que trata dos principais conteúdos a serem estudados na unidade.

Abertura de capítulo

O início de todo capítulo apresenta imagens que ilustram os conceitos tratados no capítulo e seus objetivos, além de motivar os alunos a conhecer o tema abordado por meio da subseção *Para refletir*.

Autores

Ao longo de cada capítulo, os principais autores citados são destacados em um boxe com informações sobre a área de pesquisa de cada um deles e suas obras principais.

Pingos nos "is"

Essa seção apresenta esclarecimentos da autora sobre a atualidade dos conceitos tratados no capítulo.

Termos e conceitos

Essa seção, que aparece ao longo de cada capítulo, apresenta explicações sobre palavras, termos, eventos históricos e conceitos importantes para as Ciências Sociais.

Sociologia na mídia

Nessa seção, é apresentada uma entrevista, reportagem ou notícia que envolva um dos temas sociológicos trabalhados ao longo do capítulo e que contribui para a relação entre teoria e realidade.

Atividades

Com base em notícias, trechos de livros, poemas, charges e obras de arte, a seção apresenta atividades de sistematização e ampliação com o intuito de revisar o conteúdo.

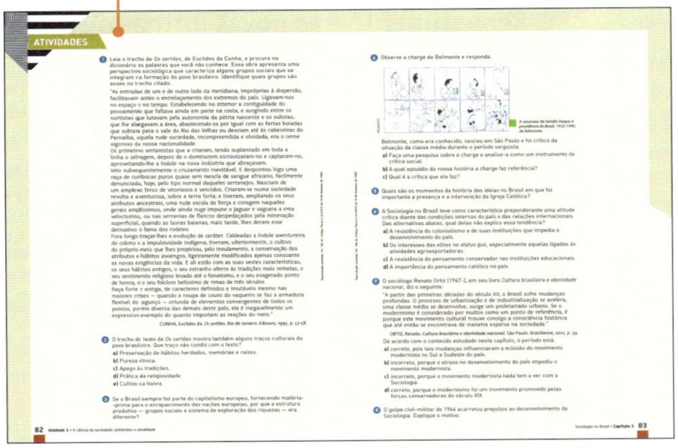

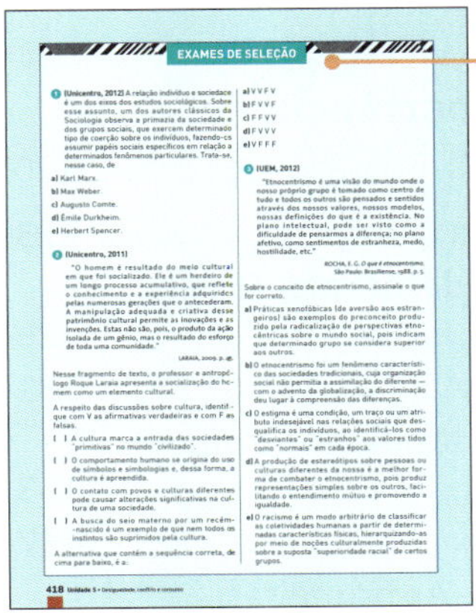

Exames de seleção

Para os alunos se familiarizarem com as questões de vestibular, essa seção apresenta testes aplicados no Enem ou no processo seletivo de diversas universidades do país.

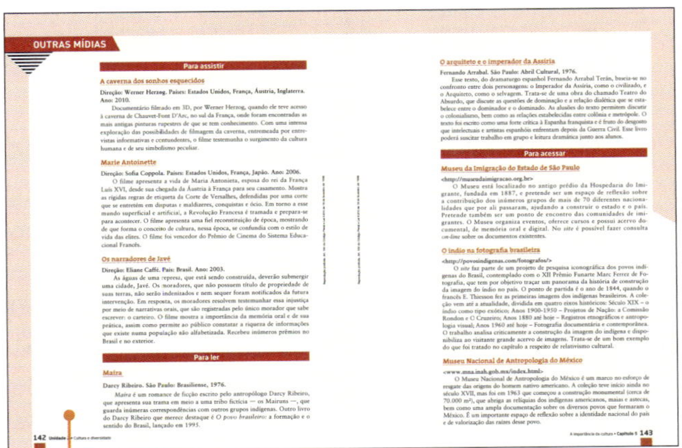

Obra de arte

Essa seção, presente no fim de cada unidade, contribui para ampliar a abordagem dos conteúdos tratados em cada unidade por meio de obra de arte e atividades de reflexão.

Outras mídias

Apresenta sugestões de filmes, livros e *sites* que trazem novas informações sobre os conteúdos trabalhados no capítulo.

Sumário

Sumário

Unidade 1

A ciência da sociedade: primórdios e atualidade

Capítulos

Esta unidade mostra a importância do surgimento da Sociologia propiciada pela mudança no modo de explicar a realidade e a vida apenas por meio de fundamentos religiosos. Apresenta as transformações na visão de mundo do Ocidente, que tiveram início com os gregos e se aprofundaram no Renascimento e no Iluminismo, por meio das Grandes Navegações, da ampliação do comércio e do desenvolvimento urbano.

Nesse processo, o racionalismo venceu a visão mítica do mundo e a ciência se desenvolveu. Novos campos de estudo se estabeleceram, como as Ciências Humanas e, dentro delas, a Sociologia. A unidade traz ao leitor as principais escolas do pensamento sociológico, detendo-se no legado de seus fundadores, suas teorias, e apresenta os principais conceitos sobre a sociedade e os indivíduos. Finalmente, aborda o desenvolvimento da Sociologia no Brasil e expõe suas principais preocupações na atualidade.

Empresa utiliza tanto mão de obra humana quanto o trabalho de robôs humanoides em Tóquio (Japão, 2015).

ISSEI KATO/REUTERS/LATINSTOCK

THE GRANGER COLLECTION/DIOMEDIA

Espaço para confecção de máquinas na fábrica de maquinário e ferramentas Hartmann, no estado da Saxônia, na Alemanha, por volta de 1860.

Capítulo

1 Descobrindo a sociedade

Objetivos

- Refletir sobre a vida em sociedade com base em uma tirinha do personagem Charlie Brown.
- Entender o desenvolvimento da ciência e da Sociologia como processo histórico e social.
- Entender o papel do capitalismo nas mudanças radicais da sociedade pelo Renascimento.
- Compreender o processo de emancipação do indivíduo com a substituição do pensamento religioso pelo pensamento científico.
- Conhecer e reconhecer as utopias como exercícios de construção de uma sociedade ideal.
- Entender o surgimento da teoria política moderna por meio da obra *O príncipe*, escrita por Nicolau Maquiavel em 1513.
- Compreender o Iluminismo e o desenvolvimento da ciência.

Este capítulo vai mostrar como a Sociologia resultou de um movimento de ideias que teve início com os gregos antigos e foi retomado no Renascimento. Grandes mudanças na sociedade ocidental — desenvolvimento do capitalismo, do colonialismo, das ciências e da tecnologia — levaram os pensadores a se afastar da visão religiosa do mundo da época e a analisar crítica e objetivamente a vida social. No século XIX, Auguste Comte (1798-1857) deu o nome de Sociologia à nova área do saber, que teve precursores como Montesquieu (1689-1755), Thomas Hobbes (1588--1679), entre outros.

PEU ROBLES/FOLHAPRESS

O Projeto Horta Urbana, realizado em 2012, na praça do Ciclista, na cidade de São Paulo (SP) é um exemplo de mutirão para melhor utilização dos espaços públicos.

LUCIANA WHITAKER/PULSAR IMAGENS

Em geral, as pessoas que vão aos supermercados não se conhecem, mas interagem e atuam em conjunto. Isso mostra de que forma os hábitos, costumes e regras são passados constantemente de uma pessoa a outra de maneira que os comportamentos sejam regulados. Supermercado no Rio de Janeiro (RJ, 2014).

As manifestações realizadas em junho de 2013 contra o aumento da tarifa de ônibus na capital do estado do Rio de Janeiro podem ser exemplos de conflitos urbanos, dependendo do impacto que causam na sociedade civil.

FABIO TEIXEIRA/UOL/FOLHAPRESS

BIBLIOTECA PÚBLICA DE NOVA GALES DO SUL, SYDNEY

Mapa do mundo criado por Hendrick Hondius, em 1630.

Time de futebol celebra vitória com os torcedores na Alemanha, em 2015.

MATTHIAS HANGST/BONGARTS/GETTY IMAGES

Para refletir

1. Vamos conversar um pouco: já pensou como e por que você está na escola estudando? Foi uma decisão sua ou há mais pessoas envolvidas?
2. Já ocorreu de você estar em um ambiente com pessoas que pouco conhece e se sentir inseguro quanto a como se comportar?
3. Mesmo em um ambiente público e impessoal, você já notou como as pessoas se observam e tentam moldar o próprio comportamento pelo dos outros?
4. Em uma fila para comprar um produto, um rapaz tenta "furar a fila". Imediatamente as demais pessoas reclamam e exigem que ele volte ao seu lugar. Embora nenhuma lei esteja escrita a esse respeito, todos respeitam esse princípio e ninguém defende o rapaz "furão". As pessoas da fila olham umas para as outras, dão risadinhas, há certa cumplicidade entre elas contra o intruso. Você já observou uma cena como essa? Poderia relatar aos colegas?

Peanuts, cuja tradução para o português é amendoim, é o título de uma série de tirinhas criada pelo cartunista norte-americano Charles M. Schulz (1922-2000), publicada de 1950 a 2000. No Brasil, com o título de *Minduim*, as aventuras do protagonista Charlie Brown e sua turma fizeram grande sucesso, especialmente um esperto cachorro da raça *beagle*, conhecido como Snoopy.

Nos quadrinhos, Charlie Brown é um garoto de cerca de oito anos, tímido, romântico e determinado, que se empenha em fazer as coisas certas, mas acaba sempre falhando em suas ações. Entretanto, isso não o impede de continuar tentando, com a esperança de acertar, de ser correspondido em seus sentimentos, de compreender os outros e ser por eles compreendido. Isso o faz um personagem simpático, com quem facilmente nos identificamos.

Pois bem, começaremos a apresentação deste livro com uma tirinha de *Minduim*, que nos ajudará a caracterizar a Sociologia e o pensamento sociológico.

Na história acima, Charlie Brown joga *baseball* com sua turma quando uma bola passa à sua frente sem que ele tenha tempo ou iniciativa de rebatê-la. Os amigos do time ficam decepcionados e bravos com a falta de ação dele e expressam claramente descontentamento. Decepcionado, ele vai para casa e diz: "O meu time não é do tipo que deixa passar esse tipo de coisa". Enquanto troca de roupa para dormir, ele fala: "Eles vão ficar me lembrando disso", e completa: "Dia e noite!". No último quadro, na beirada da cama de Charlie Brown, aparece Snoopy, com o boné do time, olhando desconsolado para ele.

Nesse exemplo, percebemos que os amigos de Charlie Brown o repreendem quando ele desaponta as expectativas do time em relação ao seu desempenho no jogo. A reação deles é de crítica, com a qual procurarão modificar o comportamento de Charlie Brown, tornando-o mais ativo e atento. Os comentários dos amigos logo se transformam em pressão, uma força que moverá Charlie Brown nos próximos jogos, semelhante àquela que caracteriza as **forças sociais** que orientam, moldam e influenciam o comportamento de cada um de nós.

Termos e conceitos

Forças sociais: pressões que influenciam o comportamento de um agente quando ele atua em sociedade. Podem ter por origem as tradições, os costumes, os conflitos ou os interesses dos grupos com os quais interagimos. Inúmeros sociólogos procuraram definir essas forças que pautam nosso comportamento quando interagimos com indivíduos ou grupos. Émile Durkheim, por exemplo, considerava que as forças sociais existiam exteriormente aos indivíduos, exercendo pressão sobre eles. Max Weber pensava nas forças sociais como motivações internas que se manifestam na relação que estabelecemos com os outros. Os marxistas, por sua vez, consideram que as forças sociais têm sua origem, principalmente, nas relações produtivas. Podemos considerar, portanto, que as forças sociais mobilizam nosso comportamento desses dois pontos de vista: externamente e internamente à nossa consciência.

Estamos constantemente procurando orientar nossas ações em função dos diversos grupos sociais com os quais convivemos — a família, os amigos, os vizinhos, os colegas, as autoridades de nossa cidade, estado e país, e até pessoas que nem sequer conhecemos, mas de cuja opinião ou expectativas tomamos conhecimento pelos meios de comunicação. Desde muito cedo, aprendemos que existe o *nós* e os *outros*, com quem convivemos, dos quais dependemos, e isso faz a nossa vida estar intimamente relacionada à dos outros. Assim, percebemos a pressão que as *forças sociais* exercem sobre nós, a ponto de fazer que nos sejam introjetados os anseios, as regras, as críticas e as expectativas desses outros com os quais convivemos. Exatamente como fez Charlie Brown, que, no percurso de volta para casa, continuou pensando em seus amigos e nas decepções deles com sua jogada.

A história que narra a preocupação de Charlie Brown com seu time demonstra que temos realmente consciência de nós mesmos e desses "outros" com os quais mantemos relações de interdependência, dos quais receberemos punições e recompensas, a depender da maneira como agimos e de como essa ação repercute sobre eles.

Quando agimos, sabemos que nossa ação depende de uma porção de circunstâncias que não podemos controlar. Depende, como no exemplo do jogo, do time adversário, das condições do jogo, da torcida e também da pressão que as expectativas dos "outros" exerce sobre nós. A esse conjunto de condições ou *variáveis*, chamamos de **contexto social**. De forma bastante objetiva e, muitas vezes, independentemente de nossa vontade, o contexto social interfere nos resultados de nossa ação, mesmo que tenhamos plena consciência dele e, sobretudo, de saber que somos parte desse contexto.

Termos e conceitos

Contexto social: conjunto de circunstâncias sociais em que ocorre determinado evento, influenciando-o. Refere-se ao tempo e ao espaço em que tal evento se situa, pensando nas inter-relações entre agentes, instituições, organizações, ambiente físico e humano, tendências e ideologias. Pressupõe as heranças do passado e as intenções dos agentes em relação ao futuro da sociedade.

A percepção de que podemos interferir nos acontecimentos fica clara nas manifestações das torcidas de futebol que acompanham os seus times. Antes, durante ou após o jogo, os torcedores, com seus gritos, cantos ou palavras de ordem, tentam influenciar o time para que ele lute mais em campo, ou para dar confiança aos jogadores no jogo que se aproxima, ou para pressioná-los quando jogam mal. Time da Eslováquia comemora vitória sobre a Rússia em jogo (França, 2015).

Quando a sociedade parecia regida pelos deuses

BIBLIOTECA NACIONAL DA FRANÇA, PARIS

Iluminura do século XIV.

Essa iluminura, que representa o início da viagem de Marco Polo à desconhecida Ásia, no século XIII, partindo da sua cidade natal Veneza, na Itália, nos remete à curiosidade despertada pela descoberta de novos povos e culturas entre os séculos XV e XIX. A Sociologia também se originou dessa curiosidade em relação à vida humana em sociedade. Assim, podemos dizer que o conhecimento, guiado pela curiosidade, é também uma viagem. Ela começa neste capítulo.

Embora, desde os primórdios da humanidade, as forças sociais tenham agido sobre o comportamento humano, nem sempre tivemos consciência da maneira pelas quais elas se constituem e atuam sobre nós. Como nas demais ciências, as explicações sobre a sociedade e o modo como convivemos com ela foram regidas por crenças de base religiosa ou mítica. Como explica o sociólogo Norbert Elias (1897-1990), autor de *O processo civilizador*, obra publicada em dois volumes no ano de 1939, as ciências se constituem à medida que as crenças adotadas se tornam incapazes de resolver nossos problemas. Diz ele:

MARIE-LAN NGUYEN/WIKIMEDIA COMMONS - MUSEU DO LOUVRE, PARIS

Detalhe da representação da deusa Selene (lua), feita em mármore no século II. Na mitologia grega, Selene era identificada com a lua. Mais tarde, Ártemis foi considerada a deusa lunar. A elas os antigos atribuíam a causa de vários fenômenos da natureza, como as marés. Era de forma mítica que os povos antigos interpretavam a natureza.

> "Numa certa ocasião pensou-se que a lua era uma deusa. Hoje temos uma ideia mais adequada, mais realista da lua. Amanhã poder-se-á descobrir que há ainda elementos fantasiosos na ideia que hoje temos da lua, podendo as pessoas chegar a uma concepção deste planeta, do sistema solar e de todo o universo, mais aproximada da realidade do que aquela que atualmente temos."

ELIAS, Norbert. *Introdução à sociologia*. Lisboa: Edições 70, 2011. p. 24.

Relacionar as forças da natureza com as ideias religiosas e vê-las como deusas ou deuses não foi suficiente para responder às perguntas importantes sobre a vida ou para resolver os problemas concretos que as sociedades enfrentavam no dia a dia. Diante de questões como essas, era preciso estudar a natureza e a vida de forma objetiva para obter respostas humanas sobre os problemas humanos. Assim se desenvolveu o pensamento científico, que, ao longo dos séculos, tentou substituir todas as explicações religiosas.

O mesmo ocorreu com as Ciências Humanas. As explicações puramente filosóficas ou religiosas mostraram-se inadequadas para atender certas necessidades de ação sobre o homem e sobre a sociedade. Vimo-nos obrigados a, por meio de métodos mais adequados, desenvolver o pensamento científico sobre a sociedade. Foi assim que surgiu a Sociologia — o pensamento científico sobre o modo como o "eu" e os "outros" interagem, interferindo em nossa maneira de pensar e em nosso comportamento, permitindo diagnosticar situações, descrever tendências, prever atitudes e superar obstáculos.

Embora tenhamos, desde muito cedo, adquirido consciência de nossa vida em sociedade, foi bem mais tarde que os problemas e conflitos sociais nos obrigaram a pensar a sociedade de forma sistemática e objetiva, fazendo nascer a Sociologia. Este livro trata do período entre as primeiras tentativas de explicação das forças sociais e de nossa vida como coletividade até os tempos atuais. Vamos mostrar como esse conhecimento se desenvolveu em diferentes direções, considerando as diversas instâncias que envolvem essa relação entre o "eu" e os "outros". Veremos que o desenvolvimento das diferentes teorias e conceitos dependeu também, como na tira de Charlie Brown, de várias circunstâncias sociais e históricas, cada qual contribuindo para o conhecimento que se adquiriu sobre a sociedade. Analisaremos como é importante conhecer essa realidade social que nos cerca e da qual fazemos parte para entender que a forma como nos comportamos socialmente não depende apenas de nossa disposição e competência, mas também da forma como interagimos e enfrentamos a sociedade. Essa é a intenção dessa apresentação da Sociologia aos nossos leitores.

Os gregos e as origens do pensamento científico

Os gregos antigos, habitantes de uma península que se abria para o Oriente, foram um povo original — comerciantes, navegadores e viajantes que aprenderam a conviver com diferentes povos e culturas, dos quais receberam inúmeras influências e conhecimentos. Além disso, desenvolveram o apreço pela reflexão, dedicando-se à Filosofia, o que permitiu criar a mais complexa e criativa mitologia da Antiguidade. Tinham um estilo de vida urbano e um agudo apreço pela vida pública. Os gregos não formaram impérios como os egípcios e os mesopotâmios, mas desenvolveram uma cultura diversificada, cuja principal unidade eram as cidades-Estado. Cidades como Atenas, Esparta, Tebas e Corinto, entre outras, eram independentes entre si e cada qual criou as suas leis, a sua organização sociopolítica e as suas tradições. Entretanto, compartilhavam a mesma língua, mitologia e tradições, denominada helenística. Essa cultura, posteriormente, foi apropriada pelo Império Romano, que a difundiu pela Europa e pelo Oriente.

O crescimento econômico das cidades gregas, promovido pela expansão comercial e colonial, com base no trabalho escravo, permitiu o surgimento de uma elite livre das tarefas do trabalho, com tempo e recursos para o exercício e a intensa prática da reflexão sobre a própria cultura e daquelas advindas dos povos com quem conviviam e comerciavam. Isso lhes permitiu desenvolver as Artes, a Filosofia e o pensamento racional. Foram capazes, então, de organizar sistematicamente diferentes áreas do conhecimento, como a Geometria, a Filosofia e a Política. Deram grande importância ao espírito público e à participação política, sendo responsáveis pela criação de um regime político único, com base na participação de parte dos cidadãos na vida pública: a democracia.

Audiovisual
A República de Platão

Assim, embora os egípcios tenham desenvolvido importantes sistemas de medição da terra, foram os gregos que, a partir desse conhecimento, sistematizaram os princípios da Geometria. Essa e outras conquistas do povo grego fizeram com que o período entre os séculos VII e IV a.C. fosse de florescimento cultural, artístico e filosófico, entrando para a história do conhecimento como "**milagre grego**".

O pensamento científico não se desenvolveu entre os gregos antigos, como viria a se realizar na Europa, séculos mais tarde. Isso porque o conhecimento helênico estava ainda imerso na mitologia, e as teorias ainda sofriam a influência de uma concepção **metafísica** da realidade. Por isso, apesar de um interesse todo particular pela política e pela vida em sociedade, o pensamento racional grego em torno da sociedade não ultrapassava o campo da Filosofia. Um exemplo dessa visão **mítica** da sociedade humana pode ser encontrado em **Platão**, quando ele explica como os deuses distribuíram funções e finalidades às coisas, afirmando que os deuses fizeram isso "tal como o piloto que, do alto da popa, governa seu navio... dedicando-se a conduzir as almas pela persuasão, como um leme, segundo seu próprio desejo". (PLATÃO. *Timeu e Crítias ou A Atlântida*. São Paulo: Hemus, 1981. p. 109.)

Entretanto, foi essa herança de um pensamento filosófico capaz de conceber a vida pública e a importante ação do homem sobre a coletividade que, resgatado na Europa a partir do século XV, lançou as bases do que viria a ser o pensamento sociológico.

Platão (428/427-348/347 a.C.)

Filósofo ateniense do período clássico, dedicou-se, além da Filosofia, à Matemática, à Ciência Política e à Música. Escreveu sob a forma de diálogo alguns dos mais importantes textos da Filosofia ocidental. Foi um dos fundadores da primeira Academia do Ocidente.

ERICH LESSING/ALBUM/LATINSTOCK - MUSEU DO LOUVRE, PARIS

Herança grega: entre mitos, lendas e utopias

Da herança grega resgatada pelo Renascimento cultural e artístico está a concepção platônica de que o universo, criado pelos deuses, era perfeito, uma espécie de paraíso. Tal perfeição, porém, teria sido violada pela ação dos homens. Esse pressuposto fez os pensadores gregos indagarem incessantemente sobre as limitações humanas — como superá-las e como intervir no mundo —, para resgatar as perdidas ordem e harmonia supostamente originais.

A lenda da existência de Atlântida foi outro mito que instigou os helênicos a pensar objetivamente a respeito das dificuldades humanas. Atlântida teria sido uma imensa ilha onde viveram os atlantes, uma raça de gigantes que construiu uma sociedade perfeita e próspera, que, por razões não muito precisas, teria submergido na região onde hoje fica o mar do Caribe. Ao pressentir o fim de sua sociedade, os atlantes teriam migrado para a região na qual se localiza o continente da África, dando origem ao povo egípcio.

Muito se tem estudado, da Antiguidade até os tempos contemporâneos, sobre a Atlântida sem, entretanto, chegar à comprovação científica de sua existência, tornando o mito descrito por Platão uma *utopia* — ou seja, um exercício da imaginação, que tem por objetivo idealizar uma sociedade perfeita, cuja descrição expõe e critica a sociedade na qual vivemos.

Termos e conceitos

Milagre grego: termo que designa o desenvolvimento da Ciência e da Filosofia entre os povos helenos (habitantes da península balcânica), com base em uma matriz mais racionalista do que mítica, a qual teria dado origem ao pensamento científico ocidental. Historiadores e antropólogos questionam essa dicotomia entre mito e ciência, mas de qualquer forma, através desse termo, o pensamento grego dessa época foi reverenciado pelos povos que, posteriormente, se consideraram herdeiros dessa tradição.

Metafísica: área da Filosofia que estuda a essência do mundo. Destina-se a responder a questões sobre o que é natural, real, sobrenatural. O ramo central dessa área é a ontologia, que investiga em quais categorias as coisas estão no mundo e que relação elas têm entre si. A metafísica também tenta esclarecer as noções de como as pessoas entendem o mundo, incluindo a existência e a natureza do relacionamento entre objetos e suas propriedades, espaço, tempo, causalidade e possibilidade.

Mítica (de mito): nome que se dá às narrativas de caráter simbólico que, em dada cultura, procuram relatar a origem de um povo e/ou da humanidade e explicar determinada ordem de coisas. Muitos mitos alicerçam as crenças religiosas de um grupo, fornecendo explicações metafísicas sobre a vida e a morte. Mítico ou mítica é o adjetivo de tudo aquilo que se origina do mito.

A utopia se torna um exercício de narrativa literária e de **imaginação sociológica**, pensada como a capacidade de estabelecer relações entre a vida cotidiana e o contexto social. Com base nessas análises, que envolviam a crítica de seu tempo e das instituições sociais vigentes, os autores de narrativas utópicas esforçam-se para conceber uma sociedade diferente daquela em que vivem, criticando seus erros e propondo soluções ideais para os problemas existentes.

Termos e conceitos

Imaginação sociológica: capacidade de o pensador estabelecer conexões entre fatos cotidianos, comportamento individual e vida social, elaborando explicações de natureza sociológica para essas conexões. Quem difundiu o termo e o problematizou com maior vigor e detalhamento foi o sociólogo estadunidense Charles Wright Mills (1916-1962).

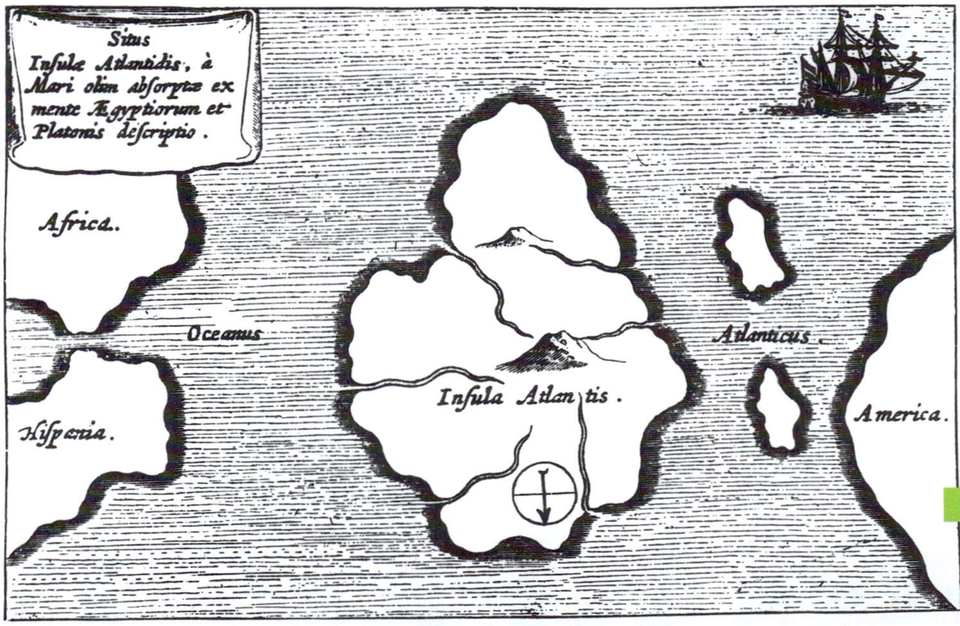

DE AGOSTINI PICTURE LIBRARY/GETTY IMAGES

Mapa que tenta localizar Atlântida com base nos relatos que a descrevem, especialmente no livro *Timeu e Crítias ou A Atlântida*, de Platão, feito pelo alemão Athanasius Kircher em 1665.

O Renascimento e as novas formas de pensar a sociedade

O Renascimento é o período da história da Europa que se inicia por volta do século XIV, quando, depois de quase mil anos de feudalismo — sociedade marcada pela propriedade rural, produção agrária e servidão, assim como pelo domínio da Igreja Católica —, desenvolve-se um novo modo de vida social com base no comércio, na vida urbana e no poder laico. O controle das pestes que assolaram a Europa na Idade Média, a invenção do arado, entre outros instrumentos agrários, as Cruzadas e a descoberta de rotas comerciais com o Oriente permitiram a ascensão da burguesia, uma nova classe social que se desloca do meio agrário e passa a se dedicar ao comércio. Aos poucos, essa atividade, inicialmente subsidiária, ganha impulso e, sediada nas cidades, promove o Renascimento comercial e urbano. As navegações marítimas se intensificam e o colonialismo se expande por outros continentes, formando-se os Estados Nacionais, como Portugal e Espanha. O comércio se expande e o lucro que ele possibilita se torna, cada vez mais, o principal objetivo das atividades econômicas. Essas condições são elementos de um sistema econômico renovado, o capitalismo, alicerçado na propriedade privada e no trabalho assalariado: inicialmente por meio do comércio, depois, por meio da indústria.

Para que esse novo sistema tivesse pleno desenvolvimento, era preciso transformar a sociedade europeia, ainda presa aos princípios feudais, promovendo uma cultura voltada à prosperidade material, à felicidade terrena e à vida pública, princípios que regiam algumas das sociedades da Antiguidade. Por isso, os pensadores renascentistas buscaram no passado as suas fontes de inspiração para a nova cultura, especialmente na cultura antiga e na herança greco-romana.

Nessa cultura antiga, seriam encontrados os elementos contrários à cultura medieval — calcada na religião e numa mentalidade conservadora do ponto de vista moral e social, a qual dividia os seres humanos em linhagens, regiões, dinastias e relações servis. Isso explica por que esse período foi chamado de Renascimento pelos historiadores, pois promoveu o renascer do comércio, da vida na *polis* e das tradições laicas da Antiguidade clássica.

MUSEU CONDÉ, CHANTILLY

KURWENAL/PRISMA/ALBUM/LATINSTOCK - MUSEU CIVICO, BOLONHA

Durante o Renascimento, era evidente o contraste entre a sociedade feudal e aquela que se dedicava ao capitalismo comercial, principalmente nas cidades. No capitalismo pretendia-se expandir os horizontes, não só pela exploração do espaço por meio de navegações, como também na compreensão da vida social e de como vivê-la e desfrutá-la, enquanto as sociedades feudais ficavam, em geral, confinadas atrás dos muros das fortalezas, com a manutenção de uma ordem que se pretendia imutável. Na imagem à esquerda, iluminura feita entre 1411 e 1416 que mostra a vida feudal. À direita, representação feita em 1470 de comércio realizado no Mercado de Ravenna em Bolonha, na Itália.

Entre as tradições clássicas que encontraram eco no Renascimento está a utopia como gênero literário, por meio do qual os escritores buscavam exercitar a crítica social e desenvolver a prática do planejamento da vida em sociedade. Também passava a ser importante para o pensador renascentista o espírito científico, ou seja, a capacidade, com base no retorno aos fundamentos de observação e reflexão dos gregos, que permite especular a respeito da realidade que nos cerca com curiosidade, sistematização e metodologia, de modo a buscar um conhecimento mais apropriado para a ação objetiva sobre a natureza.

Nesse período, Portugal havia melhorado a arte da navegação com a invenção das caravelas, impulsionada pela introdução de novos equipamentos marítimos vindos da China, como a bússola, a quilha móvel e o leme, dando início às Grandes Navegações. Com elas, os europeus entraram em contato com um mundo desconhecido, tanto pelo comércio como pela colonização. Essa expansão de horizontes permitiu que a Europa renascentista conhecesse um importante desenvolvimento técnico e científico. O contato com outros povos e civilizações possibilitou ao europeu um senso crítico mais afinado, que lhe permitiu fazer comparações entre sua sociedade e as que veio a conhecer.

Ao exercitar a imaginação sociológica, os pensadores renascentistas dedicaram-se a analisar criticamente a própria sociedade, estimulados pela idealização que muitas vezes faziam dos mundos que descobriam, chegando até mesmo, alguns deles, a acreditar que encontrariam o paraíso nas novas terras, alimentando, assim, o pensamento utópico. De qualquer forma, o intercâmbio com outras culturas forçou o europeu a analisar, comparar e refletir sobre a própria cultura e também sobre a cultura dos outros povos com os quais passava a conviver.

As expedições marítimas e o conhecimento de novas terras e de novas culturas fizeram surgir uma visão da vida social mais dinâmica e em permanente construção, diferente das concepções mítico-religiosas que predominavam na Idade Média europeia. As famosas aventuras de Marco Polo, o veneziano que retornou de uma viagem de vinte quatro anos pelo Oriente (1271-1295), na qual alcançou a China, é exemplo desse alargamento de visão de mundo do europeu dessa época. A curiosidade que esses relatos de viagem despertavam alimentou o interesse desses indivíduos que passaram a ter consciência da pluralidade das culturas existentes no mundo. *O livro das maravilhas*, também conhecido como *A descrição do mundo*, relatando as aventuras de Marco Polo por Rustichello da Pisa (1272-1300), foi um *best-seller* em sua época.

No entanto, com a invenção da prensa com tipos móveis por Johannes Gutenberg (1400-1468) houve a expansão desses relatos e desses conhecimentos. A escrita se tornou a linguagem hegemônica dessa época, capaz de, ao colocar os leitores em comunicação, ainda que inicialmente restrita àqueles com alguma instrução, provocar grandes e irreversíveis transformações.

Ninguém no século XV imaginou o resultado das Grandes Navegações. Nem que uma embarcação pequena e até frágil como a caravela pudesse escrever uma nova história dos povos com sua revolução comunicacional. Na imagem, caravelas no rio Tejo com vista da cidade de Lisboa, em Portugal, feito por Braun e Hogenberg no ano de 1576.

PRISMA/ALBUM/LATINSTOCK - BIBLIOTECA DA UNIVERSIDADE DE SALAMANCA

PICTURES FROM HISTORY/ BRIDGEMAN IMAGES/KEYSTONE BRASIL

A característica mais impressionante da imprensa criada por Johannes Gutenberg, em 1450, foi a velocidade com que ela se espalhou pela Europa. Até meados do século XVI, cerca de vinte milhões de volumes haviam sido impressos (para uma população estimada de 50 milhões de pessoas). Em outras palavras, havia enorme demanda por conhecimento e, inclusive, lazer, animando os europeus, que procuravam nos livros o acesso a novas realidades e formas de pensar. A gravura alemã, de aproximadamente 1568, mostra a prensa criada por Gutenberg, que realizava 240 impressões por hora.

Thomas Morus (ou Thomas More) (1478-1534)

Diplomata, advogado e escritor, Morus nasceu em Londres, na Inglaterra. Erudito, tornou-se catedrático e ingressou na Câmara dos Comuns, onde teve papel ativo como combativo parlamentar. Foi embaixador, tornando-se chanceler da Inglaterra. Católico fervoroso, opôs-se às reformas protestantes em seu país e aos anseios de Henrique VIII de tornar-se chefe da Igreja Anglicana. Por isso, foi preso e executado. Em função de sua atitude de fidelidade ao catolicismo, e por defender o antirreformismo, Thomas Morus foi canonizado pela Igreja Católica.

GALERIA NACIONAL DE RETRATOS, LONDRES

As utopias renascentistas

As utopias renascentistas podem ser apontadas como os primeiros exercícios de análise sociológica do homem moderno. Utopia significa literalmente *lugar nenhum* (*u* = não e *topus* = lugar), e as narrativas que receberam essa designação procuravam expressar os ideais de uma sociedade na qual seus membros superaram dificuldades como conflitos, guerras, instabilidade política e desigualdades sociais. Dessa forma, por um lado, as utopias identificavam os problemas existentes na sua época e, por outro, desenhavam a sociedade que, ao solucionar tais problemas, exibia vitalidade, harmonia e equilíbrio social. Apesar de seu caráter de evasão da realidade, a utopia revela apurada crítica à ordem social, podendo se transformar em força revolucionária, como indicam os grandes movimentos sociais que têm por meta a transformação do mundo. As mais conhecidas obras dessa época foram *Utopia*, de **Thomas Morus**, *A cidade do sol*, de Tommaso Campanella (1568-1639), e *Nova Atlântida*, de Francis Bacon (1561-1626).

No livro de Morus, Utopia é uma ilha que funciona de maneira harmoniosa — não há propriedade privada, todos trabalham a mesma quantidade de horas, tanto na realização de tarefas manuais quanto intelectuais, e podem dispor gratuitamente dos itens necessários à vida, retirados em armazéns localizados no centro de qualquer uma das cidades da ilha. Valoriza-se a busca pela felicidade sem excessos e com ênfase na virtude, sem penas e sacrifícios desnecessários. Está claro que, com essa idealização, Morus procurava criticar a Europa de seu tempo, marcada pela forte desigualdade social de posses e de contribuição para a riqueza reinante.

Pelas críticas que expressam ou pelos anseios que permitem revelar, as utopias sempre interessaram tanto aos leitores quanto aos pensadores de outras épocas, levando muitos deles a procurar entendê-las não como uma narrativa fantástica, mas como uma análise da sociedade da época em que foram escritas e publicadas. Um dos sociólogos que faz referência explícita às utopias é **Karl Mannheim**, em seu livro *Ideologia e utopia*. Nessa obra, afirma que utopia é uma ideia que transcende a realidade existente — que ele chama de "topia" — e que parece ser, em um primeiro momento, irrealizável. Mas, representando as necessidades emergentes de um dado momento histórico, as utopias se mostram revolucionárias, pois estimulam a superação do ***status quo*** e se convertem em metas a serem alcançadas. O crítico de literatura e professor Darko Suvin (1930-) definiu, em 1976, as obras utópicas como narrativas ficcionais que dizem respeito a uma comunidade particular, onde instituições, normas e relações são organizadas de forma mais perfeita do que na comunidade do autor.

Estudos recentes, entretanto, dedicam-se às utopias com base no que pode ser chamado de Sociologia do Imaginário, ou seja, das teorias que abordam as formas de representação social como mitos, ideologias, valores e aspirações. Para esses estudiosos, as utopias representam propostas que se querem realizáveis, embora possam parecer de difícil concretização. Nesse sentido, devemos lembrar, por exemplo, das teorias políticas denominadas socialismo utópico, as quais, defendidas por Saint-Simon (1760-1825), Robert Owen (1771-1858) e Charles Fourier (1772-1837), entre outros, nos séculos XVIII e XIX, pretendiam implantar na sociedade europeia um socialismo gradual, reformista e pacifista, sem recorrer à revolução ou à extinção do capitalismo. De maneira um tanto pejorativa, esses autores foram chamados de utópicos pelos socialistas que os sucederam e que julgaram suas teorias excessivamente românticas e pouco pautadas no estudo científico da realidade. Friedrich Engels (1820-1895), por exemplo, parceiro de Karl Marx (1818-1883) em inúmeras obras e lutas políticas, escreveu a obra *Do socialismo utópico ao socialismo científico* (1883).

Nos trabalhos mais recentes, encontramos inúmeras referências às utopias como formas de tentar superar as crises das grandes transformações do século XXI. Em períodos de mudança, como no Renascimento, as utopias ajudam a pensar o amanhã, procurando desvendar tendências que tornem o futuro minimamente previsível. Entretanto, as contradições de determinada época podem também ser analisadas pelo ângulo oposto, não da superação, mas do seu aprofundamento. Distopias são obras também ficcionais e críticas que descrevem sociedades futuras, nas quais as contradições existentes na sociedade do autor chegam ao máximo de seu potencial desarticulador. Os autores ingleses George Orwell (1903-1950) (pseudônimo do jornalista Eric Arthur Blair), com a obra *1984* (1948), e Aldous Huxley (1894-1963), com *Admirável mundo novo*, de 1931, foram importantes autores de distopias.

Termos e conceitos

***Status quo* ou *in statu quo ante*:** no estado em que se encontrava antes; estado atual. A expressão é muito utilizada na Ciência Política e na Sociologia, pois faz referência à manutenção de posições, por exemplo, entre dominantes e dominados, governantes e governados.

Karl Mannheim (1893-1947)

Originário da escola marxista, foi aluno de Georg Lukács (1885--1971), Georg Simmel (1858-1918) e Alfred Weber (1868-1958), irmão de Max Weber (1864-1920). Mannheim nasceu em Budapeste, à época Império Austro-Húngaro e atualmente capital da Hungria. A partir dos anos 1920, durante a República de Weimar (1918-1933), o sociólogo foi para Berlim e Frankfurt, na Alemanha, mas, com a ascensão do nazismo, se transferiu para Londres, na Inglaterra.

GALERIA NACIONAL DE RETRATOS, LONDRES

Ficção científica – as utopias da atualidade

Desde os tempos antigos, temos o hábito de imaginar sociedades perfeitas e de, ao descrevê-las, tecer críticas à nossa própria sociedade. Mas, embora encontremos utopias literárias como as de Thomas Morus, na atualidade, há outro gênero que cumpre essa mesma função. Estamos falando das ficções científicas. Algumas delas se tornaram clássicas como *Horizonte perdido*, do escritor inglês James Hilton (1900-1954), livro publicado em 1925, que conta a história do desastre aéreo que leva um jovem diplomata inglês a conhecer a paradisíaca Shangri-La, comunidade oculta no Tibet. Ao contrário da sociedade ocidental, na qual vivia o autor e onde se buscava reparar os males provocados pela Primeira Guerra Mundial, Shangri-La vivia em harmonia e equidade. Com essa utopia transformada em ficção científica, Hilton critica a agressividade e o pragmatismo da sociedade ocidental.

Em 2009, o filme *Avatar*, escrito e dirigido por James Cameron (1954-), transpôs, para a produção cinematográfica em 3D, a mesma ideia e estrutura narrativa das utopias renascentistas — a crítica social associada à concepção de uma possível sociedade perfeita. O enredo trata do conflito entre os humanos e os habitantes de Pandora, os Na'vi, pelos recursos naturais e pela sobrevivência do planeta. Como nas utopias do passado, em *Avatar*, os humanos, com tendências imperialistas e o desejo de apropriar-se da riqueza de Pandora, contrapõem-se a uma sociedade harmoniosa e defensora do ambiente em que vivem. A crítica à corrida tecnológica e suas consequências, bem como aos excessos cometidos por uma ação predatória em relação ao mundo exterior, fica evidente nesta obra.

Um dos seriados de televisão de grande sucesso foi *Jornada nas estrelas* (*Star Trek*, Estados Unidos, 1966), que foi adaptado para o cinema e, atualmente, para *videogames*. Personagens do seriado e do filme ainda hoje são citados com reverência em outros seriados de sucesso, sobretudo em *The Big Bang Theory* (estreado em 2007 na televisão estadunidense). Em *Jornada nas estrelas*, a Frota Estelar é apresentada como uma armada pacífica, habitada por uma tripulação filantrópica com objetivos eticamente relevantes e pacíficos. A espaçonave Enterprise, entretanto, enfrenta muitas batalhas travadas contra aqueles que ameaçam esse intuito. Cada episódio continha uma crítica à sociedade de seu tempo que não lutava por esses ideais de harmonia, justiça e paz.

Shangri-la é o tema de *Horizonte perdido*, de James Hilton, um romance utópico que descreve uma comunidade perfeita perdida no Tibet. O romance, que foi adaptado diversas vezes para o cinema, baseou-se em lendas tibetanas que falam de um misterioso reino perdido entre suas montanhas. Antes, o local era chamado Zhongdian, localizado na China, mas por pedido da comunidade recebeu o nome usado no romance de Hilton. Foto de 2013.

CHINA OUT AFP PHOTO/DALE DE LA REY/AFP/DALE DE LA REY

Maquiavel e a emergência da Ciência Política

O Renascimento também revelou autores como **Nicolau Maquiavel**, que se destacou por sua obra *O príncipe*, considerada pioneira no desenvolvimento do pensamento político. Em seu texto, Maquiavel analisa o exercício do poder, mostrando as condições sociais necessárias para que um governante conquiste, mantenha e governe seu reino, acreditando que das qualidades de liderança desse governante dependeria a felicidade dos governados.

Maquiavel pensava realisticamente as relações de poder. Ele procurava desvendar suas condições e variantes. Identificava nelas diferentes categorias sociais envolvidas — a nobreza, o clero, os ministros, os militares, o povo — e mostrava como o príncipe deveria se relacionar com cada um. Não deixou de mostrar que o governo também depende de ações nem sempre meritórias, como a manipulação, as barganhas e o uso oportuno e estratégico da violência. Em síntese, Maquiavel receitava doses bem medidas de persuasão, seja pelo convencimento e eventuais benfeitorias, seja pela força bruta das armas. Maquiavel distanciava-se, por seu realismo, dos autores utópicos, mas, como eles, expressava ideias pertinentes sobre a sociedade, o poder e as relações sociais. Maquiavel se aproximava de outro renascentista, o dramaturgo inglês William Shakespeare, que, em suas tragédias e dramas, também expressava uma visão realista do poder e da índole dos governantes.

A obra de Maquiavel é considerada pelos especialistas o primeiro estudo sistemático da Ciência Política, ou de Filosofia Política Moderna, mas, por causa da crueza que demonstrou ao descrever as condições de exercício do poder, foi indevidamente considerado defensor da doutrina de que os "fins justificam os meios", ao aconselhar os poderosos a assassinar, mentir e bajular, quando necessário, para conquistar ou manter seu poder. O seu livro é muito mais aprofundado do que tais classificações. Em razão desse pragmatismo em relação aos objetivos dos poderosos, passou-se a chamar de *maquiavélico* todo pensador ou governante que age, a qualquer custo, para a conquista e manutenção do poder. Maquiavelismo é o nome que recebeu a prática dessa visão pragmática e pouco ética da política. No entanto, Maquiavel não pensava em objetivos escusos, visava apenas assegurar a ordem social, a prosperidade e a governança dos reinos. Como cientista moderno, ele analisou a sociedade como objeto, de forma isenta de partidarismos e paixões.

Além de autores utópicos como Thomas Morus, de analistas políticos como Maquiavel e de dramaturgos como Shakespeare, o Renascimento ainda viu florescer entre seus artistas o gosto pelo pensamento crítico e pela análise da sociedade, ainda que, muitas vezes, voltada mais para o estudo da alma humana. Na obra *A divina comédia*, escrita em partes entre 1304 e 1321, Dante Alighieri (1265-1321) expõe, na aventura que descreve ao visitar o Paraíso, o Purgatório e o Inferno com o poeta Virgílio, seu desgosto em relação aos seres humanos, que considera avarentos, interesseiros e pouco éticos.

Além de se preocupar com o caráter dos personagens, Dante se interessa em mostrar quem merece o Paraíso ou o Inferno. Curiosidade: inicialmente denominado *O poema épico de Dante*, o nome *A divina comédia* foi uma sugestão do poeta e estudioso da obra de Alighieri, Giovanni Boccaccio (1313-1375), autor de *Decamerão* (1348-1353).

Assim, o Renascimento, impulsionado pelo despertar do desenvolvimento capitalista, lançou as bases de um pensamento laico voltado a analisar a sociedade em suas particularidades, por meio de uma atitude crescentemente objetiva, mais distanciada dos dogmas religiosos.

Nicolau Maquiavel (1469-1527)

Historiador, poeta, diplomata e músico. Nasceu em Florença, na Itália, onde viveu a maior parte de sua vida. Serviu ao governo de Lourenço de Médici, a quem dedicou sua obra. Viajou pela Europa e esteve a serviço de grandes líderes de sua época, para os quais escrevia discursos e atuava como consultor nas decisões políticas. Em Florença, ocupou cargos políticos desde muito cedo, mas, depois, foi afastado do poder, dedicando-se apenas a escrever suas obras, entre as quais se destacam *O príncipe* e *Discursos sobre a primeira década de Tito Lívio*. É considerado, por muitos, o pai da Ciência Política.

AKG-IMAGES/LATINSTOCK - PALAZZO VECCHIO, FLORENÇA

FINE ART IMAGES/HERITAGE IMAGES/GETTY IMAGES - BASÍLICA DE SANTA MARIA DEL FIORE, FLORENÇA

A palavra comédia, que acompanha o título da obra de Dante Alighieri, não fazia parte do título original. O termo surge pela classificação dos textos, feito na época, entre comédia, para finais felizes, e tragédia, para os outros finais. *A divina*, entretanto, continha uma visão muito crítica de como os seres humanos organizavam a vida em sociedade. Os usuários, por exemplo, estão no sétimo círculo do inferno, bem próximos a Lúcifer. Porém, Dante acreditava que haveria salvação para o ser humano se ele modificasse as suas atitudes. O quadro de Domenico di Michelino (1417-1491) apresenta uma das situações de *A divina comédia*.

O Iluminismo e o liberalismo

À medida que o capitalismo se desenvolvia, estimulando o avanço da ciência, acentuava-se na sociedade ocidental a prevalência da racionalidade e do pensamento laico. Cada vez mais se acreditava na capacidade do pensamento racional poder desvendar a natureza do mundo em suas diferentes instâncias e aspectos. Paralelamente, as nações também se transformavam e, com elas, o nacionalismo, esse sentimento de pertencimento a um território governado por um poder que o administra. Os anseios por prosperidade, justiça e bem-estar se intensificavam e o Estado era conclamado a criar as condições necessárias para isso. Novas aspirações, novos valores e uma atitude diferente diante da sociedade e da realidade circundante provocaram o surgimento de um movimento filosófico conhecido por Iluminismo.

Esse movimento de ideias era impulsionado pelo crescimento das descobertas e avanços dos métodos e instrumentos científicos de investigação da realidade, da vida urbana e também pelo colonialismo, que permitia aos europeus conviverem cada vez mais intimamente com culturas diferentes da sua, algumas vezes de forma tensa, outras vezes com maior capacidade de diálogo, embora sempre com uma tentativa, por parte das potências europeias, de estabelecer trocas assimétricas e lucrativas. E se por um lado havia o anseio por progresso, por outro também crescia a consciência de que a sociedade europeia apresentava problemas e injustiças de difícil solução. A Igreja Católica, em particular, era questionada, e já não se acreditava no poder da fé ou da religião na solução dos problemas sociais.

O principal centro do movimento iluminista foi a França, onde se iniciou a elaboração da **Enciclopédia** e onde ela foi publicada. Muitos intelectuais contribuíram para o sucesso dessas ideias que se espalharam pelo Ocidente, chegando até a América.

Termos e conceitos

Enciclopédia: trata-se de um extenso conjunto de textos que descrevem o conhecimento humano, abrangendo todas as áreas de conhecimento, tanto o científico quanto o artístico e o filosófico.

Diversos pensadores se dedicaram ao estudo da sociedade, das relações políticas e econômicas, como Montesquieu (1689-1755), Voltaire (1694-1778) e Jean-Jacques Rousseau (1712-1778). Filósofo, romancista e dramaturgo nascido em Genebra, na Suíça, Rousseau foi o autor da obra *Do contrato social* ou *O contrato social*, livro em que desenvolve a tese de que a vida política resultaria de uma decisão coletiva pela qual os membros de uma sociedade abrem mão de sua liberdade em prol do bem comum — seria a origem, assim, da organização do Estado tal como o pensador formulou. Outros teóricos contratualistas, entre eles Thomas Hobbes e John Locke (1632-1704), possuem ideias diferentes das de Rousseau, que, ao contrário de outros autores do seu tempo, acreditava na bondade natural do homem, pervertida apenas em função de uma sociedade viciada e corrompida.

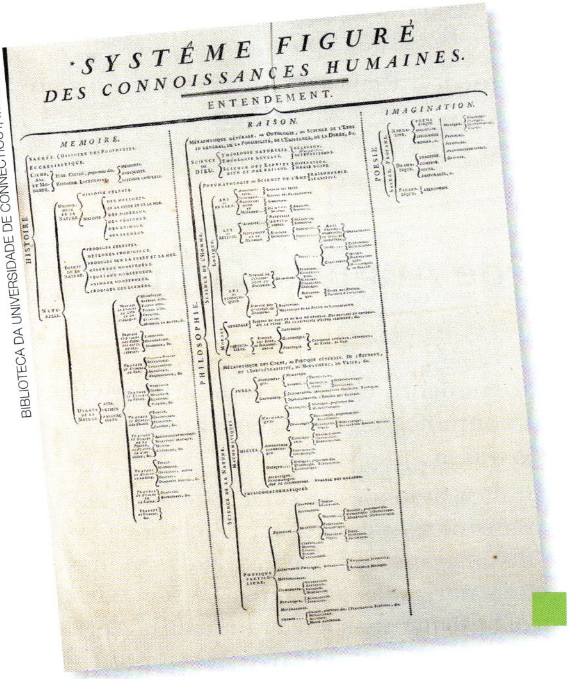

Os pensadores e autores que participaram da elaboração da *Enciclopédia* foram chamados também de enciclopedistas. Divulgavam um ideário racionalista que repudiava os misticismos e os dogmas religiosos e impulsionava o desenvolvimento científico. Na imagem, a página da *Encyclopédie* mostra a estrutura da obra: a memória, associada à história; a razão, associada à filosofia; e a imaginação, associada à poesia. Paris, França, século XVIII.

A expansão do comércio e da manufatura capitalistas, bem como do assalariamento do trabalhador, exigiam uma atitude mais contundente contra a monarquia absolutista e as relações servis, resquícios do período medieval. Esses anseios se traduziam por um desejo cada vez maior por liberdade, que se tornou um dos principais objetivos do Iluminismo. Não se defendia simplesmente a liberdade de decisão do cidadão na sua vida cotidiana, mas, principalmente, a liberdade da nação em relação aos poderes absolutos do rei; do trabalhador em relação aos laços de servidão; e do comércio em relação às restrições impostas ao livre funcionamento do mercado. Os filósofos procuravam defender esses princípios compondo uma tendência filosófica e política a que se deu o nome de liberalismo.

Rousseau, por exemplo, considerava a liberdade um dom natural, próprio da dignidade humana — a capacidade de cada um de nós de se autodeterminar em função de uma ideia, de um ideal ou do bem comum — , um princípio de liberdade humanista e que corresponde a um estado interior de autonomia e independência. É dessa liberdade que o homem só abriria mão, em parte, para a criação das instituições políticas que passaram a governar as nações em nome da coletividade. Esse era o *contrato social* que exigia um Estado livre e democrático.

Adam Smith (1723-1790)

Filósofo e economista escocês, foi professor nas universidades de Edimburgo e Glasgow. Deu aulas de Filosofia Moral e Economia. Tornou-se comissário da Alfândega da Escócia e ganhou fama por ter desenvolvido os princípios do liberalismo econômico. Viajou pela Europa e conviveu com importantes pensadores de sua época, como François Quesnay (1694-1774) e David Hume (1711-1776).

COLEÇÃO PARTICULAR

Adam Smith, considerado o pai da Economia Moderna, defendia um princípio de liberdade diferente do de Rousseau — uma liberdade que pertence à regulamentação natural das relações humanas, especialmente as econômicas. Dando origem ao liberalismo econômico, essa noção de liberdade justificava a defesa do livre funcionamento das leis de mercado, de oferta e procura, sem a intervenção de medidas econômicas reguladoras, como taxas ou impostos. Ao Estado caberia apenas defender a livre operação dessas leis e a adequada transação de mercadorias, fossem elas trabalho, matéria-prima, produtos ou moedas. O liberalismo econômico expressava os anseios dos capitalistas, cujos lucros passaram a advir principalmente da expansão comercial local e internacional, do aumento da produção manufatureira e do trabalho assalariado. O liberalismo político e a defesa da democracia também faziam parte desse ideário e foram tema de autores como Montesquieu. Embora fossem diferentes os princípios de liberdade que esses pensadores defendiam, as teorias desenvolvidas revelam a importância do tema no meio intelectual da época.

Tendo essas ideias como foco, o Renascimento e o Iluminismo prepararam o terreno para que, no século XIX, a Sociologia pudesse se desenvolver como ciência social e campo do saber.

O positivismo de Auguste Comte e a Sociologia

Os avanços da ciência, o aumento do lucro e da produtividade fizeram com que o racionalismo e a confiança no conhecimento objetivo fossem alçados ao posto de princípios quase inquestionáveis.

A doutrina da Igreja Católica perdia espaço na sociedade em transformação, pois não acompanhava a evolução da ciência nem era capaz de orientar a nova vida social, que se distanciava cada vez mais das velhas tradições e concepções de moral e virtude valorizadas pela Igreja. A ideia de que o conhecimento científico era seguro e de que suas leis eram confiáveis deu origem a um movimento filosófico que se tornou conhecido como positivismo. Inspirado pelo sucesso alcançado pelas Ciências Físicas e Biológicas, o positivismo dedicou-se a estudar o comportamento humano e a sociedade. Concebia o mundo social como um organismo vivo, constituído de partes integradas e em funcionamento. O adepto mais importante dessa tendência foi o francês Auguste Comte, o primeiro a propor a Sociologia como uma ciência. Foi ele também que, percebendo que o combate às crenças religiosas deixava a população desamparada e descrente, resolveu criar uma "religião científica", na qual os cientistas ocupariam o lugar dos sacerdotes.

Foi assim que, depois de séculos de reflexões filosóficas e de um mundo convulsionado por intensas transformações, chegamos à formação de um campo do conhecimento que tem por objeto de estudo a vida em sociedade.

Auguste Comte (1798-1857)

Nasceu em Montpellier, na França, em uma família católica. Filósofo e amante da ciência, teve uma vida profissional, familiar e acadêmica muito conturbada, com desafetos e rompimentos que o deixaram quase sempre em grandes dificuldades financeiras. Foi um dos fundadores da Sociologia e a ele se atribui a criação da denominação dessa ciência.

COLEÇÃO PARTICULAR

Propondo-se a um estudo sistemático das relações humanas em coletividade, a Sociologia permite identificar aquilo que, além das circunstâncias físicas e naturais, além do caráter ou da psiquê dos interagentes, influencia o comportamento dos seres humanos em sociedade. Depois dessa introdução, na qual procuramos mostrar que essa ciência resultou de uma conquista lenta, gradual e crescente, vamos na sequência mostrar seus principais teóricos e os mais importantes temas a que ela se dedica na atualidade.

Esperamos que, com os conhecimentos aqui apresentados, os leitores possam entender de outra forma a realidade que nos cerca. Agora, já somos capazes de entender como e por que os amigos de Charlie Brown buscam influenciar o desempenho dele, atuando como força social. Ao compreendermos isso, estamos resgatando um esforço imenso desenvolvido por nossos antepassados para entender a sociedade como uma instância diferente e específica da vida humana.

PINGOS NOS "IS"

A Sociologia se desenvolveu durante o período histórico que denominamos Modernidade, que se inicia no século XV, na Europa, com o renascimento urbano, comercial e cultural, e se estende até o último quartel do século XX. Diversos autores consideram que a Modernidade termina quando o fim da União das Repúblicas Socialistas Soviéticas (1991) possibilita uma comunicação mais efetiva e relações comerciais mais estreitas entre os países, antes divididos pela oposição entre dois impérios — o estadunidense e o soviético. No entanto, a comunicação em rede e o advento das mídias digitais possibilitaram ampla conexão entre continentes, países e regiões, dando novo impulso ao processo de globalização que se iniciara, historicamente, com as conquistas europeias dos séculos XVI e XVII. Uma nova realidade geopolítica e a chamada III Revolução Tecnológica (revolução informática), segundo esses autores, entre os quais o sociólogo Pierre Levy (1956-), teriam posto termo à Modernidade, desencadeando um período histórico conhecido como Pós-Modernidade.

A Sociologia, por um lado, mostrava o avanço das ciências, da racionalidade e da especulação filosófica acerca da sociedade e das leis que regulam a sua dinâmica, assim como o comportamento social de pessoas e grupos. Por outro, trazia os traços políticos da época da consolidação das nações europeias, no século XIX, recém-libertas do feudalismo e que se baseavam no capitalismo colonial e industrial, no liberalismo econômico e na democracia censitária. Um momento no qual a palavra sociedade se confundia com a ideia de "nação", e as relações entre os membros de uma nação com o sentimento de nacionalismo.

A Sociologia também se transformou muito desde seu início. Essa metamorfose ocorreu ao longo do século XX e culminou, no último quartel desse século, com as rupturas que as sociedades capitalistas contemporâneas tiveram de realizar em relação às estruturas herdadas do período da Modernidade.

A nova conjuntura tem obrigado os sociólogos a repensar as relações nacionais e internacionais e a rever conceitos e metodologias. Estudar as novas configurações sociais da sociedade globalizada e analisar as consequências do desenvolvimento tecnológico sem precedentes são os grandes desafios da atualidade. Neste livro, tratamos dessas duas empreitadas e contamos com nossos leitores nessa obra.

SOCIOLOGIA NA MÍDIA

Maquiavel não era maquiavélico

"Especialista no autor, Newton Bignotto afirma que 'leitura parcial ajudou a forjar o 'maquiavelismo' que conhecemos. [...]

A seguir, trechos da entrevista que Newton Bignotto, autor dos livros *Maquiavel* (Jorge Zahar, 2003) e *Maquiavel republicano* (Loyola, 1991), além de outras obras sobre republicanismo, concedeu à *Folha*.

FOLHA — A ideia de maquiavelismo sempre precede o nome de Maquiavel e sua obra. O Sr. considera justo o termo 'maquiavélico'?

NEWTON BIGNOTTO — O termo maquiavélico diz respeito à maneira como a obra de Maquiavel foi lida já a partir do século 16. Alguns leitores se chocaram com suas ideias a respeito do funcionamento do poder e a tomaram como uma ameaça para os valores cristãos vigentes. Mas não podemos simplesmente descartar o 'maquiavelismo' como uma má interpretação. Mesmo que seja, incorporou-se à história da obra e das polêmicas que gerou. Para compreender Maquiavel é necessário saber por que o chamaram de 'maquiavélico'.

FOLHA — Como surge o termo?

BIGNOTTO — O 'maquiavelismo' nasce de alguma forma com a condenação dos livros do autor ao Index. A partir daí, as leituras desfavoráveis se sucedem. Na Inglaterra, sua má fama é explorada na literatura e no teatro no século 17. Maquiavel é diretamente associado ao diabo na figura do 'old Nick'. As críticas ajudaram a forjar a visão do maquiavelismo como pensamento do engano, da trapaça. É assim que 'maquiavélico' veio fazer parte de quase todas as línguas ocidentais.

FOLHA — O Sr. diria que o Maquiavel é maquiavélico?

BIGNOTTO — Da maneira como compreendemos o termo, podemos dizer que não era maquiavélico. Sua conduta não tinha nada de ambígua e sua opção pela república como a melhor forma de governo permaneceu até o fim da vida.

FOLHA — Mas ele nunca foi um defensor da boa-fé na política. Pelo contrário.

BIGNOTTO — O que chamamos de 'boa-fé' no mundo privado se converte muito facilmente em ingenuidade no mundo público, e isso é uma das fontes da ruína de muitos governantes. É possível manter a crença em valores, como no caso de Maquiavel com os valores republicanos, sem perder de vista as condições reais que presidem as lutas políticas.

[...]"

Folha de S.Paulo. Caderno Ilustrada, 31 mar. 2007. Entrevista concedida a Uirá Machado. Disponível em: <www1.folha.uol.com.br/fsp/ilustrad/fq3103200708.htm>. Acesso em: jun. 2016.

ATIVIDADES

1. No início do capítulo, utilizando a tirinha de Charles M. Schulz, procuramos mostrar que o comportamento humano é fortemente influenciado pela sociedade que o cerca — família, amigos, autoridades. Você pode fornecer um exemplo de sua vida cotidiana no qual tenha sentido essa força que vem dos grupos com os quais convive?

2. Vivemos em um mundo de intensas mudanças resultantes, entre outros fatores, do desenvolvimento tecnológico. Nas atuais condições, por que a Sociologia é ainda mais necessária?

3. Você viu neste capítulo o conceito de utopia e de que forma ele serve à reflexão sociológica. Nesta história em quadrinhos há outra interpretação de utopia. Em que sentido ela se aproxima do que vimos neste capítulo?

4. O texto afirma que diversos fatores influenciaram os pensadores do século XIX para que surgisse a Sociologia como ciência. Das alternativas abaixo, qual é aquela que nada tem a ver com as causas e pressões para o desenvolvimento sociológico?

   a) industrialização.

   b) conflitos e guerras.

   c) consciência da importância da vida coletiva.

   d) a existência da Igreja Católica.

5. Auguste Comte deu o nome de Sociologia à ciência que estuda a sociedade, no século XIX. Por que razão até essa época os pensadores não estavam preocupados com as relações sociais? Exemplifique.

6. Neste capítulo, procuramos mostrar como o desenvolvimento das comunicações propiciou o avanço da ciência. De que maneira isso ocorreu? Exemplifique.

7. Com base no conteúdo do capítulo: por que, a partir do Renascimento, as pessoas passaram a deixar de lado a visão mítica da realidade?

8. Maquiavel escreveu:

   "[...] deve-se considerar em toda república dois humores diversos: o do povo e o dos grandes, e toda lei que se faz em favor da liberdade nasce da desunião entre eles."

   Leia com atenção essa frase e conte como o autor explica o surgimento das leis, especialmente as que garantem liberdade.

EXAMES DE SELEÇÃO

1 **(UEM, 2008)** Leia o texto a seguir:

"Desde o início a criança desenvolve uma interação não apenas com o próprio corpo e o ambiente físico, mas também com outros seres humanos. A biografia do indivíduo, desde o nascimento, é a história de suas relações com outras pessoas. Além disso, os componentes não sociais das experiências da criança estão entremeados e são modificados por outros componentes, ou seja, pela experiência social."

BERGER, Peter L.; BERGER, Brigitte. Socialização: como ser um membro da sociedade. In: FORACCHI, Marialice M.; MARTINS, José de Souza. *Sociologia e sociedade*. Rio de Janeiro: Livros Técnicos e Científicos, 1977. p. 200.

Podemos concluir do texto que (mais de uma alternativa correta):

a) os indivíduos, desde o nascimento, são influenciados pelos valores e pelos costumes que caracterizam sua sociedade.

b) a relação que a criança estabelece com o seu corpo não deveria ser do interesse das ciências biológicas, mas apenas da sociologia.

c) o fenômeno tratado pelo autor corresponde ao conceito de socialização, que designa o aprendizado, pelos indivíduos, das regras e dos valores sociais.

d) as experiências individuais, até mesmo aquelas que parecem mais relacionadas às nossas necessidades físicas, contêm dimensões sociais.

e) o desconforto físico que uma criança sente, como a fome, o frio e a dor, pode receber dos adultos distintas respostas de satisfação, dependendo da sociedade na qual eles estão inseridos.

2 **(Enem, 2012)**

"Não ignoro a opinião antiga e muito difundida de que o que acontece no mundo é decidido por Deus e pelo acaso. Essa opinião é muito aceita em nossos dias, devido às grandes transformações ocorridas, e que ocorrem diariamente, as quais escapam à conjectura humana. Não obstante, para não ignorar inteiramente o nosso livre-arbítrio, creio que se pode aceitar que a sorte decida metade dos nossos atos, mas [o livre-arbítrio] nos permite o controle sobre a outra metade."

MAQUIAVEL, N. *O Príncipe*. Brasília: Ed. UnB, 1979 (adaptado).

Em *O Príncipe*, Maquiavel refletiu sobre o exercício do poder em seu tempo. No trecho citado, o autor demonstra o vínculo entre o seu pensamento político e o humanismo renascentista ao:

a) valorizar a interferência divina nos acontecimentos definidores do seu tempo.

b) rejeitar a intervenção do acaso nos processos políticos.

c) afirmar a confiança na razão autônoma como fundamento da ação humana.

d) romper com a tradição que valorizava o passado como fonte de aprendizagem.

e) redefinir a ação política com base na unidade entre fé e razão.

3 **(UEL, 2011)** Leia o texto a seguir.

"A maior parte dos sábios, como Isaac Newton, era profundamente crente e pensava que descobrir as leis da natureza graças à física é descobrir a obra de uma providência absolutamente divina e convencer-se de que a organização do mundo não é produto do acaso. Muito antes das Luzes, é no declínio das antigas hierarquias e no turbilhão suscitado pela chegada ao Novo Mundo que devemos buscar a fonte da revolução científica.

É nesse contexto que as novas ciências abandonam a concepção de natureza como algo maravilhoso, governado por princípios ocultos, e passam a imaginá-la como uma máquina gigantesca. A tal engrenagem seguiria leis reguladoras e necessárias, passíveis de serem traduzidas em linguagem matemática. Isso não impediria, contudo, que a visão mecanicista da natureza continuasse por muito tempo como um ato de fé, incapaz de explicar fenômenos tão familiares como a coesão de materiais, a queda dos corpos ou a maré."

Adaptado de: JENSEN, P. *Le Monde Diplomatique Brasil*, O saber não é neutro. Ed. Instituto Polis, ano 3, n. 35, p. 34, jun. 2010.

Com base no texto e nos conhecimentos sobre a revolução científica, é correto afirmar:

a) A revolução científica possibilitou demonstrar, no terreno da vida social, que o saber é neutro, pois é baseado em provas empíricas reveladoras de uma forma de verdade que não comporta manipulações pelos homens.

b) A revolução científica comprovou que as mesmas leis gerais que regem o mundo físico atuam também sobre a realidade social, de tal modo que, compreendendo uma, se compreende diretamente a outra.

c) A grande contribuição da revolução científica para as ciências humanas foi demonstrar que as relações sociais possuem regularidades matemáticas, o que permite prever com exatidão os comportamentos dos indivíduos e de grupos de indivíduos.

d) Ainda que impossibilitada de explicar a dinâmica da vida social, a revolução científica trouxe para o terreno das ciências humanas o princípio da racionalidade da investigação como caminho para a apreensão objetiva dos fatos.

OUTRAS MÍDIAS

Para assistir

Tempos modernos

Direção: Charles Chaplin.
País: Estados Unidos. Ano: 1936.

O filme mostra o avanço da indústria e a crescente desumanização dos trabalhadores nas linhas de montagem, intensificada pela crise de 1929.

A invenção da infância

Direção: Liliana Sulzbach.
País: Brasil. Ano: 2000.

O documentário mostra os relatos das crianças sobre a infância e as dificuldades de ser criança em variados grupos sociais.

Para ler

Fazenda-modelo

Chico Buarque de Holanda. Rio de Janeiro: Civilização Brasileira, 1989.

Trata-se de uma obra ficcional que mostra as tendências negativas da sociedade em que vivemos. Por meio desse texto, é possível pensar os problemas sociais e entender de que forma a literatura e a ficção podem contribuir para isso.

O contrato social (em mangá)

Jean-Jacques Rousseau. Porto Alegre: L&PM, 2013.

Versão em mangá (quadrinhos em estilo japonês) do clássico livro de Rousseau em que o filósofo reflete sobre qual sistema de governo seria mais justo do que as monarquias absolutistas.

Romeu e Julieta

William Shakespeare. São Paulo: Objetiva, 2013.

A leitura deste livro permite entender as mudanças que se processavam no Renascimento, com o abandono de uma visão tradicionalista medieval por um olhar mais flexível da época que se iniciava. Todo o drama ocorre quando Romeu e Julieta rompem com a tradição e a secular inimizade entre suas famílias na cidade de Verona, na Itália.

Para conhecer

Entrevista com Zygmunt Bauman

<revistacult.uol.com.br/home/2010/03/entrevis-zygmunt-bauman/>

O sociólogo afirma que é preciso acreditar no potencial humano para que um outro mundo seja possível.

IBGE

<www.ibge.gov.br>

O objetivo principal do Instituto Brasileiro de Geografia e Estatística (IBGE) é retratar o país com informações indispensáveis para conhecer sua realidade demográfica, socioeconômica e geocientífica.

SEADE

<www.seade.gov.br>

O *site* do Portal de Estatísticas do Estado de São Paulo (Seade) elabora análises que contribuem para o conhecimento da realidade socioeconômica do estado de São Paulo, como PIB mensal e índices de emprego e desemprego, entre outros.

Capítulo 2

Fundadores

Objetivos

- Entender o século XIX e o contexto histórico do desenvolvimento da Sociologia.
- Compreender o organicismo e a teoria durkheimiana.
- Identificar os fatos sociais na vida cotidiana.
- Compreender o materialismo histórico e o pensamento marxista.
- Identificar os conceitos de ação e relação social em Max Weber.
- Entender diferenças e aproximações entre Durkheim, Marx e Weber.

Este capítulo trata de três teóricos considerados clássicos da Sociologia: Émile Durkheim (1858-1917), Karl Marx (1818-1883) e Max Weber (1864-1920). Na passagem do século XIX para o século XX, sob influência das grandes transformações ocorridas na Europa — Revolução Francesa, a Primeira Revolução Industrial, a substituição das monarquias absolutistas por regimes republicanos ou monarquias constitucionais —, esses autores sistematizaram os principais conceitos que marcaram a Sociologia. Portanto, em virtude de tudo aquilo que produziram, Durkheim, Marx e Weber são considerados os pensadores clássicos da Sociologia.

Émile Durkheim, Karl Marx e Max Weber trataram de questões como organização social, relação do homem com a natureza, divisão do trabalho e a forma como as ações individuais impactam a realidade. Suas obras trazem teorias que podem ser verificadas em diferentes sociedades e por isso ainda servem para orientar nossa análise da realidade.

REPRODUÇÃO; PICSFIVE/ SHUTTERSTOCK

DEAGOSTINI/GETTY IMAGES

Obra de Zhang Wun, *Karl Marx em seu escritório*, 1875.

BIBLIOTECA DE CIÊNCIAS HUMANAS E SOCIAIS DESCARTES - CNRS, PARIS

REPRODUÇÃO; PICSFIVE/ SHUTTERSTOCK

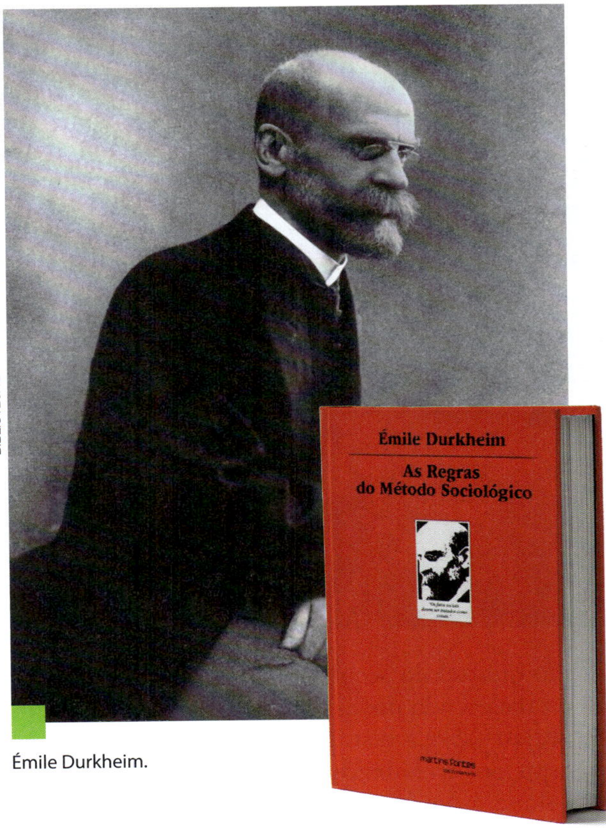

Émile Durkheim.

AKG-IMAGES/LATINSTOCK

REPRODUÇÃO; PICSFIVE/ SHUTTERSTOCK

Max Weber.

Para refletir

1. A vida é cheia de contradições e conflitos. Nos jornais, na internet e na televisão, as matérias procuram noticiá-los. Dê um exemplo dessas contradições que vivenciamos atualmente.

2. Você já deve ter ouvido muitas pessoas reclamando do desenvolvimento das cidades, da economia, da indústria e da tecnologia. Em sua opinião, por que algumas pessoas acreditam que o desenvolvimento traz insegurança e insatisfação?

3. No livro *Por que ler os clássicos*, Italo Calvino aponta que um autor clássico é aquele cujas obras são permanentemente relidas ou revistas porque inspiram novos autores, mas também permanecem atuais. Com base nessa ideia, responda: que artista ou escritor você consideraria um clássico?

Para entender o contexto

A Sociologia é uma disciplina científica recente, sistematizada e institucionalizada somente no século XIX, graças aos esforços de alguns pensadores que se dedicaram a estudar a sociedade, motivados pelos avanços obtidos pelos filósofos e impulsionados por acontecimentos históricos importantes como a Revolução Francesa.

A Revolução Francesa (1789) pôs fim à monarquia absolutista e instaurou a república, um governo de natureza laica, eleito pela população e com mandato de tempo determinado, promovendo a rotatividade dos representantes no exercício do poder. Para idealizar esse modelo de governo, historiadores e filósofos como Charles Montesquieu, Jean-Jacques Rousseau e Alexis de Tocqueville (1805-1859) estudaram os princípios da vida política.

ARCHIVES CHARMET/BRIDGEMAN IMAGES/KEYSTONE BRASIL - COLEÇÃO PARTICULAR

A Revolução Francesa foi um marco para a história política do Ocidente. Sem ela, não haveria a ideia de direitos humanos numa escala global. Gravura de Gustave Doré (1832-1883), *The Marseillaise* (A Marselhesa), 1870.

A Revolução Industrial (último quartel do século XVIII), que instaurou as fábricas e o trabalho assalariado, estabelecendo novas relações de produção, também incentivou os filósofos a pensarem sobre a distribuição da riqueza, as bases da propriedade de bens e o bem-estar dos trabalhadores. John Locke e Thomas Hobbes especularam a respeito da riqueza dos homens e das nações, numa Inglaterra que, se não aboliu a monarquia, ao menos submeteu-a a uma constituição.

ARCHIVES CHARMET/BRIDGEMAN IMAGES/KEYSTONE BRASIL - CONSERVATORIO NACIONAL DE ARTES E OFÍCIOS, PARIS

As transformações econômicas, sociais e políticas que ocorreram após a Revolução Industrial modificaram todo o planeta, em velocidades diferentes, criando uma integração entre as nações que nunca havia existido. Essa integração ainda hoje não é totalmente compreendida, pois, em um espaço de tempo muito curto, "uniu" o que esteve separado por milênios. Aquarela de Ignace François Bonhommé (1809-1881), *Industrial landscape in the Blanzy coal field* (Paisagem industrial dos campos de carvão de Blanzy), 1860.

A Declaração de Independência dos Estados Unidos (1776) também teve a influência de Locke e Hobbes, pois eles defendiam um poder igualitário e constitucional. Portanto, a própria história desse período a que chamamos de Modernidade (do século XV à primeira metade do século XX) desenvolveu o pensamento voltado às questões sociais, amadurecendo o debate acerca da liberdade humana, da justiça e do exercício do poder.

Mas foi no século XIX que três pensadores lançaram as bases de um pensamento profundo e sistemático sobre a sociedade. Eles trabalharam de forma independente, com objetivos diversos, influenciados pelas correntes filosóficas que circulavam em seus países de origem, ou naqueles por onde viajaram, e suas obras desenvolveram análises sobre a sociedade e as relações sociais, sendo até hoje estudadas e discutidas por seus sucessores. Assim como suas obras, eles são considerados "clássicos": Émile Durkheim, Karl Marx e Max Weber.

Italo Calvino, citado na abertura deste capítulo, explica o que é uma obra "clássica". De todas as sugestões dadas, algumas parecem ser úteis aqui, na apresentação dos "clássicos" da Sociologia. Diz ele, ainda em *Por que ler os clássicos*, "um clássico é um livro que nunca terminou de dizer aquilo que tinha para dizer". Considera também que são livros que trazem consigo as marcas das leituras que antecederam a nossa e, por mais que sejam lidos, os "clássicos" sempre oferecem novidades inesperadas. É dessa forma que vamos iniciar o estudo de Durkheim, Marx e Weber.

Italo Calvino (1923-1985)

Nasceu em Cuba, de família originária da Itália, para onde retornaram pouco depois de seu nascimento. Membro do Partido Comunista Italiano, do qual se desligou oficialmente em 1957, Calvino foi um dos mais importantes escritores italianos e atuou na resistência contra o fascismo de Benito Mussolini. Escreveu, entre outros livros, *As cidades invisíveis*, *O cavaleiro inexistente* e *O visconde partido ao meio*.

LOUIS MONIER/GAMMA-RAPHO/GETTY IMAGES

Émile Durkheim

Influenciado pelo positivismo de Comte, **Émile Durkheim** prosseguiu no objetivo de dar contornos e conteúdos à disciplina recém-criada, a Sociologia. Procurou garantir-lhe condições de legitimidade científica, como aquela de que desfrutavam as Ciências Naturais e as Exatas. Assim, munido dessa determinação, e orientado pelo **paradigma** da Biologia, que prega a objetividade e a neutralidade do cientista, Durkheim dedicou-se a desenvolver de forma sistemática a teoria sociológica e seu método de pesquisa. Valeu-se para isso de seus conhecimentos em História, Direito e Filosofia.

Durkheim entendia a Sociologia como uma disciplina científica voltada à pesquisa empírica, defendendo o dever do sociólogo de submeter seu conhecimento à comprovação e às evidências. Para isso, propunha que o cientista se voltasse a seu objeto de pesquisa — os **fatos sociais** — de forma imparcial e despido de interesse pessoais, emoções e ideologias, de maneira a preservar e garantir a objetividade científica.

Émile Durkheim (1858-1917)

Nasceu em Épinal (França), de uma família judia com longa linhagem de rabinos, o que provavelmente o levou a ser sensível à importância da religião e à força da comunidade na vida social. Fez seus estudos na Escola Normal Superior e tornou-se professor de Filosofia. Lecionou na Universidade de Bordeaux e terminou a carreira na Universidade da Sorbonne, em Paris. Em seus estudos, preocupou-se com os temas da integração dos indivíduos à sociedade, da força de uma moral laica e das diferenças observáveis entre as sociedades tradicionais e as modernas. Fundou a revista *L'Année sociologique*, cujos colaboradores constituíram, sob sua direção, a Escola Francesa de Sociologia. Publicou, entre outras obras, *Da divisão do trabalho social* (1893), *As regras do método sociológico* (1895), *O suicídio* (1897) e *As formas elementares da vida religiosa* (1912).

BIBLIOTECA DE CIÊNCIAS HUMANAS E SOCIAIS DESCARTES - CNRS, PARIS

Termos e conceitos

Paradigma: nome dado a um modelo considerado característico de uma ação, comportamento ou de uma reflexão científica ou filosófica. Pode representar a essência de algo a ser seguido ou a estrutura de um evento que se repete. Na área científica, diz respeito aos princípios básicos de um campo do saber, seus objetivos e metodologia.

Fatos sociais

Por fatos sociais Durkheim entendia as formas de agir, pensar e sentir que são externas ao indivíduo e a ele se impõem, mas que orientam seu comportamento, muitas vezes sem que ele perceba que está sendo influenciado. Falar o idioma do país onde nascemos é, por exemplo, um fato social — não depende de nossa escolha nem de nossa vontade e impõe-se à nossa maneira de agir, como uma força externa a nós.

FERNANDO FAVORETTO

Ao contrário dos filósofos sociais que o precederam, Durkheim também valorizava a pesquisa empírica, a ida a campo na busca de informações, dados, índices e outras evidências do fenômeno a ser estudado, tal como na foto em que o sociólogo entrevista representante do movimento dos sem-teto em São Paulo (SP, 2012).

Segundo Durkheim, aprender o idioma e nos expressarmos por intermédio dele resulta do **poder coercitivo** dos fatos sociais sobre nosso comportamento e nossa forma de ser. Da mesma forma, os hábitos alimentares e a maneira de se vestir, em dada sociedade, impõem-se a nós, independentemente de nossa vontade. Já encontramos esses fatos formulados ao nascer e a ele nos adaptamos. Para compreender como as forças sociais atuam, o sociólogo precisa analisar as manifestações e as regularidades dos fatos sociais, pois, em si mesmos, eles são inapreensíveis. Daí a importância das estatísticas, que são uma forma de os fatos sociais se tornarem evidentes ao pesquisador. Por exemplo, se queremos saber se uma população está satisfeita com um governante, é preciso observá-la e traduzir seu contentamento ou descontentamento sob a forma de comportamentos mensuráveis, pois se trata de categorias abstratas.

Complementando suas análises, Durkheim distingue dois tipos diferentes de fatos sociais, os **normais**, ou seja, aqueles cuja regularidade atinge a média da população, e os **anormais**, que parecem ser uma anomia, isto é, um desregramento social, sintoma de falta de regras, limites ou normas. Essa categorização nada tem a ver com o valor moral dos fatos observados. Um crime, por mais que seja reprovável, quando frequente e regular, pode passar a ser considerado um fato social normal. Para avaliar a normalidade ou generalidade dos fatos sociais, Durkheim lança mão das estatísticas, considerada, por ele, ferramenta indispensável de apreensão do social.

Segundo Durkheim, os fatos sociais exercem coerção sobre as pessoas. Nem sempre essas pressões são violentas como na foto, mas fazem os envolvidos agirem, sentirem e pensarem de determinada maneira. Policiais e manifestantes entraram em confronto durante protesto de professores e servidores públicos em greve no Centro Cívico, na cidade de Curitiba (PR, 2015).

FÉLIX R./FUTURA PRESS

A criminalidade é um fato social normal, que pode ser explicado por fatores como miséria, desigualdades sociais e falta de assistência do Estado, ou por um quadro institucional de falência da economia, que gera desemprego e falta de confiança no futuro. Mas ela também pode ser explicada por fatos sociais anômalos como o sentimento de impunidade pelas faltas cometidas. Ao se acreditar que o crime não é punido, fica dada a possibilidade de as pessoas agirem fora da lei. No centro da cidade de São Paulo, vendedores ambulantes tomam parte das calçadas onde ocorre o comércio ilegal de mercadorias (SP, 2015).

Indivíduo e coletividade

Durkheim afirma que os fatos sociais são uma força exterior ao indivíduo. Diz ele:

> "Quando desempenho meus deveres de irmão, de esposo ou de cidadão, quando me desincumbo de encargos que contraí pratico deveres que estão definidos fora de mim e de meus atos, no direito e nos costumes. Mesmo estando de acordo com sentimentos que me são próprios, sentindo-lhes interiormente a realidade, esta não deixa de ser objetiva, pois não fui eu que os criou, mas recebi-os através da educação."
>
> DURKHEIM, Émile. *As regras do método sociológico*. São Paulo: Companhia Editora Nacional, 1978. p. 2.

Por meio da leitura desse trecho, por um lado, é possível identificar a diferença entre a Sociologia e a Psicologia, que surgiram aproximadamente na mesma época, além de demarcar a objetividade das forças sociais da subjetividade das consciências individuais. Por outro, tem a intenção de mostrar que há relação entre a individualidade e as pressões da coletividade.

Ainda nesse caminho de argumentação teórica, Durkheim distingue a **consciência individual** da **consciência coletiva**. Esta última resulta da união das consciências particulares que agem e reagem umas sobre as outras e dão origem a uma realidade nova, mais rica e desejável do que a condição individual de cada identidade particular. Assim, o social transcende o individual e propicia integração, equilíbrio e bem-estar.

O estudo do suicídio

A análise das taxas de suicídio na França é um dos estudos principais de Durkheim e demonstra, de um lado, a metodologia que o autor defende em *As regras do método sociológico*, e de outro, como ele vê a relação entre indivíduo e sociedade. Durkheim percebeu o suicídio como fato social, isto é, dependente de forças sociais mais do que da situação individual do suicida, o que se tornava evidente pela regularidade de suas manifestações: suicida-se mais de dia do que de noite, menos em tempos de guerra do que em épocas de paz, menos os que têm fé religiosa do que descrentes, mais solteiros do que casados.

Para Durkheim, tão importante quanto entender um fato social é a capacidade de classificá-lo. É o que ele faz com os suicídios, divididos entre as seguintes categorias.

- **Egoísta** – é o suicídio de indivíduos pouco integrados à vida social, que estabelecem frágeis laços sociais com pessoas e instituições.
- **Anômico** – ocorre principalmente em épocas de *boom* econômico ou de grandes mudanças estruturais, quando se elevam as aspirações dos indivíduos ou quando os laços tradicionais são quebrados. Ao perderem referências, os indivíduos tendem a cometer suicídio.
- **Altruísta** – é aquele que resulta de uma fortíssima integração do suicida a uma instituição, partido, nação ou religião, que por eles se sacrifica, dando cabo da vida por um "bem maior" que, no caso dos pilotos kamikazes japoneses, seria o Japão e o Imperador.
- **Fatalista** – diz respeito a indivíduos excessivamente massacrados pela regulamentação da sociedade e que aspiram dela se libertarem com a súbita interrupção da vida.

Esse trabalho teve como dado fundamental as estatísticas sobre suicidas, que permitiu ao autor perceber a importância da integração moral e da força das instituições para o equilíbrio da sociedade. A partir desses dados, Durkheim conclui que casamentos duradouros seriam um fator de estabilidade social, assim como fortes laços familiares e integração religiosa.

YASUO TOMISHIGE/THE ASAHI SHIMBUN/GETTY IMAGES

Inferiorizados militarmente em relação às forças estadunidenses, os oficiais das Forças Armadas do Japão apelaram ao ideal do amor pátrio e da obediência ao imperador dos soldados para impor uma tática suicida, pela qual os pilotos arremessariam seus caças, carregados com bombas, sobre os navios de guerra estadunidenses — esse suicídio Durkheim classificaria como altruísta. Na imagem, soldados preparam uma aeronave japonesa com um engenho explosivo, na base naval da cidade de Kanoya (Japão, 1945).

Solidariedade mecânica e solidariedade orgânica

Por influência do positivismo e das Ciências Naturais que o inspiravam, Durkheim dedicou-se também a estudos comparativos da sociedade procurando apreender seu desenvolvimento e as tendências de sua evolução. Buscava identificar fases que mostrassem as transformações das sociedades ao longo do tempo ou das diversas fases históricas.

DELFIM MARTINS/PULSAR IMAGENS

O trabalho no campo exige pouca divisão em etapas específicas e dificilmente promove a interdependência dos trabalhadores, que, por outro lado, na maioria das vezes, se conhecem pessoalmente e moram próximos. Trata-se de um exemplo de solidariedade mecânica. Na foto, trabalhadores rurais cortando cana-de-açúcar em Teresina (PI, 2015).

Para ele, as principais forças da vida social estavam nas tradições e nos costumes que alicerçam os deveres de uns para com os outros, como membros de uma mesma comunidade. Três instituições colaboram para intensificar essa integração: a família, o Estado e as corporações profissionais, assim como as leis, que costuram e legitimam direitos, deveres e reciprocidades.

Nesse contexto, os indivíduos desenvolvem relações de solidariedade cuja função permite distinguir dois tipos de sociedade — as de **solidariedade mecânica** e as de **solidariedade orgânica**.

A solidariedade mecânica é característica das sociedades pré-capitalistas e de alguns grupos sociais do meio rural. Nelas, os indivíduos se relacionam principalmente por meio da família, da religião e dos costumes. A divisão social do trabalho é simples ou quase inexistente e a consciência coletiva tem forte poder de coerção sobre os indivíduos.

Já a solidariedade orgânica é típica das sociedades capitalistas, do meio urbano e industrial, em que os indivíduos se tornam interdependentes, unidos pela intensa divisão social do trabalho e laços impessoais, que substituem a integração pessoal e familiar das sociedades agrárias. Nessas sociedades, a consciência coletiva é enfraquecida, pois, ao mesmo tempo que os indivíduos se tornam mutuamente dependentes, cada um se especializa em determinada atividade, e dessa forma tende a desenvolver maior autonomia pessoal. Ao contrário da solidariedade mecânica, a diferenciação entre os indivíduos, e não a semelhança, é mais valorizada.

Trabalhadores de uma indústria envolvidos em tarefas complexas, interdependentes e integradas, caracterizando o que Durkheim chama de solidariedade orgânica. A foto abaixo mostra o trabalho em uma linha de montagem de uma grande fábrica de tratores, localizada na cidade de Curitiba (PR, 2014).

ZIG KOCH/OPÇÃO BRASIL IMAGENS

Friedrich Engels (1820-1895)

Engels foi amigo, financiador e interlocutor de Marx. Nascido em Barmen, na Alemanha, morreu em Londres, na Inglaterra. Sua família era proprietária de indústrias, além de conservadora em assuntos como religião e política. Ainda jovem, Engels se revoltou contra esse ambiente e passou a escrever artigos com críticas à exploração dos trabalhadores nas fábricas. Também influenciado pela obra de Hegel, foi um revolucionário e observador da realidade de seu tempo. Escreveu diversas obras em parceria com Marx e o ajudou a organizar *O capital* (obra em três volumes). Também realizou trabalhos próprios, como *A situação da classe trabalhadora na Inglaterra* (1845) e *A origem da família, da propriedade privada e do Estado* (1884).

ERICH LESSING/ALBUM/ LATINSTOCK - MUSEU KARL MARX, TRIER

Durkheim, um clássico?

Podemos considerar Durkheim um clássico, de acordo com o sentido dado por Italo Calvino? Sim, podemos considerá-lo um clássico. Não há como pensar a Sociologia sem as propostas durkheimianas, como as primeiras tentativas de estabelecer fronteiras entre ela e outras disciplinas das Ciências Humanas, de pensar a sociedade como um universo em transformação e de pensar o indivíduo em relação à sociedade. Em Durkheim, encontramos as bases definidas de uma metodologia de pesquisa e de organização de um campo do saber, a preocupação teórica e também pragmática, de pensar a sociedade e a moral.

O positivismo na Sociologia ainda rendeu frutos importantes até meados do século XX. Diversos autores se reuniram na Escola Francesa de Sociologia, como o etnólogo e sociólogo Marcel Mauss (1872-1950), sobrinho de Durkheim, que desenvolveu o conceito de **fato social total**, aquele cujas implicações vão além das relações sociais, envolvendo Política, Economia e Psicologia, numa análise de necessária abrangência interdisciplinar. Portanto, estudar a obra de Durkheim significa entender sua influência sobre outros autores e desenvolver releituras possíveis ainda nos dias atuais.

Karl Marx

Karl Marx não se dedicou explicitamente à disciplina de Sociologia, nem esse nome aparece em suas obras, mas seus estudos estão na base de todo o desenvolvimento dessa ciência nos anos que se seguiram. Ele tampouco escreveu especialmente para intelectuais e cientistas — com ou sem a parceria de **Friedrich Engels**, Marx escreveu para todos, numa atividade ao mesmo tempo científica e de mobilização política. Muito influenciado pela conturbada história do século XIX, Marx também se inspirou em intelectuais utopistas importantes, como Claude-Henri de Rouvroy, o Conde de Saint Simon (1760-1825), e **Georg Hegel** (1770-1831), de quem absorveu a dialética como movimento histórico. Também se apropriou de algumas discussões propostas pelos liberais como David Ricardo (1772-1823) e Adam Smith.

Rejeitando a tradicional visão linear da história, o filósofo Hegel, concebeu-a como um movimento não evolucionista, que se desenvolve pela oposição de forças antagônicas, manifestadas por afirmação, negação e negação da negação (tese, antítese e síntese). Marx expandiu esse modelo para elaborar o que chamou de **materialismo dialético**, ou seja, a proposta teórica de que as forças de oposição que levam à superação de um momento histórico têm sua origem nas contradições existentes entre a capacidade de produzir as condições materiais de existência e a apropriação desigual dessa produção pelas classes sociais dessa sociedade, ou, conforme o **jargão** marxista, por causa das contradições nas forças produtivas da sociedade.

Para desenvolver sua teoria, Marx parte do princípio de que a estrutura de uma sociedade reflete a forma como os homens se organizam para a produção de bens materiais, o que inclui **forças produtivas** e **relações de produção**.

Como forças produtivas entendem-se as matérias-primas extraídas da natureza, o conjunto de ferramentas necessárias à produção e as técnicas de produção. A principal força produtiva é o homem, agente de ligação entre a extração da matéria-prima e a fabricação das ferramentas usadas para transformá-la em bens.

Termos e conceitos

Jargão: linguagem especializada de um grupo sociocultural ou profissional, caracterizada por vocabulário especial, difícil de ser compreendido por quem não é do ramo: jargão jurídico, jargão filosófico, jargão técnico etc.

Karl Marx (1818-1883)

Nascido em Tréveris (hoje Trier), na Alemanha, estudou Direito e Filosofia nas Universidades de Bonn e Berlim, no mesmo país, se tornou doutor em Filosofia em 1841, pela Universidade de Jena. Foi redator-chefe da *Gazeta Renana*, jornal combativo fechado pelo governo prussiano. Empreendeu longas viagens e fundou, em Paris, os *Anais franco-alemães*. Dedicou-se depois ao pensamento crítico e científico, tendo encontrado Engels, com quem partilhou o estudo crítico do capitalismo e da industrialização. Mudou-se, em 1843, para Paris, mas, dois anos depois, foi expulso da França por pressão do governo alemão, que reprovava seus escritos na imprensa. Foi para Bruxelas, onde participou da Liga d os Justos, depois rebatizada como Liga dos Comunistas. Conseguiu se fixar em Londres, onde permaneceu até o fim da vida. Escreveu com Engels, em 1848, o *Manifesto do Partido Comunista* e, em 1864, ambos fundaram a Associação Internacional dos Trabalhadores. Em 1867, publicou *O capital*, sua principal obra.

AKG-IMAGES/ALBUM/LATINSTOCK

Georg Wilhelm Friedrich Hegel (1770-1831)

Filósofo alemão, um dos criadores do idealismo alemão, escola que, dada a importância do autor, também é conhecida como hegelianismo. Escreveu sobre temas variados como Estado, História e Arte, sempre em busca de relações entre mente e natureza. Influenciou diversos autores, entre os quais Karl Marx.

COLEÇÃO PARTICULAR

Relações de produção são as formas como a produção é organizada, estabelecendo-se as maneiras de apropriação do que se produz, de uso das técnicas e da produção final. As relações de produção é que determinam, por exemplo, se uma produção é escravista ou assalariada. A forma como as forças produtivas e as relações de produção se organizam e se reproduzem numa sociedade constitui o **modo de produção**, que determinará o modo de funcionamento da sociedade em determinado tempo e lugar.

Karl Marx identificou diferentes modos de produção historicamente constituídos: antigo, germânico, feudal e capitalista. O esgotamento de um modo de produção e a passagem para um novo modo ocorrem porque as contradições existentes nas forças produtivas se desenvolvem a tal ponto que chega a ser impossível conciliá-las. Por exemplo, o sistema feudal se desarticula quando o crescimento da população esgota os recursos econômicos dos feudos, obrigando essa população a ir para as cidades. Nelas, alguns se tornam comerciantes ou artífices. Esse movimento dá origem à burguesia. Outros atuam como trabalhadores assalariados por jornada — o nascimento de um proletariado.

MUSEUS CASTRO MAYA, RIO DE JANEIRO

Na sociedade escravagista colonial brasileira, as relações de produção eram visualmente percebidas, tanto pela cor da pele, como pelas vestimentas, pois nossa sociedade era basicamente dividida em dois grupos sociais: os proprietários dos latifúndios e das minas de ouro e os comerciantes, por um lado, e os escravos, maioria formada por negros, que geravam todos os bens, de outro. Aquarela de Jean-Baptiste Debret (1768-1848), *Volta à cidade de um proprietário de chácara*, 1823.

THOMAZ VITA NETO/PULSAR IMAGENS

As forças produtivas, segundo Marx, são constituídas pelas matérias-primas, pelas ferramentas e, principalmente, pelo trabalho dos seres humanos, que é a base de qualquer sistema econômico. Na foto, mulher utilizando uma ferramenta própria da produção de peças em madeira, na cidade de Mirassol (SP, 2014).

Termos e conceitos

Respiga: ato de apanhar no campo as espigas que ali ficaram após a colheita. A respiga representava, antigamente, a expressão de um desejo divino, para reduzir a desigualdade entre os plantadores já estabelecidos e as viúvas, órfãos e necessitados em geral que não podiam, por alguma razão, participar da colheita. Ou seja, era moralmente condenável colher todas as espigas, bem como outras modalidades de plantio.

As classes sociais

Cada sociedade e modo de produção estabelece as próprias relações de produção. Essas relações levam à divisão da sociedade em classes sociais — que é uma relação direta entre os proprietários dos meios de produção e os produtores diretos. Assim, no modo de produção antigo, há patrícios e plebeus; no feudalismo, senhores de feudos e servos; e assim por diante. Apenas nas comunidades primitivas, Marx identifica a ausência de classes sociais que nascem com a exploração do trabalho.

As condições para a formação das classes sociais são: os membros ocupam cargos similares nas relações de produção, compartilham interesses semelhantes, opõem-se às classes antagônicas e desenvolvem uma única consciência de classe. Assim, ser um servo, no feudalismo, significa não possuir terras, depender dos senhores feudais para obter alimentos, solidarizar-se com os interesses de outros trabalhadores em condição equivalente e com eles compartilhar valores, estilo de vida e visão de mundo.

Vejamos, por exemplo, como Marx descreve os camponeses franceses da época da monarquia dos Bourbons:

COLEÇÃO PARTICULAR

Pintura em óleo sobre tela de Jules Breton, *Gleaner* (**Respiga**), de 1894. A pintura europeia do século XIX dedicou-se a representar os trabalhadores no campo, em um cotidiano rústico e humanista. Usaram para isso um estilo romântico que fazia sobressair a grandiosidade da alma em meio à precariedade da vida. Jules Breton (1827-1906) foi um desses artistas.

"[...] formam uma massa enorme, cujos membros vivem todos na mesma situação, mas sem serem ligados por muitas relações. Seu modo de produção os isola uns dos outros, em vez de estabelecer entre eles um comércio recíproco. Este isolamento é ainda aumentado pelo mau estado dos meios de comunicação e pela pobreza dos camponeses. [...] Cada família de camponeses se basta mais ou menos a si mesma, produz diretamente a maior parte do que consome e ganha assim os seus meios de subsistência. [...] Pelo fato de viverem em condições econômicas de existência que distinguem o seu modo de existência, seu interesse e sua cultura dos das outras classes [...] as situam reciprocamente como inimigas [...]."

MARX, Karl. O 18 brumário de Napoleão Bonaparte. In: LALLEMENT, Michel. *História das ideias sociológicas*: das origens a Max Weber. Petrópolis: Vozes, 2003. p. 124.

Por serem elementos intrínsecos ao modo de produção, as classes sociais são sempre antagônicas, complementares e interdependentes, pois uma classe só existe em relação e em oposição à outra, contra a qual lutaria, de acordo com as ideias de Marx. Dessa luta, surgiria a superação de cada modo de produção e de cada período histórico, dando origem a novas configurações sociais e novos arranjos das forças produtivas. As classes sociais seriam, dessa forma, os principais agentes de luta política e de transformação histórica.

O trabalho como valor e a mais-valia

Marx dedicou-se ao estudo das transformações sociais e econômicas de cada período histórico. Analisou a Revolução Industrial e percebeu de que forma os artesãos, aos poucos, faliram, por causa da concorrência com a produção em massa, que barateava os produtos e contava com muitos recursos tecnológicos. Foram, então, obrigados a trabalhar nas manufaturas que dominaram a produção de bens.

Os proprietários das máquinas e do capital financiavam todo o processo, assim como os produtos que eram produzidos. Sem propriedades, os artesãos tornavam-se operários cujo salário passava a estar vinculado não à riqueza produzida pelo seu trabalho, mas ao tempo e à força de trabalho despendidos na produção. Dessa forma, o salário do operário não variava, pois, graças às máquinas usadas e aos avanços técnicos, cada operário produzia mais e mais riqueza a cada hora trabalhada. Esse acréscimo de riqueza produzida, que excedia o valor correspondente ao salário, era a riqueza apropriada pelo capitalista e fonte de todo o lucro, ou seja, a chamada **mais-valia**. De acordo com Marx:

> "O valor da força de trabalho é determinado pela quantidade de trabalho necessário para conservá-la ou reproduzi-la, mas o emprego desta força não tem outros limites senão os das energias ativas e da força física do trabalhador. O valor diário ou semanal da força de trabalho é absolutamente distinto de seu exercício diário ou semanal [...]."
>
> MARX, Karl. Salário, preço e lucro. In: LALLEMENT, Michel. *História das ideias sociológicas:* das origens a Max Weber. Petrópolis: Vozes, 2003. p. 124.

Aos poucos, intensificou-se o antagonismo entre capitalistas e operários, envolvendo a apropriação da riqueza produzida pautada em salários cada vez mais baixos, jornadas de trabalho mais longas e maior produtividade com o uso de tecnologia. A resistência e a oposição a esse tipo de exploração foram expressas por greves e também pela destruição de máquinas, como fizeram os **ludistas**, trabalhadores que aderiram ao movimento contra a mecanização do trabalho industrial na Inglaterra, no início do século XIX.

A mecanização e a industrialização criaram ainda outras distorções, como tornar as tarefas do operário cada vez mais simples, o que reduziria seu valor dentro do mercado de trabalho. Dessa forma, a substituição do operário era fácil e os salários tendiam a diminuir. Nesse cenário, a tecnologia crescia em importância, enquanto o trabalhador tornava-se apenas o operador da máquina — já que era ela que passava a produzir.

As contradições perpetuavam-se porque os capitalistas também passaram a ocupar o governo, dominar as comunicações e pautar o desenvolvimento científico para que ele pudesse contribuir cada vez mais com a economia. Todo esse processo colaborou para o que Marx chamou de **alienação** do trabalhador, entendida como a situação de desapropriação do trabalhador do fruto de seu trabalho e da consciência individual de ser o produtor da verdadeira fonte de riqueza no mundo.

Termos e conceitos

Ludista/ludismo: movimento contra a mecanização da indústria que se intensificou no século XIX. Ned Ludd, que teria dado nome ao movimento, foi um aprendiz condenado a chibatadas por mal desempenho no trabalho. Em resposta ao castigo, ele destruiu a marteladas a máquina na qual trabalhava.

Termos e conceitos

Guerra Fria: nome dado à oposição política entre, de um lado, os Estados Unidos, como potência capitalista e, de outro, a URSS, como potência comunista, pelo domínio dos demais países com os quais mantinham relações de dominação e alinhamento econômico. A Europa ficou dividida em Europa Ocidental, sob a influência dos Estados Unidos, e Europa Oriental, sob domínio soviético. Essa separação foi chamada pelo primeiro-ministro britânico Winston Churchill de *Cortina de ferro*. A Guerra Fria instalou-se após a Segunda Guerra Mundial e se estendeu pelo século XX até a desintegração da União Soviética.

A revolução socialista

Diante desse cenário, Karl Marx previa a superação do capitalismo pela revolução do proletariado. Segundo suas previsões, a exploração do trabalhador pelos capitalistas aumentaria o abismo entre as classes sociais fazendo com que o proletariado, em maior número, organizado em movimentos sociais e partidos, e consciente de sua condição, lutaria contra o capitalismo e o Estado, ao instaurar o socialismo. Marx acreditava que essa revolução ocorreria, primeiramente, na Inglaterra, onde a Revolução Industrial estava mais avançada. Assim, o socialismo surgiria das insuperáveis contradições do capitalismo, ou seja, de sua antítese.

Entretanto, a primeira revolução comunista não se deu em países como França e Inglaterra, com avançada indústria para a época, mas na Rússia, onde um partido comunista, o bolchevique, conseguiu depor a monarquia czarista em 1917, substituindo-a pela ditadura do proletariado. Dessa revolução constituiu-se, oficialmente em 1922, a União das Repúblicas Socialistas Soviéticas (URSS) — que, após a Segunda Guerra Mundial, emergiu como potência mundial, opondo-se aos Estados Unidos em um confronto armamentista, ideológico e tecnológico, conhecido como **Guerra Fria**. A URSS se desfez em 1991, mas a luta dos trabalhadores por condições mais justas de produção — aumento de salário e redução da jornada de trabalho, além de outros benefícios —, inspirada pelos ideais marxistas, continuou a existir em diversos países.

BRIDGEMAN IMAGES / KEYSTONE BRASIL

Pintura em óleo sobre tela de Boris Mikhailovich (1878-1927), *Bolchevique*, 1920, que enaltece o papel dos bolcheviques e mostra o apoio das massas.

Karl Marx, um clássico?

Embora não se declarasse sociólogo, Marx desenvolveu ideias que marcaram as Ciências Humanas na forma de entender a sociedade e seus conflitos. Suas obras receberam inúmeras releituras e deram origem a diversas correntes do pensamento de esquerda. E, mesmo que suas previsões não tenham se realizado plenamente até o momento, seu ideário político continua vivo e orienta ações e reivindicações das classes menos favorecidas. Movimentos sociais de muitos países se inspiram em suas ideias, assim como políticos e economistas procuram entender melhor as diferentes fases do capitalismo, com suas crises e conflitos.

Max Weber

O desenvolvimento da Sociologia, assim como de outras Ciências Humanas, ocorreu primeiramente em países com adiantado desenvolvimento industrial, nos quais os conflitos vividos alteraram as relações sociais. É o caso da França, onde atuou Durkheim, e da Inglaterra, principal objeto dos estudos marxistas. As teorias formuladas, tendo esses países como espaço de reflexão, pretendiam ter alcance universal e procuraram estudar o desenvolvimento das sociedades desde sua origem, de forma a tentar prever como se desenvolveriam. Eram também países com séculos de vida política, o que facilitava identificar com maior precisão o que constituía uma sociedade. Percebemos, assim, uma relação direta entre as teorias criadas e a vida política dessas nações.

A Alemanha, ao contrário, foi um país que se unificou e industrialmente se desenvolveu tardiamente em relação à França e à Inglaterra. Durante o período de unificação política, oficialmente consumada em 1871, como consequência da Guerra Franco-Prussiana, o país conviveu também com uma importante revolução religiosa, na qual proliferaram diferentes doutrinas protestantes, cada uma delas tentando compreender, com base no próprio ponto de vista, a vida terrena e as relações com Deus. Esse cenário histórico, religioso e político favoreceu um modelo diferente de pensar o mundo, mais sensível e preocupado com as diferenças e as especificidades dos objetos estudados. Isso se refletiu na Sociologia alemã, em que se destaca o nome de **Max Weber**, o pensador que estudaremos agora.

Em vez do racionalismo positivista dominante na França, na Alemanha desenvolveu-se uma teoria social com forte preocupação histórica. Uma ciência interdisciplinar caracterizou o nascimento da Sociologia no país.

Max Weber (1864-1920)

Natural de Erfurt (Alemanha), desde a infância teve contato com intelectuais e políticos. Estudou em Berlim e doutorou-se em História Econômica, na Universidade de Göttingen, no mesmo país. Tornou-se professor universitário em Freiburg e, depois, em Heidelberg. Entre 1904 e 1905 publicou *A ética protestante e o "espírito" do capitalismo*, sua primeira obra de peso na área da Sociologia e, por sua influência, em 1908, foi criada a Associação Alemã de Sociologia. Na área política, defendeu princípios liberais e o regime parlamentarista. Erudito, desenvolveu estudos multidisciplinares que até hoje interessam a estudiosos da Teologia, do Direito e da Filosofia.

AKG-IMAGES/ALBUM/LATINSTOCK

Análise compreensiva da ação social

Com os olhos voltados para sociedades política e economicamente estabelecidas como a França e a Inglaterra, Marx e Durkheim pensaram a sociedade a partir de suas estruturas. O primeiro, a partir das forças produtivas e o segundo, enfatizando instituições como a família e o Estado. Max Weber, embora influenciado por ambos, não privilegiou essa visão macrossociológica assim como a ideia de um desenvolvimento histórico comum a todas as sociedades, fosse ele o materialismo histórico ou o evolucionismo positivista.

Vídeo
Métodos de Pesquisa

Weber pressupunha que o conhecimento de uma realidade social deveria provir do conhecimento da história dessa sociedade, da elucidação da trajetória particular do seu desenvolvimento, resultante do estudo de documentos históricos e de uma análise lógica e interpretativa de tais documentos empreendida pelo pesquisador. Trata-se, portanto, de uma prática investigativa **indutiva**. Com base nessa atitude empírica, o investigador pode chegar a interpretações mais gerais e a construções teóricas mais abrangentes da sociedade estudada, pois, em vez de aplicar um modelo de desenvolvimento preestabelecido, parte dos fatos históricos concretos vivenciados por essa sociedade, o que lhe permite criar um modelo de desenvolvimento histórico particular para ela. Esse método é conhecido por **método compreensivo**.

Termos e conceitos

Indução: raciocínio que parte de dados particulares (fatos, experiências, enunciados empíricos) e, por meio de uma sequência de operações lógicas, chega a leis ou conceitos mais gerais, indo dos efeitos à causa, das consequências ao princípio, da experiência à teoria.

A Alemanha, como a Itália, tornou-se uma nação unida sob um mesmo governo, língua e sistema jurídico tardiamente em relação aos demais países europeus. Esse atraso obrigou a burguesia alemã a queimar etapas no desenvolvimento da sua indústria e a buscar mercados externos para expandir seus negócios. Essas características fizeram da Alemanha um país diferenciado no contexto europeu, que também se refletiu no desenvolvimento das suas ciências, como a Sociologia. Pintura em óleo sobre tela de Alphonse de Neuville (1835-1885), *The Cemetery of St Privat*, de 1870.

Em outros aspectos, o estudo da sociedade preconizado por Weber se distancia da escola francesa — ele admite que o cientista social é um indivíduo subjetivamente motivado (que tem uma visão de mundo e cultura particulares) e, assim, embora ele considere a análise racional e objetiva desejável, não defende a neutralidade do pesquisador diante do objeto de estudo. Como fica claro por todas as suas atitudes frente ao conhecimento, Weber não privilegia as análises estatísticas e propõe uma atividade de estudo predominantemente qualitativa. Isso significa que, ao contrário do positivismo e da metodologia quantitativa das Ciências Naturais, Weber propunha que as teorias fossem comprovadas pelo estudo exaustivo e aprofundado de casos singulares e não pela tendência verificada por meio de uma massa significativa de dados.

Para entendermos como Weber desenvolveu suas principais análises da vida social é preciso dizer ainda que, ao contrário dos seus antecessores, ele não opõe indivíduo e sociedade, mas os integra numa **ação social**, um dos conceitos teóricos mais importantes de sua obra. Para ele, uma ação social é uma ação orientada por um agente social (um ser humano), que lhe dá sentido, ou seja, uma motivação subjetivamente elaborada. Essa ação é orientada em função de alguém (outro ser humano) de quem o agente espera resposta ou reciprocidade. A motivação da ação encontra sua causa tanto no contexto histórico em que se realiza como na subjetividade de quem tem a iniciativa da ação. Como se percebe, o indivíduo, agente de uma ação, é a categoria relevante na análise social. Buscar o motivo que guia a ação de uma pessoa é um dos principais objetivos da investigação.

Por exemplo, se uma pessoa se dirige a alguém em uma rua para pedir-lhe informação, põe em prática uma ação social, cujo sentido é dado pela sua motivação — obter orientação. Quando a pessoa perguntada responde, oferecendo-se para ajudar aquele que busca informação ou, ao contrário, negando-se a orientá-lo, estabelece com ele uma **relação social**, ou seja, uma ação recíproca. O sentido das ações e das relações sociais dependem do contexto. Ou seja, a rua pode ser perigosa, fazendo com que o perguntado tenha medo de falar com estranhos. Em outras palavras, a ação social e a relação social dependem de fatores pessoais e externos, como a educação ou o medo de estranhos, além das circunstâncias históricas.

Em seus estudos, Max Weber chegou à seguinte classificação das ações sociais, como explicado na obra *Economia e sociedade*, publicada postumamente em 1922.

- **Ação tradicional** — aquela orientada pelos costumes e pelas tradições.
- **Ação afetiva** — resultante de **pulsões** e paixões.
- **Ação racional** — motivada por razão de ordem ética ou moral.

Nenhuma dessas ações envolve apenas o contexto social ou a subjetividade individual, mas acima de tudo os integra, e pode desvendar a natureza da personalidade do agente, assim como a dinâmica da vida social. Por outro lado, as diversas ações sociais promovem ações em cadeia, isto é, o motivo de uma ação leva à reação da pessoa com quem o primeiro agente interage. O trabalho do cientista é desvendar essas conexões e reciprocidades.

Termos e conceitos

Pulsão: impulso instintivo de tendências fisiológicas e emocionais que procura restaurar um estado anterior de equilíbrio, para suprimir o estado de tensão ou excitação corporal que é a fonte do impulso. Esse impulso foi anteriormente controlado ou reprimido pelo indivíduo por pressão de forças externas, geralmente sociais.

VAGNER ROSARIO/FUTURA PRESS

VINICIUS MORAES / FOTOARENA

Segundo Weber, uma ação social é uma ação com sentido que considera o outro e espera reciprocidade. Na foto superior, protesto pelo *impeachment* do governo da presidente Dilma Rousseff na cidade de Curitiba, (PR, 2016). Na foto inferior, manifestantes na II Marcha Internacional contra o genocídio do Povo Negro, em Vitória (ES, 2014).

Para Weber, essa metodologia compreensiva descortina as interdependências que existem nas ações sociais e mostra de que forma nossa ação, muitas vezes, está orientada pela expectativa da reação dos outros. Por outro lado, essa análise leva a diferentes instâncias da vida social — econômica, política, moral e religiosa. De acordo com Weber, quando os motivos de uma ação são compartilhados, temos então uma relação social.

Quando vários trabalhadores de uma categoria resolvem entrar em greve por melhores condições de trabalho, estamos diante de uma relação social e não de diversas ações individuais com um mesmo sentido. Já no caso de anulação de votos, se cada eleitor que o faz, o faz movido apenas pelas próprias convicções, temos ações sociais de caráter racional, isto é, movidas por razões morais e políticas.

"Tipo ideal" como ferramenta conceitual

Segundo o pensamento weberiano, as sociedades são plurais, específicas e históricas e cada momento de seu desenvolvimento é explicado por diferentes causas sociais, políticas e econômicas. Para que o cientista possa chegar ao mínimo de regularidade e a um estudo comparativo das diversas manifestações de uma tendência, ele cria uma ferramenta **epistemológica** importante: o **tipo ideal**.

Para chegar ao tipo ideal, o cientista social deve analisar diversas manifestações particulares de um mesmo fenômeno e reunir, segundo critérios que ele estabelece, os aspectos mais relevantes. Com eles, constrói o tipo ideal, ou seja, um modelo teórico e abstrato que manterá grande afinidade com o fenômeno, o que permite comparações para que se percebam semelhanças e diferenças. Mas deve-se saber de antemão que nenhuma manifestação daquilo que se quer estudar será a representação perfeita e acabada desse fenômeno.

Por exemplo: se o sociólogo estiver interessado em conhecer como vivem os grupos sociais camponeses, isto é, aqueles que vivem de atividades rurais realizadas em base familiar, ele encontrará uma grande variedade de tipos — grupos de sitiantes que produzem apenas para o próprio sustento e das respectivas famílias, arrendatários que produzem para venda no mercado local e até famílias que utilizam tecnologia de ponta e produzem para exportação. O tipo ideal deverá conter as principais características de cada tipo encontrado — viver em família, trabalhar a terra, produzir para si e a família ou para o mercado, usar tecnologia rudimentar ou complexa, empregar ou não ajudantes, ser ou não dono da terra, e assim por diante. Em cada caso concreto encontrado, apenas algumas dessas características estarão presentes, o que significa que o tipo ideal é uma construção teórica e não um achado empírico.

Ao elaborar o tipo ideal, o pesquisador sabe que pode destacar alguns aspectos da realidade e desprezar outros, o que interfere nos resultados da pesquisa. No entanto, não poderia ser diferente, pois o cientista não apenas tem consciência da complexidade, da diversidade do mundo social e da dificuldade de compreendê-lo na totalidade, mas também sabe que sua visão de mundo e seus interesses particulares influenciam as escolhas que faz nas etapas iniciais da pesquisa.

O tipo ideal, diz Weber em *Ensaios sobre a teoria da ciência* (1922), não é uma hipótese de pesquisa científica, mas pode permitir elaborar alguma. Também não é, segundo ele, uma manifestação do real, mas uma ferramenta **heurística** de compreensão do real e de comparação de suas manifestações.

Estudos da religião, do capitalismo e da ética

Max Weber tratou de diversos assuntos em suas obras, de Política à Economia, de vida cotidiana à Ética. Tratou do poder e das formas de governo, do Direito e da família. Mas deu especial importância a um tema: a religião e seu papel na vida econômica moderna.

Weber constatou que o capitalismo prega a racionalidade e o planejamento econômico e administrativo em lugar das crenças tradicionais, das superstições e dos costumes enraizados. Essa tendência tornou cada vez mais importante o desenvolvimento da ciência e da tecnologia, provocando o abandono de formas mais sensíveis e afetivas de pensar a vida e a realidade. Esse processo, Weber chamou de **desencantamento do mundo**.

Weber afirmou que um dos instrumentos da racionalidade da vida moderna era a **burocracia**: instrumento técnico-administrativo de organização planejada, formado por profissionais especializados, que executam diversas tarefas essenciais da administração pública e privada. A burocracia, ao mesmo tempo que fragmenta os processos, distribui responsabilidades e submete os indivíduos aos sistemas implantados. A burocracia apresenta-se como o auge da racionalidade e do exercício e monopólio do poder.

Termos e conceitos

Epistemologia: ramo da Filosofia que trata da organização, sistematização e validade do conhecimento científico. Aborda a origem, os limites e as características do conhecimento humano. Também se refere aos diferentes campos do saber e as respectivas metodologias. Pode ser considerada uma Filosofia da Ciência.

Heurística: trata-se, por um lado, do método de investigação desenvolvido para resolver determinado problema, indo desde a formulação de hipóteses até a pesquisa de campo. Por outro lado, diz respeito à capacidade humana de descobrir soluções com base na experiência somada à criatividade, à crítica e ao pensamento lógico.

MAURICIO RETT

Do ponto de vista capitalista, a burocracia tem um papel chave na organização social e empresarial, pois sem ela não seria possível termos sistema judiciário, ações sociais ou gerenciamento de empresas. A burocracia é um instrumento racional de organização da sociedade. Observe acima a charge do cartunista Mauricio Rett que ironiza a burocracia no cotidiano da população.

De um lado a religião, a magia e a superstição; de outro, a racionalidade, a ciência, a tecnologia e o planejamento. Todos esses elementos possibilitavam pensar o mundo em transformação na passagem do século XIX para o século XX.

Foi o estudo dessas questões que levou Weber a pensar na ética protestante e em suas consequências para o desenvolvimento do capitalismo. Ele notou, por meio de dados estatísticos, que muitos homens de negócios e empresários capitalistas, assim como técnicos com sucesso profissional, declaravam-se protestantes. Em seguida, percebeu que os princípios de uma moral ascética, de contenção e autodisciplina, próprios do protestantismo, atuavam de maneira decisiva sobre os indivíduos, levando-os ao trabalho rotineiro, eficaz e produtivo. Além disso, as religiões protestantes não condenavam o lucro e consideravam a prosperidade um sinal de apreço divino e motivo de orgulho. Weber conclui, então, que a ética protestante favorecia o desenvolvimento do capitalismo, orientando seus adeptos às rotinas de trabalho, à economia, ao controle de gastos, de forma muito diferente da ética espiritualista e contemplativa do catolicismo, que valorizava a renúncia e o distanciamento da vida prática, o desapego dos bens materiais e a humildade.

Esse estudo permitiu a Weber perceber como os valores religiosos podem se tornar uma motivação para a ação econômica dos indivíduos que os adotam. Ou seja, como tais valores podem agir de forma consciente sobre as pessoas e como diferentes instâncias sociais — a religião e as atividades econômicas — se entrelaçam e são interdependentes.

Max Weber, um clássico?

Sim, Max Weber tem sido lido, relido e comentado por gerações de pesquisadores das religiões, da economia e do poder. Sua proposta de uma visão não determinista da história já era inovadora quando a formulou e ainda continua válida. Quanto mais estudamos as formas de sociedade e as religiões, mais se torna discutível uma visão única ou evolucionista da dinâmica histórica. Os estudos da diversidade e a força da interdisciplinaridade também são tendências atuais. Enquanto Durkheim, por exemplo, procurava distinguir a Sociologia das outras disciplinas, inclusive das Humanas, Weber procurava suas intersecções.

Italo Calvino escreveu que um clássico é um livro que nunca terminou de dizer aquilo que tinha para dizer. Os estudos de Weber sobre a burocracia ou sobre as religiões estão sempre cheios de novas possibilidades interpretativas. Além disso, sua metodologia compreensiva tem sido lembrada cada vez mais numa sociedade que hoje se virtualiza e que tem, cada dia mais, nas mensagens divulgadas por diferentes veículos, as manifestações mais explícitas das suas relações sociais.

Pintura em óleo sobre painel de Willem Claesz. Heda (1594-1680), *Natureza morta com taça dourada*, 1635 . Essa como outras naturezas-mortas holandesas (país protestante), mostra como a opulência e a riqueza eram desejadas e valorizadas pelos protestantes.

PINGOS NOS "IS"

Procuramos mostrar neste capítulo que os autores clássicos são assim reconhecidos porque suas obras, teorias e conceitos serviram de base para seus sucessores, que construíram as próprias obras ao rever, reler e criticar esses autores. Assim, a visão organicista de Durkheim é contestada por autores que percebem a especificidade das Ciências Humanas e a diversidade das manifestações sociais. Em Weber, é contestado o fato de ter estudado as relações entre religião e produção material sem analisá-las do ponto de vista ideológico. Em Marx, discute-se a falibilidade de suas previsões no que diz respeito à superação do capitalismo, bem como a preconizada ausência de Estado dominante na sociedade comunista.

Mas, por outro lado, são esses autores que nos ajudam a iluminar o caminho quando a realidade, sempre dinâmica e à frente das análises, nos coloca diante de situações novas. Por exemplo, os três autores aos quais dedicamos este capítulo demonstram apreensão diante da revolução tecnológica que aconteceu na Europa embutida na Revolução Industrial do século XIX. Durkheim, baseado nesse estudo, concebeu os conceitos de solidariedade mecânica e solidariedade orgânica, as quais refletem diferentes formas de divisão social do trabalho. Marx desenvolveu uma importante análise sobre o papel da tecnologia no aumento da mais-valia e na maior exploração das horas de trabalho do operário assalariado. Já Weber mostrou-se apreensivo com o "desencantamento" do mundo propiciado pela ciência e pela tecnologia. Pois bem, hoje vivemos a grande revolução da informatização da sociedade, que modifica radicalmente as formas tradicionais de produção, criando o que alguns autores denominam capitalismo pós-industrial ou informacional. Diante dessas transformações, mais do que nunca, é pertinente proceder à releitura dos clássicos e buscar neles a tessitura de suas discussões. Essa foi nossa proposta para este capítulo e assim procederemos ao longo dos próximos.

SOCIOLOGIA NA MÍDIA

HOME | SOBRE | CONTATO | LINKS

POR QUE UMA PESSOA SE MATA?

Será que a morte é o passaporte para essa nova vida?

"Mesmo sendo resultado de uma escolha individual, o suicídio também é visto como uma questão social. O pioneiro no estudo desse campo foi o sociólogo francês Émile Durkheim (1858-1917), com o clássico *O suicídio*, de 1897. 'Existem vários estudos comprovando a influência da cultura, do ambiente e da religião sobre as taxas de suicídio, seja como facilitadores, seja como limitantes', afirma José Manoel Bertolote. Ele e a equipe do Departamento de Saúde Mental e Toxicomanias da OMS (Organização Mundial da Saúde) publicaram recentemente um estudo, numa revista científica norueguesa, mostrando que as taxas de suicídio mais baixas encontram-se em países islâmicos, seguidos de países hinduístas, cristãos (mais baixas em católicos que em protestantes) e budistas, nessa ordem.

As taxas mais altas vêm de países 'ateus', que compunham o antigo bloco comunista: Lituânia, Letônia, Estônia, Rússia, Cuba e China. A religião aparece, portanto, como um mecanismo de 'proteção' contra o comportamento suicida (todas as crenças religiosas condenam, em maior ou menor grau, o suicídio).

Combinada a outras influências, a religião pode ser também fator de estímulo para os 'suicídios altruístas ou heroicos', na definição de Durkheim. Cada membro do grupo está disposto a sacrificar a sua vida em prol das crenças. 'Os casos mais recentes são os dos homens-bomba entre os palestinos e dos suicidas de 11 de setembro, relacionados a situações políticas muito específicas e à crença religiosa islâmica', afirma Maria Cecília de Souza Minayo, doutora em Saúde Pública e professora da Fundação Oswaldo Cruz (Fiocruz), no Rio de Janeiro.

Embora as mulheres sejam mais propícias a ter pensamentos suicidas que os homens, as taxas de suicídio masculino são mais elevadas. E os métodos que eles usam são mais definitivos e violentos, como uso de arma de fogo e enforcamento. Em média, ocorrem cerca de três suicídios masculinos para um feminino — com exceção de algumas regiões da Ásia, em especial na China, onde o número de mulheres que se matam supera o de homens e há mais casos no meio rural que nas cidades —, o que também contraria o padrão mundial.

Cada sociedade tem uma taxa mais ou menos constante de suicídios. No caso do Brasil, a média é de 4,5 suicídios por 100 mil habitantes nos últimos 20 anos. Número relativamente baixo, se comparado à taxa da Finlândia, por exemplo, que é de 23,4 casos em 100 mil pessoas. As taxas brasileiras de suicídio se elevam conforme a idade dos indivíduos, até atingir sua máxima expressão na faixa de 70 anos ou mais, quando chegam a 7,3 suicídios em 100 mil habitantes. Dentro de um país, o Brasil ou outro, as taxas mais altas vêm da comunidade indígena e dos imigrantes, principalmente dos núcleos que perderam muito da sua identidade cultural. Segundo a OMS, há fatores que claramente aumentam a probabilidade de suicídio no grupo social. Taxas de suicídio são altas durante épocas de recessão econômica e de forte desemprego. Também se elevam em períodos de desintegração social e instabilidade política.

'A adolescência e a velhice são os dois momentos mais propícios tanto para a ideação e as tentativas de suicídio quanto para concretização do ato, por razões diferentes', diz Cecília. Na velhice, os motivos com frequência se devem à depressão, a sentimentos de rejeição e abandono e à dificuldade de aceitar certas enfermidades dolorosas e incapacitantes, como o câncer. 'Na adolescência, os problemas de conflito familiar, de dificuldades de identificação, os sentimentos de perda ou de inferioridade, a baixa autoestima, em casos específicos de personalidades com tendências depressivas e de isolamento, podem se associar e resultar em tentativas ou em atos de suicídio', afirma ela."

O cansaço existencial e as crises constantes também alimentam o desejo de morrer.

VOMERO, Maria Fernanda. Por que uma pessoa se mata?. *Superinteressante*. Disponível em: <http://super.abril.com.br/comportamento/por-que-uma-pessoa-se-mata>. Acesso em: jun. 2016.

ATIVIDADES

1 Leia os trechos a seguir e responda à pergunta.

"Na semana passada [nov. de 2012], uma adolescente de 15 anos foi assassinada por causa de um aparelho celular em Higienópolis, bairro nobre de São Paulo. Ela foi mais uma vítima da onda de violência na maior metrópole do país, que, em apenas uma semana, deixou pelo menos 50 mortos.
No mês de setembro, o crime de homicídio registrou um crescimento de 96% na capital, em comparação com o mesmo período em 2011. É o maior índice em um único mês já registrado pelo Estado."

José Renato Salatiel. Violência urbana: homicídios no Brasil superam números de países em guerra. *Página 3 Pedagogia&Comunicação*, nov. 2012. Disponível em: <http://goo.gl/bl3Yeq>. Acesso em: jun. 2016.

"Segundo o Mapa da Violência 2014, um estudo elaborado pela Faculdade Latino-Americana de Ciências Sociais, o número de suicídios entre adolescentes brasileiros cresceu 36,7% entre 2000 e 2012 (o dobro do aumento nas demais faixas etárias). O estudo não acusa as redes sociais. Mas o período em que os suicídios crescem coincide com a ascensão delas."

Alexandre de Santi. O lado negro do Facebook. Revista *Superinteressante*, ed. 348, jun. 2015. p. 32.

Os textos mostram que as taxas de homicídio e de suicídio em São Paulo e no Brasil cresceram entre 2011 e 2012. De acordo com o que você leu sobre as teorias durkheimianas, trata-se de fatos sociais normais? Por quê?

2 Leia com atenção o trecho a seguir e responda: ele descreve uma divisão de trabalho típica da solidariedade mecânica ou orgânica? Por quê?

"No Brasil, em todas as regiões de mangue existem pessoas que vivem da cata do caranguejo, para vender a bares e restaurantes do litoral ou a atravessadores, que comercializam o produto nos grandes centros. São os chamados catadores de caranguejo, que entram no mangue na vazante (maré está baixando), quando as tocas ficam descobertas. Segundo Wagner Robson Klinke, que há 20 anos trabalha capturando caranguejos nos mangues de Cananeia, os catadores passam de 4 a 6 horas num imenso mar de lama, atrás desse crustáceo. Não ficam mais tempo devido ao cansaço que a atividade impõe e pelo regime de marés. [...]"

Edison Barbieri e Jocemar Tomasino Mendonça. Na lama, a dura batalha dos catadores de caranguejos. Disponível em: <ftp://ftp.sp.gov.br/ftppesca/caranguejos.pdf>. Acesso em: jun. 2016.

3 Por que o protestantismo, segundo Weber, teria mais condições de fomentar atividades capitalistas do que o catolicismo?

4 Depois de ler o texto, responda às questões.

"A história de todas as sociedades existentes até hoje tem sido a história das lutas de classes. Homem livre e escravo, patrício e plebeu, barão e servo, mestre de corporação e companheiro, numa palavra, opressores e oprimidos têm permanecido em constante oposição uns aos outros, envolvidos em uma guerra ininterrupta, ora disfarçada, ora aberta, que terminou sempre, ou por uma transformação revolucionária de toda a sociedade, ou pela destruição das duas classes em luta."

MARX, Karl e ENGELS, Friedrich. Manifesto do Partido Comunista. In: *Cartas filosóficas e outros escritos*. São Paulo: Grijalbo, 1977. p. 84.

a) Quais são as classes sociais identificadas pelos autores?

b) De que forma são estabelecidas as relações entre as classes?

c) Como Marx denomina esse processo de transformação social?

EXAMES DE SELEÇÃO

1 **(UFPA, 2012)** Uma das importantes preocupações sociológicas é a questão a respeito dos fatores que tornam possível a existência e a evolução das sociedades. A ideia de "conflito" assume uma posição contraditória, por este ser considerado ora como "motor das transformações", ora como fator que "deixa a sociedade estagnada" e impede a evolução. Em relação às consequências do conflito para sociedade, é correto afirmar:

a) Para Karl Marx, o regime capitalista é capaz de produzir cada vez mais. A despeito desse aumento das riquezas, a miséria continua sendo a sorte da maioria. Essa contradição irá gerar conflitos que, mais cedo ou mais tarde, desencadearão um processo de reforma da sociedade que a reorganizará com critérios científicos.

b) Para Karl Marx, a supressão das contradições de classe deve levar logicamente ao desaparecimento do Estado, pois este é um dos subprodutos ou a expressão dos conflitos sociais.

c) O marxismo exclui a possibilidade de haver um paralelismo entre o desenvolvimento das forças produtivas, a transformação das relações de produção, a intensificação da luta de classes e dos conflitos que marcam a marcha para a revolução.

d) Durkheim diz que os conflitos entre trabalhadores e empresários demonstram a falta de organização ou a anomia parcial da sociedade moderna, que deve ser corrigida com uma revolução do proletariado, que restaure o consenso social.

e) Durkheim acredita que a forma como os indivíduos se organizam socialmente para produzir determina a sua visão de mundo. Ou seja, ele acredita que não é a consciência dos homens que determina a realidade, mas, ao contrário, é a realidade social e principalmente seus conflitos que determinam a consciência coletiva.

2 **(Enem, 2013)**

"O edifício é circular. Os apartamentos dos prisioneiros ocupam a circunferência. Você pode chamá-los, se quiser, de celas. O apartamento do inspetor ocupa o centro; você pode chamá-lo, se quiser, de alojamento do inspetor. A moral reformada; a saúde preservada; a indústria revigorada; a instrução difundida; os encargos públicos aliviados; a economia assentada, como deve ser, sobre uma rocha; o nó górdio da Lei sobre os Pobres não cortado, mas desfeito — tudo por uma simples ideia de arquitetura!"

BENTHAM, J. *O panóptico*. Belo Horizonte: Autêntica, 2008.

Essa é a proposta de um sistema conhecido como panóptico, um modelo que mostra o poder da disciplina nas sociedades contemporâneas, exercido preferencialmente por mecanismos

a) religiosos, que se constituem como um olho divino controlador que tudo vê.

b) ideológicos, que estabelecem limites pela alienação, impedindo a visão da dominação sofrida.

c) repressivos, que perpetuam as relações de dominação entre os homens por meio da tortura física.

d) sutis, que adestram os corpos no espaço-tempo por meio do olhar como instrumento de controle.

e) consensuais, que pactuam acordos com base na compreensão dos benefícios gerais de se ter as próprias ações controladas.

3 **(Unioeste, 2012)** Para Max Weber a economia capitalista não é marcada pela irracionalidade e pela "anarquia da produção". Ao contrário de Karl Marx, que frisava a irracionalidade do capitalismo, para Weber as instituições do capitalismo moderno podem ser consideradas como a própria materialização da racionalidade. Segundo Weber, uma das características do capitalismo moderno é a estrutura burocrática com instituições administradas racionalmente com funções combinadas e especializadas. Para o sociólogo alemão, o controle burocrático é marcado pela eficiência, precisão e racionalidade. Considerando a importância do tema da burocracia na obra de Weber, é correto afirmar que

a) Marx Weber identifica a burocracia com a irracionalidade, com o processo de despersonalização e com a rotina opressiva. A irracionalidade, nesse contexto, é vista como favorável à liberdade pessoal.

b) segundo Weber, a ocupação de um cargo na estrutura burocrática é considerada uma atividade com finalidade objetiva pessoal. Trata-se de uma ocupação que não exige senso de dever e nenhum treinamento profissional.

c) na burocracia moderna os funcionários são altamente qualificados, treinados em suas áreas específicas, enfim, pessoas que têm ou devem ter qualificações consideradas necessárias para serem designadas para tais funções.

d) para Weber, o elemento central da estrutura burocrática é a ausência da hierarquia funcional e a obediência à ordem pessoal e subjetiva.

e) a burocratização do capitalismo moderno impede, segundo Weber, a possibilidade de se colocar em prática o princípio da especialização das funções administrativas.

OUTRAS MÍDIAS

Para assistir

Linha de passe

Direção: Walter Salles. País: Brasil. Ano: 2008.

Em *Linha de passe*, o espectador é apresentado a uma família da cidade Líder, periferia paulistana, composta por Cleuza, uma diarista que está grávida, e seus quatro filhos.

O filme mostra a tensão permanente das classes subalternas por ultrapassarem as barreiras sociais. Para isso, falta estrutura à família, simbolizada nesse caso pela ausência paterna, que enfrenta os obstáculos intransponíveis da sociedade.

Adeus, Lênin!

Direção: Wolfgang Becker. País: Alemanha. Ano: 2003.

O filme trata das mudanças ocorridas na antiga Alemanha Oriental após a queda do Muro de Berlim e da reunificação da Alemanha, com a progressiva reintrodução da parte leste do país na economia capitalista. O enredo permite analisar de que forma a economia e a cultura estão intimamente ligadas e como elas influenciam as relações pessoais e a vida cotidiana.

Dez centavos

Direção: César Fernando de Oliveira. País: Brasil. Ano: 2007.

O filme mostra o cotidiano de um menino que ganha a vida guardando carros no centro histórico de Salvador, no estado da Bahia. Ele mora na periferia e convive com a violência e a desigualdade social. A obra trata da crueldade que está presente na sociedade, mostrando que ações individuais podem amenizar uma dor momentânea, mas não chegam a alterar a totalidade da triste realidade.

Dez centavos pode propiciar boas discussões a respeito do modo de produção capitalista, seus conflitos e a luta pela sobrevivência.

As aventuras do Barão de Münchausen

Direção: Terry Gilliam. País: Inglaterra. Ano: 1988.

Aventura lírica sobre a lenda do Barão de Münchausen, que voa com seu balão por todos os cantos do mundo para encontrar velhos companheiros de luta e, nesse percurso, discute a relação entre mito, razão e ciência.

Para ler

Cartas a uma jovem socióloga

Alain Touraine. Rio de Janeiro: Paz e Terra, 1976.

Publicação de cartas do autor a uma aluna com quem trocou correspondências em 1974 sobre os problemas sociais da época. Permitirá ao leitor aproximar-se de pensamentos e análises sociológicos.

Cordel do manifesto comunista

Medeiros Braga. São Paulo: Alfa Ômega, 2006.

Versão do texto de Marx e Engels em versos de cordel no qual o autor discute a luta de classes, a burguesia e o capitalismo. Trata-se de uma maneira lúdica de apreender alguns conceitos tratados no capítulo.

História da riqueza do homem

Leo Huberman. Rio de Janeiro: LTC, 2010.

Com capítulos curtos, este livro, também considerado um "clássico", apresenta as passagens mais importantes da história Medieval e Moderna mostrando o desenvolvimento do capitalismo, com base no materialismo dialético.

Manifesto comunista

Marx, Karl e Engels, Friedrich. Rio de Janeiro: Paz e Terra, 1998.

Publicado em 1848, produzido no contexto das revoltas de 1848 na Europa, esse manifesto é considerado um dos mais importantes e contundentes documentos políticos da sociedade contemporânea, tendo servido de base para a maioria das interpretações políticas e econômicas que se fazem dela.

Para conhecer

Núcleo Interdisciplinar de Estudos e Pesquisas sobre Marx e o Marxismo

<www.niepmarx.com.br/>

Pertencente à Universidade Federal Fluminense, o *site* do Núcleo Interdisciplinar de Estudos e Pesquisas sobre Marx e o Marxismo (NIEP-MARX), criado em 2003, reúne professores das áreas de História, Sociologia, Economia, Educação e Arquitetura, entre outros estudiosos da realidade brasileira e do materialismo histórico.

Centro Brasileiro de Estudos Durkheimianos

<www.durkheim-br.org>

Sediado na Universidade Federal do Rio Grande do Sul, o Centro Brasileiro de Estudos Durkheimianos é voltado para o debate acadêmico e a formação de especialistas em diferentes níveis universitários e divulga eventos, publicações e vídeos.

Revista Sociologia, Ciência & Vida

<http://sociologiacienciaevida.uol.com.br/ESSO/>

Revista bimestral que traz artigos atuais que estudam os fenômenos sociais, procurando aproximar a teoria sociológica do dia a dia do leitor.

Porta Curtas

<portacurtas.org.br>

Apresenta um acervo com mais de mil filmes de curta-metragem, disponíveis para assistir, sobre os mais diferentes temas, entre eles, materiais que podem servir de base para discussões sobre a sociedade contemporânea e o conhecimento científico.

O *site* fornece dados catalográficos, além de um banco que reúne informações de diversos curtas brasileiros produzidos na década de 1980 e alguns anteriores.

Café com Sociologia

<www.cafecomsociologia.com/>

Criado por um professor de Ciências Sociais, o *blog* divulga informações, ideias, dicas de aula, vídeos, textos, eventos etc. Aborda diversos temas das Ciências Sociais, entre eles a socialização.

Capítulo

3

Sociologia no Brasil

Objetivos

- Apresentar o contexto histórico em que o campo científico brasileiro se desenvolveu com base nas perspectivas dos períodos colonial e imperial.
- Discutir aspectos históricos como a industrialização como essenciais para o desenvolvimento da sociedade brasileira.
- Analisar gerações distintas de intelectuais e teóricos que contribuíram para a formação da Sociologia no Brasil: pioneiros, clássicos e contemporâneos.

A Arte, como a Sociologia, abrange diferentes momentos históricos de uma sociedade. As imagens de grandes artistas do Brasil, cada um em sua própria perspectiva, têm em comum a busca ou a afirmação da identidade do que é ser brasileiro. Desde meados do século XIX, artistas e pensadores se dedicam a descobrir e a representar essa identidade. Esse tema será tratado neste capítulo, assim como as desigualdades sociais, frutos da herança colonial e do desenvolvimento capitalista tardio no país, além de outros elementos importantes no processo de formação do Brasil.

PINACOTECA DO ESTADO DE SÃO PAULO, SÃO PAULO

Pintura em óleo sobre tela, de José Ferraz de Almeida Júnior (1850-1899), *Caipira picando fumo*, feita em 1893.

MUSEUS CASTRO MAYA, RIO DE JANEIRO

Pintura de Jean-Baptiste Debret (1768-1848), *O jantar no Brasil, em Viagem pitoresca e histórica ao Brasil* (1834-1839).

MUSEU NACIONAL DE BELAS ARTES, RIO DE JANEIRO

Pintura em óleo sobre tela de Victor Meirelles (1832-1903), *A primeira missa no Brasil*, de 1861.

ACERVO GOUVEA VANEAU, SÃO PAULO

Capa do programa de divulgação da peça *Auto da Compadecida*, de Ariano Suassuna, em 1978.

Para refletir

1. Em quais aspectos você se considera brasileiro? Caso você seja estrangeiro, responda: em sua opinião, o que é "típico" de um brasileiro?
2. Segundo as notícias veiculadas atualmente, quais são os principais problemas do país?
3. Quais são, para você, as características que definem a identidade brasileira?

Para entender o contexto

Nos capítulos anteriores, você conheceu o desenvolvimento do pensamento sociológico com base nas condições históricas da Europa após o Renascimento. Esse processo teria culminado na elaboração científica do pensamento social, no século XIX, quando a Sociologia conseguiu adquirir autonomia em relação à Filosofia social por desenvolver conceitos e métodos de análise específicos. Na América Latina e, em particular, no Brasil, o processo de formação, organização e sistematização do pensamento sociológico também seria influenciado pelo desenvolvimento do capitalismo.

Enquanto a Sociologia na Europa refletia sobre a própria Europa, na América Latina ela deveria lidar com um complexo social que combinava a influência secular da cultura europeia, a herança colonial e as contradições típicas do capitalismo industrial.

Além dessas questões, a Sociologia latino-americana, em geral, e a brasileira, em particular, deveriam ser capazes também de afastar-se da visão **eurocentrista** que dominava a Sociologia.

Termos e conceitos

Eurocentrismo: tendência, presente em diversos campos da ciência, especialmente nas Ciências Humanas, de considerar a Europa como o estágio mais avançado de desenvolvimento da civilização humana, impondo-a como modelo de comparação aos demais países.

Dessa forma, questões étnicas ligadas às relações com os indígenas e a existência prolongada da escravidão, as relações internacionais e a difícil modernização das instituições políticas e econômicas eram temas que exigiam um pensamento sistemático que gerasse políticas de intervenção. O desenvolvimento das Ciências Humanas e Sociais viria explicitar essas indagações e buscar soluções que deveriam ser próprias e específicas. Assim, se o pensamento sociológico, por um lado, espelhava-se na Europa, por outro, deparava-se com questões muito peculiares, que exigiam de intelectuais e cientistas um profundo mergulho na realidade brasileira.

RICARDO AZOURY/PULSAR IMAGENS

A visão de mundo das ordens católicas estava impressa nas paredes e no teto das igrejas para a leitura dos fiéis. Imagem do teto da Igreja da Matriz de Santo Antônio, Itaverava, Minas Gerais, realizada por Manuel da Costa Athaíde.

Contexto histórico da sociedade brasileira

Desde o início da colonização do Brasil as ordens religiosas da Igreja Católica disseminaram sua visão de mundo. Os jesuítas, membros da Companhia de Jesus, uma das principais ordens católicas da época, exerceram durante quase três séculos uma espécie de monopólio do conhecimento, o que inclui a educação, o pensamento dito culto e a produção artística.

Os jesuítas, baseados na escolástica, método que concilia a fé cristã com o pensamento racional, introduziram um sistema que combinava a exploração do trabalho indígena com o ensino religioso. A catequese e a evangelização foram, portanto, instrumentos de colonização empregados para subordinar a Colônia aos interesses da Coroa portuguesa e da Igreja Católica. Implantou-se uma visão de mundo erudita e religiosa, baseada em princípios universalistas, pouco propícia ao entendimento da realidade política e social da Colônia. Essa visão separava as populações escravizadas das camadas letradas, compostas pelos que se dedicavam ao saber e não ao trabalho braçal. Esse processo conduziu a cultura colonial no Brasil por três séculos.

A visão de mundo e os estratos médios do século XVIII

A exploração mineral no século XVIII mudaria a economia e a sociedade colonial ao impulsionar a urbanização e promover o desenvolvimento comercial e a integração regional. Até então, as atividades produtivas da Colônia estavam vinculadas à agricultura e à produção de açúcar. Por causa da mineração de ouro e diamantes, foi criado um cenário propício para que surgissem novas ocupações livres para os estratos médios da sociedade: comerciantes, artífices, funcionários da administração, fiscais e controladores da extração de minérios e da exportação, entre outras atividades.

A população da sociedade mineradora era diferente da sociedade açucareira: pela primeira vez, os homens livres eram mais numerosos do que os escravos. Essa camada intermediária livre e sem propriedades se tornava consumidora da cultura europeia, em especial a de origem francesa. Esse grupo buscava criar uma identidade nova para se diferenciar dos escravizados incultos, assim como da elite colonial conservadora. Para isso, contou com o ensino praticado pelas ordens religiosas estabelecidas em Minas Gerais, área central da mineração, bastante avançada em comparação às outras regiões do país.

O Seminário de Mariana, em Minas Gerais, fundado em 1750, formou letrados, entre padres, funcionários civis, militares e comerciantes. Nas Artes Plásticas, surgiram manifestações importantes com o desenvolvimento de um barroco original e, na música, compositores se destacaram pela qualidade de suas obras musicais. Apenas no campo científico a produção era mínima, com poucos religiosos dedicados à Geografia e à Mineralogia. Predominava o saber erudito dirigido aos estudos jurídicos.

J. L. BULCÃO/PULSAR IMAGENS

No século XVIII, foram criados vários seminários episcopais na Colônia; entre eles o de Olinda (na imagem ao lado, de 2011), em Pernambuco, fundado em 1800, mais liberal e eclético, que ajudou a difundir as ideias iluministas com forte influência na Revolução Pernambucana de 1817.

RUBENS CHAVES/ PULSAR IMAGENS

O Seminário Maior São José na cidade de Mariana (em foto de 2011), em Minas Gerais, tendia a ser mais conservador. Esses seminários, seguindo as orientações do Concílio de Trento, realizado entre 1545 e 1563 (reação da Igreja Católica contra a ascensão do protestantismo), tinham a função de homogeneizar intelectual e teologicamente o clero colonial.

A visão de mundo da Corte e o século XIX

O pensamento **iluminista**, inspirado pela Universidade de Coimbra, foi propagado no Brasil após a transferência da Corte portuguesa para a Colônia em 1808. Com isso, a visão de mundo religiosa, predominante na Colônia foi confrontada por uma visão mais laica e racionalista. Isso resultou no esforço de D. João VI em modernizar o Brasil com a fundação da Imprensa Real, da Escola Real de Ciências, Artes e Ofícios, da Academia de Belas-Artes e dos primeiros cursos universitários.

Apesar desse avanço, ainda era grande a influência cultural, artística e intelectual europeia — da língua à literatura, da religião às artes, dos modelos de pensamento à mentalidade, tudo o que vinha da Europa era valorizado como moderno, civilizado e apropriado. Diante dessa visão eurocêntrica de mundo, o Brasil aparecia como uma sociedade atrasada e dependente, que despertava o interesse principalmente de viajantes, comerciantes e naturalistas.

Recrutavam-se, nas camadas intermediárias, intelectuais dispostos a servir à Corte e às camadas dominantes com o objetivo de reproduzir uma ideologia elitista e depreciativa. A produção cultural havia se tornado mais constante e efetiva, mas continuava sendo ditada pelas normas europeias, que tinham por objetivo organizar um saber descritivo e funcional, além de ostentatório. O diploma tinha quase a mesma importância de um título de propriedade da terra, pois, nessa sociedade **arrivista**, com uma vasta população miscigenada, anônima e estrangeira, a distinção social era percebida não só por meio da posse de bens como também dos privilégios sociais. Estudar, instruir-se, nas poucas instituições existentes, era, sem dúvida, um privilégio que os diplomados faziam questão de exibir.

O distanciamento da camada culta em relação à maioria da população era tão grande que, mesmo quando o conhecimento levava à rebelião, como na Conjuração Mineira (1789) e na Revolução Pernambucana (1817), a elite rebelde se via diante de uma constrangedora contradição: a atividade intelectual crítica, de inspiração liberal, era exercida por pessoas que pertenciam ou dependiam da elite dominante, em uma sociedade ainda colonial e escravista. Por isso, a separação entre os rebeldes e o restante da população escravizada e espoliada impedia que os movimentos da população se transformassem em revolução.

Termos e conceitos

Iluminista: adjetivo que se refere ao movimento filosófico, político e social que se difundiu pela Europa, especialmente na França, nos séculos XVII e XVIII, e que se baseava na fé e na racionalidade como meios legítimos para alcançar a verdade. O Iluminismo foi um pensamento predominantemente laico, republicano e liberal.

Arrivista: aquele que faz qualquer coisa para "vencer na vida", mesmo que prejudique os outros.

FUNDAÇÃO BIBLIOTECA NACIONAL, RIO DE JANEIRO

Cronistas e artistas estrangeiros, conhecidos como viajantes, que alcançaram o país durante o período colonial registraram o assombro do "atraso" da Colônia em relação à Europa, onde a natureza intocada pelo ser humano era praticamente inexistente, ao contrário do que acontecia no Brasil. Litografia *Cascata da Tijuca*, feita entre 1822 e 1825, por Johann Moritz Rugendas, publicada na obra *Viagem pitoresca através do Brasil*.

As análises de alguns temas abordados pelos intelectuais e artistas da época, como a terra, a nação e a pátria, seguiam os preceitos estrangeiros. A forma e a linguagem eram estrangeiras, mas o motivo era nacional. Para realizar a análise de uma realidade concreta como o Brasil, por exemplo, é obrigatório que se desenvolvam conceitos adequados ao país, para que se possa fazer uma elaboração teórica condizente a essa realidade. Dificilmente os conceitos podem ser transplantados e aplicados a realidades diferentes sem uma necessária aclimatação. Isso caracterizava uma nova forma de alienação, o que colaboraria para o desenvolvimento tardio da ciência no Brasil.

De modo geral, ao longo do século XIX, à medida que as instituições herdadas do período colonial, como a escravidão e a monarquia, começaram a ser questionadas, o cenário científico também foi discutido. Intelectuais críticos, liberais e republicanos começaram a se incomodar com o atraso do país em relação à participação da população na vida política e ao funcionamento eficiente das instituições modernas, como os partidos políticos e o Congresso. Não demorou para que expressassem novos anseios e ideias, divulgando-os por meio da imprensa e das artes. Esse grupo de intelectuais, conhecidos como "geração de 1870", era composto de intelectuais de diversas tendências, como **Joaquim Nabuco**, Alberto Salles (1857-1904) e Nina Rodrigues (1862-1906). Aproveitando o afrouxamento da envelhecida oposição entre liberais e monarquistas, eles se propuseram a estudar o país em questões problemáticas, como a abolição da escravatura e a política racial. Não formavam um grupo coeso, pois as ideias eram pouco compartilhadas, mas usavam recursos novos, como o jornalismo e os comícios, que apontavam para um espaço público em formação.

Joaquim Aurélio Barreto Nabuco de Araújo (1849-1910)

Diplomata, historiador, jornalista e político, nasceu em Recife, Pernambuco. Um dos fundadores da Academia Brasileira de Letras, foi ferrenho defensor da libertação dos escravizados, e apoiava a monarquia.

OLIVEIRA LIMA LIBRARY/THE CATHOLIC UNIVERSITY OF AMERICA, WASHINGTON

Vídeo

Quanto vale ou é por quilo?

Décadas de mudanças

O crescimento da população, a expansão da produção cafeeira e a implantação das primeiras ferrovias, no último quartel do século XIX, foram fatores que levaram os pequenos grupos urbanos espalhados pela cidade a terem maior participação política. Além disso, a indústria, ainda que não fosse o centro da economia, já gerava riqueza e criava as bases para o surgimento de uma burguesia com interesses próprios, que entraria em confronto com os proprietários rurais no século XX.

Tudo isso se refletiu na criação literária e na crítica social, que, por sua profundidade de análise da realidade, podem ser consideradas obras precursoras dos estudos sociológicos no Brasil.

Entre os exemplos, na literatura, estão as obras do maranhense **Aluísio Azevedo** que trata de aspectos sociais como o abolicionismo, em *O mulato*, de 1881, e o crescimento populacional urbano, em *O cortiço*, de 1890; e Adolfo Caminha (1867-1897), pioneiro ao tratar a homossexualidade na obra *Bom crioulo*, de 1895. Já na área de análise social, está Tobias Barreto (1839-1889), que se dedicou ao estudo do pensamento alemão, opondo-se à influência francesa dominante na época.

Aluísio de Azevedo (1857-1913)

Romancista, contista, diplomata, artista plástico e jornalista, nasceu em São Luís (MA). Viveu e estudou nos Estados Unidos. Escreveu romances importantes como *O mulato*, em que se manifestou como um antiescravista convicto.

COLEÇÃO PARTICULAR

Rui Barbosa de Oliveira (1849-1923)

Nasceu em Salvador, Bahia, foi jurista, diplomata, escritor, tradutor e orador. Republicano, defendeu a abolição e foi um dos autores da Constituição da Primeira República. Foi membro fundador da Academia Brasileira de Letras e teve destaque na vida pública.

FUNDAÇÃO BIBLIOTECA NACIONAL, RIO DE JANEIRO

Outros exemplos importantes são Joaquim Nabuco e **Rui Barbosa**, no Rio de Janeiro, ambos abolicionistas e atuantes na política de transição do Império para a República. Devem ser lembrados ainda, sobretudo na literatura, Machado de Assis (1839-1908) e Castro Alves (1847-1871), bem como Sílvio Romero (1854-1914) — que se destacou na crítica literária — e **Euclides da Cunha**, autor de *Os sertões* (1902).

De alguma forma, esses autores contribuíram para representar o tipo de pensamento recorrente no Brasil (identidade, costumes, cultura, economia e formação histórica e sociopolítica) como principal objeto de observação, estudo e análise.

Paralelamente, também começou um lento desenvolvimento científico. Em 1874, surgiu a Escola Politécnica de Ouro Preto (MG) e, em 1893, a Escola Politécnica de São Paulo (SP). Só no início do século XX foi fundado o Instituto Manguinhos, no Rio de Janeiro (RJ), que impulsionaria a criação de outras instituições de pesquisa científica, tais como o Instituto Biológico e o Instituto Butantã, em São Paulo (SP), o Instituto Agronômico, em Campinas (SP), o Instituto de Patologia Experimental, em Belém (PA), e o Instituto Borges de Medeiros, em Pelotas (RS).

Euclides da Cunha (1866-1909)

Nasceu no município de Cantagalo, Rio de Janeiro. Engenheiro, militar, jornalista, sociólogo, poeta e romancista, Euclides da Cunha foi o enviado do jornal *O Estado de S. Paulo* para cobrir a Guerra de Canudos (1896-1897), na Bahia, em que tropas federais travaram batalha contra os camponeses seguidores de Antônio Conselheiro (1830-1897). Ele fez um relato detalhado dessa batalha e publicou com o título *Os sertões*. Essa obra é um manifesto sobre a resistência camponesa contra a violência das tropas federais.

FUNDAÇÃO BIBLIOTECA NACIONAL, RIO DE JANEIRO

ROGÉRIO REIS/PULSAR IMAGENS

O Instituto Manguinhos, localizado na cidade do Rio de Janeiro (RJ), fundado em 1900, pertence atualmente à Fundação Oswaldo Cruz (Fiocruz). Planejado para desenvolver vacinas e soros — o prédio em estilo mourisco foi concluído em 1918 —, concentrou parte do conhecimento biológico e médico do país em sua época. É a mais importante instituição de ciência e tecnologia em saúde pública da América Latina. Seu principal objetivo é pesquisar e tratar de doenças típicas das regiões tropicais. Foto de 2010.

Os precursores

Os novos desafios propostos pela República impulsionaram a emergência de um pensamento sociológico no Brasil. Surgiram autores que procuravam pensar os contrastes, os movimentos sociais do campo — entre eles a Guerra de Canudos — e a formação do país. O sociólogo **Octavio Ianni** (1926-2004), em um estudo sobre o desenvolvimento da Sociologia no Brasil, elaborado nos anos 1990, chamou esses pensadores de "precursores", ao mostrar a importância de suas obras para o entendimento do que era o Brasil no final do século XIX. Euclides da Cunha, por exemplo, acompanhou o movimento de Canudos e sintetizou o movimento popular no livro *Os sertões*. Nessa obra, ele discorda da ideia do determinismo racial, de que o cruzamento de raças gerava "desequilíbrios étnicos", ideia amplamente aceita pelos intelectuais da época. Além disso, descartou a acusação de que o movimento liderado por Antônio Conselheiro defendia a volta à monarquia, interpretando-o como um confronto entre as forças civilizadas, do litoral, com as do interior, caracterizado pelo isolamento geográfico e histórico.

Joaquim Nabuco, Sílvio Romero e José Veríssimo (1857-1916), também apontados como "precursores", dedicaram-se a analisar a questão racial. Nabuco, em sua obra *O abolicionismo* (1883), compreende que o escravismo não é apenas um dos problemas estruturais do Brasil, mas o problema por excelência, sobre o qual foram estabelecidas a construção política, econômica, social e moral do país. Ou seja, ele revela que a base política deixada pelo colonizador permaneceu viva na monarquia. Inspirado pelo positivismo, Sílvio Romero conduziu estudos sociais, além de coletar expressões da cultura popular como contos e cantos. Ligado a Euclides da Cunha, defendeu o olhar sociológico ao apontar a miscigenação como fator singular na formação cultural brasileira, embora, como outros de sua época, defendesse a política do branqueamento racial da população. O jornalista, professor, educador, crítico e historiador literário paraense José Veríssimo, autor de vários estudos sobre a Amazônia e sobre história e crítica literárias, também foi influenciado pelas ideias de Auguste Comte. Ele concluiu que as origens brasileiras estavam no indígena — que via com a lente evolucionista, sem, no entanto, poupar críticas ao processo de colonização.

Entretanto, a Sociologia como atividade autônoma, voltada para o conhecimento sistemático e metódico da sociedade, começou a ser formalizada apenas na década de 1930, com a fundação da Universidade de São Paulo, que incrementou a produção científica nacional.

Octavio Ianni (1926-2004)

Formou-se, em 1954, em Ciências Sociais pela Universidade de São Paulo, onde se tornou professor. Em virtude do Ato Institucional nº 5 (AI-5), aposentou-se e foi contratado pela Pontifícia Universidade Católica de São Paulo. Deu aulas em universidades estrangeiras como professor convidado, na Universidade Estadual de Campinas e na Escola de Comunicações e Artes da Universidade de São Paulo. Escreveu inúmeros livros dedicados aos estudos das desigualdades sociais, às teorias da globalização e aos meios de comunicação de massa.

CELIO JR./ESTADÃO CONTEÚDO

Termos e conceitos

Oligarquia: pequeno grupo de pessoas, muitas vezes unidas por laços de parentesco, que detêm poder político e compartilham posição social semelhante, interesses e ideologias convergentes.

O advento da burguesia

A Proclamação da República, em 1889, pôs na pauta nacional a questão sobre a construção do Brasil. Inicialmente, essa discussão ocorreu nos bastidores do poder, com conflitos entre a **oligarquia** agrária e os grupos sociais ascendentes — a burguesia industrial e as camadas médias.

Em 1894, a eleição de Prudente de Morais (1841-1902) fez prevalecer o esquema conhecido como política do café com leite, que alternava entre São Paulo e Minas Gerais o comando do governo federal.

O domínio das oligarquias agrárias, entretanto, não impediu o desenvolvimento do capitalismo industrial no Brasil. A utilização da mão de obra assalariada em vez da escravizada, mesmo com a enorme concentração de renda existente, impulsionou o crescimento do mercado interno. A vinda de imigrantes para a agricultura cafeeira, estimulada pela crise econômica e política da Europa, resultou no crescimento urbano e comercial. Esses fatores garantiam a lenta mas contínua expansão do capitalismo no Brasil. O seu principal efeito foi desenvolver uma burguesia nacional.

Entre os pioneiros do desenvolvimento industrial do Brasil, são apontados, entre outros: Francisco Matarazzo (1854-1937), imigrante italiano que se dedicou inicialmente à indústria alimentícia, cujo sucesso o faz responsável por cerca de 300 empresas; Jorge Street (1863-1939), empresário progressista que atuou no campo da tecelagem, criador da Vila Maria Zélia, em São Paulo; Júlio de Mesquita (1862-1927), que, de colaborador no jornal *Província de São Paulo*, tornou-se proprietário do primeiro jornal de âmbito nacional, desvinculado de partidos políticos. Esses, como os descendentes da família Prado e o arquiteto Ramos de Azevedo (1851-1928), teriam sido os responsáveis pelo desenvolvimento de uma mentalidade industrial desenvolvimentista no Brasil.

COLEÇÃO PARTICULAR

A charge do gaúcho Alfredo Storni, publicada em 1926, na revista ilustrada *Careta*, do Rio de Janeiro, chama a atenção do leitor para o fato de que os ocupantes do "novo governo" são tão poderosos que qualquer outro político parece minúsculo. A legenda referente ao desenho é: " O PEQUENO: – Há um lagartinho para mim nesse 'tema'? OS GRAÚDOS: – Tem paciência, mas o 'scratch' está completo com elementos de São Paulo e Minas." . Na época, o jargão futebolístico era constituído por termos em inglês como *team* e *scratch*, por causa da origem inglesa do jogo.

Essa elite tinha interesse em tirar o Brasil da condição de um país essencialmente agrário para torná-lo uma força industrial. Por esse objetivo, estava disposta a intervir na sociedade e na vida pública, modernizando o país.

Como classe social emergente, a elite necessitava de um saber menos vinculado à estrutura social herdada da colonização, e com condições de transformar o país em uma nação capitalista menos dependente da economia internacional, e com condições de criar as instituições necessárias para o desenvolvimento, assim como para confrontar o conservadorismo político e social ainda existente. Além de combater as oligarquias agrárias, era preciso instruir e emancipar as camadas populares. Acreditava-se ser esta a forma eficiente de desenvolver novas necessidades e atitudes políticas, compatíveis com uma nação independente.

Começou a partir daí uma tentativa de ruptura com a herança cultural do passado: procurou-se combater o analfabetismo, homogeneizar os valores e criar um sentimento de patriotismo que levasse a mudanças reais na estrutura social.

Nas décadas de 1910 e 1920, houve o crescimento do peso e da influência da burguesia industrial na sociedade brasileira. A Primeira Guerra Mundial, iniciada em 1914, impulsionou o crescimento industrial com a substituição de produtos importados pelos nacionais. Por outro lado, a superprodução cafeeira gerou uma crise sem precedentes, provocando a falência de inúmeras famílias tradicionais de cafeicultores. Em 1929, o cenário se agravou com a crise financeira em Wall Street, nos Estados Unidos, o que impossibilitou os empréstimos para os endividados. Esse quadro desolador para os proprietários agrários fortaleceu a burguesia. Os influentes jornais regionais, como *O Estado de S. Paulo* e o *Diário Nacional*, do Rio de Janeiro, fizeram ecoar, entre as elites, os ideais dessa classe que procurava modernizar o país e reunir as diferentes regiões sob um mesmo conjunto de ideias. O sentimento nacionalista deveria ser incentivado para insuflar o espírito desenvolvimentista na população.

Esse sentimento nacionalista se expressava por meio da defesa e da valorização da produção nacional pela elevação das taxas alfandegárias sobre os produtos importados. Mais tarde, com o crescente interesse do capital estrangeiro em investir no país, esse nacionalismo passou a defender ideias e medidas mais radicais, além de convocar as diversas classes sociais a exercer seu papel transformador da sociedade. Repudiava-se todo traço de colonialismo e de importação cultural e, nas artes, assim como na literatura, buscava-se uma forma de expressão que representasse o país e sua especificidade. Esse movimento reorientou o pensamento social, traduzido nos estudos históricos, na crítica literária e nas análises sociológicas.

A década de 1920

Os principais acontecimentos políticos dos anos 1920, que resultaram na Revolução de 1930, liderada por Getúlio Vargas, marcaram profundamente os debates sobre a realidade nacional e a discussão sobre o que é ser brasileiro, no confronto entre as tradições, a modernidade, a herança colonial e a influência estrangeira. A Semana de Arte Moderna de 1922, que teve em todas as suas manifestações artísticas a síntese crítica de ruptura com tudo o que era atrasado e impeditivo do desenvolvimento social brasileiro, foi um marco expressivo na modernização do país.

COLEÇÃO PARTICULAR

Cartaz com ilustração de Di Cavalcanti (1897-1976) para o catálogo da Exposição da Semana de Arte Moderna de 1922.

Em 1926, uma proposta diferente sobre esse tema foi apresentada por **Gilberto Freyre**, com o seu manifesto regionalista, que tenta resgatar o caráter regional da cultura nacional criada desde a Colônia, em busca das nossas raízes, em confronto com as modernidades.

Gilberto Freyre (1900-1987)

Nasceu em Recife, Pernambuco, foi escritor, ensaísta, sociólogo, jornalista e historiador, responsável por uma das mais importantes interpretações sobre a realidade brasileira: a constatação da riqueza de nossa heterogeneidade étnica, análise otimista que deu origem à ideia de democracia racial, expressão usada por seus comentaristas. Sua formação intelectual consiste em uma pós-graduação em Ciências Sociais na Universidade de Columbia, nos Estados Unidos, sob a influência do antropólogo alemão Franz Boas (1858-1942), crítico do método evolucionista. A dissertação de mestrado de Freyre, *A vida social do Brasil no século XIX*, preparou o caminho para sua obra mais conhecida, *Casa-grande & senzala*, publicada em 1933. Deu continuidade a essa obra com dois outros livros, *Sobrados e mocambos* (1936) e *Ordem e progresso* (1957).

ARQUIVO DP/D.A PRESS

Ainda na década de 1920, também foi verificada maior politização das camadas médias das cidades e da classe trabalhadora. Em 1922, nasceu o Partido Comunista Brasileiro (PCB), reflexo da militância e do crescimento da classe operária no Brasil.

A classe média urbana se expressou apoiando o movimento tenentista, liderado pela jovem oficialidade de baixa patente do Exército, que queria a reforma política/eleitoral e educacional no país. Ao longo da década, o movimento passou a se expressar por revoltas armadas, sendo a mais conhecida a chamada Coluna Prestes, liderada por Luís Carlos Prestes (1898-1990).

Entretanto, a repercussão mundial da crise estadunidense de 1929 fez recuar o otimismo que imperava no Brasil, sustentado pela crença no progresso como caminho natural das sociedades. Foi nesse momento de crise que a visão crítica se desenvolveu e ajudou a sistematizar a Sociologia como área científica no Brasil.

Outros fatores históricos do período posterior à Primeira Guerra Mundial também contribuíram para essa ruptura, como a mudança do eixo político, econômico e cultural do mundo da Europa para os Estados Unidos. A decadência do velho continente europeu obrigou intelectuais a reverem suas posições de subserviência em relação a ele.

ALFREDO STORNI - FUNDAÇÃO BIBLIOTECA NACIONAL, RIO DE JANEIRO

Novamente uma charge de Alfredo Storni, agora criticando o voto de cabresto, revista *Careta*, 1927. A dama, que representa a soberania popular, não sai da urna, mas está ao lado dela, explicitando que o voto de cabresto não representa a vontade popular. A reforma do sistema eleitoral, com a implantação do voto secreto, era uma das principais reivindicações do movimento tenentista, pois, na época, o voto era dito em voz alta pelos eleitores, o que permitia o controle dos políticos sobre eles.

Institucionalização do ensino e divulgação da Sociologia

Na década de 1930, diversos intelectuais passaram a se ocupar com algumas questões gerais, entre as quais o interesse por descobrir o Brasil "verdadeiro", não mais o Brasil colonizado, que havia sido estudado sob a visão metropolitana da Europa. Outra preocupação era entender o nacionalismo como um sentimento capaz de unir as diversas camadas sociais em torno de questões nacionais e como inspiração para as políticas econômicas de proteção ao comércio e à indústria. E, especialmente, a valorização do cientificismo como principal forma de conhecer e explicar a nação. É nesse contexto que se pode entender a proposta do ministro Francisco Campos (1891-1968), em 1931, de incluir a disciplina de Sociologia no nível que hoje equivale ao Ensino Médio.

O impulso para a emergência desses estudos veio da necessidade de entender a nova realidade do país nascida da Revolução de 1930. A crise econômica e financeira que atingiu o país nos anos 1920 — crise de superprodução de café, crise de 1929 nos Estados Unidos —, somada às demandas políticas e sociais dos setores não oligárquicos, pôs fim à política do "café com leite".

A elite paulista, afastada do poder pela Revolução de 1930, reagiu militarmente com a Revolução Constitucionalista de 1932, que exigiu a convocação de eleições para uma Assembleia Constituinte e um novo presidente para o Brasil. Superado em força, o movimento foi derrotado.

A nova realidade fez a elite paulista compreender que deveria elaborar uma nova estratégia para ter influência nacional. Ela deveria se pautar pela divulgação de ideias e análises que refletissem o seu modo de pensar e que fossem capazes de moldar o país. Dedicaram-se, então, à criação de uma universidade que cumprisse esse papel, cujo núcleo pensante seria a Faculdade de Filosofia, Ciências e Letras, em conjunto com a Escola Livre de Sociologia e Política de São Paulo, fundada em 1933. No ano seguinte, é criada a Universidade de São Paulo, dentro da qual funcionaria a Faculdade de Filosofia, Ciências e Letras. Assim, distintas vertentes de preocupação sociológica e nacionalista se contrapõem, mostrando diferentes maneiras de ver — e compreender — o país.

A Escola Livre de Sociologia e Política tinha influência estadunidense; já a Faculdade de Filosofia, Ciências e Letras tinha influência francesa. Ambas tinham a missão de formar intelectuais capazes de compreender o Brasil. A FFCL pôde, por diversos motivos, adotar uma postura crítica em relação à realidade brasileira e desenvolver a pesquisa de forma mais original. Isso se justifica, em parte, por ter sido apoiada por setores progressistas da elite paulista e pela presença de vários imigrantes com origem em uma classe média culta em seu corpo de estudantes. Entre eles, havia um grande número de judeus e mulheres.

Por sua vez, na capital — na época o Rio de Janeiro — o desenvolvimento das Ciências Sociais foi dificultado pela falta de interesse do Estado em apoiar a universidade se não fosse para formar funcionários para atuar no serviço público.

ACERVO MEMORIAL DA RESISTÊNCIA

CAPH-USP

A criação de duas escolas de Sociologia em São Paulo não era apenas a demonstração da força econômica da burguesia industrial e da elite agrária paulista, era também o reflexo do debate existente em relação ao que era o Brasil e de como desenvolvê-lo, pois cada faculdade seguia escolas sociológicas diferentes e apresentava perspectivas variadas em relação aos temas em debate. Na imagem colorida, o prédio da Fundação Escola de Sociologia e Política de São Paulo, em 2006, e na outra, o palacete Jorge Street, no centro da capital do estado de São Paulo, onde funcionou a FFCL-USP de 1938 a 1949.

Caio Prado Jr. (1907-1990)

Nasceu na cidade de São Paulo (SP), foi geógrafo, historiador e político. Formou-se em Direito, participou da criação da Universidade de São Paulo e foi deputado estadual pelo Partido Comunista Brasileiro. Sua obra clássica é *Formação do Brasil contemporâneo*, de 1942.

MARIO LEITE/ESTADÃO CONTEÚDO

Os clássicos

Nesse cenário, despontaram os intelectuais da chamada geração de 1930, entre eles Caio Prado Jr. (1907-1990), Gilberto Freyre, Sérgio Buarque de Holanda (1902-1982) e Fernando de Azevedo (1894-1974). Octavio Ianni os chama de "clássicos" e reconhece em seus principais trabalhos a preocupação em compreender os mecanismos da sociedade civil e suas relações com o Estado. Eles procuravam avaliar o peso do passado e das tradições no destino da nação, apontando que as estruturas arcaicas herdadas do período colonial ainda resistiam na sociedade. Enfim, esses intelectuais revisitaram a história do país, identificaram ciclos históricos e avaliaram quais as possibilidades viáveis e reais de modernização.

Caio Prado Jr. foi um dos pioneiros a usar o método marxista para analisar a realidade brasileira. Sua primeira obra importante, *Evolução política do Brasil*, foi publicada em 1933. Nela, o autor compreende o Brasil do século XX a partir de sua origem colonial. Analisa os acontecimentos históricos como resultado de uma conjuntura colonial original. A partir dessa obra é possível entender fenômenos históricos e sociais, como o modelo econômico agrário-exportador ou as relações familiares de estilo patriarcal. Nesse sentido, a sua análise parte de uma dialética entre o passado e o futuro do país, pois encontra no sistema colonial o sentido da formação da nacionalidade do seu tempo.

Caio Prado Jr. foi o fundador da revista *Brasiliense*, que dirigiu durante muitos anos. Em 1942, publicou outra obra de grande repercussão, *Formação do Brasil contemporâneo*.

Sérgio Buarque de Holanda (1902-1982)

Nasceu na cidade de São Paulo (SP), tendo sido historiador, jornalista, crítico e escritor. Formou-se em Direito e tornou-se professor universitário no Rio de Janeiro, na Universidade do Distrito Federal. Lecionou em diversas universidades estadunidenses e também na Itália. Em São Paulo, foi professor e presidente do Instituto de Estudos Brasileiros da Universidade de São Paulo.

NANALDO/FOLHAPRESS

Sérgio Buarque de Holanda iniciou sua produção intelectual exercendo a crítica literária e cultural. Publicou em 1936 seu primeiro livro, *Raízes do Brasil*, um ensaio sociológico que usa o conceito de tipo ideal elaborado por Weber. Ele propõe o polêmico conceito de homem cordial, que caracterizaria o comportamento típico do brasileiro. Esse conceito diz respeito ao caráter pessoal e afetivo do brasileiro e, ao mesmo tempo, à sua característica de rejeitar leis e instituições por terem sido instituídas a partir de forte coerção social unilateral. Essa reação, apoiada na informalidade, teria resultado no conhecido "jeitinho brasileiro".

Em *Visão do paraíso* (1959), Sérgio Buarque aponta a ideia do paraíso terrestre, herdada do período medieval, como uma representação que teria norteado o processo de colonização do Brasil. Essa visão seria uma espécie de "miragem" que guiaria o processo histórico brasileiro.

Fernando de Azevedo sintetizou o intelectual de origem socioeconômica ilustre e abastada com ideias humanistas e liberais. Ao lado de Anísio Teixeira (1900-1971) e outros intelectuais, destacou-se nas campanhas em defesa da laicização do ensino e da escola pública, iniciadas nos anos 1930.

Fernando de Azevedo (1894-1974)

Mineiro de São Gonçalo do Sapucaí, fez o ginásio em Nova Friburgo, Rio de Janeiro, onde também fez cursos especiais de Letras Clássicas. Formou-se em Direito pela Faculdade de Direito de São Paulo. Foi um dos fundadores da USP, onde foi catedrático do Departamento de Sociologia e Antropologia da Faculdade de Filosofia, Ciências e Letras. Dedicou sua vida à educação e à reforma do ensino no país, sendo um dos proponentes do *Manifesto dos Pioneiros da Educação Nova*, em 1932. Destacam-se entre suas obras: *Princípios de sociologia* (1931), *Sociologia educacional* (1940) e *A cultura brasileira* (1943).

ARQUIVO/ESTADÃO CONTEÚDO

Ele desempenhou um importante papel na criação da USP e foi um dos primeiros mestres brasileiros de Sociologia naquela instituição. Também foi pioneiro na difusão da Sociologia de Émile Durkheim no Brasil. Sua principal obra é *A cultura brasileira*, publicada em 1943. Nela, retoma o tema da unidade nacional fundada nas diferenças étnicas, regionais e culturais. Ao contrário dos intelectuais modernistas, que enfatizavam a cultura nativa, Fernando de Azevedo buscava uma síntese das várias culturas para elaborar uma consciência nacional — nesse processo, a educação cumpriria o papel de veículo da própria cultura e da civilização —, concepção contrária à defendida por Gilberto Freyre, que interpreta a cultura brasileira com base na miscigenação.

Freyre procurou mostrar que a cultura brasileira se caracterizaria pela convivência harmoniosa entre negros, indígenas e brancos, e que o nacionalismo no Brasil seria marcado pela fusão de raças e grupos sociais, apesar da violência da escravidão e do estigma do preconceito herdado do período colonial. Essa interpretação despertou críticas de diversos intelectuais nas décadas seguintes à publicação de sua primeira obra, numa discussão que se estende até os dias atuais. Muitos críticos entendem esse conceito de equilíbrio entre as raças como um mito, especialmente por ter desestimulado por décadas a consciência étnica do próprio negro. Freyre também foi criticado por generalizar o conceito de miscigenação, pois chegou a ele analisando somente a sociedade patriarcal nordestina. Sua contribuição mais importante foi pensar de forma pioneira a originalidade da cultura brasileira e as suas matrizes étnicas. Tais análises trabalharam de forma complexa os acontecimentos da vida cotidiana e ampararam suas pesquisas com amplo levantamento empírico de documentos, como correspondências, diários e anotações.

Freyre acreditava ainda que a Sociologia e a Antropologia podiam auxiliar na administração do país, possibilitando uma reflexão fundamentada no estudo da realidade brasileira. Trabalhou também de modo decisivo para formar um instituto de pesquisas sociais independente do Estado e da universidade, lançando as bases da Fundação Joaquim Nabuco, que se tornou realidade em 1949. A Fundação destinava-se "ao estudo sociológico das condições de vida do trabalhador brasileiro da região agrária do Nordeste e do pequeno lavrador da mesma região", de acordo com texto do projeto apresentado pelo próprio Gilberto Freyre na época, deputado.

O integralismo e a intelectualidade conservadora

O movimento intelectual da década de 1930 deu origem não apenas a pensadores de influência marxista ou liberal, mas também conservadores. O fundador e principal representante dessa corrente foi o escritor Plínio Salgado (1895-1975), que via com desconfiança o movimento modernizador da sociedade, o liberalismo e o marxismo.

Suas ideias conservadoras exaltavam a ordem, a disciplina, a tradição e o autoritarismo do Estado. Ele criou a Ação Integralista Brasileira (AIB), movimento inspirado no fascismo italiano, cujas ideias se consubstanciavam no *Manifesto de Outubro* de 1932, pregando o chamado Estado Integral. Segundo esse ideário, o Estado seria o meio de tornar compatíveis os aspectos contraditórios da realidade brasileira, bem como combater o comunismo e o liberalismo econômico, ambos igualmente nefastos. Salgado publicou *O integralismo perante a nação*, *O que é integralismo* e *A aliança do sim e do não*.

O movimento integralista valorizava o nacionalismo e via o passado colonial e sua herança étnica como a base da "verdadeira brasilidade". Militarizado, o movimento comandou um levante contra o Estado Novo de Getúlio Vargas em 1938, sendo derrotado. As visões fragmentadas dos indivíduos e da sociedade — econômicas, sociais, políticas e morais — precisavam, na visão de Salgado, ser integradas (por isso o termo integralismo) para a construção de um novo país. Remanescentes da AIB compuseram o Partido de Representação Popular (PRP) pelo qual Plínio Salgado foi candidato à presidência da República, em 1955.

KEYSTONE-FRANCE/GAMMA-KEYSTONE VIA GETTY IMAGES

O movimento integralista no Brasil foi importado de Portugal, onde o pensamento surgiu no início do século XX com base na doutrina social da Igreja Católica, que defendia a ideia de que a sociedade poderia funcionar apenas com ordem e paz, sob uma rígida hierarquia social. O integralismo de Plínio Salgado sofreu forte influência do fascismo italiano e teve uma grande adesão de membros da classe média. Foto de encerramento de uma sessão solene do Congresso Integralista de Blumenau (SC, 1935).

Outro movimento cultural conservador foi liderado pela Igreja Católica. O Centro Dom Vital, no Rio de Janeiro, fundado por Jackson de Figueiredo (1891-1928), em 1922, foi a sede do movimento renascimento católico, que visava recolocar a Igreja Católica no centro da vida política e cultural brasileira, da qual fora afastada pela proclamação da República. Após a morte do patrono, em 1928, assumiu sua direção o intelectual Alceu Amoroso Lima (1893-1983), cujo pseudônimo era Tristão de Athayde. Combatendo o materialismo que se difundia no país, o grupo estava preocupado em disseminar a fé e a observância católicas e em atuar junto aos católicos leigos, especialmente intelectuais. Optou por fazer da evangelização e da educação católica, especialmente a universitária, sua principal arma. O Centro Dom Vital existe até hoje.

Década de 1940

Muitos professores estrangeiros foram convidados para formar os profissionais das Ciências Sociais no Brasil. Para a Escola Livre de Sociologia e Política de São Paulo vieram Donald Pierson (1900-1995) e Radcliffe-Brown (1881-1955), trazendo a larga experiência que tinham com a Sociologia Urbana. Para a USP veio a chamada Missão Francesa, composta de Claude Lévi-Strauss (1908-2009), Roger Bastide (1898-1974), Paul Arbousse-Bastide (1899-1985) e Fernand Braudel (1902-1985), missão defensora de uma sociologia teórica humanista que enfatizava os estudos culturais. Esses intelectuais contribuíram para a construção do ensino da Sociologia no Brasil e conceberam parte das obras mais importantes no país. Isso porque encontraram nos trópicos a matéria-prima das investigações: mitos indígenas, comunidades afro-brasileiras, um país recentemente industrializado com muitas regiões diferentes etc.

ULF ANDERSEN/GETTY IMAGES

Claude Lévi-Strauss.

ARQUIVO/ ESTADÃO CONTEÚDO

Roger Bastide.

LOUIS MONIER/GAMMA-RAPHO/GETTY IMAGES

Fernand Braudel.

Essas duas iniciativas educacionais propiciaram a formação de um novo grupo de sociólogos brasileiros, que desenvolveram pesquisas no fim da década de 1940. Dele fazem parte Florestan Fernandes (1920-1995), Maria Isaura Pereira de Queiroz (1918-), Antonio Candido de Mello e Souza (1918-), Gilda de Mello e Souza (1919-2005) e Ruy Galvão de Andrada Coelho (1920-1990).

Além de instituições de ensino, São Paulo contou também com um mercado editorial emergente, responsável pela publicação dos primeiros periódicos especializados. Neles, cientistas sociais passaram a se exercitar na arte dos ensaios. Em 1939, surgia a revista *Sociologia*, que teve a colaboração significativa dos intelectuais que haviam ajudado a fundar a Escola Livre de Sociologia e Política. Em 1941, era lançada a revista *Clima*, que contava com o trabalho de grandes críticos e articulistas, entre eles Lourival Gomes Machado (1917-1967) e Ruy Coelho. Na década de 1950, começaram a ser rodadas as revistas *Anhembi* (1950) e *Brasiliense* (1955), que tratavam das questões culturais.

COLEÇÃO PARTICULAR

Grupo de editores da revista *Clima*, edição de 1941, que reuniu intelectuais preocupados em entender a realidade brasileira, e contribuiu para difundir o pensamento sociológico no Brasil e a ampliar, para além dos meios não acadêmicos, o leque de debates sobre os temas que tratava.

Os brasilianistas

Desde a chegada dos portugueses ao Brasil, a Colônia conviveu com cronistas que relatavam aos leitores europeus aquilo que aqui encontravam. O primeiro foi Pero Vaz de Caminha (1450-1498), que relatou a D. Manuel (1469-1521), as primeiras experiências na terra. Depois dele, muitos outros vieram acompanhando expedições exploratórias — eram desenhistas, pintores e escritores encarregados de mostrar as condições naturais e sociais da Colônia. Essas viagens diminuíram no século XIX, com a instalação da Corte portuguesa no Brasil, desestimulando os curiosos, os interessados e os cobiçosos.

A partir da década de 1940, entretanto, o país volta a atrair novos "cronistas viajantes", intelectuais estrangeiros que passaram a se interessar pela realidade brasileira, parecidos com aqueles que visitaram o país durante os períodos colonial e do Império. Foram chamados de "brasilianistas". Parte deles se afastou da guerra na Europa e procurou, no Brasil e em outros países da América, estruturas sociais diferentes das existentes em seus países de origem. Para eles, tratavam-se de sociedades que, por sua diversidade, propunham novos modelos de vida econômica, política e cultural.

Enquanto os pesquisadores brasileiros se interessavam por aquilo que nos aproximava da Europa, os europeus, ao contrário, dedicavam-se ao estudo do que nos afastava dela. O resultado dessa oposição foi uma produção diversificada.

Nesse período começou a surgir uma preocupação mais abrangente, focada em toda a América Latina, constituída de nações que haviam passado pelos mesmos processos de dominação colonial e de exploração imperialista. Vários estudos buscavam descobrir semelhanças e diferenças entre os diversos países latino-americanos, numa tentativa de construir uma espécie de identidade continental.

Os pesquisadores estrangeiros se interessaram pela questão racial, que tratava da particularidade da miscigenação ocorrida no Brasil entre brancos e negros. Outro tema que os atraiu foi a resistência e a preservação da cultura indígena, apesar da agressão secular infligida pelos brancos. Por fim, os brasilianistas trataram das relações entre o Estado e as Forças Armadas, tanto no contexto da Guerra Fria (1945-1991) como no da formação dos países sul-americanos.

Houve uma intensa troca de influências entre os pensadores brasileiros e autores que dedicaram parte de seus estudos às análises sobre o país, alguns sendo considerados brasilianistas. Alguns nomes são referência desse olhar estrangeiro sobre o Brasil ainda hoje, como o estadunidense Thomas Skidmore (1932-2016). Outro nome importante do período é do alemão Emílio Willems (1905-1997), que, em 1936, mudou-se para São Paulo e atuou na Escola Livre de Sociologia e Política. Em 1942, tornou-se catedrático da Faculdade de Filosofia, Ciências e Letras da Universidade de São Paulo. Fundou, com Romano Barreto (1891-1982), a revista *Sociologia*.

A situação do Brasil

As transformações pelas quais passava o mundo na segunda metade do século XX — a crise da Europa sob os efeitos da Segunda Guerra Mundial, a emergência dos Estados Unidos e da União Soviética como potências e os recorrentes conflitos da Guerra Fria — foram temas tratados pelo pensamento sociológico do Brasil no período do pós-guerra. A industrialização transformava profundamente as relações entre as classes sociais e as regiões do país. Grandes contingentes populacionais abandonavam o campo em direção às cidades, enquanto o trabalho agrícola perdia importância em relação ao industrial. Assim, as regiões mais pobres do Brasil tornavam-se cada vez mais dependentes do Sudeste industrializado.

Esse processo de mudanças acabou motivando vários conflitos, e o pensamento sociológico procurava dar conta dessas questões. Foram pesquisados o conflito de etnias e as condições do imigrante e do migrante nacional. A busca por um desenvolvimento social e econômico capaz de atender às diferenças sociais que se tornavam cada vez mais evidentes ocupou os sociólogos brasileiros. Integração e mudança eram os principais temas.

Havia séria preocupação com o despertar da consciência e com o resgate das raízes, das origens e das tradições do país, ameaçadas de se perderem no confronto com o novo Brasil industrial. Era o país adquirindo consciência dos desafios de sua complexidade. A crise europeia e a divulgação das atrocidades cometidas durante a guerra foram fatores que contribuíram para que o país superasse a tendência de sempre se identificar com as metrópoles econômicas e culturais da Europa. Assim como as artes, a ciência começava a valorizar os aspectos mais específicos e minoritários da sociedade.

Os sociólogos também tentavam identificar nesse processo de mudança uma revolução burguesa, com características próprias, distante dos modelos de revolução burguesa ocorridos na Europa, que teria promovido o rompimento com a ordem tradicionalista e propiciado a modernização da estrutura produtiva no Brasil. Foi o que fez **Florestan Fernandes** na obra *A revolução burguesa no Brasil*, publicada na década de 1970.

O desenvolvimento da Sociologia no Brasil permitiu que temas como a desigualdade não fossem mais analisados como um "estágio" de desenvolvimento de uma sociedade atrasada para uma mais evoluída, mas como um problema do subdesenvolvimento produzido pela dominação econômica e cultural estrangeira e pela inércia da elite nacional.

Os estudiosos acreditavam que o capitalismo industrial no Brasil reproduziria, ainda que tardiamente, as mesmas etapas e características da revolução burguesa liberal ocorrida na França e na Inglaterra. As teorias sobre a dependência e o imperialismo permitiram a compreensão de que o desenvolvimento do capitalismo em países que passaram pelo colonialismo produzia outra realidade, que resultava das relações desiguais entre nações existentes no capitalismo internacional.

O pensamento sociológico, como forma de desenvolver uma consciência crítica sobre a realidade, adquiriu uma importância maior. Suas análises sobre desigualdades sociais, etnias, políticas indigenistas, regionalismos, tradições, transição e mudança seriam incorporadas pela Geografia, pela História e até pela Filosofia.

Florestan Fernandes (1920-1995)

Nasceu na capital do estado de São Paulo, fez sua carreira acadêmica na Universidade de São Paulo, onde cursou mestrado, doutorado, tornando-se, mais tarde, professor titular de Sociologia. Aposentado pela ditadura civil-militar, lecionou nos Estados Unidos. De volta ao Brasil, foi professor da Pontifícia Universidade Católica de São Paulo. Na carreira política, foi deputado federal pelo Partido dos Trabalhadores. É autor de inúmeros livros que são referência para a Sociologia.

EDER LUIZ MEDEIROS/FOLHAPRESS

ARCHIVE/THE HENRY FORD ORG.

Fordlândia — projeto de Henry Ford para obter borracha para a fabricação de pneus, no Pará, em 1927. Os problemas com trabalhadores (alimentados com hambúrgueres e rispidamente tratados pelos gerentes, acostumados à disciplina das fábricas), com o governo (que desconfiava das atividades estrangeiras na Amazônia) e com o ambiente amazônico (desconhecimento por parte dos estadunidenses da agricultura tropical) tornaram inviável a iniciativa, finalizada em 1945. Esse é um exemplo das dificuldades do desenvolvimento capitalista no Brasil dessa época. A imagem mostra a usina principal em 1935.

A década de 1950

Com a crise do pós-guerra, a Sociologia estadunidense ganha prestígio e muitos cientistas, também de Ciências Humanas, transferem-se para os Estados Unidos, dissolvendo-se importantes grupos de pesquisa ligados às universidades europeias. Os laços que ligavam a Sociologia brasileira à Europa se afrouxam e fazem com que os pesquisadores se voltem para uma pauta mais específica e nacionalista.

As duas guerras mundiais geraram descrença em relação ao evolucionismo, às Ciências Exatas e à superioridade europeia sobre outros continentes. Esse cenário promoveu o interesse pelos estudos de sociedades não europeias, inclusive no Brasil.

Os intelectuais que atuaram nessa época são chamados por Octavio Ianni de "novos". Eles foram influenciados pelo pensamento científico das Ciências Sociais e estabeleceram um diálogo com os clássicos, brasileiros e estrangeiros, criando novas interpretações sobre o Brasil. Entre eles, dois pensadores foram responsáveis pela formação de duas grandes correntes do pensamento social brasileiro: Florestan Fernandes e Celso Furtado.

A importância de Florestan Fernandes

Florestan Fernandes foi discípulo de Fernando de Azevedo e do francês Roger Bastide. Com o último, desenvolveu importante pesquisa sobre os negros e a questão racial no Brasil. De formação estritamente nacional — viajou para o exterior somente após sua aposentadoria —, foi um dos grandes sistematizadores do pensamento sociológico brasileiro. Para muitos autores ele foi o fundador da Sociologia crítica no país. Toda a sua obra foi concebida a partir do questionamento da realidade social brasileira. Dedicou-se a diversos temas: a escravidão, a condição dos indígenas, a educação e a sociedade, o folclore e a cultura, a revolução burguesa e a revolução socialista.

Sua obra foi influenciada pelos clássicos da Sociologia, sobretudo por Marx. Suas grandes preocupações sociológicas, além da reflexão teórica, foram o estudo das relações sociais e da estrutura de classes da sociedade brasileira, o capitalismo dependente e o papel do intelectual. Entre seus livros destacam-se: *A integração do negro na sociedade de classes* (1964), *Fundamentos empíricos da explicação sociológica* (1959), *Sociedade de classes e subdesenvolvimento* (1968) e *A revolução burguesa no Brasil* (1975).

Celso Furtado (1920-2004)

Nasceu na Paraíba e foi um dos mais destacados intelectuais do país. Formou-se em Direito, morou no Rio de Janeiro, depois na França, onde se doutorou pela Universidade de Paris-Sorbonne, e no Chile. Trabalhou na Comissão Econômica para a América Latina (Cepal), órgão das Nações Unidas. Morou na Inglaterra, onde escreveu sua obra clássica *Formação econômica do Brasil*.

OTÁVIO MAGALHÃES/ESTADÃO CONTEÚDO

A contribuição de Celso Furtado

Celso Furtado (1920-2004) foi o grande inovador do pensamento econômico, não só no Brasil como na América Latina. Costuma ser apontado como o fundador dos estudos de Economia Política brasileira. Seus trabalhos se desenvolveram principalmente na Comissão Econômica para a América Latina (Cepal), uma escola de pensamento econômico conhecida por "cepalina".

Até Celso Furtado, predominavam no pensamento econômico os esquemas interpretativos abstratos como a lei da oferta e da procura e o estabelecimento de preços. Esse pensamento acabaria defendendo os interesses das classes dominantes, inclusive sendo usado para justificar medidas tomadas pelo Estado no interesse dessas classes. Um exemplo ocorreu nos anos de 1932 e 1933, durante o governo de Getúlio Vargas, que, por causa da crise internacional que derrubou os preços do café, e adquiriu os estoques dos produtores para não causar mais prejuízos aos fazendeiros. Sem mercado para vender essa produção, o governo decidiu queimá-la.

Celso Furtado propôs uma interpretação histórica da realidade econômica e, em especial, do subdesenvolvimento, segundo a qual era fruto das relações internacionais. Defendeu a ideia de que o subdesenvolvimento não correspondia a uma etapa histórica das sociedades rumo ao capitalismo, mas se tratava de uma formação econômica gerada pelo próprio capitalismo internacional. Estudou diferentes formas de subdesenvolvimento, analisando países onde já havia considerável desenvolvimento industrial, entre eles Brasil, México, Chile, Argentina, Uruguai e Colômbia, e outros países da América Central e do Caribe.

Furtado participou ativamente da administração econômica do governo João Goulart (1919-1976), tendo sido responsável pelas diretrizes do Banco Nacional de Desenvolvimento Econômico (BNDE, hoje BNDES) e da Superintendência de Desenvolvimento do Nordeste (Sudene). Escreveu, entre outras obras: *Formação econômica do Brasil* (1959), *Desenvolvimento e subdesenvolvimento, um projeto para o Brasil* (1961) e *A pré-revolução brasileira* (1962).

Darcy Ribeiro e a questão indígena

Também na década de 1950 foi publicada parte da obra do antropólogo **Darcy Ribeiro** (1922-1997). Ele foi um dos primeiros autores a denunciar o aniquilamento da cultura indígena pela inadequada política desenvolvida pelo Estado e por órgãos como o Serviço de Proteção ao Índio (SPI), instituição em que trabalhou.

Em suas pesquisas e ensaios, apontou que a questão indígena estava relacionada ao desenvolvimento industrial e ao processo civilizatório conduzidos pelos centros hegemônicos, dentro do próprio país ou a partir das relações internacionais.

Sempre atuou como antropólogo militante, de tendência marxista. Buscou as raízes históricas da situação das populações indígenas e procurou propor saídas estratégicas. Exilado após o golpe militar de 1964, só regressou ao Brasil em 1976, quando se encaminhou para a vida política. Como outros intelectuais de sua época, procurou unir a teoria à prática e aceitar modelos científicos, desde que adaptados à realidade brasileira. Com isso, desenvolveu a Antropologia brasileira longe dos modelos dos brasilianistas e folcloristas.

Publicou, entre outras obras, *O processo civilizatório* (1968), *Os índios e a civilização* (1970), *Utopia selvagem* (1982) e *O povo brasileiro* (1995).

Darcy Ribeiro (1922-1997)

Antropólogo, escritor, educador e político, nasceu em Montes Claros (Minas Gerais). Formou-se pela Escola Livre de Sociologia e Política de São Paulo e notabilizou-se pelo estudo dos indígenas que viviam no Brasil. Em 1962, Darcy ajudou a formular, com Anísio Teixeira, o projeto da Universidade de Brasília (UnB). Exerceu o cargo de ministro da Educação durante o governo de João Goulart, foi vice-governador no governo de Leonel Brizola (1922-2004) no Rio de Janeiro e senador entre 1991 e 1997 pelo PDT-RJ. Foi eleito para a Academia Brasileira de Letras em 1992.

CLÁUDIO VERSIANI/CB/D.A PRESS

O golpe de 1964

No período entre 1940 e meados dos anos 1960, as Ciências Sociais seriam responsáveis pela elaboração de teorias que denunciavam as desigualdades sociais, as relações de domínio e opressão, e a exploração existente entre regiões, classes e países. A contundência dessas denúncias era fruto não apenas da herança do pensamento francês, rico em análises críticas incisivas, como também da velocidade com que as mudanças trazidas pela industrialização e pela "modernização" das instituições nacionais repercutiam no país.

Assim, esses estudos buscavam a conscientização da população e a luta pelo desenvolvimento das formas mais democráticas e igualitárias da vida social. A dura experiência com a ditadura no Estado Novo (1937-1945) também propiciou a difusão de ideais libertários e críticos ao capitalismo. Do mesmo modo, desenvolveram-se no período os meios de comunicação e a indústria editorial, o que permitiu que as críticas feitas pelos intelectuais ultrapassassem os limites dos muros das universidades.

Com o início da ditadura a partir do golpe de 1964, o Estado, que se apoiou na ideologia do crescimento econômico do país por meio do capitalismo, fez pouco uso dos cientistas sociais. Os militares olhariam com muita desconfiança para a análise crítica que os sociólogos faziam da realidade brasileira. Por isso, o governo militar preferiu a contribuição dada por economistas, como Roberto de Oliveira Campos (1917-2001), Mário Henrique Simonsen (1935-1997) e Antônio Delfim Netto (1928-) que ajudaram a construir o "modelo brasileiro de desenvolvimento".

Ao lado desse modelo, a Escola Superior de Guerra, fundada em 1949, produziu uma teoria de segurança e desenvolvimento, de modo a alinhar o país aos Estados Unidos durante a Guerra Fria. A aplicação dessa política de segurança nacional envolveu a aliança entre o Estado e as elites econômicas nacionais e estrangeiras. O contraste dessa proposta com o pensamento sociológico do país levou ao confronto entre a repressão ideológica e os cientistas sociais.

Em 1968, o embate entre classe média progressista, intelectuais, artistas, estudantes secundaristas e universitários e o regime militar, este amparado por setores conservadores da sociedade, chegou ao extremo, envolvendo passeatas, choques entre manifestantes e policiais, ocupações de prédios estudantis e universitários, espancamentos, prisões e mortes de estudantes.

Com a decretação do Ato Institucional nº 5 (AI-5), em dezembro de 1968, a face mais hostil da ditadura foi de fato implantada no país — muitos acreditavam, inclusive apoiadores civis do golpe, que o regime militar vigente seria temporário —, de modo que os principais nomes da Sociologia no Brasil foram sumariamente aposentados e impedidos de lecionar. Muitos foram exilados ou optaram pelo autoexílio, passando a publicar seus trabalhos no exterior.

AGÊNCIA O GLOBO

O ano de 1968 marca o acirramento do conflito entre a ditadura civil-militar e a sociedade civil, no qual foram envolvidos professores e estudantes secundaristas e universitários. Em consequência, muitos professores foram presos, aposentados ou exilados. Na foto, Passeata dos Estudantes, em julho de 1968, na capital do estado do Rio de Janeiro.

As Ciências Sociais pós-1964

Durante a ditadura, enquanto alguns intelectuais afastados da universidade continuaram trabalhando no exterior, outros formaram núcleos de pesquisa independentes, entre eles o Centro Brasileiro de Análise e Planejamento (Cebrap), fundado em 1969 pelos professores afastados da Universidade de São Paulo. Dentro da mesma universidade foram criados o Centro de Estudos Rurais e Urbanos (Ceru), o Centro de Estudos de Sociologia da Arte (Cesa) e o Centro de Estudos da Religião (CER).

Em Brasília, Rio de Janeiro e Belo Horizonte também foram criados importantes núcleos de pesquisa. Cada um desenvolveu interesses, cursos e métodos próprios de obter verbas para publicar trabalhos teóricos, assim como para realizar trabalhos práticos.

A repressão política aos intelectuais e universitários foi um duro golpe no desenvolvimento da Sociologia. Ainda que depois de uma década esses cientistas tenham se integrado aos cursos de pós-graduação ou se dedicado à atividade político-partidária, o amadurecimento da Sociologia e de seu papel na reflexão sobre a sociedade brasileira foi violentamente interrompido.

Nos anos 1980, com o início da abertura, surgiram novos partidos e a vida política recomeçou a tomar fôlego. Muitos cientistas sociais decidiram deixar as salas de aula para ingressar nos partidos que se formavam. Florestan Fernandes, Antonio Candido e Francisco Weffort (1937-) buscaram exercer a luta política dentro do Partido dos Trabalhadores (PT). Eles promoviam uma saudável integração entre a teoria social e a prática. O antropólogo Darcy Ribeiro seguiu caminho equivalente e se filiou ao Partido Democrático Trabalhista (PDT), que reivindicava o nacionalismo e o populismo do antigo líder Getúlio Vargas.

Outros nomes importantes da Sociologia — como o de Fernando Henrique Cardoso, aluno de Florestan Fernandes — estiveram presentes na fundação do Partido da Social Democracia Brasileira (PSDB).

No Brasil, a Sociologia se tornou cada vez mais interdisciplinar e plural. Os campos de estudos se multiplicaram, de modo a surgirem análises sobre a condição da mulher, do menor, das favelas, das artes, da violência urbana e rural, entre outras. A Sociologia, embora se dedicasse a questões mais abrangentes como a globalização e a internacionalização da economia (sempre vistas da perspectiva nacional), passou a optar por temas particulares e pela busca de soluções para problemas locais, deixando de privilegiar os modelos explicativos gerais, aplicáveis a toda e qualquer sociedade. Além de criar um público de estudiosos e leitores diferenciados, as novas análises, detendo-se nas especificidades dos grupos sociais, aproximaram-se de outras disciplinas aparentadas, como a Antropologia e a História.

A Sociologia se aproximou ainda das pesquisas em Arte e Comunicação, desenvolvendo estudos no campo da linguagem e do imaginário. Ela aprimorou os métodos analíticos e desenvolveu mais a interdisciplinaridade, mas perdeu em alcance, e deixou, muitas vezes, de interessar ao público em geral.

MARCUS OTTONI/CB/D.A PRESS

Deputado Ulisses Guimarães, da oposição, durante reunião no Congresso Nacional (Brasília-DF) sobre a lei da Anistia, em 1979, que possibilitou o retorno de vários intelectuais exilados ao país.

PINGOS NOS "IS"

Sociologia do futuro

A primeira década do novo milênio apresentou desafios que refletiram situações, acontecimentos e rupturas que colocaram os sociólogos num estado de alerta, próprio de quem reconhece que seu objeto científico está sempre em movimento. Octavio Ianni, ao analisar esse período de transformação — ele viveria brevemente, pois faleceu em 2004 — apontou os seguintes aspectos essenciais para a construção de uma Sociologia do futuro.

1. Novo ciclo da revolução burguesa — O surgimento de uma sociedade global, que substitui as sociedades nacionais, provoca uma transformação das "forças produtivas". Esta, por sua vez, desencadeia o desenvolvimento de um novo ciclo da revolução burguesa, também global.

2. Rupturas histórica e epistemológica — Elas colocam em xeque os conceitos básicos da Sociologia, entre eles os de indivíduo e sociedade, sociedade civil e Estado, comunidade e sociedade. Isso exige novas formas de analisar e entender as questões sociológicas ou as metateorias que são teorizações sobre a própria teoria sociológica.

3. Metateorias — Ianni aponta três formas de analisar a sociedade global: a teoria sistêmica, que estuda a organização dos fenômenos complexos a partir do princípio de que suas partes são interdependentes; a teoria fenomenológica, que vê a realidade como um fenômeno a ser analisado a partir das condições dadas pelo conhecimento que se tem dele; e a teoria histórica, marxista, que leva a uma interpretação dialética da realidade social.

Por fim, Ianni ressalta que a construção de uma visão de mundo, especialmente quando envolve o futuro, acaba levando à construção de uma utopia. Assim, a visão sistêmica suscita a ideia de que o futuro pode ser o presente aprimorado. A fenomenologia enaltece um futuro construído pelos indivíduos, pois a base de apoio é a existência de cada um. Assim, a perspectiva dialética da história, ao se propor desvendar as contradições, leva a crer num futuro em que indivíduos e coletividades chegarão à emancipação.

Nas palavras de Octavio Ianni:

> "[...] *Mundo sem fronteiras, Nova ordem econômica mundial, Sociedade informática, Aldeia global, Mundo sistemático, Terra-pátria, Fim da História, Lumem 2000*, entre outras. Podem ser vistas como utopias, metáforas, alegorias ou mesmo conceitos, explicações, taquigrafias. Em todos os casos, parte-se do presente e projeta-se o futuro. [...] É possível dizer que no futuro se esconde a utopia. Pode ser uma projeção do presente, aprimorado ou purificado; mas também pode ser uma projeção do passado, idealizado. Há sempre algo de utopia ou nostalgia, quando se pensa o futuro, enquanto mundo possível, almejado. [...] Há futuros catastróficos, de par em par com futuros paradisíacos. Em todos os casos, o futuro guarda algo de histórico ou supra-histórico. Mesmo quando enraizado na previsão científica, o futuro que se desenha adquire algo de suspenso no espaço e no tempo, como fantasia ou alegoria. É por meio de fantasia e de alegoria que se torna possível alcançar o reencantamento do mundo."

IANNI, Octavio. Futuros e utopias da modernidade. *Revista do Departamento de Comunicações e Artes da ECA-USP*, n. 22, 2001. Disponível em: <www.revistas.usp.br/comueduc/article/view/36992/39714>. Acesso em: jun. 2016.

HOME | SOBRE | CONTATO | LINKS

FLORESTAN FERNANDES

O sociólogo não só refletiu sobre a escola brasileira, apontando seu caráter elitista, como atuou pessoalmente em defesa da educação para todos.

Frase de Florestan Fernandes:

"Na sala de aula, o professor precisa ser um cidadão e um ser humano rebelde."

"[...] Florestan Fernandes foi um dos mais influentes sociólogos brasileiros, mas muitos o chamavam de educador sem saber que isso o incomodava em sua modéstia. O equívoco tinha razão de ser. Vários escritos de Florestan tiveram a educação como tema e sua atuação na Câmara dos Deputados, já no fim da vida, se concentrou na área do ensino. Além disso, a preocupação com a instrução era um desdobramento natural de sua obra de sociólogo. "Em nossa época, o cientista precisa tomar consciência da utilidade social e do destino prático reservado a suas descobertas", escreveu. [...]

Florestan tomou para si a tarefa de romper com a tradição de pseudoneutralidade das ciências humanas e reconstruir uma análise do Brasil abertamente comprometida com a mudança social. Segundo sua análise, uma classe burguesa controlava os mecanismos sociais no Brasil, como acontecia em quase todos os países do Ocidente. No entanto – por causa de fatores históricos como a escravidão tardia, a herança colonial e a dependência em relação ao capital externo –, a burguesia brasileira era mais resistente às mudanças sociais do que as classes dominantes dos países desenvolvidos.

Segundo Florestan, a revolução burguesa, cujo exemplo emblemático é a de 1789 na França, não teria se completado no Brasil. Enquanto os revolucionários franceses do século 18 exigiam ensino público e universal, as elites brasileiras do século 20 ainda queriam controlar a educação para manter a maioria da população culturalmente alienada e afastada das decisões políticas. Por isso, uma das principais lutas de Florestan foi pela manutenção e pela ampliação do ensino público. [...]

O Brasil, dizia o sociólogo, era atrasado também em relação ao que ele chamava de cultura cívica, ou seja, um compromisso em torno do mínimo interesse comum. Para Florestan, não havia tal cultura no Brasil por dois motivos: ela estimularia as massas populares a participar politicamente e ao mesmo tempo tiraria das classes dominantes a prerrogativa de fazer tudo o que quisessem sem precisar dar satisfações ao conjunto da população.

Florestan bateu-se também pela democratização do ensino, entendendo a democracia como liberdade de educar e direito irrestrito de estudar. Em seus dois mandatos de deputado federal, nos anos 1980 e 1990, o sociólogo esteve envolvido em todos os debates mais importantes que ocorreram no Congresso no campo da educação. [...]

Ele também se preocupou em criticar a prática em sala de aula, com ênfase em três pontos: a concepção do professor como mero transmissor do saber, que, para ele, fragilizava o profissional da educação; a ideia de que o aluno é apenas receptor do conhecimento, quando o aprendizado deveria ser construído conjuntamente na escola; e o ensino discriminatório, que trata o aluno pobre como cidadão de segunda classe. "Para Florestan Fernandes, a educação transformadora se faz com uma escola capaz de se desfazer, por si mesma, do autoritarismo, da hierarquização e das práticas de servidão", diz Ana Heckert."

FERRARI, Marcio. Florestan Fernandes. Disponível em: <http://educarparacrescer.abril.com.br/aprendizagem/florestan-fernandes-307905.shtml>. Acesso em: jun. 2016.

ATIVIDADES

1. Leia o trecho de *Os sertões*, de Euclides da Cunha, e procure no dicionário as palavras que você não conhece. Essa obra apresenta uma perspectiva sociológica que caracteriza alguns grupos sociais que se integram na formação do povo brasileiro. Identifique quais grupos são esses no trecho citado.

"As entradas de um e de outro lado da meridiana, impróprias à dispersão, facilitavam antes o entrelaçamento dos extremos do país. Ligavam-nos no espaço e no tempo. Estabelecendo no interior a contiguidade do povoamento que faltava ainda em parte na costa, e surgindo entre os nortistas que lutavam pela autonomia da pátria nascente e os sulistas, que lhe alargavam a área, abastecendo-os por igual com as fartas boiadas que subiam para o vale do Rio das Velhas ou desciam até às cabeceiras do Parnaíba, aquela rude sociedade, incompreendida e olvidada, era o cerne vigoroso da nossa nacionalidade.

Os primeiros sertanistas que a criaram, tendo suplantado em toda a linha o selvagem, depois de o dominarem escravizaram-no e captaram-no, aproveitando-lhe a índole na nova indústria que abraçavam.

Veio subsequentemente o cruzamento inevitável. E despontou logo uma raça de curibocas puros quase sem mescla de sangue africano, facilmente denunciada, hoje, pelo tipo normal daqueles sertanejos. Nasciam de um amplexo feroz de vitoriosos e vencidos. Criaram-se numa sociedade revolta e aventurosa, sobre a terra farta; e tiveram, ampliando os seus atributos ancestrais, uma rude escola de força e coragem naqueles gerais amplíssimos, onde ainda ruge impune o jaguar e vagueia a ema velocíssima, ou nas serranias de flancos despedaçados pela mineração superficial, quando as lavras baianas, mais tarde, lhes deram esse derivativo à faina dos rodeios.

Fora longo traçar-lhes a evolução de caráter. Caldeadas a índole aventureira do colono e a impulsividade indígena, tiveram, ulteriormente, o cultivo do próprio meio que lhes propiciou, pelo insulamento, a conservação dos atributos e hábitos avoengos, ligeiramente modificados apenas consoante as novas exigências da vida. E ali estão com as suas vestes características, os seus hábitos antigos, o seu estranho aferro às tradições mais remotas, o seu sentimento religioso levado até o fanatismo, e o seu exagerado ponto de honra, e o seu folclore belíssimo de rimas de três séculos.

Raça forte e antiga, de caracteres definidos e imutáveis mesmo nas maiores crises — quando a roupa de couro do vaqueiro se faz a armadura flexível do jagunço — oriunda de elementos convergentes de todos os pontos, porém diversa das demais deste país, ela é inegavelmente um expressivo exemplo do quanto importam as reações do meio."

CUNHA, Euclides da. *Os sertões*. Rio de Janeiro: Ediouro, 1995. p. 57-58.

2. O trecho do texto de *Os sertões* mostra também alguns traços culturais do povo brasileiro. Que traço não condiz com o texto?

a) Preservação de hábitos herdados, memórias e raízes.

b) Pureza étnica.

c) Apego às tradições.

d) Prática da religiosidade.

e) Cultivo da honra.

3. Se o Brasil sempre fez parte do capitalismo europeu, fornecendo matéria-prima para o enriquecimento das nações europeias, por que a estrutura produtiva — grupos sociais e sistema de exploração das riquezas — era diferente?

4 Observe a charge de Belmonte e responda.

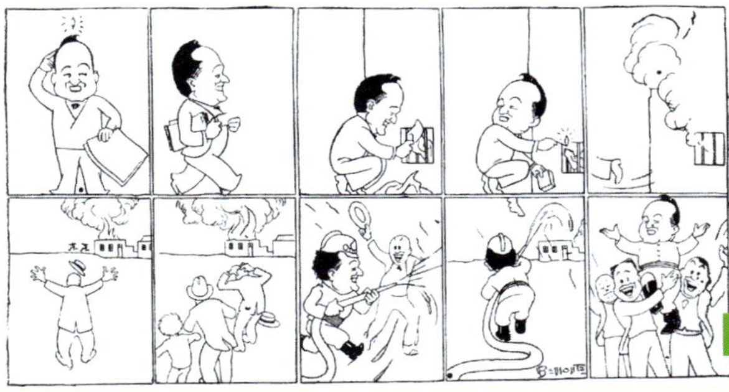

BELMONTE

A ascensão de *Getúlio Vargas à presidência do Brasil*, 1932-1940, de Belmonte.

Belmonte, como era conhecido, nasceu em São Paulo e foi crítico da situação da classe média durante o período varguista.

a) Faça uma pesquisa sobre a charge e analise-a como um instrumento de crítica social.

b) A qual episódio da nossa história a charge faz referência?

c) Qual é a crítica que ela faz?

5 Quais são os momentos da história das ideias no Brasil em que foi importante a presença e a intervenção da Igreja Católica?

6 A Sociologia no Brasil teve como característica preponderante uma atitude crítica diante das condições internas do país e das relações internacionais. Das alternativas abaixo, qual delas não explica essa tendência?

a) A resistência do colonialismo e de suas instituições que impedia o desenvolvimento do país.

b) Os interesses das elites no *status quo*, especialmente aquelas ligadas às atividades agroexportadoras.

c) A resistência do pensamento conservador nas instituições educacionais.

d) A importância do pensamento católico no país.

7 O sociólogo Renato Ortiz (1947-), em seu livro *Cultura brasileira e identidade nacional*, diz o seguinte:

"A partir das primeiras décadas do século XX, o Brasil sofre mudanças profundas. O processo de urbanização e de industrialização se acelera, uma classe média se desenvolve, surge um proletariado urbano. Se o modernismo é considerado por muitos como um ponto de referência, é porque este movimento cultural trouxe consigo a consciência histórica que até então se encontrava de maneira esparsa na sociedade."

ORTIZ, Renato. *Cultura brasileira e identidade nacional*. São Paulo: Brasiliense, 2012. p. 39.

De acordo com o conteúdo estudado neste capítulo, o período está:

a) correto, pois tais mudanças influenciaram a eclosão do movimento modernista no Sul e Sudeste do país.

b) incorreto, porque o atraso no desenvolvimento do país impediu o movimento modernista.

c) incorreto, porque o movimento modernista nada tem a ver com a Sociologia.

d) correto, porque o modernismo foi um movimento promovido pelas forças conservadoras do século XIX.

8 O golpe civil-militar de 1964 acarretou prejuízos ao desenvolvimento da Sociologia. Explique o motivo.

EXAMES DE SELEÇÃO

1 **(Unioeste, 2015)** Para a antropóloga Ruth Benedict,

> "a cultura é como uma lente através da qual o homem vê o mundo. Homens de culturas diferentes usam lentes diversas e, portanto, têm visões desencontradas das coisas."
>
> BENEDICT, Ruth. *O crisântemo e a espada*. São Paulo: Perspectiva, 1972.

Portanto, é CORRETO afirmar:

a) a cultura nos ensina a perceber as 'coisas' e classificá-las, mas não serve para orientar a nossa conduta cotidiana.

b) um índio Guarani vê a floresta com olhos diferentes das pessoas não Guaranis; seu olhar percebe significados em cada árvore (alimento, morada dos Deuses). Uma pessoa não Guarani olha para a floresta e pode ver uma oportunidade de negócio.

c) um índio Guarani, que vive em sua aldeia, e uma pessoa não índia, que vive na cidade, possuem valores idênticos.

d) em todas as culturas, mulheres e homens têm os mesmos direitos, os mesmos papéis sociais. Exemplo: povo Palestino e povo Americano.

e) a cultura não tem o poder de influenciar em nossas decisões.

2 **(Unicentro, 2012)** A formação do Brasil e a identidade do brasileiro foram bastante discutidas no início do século XX pelos sociólogos brasileiros Gilberto Freyre, Sérgio Buarque de Holanda e Caio Prado Jr.

A respeito das análises de Freyre, em seu livro "Casa Grande e Senzala", é correto afirmar:

a) criou uma tipologia para estudar a formação do Brasil e do brasileiro, dando ênfase explicativa ao tipo aventureiro do português em detrimento do tipo semeador.

b) fez um estudo da colonização portuguesa, descrevendo a formação da família patriarcal brasileira, dando especial importância à miscigenação como traço cultural.

c) observou que a cordialidade do povo brasileiro lhe dificultava o reconhecimento da moderna impessoalidade nas relações sociais.

d) utilizou o materialismo dialético como chave explicativa dos fatos sociais que condicionavam o destino do país.

e) tratou da decadência do patriarcado rural e do crescimento das elites urbanas no Brasil.

3 **(UEM, 2013)** Leia a descrição que Claude Lévi-Strauss fez do modo de vida adotado pelas populações indígenas da região Sul do Brasil, quando da ocupação capitalista dessa parte do território nacional, e assinale o que for correto.

> "De sua experiência efêmera de civilização, os indígenas só conservaram as roupas brasileiras, o machado, a faca e a agulha de costura. Quanto ao resto, foi um fracasso.
>
> Haviam lhes construído casas, e eles viviam do lado de fora. Esforçaram-se para fixá-los nas aldeias, e eles permaneciam nômades. As camas, quebraram-nas para fazer lenha e dormiam diretamente no chão. Os rebanhos de vacas mandadas pelo governo vagavam ao léu, já que os indígenas rejeitavam com nojo a sua carne e o seu leite. Os pilões de madeira, movidos mecanicamente pelo encher e esvaziar alternados de um recipiente preso a um braço de alavanca (dispositivo frequente no Brasil, onde é conhecido pelo nome de 'monjolo', e que os portugueses talvez tenham importado do Oriente), apodreciam, inutilizados, mantendo-se a prática generalizada de moagem a mão."
>
> LÉVI-STRAUSS, Claude. *Tristes Trópicos*. São Paulo: Companhia das Letras, 1996, p. 144.

(01) O trecho mostra que os indígenas brasileiros não possuíam regras básicas de moradia e de alimentação.

(02) Lévi-Strauss apresenta um cenário da diversidade cultural brasileira, quando registra que as populações indígenas por ele encontradas na região Sul do Brasil não comiam carne de vaca e não bebiam o leite desse animal.

(04) O Estado brasileiro manteve uma postura etnocêntrica quando tentou fixar as populações indígenas em aldeias, desconsiderando o modo de vida nômade por eles adotado.

(08) Os indígenas brasileiros podem ser sociologicamente classificados como atrasados por não dominarem as técnicas de moagem em pilões movidos por monjolo.

(16) A experiência de civilização das populações indígenas da região Sul do Brasil, promovida pelo Estado, foi eficiente e gerou a aculturação de seus integrantes.

OUTRAS MÍDIAS

Para ver

O som ao redor

Direção: Kleber Mendonça Filho. País: Brasil. Ano: 2013.

O filme aborda o coronelismo e as relações de classe, mostrando a alienação de uma classe privilegiada, que se vê obrigada a interagir com os pobres que estão ganhando voz.

Abril despedaçado

Direção: Walter Salles. País: Brasil/França/Suíça. Ano: 2002.

Tradição, luta pela terra, guerra entre famílias, estruturas conservadoras, sobretudo a agrária são a abordagem deste filme e deste capítulo também.

O bem amado

Direção: Guel Arraes. País: Brasil. Ano: 2010.

Inspirado na obra homônima de Dias Gomes (1922-1999), romancista, dramaturgo e autor de telenovelas, o filme trata sobre o coronelismo por meio do protagonismo do prefeito Odorico Paraguaçu, cujo cenário são as estruturas arcaicas do poder no Brasil. Mostra também as tendências marcantes da sociedade e da sociabilidade brasileira, como o apoio político das irmãs Cajazeiras, ao mesmo tempo em que denuncia a hipocrisia que encobre a vida pública.

Para ler

Casa-grande & senzala

Gilberto Freyre. São Paulo: Global Editora, 2006.

Gilberto Freyre procurou responder o que é ser brasileiro, retratando as relações sociais a partir de documentos pessoais e públicos sobre o cotidiano do brasileiro.

A integração do negro na sociedade de classes (v. 1 e 2)

Florestan Fernandes. São Paulo: Editora Globo, 2008.

A obra mostra como o fim da escravidão "libertou" os negros, mas, na prática, a discriminação, a submissão e a exclusão dos negros continuam.

Para conhecer

Biblioteca Virtual Cebrap

<http://cebrap.org.br/bv>

O *site* visa circular os conhecimentos de suas pesquisas, documentadas em livros, relatórios, projetos, periódicos e documentos sonoros e audiovisuais das correlatas das Ciências Humanas.

Fundação Joaquim Nabuco

<www.fundaj.gov.br>

Atendendo às demandas da cultura e da educação, o *site* disponibiliza diversas coleções históricas, como cordéis, obras de Joaquim Nabuco, documentos, curiosidades e trabalhos de outros intelectuais.

Capítulo

4

Caminhos da Sociologia contemporânea

Objetivos

- Apresentar os principais temas dos estudos sobre a sociedade na contemporaneidade.
- Explicar o que é Sociologia do Conhecimento e propô-la como base dos estudos da Sociologia na atualidade.
- Refletir sobre os temas atuais da Sociologia com base em três rupturas históricas ocorridas no último século no Ocidente:
  - o *crash* da Bolsa de Nova York, em 1929;
  - a derrubada do Muro de Berlim, em 1989;
  - o ataque aéreo contra o World Trade Center, nos Estados Unidos, em 2001.
- Apresentar temas que têm preocupado os sociólogos brasileiros na atualidade.

O que chamamos de contemporaneidade é um período histórico de grandes transformações, cujas datas não são precisas. Sabemos que no século XX acontecimentos radicais, como as guerras mundiais e o fim da União das Repúblicas Socialistas Soviéticas (URSS), mudaram a configuração geopolítica do planeta e as relações internas e externas de cada país. Para o sociólogo jamaicano Stuart Hall (1932-2014), essas mudanças precipitaram rupturas intransponíveis, fazendo-os pensar no fim da **Modernidade** e em propor o início de uma nova era, a **Pós-Modernidade**, caracterizada, entre outros fatores, pela liderança dos Estados Unidos no Ocidente, pela globalização, pela expansão do capitalismo em bases informacionais e pela comunicação por meio de redes de computadores, além de outras transformações. Analisar e compreender todas essas questões é dever da Sociologia contemporânea, o que tem exigido o desenvolvimento de novas metodologias e a exploração de temas não tradicionais. É sobre essas transformações no campo da Sociologia que este capítulo versará.

NORBERT MICHALKE/IMAGEBROKER/DIOMEDIA

KEYSTONE-FRANCE/GAMMA-KEYSTONE/GETTY IMAGES

JIM COLLINS/AP PHOTO/GLOW IMAGES

Três rupturas históricas que mudaram a forma de os sociólogos interpretarem a sociedade: o *crash* da Bolsa de Nova York em 1929; a queda do Muro de Berlim em 1989; e o atentado ao World Trade Center em 2001. Os três fatos promoveram rupturas históricas na sociedade ocidental.

Para refletir

1. O século XXI trouxe inúmeras mudanças para a sociedade. Você saberia apontar alguma dessas mudanças, em relação aos hábitos, ao estilo de vida e aos costumes?
2. Em geral, os adultos, ao verem algo que não conhecem ou não estão acostumados, comentam que os tempos "de hoje" são bem diferentes da época em que eles eram jovens, não é mesmo? Você se lembra de alguma dessas situações citadas por eles?
3. Por vezes, as mudanças de hábitos e costumes servem para solucionar problemas. Você se lembra de mudanças que resolveram dificuldades?

Termos e conceitos

Modernidade: termo que, em Ciências Humanas, designa valores, hábitos e tendências que os países ocidentais, desde o Renascimento cultural e artístico (século XV) até meados do século XX. A Modernidade está ligada principalmente ao desenvolvimento do capitalismo e da produção industrial, do racionalismo e do nacionalismo. Faz parte da Modernidade o Modernismo — movimento artístico de várias tendências, como o Cubismo e o Impressionismo, defendidos pelas vanguardas artísticas, na passagem do século XIX para o XX.

Pós-Modernidade: movimento cultural e artístico que, após a segunda metade do século XX, desenvolve-se, principalmente no Ocidente, opondo-se às tendências estéticas e sociais que caracterizaram a Modernidade. Após as guerras mundiais, filósofos, cientistas e artistas passam a ter uma atitude cética em relação ao evolucionismo da sociedade humana e constatam uma sociedade heterogênea e plural. O Pós-Modernismo foi identificado, inicialmente, na Arquitetura, sendo o conceito aplicado depois em outras áreas, como a Filosofia e a Sociologia. Designa um período histórico pós-guerras mundiais também chamado de Contemporaneidade. Em relação à produção artística, os artistas pós-modernos misturaram tendências, uniram texto e imagem, vídeo e dança, poesia e interpretação.

No quadro das mudanças que caracterizam a Pós-Modernidade — assim denominada por alguns pensadores —, as ciências também se modificaram, tornando-se mais interdisciplinares, isto é, quando o saber resulta da cooperação de áreas do saber antes independentes e que agora intercambiam conhecimentos e métodos de pesquisa. Conceitos novos e temas diferentes passaram a fazer parte do interesse dos cientistas; as Ciências Exatas se aproximaram das Ciências Humanas e, com a ajuda de computadores, os resultados se tornaram mais fidedignos; e o conhecimento se desenvolveu e difundiu como nunca antes. Com a Sociologia não foi diferente e, assim, surgiram novos autores, temas e abordagens.

A Sociologia do Conhecimento

Karl Mannheim, sociólogo austro-húngaro do século XX, desenvolveu um conjunto de ideias às quais deu o nome de Sociologia do Conhecimento. Um dos livros mais importantes e influentes que escreveu chamou-se *Ideologia e utopia*. Com base em estudos de Karl Marx e Max Weber, Mannheim sustentava que o desenvolvimento das ideias e teorias tinha relação direta com as condições históricas do momento vivido pelos pensadores. Como muitos cientistas da atualidade, Mannheim já defendia, em meados do século passado, que as ideias que temos sobre determinado assunto não são uma produção individual, mas sim coletiva e histórica. Em cada época, certos temas se tornam importantes e sobre eles diversas explicações aparecem, e é no interior do debate que se trava a organização sobre esse pensamento.

Essa postura admite que o indivíduo pense de acordo com as heranças do passado, com as condições impostas pelo meio em que vive e com as possibilidades abertas por esse mesmo meio social. Portanto, as formas de pensamento emergem de condições internas da teoria. Entre os fatores que influenciam nossa maneira de pensar, Mannheim identificou os geracionais, ou seja, relacionados com a geração a qual pertencemos. Segundo o autor, o indivíduo pensa de acordo com a cultura e os acontecimentos de uma época que, por sua vez, é compartilhada com os seus contemporâneos.

STEPHEN LAM/REUTERS/LATINSTOCK

Aplicando-se as ideias sobre o condicionamento histórico do pensamento e sobre o caráter coletivo do conhecimento, podemos dizer que, por exemplo, ao conceber o programa que cria a rede social Facebook, Mark Zuckerberg tinha historicamente todas as condições de fazê-lo; não fosse ele, seria outro jovem promissor. Portanto, estavam dadas, segundo Mannheim, as condições históricas, cognitivas, técnicas e linguísticas para o desenvolvimento do Facebook (Califórnia, Estados Unidos, 2015).

Mannheim não foi o primeiro a pensar nos condicionamentos históricos e sociais do pensamento humano. Karl Marx, em quem o autor se baseou, também partiu do pressuposto de que nossa forma de interpretar a realidade depende das condições sócio-históricas. São essas condições as responsáveis pelo condicionamento ideológico do pensamento, ou seja, pelo fato de pensarmos com base na posição que ocupamos na sociedade, de como nos inserimos nas relações de produção existentes em determinado tempo e lugar. Ou seja, para esses autores, não pensamos apenas de acordo com nossa motivação individual interna, nossos gostos e aspirações, mas de acordo com aquilo que, em determinado tempo e espaço, a sociedade possibilita discutir e pensar.

Também Max Weber estava preocupado com as relações entre sociedade e conhecimento, concretude e subjetividade. Em seu ensaio *A ética protestante e o "espírito" do capitalismo*, Weber explora as mútuas influências entre crença, motivação individual e comportamento social e mostra de que forma esses fenômenos estão intimamente ligados uns aos outros.

Apesar disso, Karl Mannheim foi o primeiro a delimitar esse campo de estudo, a Sociologia do Conhecimento, e a se dedicar a ele. Também o fez apoiado em uma perspectiva histórica e geracional.

Quase na mesma época e também na Europa, outro pensador, o filósofo francês **Michel Foucault**, preocupou-se com essas questões. Foucault não se dedicou explicitamente aos estudos sociológicos, mas à Filosofia Social e à história das ideias. Em um de seus livros mais importantes *As palavras e as coisas* (1966), procurou mostrar como, do interior do desenvolvimento da ciência moderna e a partir de condições históricas dadas, surgiram as Ciências Humanas. Mas foi em *Arqueologia do saber* (1969) que Foucault apresentou uma metodologia de análise que desvendou as origens históricas, sociais, linguísticas e teóricas do conhecimento humano. Diz ele que determinado saber só se constitui na sociedade quando todas essas condições — históricas, linguísticas e cognitivas — permitem sua emergência.

Michel Foucault (1926-1984)

Influente filósofo do século XX, sempre rejeitou rótulos que o enquadravam como pós-estruturalista e pós-modernista. Atuou por muitos anos como diplomata cultural francês e ficou conhecido como intelectual com a obra *História da loucura* em 1961. Nascido em Poitiers, na França, estudou na Escola Normal Superior de Paris, instituição na qual foi aluno do estruturalista Louis Althusser (1918-1990). Lecionou na Universidade de Túnis, na Tunísia, na década de 1960 e no Collège de France a partir de 1970, onde permaneceu até sua morte.

MICHELE BANCILHON/AFP

Mannheim e Foucault são autores que permitem mostrar que a Sociologia é obra de seu tempo — das condições históricas que promoveram e possibilitaram a sua emergência, bem como das preocupações que norteavam os cientistas de uma determinada época, assim como do alcance das teorias construídas no passado.

Novos caminhos da Sociologia

As teorias desenvolvidas por esses autores permitem exemplificar os caminhos atuais da Sociologia. O século XX, por seus conflitos e perspectivas, foi um século marcado pela necessidade de se estudar questões menos universais do que nos séculos anteriores. As diferenças entre as nações, as classes sociais e os diversos grupos que compõem a sociedade tornaram-se cada vez mais evidentes, fazendo com que os cientistas abandonassem, em parte, o ideal de compreender a humanidade como um todo e se detivessem principalmente em compreender as diferenças que emergem dela.

As teorias desenvolvidas no século XIX, chamadas *teorias de longo alcance*, procuravam dar conta de uma visão universalista do ser humano e das características do mundo em que ele interage. Émile Durkheim, Max Weber e Karl Marx, assim como cientistas de outras áreas do conhecimento como Sigmund Freud (1856-1939) e Carl Jung (1875-1961), do campo da Psicanálise e da Psicologia, teceram sistemas teóricos que procuraram explicar desde o surgimento da cultura humana até as suas mais recentes características.

No século XX, entretanto, fatores como a beligerância entre nações, as lutas sociais, a desorganização das economias mais desenvolvidas, o recurso à violência e as transformações sociais no mundo ocorrendo de forma cada vez mais rápida exigiram que os cientistas se debruçassem sobre problemas mais locais e menos universais, dando origem às *teorias de médio alcance*.

Elas também foram propiciadas pela democratização da educação e pela proliferação de centros de pesquisa em países desenvolvidos ou em desenvolvimento. Diversos cientistas, inúmeros grupos e investimentos públicos nas Ciências Sociais facilitaram a rápida formação de sociólogos e incentivaram a lógica da especialização. O desenvolvimento das Ciências Médicas e Exatas também trouxe mudanças, como o controle da natalidade e a elevação na expectativa de vida, reconfigurando as sociedades. A pirâmide etária das populações que usufruem desses avanços mudou radicalmente — em geral, nela há proporcionalmente menos jovens e crianças do que idosos.

Nesse cenário de transformação, também foi marcante a grande migração de cientistas pelo mundo, provocada pelas duas guerras mundiais. Esse deslocamento do saber científico de um continente a outro foi responsável, como visto no capítulo anterior, pelo desenvolvimento científico, acadêmico e universitário da Sociologia no Brasil.

DSK/PA/AFP

Descobertas como a aspirina, os antibióticos, a penicilina, os hormônios e a insulina, no início do século XX, contribuíram para o avanço das Ciências Médicas, principalmente da Farmacologia. Ao mesmo tempo, valorizaram a imagem do cientista de laboratório, que, com seu jaleco branco, lâminas de exame e microscópio, tornou-se, no imaginário social, a representação por excelência do que é um cientista. Na foto, Alexander Fleming, descobridor da penicilina, o primeiro antibiótico farmacológico (Escócia, 1928).

A interdisciplinaridade, em oposição à delimitação das disciplinas no campo da ciência, prevalecente no século XIX, foi outro fator de transformação no foco e nos objetivos das Ciências Humanas e Sociais. Metodologias diversas, provenientes da observação de novos objetos das ciências, levaram a diferentes questionamentos. O avanço da Estatística, permitindo a pesquisa empírica de grandes populações, fez proliferar as explicações a respeito do comportamento humano.

Rupturas

Além dos fatores apontados, alguns acontecimentos históricos tiveram significado relevante. Uma delas foi o *crash* da Bolsa de Nova York, em 1929, cerca de uma década após a Primeira Guerra Mundial (1914-1918).

Os Estados Unidos se contrapunham em sua prosperidade econômica à Europa recém-saída da Primeira Guerra Mundial. Enquanto as nações europeias amargavam o pós-guerra, os Estados Unidos viviam os "anos loucos", com grande produção agrícola e industrial. Nesse cenário otimista, entretanto, o poder de consumo da população não crescia no mesmo ritmo, o que prenunciava uma forte crise de superprodução e endividamento para as grandes empresas.

No dia 24 de outubro, também conhecido por *Quinta-feira Negra*, a situação agravou-se, gerando pânico no mercado de capitais, e com as ações na bolsa perdendo até 11% de seu valor. As transações seguintes não impediram a derrocada da bolsa, falências e o consequente desemprego, revelando a fragilidade do capitalismo, especialmente financeiro. Essa instabilidade, entretanto, foi considerada por liberais, e até mesmo por marxistas, própria do desenvolvimento capitalista, que se dá por enfrentamento e superação de crises. Em 1933, 25% da mão de obra estadunidense, ou seja, 14 milhões de trabalhadores, estavam desempregados. Durante a década de 1930, o desemprego ficou em torno dos 20%, contra os 9% do período anterior à crise.

BETTMANN/CORBIS/LATINSTOCK

Nos anos que se seguiram à quebra da Bolsa de Nova York era comum encontrar filas de pessoas em busca de um prato de sopa distribuído gratuitamente. O mesmo cenário podia ser encontrado na Europa, principalmente na Alemanha, duplamente penalizada, tanto pela derrota na Primeira Guerra Mundial como pela crise de 1929. Distribuição de sopa e café no estado de Illinois (Estados Unidos, 1930).

COLEÇÃO PARTICULAR

O período da Guerra Fria, que dividiu o mundo entre as forças antagônicas capitaneadas pela URSS (comunista) e pelos Estados Unidos (capitalista), que levou a uma intensa luta política e ideológica e à corrida armamentista, também se refletiu na cultura de massa, como revela a capa da revista em quadrinhos do personagem Capitão América em confronto com os Sovietes Supremos. *Captain America*, n. 353, 1989.

Na década de 1940, o mundo ocidental se viu envolvido em um conflito político-militar de grandes proporções — a Segunda Guerra Mundial (1939-1945). Dela participaram nações de todos os continentes, provocando o declínio dos países europeus mais envolvidos. Desse conflito, saíram vitoriosos os Aliados, liderados pelos Estados Unidos, Inglaterra e União Soviética, que venceram os países do Eixo, sob o comando da Alemanha nazista. Dessa guerra total, como é chamada por alguns historiadores, Estados Unidos e URSS despontaram como grandes potências mundiais, dando início à Guerra Fria (1945-1991).

A Guerra Fria foi um conflito mundial que contrapôs dois modelos de produção econômica e administração política do mundo: um modelo coletivista, estatista e socialista, tendo como modelo e liderança a URSS e outro individualista, liberal e capitalista, centralizado pelos Estados Unidos. Essa oposição recebeu o nome de Guerra Fria por se constituir numa rivalidade estratégica e indireta que levou as potências envolvidas a uma constante oposição e animosidade militar, tecnológica e espacial entre as décadas de 1950 até a dissolução da URSS em 1991 — embora países autointitulados socialistas ou comunistas mantenham-se ativos até os dias atuais.

A derrubada do Muro de Berlim, em 1989, também se constituiu em um fator de mudança. O Muro de Berlim, construído em 1961, separava as duas Alemanhas: a Oriental, chamada de República Democrática Alemã (RDA), que existiu de 1949 a 1990, alinhada à URSS; e a Ocidental, denominada República Federal da Alemanha (RFA), país capitalista alinhado aos demais países ocidentais. Era o símbolo maior da Guerra Fria e da polaridade em que se dividia o mundo. Erguido pela RDA, sem maiores resistências diplomáticas da RFA, na madrugada do dia 13 de agosto, para evitar o trânsito entre os dois países e suas múltiplas influências, o muro dividiu a cidade de Berlim e se estendeu por 66,5 quilômetros, separando conterrâneos e famílias.

TALLANDIER/BRIDGEMAN IMAGES/KEYSTONE BRASIL

JOHN TLUMACK/THE BOSTON GLOBE VIA GETTY IMAGES

A luta pela hegemonia do mundo entre os Estados Unidos e a URSS tendia a inserir as nações em um dos dois blocos. A construção do Muro de Berlim foi a concretização física dessa divisão e, depois, do fim dela. Essa polaridade impediu que visões alternativas aos dois blocos pudessem se desenvolver. O exemplo da América Latina é esclarecedor. Qualquer governo que tentasse estabelecer um sistema econômico e político soberano em relação aos Estados Unidos era considerado antiamericano e, automaticamente, pró-soviético ou comunista, e, em seu lugar, nasciam ditaduras militares, apoiadas por civis anticomunistas. Em registro invertido, algo similar aconteceu no Leste europeu, em relação à URSS. Na foto à esquerda, a construção do Muro de Berlim, em 1961. Na foto à direita, a população comemora a queda do Muro de Berlim (Alemanha, 1989).

Na década de 1980, crises que se acumularam no mundo comunista ajudaram as manifestações populares pela reunificação da Alemanha. A destruição do muro simboliza o fim da Guerra Fria e o estopim da derrocada do mundo soviético pouco tempo depois. Terminava, desse modo, a polarização que havia existido no mundo em razão da Guerra Fria que atingia todos os países na sua política interna, assim como nas relações internacionais. Afastado esse entrave, expandem-se o capitalismo e a **globalização** do mercado de capitais. A revolução tecnológica e a informatização da sociedade facilitam esse processo pela comunicação em rede, favorecendo intercâmbios e trocas pelo planeta.

O ataque às Torres Gêmeas, em 11 de setembro de 2001, em Nova York, foi outro momento importante. Dois aviões de linhas comerciais dominados por terroristas foram arremetidos contra os edifícios do World Trade Center, em Nova York, símbolo do poder econômico dos Estados Unidos no mundo. Outro avião também foi arremetido pelos terroristas contra o prédio do Pentágono, sede do Departamento de Defesa dos Estados Unidos, no estado da Virgínia, símbolo do poder militar norte-americano. Uma quarta aeronave, que tinha como alvo a Casa Branca, mais um símbolo do poder político, caiu na Pensilvânia após tripulantes e passageiros tentarem retomar o domínio da cabine dos pilotos.

O ataque reafirmava uma nova forma de terrorismo, o terrorismo internacional, que visa a ataques a uma nação estrangeira poderosa, pondo em risco a população civil por motivos ideológicos e/ou religiosos, e não à luta pelo poder, que geralmente representa o motivo pelo qual ocorre o terrorismo.

Até esse momento, as ações violentas eram orquestradas por terroristas dentro de seu próprio país: por causa de uma guerra civil pela disputa do poder; ou na luta contra uma ditadura; ou por motivos ideológicos e/ou religiosos; ou contra as forças estrangeiras de ocupação — neste caso, o agressor não sofria a guerra em seu próprio país. A organização terrorista Al Qaeda, liderada por Osama Bin Laden, levou para os Estados Unidos a guerra que eles queriam manter longe de seu território. A Al Qaeda considera o governo estadunidense agressor por apoiar o governo de Israel, que é responsabilizado pelas guerras do Oriente Médio.

Na ação, milhares de cidadãos foram mortos. Os prédios de Nova York ficaram completamente destruídos. A represália não se fez esperar — os Estados Unidos reagiram com uma ofensiva sem precedentes contra o mundo islâmico, que resultou na guerra contra o Afeganistão e a outros países, que também foram acusados de planejar ataques terroristas aos países ocidentais. O Iraque foi um deles, invadido, em 2003, por forças dos Estados Unidos e do Reino Unido. O presidente iraquiano Saddam Hussein (1937-2006) foi deposto e executado.

A agressividade e a ofensiva militar que o acontecimento desencadeou marcaram profundamente o início do século XXI. A cultura do medo, como a que caracterizou o conflito da Guerra Fria, instalou-se novamente nas relações internacionais, modificando a vida cotidiana das populações. Medo, fiscalização e violência passaram a fazer parte do dia a dia, com fortes consequências nas relações locais de países e regiões, e a luta contra o terrorismo passou a justificar as mais violentas intervenções de um país sobre outro.

Termos e conceitos

Globalização: é o processo de interconexão e interdependência de todos os países e cidadãos do mundo, através de relações políticas, econômicas ou formas de comunicação e troca. A globalização, segundo seus estudiosos, teria começado com os descobrimentos marítimos europeus (séculos XIV e XV), mas tornou-se particularmente importante nas últimas quatro décadas quando, após o fim da URSS, deu-se a expansão mundial do capitalismo apoiado pela comunicação em rede de computadores. A globalização promove a mundialização dos mercados, da mão de obra e da cultura, modificando a sociedade humana como era vista e estudada até o momento.

RAMZI HAIDAR/AFP

Sob o pretexto de que Saddam Hussein, ditador do Iraque, estava construindo armas biológicas, químicas e atômicas, e apoiava a Al Qaeda, os Estados Unidos, com alguns aliados, contrariando as determinações da ONU (Organização das Nações Unidas), unilateralmente atacou e invadiu o Iraque. As armas nunca foram encontradas e a ligação com a Al Qaeda não foi confirmada. Foto de 2003, em Bagdá, Iraque.

WALLY SANTANA/GETTY IMAGES

Soldados americanos buscam armas e equipamentos na região de Qiqay, no Afeganistão, em busca da Al Qaeda e de seu líder Osama Bin Laden, oito meses após a invasão do país. Foto de 2002.

Esses acontecimentos globais, que cobrem quase cem anos da história do mundo, marcaram mudanças fundamentais nas relações entre países, **etnias**, regiões, religiões e sistemas econômicos. Fizeram emergir diferentes conflitos e mostraram um mundo fraturado, fragmentado em múltiplas divisões, que busca novas formas de interpretação e de sistematizações, que desafiam os sociólogos da atualidade.

Analisando os dois acontecimentos centrados nos Estados Unidos — o *crash* da Bolsa de Nova York e o ataque às Torres Gêmeas —, percebe-se que são transformações radicais na maneira como a sociedade se organiza, se relaciona e estabelece contraposições.

A crise de 1929 foi conjuntural e repercutiu nos Estados Unidos e no restante do mundo, pois começava a ficar evidente a profundidade da interdependência entre as nações, a internacionalização dos mercados e a mundialização da economia. As consequências atingiram uma população concentrada nas cidades, nas indústrias e no consumo. No ataque de 11 de setembro, não foram forças impessoais que agiram, mas um grupo islâmico clandestino que arquitetou um ato terrorista impactante, que levou longo processo de preparação. Atingiu um expressivo número de pessoas anônimas, mas não se configurou uma crise institucional.

O quase completo desconhecimento dos agressores naquele episódio também revela que forças sociais novas surgiram com motivações diferentes das questões de mercado, território ou poder, que estiveram sempre presentes nos conflitos contemporâneos. Movimentos sociais ligados à etnia e à religião passaram, desde então, ao protagonismo dos conflitos internacionais.

Termos e conceitos

Etnia: nome dado a um grupo humano que apresenta certa uniformidade biológica e cultural, tais como técnicas, habilidades, língua e comportamento, cultuando as mesmas tradições. Etnografia e etnologia são métodos e áreas de conhecimento que estudam as diferentes etnias e seu modo peculiar de vida. Embora se relacione com o termo raça, não tem o mesmo sentido, pois as características culturais de um grupo não são transmitidas biologicamente, mas por meio da sociabilidade.

O retorno do sujeito

Uma das grandes preocupações das Ciências Humanas na atualidade é com o chamado "retorno do sujeito", compreendido também como indivíduo-ator, aquele identificado com sua experiência vivida, assumida e reinterpretada. Esse sujeito motivado, dotado de subjetividade, que age e interage com o meio social, como já apontado no capítulo 2 com a teoria de Weber, põe em questão as grandes teorias sociais baseadas na explicação do funcionamento dos sistemas sociais, diante dos quais os sujeitos seriam forças pouco expressivas e agentes com pouca autonomia.

Para essas teorias, o sujeito como agente quase desaparece, pressionado por forças que lhe são exteriores e das quais muitas vezes ele nem sequer tem consciência. Nesse sentido, positivistas e marxistas se aproximaram por entenderem os sujeitos como joguetes inconscientes das forças a que estavam submetidos. A nova concepção de sujeito, que ora exige espaço nos estudos sociológicos, não ignora a força das pressões sociais nem busca desconsiderá-las, mas propõe a possibilidade sempre desejável de que o sujeito a elas sobreviva e também lute contra elas.

A Sociologia contemporânea obrigou-se a pensar o sujeito não como um indivíduo que se opõe à sociedade, ao convívio grupal, que renuncia a eles ou deles se isola, mas que busca na sociedade e em suas instituições espaços para realizar um processo de formação da identidade e de afirmação de sua subjetividade. Nesse sentido, a Sociologia do sujeito que hoje interessa aos sociólogos busca uma mediação entre o sujeito imerso nos sistemas sociais, característico da Sociologia clássica, e o sujeito participativo, que aparece nas Ciências Humanas da atualidade. Trata-se, portanto, de um sujeito social com características próprias ou peculiaridades que atuará nas diferentes instâncias da vida social.

As Ciências Sociais, hoje, não veem o comportamento do sujeito como mera resposta a uma conjuntura dada, a um sistema que o precede, mas como uma força que atua nas fendas das instituições e das organizações, ajudando-as a se comporem ou até mesmo em oposição a elas. Para analisar essa nova concepção do sujeito, foi importante a contribuição da Psicologia Social, que entende o sujeito como dotado de percepção e autonomia, que dá sentido à realidade social.

O retorno ao sujeito traz as discussões sobre ética para a Sociologia, pois somente atores dotados de consciência e liberdade podem ser avaliados de um ponto de vista ético.

Quais teriam sido as condições para essa retomada do sujeito? **Alain Touraine** diz que o mundo vive um período de crise social e de ruptura das sociedades — a globalização tecnológica, a tecnificação crescente da produção, as migrações, as novas relações internacionais —, que teriam levado ao enfraquecimento das instituições sociais. O surgimento de organismos internacionais mais poderosos do que os nacionalismos, a perda de importância dos sindicatos, a emergência de novos agrupamentos sociais mais frágeis e impermanentes teriam levado a um crescente poder do sujeito, que volta a ser considerado um ator social.

Talvez Max Weber tenha sido o sociólogo, daqueles considerados clássicos fundadores, que mais valor tenha dedicado à compreensão do sujeito, especialmente quando elabora o conceito de ação social.

Alain Touraine (1925-)

Dedicado a compreender os movimentos sociais da sociedade pós-industrial, o sociólogo francês tem voltado sua atenção à América Latina e, em especial, ao Brasil. Influenciado por Durkheim e Marx, criou a Sociologia da Ação. É autor dos livros *A sociedade pós-industrial* (1969), *Crítica da modernidade* (1995), *Como sair do liberalismo?* (1999) e *Um novo paradigma* (2005).

JEAN-PIERRE MULLER/AFP

JEFF WIDENER/AP PHOTO/GLOW IMAGES

Imagem emblemática do sujeito social: cidadão chinês se posta na frente de uma fila de tanques que iam em direção à Praça da Paz Celestial, em Pequim, que concentrava os protestos estudantis em 1989. Flagrado pelas câmeras de televisão, esse homem se tornou símbolo de resistência individual sem que se saiba seu paradeiro após o ato (China, 1989).

A mobilização dos grupos sociais

Da mesma forma que o sujeito, com suas peculiaridades e motivações, ganhou importância na Sociologia, e compreendendo que ele não age apenas impulsionado pela dinâmica das forças sociais, a maneira como se formam, se organizam e atuam os grupos sociais passou a ter destaque nas Ciências Sociais. O francês **Michel Maffesoli** é um dos sociólogos dedicados ao tema. Para ele, a sociedade contemporânea é organizada em função de grupos de indivíduos que se unem por valores, afeição, proximidade regional ou cultural, maneiras de viver, solidariedade ou compartilhamento de espaços ou condições de vida. E isso se dá como uma reação ao impessoalismo da sociedade industrial e à cultura de massas que predominaram no século XX.

Michel Maffesoli (1944-)

Conhecido por ter cunhado o termo "tribo urbana", considerado impreciso para alguns antropólogos, o sociólogo francês Maffesoli se dedica a estudar o imaginário nas sociedades pós-modernas. Nascido em Graissessac, é professor da Universidade Paris V, em Sorbonne, atua no Centro de Pesquisa sobre o Imaginário e é vice-presidente do Instituto Internacional de Sociologia. É autor, com o filósofo Sérgio Paulo Rouanet, do livro *Moderno e pós-moderno* (1994).

FRANÇOIS GUILLOT/AFP

A formação e a mobilização desses grupos sociais configuram também uma reação à globalização, aproximando os que compartilham espaços próximos e afetivos, capazes de alicerçar as identidades individuais. Ao contrário das nações e das estruturas supranacionais, como a indústria e o mercado, o pertencimento aos grupos sociais não enfraquece a identidade pessoal e a subjetividade de cada indivíduo. Viver e compartilhar da vida desses grupos é por si só uma forma de reação à massificação da sociedade industrial.

Os grupos se organizam em função de seus interesses particulares, elegem suas prioridades, estabelecem rituais de convívio e inclusão, apresentam-se à sociedade e exibem ceticismo em relação às instituições sociais. Embora se posicionem em relação à sociedade civil e à vida pública, mantêm-se distanciados dela e não se dissolvem em seu interior.

CINDY ORD/GETTY IMAGES

Grupo de *cosplays* — pessoas que se vestem como seus personagens favoritos de quadrinhos ou animação — Nova York, Estados Unidos, em 2015. O que atrai esses jovens são suas afinidades de consumo e sua dedicação em se assemelharem o máximo possível aos personagens escolhidos.

Outras características desses grupos são a forte mobilização e o ideário político que empunham. Diferentemente das associações de trabalhadores, de sindicatos do passado ou do escotismo ou bandeirantismo que atraía os jovens, os anseios e as aspirações dos grupos contemporâneos voltam-se para as questões locais, para o convívio social, para a solidariedade, para a crítica da sociedade e para o compartilhamento de estilos de vida. Talvez por isso, Maffesoli chamou-os de *tribos* e não de associações.

No entanto, apesar da força que os grupos sociais da atualidade ostentam, poucos deles se caracterizam pela solidez e longevidade. Grupos se formam e se desmancham, mobilizam-se e imobilizam-se, saem de cena, e de repente ressurgem. Valorizando a *performance* cultural e a visibilidade na sociedade, dão às manifestações culturais e simbólicas enorme importância. Aprendem logo a lidar com os meios de comunicação e a usá-los em seu próprio benefício como forma de expressão, integração e comunicação com o mundo que os rodeia. São grupos ambientalistas, regionais, profissionais, étnicos, religiosos e de consumidores de bens materiais ou simbólicos. São eles, portanto, algumas das forças da sociedade contemporânea.

Migrações e mobilidades

A sociedade contemporânea se constitui em um mundo globalizado, no qual são deflagrados constantemente conflitos internacionais de ordens religiosa e étnica, nas quais as crises tendem rapidamente a contaminar nações, regiões e setores, dada a interdependência das formações e instituições sociais.

Nesse cenário planetário, como resposta a essa instabilidade que afeta sujeitos e grupos, as migrações tornam-se cada vez mais constantes, volumosas e repentinas. São latino-americanos que superam fronteiras, mexicanos que ultrapassam muros em busca da prosperidade estadunidense, africanos que atravessam o Mediterrâneo à procura de colocação na Europa — ou atravessam o Atlântico para tentar a vida no Brasil —, navios que transportam refugiados, caminhões que conduzem trabalhadores imigrantes, barcos que aportam famílias de nação em nação, de continente em continente.

Atraídos não só por necessidades econômicas, mas por um estilo de vida cosmopolita, esses migrantes são, em sua maioria, "rurais **desruralizados**", como os chama Alain Touraine. A inclusão desses grupos não é fácil e eles acabam por se instalar de forma precária no novo meio. Isso também traz consequências importantes para a vida da sociedade que os recebe.

Termos e conceitos

Desruralizado: trabalhador rural que vai para a cidade em busca de melhores condições de vida e de trabalho por não ter condições financeiras para competir com as tecnologias agrícolas. Trata-se de um êxodo rural que mobiliza menor contingente de pessoas do que no passado (século XX, no Brasil), quando grandes populações eram expulsas do campo. Nas cidades, ocupam posições subalternas e ocupações temporárias.

Norbert Elias estudou profundamente esse fenômeno na obra *Os estabelecidos e os outsiders*, publicada na década de 1960, no qual estuda os conflitos resultantes da chegada de novos habitantes em um bairro tradicional de uma cidade no sul da Inglaterra. Os preconceitos, estranhamentos e hostilidades mostram a dificuldade que existe nos deslocamentos humanos, sejam eles de um bairro para outro, de uma cidade para outra, ou de um país para outro. Essas migrações, que ganham cada vez mais espaço na sociedade contemporânea, deram origem a uma especialização no campo da Sociologia: a Sociologia das Mobilidades.

Norbert Elias (1897-1990)

Nasceu em Breslau, Polônia, e fugiu do nazismo, refugiando-se na França. Depois, foi para a Inglaterra, onde viveu muito tempo. Tornou-se professor da Universidade de Leicester e seu livro mais importante é *O processo civilizador*, publicado em dois volumes. Na obra, Elias descreve a emergência da burguesia como classe dominante e as transformações que imprimiu nos hábitos e costumes europeus.

AKG-IMAGES/ALBUM/LATINSTOCK

John Urry, sociólogo inglês, dedica-se ao estudo desse objeto, defendendo que a própria noção de sociedade, na atualidade, implica entender mobilidades, fluidos e fluxos. O autor começa por identificar as mobilidades provocadas pelas viagens, ainda que temporárias, que fazem parte da vida do cidadão contemporâneo. A cada ano, há, em média, 600 milhões de desembarques internacionais e meio milhão de quartos de hotéis são construídos. O turismo, nacional e internacional, emprega 10% da mão de obra mundial.

Mas, além dessa mobilidade temporária das viagens constantes por trabalho, lazer, estudos, formação, relações familiares e afetivas, há deslocamentos mais definitivos que envolvem populações que se deslocam em busca de emprego, realização pessoal, negócios, saúde, promoção social. Essa forma de mobilidade exige outro preparo das sociedades — das que se despovoam e das que crescem —, envolvendo necessidades de habitação, educação, emprego e segurança. Elas envolvem 120 milhões de migrantes, descontando desse número seus filhos.

CESAR DINIZ/PULSAR IMAGENS

Os fluxos migratórios causam grandes impactos nos centros urbanos que recebem os novos grupos. A superpopulação das cidades leva a problemas também de mobilidade urbana, como mostraram as manifestações de junho de 2013, em todo o Brasil, que reivindicavam um transporte público de melhor qualidade e sem o aumento da tarifa. Capital do estado de São Paulo, 2013.

Migrações podem ser entendidas como deslocamentos populacionais numerosos impetrados por grupos que deixam regiões e países em crise em busca de sobrevivência, realização e segurança, por meio de movimentos constantes e crescentes, incentivados por conexões que se estabelecem entre as populações de origem e seus imigrantes. Mas, além dos fortes fluxos migratórios da atualidade, a sociedade contemporânea tem enfrentado diásporas, ou seja, movimentos de dispersão de uma população, com reconhecida identidade **racial**, nacional ou étnica, para outra região ou país — por motivos de comércio, estudos, viagens, ganhar dinheiro em moeda forte etc. —, numa situação que faz esses migrantes se sentirem excluídos ou discriminados pela população nativa. O termo *diáspora* foi criado para identificar a dispersão dos judeus pelo mundo desde a Antiguidade. Ela identifica também o deslocamento da população africana provocado pela escravidão.

A Sociologia das Mobilidades não trata apenas dos deslocamentos regionais temporários ou definitivos. Ela estuda também os deslocamentos sociais — o trânsito de pessoas e grupos na sociedade. Atualmente, no Brasil, muito se tem pesquisado acerca da ascensão social de grupos provenientes das camadas mais pobres da população, em razão do aquecimento da economia brasileira entre 2000 e 2010 e dos programas sociais do governo federal estabelecidos sob o governo do Partido dos Trabalhadores, com o presidente Luiz Inácio Lula da Silva e a presidente Dilma Roussef. Essa ascensão social é referente ao aumento de crédito e a uma distribuição mínima de renda que garante a saída de milhares de cidadãos da linha da miséria, embora o país no segundo mandato do governo de Dilma Roussef tenha sofrido uma considerável crise econômica.

Todas essas movimentações, locais, regionais, nacionais e internacionais, que crescem à medida que a sociedade se globaliza, constituem importante linha de pesquisa da Sociologia contemporânea e incluem também o tráfego de imagens e mensagens que aproximam as pessoas e tornam as sociedades ainda mais fluidas e móveis. Para estudar esses fenômenos, pensa-se em um conceito de sociedade bem diferente daquele dos positivistas e funcionalistas clássicos, pensa-se em uma sociedade mais flexível, indefinida e móvel e, ao mesmo tempo, em permanente transformação.

Termos e conceitos

Raça: termo utilizado, a partir do século XVIII, pela Antropologia, baseado em estudos biológicos da época, hoje desconsiderados, para distinguir grupos humanos, especialmente os não europeus. Hoje, com o avanço das Ciências Biológicas, o termo perde seu significado. O termo *raça* continua sendo revisto e reestudado, mas, nas Ciências Humanas, diz respeito às questões de classificação da população por características genéticas, visíveis ou não. Quando pessoas são discriminadas por qualquer uma dessas características, dizemos que se trata de racismo.

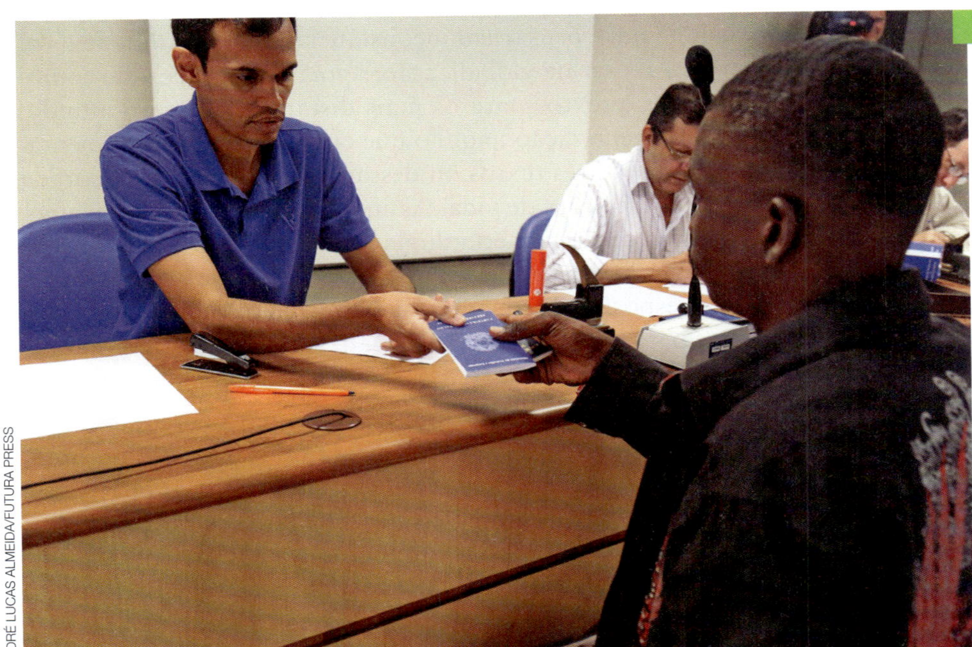

ANDRÉ LUCAS ALMEIDA/FUTURA PRESS

Imigrantes haitianos, trazidos clandestinamente para o Brasil, recebem carteira de trabalho, na sede do Ministério do Trabalho, no centro de São Paulo (SP, 2015).

Globalização e pós-colonialismo

A queda do Muro de Berlim, acontecimento mencionado entre os que marcaram o fim da Modernidade e o início da época contemporânea, simboliza a decadência da URSS e o fim da Guerra Fria, que se concretiza na década seguinte com a fragmentação do vasto território dominado pelo governo soviético. Esse fato tem especial importância para se compreender uma das tendências dominantes da contemporaneidade, que é a globalização. Sem as barreiras impostas pelo conflito capitalismo/comunismo ou Estados Unidos/URSS e apoiado pela expansão da comunicação por satélites, redes de computadores e mídias digitais, o mundo se transformou numa imensa aldeia planetária interligada por fluxos e conexões.

Tendo a Sociologia se consolidado por meio de um conceito de sociedade intimamente identificado com o Estado-nação — um território delimitado abrangendo um conjunto de cidadãos em interações sociais, políticas e econômicas definidas, regulamentadas e sustentadas por instituições —, ela enfrenta o dilema de repensar seu principal objeto de estudo: a sociedade humana e os princípios da vida coletiva.

Considerar a sociedade esse tecido de unidades fortemente interdependentes por onde fluem mensagens, informações, pessoas e mercadorias em fluxos e topografias instáveis parece uma contradição em relação aos bons resultados obtidos recentemente com o estudo de pequenas realidades locais, específicas e diferenciadas.

A Sociologia tem se confrontado com a necessidade de conjugar dois movimentos opostos das Ciências Sociais: por um lado, reconhecer a crescente interdependência da sociedade globalizada e a influência das forças supranacionais na vida das nações; por outro, perceber que, em resposta a essa tendência de globalização, movimentos sociais locais, grupos e até mesmo indivíduos reafirmam sua especificidade, peculiaridade e poder na dinâmica social local e até mesmo para além dela.

Além do reconhecimento dessa dupla dimensão que a globalização impõe aos estudos sociais — pensar o global e, ao mesmo tempo, o local —, o fenômeno obriga a reconhecer cada vez mais a diversidade. Ao contrário da Sociologia Clássica, que buscava permanências, estabilidades e homogeneidade, o sociólogo de hoje deve pensar em inconstâncias, em pluralidade e em diversidade. Isso porque, apesar da globalização, apoiada nos meios de comunicação, espalhar imagens e textos para os mais distantes locais do mundo, desenvolvendo certa homogeneização naquilo que conhecemos e experimentamos, sabemos que cada um desses textos ou dessas imagens será incorporada a diferentes repertórios e condições de vida. Assim, a homogeneização promovida pelos meios de comunicação tem esta dupla ressonância: torna as pessoas mais próximas e assemelhadas com relação às suas experiências cotidianas e, ao mesmo tempo, cria respostas dissonantes que reafirmam suas diferenças e especificidades. Assim, para explicar a globalização, a Sociologia deve munir-se de conceitos que incluem mudança, transformação e mobilidade.

Esse pressuposto está presente também no esforço para entender e pesquisar as relações internacionais que se estabeleceram no mundo durante o século XX entre metrópoles e suas ex-colônias. A crise europeia, provocada pelas guerras mundiais, promoveu inúmeros movimentos de independência e esses novos países, hoje, se deparam com inúmeros problemas étnicos, culturais, econômicos e até linguísticos. Por outro lado, as antigas metrópoles tentam estabelecer novas relações com suas ex-colônias, o que nem sempre se consegue com facilidade.

Para estudar esses conflitos, muitos autores, entre eles o anglo-indiano **Homi K. Bhabha**, cunharam o conceito de pós-colonialismo — essa relação entre ex-metrópoles e ex-súditos envolvendo uma história comum, cheia de conflitos e contradições, mas fundamental para definir o futuro e a constituição de novas identidades.

Pós-colonialismo é, portanto, uma das variáveis dentro do mundo globalizado em que, ao mesmo tempo que tudo parece novo, reinterpretam-se histórias, narrativas e relações construídas no passado.

Homi K. Bhabha (1949-)

Nasceu em Parsi (Índia) e estudou na Inglaterra. É professor de Literatura Inglesa e Americana da Universidade de Harvard, onde é também diretor do Centro de Humanidades. É um dos maiores estudiosos do pós-colonialismo e do multiculturalismo. Sua principal obra é *O local da cultura*.

REPRODUÇÃO/ FLICKR

DRAGAN FIIPOVIC/AP PHOTO/GLOW IMAGES

Biblioteca Nacional de Sarajevo, capital da Bósnia-Herzegovina, destruída pela guerra que, entre 1993 e 1995, envolveu a desintegração da antiga Iugoslávia. O que antes parecia uma unidade "natural", a nação Iugoslávia transformou-se, nesse processo, em um conjunto de novas nações: Sérvia, Croácia, Eslovênia, Montenegro, Bósnia-Herzegovina, Kosovo e Macedônia, com etnias bem definidas (Bósnia-Herzegovina, 1996).

Questões atuais da Sociologia no Brasil

Nesse cenário social fortemente convulsionado por tendências emergentes, o Brasil se coloca como nação em franca transformação. Por um lado, todas essas influências impõem ao país uma agenda de temas e assuntos que nos chegam a partir de publicações e também dessa comunicação mais rápida que nos aproxima da Europa e dos Estados Unidos. Os cientistas brasileiros cada vez mais atuam na área internacional e estão presentes em congressos e seminários em todo o mundo. Essa proximidade pauta muitas das pesquisas e produções desenvolvidas no país. Não são poucos os grupos que mantêm fortes relações com outros países, parceiros em produções conjuntas.

Mas, por outro lado, o avanço das Ciências Sociais no país tem permitido selecionar desse repertório de questões aquelas que melhor explicam as nossas especificidades. Assim, apesar de muitos autores tratarem dos tópicos acima desenvolvidos, teorias, conceitos e temas particularmente direcionados para a nossa realidade encontram interesse entre os sociólogos.

Audiovisual
A pobreza no Brasil

A difícil construção da democracia

A Sociologia no Brasil esteve, no século passado, premida pelos vinte anos de autoritarismo da ditadura civil-militar (1964-1985), que exercia pressão sobre o pensamento crítico e os intelectuais que combatiam a permanência das Forças Armadas no poder. Inúmeros cientistas sociais foram perseguidos e aposentados, além dos muitos presos e exilados. Essa herança atravessou a abertura política e a instauração de uma normalidade institucional de cunho democrático. Mesmo passados mais de vinte anos desse período, as análises sociológicas sobre o poder no Brasil procuram reconstituir e relembrar o passado, dando-lhe o efetivo peso que teve — importância silenciada, censurada e perseguida pela ditadura —, assim como analisar criticamente as instituições políticas brasileiras.

Nesse sentido, apesar de se reconhecer a existência de tentativas de constituir uma verdadeira cidadania no país e de restabelecer o espaço público e os mecanismos institucionais de resolução de conflitos, a Sociologia brasileira procura mostrar que há fortes heranças do passado, que imprimem um cenário de grande desigualdade social, de autoritarismo e de arbitrariedade na prática política e social.

Paulo Sérgio Pinheiro, coordenador do Núcleo de Estudos da Violência da USP, considera que uma das principais causas do fracasso das democracias latino-americanas é o hiato existente entre as leis expressas nas constituições e a realidade social. O neoliberalismo e a globalização, com as transformações radicais impostas à sociedade, especialmente por meio da produção automatizada, acentuaram as desigualdades sociais e as relações assimétricas da sociedade, tornando mais aguda a violência existente na vida social.

Paulo Sérgio Pinheiro (1944-)

Doutor em Ciência Política pela Universidade de Paris, França, professor titular de Ciência Política da Universidade de São Paulo e coordenador do Núcleo de Apoio à Pesquisa da USP. Foi secretário de Direitos Humanos no governo Fernando Henrique Cardoso e integrou o grupo que preparou, no governo Luiz Inácio Lula da Silva, o projeto de lei da Comissão Nacional da Verdade. Exerceu diversas funções na ONU e hoje preside a Comissão Internacional de Investigação para a Síria.

ALICE VERGUEIRO/FUTURA PRESS

De acordo com Pinheiro, embora as violações aos Direitos Humanos promovida pelo regime ditatorial tivessem sido eliminadas, os governos civis eleitos democraticamente não conseguiram proteger os direitos fundamentais do cidadão. Salienta que o alvo da arbitrariedade e da força são os pobres, o trabalhador rural, os sindicalistas e os grupos minoritários, que vivem no desamparo. Assim, apesar dos avanços verificados no estabelecimento de programas em defesa dos direitos humanos, as democracias latino-americanas não asseguraram liberdade e justiça para todos.

JANE DE ARAÚJO/AGÊNCIA SENADO

Instalação da Comissão da Verdade, em Brasília, em maio de 2012, pela presidente Dilma Rousseff, acompanhada de seus antecessores do período pós-ditadura civil-militar: José Sarney, Fernando Collor de Mello, Fernando Henrique Cardoso e Luiz Inácio Lula da Silva. A Comissão tem por objetivo investigar os crimes políticos cometidos durante o período ditatorial, entre eles torturas, desaparecimentos e perseguições.

A ideia de que houve esforços na democratização do país é defendida por inúmeros autores, mas muitos deles insistem em reconhecer que certos nós que impediam a participação e a expansão dos direitos civis continuam operantes na sociedade brasileira. O sistema de partidos e a constância dos processos eletivos têm dado à democracia brasileira um sentido de continuidade e normalidade, mas a falta de participação da população nas instâncias decisivas continua como no século passado.

As pesquisas também mostram que o sistema eleitoral vigente no Brasil e em outros países, até mesmo aqueles nos quais o voto não é obrigatório, desvia os eleitores das práticas políticas locais ao privilegiarem as eleições para cargos de presidente e governador. Dessa forma, o sistema político contribui para a alienação do eleitor da vida pública e da participação política. Essas questões que tendem a dificultar a construção de uma real democracia participativa no país é um dos principais temas da Sociologia brasileira.

EVARISTO SA/AFP

Em junho de 2013, manifestações iniciadas em algumas capitais do país contra o aumento da tarifa de ônibus acabaram aglutinando um volume crescente de manifestantes e de bandeiras reivindicatórias. Entre elas estavam a crítica aos gastos com a Copa do Mundo de futebol, à corrupção e à gestão governamental da Saúde e da Educação. No dia 17 de junho, os manifestantes chegaram a tomar o teto do Congresso Nacional, em Brasília (DF).

Renato José Pinto Ortiz (1947-)

Nasceu na cidade de Ribeirão Preto (SP). Graduou-se em Sociologia pela Universidade de Paris VIII e concluiu seu mestrado na École des hautes Études en Sciences Sociales. É professor titular da Universidade Estadual de Campinas (Unicamp) e uma de suas obras mais importantes é *A moderna tradição brasileira* (1988).

ANA PAULA PAIVA/VALOR/FOLHAPRESS

Tradição e modernidade no Brasil

A ideia de que o Brasil, apesar das transformações que ocorrem na vida política nacional e internacional, apresenta grande dificuldade em romper com determinadas tendências ou os chamados círculos viciosos, ainda está presente na Sociologia brasileira. Um dos sociólogos que mais têm trabalhado essa ideia é **Renato Ortiz**. Para explicar as dificuldades do desenvolvimento econômico do país, ele afirma que no Brasil a indústria e a urbanização surgiram de um modelo que misturou resquícios de séculos de colonialismo europeu — latifúndio, escravidão, economia agroexportadora, monarquia —, com uma economia de mercado internacionalizada.

As décadas de 1940 e 1950 foram de conflito entre essas duas tendências — a persistência de anacronismos fortemente sustentados por uma estrutura social arcaica e a tentativa de ostentar modernidades. Esse conflito resultou em uma vida econômica e política claudicante entre racionalidade e improvisação — iniciativas de curto prazo, adaptações, precariedade, que nem mesmo a tendência centralizadora de governos como o de Getúlio Vargas, buscando instalar uma infraestrutura econômica e política de abrangência nacional, conseguiram modificar. Na produção material, assim como na cultural e simbólica, o que predomina, segundo Ortiz, nos documentos, nos relatos e testemunhos é o "acaso".

ALINARI/ISUZU IMAGENS

A substituição de mão de obra escrava pela de colonos imigrantes, no século XIX, não promoveu um avanço nos meios de produção capitalista, pois o regime de colonato subordinava a produção agrícola ao comércio de exportação. Imigrantes italianos no interior de São Paulo. Foto entre 1920 e 1930.

Também na vida política brasileira é possível perceber tendências viciosas, como a falta de distinção entre o espaço público e o privado. Diversos autores, como **Nelson Werneck Sodré** e **Oliveira Vianna**, atestam que no Brasil é possível perceber uma **hipertrofia** da ordem privada e seu predomínio sobre a ordem pública. A consequência é a falta de racionalidade e de planejamento da vida pública, que procura integrar e responder a interesses familiares e locais.

Termos e conceitos

Hipertrofia: desenvolvimento ou crescimento excessivo, em tamanho ou em complexidade de alguma coisa.

Nelson Werneck Sodré (1911-1999)

Nasceu no Rio de Janeiro e estudou no Colégio Militar. Ingressou na imprensa como jornalista e escritor em 1929. Publicou artigos e livros, participou ativamente do Instituto Superior de Estudos Brasileiros (Iseb), antigo Instituto Brasileiro de Economia, Sociologia e Política (Ibesp), quando escreveu parte de seus livros defendendo o capitalismo independente no Brasil. Por suas ideias marxistas, foi cassado pela ditadura civil-militar de 1964 e impedido de lecionar.

Francisco José de Oliveira Vianna (1883-1951)

Sociólogo, jurista e historiador, nasceu em Saquarema, Rio de Janeiro. Formou-se em Direito e ingressou como professor na Universidade Federal Fluminense. Suas teorias sobre o Brasil teriam inspirado o então deputado Getúlio Vargas e serviram de base para sua política quando no governo.

A política brasileira estaria permeada por redes de parentesco e reciprocidades, que estabelecem vínculos que vão do privado ao público e ao privado retornam, numa tendência viciosa difícil de romper. **Maria Isaura Pereira de Queiroz** e Victor Nunes Leal são alguns dos autores que desenvolvem pesquisas sobre o tema. Maria Sylvia de Carvalho Franco também se dedicou ao estudo desse fenômeno em sua tese de livre-docência intitulada *O moderno e suas diferenças* (1969). Mais recentemente, o tema foi tratado por André Botelho no texto "Sequências de uma sociologia política brasileira" (2007).

Outros círculos viciosos, que remontam ao nosso passado colonial e procuram explicar os entraves da sociedade brasileira diante dos desafios da atualidade, aparecem nos estudos sociológicos. Entre eles está a influência estrangeira no país e a presença constante dos interesses externos determinando os rumos da economia e da política nacionais. As análises a respeito das novas tecnologias e da globalização também revisitam essa dualidade e esse círculo vicioso. Mesmo sem nos dedicarmos a dar a resposta a essas questões, temos que ressaltar que elas atualizam a visão da Sociologia sobre o Brasil, que evidencia as dicotomias, as heranças e as sobrevivências do passado, a Modernidade na Contemporaneidade.

Maria Isaura Pereira de Queiroz (1918-)

Nasceu em São Paulo e é uma das mais importantes sociólogas brasileiras. Formada pela USP, onde se tornou professora emérita, deu aulas em diversos países no exterior, inclusive na França. Recebeu o Prêmio Jabuti por seu livro *O messianismo no Brasil e no mundo* (1965). Fundou o Centro de Estudos Rurais e Urbanos da USP em 1964.

LUIZ PRADO/ESTADÃO CONTEÚDO

Trabalho e classe-que-vive-do-trabalho

Uma das repercussões da globalização e da revolução tecnológica é a transformação na organização das forças produtivas. Estamos nos referindo à revolução que, iniciada no século XIX, com o desenvolvimento da automação industrial, chega à atualidade impondo uma mudança radical nos hábitos, costumes, comunicação interpessoal, produção e conhecimento. Estamos falando da comunicação em rede, da cibernética e da informática que caracterizam a sociedade contemporânea.

Amparado pela automação, o capitalismo entra em uma fase bastante estudada por autores como Manuel Castells. Nela, um novo arranjo de forças põe em xeque a produção massiva resultante do emprego de grande número de operários. Uma reengenharia produtiva promoveu, nesse movimento de transformação, o uso da mão de obra terceirizada, a contratação de operários temporários, a internacionalização das relações de trabalho e a **complexificação** dos setores produtivos, exigindo o emprego de trabalhadores altamente qualificados.

O resultado dessa desestruturação tem sido o desemprego, a diminuição do número de trabalhadores e das horas de trabalho, especialmente nas empresas em que a automação se tornou constante e crescente. Resulta desse cenário a informalidade e a precariedade nos contratos de mão de obra, ampliando os efeitos desse **desemprego estrutural**.

Termos e conceitos

Complexificação: ato ou efeito de tornar complexo. No caso dos setores produtivos, envolve a criação de novas subdivisões e a integração menos linear entre elas.

Desemprego estrutural: aquele em que a vaga do trabalhador foi substituída por máquinas ou processos produtivos mais modernos.

Ricardo Antunes (1953-)

Trata-se de um dos principais nomes atuais da Sociologia brasileira. É professor titular do Instituto de Filosofia e Ciências Humanas (IFCH) da Universidade Estadual de Campinas com especialização na área de Sociologia do Trabalho, com mestrado em Ciência Política pela Unicamp e doutorado em Sociologia pela USP.

Para tornar mais delicado esse quadro da produção na atualidade, o crescente emprego da mão de obra feminina que, segundo **Ricardo Antunes**, na Inglaterra, já é maior do que o contingente masculino, torna ainda mais inseguras e precárias as relações de trabalho, uma vez que as mulheres ganham menos que os homens e têm relações de trabalho menos formais.

Autores que vêm estudando essas transformações costumam defender a ideia de que o trabalho tem deixado de ser a principal fonte de realização, valor e identidade dos sujeitos da sociedade contemporânea. Muitos desses estudos apontam para a emergência de uma sociedade do ócio e do lazer, ou seja, uma sociedade na qual as pessoas gastam mais tempo para atividades não produtivas do que com o trabalho e a luta pela sobrevivência. Assim, embora, as jornadas de trabalho tenham aumentado e muitos precisem de mais de um emprego para sobreviver, nas atividades econômicas, a mecanização emprega cada vez menos pessoas.

O resultado é também a terceirização, ou seja, a transferência de parte das etapas produtivas para terceiros, via médias e pequenas empresas. Por outro lado, a diminuição do emprego de mão de obra e a terceirização levam à precarização dos movimentos sociais e das associações de trabalhadores. Em resposta a essa tendência, no Brasil, o que se vê é justamente a luta pela manutenção do emprego assalariado, com políticas públicas voltadas, nos últimos anos, para o desenvolvimento de recursos que permitam o emprego da massa de trabalhadores.

DELFIM MARTINS/PULSAR IMAGENS

A construção civil, durante muito tempo, abrigou mão de obra oriunda da área rural, pouco qualificada. A última década de desenvolvimento do país ampliou a oferta de emprego nesse setor, requerendo trabalhadores mais técnicos, o que acabou atraindo a força de trabalho de outros setores produtivos. Ampliação do Aeroporto Internacional de Guarulhos (SP, 2014).

Assim, o trabalho e sua feição atual tem sido um dos importantes temas da atualidade na Sociologia brasileira, como demonstram os textos escritos por Ricardo Antunes. Neles, o autor propõe um novo entendimento do que se considera classe trabalhadora. Diz ele que fazem parte da classe-que-vive-do-trabalho os seres sociais que vivem da venda de sua força de trabalho, que são assalariados e desprovidos dos meios de produção. Esse contingente é formado pelos trabalhadores rurais, domésticos, locais, nacionais e internacionais e pelos servidores públicos. Pensada dessa forma, a classe-que-vive-do-trabalho é mais numerosa do que a classe operária dos grandes parques industriais do passado, reunindo trabalhadores submetidos a condições muito semelhantes e expostos às mesmas instabilidades sociais. As conquistas teóricas nesse campo de estudo têm permitido avanços para a Sociologia nacional.

A naturalização das desigualdades

Mesmo tendo alcançado, nas últimas décadas, um lugar privilegiado entre os chamados países emergentes, especialmente entre os demais da América Latina, e apesar de ter enfrentado crises econômicas internacionais, há um aspecto que parece resistir a todas as políticas públicas e sociais e caracterizar a realidade brasileira: a desigualdade social. Ela envolve distâncias sociais intransponíveis entre grupos raciais e étnicos, regionais e culturais. Desigualdade já estudada desde os primórdios da Sociologia brasileira, desde Gilberto Freyre, quando define a realidade brasileira dividida em *Casa Grande & Senzala* (1933) e *Sobrados e mucambos* (1936).

Conflitos que envolvem as instituições sociais, mas também as relações sociais e a cultura, como bem ensinou Florestan Fernandes em *A integração do negro na sociedade de classes* (1964), procuram dar conta do Brasil, não só como um país periférico, mas como uma nação que permite a permanência e o crescimento constante de zonas periféricas em seu interior. Zonas que se caracterizam pela exclusão social e pela imposição de modos de vida subalternos e não cidadãos. A Sociologia brasileira da atualidade procura rever os autores que expuseram as relações de desigualdade, mostrando de que forma elas estão estruturadas em nossa realidade e, de certa forma, naturalizadas por meio de conceitos como sociedade pré-moderna ou pré-capitalista. Tais conceitos que utilizam o prefixo *pré* passam a ideia de que a estrutura econômica a que se referem irá se transformar um dia, naturalmente, no modelo "moderno" ou "capitalista" em relação ao qual é comparada. O que se procura mostrar em análises críticas é que tais desigualdades são historicamente constituídas e reafirmam a ideia de existência de "dois Brasis": o das instâncias governamentais e o da sociedade como um todo, ou do país moderno e do pré-moderno.

Trabalhos de autores como Karl Marx e o francês **Pierre Bourdieu** dão amparo às teorias que procuram explicar como, apesar de políticas afirmativas e de uma reconhecida atitude moral em favor da igualdade social, as desigualdades permanecem na sociedade brasileira.

Todas essas questões, temas e conceitos que têm permeado a Sociologia, seja aquela desenvolvida nos centros da Europa e dos Estados Unidos, seja a desenvolvida no Brasil, serão tratados nos demais capítulos deste livro.

Pierre Félix Bourdieu (1930-2002)

Nasceu em Denguin, na França, e se tornou um dos sociólogos mais lidos da sua geração. Desenvolveu conceitos fundamentais na Sociologia, como os de campo e *habitus*. Foi docente da École de Sociologie da École de France e escreveu sobre capitalismo, educação, literatura, comunicação e arte.

FREDERIC REGLAIN/GAMMA-RAPHO/GETTY IMAGES

Lado a lado, favelas precárias e condomínios de luxo, separados por um muro, testemunham a naturalização das desigualdades no país, como mostra foto de Salvador (BA, 2015).

SERGIO PEDREIRA/PULSAR IMAGENS

Sociologia no presente

Ao terminar a primeira Unidade, procuramos sinalizar que a Sociologia, enquanto ciência que desvenda a sociedade e os princípios da vida coletiva, procura dar conta, na atualidade, de fenômenos muito diferentes, complexos e que parecem, à primeira vista, colocar em xeque a herança acumulada por essa ciência. Se, nos seus primórdios, a Sociologia buscava identificar o que caracterizava a sociedade e a vida social, tendo como parâmetro a sociedade europeia organizada em Estados Nacionais, que lutavam por uma ordem democrática, hoje a Sociologia se depara com um panorama muito diferente.

Em primeiro lugar, o colonialismo, o desenvolvimento das ciências e, particularmente, das ciências sociais, surgido na Europa do século XIX, se deparava com conjunturas bastante diferentes em razão de sua história original e das relações que se estabeleceram entre sociedades europeias e não europeias. A primeira tentativa de acomodar objetos de estudo tão díspares a uma mesma perspectiva teórica foi a de constituir quadros comparativos e classificações evolutivas, buscando, ainda, salvar ideias de que a humanidade apresenta tendências semelhantes sob suas diferenças. Mas também essa tentativa não resistiu a uma análise mais profunda e, apesar de todas as tentativas homogeneizadoras, como a globalização e a divisão do mundo em mais de uma centena de nações, as diferenças estruturais subsistem.

Por outro lado, também em razão de relações internacionais cada vez mais estreitas, a própria sociedade europeia apresenta dissensões, fazendo emergir em seu seio microrrealidades contrastantes, divergentes, dissonantes, de modo a obrigar os cientistas sociais a repensar seus conceitos e sua aplicabilidade à sociedade atual.

Vivemos um momento inquietante em que novos paradigmas se fixam, abalando certezas, introduzindo questões, exigindo reflexão e posicionamento diante da sociedade. Essa transformação social é encarada com estranhamento por alguns, com curiosidade por outros e como um desafio por todos. Globalização, novas estruturas produtivas, revolução tecnológica modificam a forma como nos vemos, como nos relacionamos com os outros e com a realidade que nos cerca.

Em razão desses contrastes e dessa perplexidade que envolve a sociedade atual, a Sociologia se volta para a revisão e a releitura dos clássicos, para releituras de seus conceitos, numa atitude que se predispõe a interpretar a realidade, buscando originalidades e contrastes, do que aprisioná-la em conceitos inflexíveis. A Sociologia é particularmente necessária em épocas de crise e mudanças como a que vivenciamos na atualidade. Vivemos momentos nos quais as instituições se transformam, as relações sociais se afrouxam, padrões éticos são abandonados, ou ainda, novas ideologias se difundem. Assim, é hora de pensar a vida social de modo sistemático e consequente.

Enfrentar as diferenças, as dissensões, os conflitos e as mudanças é a grande tarefa da Sociologia da atualidade e a grande preocupação deste livro no decorrer das próximas Unidades.

SOCIOLOGIA NA MÍDIA

HOME | SOBRE | CONTATO | LINKS

NOVOS CARIOCAS

Para o geógrafo Jailson de Souza e Silva, a população do Rio de Janeiro presencia o surgimento de um personagem capaz de ver a cidade de forma diferente: o novo carioca.

Este conceito criado por ele e compartilhado, inicialmente, pelo também geógrafo Jorge Barbosa e pelo artista e produtor cultural Marcus Vinícius Faustini nasce como antítese do carioca clássico. O velho carioca seria aquele sujeito dominado pela nostalgia dos anos dourados que, nas palavras de Jailson, "viu as favelas e seus moradores como o problema da cidade e se fechou em territórios restritos, perdendo a capacidade de circular, física, social, simbolicamente".

O novo carioca é "pós-cidade partida" e vive o que há de melhor no centro urbano: a possibilidade do encontro fraterno, solidário e digno com os demais. Nesta entrevista, estes três cariocas apresentam um pouco do perfil de seus conterrâneos e mostram que, acima de tudo, o novo carioca é a metáfora de um sujeito pronto para viver a cidade contemporânea. Aos cariocas ou não, bem-vindos ao novo.

Notícias&Análises: ***O que é o novo carioca?***

Jailson Silva: Ele se insere num processo de disputa do imaginário carioca. Se refere a uma determinada concepção de sujeito. É um sujeito que seria um perfil ou um tipo ideal. Ele é uma identificação de alguns sujeitos, que se materializam como tal no cotidiano. É o desejo de que esse sujeito se torne hegemônico. Ele também deve ser uma utopia. Significa pensar em outro tipo de sociedade, cidade e ordenação. E isso é utópico no sentido de algo que pode vir a ser e se tornar referência fundamental de sujeito contemporâneo.

Jorge Barbosa: ***É um ser que vive a cidade e compartilha as experiências ricas da vida.***

Marcos Faustini: Um conceito que busca inventar novas relações de encontro entre os sujeitos na cidade e também provocar a percepção de que a superação das desigualdades será obra destes sujeitos em ação. Em resumo: é um convite para agirmos na transformação dos territórios em práticas diversas e não ficarmos apenas envolvidos pela fábula das oportunidades geradas pelo capital na cidade. [...]

Notícias&Análises: ***Muitos dos textos do livro tomam a favela como grande expressão das desigualdades. Sabe-se, entretanto, que há outros espaços na cidade tão impactados pelas desigualdades sociais quanto as favelas. O conceito de "favela" ainda serve para pensar estratégias de superação das desigualdades no espaço urbano?***

Jailson Silva: O conceito de favela serve para pensar desde que isso não seja feito de forma estática. O que era considerado favela no início da década de 1950 é totalmente diferente dos dias de hoje. A favela não é uma experiência de resistência. Não é negação. É uma experiência de vida, de produção de subjetividade, de sujeito, de territorialidade que se insere numa dinâmica maior que é o conjunto da cidade. A favela é um conceito relacional, e não substancialista. Só se explica, efetivamente, a partir de uma análise mais concreta das relações estabelecidas no conjunto da cidade, pelos seus diferentes grupos sociais, sujeitos e classes.

ANSEL, Thiago. Observatório de favelas. Disponível em: <http://of.org.br/noticias-analises/novos-cariocas/>. Acesso em: jun. 2016.

ATIVIDADES

1 Leia o texto.

LYNNE SLADKY/AP PHOTO/GLOW IMAGES

O artista plástico Paulo Nazareth e sua instalação em Miami: inspiração na ideia pejorativa da "República de Bananas". A obra foi vendida a U$ 40 mil a um colecionador israelense.

Seis meses e 15 dias. Esse foi o tempo que Paulo Nazareth, 34, gastou para ir a pé e de carona de seu "conjunto habitacional favelizado" em Palmital, Santa Luzia, região metropolitana de Belo Horizonte (MG), para Nova York, nos EUA. Calcula ter caminhado 700 km e emagrecido sete quilos.
A jornada foi feita de chinelos e com uma sacola de pano com poucas roupas a tiracolo. Ele diz não ter lavado os pés nesse tempo todo. Transformou a sujeira acumulada em mais uma de suas obras de arte, registrando tudo com uma câmera fotográfica. Quando chegou a NY, banhou os pés no rio Hudson.
"Foi como arrancar uma pele. A poeira já fazia parte do meu pé", diz. "Não lavo os pés quando vou para os EUA para levar um pouco de poeira da América Latina para lá", contou [...]
Um ano, um mês e cinco dias depois de ter deixado Palmital, o artista já faz o percurso de volta ao Brasil. Está há um mês no México, na casa de uma amiga. "Mas durmo na rua, acampo, fico em hotelzinho barato. Me viro." [...] Ele conta que adiou o retorno ao Brasil porque perdeu o passaporte há alguns dias. [...] Vai fazer a última parte do trajeto de avião. Sua galeria brasileira, a Mendes Wood, enviou a passagem aérea. [...] Paulo chegou à Nova York no dia 26 de outubro de 2011. Ficou dois dias e depois foi para a Guatemala. No começo de dezembro, retornou aos EUA, porque tinha um compromisso agendado: participar de uma das maiores feiras de arte do mundo, em Miami, a Art Basel. [...] Na feira, exibiu uma instalação que bolou durante a viagem: uma Kombi repleta de bananas. "A inspiração foi a República das Bananas." Desembolsou US$ 4.000 no carro e US$ 800 em bananas vindas da Costa Rica. A obra foi arrematada por US$ 40 mil por um colecionador israelense. "Foi interessante um israelita comprar a Kombi. Fico pensando nessa relação histórica. A Kombi é um carro modelo alemão que quase não existe na Guatemala. Já as armas israelenses estiveram naquele país na época da ditadura."
Ao lado do carro, Paulo ficava segurando a placa "Minha imagem de homem exótico à venda". Cobrava US$ 1 por foto. E vendia bananas a US$ 10.
No final, conseguiu US$ 600. "Cobrava pelo jogo da imagem e uma suposição do que o outro pensa dessa imagem, o exotismo da América Latina. O índio, o negro, o outro", diz. [...]

BERGAMO, Monica. Era uma vez na América. 6 maio 2012. Disponível em: <http://acervo.folha.uol.com.br/fsp/2012/05/06/21>. Acesso em: jun. 2016.

A experiência do artista plástico mineiro envolve alguns dos conceitos sociológicos contemporâneos. Justifique-os.

a) Retorno do sujeito.

b) Mobilidade.

2 Relacione a situação apresentada na charge de Angeli com o que vimos neste capítulo.

© ANGELI - FOLHA DE S.PAULO

3 Leia o trecho em que um dos moradores de uma vila moçambicana é atendido por um médico português. Depois, indique a que fenômeno social esse texto se refere.

"— A propósito da língua, sabe uma coisa, Doutor Sidonho? Eu já estou a desmulatar. E exibe a língua, olhos cerrados, boca escancarada. [...] a mucosa está coberta de fungos, formando uma placa esbranquiçada.
— Quais fungos? — reage Bartolomeu. Eu estou é a ficar branco de língua, deve ser porque só falo português [...]"

COUTO, Mia. *Venenos de Deus, remédios do Diabo.* São Paulo: Companhia das Letras, 2008. p. 110-111.

4 De que forma os versos da canção "Casa de papelão", de Criolo, se aproximam da Sociologia do Conhecimento?

Na minha mente várias portas
E em cada porta uma comporta
Que se retrai e às vezes se desloca
E quantos segredos não foram
[guardados nessa maloca
Flutuar no céu poluído dessa cidade
[e beber
Toda sua mentira
Esperança minha, torneira sem
[água
Moeda? É religião que alicia
Vamos cantar pra nossos mortos
Vamos chorar pelos que ficam
Orar por melhores dias
E se humilhar por um novo abrigo

Não de foice ou faca
Esquartejada a alma
Amarga amassa a lata
Estoura pulmão
Toda pedra acaba
Toda brisa passa
Toda morte chega e laça
São pra mais de um milhão
Prédios vão se erguer
E o *glamour* vai colher
Corpos na multidão

Disponível em: <www.vagalume.com.br/criolo/casa-de-papelao.html>. Acesso em: jun. 2016

5 De acordo com o que vimos neste capítulo, a automação do processo industrial facilitou a vida do trabalhador, que, agora, produz mais em menos tempo?

6 Desde os tempos coloniais, as relações políticas no Brasil misturam setores públicos e privados. Na visão dos historiadores e dos sociólogos, por que isso é um problema?

7 Por que o Brasil se preocupa em recordar o passado histórico e social recente, de acordo com os pensadores citados neste capítulo?

8 O capítulo começa com três acontecimentos que marcaram a passagem do século XX para o século XXI: o *crash* da Bolsa de Nova York (1929), a Queda do Muro de Berlim (1989) e o ataque de terroristas ao World Trade Center (2001). Pesquise, em grupo, um desses acontecimentos, para aprofundar o tema e entender as consequências. Relate as descobertas do grupo para os demais colegas.

1 (Unioeste, 2015)

COLEÇÃO PARTICULAR

Exemplares da revista em quadrinhos do "Capitão América", em 1941. Fonte: <http://educacao.uol.com.br/album/2012/04/24/historias-em-quadrinhos-um-modo-descontraido-de-estudar-historia.htm#fotoNav=4>. Acesso: 19.08.2014.

Os Estados Unidos entraram na Segunda Guerra Mundial (1939-1945) em dezembro de 1941, mas o Capitão América já estava enfrentando Adolf Hitler e Benito Mussolini havia alguns meses. Ele foi o primeiro super-herói engajado no conflito mundial e seu arqui-inimigo era o Caveira, um supervilão nazista. A presença recente deste super-herói nas telas do cinema — "Capitão América: o primeiro vingador" (2011) e "Capitão América 2: o soldado invernal" (2014) — parece reforçar a necessidade de se valorizar a presença dessas personagens não somente na imaginação de milhares de leitores e espectadores em todo o mundo, mas, principalmente, em diversos contextos históricos, como os dos exemplares acima.

Sobre o papel cultural representado pelos super-heróis nos quadrinhos durante a Segunda Guerra Mundial, é CORRETO afirmar que

a) não há evidência alguma de que as revistas em quadrinhos possam ter influenciado os leitores durante o período de conflito mundial, pois não circulavam no mercado de consumo.

b) os exemplares de "Capitão América", citados acima, apresentam uma crítica explícita à participação nociva dos Estados Unidos na Segunda Guerra Mundial.

c) quadrinhos e filmes que exploraram (e exploram) a saga de um super-herói representam fontes históricas importantes para o entendimento do contexto em que foram produzidos.

d) os quadrinhos do "Capitão América", produzidos durante a Segunda Guerra Mundial, não possuem relação com a posição política e ideológica assumida pelo governo norte-americano.

e) super-heróis como Capitão América ou Super-Homem são criações de arte gráfica, surgidas nos Estados Unidos durante as décadas de 1930 e 1940 com o objetivo único de entreter seus leitores, pois não existem comprovações históricas da existência de Hitler e Mussolini.

2 (Enem, 2014)

O jovem espanhol Daniel se sente perdido. Seu diploma de desenhista industrial e seu alto conhecimento de inglês devem ajudá-lo a tomar um rumo. Mas a taxa de desemprego, que supera 52% entre os que têm menos de 25 anos, o desnorteia. Ele está convencido de que seu futuro profissional não está na Espanha, como o de, pelo menos, 120 mil conterrâneos que emigraram nos últimos dois anos. O irmão dele, que é engenheiro-agrônomo, conseguiu emprego no Chile. Atualmente, Daniel participa de uma "oficina de procura de emprego" em países como Brasil, Alemanha e China. A oficina é oferecida por uma universidade espanhola.

GUILAYN, P. Na Espanha, universidade ensina a emigrar. *O Globo*, 17 fev. 2013 (adaptado).

A situação ilustra uma crise econômica que implica

a) valorização do trabalho fabril.

b) expansão dos recursos tecnológicos.

c) exportação de mão de obra qualificada.

d) diversificação dos mercados produtivos.

e) intensificação dos intercâmbios estudantis.

3 **(Enem, 2014)**

A Comissão Nacional da Verdade (CNV) reuniu representantes de comissões estaduais e de várias instituições para apresentar um balanço dos trabalhos feitos e assinar termos de cooperação com quatro organizações. O coordenador da CNV estima que, até o momento, a comissão examinou, "por baixo", cerca de 30 milhões de páginas de documentos e fez centenas de entrevistas.

Disponível em: <www.jb.com.br>. Acesso em: 2 mar. 2013 (adaptado).

A notícia descreve uma iniciativa do Estado que resultou da ação de diversos movimentos sociais no Brasil diante de eventos ocorridos entre 1964 e 1988. O objetivo dessa iniciativa é

a) anular a anistia concedida aos chefes militares.

b) rever as condenações judiciais aos presos políticos.

c) perdoar os crimes atribuídos aos militantes esquerdistas.

d) comprovar o apoio da sociedade aos golpistas anticomunistas.

e) esclarecer as circunstâncias de violações aos direitos humanos.

4 **(UEL, 2014)** Charles Wright Mills, sociólogo americano, em seu livro *A imaginação sociológica* (1959), propõe uma ciência crítica frente às questões públicas, uma qualidade intelectual herdada dos fundadores da Sociologia, que consiste em "sentir o jogo que se processa entre os homens e a sociedade, a biografia e a história, o eu e o mundo" (MILLS, 1959, p.10), uma análise que se desloca da esfera individual (de existência) para a esfera pública e vice-versa. Nesse sentido, a fala do sociólogo brasileiro Luiz Werneck Vianna, ao comentar passagens de sua infância, contém elementos da "imaginação sociológica".

Eu sou de outubro de 1938. Nasci no Rio de Janeiro, na véspera da Segunda Guerra Mundial, e quando ela acabou eu tinha sete anos. De algum modo, a guerra foi significativa para mim e, creio, para a minha geração. Fatos: conheci *black out*. E havia sempre em casa alguém contra a imprudência de se acender um fósforo, porque era proibido. Outro fato: eu tinha um vizinho, não sei se alemão ou descendente de alemães, que ouvia noticiário da Alemanha. Eram tempos conturbados, vivia-se um clima de pânico, de radicalização política, inclusive pela vigência do Estado Novo. Nasci, portanto, sob o signo da política. Lembro-me que, logo depois da guerra, andando com a minha mãe pelas ruas de Ipanema, onde morávamos, presenciamos um quebra-quebra assustador. Classe média contra a carestia.

BASTOS, E. R. et al. *Conversas com sociólogos brasileiros*. São Paulo: Editora 34, 2006. p. 161. (Adaptado.)

Com base no enunciado e no texto,

a) diferencie "esfera particular" (ou "de existência") de "esfera pública".

b) identifique 3 questões públicas citadas por Luiz Werneck Vianna.

5 **(UEL, 2012)** O texto a seguir narra um episódio exemplar da expansão econômica americana no Brasil, evidenciando a visão etnocêntrica da imprensa da época:

Em 1927, o governo do Pará cedeu a Henry Ford um milhão de hectares para o plantio de seringueiras. A Ford Motor Company precisava da borracha para fazer seus pneus, e os altos custos da importação de látex da Ásia pareciam uma boa razão para tal investimento em plena floresta amazônica. No caso de Ford, que tinha à sua disposição todos os recursos do mundo industrial, os jornalistas não tinham dúvida a respeito do resultado e falavam de sua missão civilizadora numa linguagem cheia de expectativa. A Revista Times relatou que Ford pretendia aumentar todos os anos suas plantações de seringueiras "até que toda a selva esteja industrializada", saudada pelos habitantes da floresta: "logo as jiboias virão, os macacos farão um grande alarido. Índios armados com pesadas lâminas liquidarão seus antigos perseguidores para abrir caminho para limpadores de parabrisas, tapetes e pneus". Ford estava levando a "magia do homem branco para o mundo selvagem", escreveu o Washington Post, "pretendendo produzir não apenas borracha, mas também os itens para os quais ela era a matéria-prima".

(Adaptado de: GRANDIN, Greg. Fordlândia: a ascensão e queda da cidade esquecida de Henry Ford na selva. Rio de Janeiro: Rocco, 2010. p. 18.)

Com base no texto e nos conhecimentos sobre a industrialização no Brasil, explique as consequências dessas transformações econômicas e culturais.

Para ver

Um dia sem mexicanos

Direção: Sérgio Arau. Países: Estados Unidos, Espanha, México. Ano: 2004.

Em tom de fábula, em certa manhã na Califórnia, Estados Unidos, constata-se que desapareceram todos os mexicanos. A crítica social na chave da comédia já começa com o título generalizante, que chama de mexicanos (ou chicanos) a todos os imigrantes de origem latina que moram nos Estados Unidos, independentemente de sua nacionalidade.

Por serem esses imigrantes responsáveis por todas as profissões desvalorizadas socialmente — lixeiros, empregadas domésticas, músicos, trabalhadores braçais, professoras primárias, entre outras —, o desaparecimento misterioso de quase um terço da população da Califórnia desestabiliza a todos, obrigando a mídia, políticos e a polícia a, de forma hipócrita, reconhecer sua importância social.

Esse filme permitirá que o professor trabalhe a questão da mobilidade, assim como das relações de dependência dos latinos em relação aos estadunidenses, tema deste capítulo.

Jesus: criança da América

Direção: Spike Lee. País: Estados Unidos. Ano: 2005.

Parte do projeto *Crianças invisíveis*, produzido pela Unicef (Fundo das Nações Unidas para a Infância), conjunto de sete curtas metragens, cada qual dirigido por um diretor consagrado internacionalmente, este episódio tem por protagonista a menina Blanca, de 13 anos, que é lançada dentro de um verdadeiro pesadelo devido ao fato de ser portadora do vírus HIV, o que a faz ser discriminada na escola. O pai da garota é um veterano da Guerra do Golfo, que se tornou viciado em heroína e, por isso, contraiu a doença.

Embora o tema seja pesado, a narrativa não é maniqueísta, mostrando os pais de Bianca, aparentemente irresponsáveis, aparecendo como vítimas de um agudo quadro social, permeado pela guerra.

Eu, tu, eles

Direção: Andrucha Waddington. País: Brasil. Ano: 2000.

Ambientado no sertão nordestino, o filme narra com delicadeza e humor a história inusitada de Darlene que, por acaso da vida, acaba casando e convivendo com três maridos e seus filhos, numa mesma casa. Ela é uma boia-fria pobre que vive uma situação difícil, baseada na história real da cearense Maria Marlene Silva Sabóia, que afirma: faria tudo outra vez. A relação entre os maridos, os filhos e Darlene se acirra na medida em que começam a disputar atenção, espaço e amor. O final é surpreendente. A trilha sonora é de Gilberto Gil.

Esse filme permitirá o debate sobre as questões do Brasil arcaico, pois tudo na produção lembra a aridez do Nordeste e enaltece o elemento da rusticidade que possibilita que quase tudo seja permitido.

Para ler

Era dos extremos: o breve século XX (1914-1991)

Eric Hobsbawm. São Paulo: Cia. das Letras, 2008.

Trata-se de uma obra clássica para se entender o século XX e as modificações que ocorreram na sociedade, pondo término ao que se entende por Modernidade (período que vai do século XV a meados do século XX) e introduzindo a Pós-Modernidade. Em linguagem fluente, o autor atravessa crises, tragédias e acontecimentos que transformaram o mundo. Divide o breve século XX em três eras: a das catástrofes, como as duas guerras mundiais, a dos anos dourados, quando há pleno desenvolvimento do capitalismo, no pós-guerra, e, finalmente, o desmoronamento, quando há um forte abalo nas instituições controladoras da sociedade.

A sociedade global

Octavio Ianni. São Paulo: Civilização Brasileira, 1993.

Nessa obra, o sociólogo Octavio Ianni analisa o fenômeno da globalização, abordando-o não apenas do ponto de vista político e econômico, mas também comunicacional. Para isso, ele coloca em diálogo diferentes autores e teorias da globalização. Do ponto de vista comunicacional, a globalização parece tornar real a aldeia global prevista por Marshall McLuhan, estabelecendo uma rede de comunicação interplanetária, que teve consequências profundas na vida interna das nações e nas suas relações internacionais.

A moderna tradição brasileira

Renato Ortiz. São Paulo: Editora Brasiliense, 1995.

Nesse livro, o sociólogo Renato Ortiz aborda a modernidade cultural do Brasil que se mistura com instituições herdadas do passado, tradicionais e conservadoras. Esse cenário de tradição e modernidade é aquele que vê o país ingressar na era da indústria cultural, da comunicação e da televisão. Assim, coloca em discussão conceitos de modernidade, cultura popular e cultura nacional. A obra discute especialmente a modernidade nos países à margem do capitalismo — não desenvolvidos e dependentes dos países ricos —, nos quais a modernização se processa sobre os fantasmas do passado.

Para conhecer

Mobilidade urbana sustentável

<www.mobilize.org.br>

Site da organização sem fins lucrativos Mobilize Brasil.

O objetivo do *site* é contribuir para a melhoria da mobilidade urbana e da qualidade de vida. Traz estatísticas sobre a mobilidade urbana, estudos sobre transporte sustentável e vídeos sobre experiências internacionais com ciclovias e campanhas de conscientização.

Núcleo de Estudos da Violência — USP

<http://www.nevusp.org/portugues/>

O Núcleo de Estudos da Violência existe desde 1987 formando pesquisadores e desenvolvendo pesquisas que analisam a violência, por meio de projetos de pesquisa financiados por instituições brasileiras e estrangeiras, públicas e privadas. Atualmente, o foco de seus estudos está na defesa dos Direitos Humanos, na análise de políticas públicas, estudos sobre governança e corrupção. O *site* possui bom acervo de publicações *online* sobre esses temas.

Memorial da Resistência

<http://www.memorialdaresistenciasp.org.br/memorial/>

O Memorial da Resistência é uma instituição criada pelo governo de São Paulo para a preservação de referências das memórias da resistência e da repressão política no Brasil republicano. Funciona no prédio que foi sede do departamento de Ordem Política e Social de São Paulo — DEOPS/SP, entre 1940 e 1983. É Membro Institucional da Coalizão Internacional de Sítios de Consciência, rede mundial de instituições com a finalidade de preservação da memória histórica e de luta pela justiça. Realiza exposições, oferece cursos e possui acervo documental.

OBRA DE ARTE

Sociedade e arte

A obra apresentada se encontra em Nova York e trata de temas universais. Nos murais de Cândido Portinari, uma variedade de situações de guerra e de paz preenchem a dimensão de 280 metros. Mas ela trata da universalidade do indivíduo.

REPRODUÇÃO AUTORIZADA POR JOÃO CANDIDO PORTINARI - ORGANIZAÇÃO DAS NAÇÕES UNIDAS, NOVA YORK

Os painéis de Portinari também abordam as relações entre nações, tanto em cenários de guerra como de paz. Ou seja, uma representação de sociedade mais ligada ao sentido de modernidade, em que ela se volta para a construção conjunta de identidades coletivas.

Painel *Guerra e Paz*, de Cândido Portinari, sede da ONU, Nova York, Estados Unidos, 1956.

REPRODUÇÃO AUTORIZADA POR JOÃO CANDIDO PORTINARI - ORGANIZAÇÃO DAS NAÇÕES UNIDAS, NOVA YORK

Atividade

- Inúmeros artistas, como Cândido Portinari, escolheram como suporte de suas obras as paredes de edifícios, pois queriam ser vistos de perto e de longe, por multidões. Obras assim têm profundo sentido sociológico. Você saberia dizer por quê? Identifique também na sua cidade obras artísticas que tenham sentido coletivo e social e explique os motivos.

Unidade 2

Cultura e diversidade

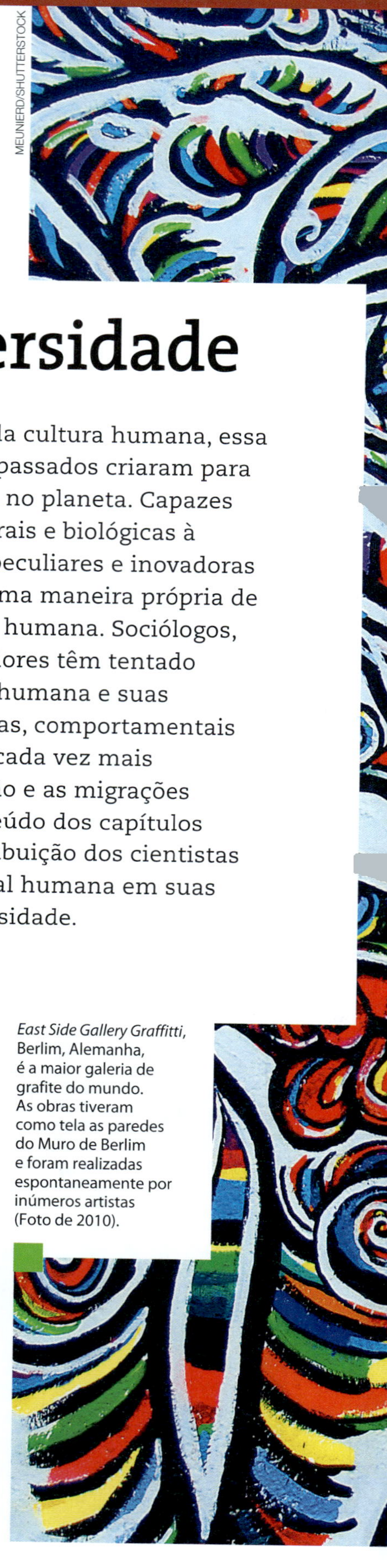

MEUNIERD/SHUTTERSTOCK

A unidade 2 dedica-se ao estudo da cultura humana, essa forma peculiar que nossos antepassados criaram para superar obstáculos à nossa sobrevida no planeta. Capazes de aliar a nossas características naturais e biológicas à possibilidade de estabelecer formas peculiares e inovadoras de convivência, fomos organizando uma maneira própria de viver, que caracteriza nossa condição humana. Sociólogos, antropólogos, arqueólogos e historiadores têm tentado explicar as características da cultura humana e suas importantes manifestações linguísticas, comportamentais e simbólicas. Tais estudos se tornam cada vez mais essenciais à medida que a globalização e as migrações aproximam diversas culturas. O conteúdo dos capítulos seguintes pretendem mostrar a contribuição dos cientistas sociais, analisando a produção cultural humana em suas peculiaridades, características e diversidade.

Capítulos

Pinturas na parede da Gruta de Chauvet, uma das mais antigas do mundo, com aproximadamente 40 mil anos de idade. As pinturas estão localizas no sul da França, em Vallon-Pont-dArc (Foto de 2014).

JEFF PACHOUD/AFP

East Side Gallery Graffitti, Berlim, Alemanha, é a maior galeria de grafite do mundo. As obras tiveram como tela as paredes do Muro de Berlim e foram realizadas espontaneamente por inúmeros artistas (Foto de 2010).

Capítulo

5

A importância da cultura

Objetivos

- Apresentar os significados de cultura.
- Reconstruir a trajetória histórica dos diferentes sentidos do conceito.
- Mostrar os aspectos etnocêntricos de cultura.
- Esclarecer a importância da cultura para a vida em coletividade e para a compreensão da individualidade.
- Explicar o conceito de relativismo cultural.
- Apresentar as origens antropológicas e arqueológicas da cultura humana.

Neste capítulo será apresentado o conceito de cultura como um conjunto de hábitos, valores, formas de ver o mundo e comportamentos que variam no tempo e no espaço, de acordo com a história e as condições existenciais de cada grupo social. Serão expostos também os usos mais comuns do termo *cultura* e, depois, mostrada a história científica desse conceito nas Ciências Sociais, além de explicar as origens do etnocentrismo e do preconceito existente nas relações entre várias culturas.

Obra de Auguste Renoir, *O Almoço dos Remadores*, realizada entre os anos de 1880 e 1881.

PIERRE-AUGUSTE RENOIR - THE PHILLIPS COLLECTION, WASHINGTON, DC

AMIT DAVE/REUTERS/LATINSTOCK

Cerimônia de casamento muçulmano coletivo na cidade indiana de Ahmedabad, em 2011.

Para refletir

1. Você já viajou para outra cidade no Brasil ou outro país? Já esteve em algum bairro com características totalmente diferentes das do seu? Como se sentiu ao perceber que as pessoas se comportavam de maneira diferente daquela com a qual está acostumado? Explique.
2. Há em sua família hábitos que sejam muito particulares, como músicas de que gostam, comidas que apreciam, brincadeiras que são constantes em seus encontros?
3. O que você acha que caracteriza a vida do seu bairro?

Dança no Kuarup, ritual dos indígenas do Parque do Xingu para homenagear os mortos (MT, 2012).

RENATO SOARES/PULSAR IMAGENS

Começamos este capítulo com uma charge. Antes de mais nada, vamos explicar o que é uma charge: é uma ilustração que tende a enfatizar acontecimentos ou personagens que o autor deseja criticar ou chamar a atenção por meio da sátira e da ironia. Para fazer isso, ele carrega ou acentua as características daquilo que quer mostrar, chegando perto da caricatura, que é o desenho exagerado de personalidades, tornando um personagem ou uma situação engraçados. Pois bem, a charge, por ser carregada nos traços e nas características, recebeu esse nome que, em francês, significa carga. Os jornais e as revistas publicam constantemente charges porque elas sintetizam uma dada situação, criticando-a, e os leitores se sentem atraídos por essa crítica bem-humorada.

JEAN GALVÃO/FOLHAPRESS

Vejamos o que a charge que inicia o capítulo representa. Ela mostra um homem que abre a porta da sua geladeira e a encontra cheia de pinguins. Em cima da geladeira, há um pinguim de porcelana, usado comumente como decoração. A chave para o entendimento dessa charge é o dizer: "aquecimento global". Pois bem, o aquecimento global é um fenômeno ambiental contemporâneo, que tem preocupado cientistas, políticos e ambientalistas do mundo todo. Os cientistas acreditam que a emissão de gases de efeito estufa, gerados pelos hábitos da vida moderna, como o uso de *sprays*, tem feito o clima da Terra se tornar cada vez mais quente, acelerando o natural aquecimento planetário, comprometendo o equilíbrio do planeta, a existência das zonas geladas dos polos e a sobrevivência de animais que lá vivem, como os pinguins. Em vista disso, tem havido movimentos em defesa do clima da Terra e da redução das emissões de gases de efeito estufa em diversos países, numa tentativa de garantir a sobrevivência da fauna e da flora. Essa charge é um alerta contra o aquecimento global, pois faz uma analogia entre os pinguins decorativos, que ficam fora da geladeira, e os pinguins que, com o derretimento das calotas polares, precisam buscar lugares frios, nem que seja dentro de uma geladeira! É como se o autor quisesse dizer: se o aquecimento global persistir, você verá pinguins dentro, e não fora, da geladeira.

Esta charge só alcança seu objetivo crítico e irônico para os leitores que são capazes de entender as sutilezas dos pequenos desvios naquilo que apresentam. Para isso, o leitor deve estar familiarizado com os hábitos e os costumes aos quais as charges se referem. São esses desvios que provocam o humor e tornam a mensagem satírica. Na charge apresentada aqui, o desvio corresponde aos pinguins dentro da geladeira. Essa charge provavelmente não faria sentido para um esquimó que vivesse em um iglu, pois ele não entenderia o que faz um pinguim em cima ou dentro da geladeira.

É por compartilharmos a mesma cultura dos autores da charge que podemos identificar as situações nela expressa e entender a crítica que realiza. Estamos falando de cultura como um conjunto de hábitos, costumes, valores, ideias, comportamentos, formas de viver, memórias e princípios, que serve de referência ao que somos e por meio do qual nos relacionamos com os nossos semelhantes.

Nós, seres humanos, somos portadores dessa capacidade de sermos, ao mesmo tempo, individuais e pertencentes a uma cultura que compartilhamos com quem nos relacionamos e que, por sua vez, ajudamos a formar. Neste capítulo, abordaremos essa característica fundamental de nossa condição humana — a de sermos seres culturais.

Os sentidos da palavra cultura

A palavra cultura vem do latim *colere*, que significa o cultivo da terra, ou seja, a agricultura. Com o tempo, por força da capacidade metafórica da linguagem humana, isto é, da capacidade de desprender-se do que é concreto e material para se referir ao que é imaterial e abstrato, o termo cultura passou a designar aquilo que se cultiva mentalmente, não mais semeando apenas a terra, mas também o espírito. Assim, por exemplo, atividades de cunho religioso, como as preces, que se faziam para obter uma melhor colheita, também passaram a fazer parte da cultura.

Com o tempo, cultura passou a designar também tudo aquilo que se faz com esforço, cuidado e determinação, a fim de obter maiores e melhores resultados. Foi assim que, na Europa do século XVIII, durante a Ilustração, a palavra começou a significar o cultivo abstrato das ideias. Passou-se a entender a cultura como o acúmulo de conhecimentos científicos e filosóficos. Ter cultura significava, então, ter conhecimento, cultivar ideias e acumular saberes. Como saberes e conhecimento são obtidos por meio de leituras e do processo educacional, pessoas cultas passaram a ser entendidas como aquelas que tinham acesso a esses benefícios, ou seja, a elite econômica e política, a nobreza e a burguesia. A cultura passou a ser associada a uma ideia de classe social, e a elite começou a ser vista como culta.

CASTELO DE MALMAISON E BOIS-PRÉAU, RUEIL-MALMAISON

No século XVII, com o movimento filosófico chamado Ilustração, cultura passou a designar o acúmulo de conhecimento abstrato. Pintura de Gabriel Lemonnier, leitura da tragédia de *L'orphelin de la Chine* (Órfãos da China), de Voltaire, 1755.

Denys Cuche (1947-)

Francês, é etnólogo e mestre de conferência na Sorbonne, na Faculdade de Ciências Humanas e Sociais Paris V e pesquisador no Laboratório de Língua, Música e Sociedades do Centro Nacional de Pesquisas Sociais.

ARQUIVO/UNIVERSIDADE SAINT-JOSEPH, BEIRUTE

O sociólogo e antropólogo francês **Denys Cuche**, em seu livro *A noção da cultura nas ciências sociais* (1999), explica que, tendo adquirido o sentido figurado de cultivo abstrato de ideias, o termo cultura passou a ser aplicado, a partir do século XVIII, a diversas atividades diferentes: cultivo das artes, cultivo das letras e cultivo das ciências. A palavra estava relacionada ao saber e ao acúmulo de ações.

O antropólogo brasileiro Roberto DaMatta (1936-), em um artigo intitulado *Você tem cultura?* (1981), explica que essa transformação do termo fez com que ele passasse a classificar pessoas, grupos e classes sociais.

O sentido de cultura como o acúmulo de conhecimento e informação foi também usado para distinguir as classes mais ricas que tinham a possibilidade de frequentar escolas, serem alfabetizadas e dedicarem-se à leitura. O passo seguinte foi entender cultura não apenas como sinônimo de educação, escolar e científica, mas também como comportamento, isto é, saber se comportar de acordo com a etiqueta e as regras de boas maneiras.

Essa distinção comportamental teve início ainda no Império Romano do Oriente, à época do imperador Justiniano (525 d.C.-548 d.C.), quando a elite bizantina instituiu a moda e o uso de talheres para se distinguir do restante da população. Esses hábitos da elite oriental chegaram ao Ocidente pela cidade de Veneza e se consolidaram com a formação das monarquias absolutas do século XVII, quando os rituais sociais passaram a fazer parte da corte e das elites, que gravitavam à volta do trono. Estavam vinculados a tais rituais uma educação primorosa o domínio da cultura.

BRASILIANA DA UNIVERSIDADE DE SÃO PAULO, SÃO PAULO

Os rituais das cortes europeias, assim como no Brasil, passavam a ditar as normas de boa conduta, como o beija-mão, pelo qual os subalternos demonstram respeito aos seus superiores. Esses comportamentos de acordo com as regras de etiqueta vigentes à época passaram a significar cultura. Obra inglesa de 1826, do artista B. Whitaker, satirizando a cerimônia do beija-mão na corte de D. João VI, no Paço Imperial, no Rio de Janeiro.

Desde então, passou-se a chamar de *pessoa com cultura* aquela que soubesse ler, escrever, comportar-se e que obtivesse informações divulgadas em livros, ou seja, não aprendidas de forma pública e em meio às atividades cotidianas. Tal associação permaneceu ainda na nova sociedade urbana e industrializada que sucedeu a época das grandes monarquias europeias e foi estendida à burguesia rica e à classe média alta.

O sociólogo Norbert Elias estudou especialmente essas transformações nos usos da palavra cultura e explicou que, a partir dos séculos XVII e XVIII, todos esses traços da cultura que as elites adotavam de higiene, indumentária e relacionamento uns com os outros também se referiam a outro conceito importante, que se tornou moda na época: o de civilização. Em oposição a pessoas e grupos considerados rudes, primitivos ou selvagens, havia os civilizados, ou seja, aqueles que possuíam cultura.

Elias fez esse estudo profundo dos hábitos dessa época para mostrar que o conceito de cultura é histórico e varia de lugar para lugar e de época para época. No entanto, é importante ressaltar que a cultura de uma época deve ser analisada em função do grupo ao qual pertence, não devendo ser usada para desqualificar aqueles que a ele não pertencem.

BRIDGEMAN IMAGES/ KEYSTONE BRASIL - MUSEU DE HISTÓRIA DA ARTE, VIENA

Com o desenvolvimento de um estilo de vida burguês na Europa, adotado pelas elites políticas e econômicas, como mostra a pintura acima, cultura passou a designar educação e características a que tinha acesso esse grupo. Pintura sobre tela, 1762, *Maria Teresa e sua família celebrando São Nicolau*, por Arquiduquesa Maria Cristina.

Portanto, ficamos sabendo que o conceito de cultura é histórico e teve diferentes significados, muitos dos quais existem até hoje, sendo usado de forma indevida — ter cultura não significa ser letrado ou ser educado, mas pertencer a um determinado estilo de vida, compartilhar idioma e valores, ter certa visão de mundo, como compreenderemos a seguir. Essa compreensão surgiu com o desenvolvimento das Ciências Humanas e Sociais e, em especial, da contribuição dos antropólogos que, a partir da expansão colonialista da Europa, passaram a conviver com grupos de cultura não europeia. Vamos, agora, saber como o conceito científico de cultura se desenvolveu.

Termos e conceitos

Colonialismo: política pela qual um país, uma região ou uma cidade exerce o domínio sobre outros territórios, estabelecendo formas de dominação política e exploração econômica. Ao território dominado, dá-se o nome de colônia, e ao dominador, metrópole.

O conceito de cultura desenvolvido pela Antropologia

Desde a Antiguidade, filósofos e historiadores procuram explicar por que grupos humanos vivem de maneiras diferentes, mas foi só na Modernidade que o conceito de cultura ganhou o *status* de objeto científico. O desenvolvimento das cidades e o êxodo rural introduzidos pelo capitalismo industrial já haviam contraposto formas distintas de viver entre as populações do campo e das cidades. Mas foi o **colonialismo** que levou os europeus a terem consciência de que os povos diferem na forma de pensar, comportar-se, produzir e viver o cotidiano.

BIBLIOTECA BRITÂNICA, LONDRES

Visita do Governador-Geral da Índia, Lord Canning, ao marajá de Jammu e Caxemira, Ranbir Singh, no século XIX. O colonialismo levou os europeus a conviverem com a diversidade cultural nos territórios colonizados, como a Índia, que foi colônia britânica. Obra de William Simpson, 1867.

Edward Burnett Tylor foi o primeiro a conceituar a cultura como um conjunto de práticas composto de conhecimento, crenças, arte, moral, costumes e direito adquirido pelo ser humano na sua vida em sociedade. A novidade que o antropólogo trazia para esse estudo era mostrar que essa bagagem não era herdada dos antepassados, mas passada de geração a geração por meio do aprendizado. No entanto, Tylor aplicou às diferentes culturas os princípios evolucionistas, que Charles Darwin (1809-1882) havia desenvolvido para a evolução das espécies animais, e procurou estabelecer uma classificação das culturas identificando as mais e menos evoluídas.

Edward Burnett Tylor (1832-1917)

Antropólogo britânico considerado o pai do evolucionismo social. Aos vinte anos, por ter contraído tuberculose, deixou o negócio da família, fundição de bronze, e fez várias viagens para a América, o que o fez se interessar pelas outras culturas. Tornou-se conservador do Museu Pitt-Rivers e, mais tarde, professor na Universidade de Oxford. Sua obra mais famosa é *Cultura primitiva*.

COLEÇÃO PARTICULAR

O **evolucionismo** esteve em moda nas Ciências Humanas europeias durante muito tempo, fazendo com que alguns autores desenvolvessem a ideia de que se as sociedades evoluíam como as espécies animais, a Europa seria a sociedade mais evoluída, enquanto as demais representariam o passado das sociedades humanas, estágios que ainda deveriam ser ultrapassados.

Esse modo de analisar as diferenças culturais caracteriza o que chamamos de **etnocentrismo**. **Anthony Giddens** define, em sua obra *Sociologia*, o etnocentrismo como "julgar as outras culturas tomando como medida de comparação a nossa". Foi o que aconteceu com o evolucionismo que tomava a cultura europeia como o padrão e o modelo de desenvolvimento cultural, desvalorizando as demais culturas e gerando preconceito.

Além do estigma com que eram vistas as demais culturas, o evolucionismo gerou também estereótipos que, longe de serem verdades científicas, eram ideias pejorativas sobre os demais povos, que serviram como justificativa para os europeus dominarem as outras sociedades e intervirem nas suas culturas, buscando transformar seus costumes, hábitos e tradições para ajustá-los aos seus interesses econômicos e políticos.

Termos e conceitos

Evolucionismo: teoria estudada por muitos filósofos e cientistas de diversas áreas, que explica a transformação dos seres vivos em função de um princípio que teria por objetivo o aperfeiçoamento das espécies e a reprodução dos mais aptos. Defendida e fundamentada por Charles Darwin, no estudo da Biologia, o conceito foi aplicado, de forma equivocada, às sociedades humanas.

Etnocentrismo: termo utilizado nas Ciências Sociais para a tendência, identificada em diferentes povos, de considerar a própria sociedade e cultura como mais importante ou superior às demais. Essa postura normalmente é sustentada por mitos ou idealizações sobre a própria capacidade e força que geram preconceito em relação às demais sociedades e povos.

Anthony Giddens (1938-)

Sociólogo britânico, é um dos cientistas sociais mais lidos da atualidade, tendo sido um dos primeiros escritores a trabalhar o conceito de globalização. Foi professor de Sociologia na Universidade de Cambridge e diretor da *London School of Economics and Political Science*. Recebeu o Prêmio Príncipe das Astúrias de Ciências Sociais. Seus principais livros são: *As consequências da Modernidade* (1990), *Modernidade e identidade* (1991), *A terceira via*: a revolução da social democracia (1998).

SUZANNE PLUNKETT/BLOOMBERG/GETTY IMAGES

O antropólogo **Franz Boas** estudou a cultura rejeitando os princípios evolucionistas. Para ele, cada sociedade constituía um todo articulado que devia ser estudado a partir da própria história. Já o antropólogo Bronislaw Malinowski (1884-1942) procurou estudar a cultura dos povos não europeus de forma profunda, contribuindo para desenvolver uma metodologia de estudo indutivo, que partia da observação detalhada da vida dessas sociedades. Segundo sua proposta, seria possível analisar a **função** de cada traço da cultura na sociedade investigada. Essa escola de pesquisa científica ficou conhecida como **funcionalista**.

Franz Uri Boas (1858-1942)

Natural de Minden, Alemanha, físico por formação, emigrou para os Estados Unidos a fim de se dedicar à Antropologia. Trabalhou como curador do Museu Smithsonian. Tornou-se professor na Universidade de Columbia, onde formou uma geração de antropólogos de destaque, como Ruth Benedict e Margareth Mead. É considerado um dos fundadores da Antropologia estadunidense. Suas principais obras são: *A mente do ser humano primitivo* (1938), *Antropologia cultural* (1940), *Arte primitiva*, escrita entre 1889 e 1916.

MUSEU CANADENSE DA CIVILIZAÇÃO, QUEBEC

Ralph Linton (1893-1953)

Antropólogo estadunidense, interessou-se pela Etnologia e pelo estudo das relações entre sociedade e personalidade. Foi professor da Universidade de Columbia. Tornou-se professor da Universidade de Yale.

Aos poucos, os antropólogos passaram a dar as costas à sociedade europeia, debruçando-se sobre as sociedades com as quais passavam a conviver, procurando entendê-las em suas especificidades. Foi **Ralph Linton** quem cunhou o termo **padrão cultural** para referir-se às características responsáveis pela integração de um grupo social. Essa definição deu ao conceito de cultura a importância e o sentido que passou a ter no século XX — entretanto, predominava em seus estudos uma visão homogênea de cultura.

O fato é que os antropólogos, inicialmente, desenvolveram o conceito de cultura estudando sociedades tribais, que são menos populosas, mais homogêneas e coesas, e faziam uso do conceito como se ele desvendasse uma realidade também homogênea. Só quando passaram a estudar a sociedade ocidental, perceberam que a cultura é composta de tendências muitas vezes opostas e conflitantes, que disputam espaço na sociedade. Assim, mesmo que em certa época predominem determinados traços culturais, dando a sensação de que a sociedade estudada é homogênea, no interior dessa cultura trava-se uma disputa entre eles e as forças de mudança e transformação.

O conceito de cultura no século XX

O evolucionismo social — que defende a ideia de que as sociedades se desenvolvem como as espécies animais, aprimorando suas características para atingirem um estado mais complexo e evoluído, de acordo com determinado modelo —, acabou por favorecer uma atitude etnocêntrica, segundo a qual a Europa seria o modelo a ser seguido e alcançado pelas demais sociedades. Assim, evolucionismo e etnocentrismo favoreciam uma atitude preconceituosa em relação às sociedades não europeias, consideradas menos desenvolvidas ou menos evoluídas. Muitas vezes, apenas a ausência do alfabeto para a comunicação escrita era pretexto para considerar essas sociedades inferiores em relação às sociedades que conheciam.

Mas no século XX, em razão das dificuldades que a Europa enfrentou, como as duas guerras mundiais, os estudiosos começaram a valorizar outras características das sociedades, revendo as categorias classificatórias usadas para as diferentes culturas. Afinal, a Europa via suas riquezas, monumentos e populações serem destruídos pelos conflitos armados, assim como populações imigrando para outros continentes em busca de liberdade e justiça. Ao lado disso, sociedades não europeias mostravam uma forma inesperada de integração e resistência a esse difícil momento de crise mundial.

WILBUR-DAWBARN/ CARTOONSTOCK.COM

Essa charge ironiza a crença no evolucionismo das espécies sociais, mostrando a tradicional imagem da evolução biológica do ser humano, desde sua origem primata, resultando em um ser humano.

Estudos antropológicos também permitiam uma revisão nas formas como eram avaliadas as diferentes culturas.

Claude Lévi-Strauss foi um dos pensadores que pesquisaram as diferentes culturas, buscando entender os padrões societários universais, como as relações de parentesco, existentes em todas elas. Conseguiu mostrar que esses padrões variam de acordo com a forma que a sociedade se organiza e a ajudam a se integrar como um todo, independentemente do seu grau de perfeição ou de evolução.

Claude Lévi-Strauss (1908-2009)

Nasceu em Bruxelas, Bélgica, mas viveu a maior parte de sua vida na França, país com o qual se identificou plenamente. Antropólogo e filósofo, foi professor honorário do Collège de France, além de membro da Academia Francesa. Lecionou na Universidade de São Paulo e, no Brasil, publicou seu primeiro trabalho. Na sua obra *Tristes trópicos*, de 1955, ele relata a sua experiência no Brasil. É considerado o fundador da Antropologia Estruturalista.

PIERRE VERGER/FUNDAÇÃO PIERRE VERGER

Pierre Verger (1902-1996), como Claude Lévi-Strauss, observou e registrou em suas andanças pelo Brasil o cotidiano das pessoas e suas relações sociais e de trabalho. Na foto, Mercado de Água de Meninos, em Salvador (BA, 1946-1948).

Para Lévi-Strauss, a cultura de uma sociedade é formada por traços que dizem respeito principalmente à sua história e ao jogo de interdependência dos seus elementos estruturais. Assim, certos padrões só podem se justificar pela forma como se articulam à **estrutura** da sociedade, que é a sua "espinha dorsal", ou os fundamentos sobre os quais a sociedade se organiza. Na obra *As estruturas elementares de parentesco*, de 1949, Lévi-Strauss analisou os sistemas de matrimônio e parentesco dos aborígenes australianos, evidenciando que nessa sociedade as alianças são mais importantes para a estrutura social que os laços de sangue.

Com seus estudos, Lévi-Strauss mostrou que as estruturas sociais, assim como a cultura e as formas de pensar de um povo são correspondentes e não podem ser comparadas, de forma independente, com as de outras sociedades. No livro citado anteriormente, o autor mostra que o tabu do incesto está presente em todas as sociedades, mas em cada uma delas assume uma configuração particular, conforme o regime de trocas matrimoniais regulado por estruturas inconscientes.

O esforço do cientista social deve ser, portanto, o de compreender essa integração entre estrutura, cultura, linguagem e pensamento. Para Lévi-Strauss, um elemento da cultura não pode ser interpretado por si mesmo, mas quando está oposto a um ou a mais elementos. Os mitos, por exemplo, com seus pares de oposições simbólicas, expressam a divisão das sociedades tribais em duas metades, expondo, dessa forma, uma determinada maneira de organização política e social.

Termos e conceitos

Estrutura: conceito utilizado nas Ciências Biológicas e Sociais que pretende identificar os elementos fundamentais de um dado objeto, ser ou acontecimento. Esses elementos seriam dotados de permanência, interdependência e estabilidade, e seriam responsáveis pela organização das partes e pelo seu sistema de operação e funcionamento.

Por entender que a estrutura social é o elemento principal de articulação da realidade social que se manifesta nas diversas formas de expressão da sociedade, da língua aos mitos, e destes aos padrões da cultura, Lévi-Strauss e seus seguidores foram chamados de **estruturalistas**.

Outro autor que muito contribuiu para o estudo particular das diferentes sociedades, procurando entender suas especificidades, foi **Clifford Geertz**. Ele caracterizou que uma determinada cultura é justamente o conjunto de significados que um grupo social desenvolve e compartilha. Geertz explica que podemos entender o sentido de um costume apenas se conseguirmos perceber o que ele significa para aqueles que o adotam. Para isso, desenvolveu o **método interpretativo,** que tem por base a análise de conteúdo dos discursos e das narrativas de acordo com os quais os povos estudados justificavam suas atitudes e comportamentos.

Clifford Geertz (1926-2006)

Foi professor emérito da Universidade de Princeton, em Nova Jersey, nos Estados Unidos. É considerado fundador da Antropologia Interpretativa ou Simbólica. Seus principais trabalhos de campo foram realizados em Marrocos e na Indonésia e foram importantes porque mudaram o referencial de como realizar pesquisas na área antropológica.

Audiovisual

O conceito de cultura na antropologia

O conceito de cultura no século XXI

Os estudos antropológicos se desenvolveram muito nos dois últimos séculos, superando os preconceitos que os próprios cientistas nutriram em relação às diferenças culturais. Esses estudos caminharam, de uma forma geral, para aproximar cada vez mais os cientistas dos povos pesquisados. A direção tomada foi também de maior respeito às especificidades das diferentes culturas e ao uso de uma metodologia que favorecesse mais a análise dos contextos simbólicos, do que da aparência e da superficialidade observável na cultura do grupo social.

Estamos muito distantes, na atualidade, da cultura vista como conhecimento acumulado ou como instrução. A cultura é hoje entendida como resultado da história cultural das sociedades, que, em função de diversas condições — ambientais, locais e sociais —, desenvolveram traços muito específicos, que devem ser analisados como peças de um conjunto no qual adquirem sentido. Esse sentido, por sua vez, está expresso no conjunto da produção simbólica do grupo — mensagens, trocas simbólicas, mitos, tabus, produção artística, crenças e filosofia.

A tendência dos estudos da atualidade é, portanto, a de expressar o respeito pelo que chamamos de **relativismo cultural** — isto é, pensar a cultura como um processo coletivo, que procura organizar a vida em sociedade para um grupo, num determinado tempo e lugar, de forma a integrar e preservar a estrutura social dessa sociedade. A cultura não é algo natural, inato. O ser humano deve aprender esse repertório de hábitos, costumes e maneiras de pensar o mundo. A cultura de um povo precisa ser ensinada aos membros dessa coletividade, por meio de processos de socialização, pelos quais os padrões da cultura são assimilados.

Embora não natural e não inata, a cultura desempenha esse papel de mediação entre nossas necessidades básicas e as possibilidades de satisfazê-las. Por outro lado, à medida que satisfazemos nossas necessidades por intermédio da cultura, reafirmamos os mecanismos criados para isso.

Assim, mesmo quando temos por objetivo satisfazer necessidades individuais e materiais, estamos interagindo e reafirmando a cultura do grupo. A cultura é resultado dessa inter-relação entre o individual e o coletivo, em certo tempo e lugar. O relativismo cultural permite entender essa dinâmica entre o individual e o coletivo, assim como entre o biológico e a construção social da cultura. Permite pensar as particularidades desse processo sem buscar comparar realidades díspares. Respeitando as diferenças que compõem o coletivo, sejam essas diferenças de nível biológico, cultural, individual ou grupal.

RAWPIXEL.COM/ SHUTTERSTOCK

A globalização, fomentada pelo desenvolvimento dos meios de comunicação, acelerou e intensificou a aproximação entre continentes e culturas, a ponto de nos fazer pensar o mundo como uma grande aldeia global.

Cultura e globalização

Os estudos da cultura continuam a se desenvolver, especialmente no século XXI, quando o mundo se amplia mediante o desenvolvimento dos meios de comunicação, permitindo um intercâmbio cada vez maior entre as populações mais distantes no espaço, no tempo e nas relações internacionais. Esse contato mais intenso teve início com as Grandes Navegações, no século XV, mas se intensificaram com o passar do tempo e com o desenvolvimento do capitalismo. Por causa do avanço dos meios de comunicação, no século XX, esse contato intercultural tornou-se permanente, o que resultou numa grande proximidade entre as culturas do mundo todo. Esse processo foi chamado de globalização.

Por um lado, ela tem promovido o contato entre grupos, sociedades e culturas muito diferentes, permitindo a todos perceber a diversidade da cultura humana. Por outro lado, esse processo tem estimulado a assimilação de traços culturais, hábitos de vida e de consumo, especialmente aqueles existentes nos países econômica e politicamente dominantes, pelos demais países, fazendo com que certos padrões de comportamento se tornem mundiais. Assim, temos nos tornado mais parecidos uns com os outros, mas, ao mesmo tempo, mais conscientes de nossas diferenças. Todo esse cenário faz dos estudos da cultura um tema dos mais importantes nas Ciências Sociais.

Além disso, a globalização tem tornado os países mais interdependentes uns dos outros — o que ocorre em uma nação rapidamente se torna conhecido e influencia o que ocorre em outra. Essa comunicação tende a reforçar as relações globais e a tornar mais raros os fatores de isolamento das sociedades e das culturas.

Cultura e identidade: a importância da coletividade para o indivíduo

O estudo da cultura se torna especialmente importante nesse mundo globalizado, pois é o pertencimento a ela que nos garante uma identidade coletiva. Desde o nascimento, passamos por processos de socialização, isto é, de inserção na cultura de um grupo, inicialmente o grupo familiar, depois da escola e da vizinhança. Assim, aos poucos, nos tornamos parte de uma cidade, de um Estado de um país.

Em cada etapa, uma série de formas de pensar, viver e enxergar o mundo nos é transmitida e, à medida que introjetamos esses valores e formas de comportamento, começamos a ser identificados como um membro desse grupo. Por mais que assimilemos a cultura de outros grupos, jamais deixaremos de ser individualidades, mas a identidade pública tende a se firmar e a se concretizar à medida que passamos a desempenhar papéis e a interagir com nossos pares.

Podemos dizer que nossa identidade se forma progressivamente nessa relação entre o que temos de mais íntimo e único e o espaço que passamos a ocupar na cultura dos grupos com os quais convivemos, desde os mais próximos, como a família, até os mais distantes, como as nações e as organizações supranacionais ou globais.

É a cultura que nos garante essa possibilidade de atuar na vida pública e de estabelecer laços com a sociedade. Assim, podemos dizer que é a cultura que estabelece a relação entre o indivíduo e a coletividade a que pertencemos e na qual interagimos. Por outro lado, como explica o filósofo **Tzvetan Todorov**, mesmo nossa individualidade é forjada na vida social. Diz ele:

> "Jamais poderemos nos ver por inteiro; é a prova gritante de nossa incompletude constitutiva, da necessidade que temos dos outros para estabelecer nossa consciência do eu e, portanto, também de existir."
>
> TODOROV, Tzvetan. *A vida em comum*: ensaio de antropologia geral. Campinas: Papirus, 1996. p. 158.

Para explicar essa ideia, Todorov diz que, mesmo quando estamos sozinhos lendo um livro, estamos entrando em contato com o autor e debatendo com ele suas ideias. Mesmo ao assistirmos a um filme ou a uma peça de teatro, por exemplo, temos contato com personagens e artistas. O que alimenta nossa individualidade são as possibilidades abertas pela vida coletiva e, assim, é ela que permite a realização de nós como sujeitos.

Tzvetan Todorov (1939-)

Filósofo e linguista búlgaro, radicado em Paris, foi professor da École Pratique des Hautes Études e da Universidade de Yale e diretor do Centre de Récherche Scientifique de Paris. Em seus livros, tratou de diversos assuntos, da crítica literária aos grandes desafios da humanidade, como as reações dos prisioneiros aos campos de extermínio nazistas. Entre seus livros, recebem destaque *A conquista da América* (1982) e *Literatura em perigo* (2009).

ROBERTO FERNANDEZ/GETTY IMAGES

As origens da cultura humana — o bípede e a vida coletiva

Dissemos até o momento que a cultura humana é o processo pelo qual nós nos tornamos indivíduos e, também, membros de uma coletividade. Isso porque é a cultura que estabelece a mediação entre as nossas características, as necessidades biológicas e a vida coletiva na qual poderemos satisfazê-las. Vamos, então, estudar como surgiu essa cultura humana e no que ela difere das demais culturas. Para isso traremos as contribuições não só de antropólogos, mas também de biólogos, historiadores, psicólogos, etnólogos e arqueólogos que, com seus estudos, montaram, aos poucos, esse quebra-cabeça que tenta reconstituir os primeiros passos da humanidade.

Nós descendemos de primatas superiores que viviam em florestas e tinham o corpo coberto de pelos e eram quadrúpedes. Os primeiros sinais de transformação evolutiva percebidos pelos biólogos e antropólogos são o bipedismo, capacidade de locomover-se sobre duas pernas, e a ausência de pelos. Para a pele ficar exposta ao Sol, foi necessário haver um sistema de transpiração, que permitisse resfriar a temperatura corporal, pois a temperatura do corpo humano é elevada. No livro *O macaco nu*, publicado em 1967, o biólogo e zoólogo britânico Desmond Morris (1928-) identifica essas características como os diferenciais do ser humano. Comparando-nos com os demais **símios**, o autor diz que uma breve observação já permite identificar o humano como um "macaco pelado".

Ao que tudo indica, o bipedismo é uma das mais antigas características de nossa espécie e teria adquirido relevância quando ocorreram mudanças radicais no meio ambiente da África, local de origem da família *homo*, que obrigaram nossos antepassados a abandonar as frondosas árvores da floresta, para viver em savanas nas quais a vegetação é menos robusta.

Termos e conceitos

Símios: espécie da ordem dos primatas atuais e extintos mais próximos do homem na linha evolutiva, como os gorilas, chimpanzés, bonobos, e orangotangos.

JAKE LYELL /ALAMY/LATINSTOCK

Na savana africana, os antepassados do ser humano deixaram de viver em árvores e adotaram um novo estilo de vida para o qual o bipedismo era mais eficiente. (Uganda, África, 2015).

Termos e conceitos

Antropoide: de acordo com os dicionários, é um animal "semelhante ao homem" que seria uma suposta espécie intermediária entre o macaco e o ser humano. Os antropoides apresentam cérebro grande e desenvolvido, face capaz de expressar emoção, olhos voltados para a frente, um par de mamas e dedos com unhas achatadas, são diurnos e vivem nas árvores ou no chão.

O bipedismo auxiliou a nova espécie que se desenvolvia a andar em bandos, a caçar e a olhar frontalmente as presas. Sem precisar usar os membros superiores para ir de uma árvore à outra, nossos antepassados passaram a desenvolver habilidades com os braços e as mãos, tornando-se exímios fabricantes e manipuladores de ferramentas. Foram capazes de fabricar machadinhas, com as quais se aperfeiçoaram na arte da caça, e confeccionar sacolas para uma eficiente coleta de alimentos. Ao mesmo tempo — e é um longo tempo de milhões de anos desse processo evolutivo — o cérebro se transformou, possibilitando a vida social e a distribuição de papéis. Todos esses fatores levaram à formação de um **antropoide** muito diferenciado, capaz de viver permanentemente em grupo e de desenvolver atividades cooperativas.

A formação da família

Com uma postura cada vez mais ereta, as mãos livres para atividades diversas, a visão aperfeiçoada e o cérebro em crescimento, o ser humano adquiriu mais mobilidade, passando a viver em diferentes regiões e em diversos ambientes. A vida em grupo e a sociabilidade também exigiam novas formas de relacionamento e de cooperação.

Em meio a esse cenário, transformações hormonais e biológicas acabaram fazendo com que as relações reprodutivas se transformassem. Provavelmente por força da gravidade e da postura ereta, as crianças humanas começaram a nascer mais imaturas do que as de outros primatas, necessitando de um extenso e intenso cuidado por parte dos adultos. Segundo as teorias biológicas e das Ciências Humanas, diversas transformações físicas, hormonais e ambientais modificaram aos poucos a aparência dos nossos antepassados, a composição dos grupos humanos, bem como a maneira de se relacionarem, o que, ao longo dos séculos, resultou no processo de sedentarização e no desenvolvimento da agricultura. A sexualidade humana, porém, permitiu que os contatos sexuais se realizassem fora do período reprodutivo.

Assim, com uma prole em desenvolvimento, imatura e dependente, tendo que ser transportada nos braços, e uma forma de relacionamento sexual sem uma periodicidade sistemática, nossos antepassados começaram a criar novas formas de cooperação sexual para defesa e criação dos filhos. Aos poucos, surgia a família — laços permanentes entre os adultos e as crianças para a reprodução da espécie.

Esse longo trajeto, que aqui tentamos sintetizar, deve dar a noção das dificuldades pelas quais passaram nossos antepassados com as mudanças hormonais, biológicas, ambientais e físicas que tiveram que enfrentar. Essa história é contada em muitos mitos nas mais diferentes culturas, por meio das quais é narrada a aventura da humanização desses antropoides. O sucesso desse empreendimento só foi possível porque o cérebro humano foi capaz de inventar e improvisar, deixando, pouco a pouco, de agir segundo seu saber genético, instintivo e inato, atuando de forma inusitada e relativamente livre dos condicionamentos biológicos.

A família foi um desses traços culturais típicos da organização coletiva da sociedade humana que, embora se baseando nos laços hereditários e genéticos de nossa espécie, criou relações de parentesco duradouros. Enquanto nos demais primatas as relações de parentesco se diluem assim que a cria se torna adulta, entre os humanos, tais relações tendem a ser permanentes. Criar essas novas relações dependeu da capacidade inventiva dos seres humanos e também da capacidade simbólica, fruto de nosso desenvolvimento mental. Foi pela substituição do que era meramente biológico por uma organização de caráter convencional que essas novas relações se tornaram, ao mesmo tempo, possíveis e institucionais.

Claude Lévi-Strauss, ao analisar a capacidade simbólica dos grupos tribais, mostra que os signos foram essenciais para dar nomes às relações e aos parentescos. Cada signo representa um conjunto de direitos e obrigações, de normas e papéis, de compromissos e reciprocidades. Esse processo se deu pela formação da família e por outros processos culturais, daí dizermos que a cultura representa uma formação não natural, que recria as relações dos seres humanos entre si e deles com a natureza.

Os modelos de formação familiar diferem no tempo e no espaço — podemos encontrar famílias patriarcais, cuja autoridade máxima é exercida pelo chefe homem, ou matriarcais, em que a chefia é exercida pela mãe da família. As famílias podem ser matrilocais, quando os parentes moram na casa da família da mãe, ou patrilocais, quando habitam a casa da família do pai. Podem ser extensas, reunindo, além dos pais e filhos, avós, tios e sobrinhos e outros agregados, e podem ser também famílias nucleares, quando o casal vive sozinho com sua prole.

JOÃO PRUDENTE/ PULSAR IMAGENS

A família humana, como outros padrões culturais, apresenta diferentes formatos e normas, desenvolvidas em várias épocas e espaços, todas elas integradas à estrutura social que interliga os diferentes elementos da sociedade. Os padrões das relações familiares podem ser explicados apenas em função da história do grupo e de outras características de sua cultura. Na foto ao lado família em frente a moradia, na zona rural de Itamonte (MG, 2013). Na foto abaixo, família indígena na Aldeia Rouxinol, em Manaus (AM, 2014).

FABIO COLOMBINI

Diante dessa variedade, devemos ter a mesma atitude de relativismo cultural, ou seja, de entender o processo socio-histórico responsável por essa formação. Mas, de qualquer maneira, a família e os laços consanguíneos e de parentesco se tornaram elemento fundamental de organização social.

Simbolismo e linguagem

O processo de transformação, que aqui descrevemos, foi longo e custoso e exigiu que nossos antepassados substituíssem comportamentos instintivos e inatos, próprios da espécie por outros, que permitissem ultrapassar as dificuldades que ameaçavam a sobrevivência do grupo.

Assim foi com a formação da família e o estabelecimento de relações de parentesco. Aconteceu também quando deixaram a caça e a coleta e adotaram a agricultura, quando abandonaram o nomadismo e tornaram-se sedentários. Essas mudanças caracterizaram a passagem de um "estado de natureza" para um "estado de cultura" pelo qual os seres humanos se tornaram mais livres, capazes de um comportamento menos geneticamente predeterminado.

Tudo isso foi possível graças às transformações mentais importantes que ocorreram no cérebro humano, capacitando-o ao simbolismo, uma das nossas mais importantes características. Desse modo, a cada transformação de nossa maneira de enxergar a realidade e de nos comportarmos em relação a ela, pudemos analisar, refletir e optar, deixando, assim, de agir apenas de forma inata ou geneticamente condicionada.

O desenvolvimento da linguagem — assim como da subjetividade e dos processos de abstração — foi fundamental para que nos tornássemos o que somos hoje, uma espécie capaz de agir com base em um grau razoável de liberdade e opção, embora limitados por uma série de circunstâncias sociais, políticas e jurídicas, apesar dos condicionamentos biológicos. Mediada por signos, a realidade que nos cerca e sobre a qual devemos agir pode ser analisada, avaliada e constituir-se como um objetivo da ação humana, deixando de ser uma mera condição. Importante acentuar que estamos nos referindo não apenas à linguagem verbal, mas também à gestual, corporal e fisionômica.

É por meio da linguagem, ou das linguagens, que a cultura pode ser compartilhada; é a partir da coletivização desses processos simbólicos elaborados por nossa subjetividade que colaboramos com a formação da cultura, estabelecendo, também, uma ponte segura entre nossa individualidade e a coletividade na qual nos inserimos. Os processos reflexivos e os meios de expressão simbólica permitem a construção constante de nosso mundo interior e da cultura na qual interagimos.

Mas é preciso que nos lembremos de que, à medida que adotamos modos de vida não transmitidos geneticamente, mas decorrentes de escolhas feitas pelos antepassados — diante das possibilidades para a realização de suas necessidades e dos obstáculos à sobrevivência com base apenas nas respostas instintivas aos estímulos externos —, a inserção de novos membros à sociedade passou a depender da educação. Já não nascemos prontos para viver em um determinado grupo tendo por base apenas atitudes instintivas. Para nos inserirmos em uma coletividade, temos que ser educados, introjetando valores, desenvolvendo habilidades e dominando um repertório linguístico que permita nos comunicar com os demais.

PINGOS NOS "IS"

A importância do resgate da memória

Os estudos da cultura foram impulsionados pelo desafio que os filósofos e cientistas sociais enfrentaram ao travar conhecimento com culturas diferentes daquela na qual estavam inseridos. Viajantes, desde a Antiguidade, depararam-se com hábitos, costumes e tradições muito diversas, que desempenhavam, ao mesmo tempo, irresistível atração e receio. Conhecê-los, apropriar-se deles ou transformá-los exigiu um esforço de adaptação e compreensão.

Muitas vezes, por mais que hábitos e características diferentes parecessem atraentes aos estrangeiros e eficientes na preservação do grupo que os desenvolviam, preconceitos, interesses comerciais e desejo de domínio sobre riquezas territoriais levaram a um processo de desagregação das culturas com as quais os povos entravam em contato. Isso aconteceu com o Império Romano, na Antiguidade, com o colonialismo europeu, na Modernidade, com a globalização, na atualidade — características culturais, tradições, hábitos importantes para as coletividades foram extintos, empobrecendo as culturas, que passaram por drásticas transformações de geração em geração.

Os avanços nos estudos da cultura, entretanto, têm procurado modificar essa tendência, buscando preservar costumes e respeitar traços culturais de povos que, por uma razão ou por outra, tenham que ser expostos a princípios de vida diferentes ou estrangeiros.

Cientistas sociais chamam de *desenraizamento* esse processo de distanciamento de um grupo de suas tradições e dos hábitos e valores fundamentais de sua vida coletiva, proveniente da *aculturação*, assimilação de traços culturais provenientes de outros grupos sociais. Esse termo diz respeito principalmente a processos de dominação e colonialismo em que a adoção de traços culturais estrangeiros não se dá de forma espontânea ou endógena. Historiadores e sociólogos da atualidade estudam esse desenraizamento provocado por acontecimentos dramáticos como as guerras mundiais, as quais acarretaram a dizimação de populações, ou até mesmo por transformações importantes como a Revolução Industrial, que modificou radicalmente o modo de vida das populações. As migrações, o deslocamento de grandes contingentes populacionais de uma região para outra, também provocam desenraizamentos com repercussões profundas para os atingidos.

Contra a consciência adquirida da importância da cultura e da necessidade de preservar as características de um grupo social, observamos inúmeras iniciativas de preservação da cultura e de resgate da memória coletiva. Organização de instituições, como o Museu do Homem Nordestino, criado por iniciativa de Gilberto Freyre e voltado para a memória do cotidiano, faz parte dessa política. Outras iniciativas promovem o resgate da memória, por intermédio do uso de meios de comunicação — produção de filmes e vídeos, bem como a criação de *sites* com o objetivo de incorporar as contribuições dos sobreviventes de culturas com risco de extinção.

Nesse processo, a memória oral, as narrativas, a reconstrução do passado e os acervos de lembranças e de testemunhos do passado passam a ter, nos dias de hoje, em que as transformações ocorrem com tanta rapidez, cada vez mais importância.

As primeiras formas de linguagem. Éh?

Novo livro sustenta a polêmica teoria de que a linguagem humana teve origem nos gestos e não na fala.

"Fim de noite. Com aquela generosidade que só o chope concede, você anuncia: "Hoje sou eu que pago". O garçom está entregando um prato de fritas no outro lado do salão. Você acena para ele e em seguida sinaliza com a mão no ar, como quem escreve com uma caneta imaginária. O garçom responde com um aceno de cabeça e o polegar para cima e segue rumo ao caixa. Estamos todos entendidos: você acaba de pedir a conta. É um exemplo comum de como os gestos podem substituir a fala. Na história do gênero humano, porém, pode ter acontecido o contrário. No recém lançado *From hand to mouth — the origins of language* (*Da mão para boca — as origens da linguagem*, inédito no Brasil), Michael C. Corballis, professor de psicologia e ciências cognitivas da Universidade de Auckland, Nova Zelândia, afirma que o ser humano começou a falar com as mãos.

Se sua hipótese está correta — e você vai ver a seguir que alguns cientistas já se mostram céticos a respeito —, nossos antepassados brucutus se faziam entender por meio de um misto de gestos e grunhidos e só muito gradualmente desenvolveram uma fala articulada.

'Evidências que apontam para a ideia de que a linguagem originou-se nos gestos estão se acumulando recentemente', afirma Corballis. Tais evidências vêm das mais diversas áreas, como a linguística, a biologia molecular, a primatologia e a neurociência. Em cada um desses campos de estudo, há um vespeiro teórico armado para o pesquisador cutucar. A polêmica começa pela própria natureza da linguagem. Para muitos linguistas — especialmente aqueles influenciados pela obra seminal do norte-americano Noam Chomsky —, a linguagem é uma propriedade exclusiva e inata do ser humano, e será inútil tentar qualquer analogia com as formas de comunicação de outras espécies. O livro de Corballis insere-se no esforço mais ou menos recente de estudar a linguagem à luz da biologia. "Nos dias de hoje, é difícil ignorar a teoria da evolução. Isso significa que linguistas e filósofos estão sendo obrigados a prestar mais atenção à ciência", diz o autor.

Isso não significa que o teatro de Shakespeare ou os sonetos de Camões encontram paralelo na dança das abelhas ou no canto da cotovia. A linguagem é um salto evolucionário muito largo, e até hoje, que se saiba, só o *Homo sapiens* não tropeçou nesse passo (cientistas ainda discutem se o neandertal teria ou não um aparelho vocal que permitisse fala articulada). Especialistas têm catalogado os gestos e as vocalizações de outros primatas, mas os resultados são relativamente pobres. Uma certa espécie de macaco tem gritos específicos, de acordo com o predador potencial que esteja se aproximando. Há um para cobra, outros para leopardo, falcão etc. Isso parece sugerir uma propriedade linguística: a capacidade de referir objetos. Nossa habilidade referencial, no entanto, é bem mais sofisticada. Somente o ser humano é capaz de referir objetos ausentes. O leitor que leu a palavra "macaco" neste texto imediatamente soube do que se tratava, ainda que não encontre nenhum por perto.

Os macacos só dão o berro de "leopardo" na presença do felino."

TEIXEIRA, Jerônimo. Revista *Superinteressante*. Disponível em: <http://super.abril.com.br/ciencia/as-primeiras-formas-de-linguagem-eh>. Acesso em: jun. 2016.

ATIVIDADES

1 Leia o texto abaixo e faça o que é pedido.

"Todos os seres humanos partilham o mesmo programa neural, que liga os músculos da face a emoções particulares. No entanto, eventos específicos que ativam a emoção e as regras que controlam sua exibição são aprendidos e variáveis de cultura para cultura. Existem diferenças importantes no grau de amortecimento da expressividade facial. Em algumas culturas, é habitual disfarçar o sorriso, mesmo quando a pessoa está genuinamente feliz. Um membro de uma cultura do tipo demonstrativo (expressivo) pode sentir-se pouco à vontade, quando interage com um membro de uma cultura de tipo reservado. A reserva pode ser lida como um sinal de rejeição.
Brasileiros, americanos, japoneses e nativos da Nova Guiné expressam as emoções básicas com as mesmas expressões, mas as regras de exibição, que determinam quando, como, e em relação a quem uma expressão emocional deve ser exibida, podem variar de cultura para cultura."

OTTA, Emma. *O sorriso e seus significados*. Petrópolis: Vozes, 1994. p. 73-74.

Encontre, no capítulo lido, um trecho que explique o que a autora do texto acima está dizendo sobre as diferenças culturais do sorriso humano.

2 Complementando a atividade anterior, faça uma pesquisa com seus pais, amigos e professores, perguntando-lhes quais são as *regras de exibição* de sorrisos na cultura brasileira, ou seja, como, quando, por que e para quem podemos sorrir, de acordo com o comportamento socialmente esperado.

3 Leia o texto e responda à questão.

"Vocês conhecem a comparação que Marx faz entre o arquiteto e a abelha? O melhor arquiteto nunca será tão bom quanto uma abelha, porque a perfeição com que a abelha molda a colmeia nenhuma mão humana será capaz de reproduzir. Por outro lado, o pior arquiteto é melhor que a mais excepcional abelha, porque antes de fazer uma ferramenta ele projetou no seu espírito a sua forma, criando na mente uma coisa, que depois veio a ser produzida pelo trabalho de suas mãos. Assim, a habilidade manual que o homem adquire no trabalho passa também a acompanhar-se do desenvolvimento concomitante das funções da grande massa cerebral que o animal humano acumula em sua cabeça."

MONTES, Maria Lucia. Memória e patrimônio imaterial. In: MIRANDA, Danilo Santos de (Org.). *Memória e cultura*: a importância da memória na formação cultural humana. São Paulo: Edições Sesc, 2007. p. 128.

A qual fenômeno, tratado no capítulo, a autora está se referindo?

a) Desenvolvimento do simbolismo humano.

b) Evolucionismo.

c) Cultura como instrução.

d) Colonialismo.

e) Determinismo biológico.

ATIVIDADES

4. Lendo o texto da pergunta anterior, responda, com base no conteúdo do capítulo, qual é a distinção que Marx faz, segundo a autora, entre a cultura e a produção humana e a cultura e a produção animal?

5. O presente trecho foi escrito por Ina Von Binzer e publicado no livro *Os meus romanos*: *alegrias e tristezas de uma educadora alemã no Brasil*. Trata-se de uma correspondência trocada entre ela, uma educadora alemã, que trabalhou educando os filhos da família Prado, entre 1881 e 1883, em São Paulo, com uma amiga na Alemanha. Diz ela:

"Neste país, os pretos representam o papel principal; acho que no fundo são mais senhores do que escravos dos brasileiros. Todo trabalho é realizado pelos pretos, toda riqueza é adquirida por mãos negras, porque o brasileiro não trabalha, e quando é pobre prefere viver como parasita em casa dos parentes e de amigos ricos, em vez de procurar ocupação honesta. Todo o serviço doméstico é feito por pretos; é um cocheiro preto quem nos conduz, uma preta quem nos serve, junto ao fogão o cozinheiro é preto e a escrava amamenta a criança branca; gostaria de saber o que fará essa gente, quando for decretada a completa emancipação dos escravos."

BINZER, Ina Von. *Os meus romanos*: alegrias e tristezas de uma educadora alemã no Brasil. 6. ed. São Paulo: Paz e Terra, 1994. p. 40.

Esse trecho ilustra qual parte do capítulo estudado?

6. Leia o texto e escolha a alternativa mais adequada para completar a frase a seguir.

"Trata-se da essência da existência humana, a qualidade que nos permite impor a nossa vontade ao mundo que nos cerca, ao invés de termos de responder a todas as suas peculiaridades e tremores. E é a mistura singular de biologia com a cultura que faz do *Homo sapiens* realmente um tipo de animal sem igual."

LEAKEY, Richard; LEWIN, Roger. *O povo do lago*. O homem: suas origens, natureza e futuro. São Paulo: Melhoramentos, 1988. p. 41.

De acordo com o capítulo estudado, esta frase de Richard Leakey e Roger Lewin está:

a) Incorreta, pois biologia e cultura não se misturam.

b) Correta, pois a cultura do *homo sapiens* também solucionou necessidades biológicas.

c) Incorreta, pois o *homo sapiens* tem uma natureza apenas biológica.

d) Correta, pois realmente estamos à mercê das peculiaridades do mundo que nos cerca.

7. Das alternativas abaixo, de acordo com o capítulo, qual delas não justifica a importância da cultura para a sociedade humana?

a) A cultura garante ao ser humano uma liberdade maior de comportamento do que quando se comporta de forma instintiva.

b) A cultura permitiu a nossos antepassados superar obstáculos que colocavam em risco a existência da espécie.

c) A cultura possibilitou ao ser humano adaptar-se a diferentes ambientes, na medida em que criou maneiras diversas de organizar a sociedade.

d) A cultura garantiu aos agrupamentos humanos igualdade e justiça para todos.

EXAMES DE SELEÇÃO

1 **(Enem, 2014)**

"O cidadão norte-americano desperta num leito construído segundo o padrão originário do Oriente Próximo, transmitido à América. Sai debaixo de cobertas feitas de algodão cuja planta se tornou doméstica na Índia. No restaurante, toda uma série de elementos tomada de empréstimo o espera. O prato é feito de uma espécie de cerâmica inventada na China. A faca é de aço, liga feita pela primeira vez na Índia do Sul; o garfo é inventado na Itália medieval; a colher vem de um original romano. Lê notícias do dia impressas em caracteres inventados pelos antigos semitas, em material inventado na China e por um processo inventado na Alemanha."

LINTON, R. *O homem*: uma introdução à antropologia. São Paulo: Martins Fontes, 1959. (Adaptado.)

A situação descrita é um exemplo de como os costumes resultam da

a) assimilação de valores de povos exóticos.

b) experimentação de hábitos sociais variados.

c) recuperação de heranças da Antiguidade Clássica.

d) fusão de elementos de tradições culturais diferentes.

e) valorização de comportamento de grupos privilegiados.

2 **(UFPA, 2011)**

"No final do século XIX, as Grandes Sociedades carnavalescas alcançaram ampla popularidade entre os foliões cariocas. Tais sociedades cultivavam um pretensioso objetivo em relação à comemoração carnavalesca em si mesma: com seus desfiles de carros enfeitados pelas principais ruas da cidade, pretendiam abolir o entrudo (brincadeira que consistia em jogar água nos foliões) e outras práticas difundidas entre a população desde os tempos coloniais, substituindo-os por formas de diversão que consideravam mais civilizadas, inspiradas nos carnavais de Veneza. Contudo, ninguém parecia disposto a abrir mão de suas diversões para assistir ao carnaval das sociedades. O entrudo, na visão dos seus animados praticantes, poderia coexistir perfeitamente com os desfiles."

PEREIRA, C. S. Os senhores da alegria: a presença das mulheres nas Grandes Sociedades carnavalescas cariocas em fins do século XIX. In: CUNHA, M. C. P. *Carnavais e outras f(r)estas*: ensaios de história social da cultura. Campinas: Unicamp/Cecult, 2002. (Adaptado.)

Manifestações culturais como o carnaval também têm sua própria história, sendo constantemente reinventadas ao longo do tempo. A atuação das Grandes Sociedades, descrita no texto, mostra que o carnaval representava um momento em que as

a) distinções sociais eram deixadas de lado em nome da celebração.

b) aspirações cosmopolitas da elite impediam a realização da festa fora dos clubes.

c) liberdades individuais eram extintas pelas regras das autoridades públicas.

d) tradições populares se transformavam em matéria de disputas sociais.

e) perseguições policiais tinham caráter xenófobo por repudiarem tradições estrangeiras.

3 **(UFPA, 2011)** A cultura é compreendida como um conceito polissêmico e suas características demonstram que ela pode, contraditoriamente, ser estática e dinâmica. Ao considerar-se estas ponderações acerca das culturas, é correto afirmar:

a) Apesar de ser contemporânea, a busca pela qualidade de vida é uma constante nas sociedades e culturas humanas que está ligada à luta pela sobrevivência e ao modo de viver das pessoas em situação em que não há conflitos e diferenciação sociais.

b) O consumismo é uma prática que visa à satisfação das necessidades criadas no estágio atual do capitalismo, e é incentivado pelos meios de comunicação. O desejo de consumo, que está vinculado à cultura greco-romana, já fora registrado durante o capitalismo industrial.

c) A busca pela conquista do corpo belo e saudável está presente em várias sociedades. O que varia são as estratégias e os parâmetros para definir saúde e beleza ao longo do tempo e conforme as realidades sociais.

d) As concepções locais sobre desenvolvimento e sucesso estão presentes em planejamentos governamentais da América Latina e influenciaram ações em projetos econômicos e culturais existentes desde meados do século XX.

e) Culturas estão presentes desde o surgimento da sociedade humana e, desde esse período, as alterações somáticas e culturais são perceptíveis mediante observação das diversas práticas políticas e econômicas das populações ameríndias.

OUTRAS MÍDIAS

Para assistir

A caverna dos sonhos esquecidos

Direção: Werner Herzog. Países: Estados Unidos, França, Áustria, Inglaterra. Ano: 2010.

Documentário filmado em 3D, por Werner Herzog, quando ele teve acesso à caverna de Chauvet-Pont D'Arc, no sul da França, onde foram encontradas as mais antigas pinturas rupestres de que se tem conhecimento. Com uma intensa exploração das possibilidades de filmagem da caverna, entremeada por entrevistas informativas e contundentes, o filme testemunha o surgimento da cultura humana e de seu simbolismo peculiar.

Marie Antoinette

Direção: Sofia Coppola. Países: Estados Unidos, França, Japão. Ano: 2006.

O filme apresenta a vida de Maria Antonieta, esposa do rei da França Luís XVI, desde sua chegada da Áustria à França para seu casamento. Mostra as rígidas regras de etiqueta da Corte de Versalhes, defendidas por uma corte que se entretém em disputas e maldizeres, conquistas e ócio. Em torno a esse mundo superficial e artificial, a Revolução Francesa é tramada e prepara-se para acontecer. O filme apresenta uma fiel reconstituição de época, mostrando de que forma o conceito de cultura, nessa época, se confundia com o estilo de vida das elites. O filme foi vencedor do Prêmio de Cinema do Sistema Educacional Francês.

Os narradores de Javé

Direção: Eliane Caffé. País: Brasil. Ano: 2003.

As águas de uma represa, que está sendo construída, deverão submergir uma cidade, Javé. Os moradores, que não possuem título de propriedade de suas terras, não serão indenizados e nem sequer foram notificados da futura intervenção. Em resposta, os moradores resolvem testemunhar essa injustiça por meio de narrativas orais, que são registradas pelo único morador que sabe escrever: o carteiro. O filme mostra a importância da memória oral e de sua prática, assim como permite ao público constatar a riqueza de informações que existe numa população não alfabetizada. Recebeu inúmeros prêmios no Brasil e no exterior.

Para ler

Maíra

Darcy Ribeiro. São Paulo: Brasiliense, 1976.

Maíra é um romance de ficção escrito pelo antropólogo Darcy Ribeiro, que apresenta sua trama em meio a uma tribo fictícia — os Mairuns —, que guarda inúmeras correspondências com outros grupos indígenas. Outro livro do Darcy Ribeiro que merece destaque é *O povo brasileiro:* a formação e o sentido do Brasil, lançado em 1995.

O arquiteto e o imperador da Assíria

Fernando Arrabal. São Paulo: Abril Cultural, 1976.

Esse texto, do dramaturgo espanhol Fernando Arrabal Terán, baseia-se no confronto entre dois personagens: o Imperador da Assíria, como o civilizado, e o Arquiteto, como o selvagem. Trata-se de uma obra do chamado Teatro do Absurdo, que discute as questões de dominação e a relação dialética que se estabelece entre o dominador e o dominado. As alusões do texto permitem discutir o colonialismo, bem como as relações estabelecidas entre colônia e metrópole. O texto foi escrito como uma forte crítica à Espanha franquista e é fruto do desgosto que intelectuais e artistas espanhóis enfrentam depois da Guerra Civil. Esse livro poderá suscitar trabalho em grupo e leitura dramática junto aos alunos.

Para acessar

Museu da Imigração do Estado de São Paulo

<http://museudaimigracao.org.br>

O Museu está localizado no antigo prédio da Hospedaria do Imigrante, fundada em 1887, e pretende ser um espaço de reflexão sobre a contribuição dos inúmeros grupos de mais de 70 diferentes nacionalidades que por ali passaram, ajudando a construir o estado e o país. Pretende também ser um ponto de encontro das comunidades de imigrantes. O Museu organiza eventos, oferece cursos e possui acervo documental, de memória oral e digital. No *site* é possível fazer consulta *on-line* sobre os documentos existentes.

O índio na fotografia brasileira

<http://povosindigenas.com/fotografos/>

O *site* faz parte de um projeto de pesquisa iconográfica dos povos indígenas do Brasil, contemplado com o XII Prêmio Funarte Marc Ferrez de Fotografia, que tem por objetivo traçar um panorama da história de construção da imagem do índio no país. O ponto de partida é o ano de 1844, quando o francês E. Thiesson fez as primeiras imagens dos indígenas brasileiros. A coleção vem até a atualidade, dividida em quatro eixos históricos: Século XIX – o índio como tipo exótico; Anos 1900-1950 – Projetos de Nação: a Comissão Rondon e O Cruzeiro; Anos 1880 até hoje – Registros etnográficos e antropologia visual; Anos 1960 até hoje – Fotografia documentária e contemporânea. O trabalho analisa criticamente a construção da imagem do indígena e disponibiliza ao visitante grande acervo de imagens. Trata-se de um bom exemplo do que foi tratado no capítulo a respeito de relativismo cultural.

Museu Nacional de Antropologia do México

<www.mna.inah.gob.mx/index.html>

O Museu Nacional de Antropologia do México é um marco no esforço de resgate das origens do homem nativo americano. A coleção teve início ainda no século XVII, mas foi em 1963 que começou a construção monumental (cerca de 70.000 m^2), que abriga as relíquias dos indígenas americanos, maias e astecas, bem como uma ampla documentação sobre os diversos povos que formaram o México. É um importante espaço de reflexão sobre a identidade nacional do país e de valorização das raízes desse povo.

Capítulo 6

Sociologia, comunidade e cultura

Objetivos

- Compreender o que é cultura e o enraizamento de seus membros.
- Entender o que é comunidade e o desenvolvimento do conceito na Antropologia.
- Discernir os diversos significados do conceito de comunidade.
- Entender como os sociólogos estudam as comunidades.
- Estudar a comunidade como ação política de integração social.

O capítulo trata do conceito de cultura e do enraizamento que ela promove entre seus membros. Também analisa os diferentes significados do conceito de comunidade, nascido na Antropologia, e de que forma ele foi integrado aos estudos sociológicos desenvolvidos nos séculos XIX e XX para, finalmente, ser consolidado em seu significado atual. O ponto principal deste capítulo é tratar a comunidade como alternativa à homogeneização da cultura promovida pelo processo de globalização.

Tradição de pescadores no litoral da região Sudeste do país, na cidade de Paraty, chamada "Puxada da canoa", confeccionada com madeira da árvore ingá-amarelo (RJ, 2013).

RUBENS CHAVES/ PULSAR IMAGENS

Pintura em óleo sobre madeira, de Candido Portinari, *Arrastão*, de 1958.

Para refletir

Você vai ler a seguir o trecho de um *blog*, do intérprete e professor de inglês, Ulisses Wehby de Carvalho, sobre choque cultural. Após a leitura responda às questões que se seguem:

"O que é choque cultural?

O dicionário *Merriam-Webster* define choque cultural como uma sensação de confusão e incerteza, às vezes com sentimentos de ansiedade, que pode afetar pessoas expostas a uma cultura ou ambiente alheios, sem uma preparação adequada. Temos, nessa definição, três elementos que o caracterizam:

a) Por que o choque cultural acontece?

Ao entrar em um ambiente culturalmente novo, você se depara com códigos de conduta inéditos, e isso inclui o uso da linguagem. Conhecer as palavras de um idioma, ou até mesmo ser capaz de manter uma conversação, não dá uma garantia de comunicação eficiente. Vou citar um exemplo: um colega de trabalho, turco, já havia aprendido o suficiente de português para falar sem muitos embaraços. Um dia, ele precisou fazer uma ligação para a esposa, mas havia esquecido o celular. Ele, então, se dirigiu a uma das secretárias: "Preciso telefonar para a minha esposa". A secretária, que estava no meio de uma tarefa, ergueu os olhos. Ele continuou: "Agora!". Mais tarde, a secretária comentou comigo como ele havia sido grosseiro e mandão. Expliquei que, na verdade, ele ainda não havia aprendido os padrões de comportamento linguístico, ou seja, a pedir "com jeitinho". Rimos muito, meses depois, quando ele pediu assim: "Posso dar uma *ligadinha* pra minha mulher? *Na moral*, é rapidinho!".

Disponível em: <www.teclasap.com.br/choque-cultural-por-que-nao-li-este-texto-antes-de-viajar/>. Acesso em: jun. 2016.

1. Você conhece essa sensação de confusão e incerteza de que fala o autor?

2. Você concorda com o exemplo citado, de que a falta de convívio com uma dada cultura pode fazer uma pessoa ser mal interpretada?

3. Por que o autor chama a situação de choque cultural?

Salam Pax é o pseudônimo de Salam Abdulmunem (1973-) nascido Salam al-Janabi, um jovem arquiteto iraquiano que, durante a guerra entre os Estados Unidos e o Iraque, criou um *blog* na internet que se tornou um sucesso. Entre 2002 e 2003, quando Salam tinha cerca de trinta anos, publicou suas impressões, emoções e o cotidiano em uma cidade que se preparava para ser bombardeada.

As postagens do *blog* foram publicadas em um livro com o título *O blog de Bagdá*. Vamos começar este capítulo com uma dessas postagens na qual ele fala sobre cultura. Será uma boa oportunidade para iniciar esse tema. A postagem escolhida, publicada no dia 29 de dezembro de 2002, foi a resposta que Salam deu a Jonathan, um internauta que também mantém um *blog* na internet denominado *The Head Heeb* (A cabeça de Heeb):

"Há uma semana, Jonathan (*The Head Heeb*) postou um comentário sobre a minha carta para Raed, especificamente a respeito do meu sentimento de haver traído minha cultura. Na época, não quis escrever uma resposta, porque não queria dar início a outra série de 'Quem? Por quê? O quê?'. Já passei por isso antes. Esperando que todos estejam ocupados demais com os preparativos para as festas de ano novo, pensei que conseguiria infiltrar uma resposta e torcer para que ninguém perceba, até que seja tarde demais.

Você diz: 'É mais fácil conversar com pessoas que partilham as mesmas origens e concepções, mas é mais recompensador compreender o resto do mundo, e ser compreendido em troca.'

Acredite, eu sei disso. Tive recompensas imensas. Minha vida não foi apenas enriquecida por tudo a que fui exposto, mas também muito transformada. Nos comentários, você escreveu 'eu quero saber mais sobre as novelas de televisão egípcias também. É egoísmo de minha parte, mas quero ser convidado para a festa'. Não acho que seja egoísmo. Esta é a razão pela qual leio *weblogs*, até mesmo aqueles que são muito pessoais. É uma espiada em um mundo que eu posso nunca ter visto antes e em geral, como você diz, é muito recompensador.

O sentimento de traição vem de outro lugar. Houve um tempo em que eu pensava que uma das melhores coisas que me aconteceram foi não ter sido 'enraizado' em lugar nenhum. Sentia que poderia me sentir em casa onde quer que estivesse. Cultura, no sentido de minha herança cultural, não era algo que eu pudesse trair porque não era parte do modo como eu via a mim mesmo.

Mas isso mudou. Hoje sou obrigado a me identificar com algo em que não acredito plenamente. Eles veem um nome, um passaporte, e sou agregado a pessoas e coisas às quais penso não pertencer. Na verdade, quando reflito a respeito, as coisas não mudaram de um dia para outro: provavelmente estive enganando a mim mesmo, ou tenho sido um bom camaleão. Portanto, em vez de discutir com qualquer um, eu decidi parar de lutar contra isso. É o que eu sou, afinal de contas — bem, até certo ponto."

PAX, Salam. *O blog de Bagdá*: o diário de um jovem numa cidade bombardeada. São Paulo: Companhia das Letras, 2003. p. 83.

Antigo Império Persa

Fontes: FAE. *Atlas histórico escolar*. 7. ed. Rio de Janeiro: Fename, 1977. p. 73; FERREIRA, Graça M. L. *Atlas geográfico*: espaço mundial. São Paulo: Moderna, 2013. p.89, 97.

ANDERSON DE ANDRADE PIMENTEL

A leitura dessa postagem revela o que tratamos no capítulo anterior, que é a importância da cultura no sentido da herança cultural, do conjunto de valores, crenças, linguagens, hábitos e comportamentos de nosso grupo de origem. Ao estar conectado ao ocidente e trocando mensagens com estrangeiros, Salam Pax preocupa-se em não trair a sua cultura. Ele participa de dois grupos diferentes e com eles interage, mas sente, por vezes, que se distancia de suas raízes, ou as trai. O amigo, autor do texto do *site The Head Heeb*, responde que também gosta de entrar em contato com o distante e o diferente, e que isso é recompensador. Salam completa dizendo que também tem prazer nisso e que, *afinal de contas, ele é assim*.

Essa leitura nos mostra que a cultura humana não é homogênea, nem apenas fonte de “enraizamento”, mas também de conflito, dissidência e transformação. Por outro lado, Salam e Jonathan, ao trocarem ideias e exporem seus sentimentos e pensamentos, introduzem elementos novos em suas próprias culturas e também na cultura dos outros, dos estrangeiros que, como nós (ocidentais), entramos nessa discussão e nesse debate. O texto nos mostra como nos relacionamos com nossa própria cultura e com as outras e como essas diferenças são importantes para constituirmos nossa identidade. Além disso, percebemos que os meios de comunicação, como a internet, aproximam culturas e pessoas e, consequentemente, possibilitam contatos e trocas.

ARQUIVO/INSTITUTO DE ARTE DE MINNEAPOLIS

O Iraque é um país do Oriente Médio com uma longa história de conflitos regionais e internacionais. A população é formada em sua maioria por árabes e por uma minoria curda. A religião predominante é o islamismo. O artesanato e a fabricação dos tapetes são aspectos tradicionais da cultura árabe presentes no Iraque. Pintura em óleo sobre tela, de Jean-Léon Gérôme, *The carpet merchant* (O vendedor de tapetes), de 1887.

Trataremos neste momento de como a Sociologia tem estudado a cultura e esses processos de enraizamento cultural, de transformação e de identidade individual e coletiva.

HANS NALEMAN/TAXI/GETTY IMAGES

A cultura reúne pessoas com diferenças étnicas e raciais, e cria um espaço de articulação entre elas.

Sociologia, cultura e comunidade

Dissemos, na primeira unidade desta obra, que a Sociologia nasceu na Europa durante o seu processo de urbanização e de industrialização, fatos que puseram em marcha conflitos sociais novos e ameaçadores, que alertaram os filósofos sociais e pensadores dedicados a estudar a vida coletiva. Em busca de explicações mais racionais e fidedignas, alguns autores começaram a pensar a sociedade e a vida social de forma científica. Dissemos, também, que, nesse início, a Sociologia procurou seguir os passos das Ciências Exatas e Biológicas, ao desenvolver modelos de explicação de caráter universal. Os movimentos filosóficos da ilustração e do positivismo auxiliaram no desenvolvimento dessa perspectiva universalista. Autores como Émile Durkheim e Karl Marx, preocupados em entender a gênese e o desenvolvimento da sociedade humana, elaboraram modelos teóricos abrangentes, que pudessem englobar toda e qualquer sociedade.

Essa preocupação universalista acabou por atrair muitos sociólogos, que igualmente defendiam uma visão mais abrangente e generalizada das sociedades — coesão, integração, equilíbrio, persistência e permanência pareciam critérios de valor de uma sociedade organizada, estruturada e saudável.

As diferenças entre as sociedades e no seu interior pareciam, aos primeiros sociólogos, como diferenças de grau num processo evolutivo comum. As Ciências Humanas, nesse sentido, convergiam com os interesses econômicos e políticos das monarquias absolutas, do clero e da burguesia industrial. Sem uma visão crítica da própria sociedade, os europeus procuraram instaurar, nas sociedades colonizadas, hábitos de consumo e instituições sociais criadas e legitimadas no velho continente, como a Igreja e o Estado.

Pensar as sociedades como homogeneidades resultava, ao mesmo tempo, da tradição científica assimilada das Ciências Exatas e dos interesses políticos e econômicos dos europeus. Aos poucos, entretanto, a Sociologia começou a ser sensível às especificidades dessas sociedades — que os europeus procuravam manter sob dominação ou em um regime de comércio estável, com um fluxo constante de trocas comerciais —, como também em relação às peculiaridades dos grupos no interior da própria Europa.

Para explicar por que no interior de um mesmo país havia estilos de vida completamente diferentes como os encontrados na cidade e no meio rural, **Ferdinand Tönnies** formulou dois conceitos diferentes: **comunidade** e **sociedade**.

As comunidades seriam organizações nas quais predominam formas de vida tradicionais, ou seja, a família tem especial importância, assim como os laços determinados de parentesco. As atividades econômicas são a agricultura e o artesanato, e as pessoas se relacionam de forma pessoal. Os hábitos e as tradições são preservados e transmitidos de geração em geração por meio de ritos e cerimônias religiosas. Há forte coesão entre os membros, unidos por uma série de deveres de uns em relação a outros.

De acordo com o conceito de Tönnies, nas sociedades os membros mantêm relações predominantemente impessoais, adotam comportamentos mais individuais e menos cooperativos. As necessidades coletivas são menos relevantes do que os interesses individuais, e as pessoas se relacionam ou se unem por determinações explícitas de contratos firmados pelas partes. As principais atividades econômicas são o comércio e a indústria.

Ferdinand Tönnies (1855-1936)

RUE DES ARCHIVES/LATINSTOCK

Sociólogo alemão, cofundador da Sociedade Alemã de Sociologia em 1909, da qual foi presidente até ser deposto pelo nazismo. Produziu muitas obras e também foi responsável pela publicação dos manuscritos de Thomas Hobbes.

MARCO ANTONIO SÁ/ PULSAR IMAGENS

Atividades complementares, fortes laços familiares e de amizade, origem comum, são algumas das características das comunidades estudadas pela Sociologia Clássica. Essas comunidades existem até hoje. No Brasil, cerca de 200 comunidades querem ser reconhecidas como comunidades tradicionais pelo censo do IBGE. Mulher trançando buriti, em Taguatinga, Tocantins, 2011.

Tönnies foi criticado por outros pesquisadores que avaliaram seu modelo explicativo das diferenças culturais de forma muito rígida, fechada ou dualista. Argumentou-se que existem muitas outras formações que não se pautam por esse modelo. Também o criticaram por dar a impressão de que a vida social das comunidades seria mais saudável e as pessoas que nela viviam, mais felizes. Mas, por outro lado, percebemos na proposta do sociólogo o abandono de uma visão primitivista da sociedade não urbana ou não industrial, e uma tentativa de romper com o evolucionismo, teoria que prevê, por exemplo, a transformação das sociedades não industriais em industriais. Na teoria defendida por Tönnies, a comunidade não demonstrava tendências para se transformar em sociedade — cada cultura respondia à história do próprio grupo e de sua vida coletiva. A comunidade não antecedia a sociedade, mas coexistiam ambas em um mesmo tempo histórico. Émile Durkheim, contemporâneo de Tönnies, também elaborou análises semelhantes, como vimos no capítulo 2, que procuravam distinguir sociedades rurais e urbanas, com os conceitos de solidariedade mecânica e orgânica. Entretanto, na perspectiva durkheimiana aparecia uma visão evolucionista, ou seja, em tais sociedades as relações de solidariedade mecânica seriam paulatinamente substituídas pelas de solidariedade orgânica.

Outro autor a se dedicar ao estudo da comunidade foi **Robert Redfield**, que procurou aplicar o conceito de Tönnies em sua pesquisa no México. Para ele, as características que distinguem a comunidade são, além da cultura comum, o tradicionalismo, a religiosidade, a união e o isolamento em relação à sociedade civil como um todo. No campo da cultura, as comunidades privilegiam o familiar em relação ao estranho, assim como o sagrado em relação ao profano. Redfield estava preocupado em entender a mudança social e suas repercussões nos grupos tradicionais.

Robert Redfield (1897-1958)

Antropólogo, sociólogo e linguista estadunidense, estudou na Universidade de Colorado, instituição da qual foi professor. Desenvolveu sua pesquisa de campo mais importante no México, onde aprimorou o conceito de comunidade.

As comunidades foram identificadas na Sociologia como grupos sociais que mantinham traços de familiaridade intensos e próximos, além de certo isolamento em relação à sociedade civil. Os Amish são um grupo de cristãos anabatistas que vive em comunidades e adota hábitos tradicionais. Eles defendem princípios próprios, como o não uso de tecnologias e meios de comunicação. Família Amish no estado de Ohio, nos Estados Unidos, em 2013.

SCOTT R. GALVIN/AP PHOTO/GLOW IMAGES

As comunidades na Sociologia do século XX

O conceito de comunidade na Sociologia, entretanto, foi ganhando cada vez mais espaço e a ideia da existência de organizações sociais baseadas na solidariedade, na similaridade das formas de pensar e sentir, na proximidade dos membros e no cooperativismo continuou a existir e a ser aplicada a certos grupos que se diferenciam no interior das sociedades mais amplas.

Alguns sociólogos passaram a identificar grupos coesos e solidários, desenvolvendo estilos de vida próprios, que resistiram à desagregação das sociedades tradicionais, provocada pelo desenvolvimento da indústria, da tecnologia e dos meios de comunicação de massa. Alguns autores enfatizam, ao descrever as comunidades, os aspectos espaciais e populacionais — vizinhança, contiguidade, adoção de uma mesma atividade produtiva —, enquanto outros valorizam principalmente os aspectos organizacionais e temporais — interdependência dos membros, objetivos comuns, distribuição de funções e divisão de trabalho dentro do grupo e para com os demais. De uma maneira geral, esses estudos enfocam o grupo estudado em seus aspectos comuns e unitários, prevalecendo também o estudo de uma cultura comum.

Na Sociologia europeia e estadunidense, as comunidades permitiram estudar grupos de imigrantes ou grupos religiosos e políticos, que, por opção, defesa ou conflito em relação à sociedade hegemônica, buscaram estabelecer formas peculiares e isoladas de vida social, com princípios próprios, valores, objetivos e estilos de vida.

No Brasil, os estudos de comunidades foram sistematizados a partir dos anos 1930, especialmente quando foram identificados grupos sociais de imigrantes, trabalhadores ou militantes ligados aos movimentos sociais, que passaram a desenvolver uma ação mais efetiva e participativa na vida social. Outra influência importante foi a de professores estrangeiros que vieram para o Brasil e aqui desenvolveram a pesquisa em comunidades, utilizando uma metodologia descritiva e empírica. Donald Pierson (1900-1995) trabalhou em análises comparativas entre comunidades brasileiras publicadas em muitas obras, dentre elas *O homem no vale do São Francisco* (1972).

Entre os estudiosos das comunidades no Brasil, também recebem destaque Oracy Nogueira (1917-1996), que defendia um estudo comparativo que pudesse mostrar os aspectos **sincrônicos** e **diacrônicos** da sociedade brasileira. Ele próprio dedicou-se a estudar as relações raciais em Itapetininga, interior de São Paulo. Outro estudioso importante foi Arthur Ramos (1903-1949), que enfatizou os conceitos de contato e mudança em duas pesquisas.

Termos e conceitos

Sincrônico e diacrônico: termos utilizados pelos estruturalistas para se referirem aos estudos linguísticos ou sociológicos que buscam observar os aspectos estruturais de uma língua ou sociedade, que tendem a ser invariáveis ao longo das gerações (sincrônico), diferentemente dos estudos que observam a dinâmica das transformações (diacrônico).

Diversas comunidades indígenas reivindicam a demarcação de terras pelo governo federal. Na imagem, protesto em Brasília, no Congresso Nacional, durante a Mobilização Nacional Indígena (DF, 2015).

UESLEI MARCELINO/REUTERS/LATINSTOCK

Nas décadas de 1940 e 1950, não só a Sociologia se debruçava sobre as comunidades e suas culturas como também a historiografia e, segundo Florestan Fernandes, a própria realidade brasileira estimulava esses estudos comparativos de caráter etnográficos. Os estudos das comunidades tiveram como grande contribuição sedimentarem os estudos sociais no Brasil, mas, segundo seus críticos, pouco acrescentaram ao entendimento da sociedade brasileira como um todo e das mudanças sociais pelas quais passava. Havia também, nesses estudos, uma interpretação de que a resistência dessas comunidades à mudança seria um fator de estabilidade e integração social.

Maria Sylvia Franco Moreira estudou as comunidades no Brasil e atribuiu seu surgimento e fortalecimento às dificuldades da economia e das políticas públicas no Brasil. Estas, incapazes de fazer frente ao tamanho, às dificuldades e diversidades do país, favoreciam o aparecimento de um *ajustamento espontâneo* dos componentes do sistema social que deu origem a comunidades. Entretanto, a autora alerta que os estudos dessas iniciativas não apresentam análises fidedignas do processo de mudança ou de inserção dessas comunidades na sociedade como um todo.

Maria Sylvia Franco Moreira (1930-)

Socióloga brasileira, nasceu em Araraquara. Foi professora da cadeira de Sociologia da Faculdade de Filosofia, Ciências e Letras da USP, onde concluiu doutorado, orientada por Florestan Fernandes, e livre-docência.

ANTONIO MILENA/ABRIL/LATINSTOCK

No entanto, sabe-se que muitos desses redutos — grupos de pessoas que se dedicam a atividades artesanais e de subsistência, ao trabalho servil ou a trocas não monetárias — se desenvolvem de forma articulada ao desenvolvimento industrial capitalista. É a debilidade do sistema hegemônico que propicia o aparecimento desses mecanismos que garantem a reprodução da população, ou seja, da força de trabalho e do consumo ainda que periférico.

Essas comunidades, que mantêm formas tradicionais de vida, não estariam resistindo ao desenvolvimento industrial dos grandes centros, mas, ao contrário, estariam colaborando com eles, provendo a sobrevivência dos que estão à margem desse processo. Nesse caso, não haveria a passagem de um sistema tradicional a um moderno, mas a integração de ambos para o desenvolvimento do sistema hegemônico, ou da economia mais moderna e ampla.

Comunidades na Sociologia da virada do século

Nas últimas décadas do século XX, o estudo das comunidades, aos poucos, passou a enfatizar a organização dos membros do grupo e sua atuação política. As comunidades perderam seu caráter de curiosidade científica e resistência ao desenvolvimento industrial e tecnológico e passaram a ser vistas como uma forma de luta política contra uma sociedade nacional que não lhes garante um espaço digno e não reconhecem seus plenos direitos como cidadãos.

Podemos perceber essa postura, por exemplo, no estudo dos quilombos, que deixaram de ter como foco apenas a luta contra uma instituição histórica — a escravização — para ganhar o estatuto de uma luta étnica e racial de afrodescendentes que, ao extrapolar sua ação local e datada, chega à atualidade.

Clovis Moura, um dos estudiosos dessas questões, nos mostra essa nova postura teórico-metodológica no seguinte trecho:

> "Essas comunidades de ex-escravos organizavam-se de diversas formas e tinham proporções e duração muito diferentes. Havia pequenos quilombos, compostos de oito homens ou pouco mais; eram praticamente grupos armados.
>
> No recesso das matas, fugindo do cativeiro, muitas vezes eram recapturados pelos profissionais de caça aos fugitivos. Criou-se para isso uma profissão específica. Em Cuba chamavam-se rancheadores; capitães do mato no Brasil; *coromangee ranger*, nas Guianas, todos usando táticas mais desumanas de captura e repressão. Em Cuba, por exemplo, os rancheadores tinham como costume o uso de cães amestrados na caça aos escravos negros fugidos.
>
> Como podemos ver, a marronagem nos outros países ou a quilombagem no Brasil eram frutos das contradições estruturais do sistema escravista e refletiam, na sua dinâmica, em nível de conflito social, a negação desse sistema por parte dos oprimidos."
>
> MOURA, Clovis. *Quilombos*: resistência ao escravismo. São Paulo: Editora Ática, 1987. p. 12-13.

Segundo o autor, os quilombos se transformaram, ao passar de grupos de resistência e luta contra a escravização aos espaços de territorialização étnica, semelhante a outros grupos existentes no país como os imigrantes e os indígenas. Depois, destacam-se como espaços identitários, nos quais os membros buscam reafirmar sua condição de descendentes de escravos e não nativos e as suas crenças, seus valores e costumes africanos. Trata-se, segundo Moura, de uma identidade étnico-cultural de âmbitos local e nacional. Ilka Boaventura Leite também escreveu trabalhos de relevância sobre essa transformação do quilombo, da luta contra a escravização para uma luta a favor da territorialização étnica.

Clovis Moura (1925-2003)

Sociólogo, jornalista e historiador, nasceu em Amarante, no Piauí. Foi escritor, tendo sido autor de *Argila da memória* (1964). Marxista, participou do Movimento Negro e foi membro do Partido Comunista. Colaborou com diversos jornais na Bahia e em São Paulo.

Comunitarismo contemporâneo

Na sociedade contemporânea, as comunidades se caracterizam por sua finalidade étnico-política e identitária, como são os quilombos brasileiros da atualidade, e as comunidades indígenas que, além de preservarem sua cultura, buscam o reconhecimento de seu direito à terra. Além desses grupos de forte identidade étnica, há grupos que surgem da ampla mobilidade geográfica: das migrações, das imigrações e da descendência que geram. Neles, emergem relações de solidariedade e integração, às vezes amparadas em raízes étnicas, outras vezes, na sua ausência. São traços distintivos desses grupos a coesão e a afinidade entre os membros, assim como seu isolamento em relação à sociedade e um certo repúdio à massificação e à homogeneização cultural promovida pela sociedade industrializada.

Diferentemente das comunidades anteriormente estudadas, esse comunitarismo contemporâneo reúne pessoas que não necessariamente têm um passado comum, mas que se solidarizam em torno de alguma meta ou tema político e/ou social. Além da solidariedade, os objetivos são: atuarem socialmente, defenderem direitos e garantias e reforçarem sua identidade diante do cenário em que atuam. Essas comunidades podem ser linguísticas como, por exemplo, a Comunidade dos Países de Língua Portuguesa (CPLP) — organização internacional formada pelos países lusófonos, com sede em Lisboa, cujo objetivo é manter contato e estreitar laços entre os países-membros.

Também podemos considerar como comunidade linguística a formada por surdos-mudos, que adotam a língua de sinais para se comunicar. Essas se formam, geralmente, em torno das escolas bilíngues existentes em diversos países. Nessas comunidades, desenvolve-se a cultura surda — como é chamada a forma com a qual os surdos-mudos se adaptam ao mundo.

Existem outras comunidades formadas a partir de situações e objetivos comuns — comunidades de trabalhadores e profissionais, de portadores de doenças, de imigrantes etc. Essas formações contemporâneas são menos dependentes de um território compartilhado, mais flexíveis e podem incorporar pessoas com as quais se relacionam, embora essas não possuam as mesmas características distintivas dos membros da comunidade. Por exemplo, nas comunidades de surdos-mudos há muitos participantes não surdos: médicos, professores e familiares. Se, por um lado, essas comunidades parecem um tanto frágeis — por serem recentes e não estarem sediadas em um espaço determinado e por não terem uma história e um passado comuns —, por outro, a organização política e a participação objetiva na sociedade civil são bastante efetivas. A militância é parte de sua cultura.

Ecovila Flor de Ouro em Alto Paraíso (GO, 2016). Um exemplo de comunitarismo contemporâneo são as ecovilas – herdeiras das comunidades alternativas dos anos 1960 e 1970, as ecovilas reúnem pessoas que praticam uma economia alternativa e ecossustentável: praticam o vegetarianismo, adotam sistemas de drenagem e iluminação naturais e, internamente, desenvolvem formas de comportamento que favorecem a convivência e a harmonia entre as pessoas.

YUSLENI FIERRO (CC BY 4.0)

Comunidade e ativismo político

Dessa maneira, notamos que as comunidades contemporâneas são muito diferentes das consideradas originais por Ferdinand Tönnies — um grupo de pessoas que, por origem e história comuns, por vizinhança e relações próximas e pessoais, se distingue na sociedade e desenvolve um estilo de vida ligado às tradições e à cultura local, as quais resistem às forças transformadoras provenientes do desenvolvimento urbano-industrial.

No comunitarismo da atualidade, as pessoas se integram em uma vida comum mesmo não tendo laços pessoais que as una, não possuindo tradições iguais ou não sendo parentes, mas por terem objetivos comuns e partilharem uma situação — muitas vezes de injustiça ou exclusão — que as aproxima e as solidariza.

Entretanto, em vez de resistirem à sociedade urbano-industrial, essas comunidades querem dela participar em condições de justiça e equidade. Para isso, desenvolvem campanhas para aglutinar novos membros, para se fortalecerem e crescerem, e para pressionar a sociedade civil, de maneira a obrigá-la a abrir espaços e a reconhecer direitos, muitas vezes especiais. A militância política é, quase sempre, a principal atividade, o que leva as comunidades contemporâneas a se apropriar dos mecanismos de propaganda e comunicação para se fazerem ouvir, postura oposta à das comunidades, como os Amish, que mantêm atividades produtivas tradicionais e se recusam a usar as novas tecnologias.

Oliver Sacks, neurologista britânico, estudioso dos problemas relacionados ao simbolismo, ao uso da linguagem, e à formação da identidade individual e social, pesquisou diferentes comunidades desse tipo. Estudou como vivem os **daltônicos** em investigação transcrita no livro *A ilha dos daltônicos* — na minúscula Ilha Pingelap, no Pacífico. Nessa ilha, devido a circunstâncias especiais e acidentes históricos, há uma população com expressivo número de daltônicos e pessoas com hipersensibilidade à luz. Eles, então, desenvolveram uma cultura de hábitos peculiares, como o uso de inúmeros óculos escuros para protegê-los da luz. Em outro livro, *Vendo vozes*, Sacks estuda comunidades de surdos-mudos de nascença e a história de sua luta pelo reconhecimento e legitimação da língua de sinais como recurso eficiente e válido de comunicação.

Termos e conceitos

Daltonismo: característica da percepção visual de algumas pessoas que as impossibilita de distinguir algumas ou todas as cores. Nos casos mais comuns, os portadores de daltonismo não distinguem o verde do vermelho. O daltonismo pode ser causado por acidente, doença ou herança genética.

Oliver Sacks (1933-2015)

Nasceu em Londres, Inglaterra. Tornou-se neurologista, químico e escritor. Foi professor da Universidade de Columbia. Escreveu diversos livros, muitos deles traduzidos para o português. Seus relatos de experiências clínicas deram origem a filmes de grande sucesso, como *À primeira vista*, dirigido por Irwin Winkler, nos Estados Unidos, em 1999, baseado em capítulo de seu livro *Um antropólogo em Marte* (1995).

LEONARDO CENDAMO/LEEMAGE/AFP

O estudo de Sacks relata como eram tratados os surdos-mudos nas sociedades dominadas por ouvintes, quando eram obrigados a aprender a linguagem verbal e oral. Como resultado da organização social dos surdos-mudos, de sua vida em comunidade, do apoio recebido por parentes e cientistas e de sua militância política, hoje, as diversas línguas de sinais existentes no mundo passaram a ser reconhecidas, sendo usadas na educação dos surdos-mudos e na vida da sociedade como um todo, na qual estão cada vez mais inseridos. Cada uma das línguas de sinais corresponde aos diversos idiomas nacionais e possibilita a comunicação dos surdos-mudos com os ouvintes de seu país.

HUNTSTOCK/DISABILITY IMAGES/ALAMY/GLOW IMAGES

A *startup* pernambucana ProDeaf está desenvolvendo um aplicativo capaz de traduzir a linguagem oral em português para Libras, por meio do reconhecimento da voz e apresentação do gesto correspondente na tela do celular.

A militância permitiu o reconhecimento dessas línguas e a sua crescente institucionalização. No Brasil, a língua de sinais é chamada Libras, ou seja, Língua Brasileira de Sinais. Como as demais, possui sintaxe e gramática.

Com essas pesquisas, Oliver Sacks mostrou que o comunitarismo da atualidade apresenta aspectos muito especiais — reúne pessoas com características comuns, sejam elas uma peculiaridade genética, uma doença ou uma atividade produtiva, cujos portadores ou trabalhadores possuam objetivos convergentes. Essas pessoas desenvolvem estilo de vida próprio e condizente com aquilo que os une. Desenvolvem atividades que lhes permitem confrontar os preconceitos e as discriminações, lutar por seus interesses e politizar seus membros. Acercam-se da sociedade civil para que possam agir sobre ela e perseguir seus objetivos. Tudo isso garante o desenvolvimento de um intenso sentimento identitário e de reafirmação de suas características físicas, mentais e culturais. Essa forma de comunitarismo torna-se cada vez mais importante na vida política contemporânea.

Da mesma forma que os surdos-mudos, outros grupos de pessoas com alguma característica discriminatória ou que se sintam alijados ou excluídos da sociedade civil devem se organizar em comunidades em busca de reconhecimento, legitimidade e inserção social. As *minorias* — denominação dada a grupos que congregam pessoas que se distinguem étnica, linguística ou religiosamente da *maioria* da sociedade —, deverão buscar maneiras próprias de viver, se comunicar e lutar por seus direitos. Passarão a ser reconhecidos e, ao atuar de forma própria e autônoma, tenderão, cada vez mais, a se distinguir na sociedade. O estudo dessas comunidades deverá ser feito cada vez mais por cientistas sociais que, juntamente com outros profissionais, desenvolvam pesquisas interdisciplinares.

Vídeo
O xadrez das cores

O sociólogo **Zygmunt Bauman** tem se dedicado à investigação das comunidades. É ele quem alerta para o uso incorreto do conceito para populações que não se reúnem livre e independentemente em determinados espaços para desenvolverem modos próprios de pensar e agir.

Grupos que resultam do confinamento espacial e fechamento social, como os acampamentos de refugiados ou os bairros negros, que existiam na cidade de Los Angeles, nos Estados Unidos, configuram guetos e não comunidades. Estas, para existirem como aquelas que estudamos aqui, exigem que o isolamento social seja, pelo menos, parcialmente voluntário, e não forçado. Exemplo de isolamento voluntário encontramos nos grupos indígenas do Brasil, que escolhem viver apartados da sociedade, numa tentativa de preservar a cultura e o modo de vida deles. De forma diferente, os guetos são espaços nos quais dada população é obrigada a viver, por imposição de um poder dominante.

O desenvolvimento de comunidades tem acompanhado o processo de globalização da sociedade e de massificação da cultura, aproximando países, regiões, etnias. Submete suas populações a modos de vida e cultura muito semelhantes, que acabam por dissolver as características locais ou grupais. O desenvolvimento tecnológico e os meios de comunicação diluem as diferenças entre campo e cidade, artesanato e indústria, gerando a necessidade de outras formas de distinção social. As comunidades são espaços de organização e de desenvolvimento de identidade, além de uma eficiente estratégia de ação política e intervenção social.

Zygmunt Bauman (1925-)

Sociólogo e filósofo polonês, foi professor da Universidade de Varsóvia, da qual se afastou em 1968. Tornou-se professor titular de Sociologia da Universidade de Leeds, no Reino Unido, onde se exilou. Escreveu inúmeras obras e especializou-se em temas sobre a sociedade contemporânea. A maioria de seus livros foi traduzida e publicada no Brasil.

ANDREA ASTES/DEMOTIX/CORBIS/LATINSTOCK

Atualidade: favelas como comunidades

Resta falar, neste capítulo, de um uso muito particular do conceito de comunidade, próprio da realidade brasileira. Trata-se da denominação de comunidade dada às favelas da periferia das grandes cidades.

Sabemos que o desenvolvimento urbano e industrial no país não chegou a todas as classes e categorias sociais, assim como não trouxe riqueza e bem-estar a todas as áreas das cidades onde a indústria se instalou e cresceu. Ao contrário, o desenvolvimento tecnológico, urbano e industrial fez aumentar áreas de pobreza, ocupadas pelas populações expulsas das atividades rurais, que se mecanizaram e, por isso, dispensaram mão de obra, que se dirigiu à cidade em busca de trabalho nas novas linhas de produção que se abriam.

Essa população, com parcos recursos, ocupou áreas públicas e, de forma quase espontânea, construiu habitações precárias em alvenaria ou madeira, que acomodavam famílias extensas e agregados. Sem serviços públicos adequados, os moradores dessas áreas desenvolveram toda sorte de expedientes para garantir água, luz, esgoto e comunicação, assim como formas de subsistência e trabalho. Isolados das classes mais abastadas e longe dos principais centros, as *favelas* passaram a ser vistas como ameaça e transformaram-se em alvos de preconceito e isolamento pelo restante dos moradores das cidades.

Comunidade da Rocinha no Rio de Janeiro (RJ, 2013), maior favela do Brasil, com mais de 70 mil moradores, conforme o censo de 2010. O termo favela foi cunhado no Rio de Janeiro e tem como origem o episódio do massacre de Canudos. A cidade de Canudos, composta de habitações improvisadas, foi construída no Morro da Favela. Os soldados que regressaram, em 1897, não receberam o soldo e, sem lugar para morar, se estabeleceram no Morro da Providência, no Rio de Janeiro. Pela precariedade das habitações, passaram a chamar o lugar de Morro da Favela, em referência a Canudos. O nome se popularizou e passou a designar todo e qualquer conjunto habitacional desse tipo.

ISMAR INGBER/PULSAR IMAGENS

Na primeira metade do século XX, as políticas públicas se dedicaram a pensar estratégias para acabar com as favelas. Uma delas foi transportar os habitantes para outras edificações consideradas mais dignas, erguidas por iniciativa dos poderes públicos. Todas essas medidas foram, entretanto, infrutíferas porque as favelas cresceram com o desenvolvimento das cidades e da indústria, permitindo aos operários e trabalhadores ter um local para sobreviver, próximo dos centros industriais, em terrenos públicos. O fim delas, portanto, dependia de uma transformação mais profunda nas relações de produção e nos salários. De outra maneira, a dinâmica era mantida: uma população saía e, logo em seguida, outra a substituía.

Dessa forma, o contínuo crescimento das favelas, que acompanha o desenvolvimento industrial do país, fez a população favelada se organizar, por meio de atividades de ajuda mútua ou com as importantes organizações políticas de caráter reivindicatório, como as associações de moradores. Na segunda metade do século XX, os governos e as instituições da sociedade civil, como as companhias de saneamento e construção habitacional, perceberam que eram inviáveis os projetos de desfavelamento das populações mais pobres dos grandes centros. Diante disso, as políticas públicas passaram a considerar essas áreas de habitação precária como "bairros" e uma série de medidas tem procurado urbanizá-las e melhorar as condições de vida dos habitantes.

Nas últimas décadas, tem ocorrido tentativas de valorizar o sentido associativo e solidário dessas populações. Esse movimento deu-se principalmente quando inúmeras entidades religiosas e laicas iniciaram trabalhos de atendimento às populações de moradores das favelas. Eles procuravam melhorar suas condições de vida. Tais movimentos de caráter educativo, artístico e urbanístico denominaram suas atividades de *ações comunitárias*.

Passar a chamar as antigas favelas das áreas pobres das cidades de *comunidades* corresponde, portanto, a um esforço de urbanistas, cientistas sociais e assistentes sociais — profissionais que atuam nessas políticas públicas governamentais — no sentido de integrar essas áreas à realidade urbana mais abrangente. Esse esforço expressa o reconhecimento de que as populações que partilham esses territórios desenvolvem um estilo de vida próprio, que inclui formas próprias de autodefesa, comunicação, sociabilidade e produção artística. Eram, portanto, conforme estudado no capítulo, comunidades, e não guetos.

Comunidade do Engenho Velho de Brotas na cidade de Salvador (BA, 2015). O conceito de comunidade utilizado na denominação das favelas das cidades brasileiras corresponde a uma política de valorização dessas áreas, que passam a ser consideradas "bairros".

SERGIO PEDREIRA/ PULSAR IMAGENS

PINGOS NOS "IS"

O legado dos estudos da cultura

Para encerrar este capítulo, que se dedica à cultura e à sua importância no mundo atual, vamos tratar das heranças que os estudos da cultura legaram aos sociólogos de hoje. Em primeiro lugar, é preciso dizer que os estudos da cultura, o interesse de cada grupo nas formas de pensar e agir dos demais, a diversidade que permeia as sociedades atuais, cada vez mais fragmentadas em totalidades menores ciosas de sua especificidade, tornaram cada vez mais importante o método desenvolvido pelos seus estudiosos – a etnografia. Criada para dar conta da particularidade dos modos de pensar, sentir e agir dos povos não europeus, a etnografia, atualmente, é a ferramenta mais utilizada para os estudos da realidade urbana, das minorias e da comunicação.

A etnografia pressupõe a aproximação entre pesquisador e objeto de estudo, estabelecendo-se uma relação de mútuo conhecimento que se estabelece de forma pessoal em um ambiente que compartilham e que se transforma no campo da pesquisa. O conhecimento científico pressupõe, com a etnografia, o uso da percepção e da sensibilidade por parte do pesquisador que se traduz por um demorado convívio no qual está presente a observação, o diálogo, a entrevista, o relato e a narrativa. Assim, a etnografia busca dar conta não só do que emerge dessa relação com o objeto da pesquisa, como daquilo que está no seu interior, revelando-se de forma indireta através de múltiplas linguagens e enunciados.

Outra herança dos estudos culturais é a valorização da cultura popular, de seu repertório e de sua relação com os valores, anseios e tradições que caracterizam os grupos sociais e desenvolvem o sentimento de pertencimento e de identidade. O reconhecimento dessa base simbólica configurando as personalidades coletivas ajudou a demolir as interpretações evolucionistas relativas à sociedade, chamando a atenção do pesquisador para o legado da história, das tradições, da oralidade e do simbólico que sobrevivem no interior dos grupos, diferenciando-os. O caráter popular dos meios de comunicação seria dotado de um sentido de resistência e contestação, ou de ação política. Os pesquisadores alinhados com os estudos culturais preocupam-se com a ação política dos diferentes grupos sociais e o papel que nela desempenham a cultura e a produção simbólica.

Os estudos culturais são responsáveis também pela importância que se reconhece hoje em relação ao campo da produção simbólica e das manifestações artísticas que, por tocarem de forma direta a sensibilidade das pessoas, expressam de forma contundente a sua representação a respeito de si mesmos e da realidade.

As teorias desenvolvidas sob as propostas dos estudos culturais são eminentemente interdisciplinares, havendo interesse não só na análise das estruturas sociais como também da percepção e da subjetividade, para a qual a psicologia social tem colaborado. Também as teorias do pós-modernismo têm sido constantemente utilizadas a fim de mostrar as peculiaridades da cultura na atualidade, bem como a importância de conceitos como o de identidade.

O resultado desse legado teórico-metodológico que os estudos da cultura deixaram à sociologia tem sido sua aplicação ao conhecimento das mais diversas populações num esforço abrangente capaz de reconhecer que o estudo da sociedade hoje envolve necessariamente diferenças, conflitos, distinções e o âmago da vida coletiva e social em que essas diferenças são costuradas, criando-se tessituras.

Japonesa em defesa dos índios

Kenko Minami engaja-se na conscientização da situação da Floresta Amazônica

Com a intenção de conhecer de perto tribos indígenas do Brasil, principalmente a Caiapó, Kenko Minami viajou 22 vezes ao país em um período de 20 anos. O engajamento começou em 1989, ano em que decidiu mudar o rumo de sua vida depois de saber da campanha mundial de proteção à Amazônia. O movimento era integrado pelo cantor inglês Sting, que percorreu o mundo, inclusive o Japão, acompanhado do líder dos caiapós, Raoni Metuktire, a quem Minami foi apresentada.

Ela resolveu se engajar nas questões indígenas e criou a Fundação Rainflorest Japan, organização não governamental com sede em Tóquio, que, hoje, tem cerca de 1,7 mil associados. Uma das principais atividades da Ong é realizar palestras e exposições para divulgar e conscientizar as pessoas a respeito da situação da Floresta Amazônica.

Quem é

Formada pela Universidade Feminina de Belas Artes de Tóquio, Kenko Minami trabalhou como produtora artística de programas infantis da NHK, como o Hyokkori Hyootanjima, e na produção de concertos. Em maio de 1989, ela criou a Fundação Rainflorest Japan. Em abril de 2000, lançou o livro *Amazon, índio kara no Dengon* (Mensagem dos Índios da Amazônia).

***International Press* – Como os índios são vistos no Brasil e no Japão?**

Kenko Minami – Há bastante preconceito, acho que muitos veem os índios como animais. Os brasileiros, em geral, consideram os índios como seres inferiores e preguiçosos. No Japão, esse tipo de tratamento também era dado aos *ainus*, por serem de uma minoria étnica. Ao longo de 20 anos, acho que nossa organização, embora pequena, teve várias oportunidades de mudar o ponto de vista do Japão sobre os índios brasileiros. Mas, no Brasil, esse processo tem sido lento. Acredito que isso ocorra porque as pessoas enfrentam seus próprios problemas de sobrevivência, não tendo como se preocupar com as questões indígenas.

***IP* – Qual foi a impressão que você teve no primeiro contato com os índios?**

Kenko – Quando entramos pela primeira vez numa aldeia, eles se sentiam ameaçados por nos considerarem intrusos, embora nós, os asiáticos, tivéssemos a mesma origem deles — mongoloide. Estavam muito desconfiados. Lembro que nas duas primeiras vezes, fui com um grupo de pessoas e não tínhamos levado muitos mantimentos. Chegou a faltar comida, mas os índios se negavam a nos ceder alimento. Pensava comigo, “por que tinha de passar por isso?” Mas entendi que a reação era devido às péssimas lembranças que eles têm do passado. Há 500 anos, o Brasil era habitado pelos índios. Nessa época, viviam de 7 a 10 milhões de índios. Hoje restam apenas 350 a 380 mil deles — uma proporção de três para cada 100 pessoas. Eu diria que o progresso do Brasil ocorreu em troca de vidas e sofrimentos dos índios.

SAITO, Helena. Disponível em: <www.nippobrasil.com.br/2.semanal.entrevistas/496.shtml>. Acesso em: jul. 2016.

ATIVIDADES

1 **A batalha da padronização**

"A uniformidade e a padronização do habitat japonês só se revelam aos olhos dos estrangeiros, pois, na verdade, existe grande diversidade no arranjo interior das casas — diversidade que não diz respeito ao ambiente ecológico, cuja unicidade sublinhamos, mas ao estreito quadro de uma regulamentação fundada essencialmente sobre diferenças de classe. A padronização das construções data a época feudal, e seu motivo fundamental era a vontade de indicar a fortuna de cada família, expressa por seus rendimentos em arroz e por sua posição, na superfície das residências e em vários detalhes da construção, desde o comprimento das vigas do telhado e a decoração exterior até os tipos de debrum dos tatami (acolchoado onde dormem os japoneses)."

DIBIE, Pascal. *O quarto de dormir*: um estudo etnológico. Rio de Janeiro: Globo, 1989. p. 267.

O autor desse texto diz que as diferenças nas casas dos japoneses não são percebidas pelos estrangeiros, que as veem como se fossem todas iguais. Com base no capítulo estudado, explique as razões de por que os estrangeiros não são sensíveis a essas divergências.

2 Complementando o que sugere o texto da pergunta anterior, pense na cultura brasileira e nas moradias do país. Para isso, escolha dois tipos diferentes de moradia em certa região e explique suas diferenças.

3

GREGORIO BORGIA/AP PHOTO/GLOW IMAGES

Campo de refugiados em território sírio perto da cidade turca de Cilvegozu. O número de refugiados desde o começo da guerra civil da Síria, em março de 2011, não para de crescer.

Essa foto é de um campo de refugiados na Síria. De acordo com o texto lido no capítulo, podemos considerá-lo:

a) uma comunidade.

b) um gueto.

c) uma tribo.

d) nenhuma das anteriores.

4 Faça uma pesquisa em alguma comunidade de sua cidade. Procure saber quando e como foi criada, quais são seus objetivos, quantos membros possui e que regulamentos criaram. Faça uma entrevista com um membro da comunidade, tire fotos, se puder, e descreva o espaço em que vivem ou onde se reúnem.

5 A denominação de comunidade às áreas com habitações precárias nas grandes cidades brasileiras corresponde a:

a) um desconhecimento do que significa comunidade.

b) uma visão preconceituosa dessas áreas e das populações que ali vivem.

c) uma valorização do estilo de vida que se instala na população que desenvolve fortes laços de solidariedade.

d) Nenhuma das alternativas anteriores.

6 Qual é a importância da globalização para os estudos de comunidades?

7 "Na década de 1890, quatro anos após a proclamação da república, o líder religioso Antônio Conselheiro fundou, no sertão da Bahia, o Arraial de Belo Monte, mais conhecido como Canudos. Sobre isso, leia o texto a seguir e responda:

"O trabalho agrícola baseava-se na exploração comunitária do solo por meio de mutirões — realizados quando da semeadura, na limpeza da roça, no plantio e na colheita. Essa forma de cooperação foi elemento fundamental durante a existência da comunidade. Ela permitiu que cada indivíduo participasse diretamente da coletividade, garantindo condições mínimas de sobrevivência para todos."

MACEDO, José Rivair; MAESTRI, Mário. *Belo Monte*: uma história da Guerra de Canudos. São Paulo: Moderna, 1997. p. 54. (Coleção Polêmica.)

Podemos considerar Canudos uma comunidade?

8 Dos elementos abaixo, o que distingue, segundo Zygmunt Bauman, um gueto de uma comunidade?

a) o fato de que nos guetos a decisão de estar em determinado território é dada pelas autoridades vigentes e não pelos membros do grupo.

b) nos guetos, a vida é comunitária e os membros compartilham um mesmo estilo de vida.

c) nas comunidades, as pessoas não têm liberdade de ir e vir.

d) guetos e comunidades têm muito em comum.

9 Segundo Peter Burke, foi apenas na Modernidade que os cientistas sociais passaram a se importar com a cultura popular, buscando resgatar seu patrimônio e tradição. Esse movimento se deu em razão de essas manifestações populares estimularem o sentimento de pertencimento e o nacionalismo. De acordo com a leitura do capítulo, essa afirmação é:

a) falsa porque nunca se deu valor à cultura popular.

b) parcialmente verdadeira, porque o povo não é nacionalista.

c) verdadeira, porque a cultura popular fornece conteúdo ao caráter das diferentes nações.

d) parcialmente verdadeira, pois cada nação tem sua cultura.

EXAMES DE SELEÇÃO

1 (Enem, 2014) Parecer CNE/CP no 3/2004, que instituiu as Diretrizes Curriculares Nacionais para a Educação das Relações Étnico-Raciais e para o Ensino de História e Cultura Afro-Brasileira e Africana.

"Procura-se oferecer uma resposta, entre outras, na área da educação, à demanda da população afrodescendente, divulgação e a produção de conhecimentos, a formação de atitudes, posturas que eduquem cidadãos orgulhosos de seu pertencimento étnico-racial — descendentes de africanos, povos indígenas, descendentes de europeus, de asiáticos — para interagirem na construção de uma nação democrática, em que todos igualmente tenham seus direitos garantidos."

BRASIL. Conselho Nacional de Educação. Disponível em: <www.semesp.org.br>. Acesso em: 21 nov. 2013 (Adaptado.)

A orientação adotada por esse parecer fundamenta uma política pública e associa o princípio da inclusão social a:

a) práticas de valorização identitária.

b) medidas de compensação econômica.

c) dispositivos de liberdade de expressão.

d) estratégias de qualificação profissional.

2 **(Enem, 2012)**

"Próximo da igreja dedicada a São Gonçalo nos deparamos com uma impressionante multidão que dançava ao som de suas violas. Tão logo viram o Vice-Rei, cercaram-no e o obrigaram a dançar e pular, exercício violento e pouco apropriado tanto para sua idade quanto posição. Tivemos nós mesmos que entrar na dança, por bem ou por mal, e não deixou de ser interessante ver numa igreja padres, mulheres, frades, cavalheiros e escravos a dançar e pular misturados, e a gritar a plenos pulmões 'Viva São Gonçalo do Amarante'."

Barbinais, Le Gentil. Noveau Voyage autour du monde. Apud: TINHORÃO, J. R. *As festas no Brasil Colonial*. São Paulo: Ed. 34, 2000. (Adaptado.)

O viajante francês, ao descrever suas impressões sobre uma festa ocorrida em Salvador, em 1717, demonstra dificuldade em entendê-la, porque, como outras manifestações religiosas do período colonial, ela

a) seguia os preceitos advindos da hierarquia católica romana.

b) demarcava a submissão do povo à autoridade constituída.

c) definia o pertencimento dos padres às camadas populares.

d) afirmava um sentido comunitário de partilha da devoção.

3 **(Unioeste, 2012)** O relativismo cultural é um princípio segundo o qual não é possível compreender, interpretar ou avaliar de maneira significativa os fenômenos sociais a não ser que sejam considerados em relação ao papel que desempenham no sistema cultural. Tendo por base o anúncio transcrito acima, é correto afirmar que:

a) relativizar é construir descrições exteriores sobre diferentes modos de vida.

b) relativizar é uma tentativa de construir descrições e interpretações dos fatos culturais a partir do que nos dizem e do que fazem os atores destes fatos culturais.

c) relativizar é uma defesa da homogeneidade cultural.

d) o relativismo defende que todas as culturas tendem a se assemelhar com o passar do tempo, e que ao difundir nossos hábitos estamos colaborando com esse processo.

4 **(UEM, 2010)** Considerando as reflexões sociológicas sobre o conceito "cultura", assinale o que for correto.

(01) O processo de modernização das sociedades gera impactos na manifestação das tradições populares, o que, segundo algumas vertentes sociológicas, pode modificar as práticas culturais, mas dificilmente extingui-las.

(02) A variedade das culturas acompanha, por um lado, a pluralidade da história humana e, por outro, os processos de transformação social. Assim, dentro de um mesmo território, é possível coexistirem diversos padrões culturais.

(04) Ao observar as tradições culturais manifestas nas colônias portuguesas, a sociologia construiu o consenso de que a cultura do branco europeu é superior à do indígena e à do africano.

(08) Algumas abordagens sociológicas buscam observar os elementos materiais e não materiais das manifestações culturais, com o objetivo de compreender as funções sociais dessas manifestações.

(16) Ao longo do século XX, a sociologia acumulou conhecimento suficiente para concluir que a cultura não sofre efeitos do desenvolvimento das tecnologias de comunicação, tais como o cinema, a televisão e a internet.

OUTRAS MÍDIAS

Para assistir

A festa de Babette

Direção: Gabriel Axel. País: Dinamarca. Ano: 1987.

O filme mostra como na Dinamarca, no século XIX, duas mulheres, Filippa e Martine, filhas de um rigoroso pastor luterano, tomam conta de uma pequena comunidade de fiéis, reunidos por seu pai. Uma vez morto o pastor, chega à comunidade Babette, uma parisiense que passa a trabalhar como faxineira.

Tempos depois, ela recebe uma soma de dinheiro ganho em uma loteria e resolve preparar uma grande festa para os habitantes da localidade. Cozinha o que há de melhor, serve vinhos e os membros da comunidade ficam encantados com as delícias oferecidas. Só então ela tem sua identidade revelada.

O filme permitirá entender o que é uma comunidade religiosa, bem como as transformações que podem ocorrer na cultura local por intervenção de pessoas, hábitos e ideias vindas do exterior. O filme recebeu o Oscar de melhor filme em 1988 e menção honrosa no Festival de Cannes de 1987 e pode ser visto pela internet.

Terra do mar

Direção: Eduardo Caron e Mirella Martinelli. País: Brasil. Ano: 1997.

Documentário sobre a vida dos caiçaras do litoral norte do Paraná. Narrado pelos próprios caiçaras, o filme apresenta hábitos, costumes, festas, músicas e crendices dos povos das praias e ilhas da região. Podemos ver sua vida simples, mas rica e cheia de tradições, longe da eletricidade e de qualquer benfeitoria pública. Assistimos às romarias, ao uso da medicina tradicional e a uma cultura regida quase completamente pela natureza — o mar, o vento, o sol.

O filme, feito com belas imagens, permite entender o que é uma cultura comunitária e como vivem seus membros, sempre ameaçados pela natureza e pela precariedade.

À primeira vista

Direção: Irwin Winkler. País: Estados Unidos. Ano: 1999.

Tendo por base o capítulo intitulado *Ver ou não ver*, do livro *Um antropólogo em Marte*, escrito por Oliver Sacks, o filme conta a história de Virgil, um homem de cerca de 40 anos que é portador de catarata congênita, o que o leva ser praticamente cego. Por influência de sua noiva, Amy, Virgil submete-se a uma cirurgia para extração da catarata e é levado a ingressar no mundo e na cultura dos videntes de forma abrupta. Os conflitos que surgem dessa repentina transformação levam à desestruturação da vida de Virgil.

Esse filme permitirá entender a identidade e a cultura dos portadores de deficiências ou características especiais e do preconceito e rejeição da sociedade civil em relação aos que não são considerados "normais".

Para ler

Os parceiros do Rio Bonito

Antônio Candido. 11. ed. Rio de Janeiro: Ouro sobre azul, 2010.

Trata-se de um livro que traz a pesquisa empreendida pelo autor no interior paulista, de 1947 a 1954, estudando o que chamou de cultura caipira. Explora os hábitos e os costumes cujo conhecimento advém de profunda pesquisa empírica, chegando a morar, durante certo tempo, em um agrupamento rural. O trabalho rendeu a Candido o título de doutor em Sociologia. Rico e compreensível, o texto auxiliará a compreensão do que é cultura.

Anarquistas, graças a Deus

Zélia Gattai. Rio de Janeiro: Record, 1979.

Zélia Gattai foi a esposa do escritor Jorge Amado e, estimulada por ele, começou a escrever suas próprias histórias aos 63 anos de idade. Seu romance de estreia foi *Anarquistas, graças a Deus*, no qual relembra sua infância e adolescência de filha de imigrantes italianos, participantes do movimento político-operário anarquista — a Colônia de Santa Cecília. Com essa obra, os alunos poderão entender a importância da cultura de raiz que transparece nessas memórias.

Para acessar

TV Brasil

<http://tvbrasil.ebc.com.br/caminhosdareportagem/episodio/quilombos>

Caminhos da Reportagem, programa semanal da TV Brasil que trata de questões polêmicas nacionais através de uma viagem pelo país. No endereço eletrônico indicado, há o episódio *Quilombos*. O Programa foi até a Bahia, Maranhão e Rio Grande do Sul para mostrar a luta de resistência dessas comunidades. O programa, apresentado em 24 de maio de 2012, está disponível *on-line*, com texto, fotos e vídeos. Trata-se de uma homenagem ao Dia Internacional da África, quando a reportagem resgatou a realidade dos Quilombos no Brasil.

Programa Nosso Bairro

<www.nossobairro.sp.gov.br/portal.php/sobre>

Portal criado pelo Governo do Estado de São Paulo, por meio do Projeto Nosso Bairro, mostrando as principais comunidades do Estado — Heliópolis, Jardim Pantanal, Nova Jaguaré e Paraisópolis — em sua transformação em bairros, com defesa do meio ambiente, segurança e urbanização. Por meio desse portal, o visitante poderá analisar um caso de urbanização de favela brasileira.

Fundação Dorina Nowill para cegos

<www.amigosdolivro.com.br/lermais_materias.php?cd_materias=3715>

Dorina de Gouveia Nowill, deficiente visual, criou a antiga Fundação para o livro do cego, em 1946, cujo objetivo era disponibilizar obras no sistema Braille, para os deficientes visuais. Transformada, hoje, em Fundação Dorina Nowill para cegos, presta atendimento aos deficientes visuais e promove sua profissionalização, educação e reabilitação. Por meio das atividades dessa instituição, os alunos poderão compreender as características peculiares da cultura dos não videntes.

O sistema Braille é um processo baseado em 64 símbolos em relevo, cuja leitura é feita com as mãos, escorregando-as da esquerda para a direita.

Capítulo

7

Cultura popular, erudita e massiva

Objetivos

- Entender o que é senso estético e como é usado na cultura.
- Compreender o papel da arte na produção cultural.
- Conhecer o que é cultura popular e suas características.
- Acompanhar o surgimento da alta cultura e seu papel histórico.
- Conhecer as manifestações urbano-massivas.
- Entender a cultura de massa.
- Perceber a dinâmica da cultura nas diferentes manifestações artísticas.

Neste capítulo, você encontrará conceitos importantes para o estudo desta unidade: cultura popular, cultura erudita ou alta cultura, cultura urbano-massiva e cultura de massa. Todos relacionam-se com a possibilidade de, pelo senso estético, a cultura humana produzir obras que emocionam e tocam as pessoas. Você conhecerá as diferenças entre esses conceitos e sua dinâmica histórica, e também a forma como essas produções se influenciam e permutam características.

RUBENS CHAVES/PULSAR IMAGENS

Desfile dos bonecos gigantes para a festa do Divino Espírito Santo, em São Luiz do Paraitinga (SP, 2014).

JOÃO PRUDENTE/ PULSAR IMAGENS

Apresentação da Orquestra Sinfônica Heliópolis no Teatro Municipal de Paulínia (SP, 2012).

REPRODUÇÃO

Capa do DVD do cantor Michel Teló.

JUNIOR ROZZO

Para refletir

1. A canção "Comida", de Arnaldo Antunes, Sérgio Brito e Marcelo Fromer, tem este refrão: "A gente não quer só comida / a gente quer comida, diversão e arte". O que você acha que eles querem dizer com isso?
2. Em sua opinião, que tipos de diversão e arte são essenciais na vida das pessoas?
3. Interprete a imagem de CDs em um prato com base nas duas perguntas anteriores e nas respectivas respostas.

Para começar a discussão deste capítulo, vamos transcrever alguns trechos de uma matéria publicada no jornal *on-line Diário de Santa Maria*, do Rio Grande do Sul, em 22 de março de 2015, que tem por título "Conheça os bastidores do circo Rakmer", que estreou naquele fim de semana na cidade de Santa Maria.

"No interior das várias carretas e trailers estacionados no pátio do parque estão pessoas de diferentes estilos e idades que são movidas por um único propósito: o amor ao circo. Tem artistas que nasceram em diferentes regiões do Brasil e até de fora do país, como do Peru, Bolívia e Equador. Para a maioria, a rotina circense não chega nem a ser uma opção, mas uma tradição passada de geração em geração:

— Não sei fazer outra coisa. Me perguntam como é a vida no circo? Ora, eu nem sei como é a vida fora dele — conta Edson Luan de Souza Ferreira, 24 anos.

Neto de palhaços e filho de um ex-militar que fugiu do Exército para se casar e ir embora com o circo, o jovem Ferreira não precisa de mais de cinco minutos para se transformar em vários personagens, como o palhaço Pipoca e o Homem-Aranha. Antes de começar a primeira das três apresentações do dia, um suspiro e uma oração:

— Lá vamos nós! Sempre peço bênção a Deus e ao meu vô para que tudo saia bem e nada de ruim aconteça comigo.

Ao lado, as gêmeas Rosane e Roseane de Souza Costa, 23 anos, também fazem alongamento para a maratona de apresentações. A preparação começa cedo da tarde, dentro do trailer onde moram com os pais. Primeiro, o cabelo, depois a maquiagem:

— Nascemos aqui dentro, e poucas pessoas como nós sabem o que é ter a liberdade de fazer o que gosta e viver para dar momentos de alegria às pessoas. Nas estreias, sempre dá um friozinho na barriga, mas é muito bom. Até passeamos na cidade, vamos ao cinema, mas o que vivemos aqui não se aprende na escola — resume Rosane.

Uma realidade que não tem graça alguma

Fachada do circo Rakmer, na cidade de Santa Maria (RS, 2015).

JEAN PIMENTEL/AGÊNCIA RBS/FOLHAPRESS

Por trás do riso fácil, a comunidade circense também enfrenta seus perrengues que não são nada engraçados. A cada nova cidade, o principal duelo é com o preconceito.

— A verdade é que atualmente somos marginalizados no Brasil. Você chega na Argentina ou no Uruguai, a coisa é diferente. Aqui enfrentamos uma burocracia enorme porque acham que não somos ninguém. Acham que não temos onde morar, não temos estudo ou cursos, nem comida. Sou a nona geração da minha família que vive de circo — conta o locutor e um dos responsáveis pela organização do circo, Antônio Bartolo Junior, 45 anos, que ainda acrescenta:

— Tenho bens, tenho referências, mas quando chego a uma prefeitura, preciso dizer que sou diretor de produção e não artista de circo.

Aos 60 anos, Francisco Alves de Sousa Costa, ex-equilibrista, atua na montagem geral. Ele conta que o tratamento para os artistas mudou muito:

— É triste ver que as coisas mudaram. Antes chegávamos a uma cidade e tudo parava, parecia que era Deus chegando. Hoje, mal nos dão atenção."

MATGE, Pâmela Rubin. Conheça os bastidores do circo Rakmer. *Diário de Santa Maria*. 22 mar. 2015. Disponível em: <http://goo.gl/hbukMD>. Acesso em: jul. 2016.

Essa reportagem é especialmente importante para nós neste capítulo, pois mostra os bastidores e o dia a dia de uma família ou comunidade circense, um grupo coeso de familiares, funcionários e agregados que vivem e trabalham juntos. Mudam de cidade para cidade em caminhões, carregando a infraestrutura para erguer o circo — lona e armação, além de figurinos, instrumentos e até animais, quando há números de adestramento, por exemplo.

Ao chegar à nova cidade, procuram um espaço de fácil acesso e, ao mesmo tempo, próximo de escolas e da infraestrutura urbana. As crianças, que acompanham a família, começam a trabalhar desde pequenas nos espetáculos, mas, também, frequentam a escola. Eles geralmente são recebidos com alegria e solidariedade pelos outros alunos. Durante as tardes, os artistas treinam seus números, fazem propaganda de sua função e, à noite, aguardam o público e se apresentam.

O circo foi sempre um espaço importante, especialmente no Brasil, pois, de cidade em cidade, as companhias circenses levam espetáculos aos lugares mais distantes, que, praticamente, não têm fontes de lazer e arte. Cinema e teatro tornaram-se conhecidos no interior do país graças à itinerância do circo. É importante conhecer os bastidores e o cotidiano dos artistas circenses pela importância que tiveram na disseminação da cultura no país e por constituírem um grupo com formação original e autônoma.

A matéria do *Diário de Santa Maria* também é importante porque fala das mudanças na vida das cidades e da perda da importância dos circos na atualidade, confrontados com o desenvolvimento dos meios de comunicação, como a televisão e a internet. Neste capítulo, vamos tratar das diferentes formas de manifestação cultural e artística que existem e das mudanças históricas que promoveram. Falaremos também das dinâmicas históricas e de suas transformações.

Termos e conceitos

Socialização: processo pelo qual um grupo social recebe e é ensinado a reproduzir hábitos e padrões já reproduzidos pelas gerações anteriores, para continuar a agir de acordo com a cultura vigente. Esse processo dá-se desde o aprendizado da língua até as noções básicas de moralidade e adequação à vida social.

Cultura e linguagem

Nos capítulos 6 e 7, dissemos que o ser humano, em razão de obstáculos e dificuldades enfrentadas em sua evolução enquanto espécie, acabou por desenvolver um estilo de vida peculiar, que dependeu da organização e criação de formas diferentes de responder às necessidades vitais.

Essas formas de viver não são instintivas nem dependem de herança genética: são produções culturais que visam garantir a sobrevivência e estabelecer padrões de vida e relacionamentos. Chamamos de culturais porque são fruto de convenções estabelecidas por determinado grupo em dado tempo e lugar e devem ser introjetadas por seus descendentes para que tenham continuidade. Para isso serve a **socialização** das gerações — preservação da cultura de um grupo e integração das novas gerações.

A socialização é possível graças a nossa capacidade de criar linguagens. Denominamos linguagem a um conjunto de signos organizados por meio de regras que nos permitem expressar pensamentos e compartilhar ideias. Foi por meio da linguagem que a cultura pôde ser partilhada e legada como herança às futuras gerações.

G. DAGLI ORTI/ DE AGOSTINI PICTURE LIBRARY/ ALBUM/LATINSTOCK - MUSEU DO LOUVRE, PARIS

Desde as mais antigas civilizações, os seres humanos desenvolveram várias linguagens para se comunicar. Na imagem, cerâmica suméria com cerca de 5 mil anos. Possui inscrições em um alfabeto formado por figuras, que representavam objetos do cotidiano. Esse alfabeto antecedeu o surgimento da escrita fonética (signos que representam sons da fala).

Os seres humanos desenvolveram diferentes tipos de linguagem: a gestual, expressando-se por gestos, a sonora, comunicando-se por sons, a verbal, por meio da fala, a escrita, por meio de grafismos, entre outras. Cada uma delas é importante para a manutenção da cultura e a comunicação entre os membros de um grupo. Cada uma dessas linguagens é constituída por signos, que representam a realidade à qual cada pessoa quer se referir, regras de combinação desses signos e meios e técnicas de comunicação. Quando nos expressamos ou nos comunicamos com alguém, utilizamos diversas linguagens e diferentes veículos de comunicação.

Do uso da linguagem e na criação da cultura, os diferentes grupos humanos desenvolveram e compartilharam, aos poucos, variadas formas de se comunicar. As religiões, com seus rituais e sacrifícios, inspiraram manifestações importantes, como as ladainhas, as orações e os cânticos em honra às divindades. Inspiraram também as narrativas sagradas, os mitos de origem, que relatam as histórias da origem dos povos e sua jornada pelo planeta.

Essas manifestações passaram a ser repetidas em determinadas épocas do ano, como, por exemplo, nas mudanças das estações, para clamar aos deuses por boas colheitas. Músicas, orações, danças, narrativas e invocações passaram a ser repetidas por todos os membros de um grupo, compartilhando os sentimentos de alegria, tristeza ou apreensão. Essas manifestações foram se cristalizando na cultura do povo, que passou a se identificar com os sentimentos que elas inspiravam. Músicas, danças e figurinos começaram a ser identificados com as situações que celebravam, sendo associados aos sentimentos envolvidos: alegria, tristeza ou religiosidade.

MARIE-LAN NGUYEN/CREATIVE COMMONS ATTRIBUTION 2.5 GENERIC LICENSE - MUSEU METROPOLITANO DE ARTE, NOVA YORK

Desde as pinturas rupestres de milhares de anos, passando pela Antiguidade, há muitas demonstrações da importância da dança e da música em praticamente qualquer cultura. Essa cerâmica grega do século VI a.C. testemunha o apreço por essas artes na Antiguidade clássica.

Essas manifestações, por meio das diversas linguagens criadas pela cultura humana, passaram a ser cada vez mais importantes e a ter um espaço de distinção na vida dos grupos. Elas comemoravam nascimentos, lamentavam mortes, rememoravam catástrofes e festejavam vitórias, celebravam as estações do ano, as colheitas, os aniversários e as conquistas do grupo. Seu poder de estimular e inspirar sentimentos foi logo percebido e, aos poucos, os membros do grupo começaram a desenvolver certo gosto estético e a sentir, diante dessas manifestações, uma emoção diferente — aquela que sentimos quando alguma coisa nos emociona, toca ou agrada, ou seja, uma emoção estética. Por sua capacidade de desencadear esse sentimento, essas manifestações da cultura humana passaram a ser consideradas, pelos cientistas sociais, artísticas.

Cultura e popular

Muitos cientistas sociais dedicaram-se a estudar a **cultura popular**, que recebeu esse nome justamente porque o interesse científico pelas manifestações culturais do povo, espontâneas e tradicionais, desenvolveu-se por oposição à chamada **cultura erudita**, ou seja, as manifestações artísticas e culturais promovidas pela elite, pelas Academias ou pelos mecenas, algo que estudaremos posteriormente.

Como nos conta o historiador inglês Peter Burke, o interesse por aquilo que cantava, dançava e emocionava o povo — como eram chamadas as camadas mais pobres da população ou as mais afastadas dos centros urbanos ou, ainda, mais distantes do desenvolvimento tecnológico e industrial — apareceu tardiamente, no século XVIII, época da formação das nações europeias fundadas na república ou na Monarquia constitucional, cuja democracia trouxe para o centro da vida política populações que eram mantidas distantes ou à sombra da vida civil.

O despertar político dos camponeses e trabalhadores também estimulou a curiosidade, o interesse e o respeito inusitados pelo artesanato, pelas tradições rurais, pela poesia, pelas canções, pelas anedotas, pelos provérbios e pelas danças das populações mais pobres. Estas tornaram-se um contraponto às manifestações da cultura erudita ou clássica, como passou a ser chamada a cultura valorizada pela elite e por suas instituições artísticas, que estabeleciam modelos a ser seguidos por todos aqueles que, um dia, pretendiam ser chamados de artistas.

Estudiosos que iam em busca de usos, costumes, cerimônias, superstições, baladas e provérbios entendiam que a produção artística popular poderia representar o verdadeiro espírito de uma nação — aquilo em torno do qual todos se unem.

A dança na Europa, da Idade Média até o Renascimento, era uma arte essencialmente popular, espontânea e destinada à celebração e ao lazer. A partir de então, ela foi se complexificando por meio dos estudos que procuravam dar a ela uma forma mais disciplinada e rica em movimentos estilizados e significativos, atendendo ao gosto da nobreza. Nesse período, foi cunhado o termo balé. Na foto à esquerda, iluminura francesa do *Livro das Horas*, do século XV, representando camponeses dançando. Na foto à direita, *La Camargo*, por Nicolas Lancret, c.1730.

AKG-IMAGES/ALBUM/LATINSTOCK - BIBLIOTECA NACIONAL DA FRANÇA, PARIS

PHILIPPE SAUVAN-MAGNET / ACTIVE MUSEUM/DIOMEDIA - GALERIA NACIONAL DE ARTE, WASHINGTON

Ecléa Bosi (1937-)

Psicóloga social, é titular do Departamento de Psicologia Social e do Trabalho do Instituto de Psicologia da Universidade de São Paulo. Recebeu diversos prêmios, entre os quais o Prêmio Ars Latina, em 2009, pelo conjunto de sua obra. Dois de seus livros mais importantes são *Memória e sociedade: lembrança de velhos* e *Cultura de massa e cultura popular: leituras de operárias*.

LEO RAMOS/REVISTA FAPESP

Portanto, as manifestações artísticas de uma cultura desenvolveram-se desde os primórdios da humanidade, mas foi apenas na Modernidade, com a formação das nações e o interesse pelo espírito nacional de seus cidadãos, que a cultura popular mereceu a atenção dos cientistas. Foi então que deixaram de ser apenas manifestações das classes inferiores da sociedade — nem sempre expressivas dos valores dados à arte pela elite como reconhecimento autoral e alto grau de complexidade —, para ser consideradas legítimas manifestações culturais de um povo. Ao contrário da cultura erudita, só acessível às camadas mais elevadas da população, a cultura popular sempre foi apreciada por um público maior e heterogêneo. Vejamos, então, as características que os cientistas deram a essa produção simbólica.

Florestan Fernandes e **Ecléa Bosi**, no Brasil, Pierre Bourdieu, na França, e Antônio Gramsci, na Itália, procuraram estudar a cultura popular e identificar suas diferenças em relação às manifestações conhecidas como eruditas.

O primeiro aspecto que identificaram como característico da chamada cultura popular foi a sua **coesão interna**, a forma como cada hábito, crença ou costume tinha um significado compartilhado por todos.

Um exemplo dessa coesão pode ser observado nas procissões religiosas, cheias de manifestações artísticas, como cânticos, interpretações e coreografias. Esse exemplo permite identificar outra característica da cultura popular: a intensa emotividade dos participantes e do público que acompanha as procissões. Diferentemente das manifestações eruditas, em que há certa contenção das manifestações do público diante dos artistas que se apresentam, nas manifestações populares, o público interage com quem assiste e com quem se apresenta.

Outra característica importante das manifestações populares é a de que elas estão imersas na totalidade da vida social, ligadas a eventos e cerimônias das quais fazem parte. A cultura popular acompanha as cerimônias religiosas e políticas, os ciclos das estações, os acontecimentos econômicos — são festividades que homenageiam um soberano ou uma autoridade política, o nascimento de um herdeiro, a chegada de uma boa colheita, ou da primavera, ou simplesmente diverte o público que frequenta uma feira ao ar livre. Por isso, também as manifestações populares se misturam ao divertimento, ao passatempo, como salienta Ecléa Bosi e Joffre Dumazedier (1915-2002), que foi um estudioso do lazer.

Uma tradição que se renova

As manifestações artísticas populares costumam rever as tradições. Remetem ao passado e às formas originais das quais se apropriam. Muitas vezes, fazem uso de instrumentos artesanais, figurinos tradicionais, cânticos e poemas que passam de geração em geração por meio da memória oral. Mas tais rememorações são plenas de criatividade e de temas novos que se inserem nas tradições. Exemplo dessa capacidade da cultura popular de renovar as heranças sociais é o **cordel** — impressão artesanal, realizada em xilogravura, contando histórias famosas adaptadas para essa forma de comunicação.

Os cordéis, ainda existentes em muitos lugares do Brasil na sua forma de produção tradicional, tratam de temas da atualidade, muitas vezes com um olhar crítico, lírico e satírico. Em razão disso, Ecléa Bosi afirma que, na cultura popular, novo e arcaico se entrelaçam.

Termos e conceitos

Cordel: folheto ilustrado com poemas e histórias escritas em versos rimados, muitas delas adaptadas de romances famosos. Feitos em xilogravura, suas folhas eram costumeiramente penduradas para secar em uma corda, de onde vem o seu nome. O cordel surgiu na Europa e chegou ao Brasil, para então tornar-se característico da literatura popular do Nordeste. O autor do cordel, muitas vezes, conta a história de forma oral, acompanhado por uma viola.

ISMAR INGBER/PULSAR IMAGENS

Os folhetos impressos com os versos da literatura de cordel secam pendurados no varal. Dessa prática deriva o nome dessa literatura que reúne desenho, poesia, música e literatura. Eis uma significativa manifestação de cultura popular.

Antonio Candido salientou como uma das principais características da cultura popular o fato de que o artista não é um profissional da arte. Mesmo que se torne conhecido por ser um exímio contador de histórias ou tocador de viola, ele tem outra profissão que lhe dá o sustento e se dedica à sua arte nas horas de lazer, ou nos intervalos de seu trabalho. Os artistas populares são caiçaras, lavradores, marinheiros etc. que participam da vida social e das manifestações artísticas coletivas, tarefa que conseguem conciliar com outras responsabilidades e obrigações.

O artista popular não aprende arte em instituições artísticas formais; seu aprendizado se dá no dia a dia. O saber que envolve a prática da arte popular se acumula ao longo do tempo entre os mestres e contadores. Nesse sentido, a oralidade tem um papel importantíssimo na transmissão da cultura popular, pois é ela que registra e difunde as tradições. Por causa disso, os estudiosos da cultura começaram a lançar mão de equipamentos para coleta e registro de depoimentos, narrativas e apresentações. Contos, provérbios, piadas e poesias passaram do oral para o escrito em antologias memoráveis que procuravam resgatar esse repertório.

As manifestações artísticas populares promovem grande sociabilidade, coesão, proximidade e um sentimento de pertencimento entre os participantes. São, na maioria das vezes, gratuitas, abertas ao público, mesmo quando os artistas recebem algum tipo de gratificação.

Folia de Reis ou Reisado – um estudo de caso

Folia de Reis, ou Reisado, é o nome de uma festividade popular, originária da Europa e muito difundida no Brasil. São grupos formados por homens (mulheres não são aceitas) que visitam as casas da cidade, tocando instrumentos de confecção caseira, como reco-recos e tambores, além da viola e do acordeão, comemorando a visita dos Reis Magos — Baltasar, Melquior e Gaspar — ao recém-nascido Jesus Cristo, de acordo com a passagem bíblica sobre a natividade de Cristo.

O grupo leva uma bandeira com a estampa dos Reis Magos, que simboliza o nascimento de Jesus. A visitação, como é chamada a festividade, é feita no dia 6 de janeiro, e a Folia de Reis ocorre entre o Natal e essa data. Nas casas visitadas, costuma-se oferecer comida e donativos aos participantes e estes agradecem o que recebem com música e dança. Moedas são jogadas pelo público aos artistas. Trata-se de um exemplo significativo de cultura popular.

Como outras manifestações populares, apesar de abranger uma extensa região, a Folia de Reis tem um colorido local, que promove o regionalismo e a identificação do festejo com a cidade ou região que a cultiva. São diferentes papéis que compõem o grupo — os Reis Magos, os palhaços, o coro, o mestre ou embaixador, o chefe da folia, o alferes da bandeira e o festeiro, na casa do qual ocorrem a saída e a chegada da bandeira. Esses integrantes provavelmente não se julgam artistas, mas o são, pois como diz Antonio Candido em *Literatura e sociedade*, "nenhuma arte é casual ou rudimentar: é expressão plena de um desejo de beleza". Mesmo o público que os aprecia e acompanha nem sempre os considera artistas, dado o caráter de entretenimento e festividade e o fato de os intérpretes não viverem somente dessa arte.

A religião continua a ser uma forte inspiração para a produção artística popular e erudita. Cânticos, representações, ladainhas e procissões são manifestações presentes em quase todas as religiões, mas o catolicismo deixou marcas profundas na cultura brasileira. Desde a colônia, as ordens religiosas promoviam a religião por meio desses festejos, quando a comunidade se reunia em torno da paróquia, com a presença de religiosos.

Outras manifestações são inspiradas na integração de grupos profissionais — marinheiros, vaqueiros e mineradores, que desenvolveram atividades artísticas significativas —, compartilhando o mesmo espaço de trabalho e cotidianidade. Eles, assim, acabaram por produzir uma cultura comum.

De modo geral, o que caracteriza a cultura popular é sua origem coletiva e anônima — não sabemos quem inventou as cantigas de roda, nem o frevo. Não sabemos a origem das canções de ninar, nem do Carnaval. Por serem populares, todos contribuem para sua produção, inclusive o público, e passam como legado de geração em geração, com importante papel na vida pública a que todos têm acesso.

Grupo de Folia de Reis, Sagrada Família da Mangueira, em apresentação na Praça Tiradentes, no centro do Rio de Janeiro (RJ, 2011).

KATIA CARVALHO/FUTURA PRESS

Cultura erudita: a afirmação de uma classe social

A origem da chamada cultura erudita ou alta cultura está no Renascimento cultural e artístico que teve início com o capitalismo, a urbanização e a ascensão da burguesia como classe dominante na Europa. Os burgueses, enriquecidos pelo comércio, desenvolveram um estilo de vida próprio que os distinguia como classe social emergente e dominante.

Banqueiros, navegadores e comerciantes contratavam os melhores artistas do continente para construir palácios, embelezar as cidades, compor músicas para festividades, escrever e encenar peças teatrais. Assim, pretendiam afirmar sua superioridade diante da nobreza, da monarquia e da Igreja, que, posteriormente, também se dedicaram à vida suntuosa que se tornava moda. Eles eram os **mecenas** de um dos principais movimentos artísticos do ocidente.

ANDRÉ HELD/AKG-IMAGES/ALBUM/LATINSTOCK - MUSEU CONDÉ, CHANTILLY

Retrato da Princesa Margarida de Valois, por François Clouet, 1561. Esse retrato foi feito quando a princesa tinha cerca de oito anos, para apresentá-la à corte portuguesa e a D. Sebastião, a quem era prometida como esposa. Os retratos eram necessários para as negociações de casamento na Europa renascentista. Hoje, a obra pertence ao Museu Nacional Soares dos Reis, na cidade do Porto, em Portugal.

A arte foi então usada para exibir o poder dessa classe enriquecida. Inúmeros artistas, como Leonardo da Vinci (1452-1519), foram contratados para auxiliar na elaboração da imagem social de famílias eminentes — poetas, músicos, pintores, escultores enobreceram essa classe emergente que, inicialmente, não possuía bens fundiários (terras) nem origem nobre. Mais tarde, com suas fortunas, adquiriram propriedades rurais de nobres decadentes e casaram-se com herdeiras de sangue real. Mas a arte ajudou-os a obter fidalguia.

Essa arte, assim produzida, era muito diferente da cultura popular sobre a qual acabamos de tratar. Ela não se destinava a um público que reunia diferentes classes sociais, idades e gêneros, mas a uma classe de enriquecidos e poderosos que frequentava espaços privados — os palácios, as catedrais e os salões da corte. As manifestações artísticas eruditas buscaram outras fontes de inspiração além da tradição popular; na literatura e na filosofia, por exemplo. Também não se produziam em meio às feiras e à vida cotidiana, mas em espaços fechados e compartilhada por poucos.

Os artistas clássicos, embora recebessem influência de artistas já consagrados, buscavam trilhar um caminho próprio, buscando constantemente renovar modelos e padrões compositivos, um exercício desenvolvido, muitas vezes, longe do público. Para intensificar esse aprendizado, foram criadas instituições especiais, como as Academias e os conservatórios. A arte erudita que daí resultava destinava-se a apresentações fechadas, era uma arte que valorizava o virtuosismo do artista, ou seja, sua capacidade técnica, às quais o público comparecia e acompanhava com reverência e sem delas participar.

Esses artistas passaram a se dedicar, sempre que podiam, inteiramente à sua arte, por isso necessitavam de um mecenas que garantisse a subsistência, ou recebiam pagamentos por suas obras, assunto de complicados contratos de trabalho e execução. Sua atividade artística era reconhecida como profissão e o resultado de seu trabalho era tido como uma obra individual, cujo direito autoral passou a ser reconhecido e a ser parte do valor da obra.

Os pintores passaram a assinar suas pinturas, e os músicos, a registrar suas composições em partituras. E, ao contrário da arte popular pública e geralmente gratuita, a arte erudita destinava-se a um público com recursos financeiros que pagava para possuí-la ou, simplesmente, para assisti-la. A arte se transformava em uma mercadoria, sujeita às leis de oferta e procura de um mercado especial: o mercado da arte.

Termos e conceitos

Mecenas: nome dado às pessoas que dispõem de recursos e patrocinam, incentivam ou financiam as artes e a produção intelectual. O termo é inspirado em Caio Clínio Mecenas (70 a.C-8 a.C), um importante conselheiro do imperador romano Cesar Augusto (63 a.C.-14 d.C.), incentivador da cultura de sua época.

Com a criação das instituições de ensino, com os direitos autorais reconhecidos, com o mercado da arte em crescimento, a produção cultural e artística se institucionaliza e passa a participar cada vez menos das celebrações sociais com finalidades que não a fruição da arte, já não se mistura ou se confunde com as atividades políticas e econômicas. O sociólogo que descreve minuciosamente todo esse processo é Pierre Bourdieu no livro *As regras da arte*.

Seu estudo nos faz entender o processo de autonomização da produção artística em relação às demais instâncias da vida social e a formação do **campo artístico**. Também é possível entender que o processo de criação da arte erudita abriu espaço para o aparecimento do artista profissional, que vive da arte, tal como o conhecemos hoje.

A internacionalização da arte

Outro importante estudioso da produção artística erudita e dos processos sociais que a legitimam como arte com "A" maiúsculo é **Martin Warnke**. Ele mostra, no livro *O artista da corte: o antecedente dos artistas modernos* (2001), como reis, papas, cardeais, banqueiros e armadores utilizaram a arte para confirmar e referendar a dominação das elites econômicas e políticas sobre uma sociedade que se tornava cada vez mais anônima e massificada, em razão do desenvolvimento do comércio e das cidades.

Martin Warnke (1937-)

Historiador da arte alemão, estudou nas universidades de Munique, Madri e Berlim, onde se doutorou com uma tese sobre Peter Paul Rubens (pintor flamengo do século XVI). Destacou-se pelo estudo social da produção artística, no qual aplicou conceitos marxistas, que destacavam os conflitos e as condições materiais da produção artística.

Esses artistas, recrutados das melhores oficinas medievais, passaram a conviver com os notáveis, construindo para essa elite jardins e lagos destinados a receber os convidados, e mausoléus suntuosos, para enterrar os antepassados. Os retratos, estátuas, construções, publicações, biografias e tratados criados por eles visavam realçar a importância social de seus patronos, e procuravam enaltecer a trajetória desses personagens da vida social moderna. De Leonardo da Vinci a Michelangelo (1475-1564), de Maquiavel (1469-1527) a Miguel de Cervantes (1547-1616), esses artistas deixaram o anonimato da cultura medieval e contribuíram para o reconhecimento e a valorização do artista dito moderno.

Diferentemente dos artistas e artesãos da Idade Média ou dos artistas populares, que tinham um outro ofício além da arte, esses artistas tornaram-se internacionalmente conhecidos à medida que os Estados-nações se firmavam e se intensificavam as relações entre seus monarcas. Viajando de um país a outro, também com o intuito de retratar os poderosos e edificar monumentos, esses artistas romperam com o regionalismo típico da cultura popular e criaram, pela primeira vez no ocidente, um **gosto estético** e artístico com pretensões universais.

Esse sentido estético ostentatório, próprio das camadas superiores da sociedade, acabou por tornar-se internacional, sobretudo na Europa, e válido em qualquer país ou região. Disseminado pelas Academias, salões, museus e conservatórios, transformou-se na base da alta cultura ou da cultura erudita.

Termos e conceitos

Campo artístico: espaço da sociedade destinado à especificidade da produção artística, com suas instituições, regras e relações. Fazem parte do campo artístico os salões, os museus, os conservatórios, as casas de espetáculos, as escolas e o mercado de arte.

Gosto estético: também chamado de senso estético, é o nome que se dá ao sentimento de prazer que temos ao nos expressar de determinada maneira, seja verbalmente, musicalmente ou corporalmente. Quando compartilhado, o gosto estético faz parte da cultura de um grupo social e promove o sentimento de pertencimento.

Foi com o surgimento e a legitimação da cultura erudita que a arte passou a ser considerada obra do espírito, e não resultado do trabalho manual. No intuito de legitimar as regalias que os artistas eruditos obtiveram dessa elite, da qual satisfaziam a vaidade e o desejo de distinção, nobres e governantes garantiram-lhes uma série de privilégios, como propriedades e pensões vitalícias, para eles e suas famílias, como nos conta Warnke.

MUSEU HISTÓRICO DA CIDADE DO RIO DE JANEIRO

Muitos artistas europeus foram contratados para vir ao Brasil ensinar arte erudita. Uma missão francesa foi trazida ao país para fundar a Academia Real de Belas Artes, no Rio de Janeiro. Essa iniciativa atesta a internacionalização do gosto promovido pela alta cultura. Litografia de 1846.

Os artistas tornaram-se profissionais de destaque na sociedade e, desde então, tiveram as elites como principal público consumidor. Esmeravam-se na tarefa de distinguir-se uns dos outros, e para tanto eles investiram cada vez mais na inovação. A arte deixou de ser tradicional, como na cultura popular, para dedicar-se à vanguarda, ou seja, à descoberta de novas técnicas, novos cânones e novos princípios.

A arte erudita tornou-se complexa e refinada, mas, também, distante da população — apenas aqueles que acompanhavam de perto suas experiências tenderiam a entendê-la. Começou a haver, portanto, um lapso entre a produção estética do artista, seus objetivos e intenções e a sensibilidade do público em geral. Por isso, começou a ocorrer esse costumeiro divórcio entre aquilo que se produz na alta cultura e o estranhamento que provoca na sociedade como um todo.

No Brasil, a arte erudita desembarcou com D. João (1767-1826), cuja corte fugiu da invasão francesa comandada por Napoleão Bonaparte (1769-1821), em 1808. Nos navios vieram obras de arte que, em solo brasileiro, constituíram o primeiro acervo artístico público e de âmbito nacional. Também se investiu na formação artística com a instauração da Academia Real de Belas Artes, destinada a formar artistas eruditos.

Cultura massiva

Foi no século XIX que se firmou no ocidente outro tipo de produção cultural — a cultura de massa. Sua origem se encontra no início do Renascimento, quando Johannes Gutenberg (1398-1468) criou a prensa de tipos móveis. Com essa invenção, ele provocou uma revolução no campo da produção simbólica, que deixou de ser artesanal e passou a ser tecnológica — produto do uso de uma máquina e de um sistema.

A coleção de tipos móveis poderia ser organizada para formar palavras, textos e páginas. Com isso, o trabalho de impressão não precisaria mais ser feito por um xilogravador ou um **copista**, podendo ser executado por um gráfico. Essa relação entre a tecnologia, um sistema linguístico, o trabalho de um técnico como mediador e a produção em série foi o alicerce da produção simbólica para um grande público, ou seja, para o que ficou conhecido como cultura de massa.

Algumas iniciativas foram capazes de mostrar o potencial da industrialização de bens simbólicos como atividade lucrativa para os empresários e de lazer e diversão para os consumidores.

Audiovisual

Concentração da propriedade dos meios de comunicação

Termos e conceitos

Copista: aquele que, antes da invenção da imprensa, tinha por profissão copiar caligraficamente manuscritos.

Termos e conceitos

Almanaque: tipo de publicação proveniente do oriente que se espalhou pela Europa, principalmente depois da cristianização, e que trazia o calendário de festividades, a contagem do ano, a previsão do tempo e aconselhamento científico. O nome é de origem árabe e reúne os vocábulos *al* e *manakh*. Destinava-se a um público que o consumia avidamente. Foi, provavelmente, o precursor dos calendários.

Os **almanaques**, publicações cuja origem se perdeu nos idos dos quatrocentos (século XV), com horóscopo, receitas, calendário de festividades, jogos de adivinhação e outras atividades, que misturavam difusão científica com entretenimento, tiveram sucesso absoluto. A Biblioteca Azul, conjunto de romances e melodramas publicado na França em papel barato, também alcançou um número expressivo de edições.

No entanto, foi só no século XIX, quando surgiu a imprensa, que a indústria cultural se desenvolveu realmente, ao produzir, em moldes industriais, os jornais e, no seu interior, os folhetins. Estes eram histórias rocambolescas com uma série de personagens enredadas em romances e traições que eram publicadas no caderno de variedades dos jornais. Escritos por autores importantes, tinham como característica relatar as peripécias diariamente, interrompendo-as no momento de maior tensão. Sucesso absoluto, os folhetins foram responsáveis pela venda diária dos jornais e pela disseminação do hábito de leitura.

Assim surgia a indústria cultural, como chamou Theodor Adorno (1903-1969) e Max Horkheimer (1895-1973), dois teóricos da Escola de Frankfurt. Essa produção cultural era feita em série e para um grande público, tendo como principal objetivo o lucro e a produção de um tipo específico de literatura — que era apreciado pela maioria dos indivíduos.

Cultura urbano-massiva

Algumas manifestações artísticas prepararam o terreno para o desenvolvimento e sucesso da indústria cultural e da cultura massiva. O circo, criado na Europa no século XVII e XVIII, e que serviu de introdução para este capítulo, foi uma dessas atividades que ficavam no meio do caminho entre a arte popular e a indústria cultural. Ele foi criado por artistas que realizavam malabarismos e adestramento de animais e viram nas feiras e nos teatros de rua uma oportunidade para ganhar algum dinheiro, ao exibir-se para a população.

Ao atrair um público numeroso, rapidamente esses circos, formados por famílias que se dedicavam inteiramente às atividades circenses, profissionalizaram-se. E essas famílias, em caravanas, percorriam o interior dos países para levar entretenimento à população das cidades que não tinham teatros nem grupos teatrais. Mais tarde, passaram a instalar-se em pavilhões, nos arredores das cidades, onde permaneciam por muito tempo, e atraíam um público heterogêneo, mas igualmente interessado.

O teatro de rua, companhias de teatro popular que se exibiam aos transeuntes em peças com muito humor e grande improvisação, também representou essa passagem entre a cultura popular e a indústria cultural, ao testar um tipo de espetáculo que parecia atrair todas as classes sociais e diferentes tipos de público.

Jesús Martín-Barbero, um estudioso das manifestações culturais, deu a esses gêneros de espetáculo o nome de cultura urbano-massiva — aquela que resulta da sociabilidade de uma população vinda de diversos locais, de origem popular, carregadas de tradições artísticas. Dessa sociabilidade resultaram práticas de entretenimento e diversão de um público que estava afastado das suas comunidades de origem e, ao mesmo tempo, não tinham acesso aos produtos da arte erudita.

Assim, distantes da cultura popular e da alta cultura, essa população criou suas próprias formas de entretenimento, que misturavam música, teatro, malabarismo, humor e dança. Sua difusão preparou o terreno para a nascente indústria cultural e mostrou seu potencial lucrativo aos empresários.

Jesús Martín-Barbero (1937-)

Nascido na Espanha, o cientista social e filósofo vive na Colômbia desde 1963. Tornou-se um dos expoentes dos estudos culturais, com ênfase nos meios de comunicação, especialmente a televisão. Desenvolveu um modelo explicativo do trânsito que se estabelece entre cultura popular e cultura de massa. Seu livro mais importante é *Dos meios às mediações* (1987).

A sociedade do espetáculo

O desenvolvimento dos meios de comunicação, como a fotografia, o rádio, o cinema e a televisão, deu um impulso enorme à indústria cultural, que acabou por ganhar cada vez mais espaço na sociedade moderna, abalando a dominância da alta cultura na sociedade. Além de se tornar um dos mais lucrativos setores da economia moderna, principalmente no século XX, a indústria cultural se mostrou capaz de produzir informação e reunir grupos de pessoas em torno de seus veículos de comunicação. E, à medida que essa produção foi ganhando espaço, melhores tecnologias de difusão de imagens, sons e textos desenvolveram-se, minimizando a experiência dos indivíduos com a realidade e o contato com o outro. Os veículos de comunicação passaram cada vez mais a dominar a produção cultural da sociedade e formam a principal referência para o público em geral.

Entretanto, apesar de seu sucesso, muitos autores viram com desconfiança o poder que os meios de comunicação e a indústria cultural conquistaram entre as pessoas e passaram a questionar sua legitimidade. Cientistas sociais alertaram para os malefícios de se deixar guiar pelo poder manipulador da cultura de massa. Um deles, **Guy Débord**, em suas críticas à indústria cultural, chamou a sociedade contemporânea, na qual se dá sua máxima expansão, de **sociedade do espetáculo**.

Retomando a matéria do início deste capítulo, podemos entender a queixa de Francisco Alves de Sousa Costa, lamentando a perda de importância dos artistas de circo na atualidade. É que o circo foi relevante numa época de pouco entretenimento nas cidades mais distantes da capital e representava a grande possibilidade de consumo cultural.

Hoje, o rádio, a televisão, o cinema e, mais recentemente, a internet, absorvem a atenção de todos, e levam à decadência as famílias circenses tradicionais. Por outro lado, aparecem algumas formas novas e contemporâneas de entretenimento, com base na tradição circense. No entanto, são modelos mais sofisticados e onerosos como o *Cirque du Soleil*, com uma produção muito complexa e elaborada.

Mas a tradição circense não termina com a decadência de algumas famílias. Ela permanece presente nas companhias circenses que conseguem resistir às transformações, assim como nos próprios meios de comunicação — muitas de suas atrações se baseiam nos *shows* de variedades do circo.

Guy Débord (1931-1994)

Cientista social francês, escritor e cineasta, escreveu diversos textos criticando as transformações da cultura europeia diante da modernização trazida pelo pós-guerra. Com base na teoria marxista (embora tivesse a influência de pensadores de outras vertentes), desenvolveu o conceito de alienação a partir do estudo do funcionamento dos meios de comunicação. Seu livro mais lido é *A sociedade do espetáculo*, publicado no Brasil em 1997.

BIBLIOTECA NACIONAL DA FRANÇA, PARIS

ENRIQUE CASTRO-MENDIVIL/REUTERS/LATINSTOCK

Cirque du Soleil é uma empresa sediada em Quebec, no Canadá, fundada por artistas de rua, que ganharam notoriedade mundial por suas apresentações esmeradas, ricas em cenários e figurinos e cuidadosamente ensaiadas e executadas. Seus espetáculos baseiam-se na arte circense. Hoje, a trupe emprega milhares de artistas em *shows* que são apresentados no mundo todo. Na foto, apresentação do circo na cidade de Lima (Peru, 2013).

PINGOS NOS "IS"

Os cientistas sociais, na atualidade, privilegiam cada vez mais a produção cultural e artística, não só como forma de representação, que nos permite ter acesso à dimensão simbólica da sociedade, mas também como elemento fundamental da ação social e da afirmação de uma identidade coletiva. A produção simbólica, tenha ou não sua contrapartida na produção material da sociedade, ocupa progressivamente o tempo e o espaço, assim como as relações entre as pessoas. O desenvolvimento dos meios de comunicação e das ciências da comunicação tem dado subsídios para a crescente importância da cultura imaterial ou simbólica na compreensão de como agem e se relacionam os membros de uma dada sociedade.

Além dos estudos da especificidade e da importância da produção simbólica, os cientistas sociais têm privilegiado o estudo das relações que com ela estabelecem o poder político e a economia. E, dado o cenário que procuramos descrever neste capítulo, quando falamos em cultura e arte não nos referimos apenas à alta cultura ou ao patrimônio clássico legado e estimulado pelas metrópoles europeias, mas a um conceito amplo de arte, que tem sido defendido ao longo do século XX pelos estudiosos da sociedade. No Brasil, desde Mario de Andrade (1893-1945), que foi funcionário do Serviço de Patrimônio Histórico do Ministério da Cultura, procura-se resgatar as obras e as práticas populares que resistem a séculos de imposição erudita.

Nesse sentido, não podemos falar do heterogêneo campo da cultura hoje sem nos remetermos a Jesús Martín-Barbero, que, analisando o cenário cultural da atualidade, especialmente tendo como referência a América Latina, identificou esse movimento de mútua influência entre a cultura de elite e a popular e delas com a produção de massa. A esse movimento ele deu o nome de **circularidade**. É ela que faz uma canção nascida na periferia das cidades, nas festas populares, alcançar grande sucesso e, depois disso, ser apropriada pela indústria cultural, que a propaga. Por outro lado, é inegável que a cultura erudita, após a proliferação dos meios de comunicação, também alcança expressiva repercussão e alguns de seus artistas transformam-se em celebridades.

Assim, no Brasil, no campo da música, encontramos o artista brasileiro Antonio Nóbrega, que, defendendo a música popular, transforma-se em autor de sucessos e produtor de *shows* que se destinam a todas as classes. Em contrapartida, houve cantores líricos, como o italiano Luciano Pavarotti (1935-2007), que foram sucesso de venda de gravações e ingressos para seus espetáculos. Da mesma forma, o carnaval, de origem popular, hoje, apresenta manifestações massivas, voltadas para a transmissão televisiva, ao mesmo tempo que incorpora bailarinos clássicos e coreógrafos eruditos consagrados. Assim, o cenário hoje, para o estudioso da cultura, apresenta-se *híbrido* e *circulante*, tornando cada vez mais necessário entender o que distingue e caracteriza o popular, o erudito e o massivo, assim como suas imbricações, trocas e transformações. Esperamos, com este capítulo, ter ajudado os leitores a compreenderem a heterogeneidade da cultura, formada por manifestações diversas e híbridas.

SOCIOLOGIA NA MÍDIA

Sabedoria popular

CRO MAGNON/ALAMY/LATINSTOCK - COLEÇÃO CÂMARA MUNICIPAL DE LISBOA/MUSEU DO FADO, LISBOA

Pintura *O fado*, do artista português José Malhoa (1855-1933).

"Os provérbios populares são parte integrante da nossa vida e povoam o imaginário coletivo, seja porque nos fazemos valer deles quando a situação o exige, seja porque os ouvimos de alguém na situação mais inusitada. Muitos deles são relativos à saúde, nomeadamente à sua promoção. Celeste Antão, enfermeira e investigadora do Instituto Politécnico de Bragança, estudou 290 provérbios portugueses, todos eles relacionados com a saúde, no âmbito da sua tese de doutoramento, *A importância dos provérbios na promoção da saúde*, apresentada na Universidade da Extremadura (Espanha). 'A análise demonstrou que, embora muitos (126) não tenham qualquer base científica, a maioria (164) possui corroboração, quer por estudos efetuados, quer pela opinião expressa por personalidades e organizações com credibilidade na área', concluiu. [...]

Segundo Celeste Antão, os provérbios surgem não da validação científica, mas da *praxis*, de uma experimentação empírica. Da maior parte, não se conhece a origem, mas sabe-se que eles são universais. [...] 'Os provérbios apresentam-se normalmente com o recurso a aliterações ou a rima. São frases curtas e concisas que ficam com grande facilidade na memória. Como tal, podem ser utilizados em diversos contextos, designadamente o da saúde, à qual grande parte deles faz alusão', esclarece a investigadora.

Comer pouco e pouco beber

Dentro do universo dos provérbios populares estudados, reparamos que é dado especial destaque à promoção de uma alimentação adequada. [...] Está provado que 'mais mata a gula que a espada' e que 'para longa vida, regra e medida, no beber e na comida'. Se a quantidade ingerida é importante para se chegar a um equilíbrio, a hora do dia a que se comem determinados alimentos também o pode ser. É exatamente por isso que se diz que 'a laranja de manhã é ouro, à tarde prata e à noite mata'. Saiba, já agora, que 'comida sem sal a doentes não faz mal'. Se porventura abusar no tempero do seu repasto, não se atormente. Diz o provérbio que 'quem come salgado, bebe dobrado'. Tudo isto está comprovado, mas atente bem aos líquidos que oferece à sua sede. A recomendação proverbial sugere água, mas não uma qualquer, porque 'água danificada só fervida ou coada'.

Parar é morrer

A forma como cada pessoa gere o seu próprio capital de saúde ao longo da vida constitui uma questão fundamental na gênese do bem-estar individual e coletivo. A ausência de exercício físico e a má gestão do *stress* são atualmente identificados como alguns dos principais fatores implicados na origem de algumas doenças. Talvez por isso se diga que 'para ter saúde, pouca cama, pouco prato e muito sapato'.

É natural que, após um dia de trabalho, o ócio reclame um lugar de destaque em sua casa. Não é condenável que se entregue aos prazeres de uma boa sesta, mas saiba que 'mais vale romper sapatos que lençóis' e que 'homem bem mantido, se quer estar são, faça exercício'. Dirá o leitor, para se escusar a umas caminhadas, que 'gordura é formosura'. Pois fique a saber que esse provérbio é desprovido de corroboração científica e teve a sua aplicabilidade em tempos idos. 'Se calhar faria sentido, porque estar mais gordo era sinónimo de alguma fartura, de não privação do que é básico. Hoje, está provado que a gordura traz malefícios e implicações bastante gravosas à saúde', esclarece a investigadora.

Assim, pela sua saúde, caminhe e faça exercício. O 'sono não é pão mas alimenta', e deve vir depois. Não será demais reforçar que 'deitar cedo e cedo erguer dá saúde e faz crescer'. Celeste Antão salienta a verdade inerente a este adágio, explicando: 'O sono tem uma função regeneradora, de recuperação, sendo bastante importante o número de horas de repouso. O de ser cedo e de cedo erguer prende-se um pouco com os ritmos biológicos pelos quais o nosso sono se rege', sublinha. [...]"

D.F.

Revista *Superinteressante*, n. 158, de junho de 2011. Disponível em: <www.superinteressante.pt/index.php?option=com_content&view=article&id=663:sabedoria-popular&catid=3:artigos&Itemid=77>. Acesso em: jun. 2016.

ATIVIDADES

1 No início deste capítulo há uma imagem relativa ao cantor Michel Teló. Após ler as diferentes formas de cultura que hoje se produzem na sociedade, você diria que se trata de um artista:

a) da cultura de massa.
b) da alta cultura.
c) da literatura de cordel.
d) da cultura popular.

2 Qual é o papel da linguagem na transmissão da cultura humana?

3 Leia a matéria abaixo e responda à pergunta.

No Sábado de Aleluia, 'malhação de Judas' no Piauí critica a corrupção

"Moradores do bairro Monte Castelo, na Zona Sul de Teresina, realizaram a tradicional 'malhação de Judas' no Sábado de Aleluia (4). Na rua Sicito Correia os bonecos fizeram críticas a governantes e relembraram a Operação Lava Jato, deflagrada em março de 2014 pela Polícia Federal (PF), que desmontou um esquema de lavagem de dinheiro e movimentou cerca de R$ 10 bilhões.

Os bonecos estavam com faixas que chamavam atenção para os casos de corrupção e cobrança de impostos. Marcos Antônio Melo disse que realiza a brincadeira há 36 anos. 'Fazemos a destruição dos bonecos que são forrados de trapos ou jornais. A brincadeira é uma tradição dos católicos sempre realizada no sábado de aleluia e movimenta muita gente aqui na rua', explicou.

Os bonecos receberam tratamento especial vestindo camisas de botão e calças. A estrutura é bem leve porque são usados materiais como papel e tecido. 'Preferimos usar materiais simples para não oferecer risco para quem brincar. Essa é uma manifestação religiosa muito importante. Dessa forma reunimos amigos e toda a vizinhança, além das doações que os próprios moradores fazem para a brincadeira ficar completa', relatou.

Ansiosos, os moradores se reuniram nas calçadas das residências para aguardar o início da brincadeira. Ana Aparecida foi uma dessas pessoas que chegou cedo para tentar encontrar algum objeto de valor. 'Sempre colocam dinheiro e brindes nos bonecos, então vim participar da destruição deles e tentar encontrar algo', falou a dona de casa.

Malhação de Judas

Conforme o catolicismo, Judas foi um dos 12 apóstolos. Ele foi o traidor que entregou Jesus por 30 moedas de prata. Após isso ele se enforcou. Segundo a tradição, a cerimônia consiste em bater, arrastar o boneco pelas ruas e só depois queimar como uma forma de purificar os pecados."

TEIXEIRA, Ellyo. Disponível em: <g1.globo.com/pi/piaui/noticia/2015/04/no-sabado-de-aleluia-malhacao-de-judas-no-piaui-critica-corrupcao.html>. Acesso em: jun. 2016.

De acordo com o lido no capítulo, a malhação de Judas é uma manifestação de cultura popular. Das alternativas abaixo, qual não justifica essa afirmação?

a) É de mau gosto e não se compara com os critérios da alta cultura.
b) Nasce espontaneamente da vida cotidiana e está imersa em outras instâncias da vida social, como a religião e a política.
c) Obedece a tradições que são transmitidas de geração em geração.
d) É pública e gratuita.

4 Por que podemos dizer que o carnaval constitui um exemplo de circularidade cultural, ou seja, de uma manifestação que resulta de trocas simbólicas entre alta cultura, indústria cultural e cultura popular?

5 "Eles aprendem ouvindo os mais velhos e tentando imitá-los, e o que eles aprendem não são textos acabados, mas um vocabulário de fórmulas e motivos e as regras para sua combinação, como uma espécie de 'gramática poética'".

Esse trecho de um texto do historiador Peter Burke é relativo à:

a) cultura popular.
b) alta cultura.
c) cultura de massa.
d) cultura urbano-massiva.

ATIVIDADES

6 Observe a imagem e responda à pergunta.

MAURICIO SIMONETTI/ PULSAR IMAGENS

Theatro Municipal de São Paulo (SP, 2015).

A que aspecto relativo à arte erudita, essa imagem faz referência?

7 A foto abaixo apresenta um leilão de arte. Por que se trata de um evento da alta cultura?

TIMOTHY A. CLARY/AFP

8 Pierre Bourdieu escreveu:

"O desenvolvimento da imprensa é um indício, entre outros, de uma expansão sem precedente do mercado de bens culturais, ligada por uma relação de causalidade circular ao afluxo de uma população muito importante de jovens sem fortuna, oriundos das classes médias ou populares da capital e sobretudo da província, que vêm a Paris tentar a carreira de escritor ou de artista [...]".

BOURDIEU, Pierre. *As regras da arte*. São Paulo: Cia. das Letras, 1996. p. 70.

Nesse texto, ele se referia à:

a) cultura popular.

b) alta cultura.

c) indústria cultural.

d) cultura urbano-massiva.

EXAMES DE SELEÇÃO

1 (Enem, 2013)

"Seguiam-se vinte criados custosamente vestidos e montados em soberbos cavalos; depois destes, marchava o Embaixador do Rei do Congo magnificamente ornado de seda azul para anunciar ao Senado que a vinda do Rei estava destinada para o dia dezesseis. Em resposta obteve repetidas vivas do povo que concorreu alegre e admirado de tanta grandeza."

Coroação do Rei do Congo em Santo Amaro, Bahia, apud DEL PRIORE, M. Festas e utopias no Brasil colonial. In: CATELLI JR., R. *Um olhar sobre as festas populares brasileiras*. São Paulo: Brasiliense, 1994. (Adaptado.)

Originária dos tempos coloniais, a festa da Coroação do Rei do Congo evidencia um processo de

a) exclusão social.

b) imposição religiosa.

c) acomodação política.

d) supressão simbólica.

e) ressignificação cultural.

2 (Enem, 2012)

MARY EVANS/DIOMEDIA - COLEÇÃO PARTICULAR

Charge anônima. BURKE, P. *A fabricação do rei*. Rio de Janeiro: Zahar, 1994.

Na França, o rei Luís XIV teve sua imagem fabricada por um conjunto de estratégias que visavam sedimentar uma determinada noção de soberania. Neste sentido, a charge apresentada demonstra

a) a humanidade do rei, pois retrata um homem comum, sem os adornos próprios à vestimenta real.

b) a unidade entre o público e o privado, pois a figura do rei com a vestimenta real representa o público e sem a vestimenta real, o privado.

c) o vínculo entre monarquia e povo, pois leva ao conhecimento do público a figura de um rei despretensioso e distante do poder político.

d) o gosto estético refinado do rei, pois evidencia a elegância dos trajes reais em relação aos de outros membros da corte.

e) a importância da vestimenta para a constituição simbólica do rei, pois o corpo político adornado esconde os defeitos do corpo pessoal.

3 **(Enem, 2012)**

"Na regulação de matérias culturalmente delicadas, como, por exemplo, a linguagem oficial, os currículos da educação pública, o *status* das Igrejas e das comunidades religiosas, as normas do direito penal (por exemplo, quanto ao aborto), mas também em assuntos menos chamativos, como, por exemplo, a posição da família e dos consórcios semelhantes ao matrimônio, a aceitação de normas de segurança ou a delimitação das esferas pública e privada — em tudo isso reflete-se amiúde apenas o auto entendimento ético-político de uma cultura majoritária, dominante por motivos históricos. Por causa de tais regras, implicitamente repressivas, mesmo dentro de uma comunidade republicana que garanta formalmente a igualdade de direitos para todos, pode eclodir um conflito cultural movido pelas minorias desprezadas contra a cultura da maioria."

HABERMAS, J. *A inclusão do outro*: estudos de teoria política. São Paulo: Loyola, 2002.

A reivindicação dos direitos culturais das minorias, como exposto por Habermas, encontra amparo nas democracias contemporâneas, na medida em que se alcança

a) a secessão, pela qual a minoria discriminada obteria a igualdade de direitos na condição da sua concentração espacial, num tipo de independência nacional.

b) a reunificação da sociedade que se encontra fragmentada em grupos de diferentes comunidades étnicas, confissões religiosas e formas de vida, em torno da coesão de uma cultura política nacional.

c) a coexistência das diferenças, considerando a possibilidade de os discursos de autoentendimento se submeterem ao debate público, cientes de que estarão vinculados à coerção do melhor argumento.

d) a autonomia dos indivíduos que, ao chegarem à vida adulta, tenham condições de se libertar das tradições de suas origens em nome da harmonia da política nacional.

e) o desaparecimento de quaisquer limitações, tais como linguagem política ou distintas convenções de comportamento, para compor a arena política a ser compartilhada.

4 **(UFU, 2012)** A estética nas diferentes sociedades vem geralmente acompanhada de marcas corporais que individualizam seus sujeitos e sua coletividade. Discos labiais, *piercings*, tatuagens, mutilações, pinturas, vestimentas, penteados e cortes de cabelo são algumas marcas reconhecíveis de um inventário possível das técnicas corporais em toda sua riqueza e diversidade. Embora universais, as formas das quais se valem os grupos e indivíduos para se marcarem corporalmente são vistas, às vezes, como estranhas a indivíduos que pertencem a outros grupos.

Essa atitude de estranhamento em relação ao diferente é considerada conceitualmente como:

a) preconceito: reconhece no valor das raças o que é correto ou não na estética corporal.

b) relativização: o outro é entendido nos seus próprios termos.

c) etnocentrismo: só reconhece valor nos seus próprios elementos culturais.

d) etnocídio: afasta o diferente e procura transformá-lo num igual.

OUTRAS MÍDIAS

Para assistir

O palhaço

Direção: Selton Mello. | País: Brasil. Ano: 2011.

Benjamin, personagem interpretada por Selton Mello, autor do roteiro e diretor do filme. Além de uma boa reconstituição do universo circense, o filme será uma boa oportunidade para os alunos apreciarem o que se diz no capítulo deste livro a respeito da cultura popular.

Moça com o brinco de pérola

Direção: Peter Webber. | Países: Reino Unido/Luxemburgo/Estados Unidos/França. Ano: 2004.

Adaptação para o cinema do livro de mesmo nome, que conta a história do renomado pintor holandês Johannes Vermeer, que viveu no século XVII. O filme reconstitui a época em questão e o universo dos artistas eruditos que trabalham para os mecenas enriquecidos.

Lisbela e o prisioneiro

Direção: Guel Arraes. | País: Brasil. Ano: 2003.

História de Lisbela, garota de uma cidade do interior de Pernambuco que é viciada em filmes que assiste nas matinês da sua cidade, e de Leléu, um malandro que vagueia pelas cidades em busca de aventuras. Neste capítulo, o filme mostra a importância da indústria cultural e de como ela penetra na vida cotidiana do público.

Para ler

Antenor Pimenta. Circo e poesia: a vida do autor de *E o céu uniu dois corações*

Daniele Pimenta. São Paulo: Imprensa Oficial, Fundação Padre Anchieta, 2005.

Tendo por base a história da família circense de Antenor Pimenta, Daniele Pimenta resgata a memória de uma das mais expressivas manifestações da cultura popular, o circo-teatro. Refaz o dia a dia de uma companhia circense que leva às mais distantes regiões do país a arte do teatro e as apresentações circenses que fascinaram multidões.

Cultura das bordas: edição, comunicação, leitura

Jerusa Pires Ferreira. São Paulo: Ateliê Editorial, 2010.

Pesquisadora das manifestações da cultura popular e da oralidade, Jerusa Ferreira analisa, nessa obra, as relações entre centro e periferia, especialmente em suas trocas simbólicas. Valorizando a diversidade e a transversalidade, ela mostra como temas, autores e obras circulam no meio editorial e impresso, da cultura eminentemente popular para a indústria cultural, resgatando heranças redefinidas da alta cultura.

Para acessar

Literatura popular em verso

<http://www.casaruibarbosa.gov.br/cordel/index.html>

Trata-se do Acervo de Literatura Popular em Versos da Fundação Casa de Rui Barbosa, na cidade do Rio de Janeiro, o maior da América Latina, atualmente com mais de 9.000 folhetos de cordel. Os objetivos são a preservação, a conservação e a disponibilização dessa coleção, dada sua raridade e importância.

Capítulo

8

Multiculturalismo e identidade

Objetivos

- Esclarecer a importância da cultura na construção da identidade individual e coletiva.
- Explicar a diferença entre sociedades simples e complexas.
- Tratar a cultura do ponto de vista material e simbólico.
- Explicar o que são sociedades complexas.
- Abordar os conceitos de estratificação social e estrutura de classes.
- Explicar o que são papéis e *status* sociais.
- Entender os conceitos de cultura de classe, subculturas e movimentos de contracultura.
- Analisar a sociedade contemporânea e os processos de diversidade e homogeneização cultural.

Este capítulo trata dos processos identitários individuais e coletivos, mostrando que é por meio da cultura e da interação com o coletivo que construímos nossa individualidade. Aborda os mecanismos de homogeneização, assim como os de diferenciação de pessoas e grupos no interior da sociedade — o indivíduo e sua inclusão na estrutura social, os papéis desempenhados e os *status* sociais. Apresenta análises sobre as classes e as respectivas culturas e procura esclarecer os conceitos de hegemonia e dominação cultural. Além de trazer informações sobre o que são sociedades complexas e como elas, atualmente, apresentam um duplo movimento: o de homogeneizar diferentes grupos e o de preservar a diversidade cultural.

EDUARDO MARTINS/A TARDE/FUTURA PRESS

Torcida brasileira em jogo contra o México durante Copa do Mundo de 2014, no estádio Castelão em Fortaleza (CE, 2014).

Indígenas da etnia Paresi, do Grupo de Dança e Cântico Kamaihye, durante XII Jogos dos Povos Indígenas em Tangará da Serra (MT, 2013).

Para refletir

1. Na sua opinião, qual será o sentimento dos torcedores vestindo uma camisa de futebol, como a da seleção brasileira?
2. Você usa alguma roupa ou algum acessório por se sentir parte de um grupo com o qual se identifica? O que você usa e quando?
3. Em sua opinião, por que é considerado importante, para a maioria das pessoas, sentir-se parte de um grupo ou de uma coletividade?

Teatro ao ar livre na festa do Divino Espirito Santo em São Luiz do Paraitinga (SP, 2015).

Mostra do Redescobrimento: o rico acervo cultural brasileiro

"Em 23 de abril de 2000, quando foi inaugurada oficialmente a *Mostra do Redescobrimento Brasil+500*, o público brasileiro pôde ver e sentir de perto o maior painel já produzido sobre a arte e a memória cultural desde o descobrimento do Brasil. Espalhada em 60 mil metros quadrados, dentro do Parque do Ibirapuera, em São Paulo, e dividida em 13 módulos temáticos, a Mostra recebeu, durante 5 meses, mais de 1,8 milhão de pessoas.

A Mostra do Redescobrimento foi idealizada a partir da proposta do crítico Mário Pedrosa para a criação do Museu das Origens após o incêndio do Museu de Arte Moderna do Rio de Janeiro, em 1978. Esta ideia inicial foi aprimorada, ampliada e o resultado final, um rico acervo cultural, só pôde ser percebido em sua amplitude quando o trabalho estava finalizado.

Para os organizadores, a visitação foi considerada extremamente importante, levando-se em conta que a grande maioria do público presente na exposição em São Paulo nunca havia ido a uma exposição de arte. [...]

A *Com Ciência* entrevistou Nelson Aguilar (1943-) historiador e curador-geral da Mostra do Redescobrimento. Durante a entrevista, ele falou sobre a concepção, a receptividade e as críticas sobre o evento.

Com Ciência — Como o senhor analisa a Mostra do Redescobrimento?

Aguilar — Para mim, a Mostra foi uma descoberta, pois eu não tinha uma visão desta síntese, nem a imaginava. Quando ela ficou pronta e todas as pontas foram unidas é que o resultado ficou claro. Acho que nunca se conheceu arte indígena. Mesmo a ideia do Mário Pedrosa ficou um pouco restrita, limitada, porque quando se fala Museu do Índio é uma coisa problemática, pois, colocar o índio no museu é como afirmar que ele já não existisse mais. Para acabar com esse tipo de impressão, convidamos representantes de quatro etnias para construírem objetos dentro da exposição, no sentido de estarmos mais próximos de um Centro Cultural do que de um Museu. Se mostrássemos um Museu seria a desqualificação completa da contemporaneidade indígena. Até aconteceram coisas muito interessantes. Eu tenho impressão que houve um despertar de uma consciência nativa e até reivindicações de heranças indígenas. Por exemplo, o manto Tupinambá, que esteve na exposição, foi reivindicado por uma comunidade baiana de descendentes tupinambás. Embora seja uma reivindicação um pouco excêntrica, isso foi maravilhoso, uma vez que o Manto pertence ao Museu Real da Dinamarca, foi um presente do Príncipe Maurício de Nassau para seu irmão. Aliás, se não fossem as coleções europeias, que conservaram esses objetos ao longo de todos esses anos, não teríamos nada, a química orgânica tropical é muito brava. A coleção Alexandre Rodrigues Ferreira, que é o grande naturalista brasileiro e que trabalhou na Academia de Ciências de Lisboa, foi muito bem conservada pelos portugueses. Além disso, nossas coleções datam da segunda metade do século XIX, então, não tínhamos maneiras de fazer história da arte indígena. Acho que houve várias conquistas. Por exemplo, nunca os acervos dos hospitais psiquiátricos brasileiros foram reunidos. Sempre se conhecia o Museu de Imagem do Inconsciente ou o Museu Lins da Silveira, de Jacarepaguá, no Rio de Janeiro, que abriga a obra do Bispo do Rosário. Essa reunião foi formando novos sentidos."

Revista *Com Ciência*. Disponível em: <www.comciencia.br/entrevistas/Aguilar.htm>. Acesso em: jun. 2016.

Nelson Aguilar, em foto de 2003, professor de História da Arte e curador-geral da Mostra do Redescobrimento, também foi curador da Bienal Internacional da Arte de São Paulo em 1994 e 1996.

ANA OTTONI/FOLHAPRESS

Essa entrevista foi feita em 2000, época da comemoração dos 500 anos de Brasil. Entre as atividades previstas, conforme nos informa a reportagem, estava a *Mostra do Redescobrimento Brasil+500*, exposição formada de peças pertencentes aos museus do mundo todo, originárias dos habitantes do país. Foram objetos, adornos e utensílios confeccionados pelas populações que povoaram e povoam o Brasil, antes e após a chegada dos portugueses, e que, expostos, deram conta da diversidade cultural nacional e de sua longevidade. Entre essas preciosidades estava o manto fabricado pelos ascendentes dos Tupinambá que, convidados para a abertura da Mostra, tomaram conhecimento dessa relíquia.

RÔMULO FIALDINI/TEMPO COMPOSTO - MUSEU NACIONAL DA DINAMARCA, COPENHAGUE

O manto Tupinambá era usado pelos xamãs em rituais religiosos. No museu, onde atualmente está exposto, também serve para rituais de contemplação. Feito com fibras naturais e penas de guará, em, aproximadamente,1600.

Nós sabemos que os museus estão repletos de peças, objetos, textos e documentos que chegaram a seus acervos por doação, pilhagem ou conquista. O manto Tupinambá, por exemplo, foi doado por Maurício de Nassau (1604-1679) a um parente, quando de seu retorno para a Europa, em 1644, durante a luta dos portugueses pela expulsão dos holandeses que, desde 1630, dominavam Recife e Olinda. Feito de penas vermelhas de guará e azuis e amarelas de araruna, o manto deve ter pertencido a um sacerdote dos Tupinambá que habitava o Nordeste. Hoje, o manto faz parte do acervo do Museu Nacional da Dinamarca, que o emprestou para a exposição.

Mas, como tem acontecido na atualidade, os Tupinambá de Olivença, descendentes do grupo, ao tomarem conhecimento do manto na exposição, requereram a restituição do objeto que historicamente diziam lhes pertencer. Falou-se também na repatriação, que seria o retorno do manto ao Brasil, e sua guarda por um museu brasileiro.

Não foi pequena a polêmica que envolveu o manto Tupinambá exposto na Mostra e estabeleceu-se uma discussão sobre a quem ele pertencia — aos Tupinambá, cujos ascendentes o fabricaram, ao Brasil, país que essa minoria étnica habitou, ou aos dinamarqueses, que o receberam como doação e o conservaram para evitar a deterioração. Um processo legal de repatriamento ou restituição tornou-se inviável, uma vez que não se podia resgatar a história desses quase quatrocentos anos que separam a partida do manto de sua presença na Mostra. Tampouco era possível dizer que o grupo de indígenas reivindicantes fosse realmente descendente dos indígenas a quem pertencera a peça, grupo esse considerado extinto no Brasil desde o século XVIII. O manto, enfim, voltou para o museu de onde havia saído.

Para nós, esse relato é de grande importância, pois permite entender dois aspectos significativos relativos à cultura.

O primeiro deles diz respeito ao processo de identidade desencadeado pela exibição dessa relíquia. Os descendentes dos Tupinambá reivindicavam parte de sua história e de sua memória, ao mostrar que os objetos da cultura possuem, antes de mais nada, um valor simbólico. O segundo aspecto envolve o fato de que o significado que esse objeto tinha para os diferentes grupos que o disputavam — dinamarqueses, brasileiros e os supostos descendentes dos Tupinambá — era variado.

Pertencer a esses grupos significa compartilhar com os demais membros o valor simbólico do manto, ou seja, ser um Tupinambá é sentir o manto como um Tupinambá. Embora o manto seja único, os diferentes significados que ele suscita identificam as diversas culturas desses grupos que estão em jogo na polêmica criada pela Mostra.

Assim, nos damos conta de três aspectos importantes no que tange à cultura.

Primeiro, a cultura representa um repertório simbólico de significados compartilhados por um grupo; segundo, é por meio do compartilhamento desse significado que nos torna possível sermos membros de um grupo e promover a identificação com ele; terceiro, a cultura, até ao se referir a uma situação ou a um objeto, expressa um caráter múltiplo e diversificado.

Identidade

Desde o início do que foi considerado como Sociologia, os diversos pesquisadores procuraram entender o processo pelo qual se dá a formação da individualidade, esse centro em torno do qual se desenvolve a subjetividade e a consciência dos indivíduos. Muitos desses autores analisaram essa relação entre indivíduo e sociedade como de oposição.

Para Émile Durkheim, a sociedade é aquilo que está fora do indivíduo e a ele se impõe. Já para Max Weber, a sociedade é constituída de indivíduos, por meio dos quais a sociedade se torna inteligível. Para a maioria dos autores, entretanto, tornou-se necessário estudar indivíduo e sociedade como dois lados de uma mesma moeda — ou seja, por um implicar necessariamente no outro.

Autores como **Abram Kardiner** e **Jacques Lacan** afirmam que o processo de individualização dos sujeitos se inicia muito cedo. Antes de sabermos falar a palavra *eu*, conforme afirmava Lacan, já somos capazes de identificar nossa imagem em um espelho. Kardiner, por sua vez, pontua que a cultura fornece os elementos que estruturam o desenvolvimento de nossa personalidade, fazendo com que, apesar das características individuais, cada grupo apresente certo padrão de personalidade, que se expressa em diferentes manifestações da vida cotidiana. Já o sociólogo Norbert Elias percebe a busca e a valorização da individualização como um processo que tem se acentuado, especialmente no Ocidente, desde o Renascimento.

Abram Kardiner (1891-1981)

Psiquiatra e antropólogo estadunidense, divulgou a psicanálise freudiana nos Estados Unidos. Foi um dos expoentes da escola culturalista. Estudou o papel das instituições, como a escola, os ritos e as narrativas míticas na formação da personalidade de base dos sujeitos.

Jacques Lacan (1901-1981)

Francês, formou-se em Medicina, passando à Neurologia e, depois, à Psiquiatria, e, por fim, dedicou-se à terapia psicanalítica ou freudiana. Apoiou suas análises na Linguística de Ferdinand de Saussure (1857-1913) e no de Claude Lévi-Strauss, ao tentar conciliar a teoria de Freud com o estruturalismo. Suas ideias foram expressas principalmente oralmente, por meio de ensaios proferidos em seminários entre 1953 e 1979, depois editados e publicados por assistentes, em obras que tiveram por título *Seminários*.

BOTTI/GAMMA-RAPHO/GETTY IMAGES

Todos esses estudiosos reconhecem a íntima relação entre cultura e individualidade, compreendendo que são processos complementares, que permitem o desenvolvimento da subjetividade e da alteridade. Entendemos, aqui, a subjetividade como aquilo que nos distingue do outro e a alteridade, como aquilo que distingue o outro de nós.

A consciência de que o outro existe como ser autônomo e independente nos permite perceber nossa individualidade e reconhecer a do outro, além de nos levar a estabelecer relações entre um e outro. No entanto, ao constituir essas relações, criamos a cultura, um universo que é, ao mesmo tempo, exterior a nós e nos inclui. O eu, o outro e a cultura que nos envolve estabelecem trocas permanentes de forças integradoras e constituintes. Dessas forças vem a sensação de pertencimento à cultura a que damos o nome de identidade: uma composição simultaneamente interna e externa.

RENATO SOARES/ PULSAR IMAGENS

Ritual dos indígenas Pankararu que representa a comunidade e seus personagens místicos na aldeia Brejo dos Padres, na cidade de Tacaratu (PE, 2014). Os rituais são exemplos de como a cultura elabora o sentido de identidade e alteridade.

Também a experiência onírica (isto é, a experiência de vivenciar sonhos durante o sono) se apresenta como um espaço de articulação entre a identidade e a cultura. O sociólogo Roger Bastide (1898-1974) afirma que, embora os sonhos sejam experiências bastante individuais, é no relato ao outro, quando acordamos, que ele faz sentido. Florestan Fernandes também valorizava o relato do sonho como experiência de coletivização, pois por meio dele os sonhos podem ser memorizáveis pelo sonhador.

Essa convergência permanente entre individualidade e cultura é sintetizada na fala de Norbert Elias:

> "Toda sociedade humana consiste em indivíduos distintos e todo indivíduo humano só se humaniza ao aprender a agir, falar e sentir no convívio com os outros. A sociedade sem os indivíduos ou o indivíduo sem a sociedade é um absurdo."
>
> ELIAS, Norbert. *A sociedade dos indivíduos*. Rio de Janeiro: Zahar, 1994. p. 67.

Os elementos identitários da cultura

A cultura fornece diferentes ferramentas para esse trabalho de constituição coletiva e individual-subjetiva. A começar pela linguagem que utilizamos para dar forma a nossas ideias e compartilhá-las com os outros.

Roland Barthes distinguia dois aspectos nos processos linguísticos: a língua, constituída dos signos, das regras que os levam a determinadas combinações e das técnicas de comunicação — e a fala, elaborada da maneira como cada indivíduo se expressa. Portanto, a linguagem é um dos elementos centrais da coletivização e da identificação individual da cultura.

Roland Barthes (1915-1980)

Sociólogo, filósofo e semiólogo francês, formado pela Universidade de Paris. Foi fortemente influenciado pela Linguística de Saussure e pelo estruturalismo. Foi crítico literário e escreveu sobre um vasto universo de temas, aos quais não faltou uma visão crítica e histórica.

FARABOLA/LEEMAGE/AFP

Mas, além dos sistemas sígnicos da linguagem, a cultura fornece ao indivíduo os mitos, as formas narrativas e os sistemas de memorização. Por meio dos mitos, os grupos sociais constituem uma origem comum que os aproxima e os relaciona, enquanto as formas narrativas, além das tradições e do passado comum, permitem a criação da história pessoal e da memória individual. Mais uma vez o coletivo e o subjetivo alimentam um ao outro. Mitos, histórias, memórias e narrativas tecem a cultura na qual estamos inseridos e em relação à qual nos diferenciamos como indivíduos.

As manifestações culturais, estudadas no capítulo anterior, também estabelecem aglutinações entre os membros de um grupo social e suas diferenciações.

Um interessante exemplo é o estudo das *akias*, composições musicais que os índios Suya, da Amazônia, produziam e entoavam para suas irmãs. O estudo desse tipo de composição, muito diferente das demais que caracterizam o grupo, levou os pesquisadores a compreender que os irmãos eram separados das suas irmãs assim que chegavam à puberdade por causa da estrutura matrilinear desse grupo.

Ao priorizar a ascendência materna, as meninas continuavam morando com as mães, enquanto os rapazes passavam a habitar a chamada Casa dos Homens. A partir disso, uma série de impedimentos e tabus proibia que os irmãos voltassem a ficar juntos. As *akias* eram uma forma de os irmãos restabelecerem, dentro do espaço permitido, a proximidade com as irmãs das quais estavam afastados pelas normas organizatórias da sociedade.

Desse modo, a cultura incorporou as *akias* como manifestação artística e forma possível de manutenção das relações entre irmãos. É no espaço da cultura que essas articulações se estabelecem e adquirem significado.

Heterogeneidade e complexidade: os papéis sociais

Neste capítulo, exemplificamos as ideias expostas nas manifestações existentes em sociedades tribais ou a elas referentes, especialmente porque se trata de sociedades diminutas, relativamente isoladas e geralmente autossuficientes.

Essas características facilitam a observação de comportamentos e traços culturais tomados isoladamente. Nessas sociedades, há grande homogeneização da cultura e, consequentemente, das formas de comportamento, valores e ideias. Os padrões culturais são compartilhados, assim como os alimentos e os bens. Nessas sociedades, há intensa coerência e integração no estilo de vida, assim como na inserção grupal.

Na sociedade urbana e industrial, entretanto, é muito diferente. Desde o século XV, início da Modernidade, a sociedade ocidental se tornou cada vez mais diferenciada e complexa.

A divisão social do trabalho, por exemplo, que, nas sociedades tribais é bastante simplificada, implicou a geração de inúmeras atividades no Ocidente. E, na passagem da sociedade feudal para a capitalista, a diferenciação entre grupos e pessoas se intensificou, enquanto a crescente urbanização aproximou-as de forma física e social. Assim, com o passar do tempo, multiplicaram-se as diferenças entre as pessoas, seus estilos de vida e os papéis sociais que desempenham.

Os **papéis sociais** designam as funções que os sujeitos assumem em cada uma das instâncias sociais em que se inserem ao longo da vida, estabelecendo relações sociais com os demais — a família, o bairro, a cidade, o país, o trabalho ou a religião. Em cada uma dessas instâncias, ocupam posições com correspondentes expectativas, deveres e direitos.

O conjunto dos atributos concernentes a cada uma dessas posições corresponde ao desempenho dos papéis sociais.

Esse conceito tem origem nas Artes Cênicas. Refere-se aos papéis interpretados pelos atores com base em um roteiro que determina o comportamento e as falas dos personagens. Por analogia, sociólogos passaram a identificar, no comportamento institucionalizado e introjetado que as pessoas desempenham ao longo da vida, características iguais de predeterminação — há na sociedade um intrincado repertório de situações, expectativas, comportamentos e interações recíprocas que condicionam o comportamento das pessoas (atores sociais). Filhos, pais, amigos, alunos, professores, vizinhos e cidadãos são exemplos de papéis sociais que aprendemos a desempenhar.

Autores como **Talcott Parsons** e **Erwin Goffman** procuraram estudar como os papéis sociais moldam o comportamento dos agentes sociais e a relação desse desempenho com o desenvolvimento da personalidade do indivíduo ("ator").

Conclui-se, dessas análises, que os papéis sociais funcionam como códigos e mediações entre personalidades e convenções sociais. É por meio desses papéis que agimos na sociedade e a modificamos também. Como a linguagem, a estrutura dos papéis sociais conforma os sujeitos e os introduz na sociedade, mas são eles também que permitem a expressão de desejos, a tomada de atitudes e a transformação social.

Talcott Edgar Frederick Parsons (1902-1979)

Sociólogo estadunidense, foi professor da Universidade de Harvard. Graduou-se em Biologia e Filosofia, mas doutorou-se em Economia e Sociologia, em Heidelberg, Alemanha. Com uma visão interdisciplinar da Sociologia, escreveu *A estrutura da ação social*, sua principal obra, publicada em 1937, baseada em diferentes autores e, especialmente, em Max Weber, de cujas obras foi tradutor e difusor. Sua teoria é denominada funcionalismo estrutural.

ASSOCIAÇÃO AMERICANA DE SOCIOLOGIA, WASHINGTON

Erwin Goffman (1922-1982)

Sociólogo canadense, desenvolveu suas pesquisas em direção a uma Sociologia interpretativa e cultural, por meio da qual associou o comportamento humano a uma apresentação cênica. Analisou as interações sociais do ponto de vista de sua ritualização ou teatralização por meio da qual as pessoas orientam as ações e relações. Aplicou em seus estudos o método etnográfico e sua obra mais importante foi *A representação do eu na vida cotidiana*, publicada em 1959.

ARCHIVE/PIOTRUS

Sociedades heterogêneas, como a capitalista industrial, possuem uma complexa rede de papéis sociais hierarquizados em diferentes posições de autoridade e direitos, chamadas de ***status***. Cada um de nós se integra a essa trama de relações — por meio dela nos inserimos e agimos sobre a cultura. Por isso dizemos que a sociedade ocidental, diferentemente das tribais, é complexa, diversificada e heterogênea.

JAMIE SQUIRE/FIVB/GETTY IMAGES

Nesta partida, podemos ver diferentes papéis: jogadores, juiz, treinador e público. Cada um desses papéis exige um comportamento diverso e ao mesmo tempo recíproco. Cada um dos agentes deve agir de acordo com as expectativas de um em relação ao outro para que a partida aconteça. Jogo entre Estados Unidos e Itália, (Estados Unidos, 2015).

Diversidade, desigualdade e conflito

O estudo dos papéis e *status* sociais nos ajuda a entender parte das diferenças de ideias, valores e comportamentos que identificamos numa sociedade complexa, mas, ao mesmo tempo, introduz outro elemento importante, que faz parte da cultura: o conflito.

Apesar de serem interdependentes e recíprocos, os papéis sociais envolvem oposições e dissidências. Uma primeira forma de conflito diz respeito às várias expectativas que cercam os atores sociais no desempenho de múltiplas funções — quantas vezes nos vemos diante da difícil escolha entre satisfazer as expectativas da família e os anseios dos amigos ou ainda entre cumprir as obrigações da escola e as do trabalho?

À medida que os agrupamentos se tornaram mais complexos e heterogêneos, a vida social ganhou cada vez mais importância e novos mecanismos foram, aos poucos, criados para aparar as arestas e assegurar a sociabilidade, as trocas e a vida em comum. Emergiu dessa condição a vida política moderna, que trata justamente da individualidade dos membros, das especificidades dos grupos e daquilo que é a vida comum.

Para enfrentar os conflitos que emergem na sociedade em razão das diferenças étnicas, econômicas e políticas, assim como o conflito no desempenho dos papéis sociais, há mecanismos para regular a vida coletiva, como as instituições e as legislações.

Em contrapartida, para enfrentar oposições e resistências na sociedade, para transformar o que está estabelecido ou para preservá-lo, os membros de determinado grupo procuram unir forças e passam a atuar juntos, constituindo os **movimentos sociais**.

Outros conflitos decorrem das diferentes expectativas dos atores sociais, da competição que se estabelece para se alcançar determinado *status*, das diversas expectativas e anseios de cada um dos envolvidos. Na escola, na família, no trabalho, são comuns os conflitos, por mais interdependentes que os sujeitos sejam no desempenho dos seus papéis. Na escola, há conflitos entre a direção e os anseios dos alunos; no trabalho, entre chefias e subordinados; na família, entre pais e filhos, e entre os próprios pais. Esses conflitos decorrem das diferentes expectativas de cada pessoa ou grupo e da possibilidade ou não de atendê-las.

Os diferentes *status* sociais formam uma estrutura hierarquizada que chamamos de **estratificação social** — na base dessa pirâmide estão as posições inferiores, ocupadas por pessoas com menos poder econômico e político. O acesso a essas posições é relativamente fácil. À medida que se escalam posições nessa pirâmide, o número de postos é reduzido e cresce a disputa por acesso a eles.

A concorrência e o conflito passam a ser cotidianos nessa estrutura, que se repete nas empresas e instituições políticas modernas. Aqueles que ocupam os cobiçados *status* superiores procuram manter suas posições, enquanto os que estão abaixo na hierarquia social tentam superar os obstáculos que os impedem de alcançar as mais altas posições — é por meio dessas disputas que se preserva e se desenvolve o capitalismo contemporâneo.

REPRODUÇÃO

A estratificação social é composta de pessoas e grupos em posições interdependentes e hierarquizadas. Cada posição corresponde a determinados direitos, deveres, poderes e privilégios. As posições menos elevadas são mais numerosas e as mais elevadas, escassas.

Cultura de classe

Papéis e *status* sociais correspondem a funções e posições que, embora interdependentes, são desempenhadas e ocupadas por indivíduos. Embora as funções de pai ou de mãe apresentem semelhanças nas mais diferentes famílias, esses papéis são exercidos por indivíduos com características próprias, e a forma como atuam é particular e pessoal. O mesmo não se pode dizer em relação às classes sociais. Segundo a teoria marxista, uma classe é formada por indivíduos que ocupam a mesma posição nas relações sociais de produção.

Lembremos que, de acordo com Karl Marx, os modos de produção pelos quais passou a humanidade sempre opuseram grupos de indivíduos em uma relação de contradição e conflito, decorrente de sua condição de proprietários e não proprietários dos meios de produção.

Assim, na Antiguidade, se opuseram patrícios e plebeus (proprietários e não proprietários de terras e escravos); no feudalismo, senhores feudais e servos (proprietários e não proprietários de terras e riquezas) e, no capitalismo, burgueses e proletários (proprietários e não proprietários de terras, matérias-primas e máquinas).

Dessas oposições provêm outras, como a desigual distribuição do poder e o desigual acesso aos bens produzidos socialmente. As desigualdades entre classes são refletidas nas várias formas de participação na sociedade e na distribuição de bens e poder. Para Marx, a história da humanidade é a história da luta de classes, ou seja, a da permanente luta revolucionária dos proletários, para terem acesso às benesses sociais, contra os proprietários, que mantêm os privilégios e continuam a explorar os empregados.

As classes sociais são complementares e interdependentes como o são os *status* sociais, mas distinguem-se da estratificação social por seu caráter coletivo — as classes reúnem um contingente expressivo de pessoas por intensos laços de solidariedade, identidade e união, dada a forte oposição de interesses que as mobiliza. Essa aproximação decorre de sua condição originária e da oposição a que estão expostas na luta de classes. Se é verdade que um indivíduo pode galgar diferentes posições na estratificação social, a estrutura de classes só é modificada significativamente com uma transformação estrutural do modo de produção. As revoluções sociais têm essa função de transformar a estrutura de classes e de poder na sociedade.

Portanto, **sociedades complexas** possuem diferentes classes sociais, que são atravessadas, por sua vez, pela estratificação social — um diversificado sistema de posições sociais decorrentes da divisão social do trabalho e da desigual distribuição do poder na sociedade.

Para entendermos a cultura nessas sociedades, torna-se necessário compreender e identificar também a **cultura de classe**, uma forma peculiar de existência material e simbólica que condiciona os valores, hábitos, costumes, crenças, formas de expressão artística e de entretenimento das diferentes classes sociais. A cultura de classe envolve gosto, atitudes, linguagem e sensibilidade, aquilo que o filósofo e sociólogo Lucien Goldmann (1913-1970) chamou de **visão de mundo**. A educação e os demais processos de socialização têm importante papel na interiorização desse modelo de conduta e existência.

©ANGELI

A estrutura de classes em uma sociedade distingue-se da estratificação social porque diz respeito não a um só indivíduo, mas a um grupo de pessoas que ocupam a mesma posição em relação ao modo de produção, sendo proprietárias ou não proprietárias dos meios de produção. A essa posição corresponde determinado acesso aos bens sociais e a um estilo de vida específico, como mostra a charge.

Homogeneização, dominação e hegemonia

As diferenças entre a cultura de classe das elites econômicas e políticas e a das classes subalternas foram definidas nos séculos XVII e XVIII, quando a sociedade ainda era predominantemente agrária. A indústria, a urbanização e os processos de mobilidade social aproximaram as diferentes classes, e tornaram a oposição entre elas menos perceptível, diluída em um contínuo de posições intermediárias e na proximidade espacial provocada pela urbanização.

No entanto, embora seja menos evidente, também é possível perceber que as formas de existência cotidiana, de expressão e de gosto distinguem as classes sociais, sua posição nas relações de produção e o acesso que lhes é determinado pela sociedade aos bens culturais.

Sociólogos, antropólogos, psicólogos e historiadores da cultura procuram estudar as relações de dominação e oposição estabelecidas entre modelos de comportamento, gosto, crença e atitudes de segmentos significativos da população, constituindo diferentes culturas de classe.

Pierre Bourdieu foi um dos pesquisadores que se debruçou sobre a cultura, e procurou evidenciar que a oposição entre classes sociais ocorre também na produção simbólica, não apenas ocupando diferentes posições na estrutura produtiva.

Para melhor entendermos as diferenças culturais entre as classes sociais, Pierre Bourdieu propôs o conceito de ***habitus***, anteriormente trabalhado, em outros termos, por autores como Norbert Elias. Segundo ele, essas diferenças são resultantes dos diversos *habitus* sociais, responsáveis pela identidade da classe enquanto tal. Entre esses *habitus* estão o domínio do idioma, a formação profissional e o correspondente conhecimento que ela exige e proporciona.

Bourdieu chamou de **capital simbólico** o conjunto de bens culturais, como o conhecimento, a trajetória social familiar e o gosto, ou seja, elementos aos quais os indivíduos têm acesso por meio da família, da escola e das diversas formas de convívio, que, portanto, dependem da classe social a que se pertence.

Dessa maneira, mesmo que a ideia de superioridade cultural de uma classe sobre outra seja rejeitada de forma radical, é possível reconhecer diversos mecanismos, como a educação familiar e escolar, pelos quais as elites legitimam sua cultura, visto que geralmente são elas que produzem e definem o que é válido ou privilegiado culturalmente nas sociedades modernas.

Antonio Gramsci também estudou as diferenças entre culturas de classe e chamou de **hegemonia cultural** a dominação ideológica das classes dominantes sobre as subalternas. Por meio de instituições culturais e políticas, a cultura da burguesia torna-se, no capitalismo, um anseio que se generaliza por toda a sociedade e faz com que o caráter classista dessa dominação cultural e ideológica se dilua até se tornar imperceptível.

Termos e conceitos

Habitus: palavra de origem latina adotada pela Antropologia para expressar o modo de ser de um indivíduo ligado a um grupo social, que se relaciona especialmente à aparência física (roupa, atitude etc.) e aos costumes e formas específicas de lidar com as instituições sociais, como a família, o trabalho e a religião.

Antonio Gramsci (1891-1937)

Filósofo, político, jornalista e teórico político, nasceu na Itália e foi combatente do fascismo. Tornou-se um dos líderes do Partido Comunista Italiano (PCI). Por sua ação revolucionária, passou longos anos na prisão.

DE AGOSTINI PICTURE LIBRARY/ALBUM/LATINSTOCK

Subculturas

O conceito de subcultura foi utilizado pela **Escola de Chicago**, nos anos 1920, tanto para estudar os grupos de imigrantes que se fixaram na cidade na primeira metade do século XX, como para distinguir grupos que adotavam um conjunto próprio de valores e comportamentos. Até mesmo a máfia — grupo de ação criminosa que se estabeleceu em Chicago entre os imigrantes italianos — foi considerada uma espécie de subcultura, pois envolvia família, trabalho, poder instituído e comportamento criminoso em oposição às instituições legais.

Por volta de 1930, William Foote Whyte (1914-2000) estudou a coletividade italiana de Boston por meio da observação participante de diversas gangues formadas por esses indivíduos.

O resultado foi um trabalho descritivo minucioso da gangue dos Nortons, ou *Doc's boys*, como ele os chamou, em razão do nome do chefe do grupo, Doc. Whyte percebeu a existência de uma estrutura hierárquica bem estabelecida que definia até mesmo o fluxo da comunicação e o trânsito das ordens dadas pelo chefe. Toda a vida do grupo se organizava em função do líder, e as diferentes posições hierárquicas eram definidas pela proximidade ou pelo distanciamento dele. Os membros juravam lealdade mútua, defendiam uns aos outros e, a depender de sua posição hierárquica, desfrutavam de regalias (monetárias ou não). Eles perambulavam pelos arredores da cidade, por bares e boliches, sem finalidade objetiva. Pode-se dizer que o grupo era uma finalidade em si.

Na sociedade atual, dados a grande mobilidade territorial, os grandes fluxos imigratórios e a organização dos movimentos sociais, formam-se grupos de pessoas unidas por determinados interesses em comum e em defesa de certos objetivos, como o acesso aos bens sociais, como saúde e habitação. Esses grupos acabam por criar estilos de vida próprios que facilitam o seu reconhecimento nas grandes cidades onde militam. Esse modo de vida comum, que, muitas vezes, envolve o idioma, o traje e a música, configura também subculturas. Os ciganos, por exemplo, que perambulam pelas cidades europeias e também americanas, formam uma subcultura rica que se distingue por hábitos de vida, crenças e produção cultural peculiar.

Termos e conceitos

Escola de Chicago: o termo está associado ao Departamento de Sociologia dessa universidade, que deu nascimento à Sociologia estadunidense e aos primeiros estudos sobre a cidade na década de 1920. Os pioneiros desses estudos foram Willian Issac Thomas (1863-1947), Robert Ezra Park (1864-1944) e Louis Wirth (1897-1952).

Os ciganos constituem a mais populosa minoria étnica da Europa, com cerca de 11 milhões de pessoas. Têm um estilo de vida próprio que inclui regras de casamento e sociabilidade. Procuram manter suas tradições e identidade, o que, muitas vezes, desperta o preconceito contra eles. Praga, capital da República Tcheca, 2014.

DAVID W. CERNY/REUTERS/LATINSTOCK

Contracultura

O reconhecimento da existência de subculturas no interior da sociedade complexa expressa a diversidade nela existente e evidencia o fato de que a visão coesa da cultura é um equívoco teórico de pouco proveito para as Ciências Sociais. Também é enganadora a ideia de pensar a subcultura como um "desvio" da norma, pressupondo que a **cultura dominante** — a cultura das elites econômicas e políticas que se generaliza e se perpetua por meio de instituições como a família e a escola — é a única correta e válida.

As subculturas podem representar formas de resistência grupal a essa cultura dominante, assim como a emergência de novos valores e padrões comportamentais na sociedade. Em ambos os casos, a subcultura pressupõe conflito cultural entre grupos da sociedade e a cultura hegemônica. A história contemporânea exibe ora momentos de tolerância, ora de discriminação da sociedade mais ampla em relação às subculturas que buscam firmar-se (e afirmar-se) de um ponto de vista ideológico e comportamental.

Na segunda metade do século XX, eclodiram no mundo diversos movimentos que tinham como objetivo o questionamento da cultura dominante no ocidente, tida por muitos como tecnológica, bélica e imperialista. Ao opor-se radicalmente a determinados padrões de pensamento, valores e comportamento social, esses movimentos pretendiam combater a cultura hegemônica. Pelo fato de optarem por uma forma de manifestação cultural que envolvia o protesto por meio da música, do vestuário e do estilo de vida, foram chamados de contracultura — um movimento global de oposição à sociedade capitalista e burguesa.

Alguns exemplos de movimentos contraculturais são o *beatnik*, nos anos 1950, o *hippie*, nos anos 1960, e o *punk*, a partir de 1970.

O movimento *hippie* se desenvolveu nos Estados Unidos na década de 1960 e se espalhou por diversos países do Ocidente. Combatia radicalmente o capitalismo, o patriarcalismo, a massificação, a acumulação de riquezas, a ascensão social e o poder instituído na forma de Estado. Defendia a liberdade em todos os domínios, inclusive a do corpo e a sexual, e pregavam princípios como o da não violência e o do respeito à natureza. Muitos *hippies* viviam organizados em pequenas comunidades e tinham no artesanato uma das principais fontes de renda. Embora se possa dizer que o movimento tenha acabado, algumas comunidades ainda sobrevivem e defendem os mesmos valores em diferentes partes do mundo.

Vídeo

Botinada - História do movimento *punk* no Brasil

JOHN DOMINIS/THE LIFE PICTURE COLLECTION/GETTY IMAGES

O festival de música de Woodstock, no estado de Nova York, em 1969, atraiu quase 500 mil pessoas, tornando-se ícone da contracultura.

Diversidade, tribalismo e globalização

Desde as sociedades tribais até as sociedades atuais, urbanas, industriais e metropolitanas, é possível identificar um processo de complexificação da sociedade com o aparecimento de grupos sociais que se multiplicam e assumem sua especificidade. Até o final do século XX, o mundo parecia dividido em dois grandes grupos (lados, tendências ou partidos) que assumiam posições opostas em relação à Guerra Fria: de um lado, os liberais capitalistas que defendiam um modelo republicano de sociedade e, de outro, os socialistas em luta por um modelo igualitário e centralizador de sociedade.

Essa polaridade se espalhou pelos mais diferentes países e levou não só a atividades bélicas e de luta armada, como também a uma guerra cultural na qual se opuseram diferentes visões de mundo que correspondiam às duas diferentes propostas políticas. Com o fim da União Soviética, essa dicotomia tendeu a se diluir em outras oposições igualmente fortes, como a que existe entre diferentes religiões e gerações, entre homens e mulheres, entre partidos políticos e também entre etnias. Essas diferenças emergiram à medida que terminava a Guerra Fria, com sua polarização entre "esquerda" e "direita".

Em cada país, organizaram-se movimentos sociais na defesa dessas diversas e emergentes oposições e propostas, em defesa de seus objetivos e reivindicações. Assim, a variedade existente nas mais diferentes sociedades despontou a partir da antiga e aparente homogeneidade.

Por sua vez, o desenvolvimento tecnológico e dos meios de comunicação de massa (especialmente os processos de comunicação em rede) promoveu a globalização com a criação de plateias internacionais e de redes sociais que ultrapassaram as fronteiras geográficas e nacionais. Assistimos assim, de um lado, a um processo importante de homogeneização cultural no mundo e, de outro, à fragmentação cultural promovida pelo fortalecimento de grupos sociais menores que reclamam por seus direitos e suas especificidades. Os cientistas sociais se debruçam sobre essa realidade complexa, ora para dar conta dos processos de massificação da cultura, ora para entender a diversidade.

O sociólogo francês Michel Maffesoli faz parte dos que buscam compreender a diversidade da sociedade contemporânea. Em seu livro *O tempo das tribos*, publicado em 1998, ele procura descrever o que move os membros das novas agregações que surgem na sociedade, "tênues, efêmeras e de contornos indefinidos". Segundo ele, uma das razões para que as pessoas se agreguem continuamente em grupos é a oposição à massificação crescente. Essa "união em pontilhado", em suas palavras, é responsável pela tendência contemporânea de uma sociabilidade caracterizada pela efervescência grupal presente nos *sites* de relacionamento, nas redes de informação digital, nos encontros esportivos e musicais, rituais religiosos e eventos de massa.

O ir e vir em grupo garante um sentimento de proteção e identidade, pois os membros se ligam por fortes laços de afetividade. Esses micrograpos constituem o que ele chamou de *tribalismo contemporâneo*, em espaços nos quais os indivíduos se fixam e se protegem da sociedade massificada, da mesma forma que, nas sociedades pré-capitalistas, as tribos se apresentavam como a formação fundadora da identidade social.

Já o antropólogo Marc Augé estuda o que chama de *não lugares* para se referir aos movimentos de massificação da cultura da atualidade. Em oposição aos espaços identitários, nos quais vivemos nosso dia a dia, espaços cheios de lembranças pessoais e vivências individuais, estão os *não lugares*, espaços que se reproduzem em todo o mundo com características impessoais similares.

> "Hoje, não é nos locais superpopulosos, onde se cruzam, ignorando-se, milhares de itinerários individuais, que subsiste algo do encanto vago dos terrenos baldios e dos canteiros de obras, das estações e das salas de espera, onde os passos perdem, de todos os lugares de acaso e encontro, onde se pode sentir de maneira fugidia a possibilidade mantida da aventura, o sentido de que só se tem que 'deixar acontecer'?"
>
> AUGÉ, Marc. *Não lugares*: introdução a uma antropologia da supermodernidade. Campinas: Papirus, 1994. p. 8.

Nos *não lugares*, as pessoas não se conhecem e não estão lá para se conhecer. Exemplos desses locais são os *shopping centers*, os caixas eletrônicos, os elevadores, os vagões de metrô, os saguões de aeroportos, o interior de aviões. Esses *não lugares* são semelhantes em todo o mundo, independentemente dos países e das regiões em que estejam.

São espaços de trânsito impessoais e anônimos que, de acordo com Marc Augé, transmitem uma sensação de aventura e de acaso, em que coisas novas podem acontecer.

Os *não lugares* são espaços de deslocamento e de tráfego. O desenvolvimento tecnológico e a globalização têm feito os *não lugares* proliferarem pelo mundo e se incorporarem à nossa vida. A tendência da atualidade, segundo o autor, é o de paisagens que se tornam não identificáveis, na medida em que empresas e franquias levam para todas as partes do mundo uma arquitetura pré-fabricada, com marcas, lojas, máquinas, elevadores e edifícios iguais.

Torna-se necessário reconhecer que essa dicotomia que se apresenta nos estudos da sociedade contemporânea propicia uma dupla visão: de um lado, a diversidade de propostas, grupos e movimentos sociais que se multiplicam e, de outro, um processo galopante de globalização e massificação da cultura que tende a apagar as diferenças identitárias.

Parece que essa dicotomia acirra as oposições e exige do cientista social uma visão que ao mesmo tempo dê conta da diversidade e perceba a homogeneização promovida pelos meios de comunicação, pelas relações políticas globais, pela divisão internacional do trabalho e por novas formas de dominação política e cultural que se deparam também com novas formas de resistência e contestação.

Temos que valorizar a diferença

Sociólogo americano diz que cidades devem ser repensadas para estimular cooperação entre diversos grupos sociais

"Richard Sennett dedicou boa parte de suas quatro décadas de carreira a investigar as relações entre as pessoas, estudando desde o trabalho que desempenham até as cidades onde vivem. Nos últimos anos, tem se preocupado em especial com o que considera uma forma contemporânea de "tribalismo": a tendência crescente de indivíduos a se fechar em grupos homogêneos que repelem tudo que é diferente. Para o sociólogo americano, esse fenômeno deve ser combatido com uma forma renovada de "política da cooperação".

Sennett desenvolve essa ideia em sua obra mais recente, Juntos: os rituais, os prazeres e a política da cooperação, publicado este ano nos Estados Unidos e recém-lançado no Brasil pela editora Record, em tradução de Clóvis Marques. No livro, o professor da London School of Economics e da New York University alerta que um dos resultados da "angústia em relação à diferença" nas sociedades contemporâneas é "o enfraquecimento do impulso de cooperar com aqueles que se mantêm teimosamente Outros".

Mesclando pesquisas em Antropologia, História, Sociologia e Política, Sennett discute em *Juntos* as formas como a cooperação pode ser moldada, debilitada ou fortalecida nas sociedades contemporâneas, que são definidas justamente pela diferença: "dependem da circulação de trabalhadores através de fronteiras, contêm diferentes etnias, raças e religiões, geram estilos divergentes de vida sexual e familiar", escreve.

P/F/H/ULSTEIN BILD/GETTY IMAGES

O sociólogo Richard Sennett, autor de livros como *A corrosão do caráter*, publicado em 1998.

Em entrevista ao *O Globo* por telefone, de Londres, Sennett, de 69 anos, fala sobre o novo livro e sobre outros temas recorrentes em sua obra, como a degradação dos ambientes de trabalho no mundo atual (discutida em *A corrosão do caráter*, por exemplo). Ele aborda ainda os outros dois livros de sua nova trilogia sobre a vida cotidiana: O *artífice* (lançado no Brasil em 2009), sobre como o trabalho manual pode ajudar a pensar as relações sociais, e o próximo, ainda inconcluso, sobre o futuro das cidades.

Em "Juntos", você argumenta que a sociedade contemporânea estimula uma espécie de "tribalismo", um comportamento marcado pelo desejo de neutralizar as diferenças, "sejam de natureza política, racial, religiosa, étnica ou sexual". Quais são as consequências desse fenômeno?

A consequência é que temos sociedades cada vez mais complexas, mas com cada vez menos habilidade para lidar com a diferença, que é a marca de sociedades distintamente modernas, definidas pela imigração, por conflitos de classe e desequilíbrios econômicos, por exemplo. O pensamento "nós-contra-eles" sempre existiu, mas o que há de novo é uma espécie de indiferença pelo que é diferente. Não há mais o medo de violência entre "tribos"; o que acontece é mais sutil, é um recuo em relação ao outro, como se o outro simplesmente não existisse. A manifestação econômica disso é que, por um lado, as elites podem tratar as massas como se fossem invisíveis, e, por outro, os diversos grupos que compõem as massas se tornam menos capazes de interagir uns com os outros.

Existe uma política da cooperação que possa se opor a esse "tribalismo"?

Eu contraponho as noções de "cooperação" e "solidariedade". Isso é importante para mim, como alguém de esquerda, porque o imaginário de como lidar com os males do capitalismo moderno sempre girou em torno de um ideal de "unidade". Acredito que essa é uma receita disfuncional para lidar com a opressão e a negligência. Em vez de buscar uma unidade utópica, precisamos valorizar relações sociais que não anulem as diferenças.

Como?

Me interesso por formas de organização em que as pessoas possam permanecer juntas, sem que isso dependa exclusivamente do sucesso imediato de uma meta comum. Isso é particularmente importante para minorias e grupos oprimidos. Precisamos redefinir o que entendemos por uma política da cooperação. Em parte, isso tem a ver com mudar o foco da ação política, privilegiando menos os partidos e mais as instituições da sociedade civil que podem se tornar referências sociais e comunitárias e lutar por direitos comuns. Um dos efeitos do "tribalismo" contemporâneo é que ele tende a enfraquecer a sociedade civil. Isso fica claro quando observamos as grandes cidades, por exemplo.

[...]

A desigualdade econômica tem motivado uma série de protestos populares nos últimos tempos. Como você avalia esses movimentos? Eles oferecem algo novo em temos de cooperação?

O que me interessa no movimento "Occupy" é que ele não foi tanto uma questão de ideologia, e sim de grupos de pessoas que nunca tinham passado muito tempo juntas e de repente se viram dividindo o mesmo espaço. Aqui em Londres, tínhamos os estudantes de sempre misturados a desempregados, pensionistas e gente que aparecia para protestar por motivos variados. Eram pessoas que estavam acostumadas a ler umas sobre as outras, mas que nunca tinham dialogado. Em um protesto político normal, as pessoas passam duas ou três horas juntas e se dispersam, mas no "Occupy" elas estavam no mesmo lugar dia após dia. Como ninguém consegue protestar o tempo todo, o que acontecia era muito bate-papo, uma convivência que normalmente não é considerada "ação politica". O mais significativo dos protestos não eram os *slogans*, e sim as descobertas que as pessoas faziam umas sobre as outras. Foi um momento especial. Não sei se ele pode ser revivido, mas nele vislumbramos uma sociedade em que esse tipo de atitude poderia ser mais rotineira. [...]".

Entrevista com Richard Sennett, por Guilherme Farias, para *O Globo*. 11 ago. 2012. Disponível em: <http://blogs.oglobo.globo.com/prosa/post/temos-que-valorizar-diferenca-entrevista-com-richard-sennett-459740.html>. Acesso em: jun. 2016.

ATIVIDADES

1 *Selfie* é o nome do autorretrato fotográfico, geralmente feito por meio de *smartphones* e postado na internet que tem se tornado hábito em todo o mundo. Qual é a importância desse costume na formação da identidade pessoal?

2 Os rituais da cultura ajudam a construir nossa identidade, marcando o momento em que assumimos novos deveres e passamos a usufruir de novos direitos na sociedade em que vivemos. Esses rituais, como o casamento, dizem respeito aos momentos em que assumimos:

a) novos papéis sociais.
b) nova identidade pessoal.
c) novas minorias.
d) nova cultura.

3 Leia a matéria abaixo e selecione o termo adequado para completar a afirmativa abaixo.

Uma reflexão analítica sobre a pichação

"[...] Pichação significa "traço" ou "mancha" e sua essência é inspirada em cartas de caligrafia gótica e em bandas de *heavy metal*.
Com linguagem codificada e complexa, esta forma de cultura possui suas próprias regras e especificidades. A manifestação é completamente ilegal. São Paulo — maior cidade do hemisfério sul — possui grande quantidade de pichadores e grafiteiros. Em um passeio rápido pelas ruas da capital paulista é possível visualizar prédios e paredes tomados por este tipo de forma de expressão. Os pichadores são comumente conhecidos como predadores urbanos e normalmente saem pra pichar em grupo; estes sobem muros, pulam telhados, sempre buscando adrenalina e uma parede em branco. O perigo é uma das essências dessa arte acrobática.
Além de uma forma de arte, a pichação é considerada um ato político e representa a forma de expressar as insatisfações e a rebeldia com a sociedade e com o governo. Utilizada como plataforma para mostrar as desilusões diante de um mundo marginalizado e com as poucas oportunidades para as camadas mais populares. Seus artistas veem a rua como único local que oferece espaço para as pessoas de alguma forma desfavorecidas."

RODRIGUES, Erika. Uma reflexão analítica sobre a pichação. In: *Jornal da Ciência*. 27 maio. 2011.

De acordo com o texto do capítulo, podemos dizer que a pichação é um exemplo de:

a) subcultura.
b) individualismo.
c) contracultura.
d) cultura dominante.

4 O texto deste capítulo aborda os conflitos que podem existir no desempenho das nossas atividades, ao longo da vida, à medida que assumimos novos papéis sociais na escola, com os amigos ou no trabalho. Utilizando sua própria experiência pessoal, procure mostrar como isso pode acontecer.

5 "Toda sociedade humana consiste em indivíduos distintos e todo indivíduo humano só se humaniza ao aprender a agir, falar e sentir, no convívio com os outros. A sociedade sem os indivíduos ou o indivíduo sem a sociedade é um absurdo."

(ELIAS, Norbert. *A sociedade dos indivíduos*. Rio de janeiro: Zahar, 1994, p.67)

Procure no texto lido, um trecho ou parágrafo que complemente esta afirmação.

6 Das imagens abaixo, qual poderia ilustrar a definição de Marc Augé de **não lugar**?

DAVID GROSSMAN/ALAMY/GLOW IMAGES

HERO IMAGES INC./CORBIS/LATINSTOCK

GTS PRODUCTIONS/SHUTTERSTOCK

7 As manifestações artísticas sempre constituíram um espaço da cultura em que diferentes ideologias são confrontadas. Dois artistas brasileiros de renome dedicaram-se, em várias obras, a retratar a luta de classes: uma delas foi Tarsila do Amaral, em sua pintura *Operários*, que representa as classes menos favorecidas. Escreva um texto de até 10 linhas explicando como ela o faz, tendo por base a observação da obra.

TARSILA DO AMARAL EMPREENDIMENTOS - ACERVO ARTÍSTICO-CULTURAL DOS PALÁCIOS DO GOVERNO DO ESTADO DE SÃO PAULO, SÃO PAULO, SP

Operários. Tarsila do Amaral, 1933. Óleo sobre tela, 150 × 205 cm.

8 Conforme explicado neste capítulo, foram muitos os fatores que tornaram as sociedades ocidentais mais complexas. Da relação abaixo, qual alternativa não diz respeito a esse processo?

a) Industrialização.

b) Divisão social do trabalho mais intensa.

c) Urbanização.

d) Guerra Fria.

9 Faça uma pesquisa sobre as minorias étnicas existentes no município em que você vive. Escolha uma e descubra como e quando seus integrantes chegaram, por que vieram, como e onde vivem e quais são as características de sua cultura.

EXAMES DE SELEÇÃO

1 **(UEM, 2009)**

"A feijoada, o mais conhecido dos chamados 'pratos nacionais', tem como base a comida do cotidiano. Mas, nesse caso, a dupla feijão com arroz, acompanhada pela farinha de mandioca, sofre uma transformação não apenas no conjunto dos ingredientes, mas sobretudo em seu significado, transformada em um prato emblemático — possuidor de um sentido unificador e marcador de identidade — ou 'típico'."

MACIEL, Maria E. Uma cozinha brasileira. *Estudos históricos*, Rio de Janeiro, n. 33, jan./jun., 2004. p. 33.

Considerando a alimentação humana como um processo social e cultural, assinale tudo o que for **correto**.

a) Respeitada como um conjunto de saberes e práticas sociais, a culinária de um povo compõe parte de seu patrimônio cultural.

b) Definir a feijoada como prato tipicamente brasileiro implica considerá-la como uma combinação de símbolos e classificações que representariam o "modo de ser" desta nacionalidade.

c) A combinação arroz e feijão atende às necessidades nutricionais típicas da raça brasileira e das deficiências biológicas oriundas da miscigenação entre brancos, negros e indígenas.

d) As restrições e proibições alimentares de fundo religioso baseiam-se em interdições nutricionais cientificamente comprovadas como maléficas ao sustento físico do indivíduo.

e) Diferentemente dos chamados pratos típicos, que destacam as características das cozinhas regionais, o *fast-food* configura-se num tipo de alimentação identificada com o processo de globalização da cultura.

2 **(Unicentro, 2012)** Sobre as relações entre cultura de massa, cultura erudita e cultura popular, identifique com **V** as afirmativas verdadeiras e com **F**, as falsas.

( ) A cultura popular pode ser definida como distintos modos de expressão que ocorrem na sociedade e que se manifestam por meio de arte, do folclore, da religião, etc.

( ) O termo erudito se refere às tradições de um povo e, por isso, a cultura erudita diz respeito às manifestações, no presente, de uma tradição.

( ) A cultura erudita foi gerada pela indústria cultural e visa a uma distinção entre seus ouvintes, vistos como evoluídos culturalmente.

A alternativa que contém a sequência correta, de cima para baixo, é a:

a) V F F. **b)** F F V. **c)** V V F. **d)** F V V. **e)** V V V.

3 **(UEL, 2011)** Leia o texto a seguir.

"Com vestidos de noivas e ternos, três casais *gays* [...] se apresentaram nesta quarta-feira no cartório de registro civil de Montevidéu para uma simulação de casamento, no lançamento de uma campanha em favor do casamento homossexual."

Folha de S.Paulo, 19 maio 2010, Caderno Mundo. Disponível em: <www1.folha.uol.com.br/fsp>. Acesso em: 19 maio 2010.

Com base no texto e nos conhecimentos sobre os novos movimentos sociais, considere as afirmativas a seguir.

I. Desde a segunda metade do século XX, o Ocidente vivencia a explosão de variados movimentos sociais cujo eixo são as políticas identitárias.

II. Movimentos sociais são expressão de demandas do cotidiano que se transformam em reivindicações coletivas para a ampliação dos direitos de cidadania.

III. O que diferencia o movimento gay em relação ao antigo movimento operário é a negação da instância política enquanto elemento mediador da ação reivindicativa.

IV. Entre as condições para a existência de movimentos sociais está o respeito aos valores morais tradicionais, como a aceitação da união heterossexual e a negação da homossexual.

Assinale a alternativa correta.

a) Somente as afirmativas I e II são corretas.
b) Somente as afirmativas I e IV são corretas.
c) Somente as afirmativas III e IV são corretas.
d) Somente as afirmativas I, II e III são corretas.
e) Somente as afirmativas II, III e IV são corretas.

4 **(UFU, 2012)** Com relação à chamada cultura de massas ou à mercantilização da cultura, marque a alternativa correta.

a) Para os autores da teoria crítica, as modernas sociedades industrializadas desenvolvem uma produção cultural diversificada, produzida pelas massas. Essa produção tem por objetivo a satisfação das necessidades humanas, independentemente da lógica do mercado.

b) De acordo com a teoria crítica, as sociedades modernas capitalistas têm como característica fundamental a produção do valor de troca, o que possibilita a existência de uma produção artística e cultural totalmente independente da lógica do mercado.

c) Segundo os autores da chamada teoria crítica, há uma tendência, na moderna sociedade capitalista, de transformar tudo em mercadorias, fazendo com que o critério estético das pessoas passe a ser diferente daquele pelo qual as mercadorias são analisadas. Esse outro critério é fundado na exterioridade e na lógica de mercado.

d) De acordo com a teoria crítica, há uma tendência na sociedade moderna capitalista de transformar tudo em mercadoria, fazendo com que o critério estético das pessoas passe a ser o mesmo das coisas. Esse critério funda-se na exterioridade e na lógica do mercado.

5 **(UEM, 2010)** A respeito do multiculturalismo, assinale a(s) alternativa(s) correta(s).

(01) Multiculturalismo diz respeito a uma ação política que busca o reconhecimento institucionalizado da diversidade cultural.

(02) As ações políticas multiculturalistas afirmam que o modelo de cidadania criado pelo liberalismo é marcado pelas características culturais dos grupos socialmente dominantes.

(04) É um fato comprovado e aceito pelos cientistas sociais que o reconhecimento das demandas de grupos particulares por tratamento político diferenciado implica o fracionamento das nações e o abandono da convivência democrática.

(08) Existe um vínculo entre as políticas multiculturalistas contemporâneas e as lutas pelos direitos das minorias, que encontram suas raízes nos anos 1960.

(16) Por ser oriunda de países anglo-saxões, a adoção de ações políticas multiculturalistas, em nações latino-americanas, é claramente uma importação de problemas estranhos à realidade democrática e igualitária desses povos.

6 **(UPE, 2014)** Leia o texto a seguir:

> "A identidade cultural é um conjunto vivo de relações sociais e patrimônios simbólicos historicamente compartilhados, que estabelece a comunhão de determinados valores entre os membros de uma sociedade. Sendo um conceito de trânsito intenso e tamanha complexidade, podemos compreender a constituição de uma identidade em manifestações que podem envolver um amplo número de situações que vão desde a fala até a participação em certos eventos."

Disponível em: <www.mundoeducacao.com.br/sociologia>.

A sociologia tem grande interesse pelo assunto discutido no texto, pois, na vida social, os indivíduos compartilham a mesma cultura, e isso os caracteriza como membros do grupo social.

Sobre esse tema, assinale a alternativa incorreta.

a) As discussões sobre desigualdade de gênero e diversidade sexual são importantes para se compreender a identidade cultural de um grupo social.

b) A cultura tem um papel importante na compreensão das personalidades, nos padrões de conduta e nas características próprias de cada indivíduo ou grupo.

c) A cultura como mercadoria é um elemento importante para a formação da identidade cultural de um indivíduo ou grupo, pois diferencia os que possuem e os que não possuem cultura por meio do acúmulo intelectual.

d) A identidade cultural contribui para que o indivíduo possa se adaptar à organização de seu grupo social, e isso permite um equilíbrio entre o mundo sociocultural e os indivíduos que vivem nele.

e) A capacidade de um indivíduo se identificar com sua cultura não pode ser compreendida como um fenômeno composto por valores morais fixos, pois estes devem ser associados às transformações históricas do grupo.

7 **(UFMA, 2009)** O movimento *hippie* foi um dos movimentos da contracultura que questionam os valores da sociedade capitalista na década de 1960. A partir dessa constatação, discorra sobre os movmentos de contracultura na contemporaneidade. Dê exemplos.

8 **(UFPR, 2010)** Pode-se dizer que nos últimos anos as sociedades se caracterizam pela multiculturalidade. O que isso quer dizer e qual seria a razão para tal transformação?

9 **(UFPR, 2014)** Explique a seguinte frase:

> "A coerência de um hábito cultural somente pode ser analisada a partir do sistema a que pertence".

LARAIA, Roque de Barros. *Cultura*: um conceito antropológico. Rio de Janeiro: Zahar, 2008.

OUTRAS MÍDIAS

Para assistir

Ciganos: minha pátria é onde estão meus pés

Oussama El Ghaouri. TV Brasil. Caminhos da Reportagem. <http://tvbrasil.ebc.com.br/caminhosdareportagem/episodio/ciganos-minha-patria-e-onde-estao-meus-pes>

O programa apresenta o modo de vida dos ciganos no Brasil, que enfrentam preconceitos, embora possuam uma cultura rica e despertem a curiosidade de alguns. Foram entrevistadas sete comunidades em vários estados, cada uma com uma história diferente.

Esse programa possibilita a discussão e a compreensão das subculturas.

Edifício Master

Direção: Eduardo Coutinho.
País: Brasil. Ano: 2002.

Documentário realizado por meio de entrevistas com os moradores do Edifício Master, no bairro de Copacabana, no Rio de Janeiro. O documentário mostra a diversidade de pessoas que habitam o condomínio, permitindo que se discuta a diferença nas sociedades contemporâneas, especialmente nas grandes cidades. Permite também analisar e empregar o conceito de sociedade complexa tratado neste capítulo.

Casa Grande

Direção: Fellipe Barbosa.
País: Brasil. Ano: 2015.

O filme trata da decadência financeira de uma família da alta burguesia carioca, provocada pela derrocada nos investimentos financeiros de Hugo. Mostra como a família, constituída de Hugo, da mulher Sônia e dos dois filhos, enfrenta a perda constante de poder aquisitivo e os conflitos que surgem em consequência disso. Além de tratar dos problemas existentes nas relações entre pais e filhos, o filme apresenta de forma contundente as diferenças de estilo de vida da família e dos empregados, permitindo analisar e aplicar o conceito de cultura de classe.

Para ler

Relações político-culturais entre Brasil e Europa: o manto Tupinambá e a questão da repatriação

BORGES, Luiz Carlos. In: *Revista das Américas*, v. 15, p. 1-14, 2013.

Nesse artigo, o autor trata da polêmica estabelecida na Mostra do Redescobrimento+500, quando o manto Tupinambá, pertencente ao Museu Nacional da Dinamarca, foi alvo de um pedido de restituição por um grupo de descendentes dos indígenas Tupinambá, da Bahia. Estuda as questões envolvidas e a importância da relíquia para a identidade do grupo em questão, privado de sua história e de sua memória. Também discute a questão dos museus diante da crescente solicitação e pela restituição e pela repatriação de peças de seus acervos, frutos de doações indevidas e pilhagens.

Por que os índios Suya cantam para as suas irmãs

SEEGER, Anthony. In: VELHO, Gilberto. *Arte e sociedade*: ensaios de sociologia da arte. Rio de Janeiro: Zahar, 1977.

Esse ensaio de etnomusicologia relata a pesquisa dos estudiosos da música indígena sobre os índios Suya, da Amazônia.

Os pesquisadores se interessaram pelas *akias*, composições que os indígenas dedicavam a suas irmãs. Trata-se de uma música bastante diferente das demais do grupo, composta e entoada pelos rapazes com forte improvisação e uma execução bastante ruidosa.

Em um dia determinado e diante do restante do grupo, os músicos se esmeravam em chamar a atenção de suas irmãs. Com base no estudo do grupo, de seus tabus e padrões organizativos, os pesquisadores perceberam que essas músicas eram a única forma consentida de relação que os jovens podiam manter com suas irmãs depois de deixar suas famílias ao atingir a puberdade. Seu lugar seria, mais tarde, ocupado pelo seu cunhado. Essa interdição, baseada na matrilinearidade, fez surgir esse tipo de composição musical tão diferenciada.

Corações sujos: a história da Shindo Renmei

Fernando Morais. São Paulo: Companhia das Letras, 2000.

Com o fim da Segunda Guerra Mundial, surgiu no Brasil a Shindo Renmei, ou Liga do Caminho dos Súditos, seita nascida entre os imigrantes japoneses no Brasil, que pregava a vitória dos japoneses na guerra. Apoiada por 80% dos 200 mil imigrantes, a Shindo Renmei declara guerra aos que aceitavam e acreditavam na derrota japonesa para os aliados, chamados de "corações sujos". O livro narra a história dos atentados promovidos pela seita, entre os anos de 1946 e 1947, contra os derrotistas, espalhando terror entre os imigrantes. O texto proporciona uma boa análise sobre o que é uma subcultura e sobre o multiculturalismo. Conceitos como identidade cultural também podem ser estudados.

Para acessar

Museu Afro Brasil

<www.museuafrobrasil.org.br/>

Instituição pública subordinada à Secretaria de Estado da Cultura de São Paulo, o museu está localizado no Parque do Ibirapuera e possui um acervo de mais de 6 mil obras representativas do legado da cultura africana e afro-brasileira, produzidas desde o século XVIII até a atualidade. Suas atividades procuram resgatar a importância dessa herança e sua importância na formação do país e da cultura brasileira. O *site* traz informações sobre a proposta e a história do museu, bem como textos curatoriais sobre a cultura e a arte negra e afrodescendente do Brasil. Trata-se de importante espaço dedicado a divulgar a cultura afro-brasileira e a fomentar a identidade dos afrodescendentes.

Fórum Social Mundial

<www.fsmpoa.com.br/>

O Fórum Social Mundial (FSM) é um espaço de debate democrático de ideias para reflexão, formulação de propostas, troca de experiências e articulação de movimentos sociais, redes, ONGs e outras organizações da sociedade civil que se opõem ao neoliberalismo e ao domínio do mundo pelo capital. Caracteriza-se pela pluralidade e diversidade e, por isso, não divulga doutrina religiosa ou partido político. Teve início em 2001 e pretende representar apenas a sociedade civil articulada aos movimentos sociais. O *site* é publicado em diferentes idiomas e pretende ser um espaço de divulgação das atividades do FSM. Em relação ao capítulo estudado, trata-se de possibilitar que o aluno tome contato com um dos mais importantes movimentos contra hegemônicos da atualidade.

OBRA DE ARTE

Objetos sem utilidade

Um dos exemplos mais primitivos de "arte" é uma estátua de um cavalo de 6 cm de comprimento, entalhada em marfim de mamute há mais de 32 mil anos. Ela é proveniente de uma caverna de Vogelherd, no sul da Alemanha, e é a estatueta mais velha entre várias outras retiradas do mesmo local. [...] O cavalo [foi] levado a muitos locais numa sacola e manuseado durante vários anos: o olho, a orelha, o nariz, a boca e a crina, que foram cuidadosamente entalhados, estavam muito gastos devido ao manuseio prolongado.

Guernica, de Pablo Picasso, óleo sobre tela, 1937. Em exposição no Centro Nacional de Arte Reina Sofia, em Madri, Espanha. Uma das obras mais importantes da história da arte mundial. Resultou da indignação do pintor em relação ao bombardeio das forças do ditador espanhol Franco à cidade de Guernica, capital basca (Espanha), durante a Guerra civil espanhola (1936-1939).

[Esses sinais de desgaste foram percebidos em todas as cópias existentes do cavalo de Vogelherd, indicando que foram muito mais manuseados do que se fossem apenas meros ornamentos. Possivelmente, devem ter sido usados como talismãs.]

Qualquer que tenha sido o uso específico desses entalhes e [objetos], eles nos falam acerca de um espírito verdadeiramente humano que [diz que] a única criatura que se dispõe a fazer objetos que, a rigor, não tem nenhuma utilidade. Essa é a marca de uma cultura em pleno amadurecimento.

LEAKEY, Richard; LEWIN, Roger. *O povo do lago*. Brasília/São Paulo: Editora da UnB/Melhoramentos, 1988. p.196.

Atividades

- Com a obra que encerra esta Unidade, procuramos mostrar que a arte, essa capacidade de interpretar o mundo através das manifestações estéticas, é uma característica do ser humano. E, apesar de estar intimamente relacionada ao momento em que é criada, ela ultrapassa os limites de seu tempo, testemunhando a história, a cultura e nossa humanidade. A história dessa obra aqui reproduzida é muito significativa. Faça uma pesquisa a esse respeito e tente entender de que maneira testemunha os fatos que interpreta.

Unidade 3

Poder e cidadania

Capítulos

Nesta unidade será estudado o campo da ação política em sociedade, ou seja, tudo aquilo que envolve o exercício do poder: a prática e a designação de autoridade nos grupos sociais e as relações entre os que têm poder e aqueles que estão a ele subordinados. Serão apresentadas as explicações filosóficas e sociológicas das formas de poder social e de sua institucionalização, seu desenvolvimento e suas transformações.

Serão abordados também o conceito de cidadania e o de participação política surgidos na Grécia antiga e adotados de forma diferente em Roma até chegar à atualidade, assim como a formação dos Estados nacionais e os diferentes regimes políticos, como a monarquia e a democracia.

Memorial da América Latina, projetado por Oscar Niemeyer, inaugurado em 1989. A estátua da Mão, também de Niemeyer, representa o sofrimento e a opressão vivida pelos povos latino-americanos.

JUCA MARTINS/OLHAR IMAGENS

Auditório para questões delicadas, composição flutuante, alumínio e poliuretano, 10,7 x 10,7 x 0,8 m, 1989. Lago do Parque Ibirapuera, São Paulo.

A unidade ainda tratará do desenvolvimento do direito à liberdade, de suas transformações históricas e de sua importância na atualidade, e do estabelecimento dos direitos humanos.

Alguns dos fenômenos característicos do contexto social do neoliberalismo, da globalização e da comunicação por redes sociais também serão temas desta unidade.

Paulista, Guto Lacaz é arquiteto, inventor e artista multimídia. Em suas obras questiona a eficiência da tecnologia e as formas como as pessoas se comportam em relação à vida cotidiana e à política. Com humor, realiza seu trabalho em espaços públicos, mobilizando os transeuntes. Na instalação mostrada na foto, ele apresenta um "auditório para questões delicadas", em um dos parques mais visitados da cidade de São Paulo, o Parque do Ibirapuera, possibilitando que o público discuta a ausência de pessoas e a fragilidade do espaço destinado a essas questões. Esta unidade trará informações que permitirão entender melhor o sentido dessa obra.

Capítulo 9

Política e poder

Objetivos

- Apresentar os princípios da vida política.
- Reconhecer que a cultura humana pode levar à superação das condições biológicas dos seres humanos.
- Identificar a autonomização do campo da ação política.
- Explicar os princípios da democracia grega antiga.
- Explicar os princípios da república romana.
- Esclarecer a natureza e a importância da cidadania.

Este capítulo trata da descoberta de um campo específico da sociedade humana: o das relações de poder, por meio das quais somos capazes de interferir nos comportamentos, nas ideias e nos sentimentos dos membros de grupos, sejam eles os integrantes da família, os amigos ou a sociedade como um todo.

A discussão sobre o poder teve início há muitos séculos. Na Antiguidade, a democracia grega e a república romana foram capazes de inovar na institucionalização da vida civil e política criando instituições e regimes políticos que tinham na participação política, restrita a alguns grupos, seu principal foco.

Nas experiências que esses povos levaram a efeito, criou-se o princípio da cidadania, pelo qual os cidadãos, como membros de uma sociedade, são levados a se relacionar intimamente com o território e a coletividade aos quais pertencem.

A forma do Estado, como conhecemos hoje, se desenvolveu apenas entre os séculos XVI e XVII. Já o conceito de cidadania, tal como o entendemos, ganharia mais características após as revoluções ocorridas no século XVIII.

Escombros do antigo Fórum Romano, em detalhe, o Templo de Saturno, na cidade de Roma (Itália, 2015).

EYE35/ALAMY/GLOW IMAGES

Escola de Atenas, afresco de Rafael Sanzio, Vaticano, Roma, Itália, 1511.

Para refletir

1. Há um ditado que diz: “Manda quem pode, obedece quem tem juízo”. O que você entende dessa frase?
2. Quem, na sua família, toma a maioria das decisões, desde as mais simples, como escolher um programa de TV, até as mais complexas, como onde a família vai morar?
3. Você percebe que há, de alguma forma, uso do poder entre seus amigos, nas relações da escola ou na vida pública? Exemplifique.

Comício das Diretas Já, em Belo Horizonte (MG, 1984).

Jim Davis é o criador de um dos mais famosos personagens de tirinhas de humor, o gato Garfield. De acordo com a história, Garfield pertence a um cartunista, Jon Arbuckie, um homem atrapalhado que se veste sem cuidado e que sempre cai nas "pegadinhas" do gato. Jon namora a veterinária Liz Wilson, mas geralmente se dá mal em suas investidas amorosas. Jon tem também Odie, um cão meio bobo que atua como parceiro de Garfield em suas maquinações.

As relações entre Jon e o gato são conflitivas — Garfield é preguiçoso e guloso, enquanto Jon tenta submetê-lo a uma dieta. Em resposta, Garfield se vinga, sendo oportunista e espertalhão, ao colocar o dono em situações difíceis e nem sempre honrosas. O gato tem um espírito crítico acurado e defende muito bem os próprios interesses. *Garfield* é publicado no mundo todo e está no Brasil desde a década de 1970. Atualmente, além das tirinhas, há muitos produtos inspirados no gato comilão.

Mas por que vamos iniciar o capítulo falando sobre Garfield? Porque ele nos permite discorrer sobre poder. Apesar de ser um gato preguiçoso, ele exerce sobre Jon um incontestável poder — é ele que, como muitos animais de estimação, domina a cena e toma as iniciativas em relação a Jon. Por exemplo, na tirinha acima, apesar da manifesta vontade de Jon de assistir à televisão — uma das principais paixões de Garfield —, o gato mantém-se sentado na poltrona assistindo ao programa de seu interesse. Esse comportamento, pelo qual uma pessoa faz valer sua vontade e seus interesses sobre outra, chama-se poder.

A relação de poder não é uma ação essencialmente humana; ela se manifesta nas mais diferentes famílias de animais, mas, entre os seres humanos, ela tornou-se sofisticada ao ponto de terem sido criadas instituições especialmente destinadas às relações de poder, que regulam o exercício da dominação de uns sobre outros. Essas relações se transformaram em uma atividade à parte das demais relações sociais e caracterizam o que chamamos de política.

Vamos dedicar este capítulo e os próximos ao estudo do poder, da autoridade e da política, objetos de extrema importância no desenvolvimento da Sociologia e da Ciência Política. Vamos entender como Garfield e Jon podem ajudar a explicar essa importante instância da vida social, cujo pressuposto é a possibilidade de fazer valer nossa vontade e nossos interesses, além de legitimar nossa dominação sobre os outros.

Para entender essa necessidade humana de fazer com que os outros ajam como nós esperamos e pensem de forma semelhante à nossa, temos que verificar a complexa relação que há entre o indivíduo e a coletividade.

Devemos relembrar que, nos primórdios da cultura, os seres humanos deixaram a vida individual e isolada e optaram pela criação de uma vida comum e de um espaço social do qual todos passaram a fazer parte. Ao lado dessa tendência, o ser humano também desenvolveu uma forma peculiar de conhecer e de se relacionar com a realidade que passou necessariamente por aspectos subjetivos e pela formação de uma individualidade.

Assim, desenvolvemos uma forma pessoal de conhecer e experimentar o mundo que constitui o nosso imaginário e o nosso universo simbólico, com nossas impressões, reflexões, ideias, valores, memórias, desejos, vontades e interesses. Porém, como animais gregários, criamos formas peculiares de troca e compartilhamento para produzir e distribuir aquilo que necessitamos para sobreviver, para nos proteger e nos reproduzir.

Dessa maneira, desenvolvemos a oposição primária entre o que configura a nossa individualidade e os compromissos que assumimos nas relações que constituem a sociedade na qual vivemos.

Dessa oposição deriva a tendência de querermos fazer prevalecer nossa **visão de mundo** sobre as demais, entendendo-a como a forma pela qual experimentamos a realidade e a traduzimos em signos, os quais podem ser expressos e entendidos por meio da comunicação.

Essa possibilidade implica também subordinar a nossa vontade não apenas à visão de mundo do outro, mas também ao seu comportamento, que passa a coadunar-se aos nossos valores, ideias e interesses. A esses intercâmbios chamamos poder.

Esse poder é exercido não apenas por meio da capacidade que demonstramos de fazer valer nossas ideias e argumentos, mas também por meio de nossa habilidade de convencer o outro a abandonar suas posições (inicialmente diferentes das nossas) e aderir às nossas propostas. Assim, como mostra a tirinha, aquele que tem poder, Garfield, mostra-se capaz de fazer com que o outro, Jon, desista de ver o programa de televisão que desejava e o faz permanecer em pé para assistir ao programa escolhido por aquele que domina.

A liderança dos grupos humanos

É possível que o poder que alguns seres humanos passaram a exercer sobre os membros de seu grupo tenha obedecido a critérios existentes entre quase todos os grupos de mamíferos, especialmente os primatas, nos quais o poder é exercido pelos mais velhos e mais fortes. Mas, à medida que o ser humano começou a diferenciar-se e a substituir o comportamento "natural" por normas ditadas pela sua cultura, outros aspectos passaram a ser importantes. Entre eles, destacamos o exercício das funções religiosas.

Num mundo precário e perigoso para uma espécie ainda nômade e predadora, em tudo dependente da sorte e das oportunidades, a crença na capacidade de que algumas pessoas pudessem estabelecer uma relação com as divindades e fazê-las intervir na realidade em momentos difíceis passou a ser importante. Dessa forma, em uma época de escassez de alimentos, a capacidade de clamar pelo auxílio divino da deusa da fertilidade ou pedir chuva, durante uma estiagem, ao deus do trovão deve ter dado aos sacerdotes grande importância.

A existência de monumentos que parecem ter função religiosa, erguidos em épocas remotas, comprova que outras necessidades passaram a fazer parte dos agrupamentos humanos.

Assim como a religião, o desenvolvimento da cultura passou a dar voz de comando a certos membros de um grupo. Os guerreiros mais hábeis, capazes de defender seu grupo de animais ou inimigos, também devem ter adquirido algum poder de liderança.

PORNOPIPAT CHAROENTHAL/SHUTTERSTOCK

Stonehenge é um alinhamento de pedras da Idade do Bronze, localizado na Inglaterra, que, segundo arqueólogos e historiadores, deve ter servido a cerimônias religiosas e atividades mágicas e de observação celeste. Esses monumentos comprovam o surgimento entre os seres humanos de preocupações e intenções diferentes das manifestadas pelos demais animais na história remota da evolução humana. Foto de 2015.

À medida que os grupos humanos cresceram, espalharam-se pelos continentes, desenvolveram estilos de vida peculiares, criaram novos idiomas e formas de viver —, é presumível que a coesão entre os membros tenha se tornado maior e que as lideranças tenham passado a ser necessárias, perpetuando-se na defesa e na manutenção desses grupos.

O crescente abandono da vida nômade e o avanço da agricultura também trouxeram novas necessidades de defesa de territórios e de organização do trabalho. Isso levou à divisão de tarefas, que foi facilitada com a instituição da vida coletiva e civil e a incumbência de estabelecer regras de liderança e poder na vida comum.

As esfinges são imensos monumentos da Antiguidade, erguidas ou esculpidas em honra a um chefe de governo. Elas atestam visualmente a importância dos líderes, que podiam ser cultuados pelo povo por meio delas. Com corpo de animal e cabeça inspirada nas feições do faraó que a mandou construir, a esfinge de Gizé, no Egito, é uma das mais importantes relíquias desse tipo (Egito, 2015).

RICHARD MASCHMEYER/AGE FOTOSTOCK/EASYPIX

A pesquisa histórica tem mostrado que, com o surgimento de reinos e o crescente domínio sobre a natureza, desenvolveram-se formas sofisticadas de poder, que tendiam a se concentrar nas mãos de poucos, os quais, por sua vez, tentavam a todo custo permanecer no governo o máximo de tempo possível. Reinados, monarquias, **teocracias**, sustentadas na religião e nas forças militares, marcaram a história da humanidade.

A relevância da política na Grécia clássica

A importância crescente das estruturas de poder, organizadas para a defesa dos territórios e de suas populações, além de gerir e desenvolver a economia, fez com que elas se tornassem um tema importante para os filósofos sociais, antecessores dos sociólogos. Desde a Antiguidade, na Grécia e em Roma, os filósofos buscaram entender como certas pessoas e grupos são capazes de fazer com que os outros se comportem de acordo com o desejo deles e aparentemente abandonem os próprios desejos e interesses.

Os gregos, ao dedicarem esforços para entender como deveria ser organizada a vida civil das suas cidades-Estados, chamadas de *pólis*, acabaram por criar o termo *politiké*, campo da ação humana que se destinava a bem administrar, com justiça e legitimidade, as regras da vida pública.

Com essa intenção, Platão escreveu uma obra intitulada *A República*, na qual procurou mostrar como deveria ser organizada a cidade ideal. Nessa obra, ele reconhecia que todos os habitantes eram "irmãos na cidade", mas que os mais preciosos seriam aqueles com capacidade para comandar.

Segundo Platão, a república seria o regime perfeito para a justiça e a legitimidade do poder. Aristóteles, que foi seu aluno, contribuiu para essas discussões, afirmando que o ser humano era naturalmente político, e procurava permanentemente o *bem-viver em sociedade*. Entretanto, de acordo com as teorias aristotélicas, não havia governo perfeito e, com exceção da **tirania**, eram aceitáveis a democracia, a oligarquia e a monarquia.

Aristóteles também considerava que nossa capacidade de viver coletivamente nos separa do restante da natureza. Diz ele:

> "O homem que é incapaz de ser membro de uma comunidade, ou que não sente qualquer necessidade disso pois basta a si mesmo, não faz parte da sociedade e, por consequência, é um animal ou um deus."
>
> Aristóteles. La Politique. Paris: Vrin, 1982. In: TODOROV, Tzvetan. *A vida em comum*: ensaio de antropologia geral. Campinas: Papirus, 1996. p. 22.

Essa preocupação dos filósofos com a política surgiu com mais intensidade no período Clássico, ou seja, nos tempos de prosperidade econômica e conquistas que os povos da Península balcânica (Hélade) desfrutaram na Antiguidade.

Com o enriquecimento das cidades, certos setores da sociedade adquiriram importância estratégica na vida grega — os militares, responsáveis pelas conquistas e defesa das cidades-Estados, e os comerciantes, responsáveis pelo bem-sucedido expansionismo econômico dos gregos.

Termos e conceitos

Teocracia: sistema de governo no qual o poder político baseia-se no poder religioso, pela encarnação da divindade no governante, como no Egito dos faraós, ou por sua escolha direta, como nas monarquias absolutas na Europa.

Tirania: forma de governo pela qual o governante assume poderes ilimitados e, assim, rompe com os princípios da democracia. Na Grécia, a tirania era criticada pelos filósofos, que a consideravam ilegítima.

Os helenos, como eram chamados os habitantes de Hélade, eram um povo arrojado e comerciante. As regras de sucessão e herança, que davam aos primogênitos homens todos os privilégios, estimularam a colonização. Os demais filhos arrojavam-se na fundação de colônias, onde procuravam implantar sua descendência e sua cultura. Isso levou os gregos ao contato com diferentes povos e costumes, dos quais absorveram a cultura e os conhecimentos.

Além desse expansionismo, favoreceram o desenvolvimento da cultura grega a valorização da reflexão filosófica e a mitologia particularmente rica, que incentivava as habilidades intelectuais dos gregos. Por contar com escravos para a realização de trabalhos braçais, os helenos fizeram das atividades intelectuais um valor inquestionável de sua cultura, o que os conduziu ao desenvolvimento da Filosofia, das Artes e da Ciência, lançando as bases do que viria a ser a cultura ocidental.

Dessa herança faz parte o pensamento político — o desenvolvimento de ideias destinadas a refletir sobre as condições da vida pública e das relações de poder, não mais pensadas como parte da vida religiosa ou como herança divina, mas como atividades laicas e humanas de administração da vida coletiva.

Teatro grego da cidade de Taormina, fundada pelos helenos no século IV a.C., na costa siciliana. O desenvolvimento das atividades comerciais entre a metrópole (que significa, em grego, "cidade-mãe") e as colônias fez prosperar diferentes camadas sociais, como a dos militares, a dos comerciantes e a dos artesãos, e fragilizou a aristocracia e os donos de propriedades fundiárias. A rivalidade entre as cidades e a ascensão social dos grupos subalternos possibilitaram o desenvolvimento da política (Itália, 2013).

JAN WLODARCZYK/ALAMY/GLOW IMAGES

Demokratia grega

Os gregos viviam em cidades-Estados independentes, cada uma com as próprias divindades, leis e instituições. Essa independência assegurava a não existência de um poder central grego, e a autonomia das cidades representava, para seus habitantes, o espaço de identidade civil.

Assim, mesmo quando fundavam colônias fora da Europa, o faziam levados pelo espírito de fidelidade à sua cultura. Unia os diferentes habitantes dessas cidades-Estados a origem **indo-europeia**, o idioma, os jogos olímpicos e a rivalidade que fazia com que cada cidade tentasse superar as demais.

Por algumas décadas, Atenas, uma dessas cidades-Estados, liderou a Confederação ou Liga de Delos, união militar criada para defender a península da conquista persa (atual região do Irã). Graças a essa liderança, Atenas, com recursos provenientes das demais cidades, pôde viver seu século de ouro sob o governo de Péricles (495/492 a.C.-429 a.C.), que impulsionou o desenvolvimento da Arte, da Filosofia, da Arquitetura e da Política.

O poder que Atenas exerceu na época provocou a reação das cidades confederadas, que buscaram voltar a sua anterior condição de independência. Isso gerou vários conflitos armados entre elas. Esse fato levou ao enfraquecimento das cidades, com o consequente declínio da Grécia e, com ela, da democracia. Em sequência, a Grécia foi dominada pela Macedônia (Felipe II e Alexandre, o Grande), que divulgou a cultura grega por todo o Oriente Médio e pelo Império Romano, que, por sua vez, absorveu dos gregos a cultura, a influência e o gosto pela política.

O desenvolvimento grego, sustentado pelo expansionismo colonial e pela exploração de mão de obra escrava, permitiu o crescimento das camadas médias da população e a formação de novas forças de elite, posição que sempre fora ocupada exclusivamente pelos grandes proprietários de terras. Essa mobilidade social levou agitação política e cultural para as cidades-Estados gregas, situação que fez com que vários regimes políticos fossem experimentados pelos gregos, pois o apreço pelas questões públicas entre os cidadãos tornara-se vital para o bem-estar das cidades.

Desse modo, diferentemente de outros povos antigos, os gregos desenvolveram um estilo de vida participativo e flexível. A cidadania, condição de que gozavam os homens livres, era respeitada e apreciada, e a participação política ocupava espaço considerável na vida civil da Grécia. Assim, em 507 a.C., Clístenes (565 a.C.-492 a.C.) fundou, em Atenas, a *demokratia*, que significava, literalmente, poder do povo.

A democracia grega, entretanto, não tinha ainda o significado que o regime veio a ter na Modernidade. Era um sistema no qual as decisões políticas eram tomadas pelo voto direto dos cidadãos, conjunto formado por proprietários de terras, artífices, militares e comerciantes enriquecidos. Escravos, estrangeiros, camponeses e mulheres estavam excluídos da cidadania. Por esse conjunto corresponder, na realidade, a um pequeno número de pessoas (estima-se em cerca de 10% da população), a votação podia ser direta — cada cidadão expunha oralmente suas ideias e levantava a mão para votar nas assembleias populares.

A *Ágora*, parte central da cidade, era o centro da vida grega, o coração da cidade, com a qual os cidadãos se identificavam intimamente por representar um espaço de deliberação política.

O funcionamento da democracia ateniense dependia do sorteio, entre os cidadãos, daqueles que comporiam a *Boulé* — conselho que deveria julgar os projetos apresentados pelos cidadãos e que, quando aprovados, deveriam ir à assembleia plenária. Os projetos selecionados eram discutidos e votados quatro vezes ao ano. Aos magistrados cabia acompanhar, depois das votações, a execução do que fora decidido. O critério para aprovação dos projetos era de que eles, antes de mais nada, defendessem os interesses da cidade, sua autonomia, soberania e prosperidade.

Termos e conceitos

Indo-europeu: termo que designa cada um dos povos originários da Ásia Central, com etnia e língua comum (ou línguas aparentadas), que invadiram a Europa no final do período neolítico (cerca de 8.000 a.C.).

MÜNCHEN, NEUE PINAKOTHEK/ AKG IMAGES

Obra de Leo van Klenze, de 1846, reconstrução artística do areópago (tribunal de justiça, embaixo, à esquerda) e da acrópole (a construção mais alta) de Atenas na época de Péricles (século V a.C.). Ele foi um político eminente de Atenas, influente estadista, orador e administrador, diversas vezes eleito como *estratego* (uma espécie de general) da cidade. Foi o grande construtor da democracia ateniense e da acrópole de Atenas, admirada desde a Antiguidade.

A decadência da cidade de Atenas pôs fim à democracia, que havia implantado o sentido moderno de vida política e de atividade de poder como uma ação coletiva e civil. Com a experiência democrática, estabeleceu-se um Estado laico que defendia, sobretudo, os interesses que, por princípio, estariam acima dos interesses dos grupos particulares. Esse Estado de natureza pagã combinava camadas tradicionais, como a aristocracia, com camadas enriquecidas pelo comércio ou distinguidas pela bravura comprovada em conquistas e vitórias militares.

A respeito dessa invenção significativa, disse Tucídides (460 a.C.-395 a.C.) — historiador e participante da Guerra do Peloponeso, que contrapôs Esparta a Atenas —, reproduzindo um discurso de Péricles:

> "A constituição que nos rege nada tem a invejar aos outros povos; serve a eles de modelo e não os imita. Recebe o nome de democracia, porque o seu intuito é o interesse do maior número e não de uma minoria. Nos negócios privados, todos são iguais perante a lei, mas a consideração não se outorga senão àqueles que se distinguem por algum talento. É o mérito pessoal, muito mais do que as distinções sociais, que franqueia o caminho das honras. Nenhum cidadão capaz de servir à pátria é impedido de fazê-lo por indigência ou por obscuridade de sua condição [...]. Entretanto, somos cheios de submissão às autoridades constituídas, assim como às leis [...]. Ouso dizê-lo, Atenas é a escola da Grécia."

Discurso de Péricles apud Tucídides. *História da Guerra do Peloponeso, séc. V a.C.* 4. ed. Brasília/São Paulo: IPRI/IOESP, 2001.

Certamente, nem Péricles nem Tucídides seriam capazes de pensar na abrangência que teria esse conceito de política na Modernidade, nem mesmo que o termo *demo*, que em grego significa um conjunto de indivíduos vivendo coletivamente, chegasse a significar a humanidade toda.

O sociólogo alemão **Jürgen Habermas** considera que o espaço público, com o significado atual de espaço coletivo e compartilhado por todos, nasceu com a democracia grega. Tal espaço distingue-se do espaço doméstico, privado e íntimo, onde se dá o trabalho e a reprodução da vida. No espaço público, na Ágora, se dá a *práxis* ou ação sobre a vida coletiva, os acordos, a luta e a guerra.

Jürgen Habermas (1929-)

Sociólogo e filósofo alemão, foi assistente de Theodor W. Adorno (1903-1969) por cinco anos. Tornou-se professor de Filosofia e Sociologia na Universidade de Frankfurt. Em 1968, mudou-se para os Estados Unidos, onde lecionou na Escola para Pesquisa Social de Nova York. Em 1983, voltou à Universidade de Frankfurt. Estudioso das relações entre comunicação e sociedade, sua obra mais conhecida é *Teoria da ação comunicativa*, publicada em 1981. Dedicou-se também ao estudo do direito e da legitimidade da autoridade política.

EFFIGIE/LEEMAGE/AFP

Roma

Os romanos levaram às últimas consequências a intenção de constituir um vasto império territorial reunindo, sob um mesmo poder, os mais diferentes povos e as mais longínquas regiões. Nas relações que estabeleciam com os povos conquistados, os romanos instalavam a infraestrutura de sua civilização, constituída de estradas, aquedutos, mercados, construções urbanas, além de sistemas de defesa e a legislação.

Além disso, impunham sua cultura latina, laica e centralizadora. Esse foi o empreendimento imperialista mais bem-sucedido até então. Nesse processo, acabaram com a autonomia e a especificidade dos povos dominados, que se submeteram à romanização da vida e da cultura. O sucesso desse empreendimento imperialista foi conseguido graças à capacidade dos romanos de ajustar as formas de governo às circunstâncias históricas e aos desafios enfrentados. Em razão disso, passaram por diferentes regimes políticos, como a oligarquia, o militarismo e a realeza. Um desses modelos políticos foi a república, que significa "coisa do povo".

A República romana foi instaurada em 509 a.C., com a derrubada da monarquia e a instauração de um governo comandado por cônsules. Com o tempo, deu lugar a um modelo político mais complexo que procurava dividir poderes e impedir o autoritarismo. Além dos cônsules, que representavam o poder executivo, havia o Senado, que legislava e cujos membros eram escolhidos pelos cônsules entre os membros do patriciado romano.

O expansionismo romano durante a República trouxe novas dificuldades. Para sustentar a máquina de guerra e o esforço estatal de manter os territórios conquistados (exército e burocracia), os trabalhadores urbanos tiveram que arcar com impostos maiores, e os camponeses com dívidas crescentes, pois eram obrigados a abandonar suas terras para integrar o exército. Simultaneamente, desenvolveu-se a classe dos cavaleiros, militares que enriqueceram com as guerras.

WERNER FORMAN ARCHIVE/GLOW IMAGES - MUSEU DE CUMA, NÁPOLES

Friso de Adriano, do século II, encontrado no Fórum Romano em Roma, no edifício do Senado romano, que mostra uma seção do Senado. Embora constituído pelo patriciado romano (donos de terras), o Senado representa uma força inovadora na vida política da Antiguidade, na medida em que divide e amortece o poder central do império.

Audiovisual

Conceitos básicos de teoria política

O desequilíbrio político entre as classes apenas incentivou as revoltas dos plebeus, muitas vezes apoiados pelos cavaleiros, que almejavam se tornar cidadãos e, assim, participar do poder político para defender seus interesses.

Isso resultou na necessidade de se constituir uma forma de poder que abrisse espaço para a participação de outros setores da sociedade romana.

Estabeleceu-se, a partir de 494 a.C., data da revolta plebeia do Monte Sagrado, um regime que dava aos plebeus, por intermédio dos tribunos da plebe, o direito de vetar as leis do Senado caso fossem contrárias aos interesses do povo. A liderança política continuava a ser exercida pelos cônsules eleitos anualmente pelos cidadãos que governavam de acordo com as orientações do Senado.

A República também estabelecia critérios de participação política aos cidadãos, os quais ocupavam cargos administrativos e ajudavam a organizar a vida pública.

Entretanto, via de regra, a cidadania passava a ser a roupagem pública dos patrícios donos de terras e acabava sendo transmitida, como as propriedades, de geração para geração, por herança. Investido de cidadania, o patriciado aparentemente passava a agir em nome do bem público, e não dos próprios interesses, e assim, aos poucos, os interesses dessa camada social se confundiam com a vida pública.

Com a assimilação da cultura grega, os romanos incorporaram a preocupação com a vida pública e adotaram como sistema administrativo do império as assembleias e os comícios. Mas, como a população era muito mais numerosa do que a de Atenas, os romanos substituíram a participação direta por um sistema representativo baseado nas **centúrias**.

No entanto, a distribuição dos cidadãos pelos cinco grupos de centúrias e a quantidade de centúrias de cada grupo eram proporcionais à riqueza dos membros — as centúrias dos mais ricos e proeminentes, como a dos cavaleiros, votavam primeiro e tinham mais votos.

As camadas sociais de renda mais alta chegaram a ter 88 das 373 centúrias, enquanto as mais pobres tinham apenas uma. Esse privilégio fazia com que os cidadãos mais ricos pudessem unir posições, alcançando quase sempre a maioria absoluta de votos, tendo muito mais chances de defender seus interesses.

As assembleias de Centúrias, que tiveram início na República, eram muito importantes e tinham atribuições administrativas, legislativas e judiciárias, podendo declarar guerras, fazer acordos, criar leis, julgar e condenar à morte.

Como podemos perceber, a República romana, embora herdeira da importância dada pelos gregos à vida pública e à política, tornou a participação da população mais difícil e fez valer um conceito de cidadania mais fechado e excludente do que o dos helenos. Mas, por outro lado, disseminou o valor da ação política e o ideal de um estado laico, ocupado por governantes eleitos por colegiados mais ou menos representativos da população.

As lutas políticas, que ocorreram na Grécia e no Império Romano, mostraram que havia espaço para reivindicações e articulações e que a democracia e a república possibilitaram a *práxis* institucionalizada da vida política em sociedades pensadas em seu conjunto, ainda que os resultados refletissem e conservassem as desigualdades e as estratificações da sociedade.

Termos e conceitos

Centúria: inicialmente as centúrias eram divisões do exército romano, compostas de 80 homens comandados por um centurião. Foi Sérvio Túlio quem as admitiu na vida pública. Formaram-se cinco diferentes grupos de centúrias, de acordo com o patrimônio de seus membros. Aquele que não tivesse bens ou não fizesse parte do exército estava excluído das centúrias e, consequentemente, da vida pública. Inicialmente foram organizadas 193 centúrias, mas esse número foi aumentando à medida que os romanos passaram a compreender riqueza não apenas como bens imóveis.

PINGOS NOS "IS"

Uma vez cidadão, cidadão para sempre

Iniciamos este capítulo dizendo que o estabelecimento do *homo sapiens* implicou dois aspectos fundamentais: em primeiro lugar, o estabelecimento da vida coletiva e da sociabilidade, obrigando os nossos antepassados a conviver uns com os outros de forma próxima e estreita.

Em segundo lugar, o abandono de um comportamento guiado apenas por instintos em favor de um tipo de ação baseado na cultura — espaço de articulação tanto das relações da vida coletiva como das formas de representação simbólica, que organiza e fundamenta essa sociabilidade. Nesse sentido, o poder, como a capacidade de influenciar o comportamento e as formas de interpretação simbólica (valores, ideias e sentimentos) dos membros de um grupo, deixou de se manifestar apenas como obediência ao princípio da força. Entre os humanos, o poder adquiriu formas mais sofisticadas de expressão e manifestação, criando espaços autônomos de relacionamento e vida coletiva: as instituições especialmente destinadas a estabelecer, legitimar e distribuir o poder.

Os gregos e, depois, os romanos criaram formas novas de pensar, viver e instituir as relações de poder, ao valorizar o espaço público como diferente do espaço da propriedade privada, como uma instância da sociedade a ser compartilhada, diferente e oposta à vida familiar. Nela, deveriam se dar, segundo determinadas regras, os embates e a disputa por supremacia e dominação. Esse espaço adquiriu crescente importância e se tornou independente da religião e da economia, embora continuasse a estabelecer relações com esses campos da vida social. Assim, criava-se a política como área do conhecimento e como forma de atuação na sociedade. Os membros que compartilhavam essa vida pública e civil, em vista dessa nova condição das relações sociais, foram considerados cidadãos e conclamados a disputar a possibilidade de intervir nos acontecimentos e nas decisões.

Essa novidade não parou de crescer e constituiu uma das instâncias significativas das sociedades moderna e contemporânea que, sucessivamente, revisitam o passado em busca de transparência, legitimidade e justiça social.

O voto é um dos mais importantes instrumentos no exercício de cidadania.

LUCIANA WHITAKER/PULSAR IMAGENS

SOCIOLOGIA NA MÍDIA

Conceito de cidadania vem da Grécia Antiga

"Enquanto a cidadania tradicional opera espacialmente, a cidadania global opera temporalmente." A frase do jurista americano Richard Falk ilustra a transformação pela qual passou o conceito de cidadania nos últimos milênios.

O conceito surgiu na Grécia Antiga, onde era aplicado geralmente a donos de propriedades, mas não a mulheres e a escravos. O cidadão grego podia votar e estava sujeito a pagar impostos e fazer serviço militar.

A associação do conceito a um território passou a existir quando os romanos usaram a ideia de cidadania como uma forma de distinguir os moradores da cidade de Roma dos habitantes dos territórios que Roma havia conquistado e incorporado.

Conforme seu império crescia, os romanos passaram a conceder gradualmente a cidadania — ou *civitas* — a moradores de outras províncias. No ano 212, ela foi estendida a todos os habitantes do império.

O conceito de cidadania nacional praticamente desapareceu na Europa durante a Idade Média, sendo substituído por um sistema feudal de direitos e obrigações.

As concepções modernas de cidadania derivam do século 18. Nas revoluções Francesa e Americana, o termo cidadão passou a designar a posse de certos direitos aos nascidos ou habitantes de certos territórios, em um rompimento com os poderes da monarquia.

Em seu livro *Os argonautas da cidadania*, o sociólogo carioca Liszt Vieira descreve a primeira teoria sociológica de cidadania, proposta em 1949 por Thomas H. Marshall. "[Os direitos de cidadania] seriam os direitos civis, conquistados no século 18, os direitos políticos, alcançados no século 19 — ambos chamados de primeira geração — e os direitos sociais, conquistados no século 20, chamados de direitos de segunda geração."

O cidadão global — um conceito ainda em formação — tem de ser pensado temporalmente, diz Falk, "pois concede sua lealdade e pensa em direitos e deveres ainda não estabelecidos, é dedicado à luta para criar uma ordem civil global que é um projeto para o futuro e não uma realidade atual".

Mas para Vieira, assim como para muitos ativistas, o conceito não deve ser pensado apenas como uma "aspiração ideal". De acordo com o sociólogo, a noção é utópica, mas "baseia-se também na convicção pragmática de que o que é considerado possível não é sustentável".

Disponível em: <www1.folha.uol.com.br/fsp/mundo/ft0408200202.htm>. Acesso em: jun. 2016.

ATIVIDADES

1. Como funcionava a democracia ateniense?

2. Que diferenças você encontra, neste capítulo, entre a democracia grega e a república romana?

3. Com a orientação do professor, façam um exercício de discussão democrática na classe. Elejam um tema a ser discutido e façam reuniões em pequenos grupos para discutir as posições possíveis. Depois, numa reunião plenária (com a classe toda), defendam as diferentes posições em relação à questão em discussão. Finalmente, votem de forma direta: cada um levantando e se posicionando diante das alternativas apresentadas. Elaborem uma redação relatando a experiência e como se sentiram diante dela.

4. "[Na Grécia] ser político, viver em uma pólis, significava que tudo era decidido mediante palavras e persuasão, e não força e violência. Para os gregos, forçar pessoas mediante violência, ordenar ao invés de persuadir, eram modos pré-políticos de lidar com as pessoas, típicos da vida fora da pólis."

ARENDT, Hanah. *A condição humana*. 11. ed. Rio de Janeiro: Forense Universitária/GEN, 2010. p. 31.

Ao definir desse modo a democracia e a vida política dos gregos, a filósofa defende a ideia de que a democracia se opõe à/ao:

a) tirania.
b) individualismo.
c) república.
d) monarquia.
e) oligarquia.

5. Leia o trecho do artigo a seguir.

"Juventude, cidadania e participação: que papo é esse? Pode ser um papo furado, que não leve a nada. Pode ser que não renda, que seja insuficiente em termos de contribuição à democracia, de questionar padrões da cultura brasileira. Se a juventude repetir apenas uma maneira usual de fazer política, de disputar espaços, ela não vai mudar nada. Ou seja, não estamos falando apenas de uma questão de faixa etária, mas de uma mudança de olhar a sociedade. Se assim for, este papo pode render muito. Pode render, sim, com muitos desafios. Não é nada automático, nada mágico. Pode ser um importante elemento construtor de democracia, de uma sociedade mais justa de direitos.

Acho que essa pergunta "que papo é esse?" poderia ser substituída "por que onda é essa?", "que moda é essa?". Por que está na moda falar em políticas públicas para a juventude? Por que se inventou agora que a juventude é depositária de todas as possibilidades? Não é por acaso que hoje, ao final do século XX e início do século XXI, um novo ator social [a juventude] aparece na cena pública, como a questão racial e a das mulheres já apareceram. Por que agora a juventude aparece? Infelizmente, não é por uma coisa boa. Poderia ser por reconhecimento. Mas não é. A questão da juventude vem para a cena pública quando ela passa a ser o segmento mais vulnerável frente às mudanças sociais que acontecem no mundo de hoje."

NOVAES, Regina. Juventude, participação e cidadania: que papo é esse?. Disponível em: <www.revistapontocom.org.br/edicoes-anteriores-artigos/juventude-participacao-e-cidadania-que-papo-e-esse> Acesso em: jun. 2016.

O artigo acima trata de cidadania e juventude. Discuta o texto em grupo e tente dizer se concorda ou não com a afirmação da autora de que a cidadania é importante para os jovens, uma vez que são o grupo etário mais vulnerável da atualidade.

EXAMES DE SELEÇÃO

1 **(Enem, 2014)**

"Compreende-se assim o alcance de uma reivindicação que surge desde o nascimento da cidade na Grécia antiga: a redação das leis. Ao escrevê-las, não se faz mais que assegurar-lhes permanência e fixidez. As leis tornam-se bem comum, regra geral, suscetível de ser aplicada a todos da mesma maneira."

VERNANT, J. P. *As origens do pensamento grego*. Rio de Janeiro: Bertrand Brasil, 1992. (Adaptado.)

Para o autor, a reivindicação atendida na Grécia antiga, ainda vigente no mundo contemporâneo, buscava garantir o seguinte princípio:

a) isonomia — igualdade de tratamento aos cidadãos.

b) transparência — acesso às informações governamentais.

c) tripartição — separação entre os poderes políticos estatais.

d) equiparação — igualdade de gênero na participação política.

e) elegibilidade — permissão para candidatura aos cargos públicos.

2 **(Enem, 2013)**

"Durante a realeza, e nos primeiros anos republicanos, as leis eram transmitidas oralmente de uma geração para outra. A ausência de uma legislação escrita permitia aos patrícios manipular a justiça conforme seus interesses. Em 451 a.C., porém, os plebeus conseguiram eleger uma comissão de dez pessoas — os *decênviros* — para escrever as leis. Dois deles viajaram a Atenas, na Grécia, para estudar a legislação de Sólon."

COULANGES, F. *A cidade antiga*. São Paulo: Martins Fontes, 2000.

A superação da tradição jurídica oral no mundo antigo, descrita no texto, esteve relacionada à:

a) adoção do sufrágio universal masculino.

b) extensão da cidadania aos homens livres.

c) afirmação de instituições democráticas.

d) implantação de direitos sociais.

e) tripartição dos poderes políticos.

3 **(Enem, 2014)**

TEXTO I

"Olhamos o homem alheio às atividades públicas não como alguém que cuida apenas de seus próprios interesses, mas como um inútil; nós, cidadãos atenienses, decidimos as questões públicas por nós mesmos na crença de que não é o debate que é empecilho à ação, e sim o fato de não se estar esclarecido pelo debate antes de chegar a hora da ação."

TUCÍDIDES. *História da Guerra do Peloponeso*. Brasília: UnB, 1987. (Adaptado.)

TEXTO II

"Um cidadão integral pode ser definido por nada mais nada menos que pelo direito de administrar justiça e exercer funções públicas; algumas destas, todavia, são limitadas quanto ao tempo de exercício, de tal modo que não podem de forma alguma ser exercidas duas vezes pela mesma pessoa, ou somente podem sê-lo depois de certos intervalos de tempo prefixados."

ARISTÓTELES. *Política*. Brasília: UnB, 1985.

Comparando os textos I e II, tanto para Tucídides (no século V a.C.) quanto para Aristóteles (no século IV a.C.), a cidadania era definida pelo(a):

a) prestígio social.

b) acúmulo de riqueza.

c) participação política.

d) local de nascimento.

e) grupo de parentesco.

4 **(Enem, 2013)**

"Rua Preciados, seis da tarde. Ao longe, a massa humana que abarrota a Praça Puerta Del Sol, em Madri, se levanta. Um grupo de garotas, ao ver a cena, corre em direção à multidão. Milhares de pessoas fazem ressoar o *slogan*: 'Que não, que não, que não nos representem'. Um garoto fala pelo megafone: 'Demandamos submeter a referendo o resgate bancário'."

RODRÍGUEZ, O. Puerta Del Sol, o grande alto-falante. *Brasil de Fato*, São Paulo, 26 maio-1º jun. 2011. (Adaptado.)

Em 2011, o acampamento dos Indignados espanhóis expressou todo o descontentamento político da juventude europeia. Que proposta sintetiza o conjunto de reivindicações políticas destes jovens?

a) Voto universal.

b) Democracia direta.

c) Pluralidade partidária.

d) Autonomia legislativa.

e) Imunidade parlamentar.

5 **(UFPR, 2012)**

"O poder, exercido de forma celular, está presente nas microrrelações sociais."

(ARAÚJO, S. M. de; BRIDI, M. A.; MOTIM, B. L. Sociologia: um olhar crítico. São Paulo: Contexto, 2009. p. 143.)

Essa afirmação das autoras está presente na discussão sobre o poder na sociedade moderna. Em que medida a forma de poder celular a que elas se referem se diferencia das formas tradicionais de poder?

OUTRAS MÍDIAS

Para ler

A democracia

Renato Janine Ribeiro. São Paulo: Publifolha, 2008.

O livro traça um percurso histórico e filosófico da democracia, desde sua origem na Grécia clássica. Atenas foi o palco dessa revolução, no campo das relações humanas, em que a monarquia, a oligarquia e a tirania foram superadas por uma forma de governo em que, independentemente de quem governa, a legitimidade de sua autoridade está na decisão e na participação do povo. O livro discute os princípios e os limites dessa forma de governo.

Educação para a democracia

Maria Victoria de Mesquita Benevides. Lua Nova, n. 38, dez. 1996, São Paulo.

Texto baseado na tese de livre-docência da autora, em Sociologia da Educação, intitulada *A cidadania ativa*, no qual ela defende a necessidade de haver uma educação para a cidadania na escola brasileira. Considerando o período de restrição democrática havido no país durante a ditadura civil-militar. A autora mostra a importância de a escola reverter esse quadro de desvalorização da ação política no Brasil.

Para assistir

Sócrates

Direção: Roberto Rosselini. | País: Itália. Ano: 1971.

Com direção de Roberto Rosselini, essa produção é a cinebiografia do filósofo grego Sócrates. O filme mostra o fim da vida de Sócrates, seu julgamento e condenação. O personagem, interpretado por Jean Sylvère (1911-1981), apresenta o filósofo em toda sua majestade, com trechos do discurso que profere em sua defesa. O filme será uma oportunidade para os alunos entenderem como funcionava a vida política e jurídica de Atenas e a importância da Ágora.

Dois dias, uma noite

Direção: Jean Pierre Dardenne e Luc Dardenne. | País: França. Ano: 2014.

No filme, Sandra, uma operária interpretada por Marion Cotillard, perde o emprego quando a fábrica onde trabalha impõe aos funcionários a seguinte escolha: ou aprovam o corte de um funcionário e ganham um bônus em dinheiro, ou não recebem bônus. A funcionária a ser cortada é justamente ela e, numa primeira votação, a maioria decide demiti-la e salvar o recebimento do bônus. O filme mostra o que é um pleito democrático e o que é democracia direta, quando as pessoas podem se manifestar aberta e nominalmente a favor ou contra uma proposta.

Para conhecer

AVAAZ.org

<www.avaaz.org/po/about.php>

Numa época de internet e de comunicação *on line*, para falar de democracia e cidadania é preciso que pensemos em outros recursos de mobilização e ativismo. Avaaz significa "voz" em várias línguas europeias, do Oriente Médio e asiáticas. Ele pretende ser um veículo de mobilização em torno de questões mundiais, como a pobreza e as guerras. É uma iniciativa internacional que opera em 15 línguas diferentes. Mobiliza campanhas instantâneas relacionadas a crises que ocorrem em qualquer lugar do mundo.

Capítulo

10 O Estado nacional

Objetivos

- Entender o que é vida política e ação política.
- Compreender as diferenças entre democracia e República.
- Estudar a origem do Estado nacional.
- Relacionar Estado nacional e desenvolvimento capitalista.
- Refletir sobre as várias concepções de Estado na Sociologia clássica.
- Entender o século XX e a Guerra Fria.
- Compreender a crise do Estado nacional contemporâneo.
- Estudar a formação do Estado no Brasil.

Neste capítulo estudaremos a Renascença, o surgimento do Estado nacional e sua crescente importância na Modernidade. Serão vistas também as diferentes concepções políticas de Estado ocorridas até o século XX, quando a oposição entre duas propostas político-econômicas — o capitalismo liberal e o comunismo — marca a chamada Guerra Fria, quando Estados Unidos e a União das Repúblicas Socialistas Soviéticas (URSS) disputaram a influência sobre os demais países. Finalmente, chegamos à atualidade, quando o neoliberalismo propõe uma nova concepção de Estado e a globalização ameaça o poder dessa instituição.

CHRISTIE'S IMAGES/BRIDGEMAN IMAGES/KEYSTONE BRASIL – COLEÇÃO PARTICULAR

George Washington (1732-1799), primeiro presidente dos Estados Unidos da América, governou de 1789 a 1797.

MUSEU DO LOUVRE, PARIS

Luís XIV (1638-1715), conhecido como "Rei Sol", governou a França de 1643 a 1715.

Para refletir

1. Segundo a Organização das Nações Unidas (ONU) existem no mundo, hoje, mais de 190 países. Para que a ONU reconheça um país, ele precisa ter: fronteiras definidas, sustentação econômica e soberania nacional. Na sua opinião, quem garante essa soberania nacional?

2. Um dos espetáculos com maior audiência no mundo são os eventos esportivos internacionais (campeonatos de futebol, basquete, jogos olímpicos etc.). Em sua opinião, quais sentimentos levam as pessoas a torcer e acompanhar tais eventos?

3. O que você acha que significa a expressão "vestir a camisa de seu país"?

Uma das histórias mais famosas da cultura ocidental é *Romeu e Julieta*, peça teatral escrita pelo poeta e dramaturgo inglês William Shakespeare (1564-1616) em meados do século XVI. Encenada milhares de vezes desde então, foi adaptada para o cinema e para a televisão e serve de modelo para histórias de amor romântico. Vejamos o tema e o enredo da história.

Romeu pertence à família dos Montecchio, inimiga há diversas gerações da família dos Capuleto, à qual pertence Julieta. Os dois jovens conhecem-se por acaso em um baile de máscaras realizado pela família de Julieta. Mesmo sem ter sido convidado, por causa da inimizade das famílias, Romeu vai ao baile, e os dois se apaixonam perdidamente à primeira vista. Sabendo que esse amor e relação lhes eram proibidos, casam-se em segredo sob a proteção de frei Lourenço.

Porém, depois do casamento, Romeu é confrontado por Teobaldo, primo de Julieta, por ter participado da festa para a qual não fora convidado. Romeu não cede às provocações de Teobaldo, mas Mercúrio, amigo de Romeu, toma as dores do amigo e duela com Teobaldo. No duelo, Mercúrio é morto por Teobaldo. Romeu, em fúria, luta contra Teobaldo e o fere mortalmente. O ódio entre as famílias aumenta, e Romeu é expulso pelo príncipe de Verona.

Julieta, para não ficar longe do seu amor e não ter que se casar com um pretendente escolhido por seu pai, conta com a ajuda de frei Lourenço para elaborar um plano de fuga. Ela tomaria uma poção que a deixaria catatônica e a faria passar por morta antes do casamento arranjado. Após o seu sepultamento, Romeu, alertado por frei Lourenço, retornaria e a levaria consigo para longe.

Entretanto, o recado não chega a Romeu, e ele volta para Verona com a certeza da morte da sua amada. No mausoléu, diante do corpo inerte de Julieta, Romeu desespera-se e, não querendo viver sem seu amor, envenena-se e cai na lápide onde estava Julieta adormecida. Ela acorda e, ao perceber que sua artimanha não surtira o efeito desejado e que Romeu jaz morto ao seu lado, suicida-se com o punhal do marido.

As famílias chegam então ao mausoléu e frei Lourenço conta todo o acontecido. O príncipe da cidade, presente ao funeral, lamenta o flagelo que caíra sobre as famílias em consequência do ódio mútuo. Exorta para que as famílias se unam e faz com que os arqui-inimigos se deem as mãos. Assim, se consolida a paz em Verona, celebrada pelo príncipe, que diz:

> "Uma lúgubre paz acompanha esta alvorada. O sol não mostrará seu rosto por causa de nosso luto. Saiamos daqui para falarmos mais demoradamente sobre estes tristes acontecimentos. Uns serão perdoados e outros punidos, pois nunca houve história mais triste do que esta de Romeu e Julieta".
>
> SHAKESPEARE, William. *Romeu e Julieta — MacBeth — Hamlet, príncipe da Dinamarca — Otelo, o mouro de Veneza*. São Paulo: Abril Cultural, 1981. p. 109.

CHRISTIE'S IMAGES/BRIDGEMAN IMAGES/KEYSTONE BRASIL - COLEÇÃO PARTICULAR

Romeu e Julieta, com seu amor, inauguram uma nova era no mundo ocidental — aquela marcada por pessoas que se identificam principalmente com seus sentimentos únicos e indivisíveis. Essa postura é a base do individualismo moderno, marcado pela oposição aos sentimentos medievais familiares, corporativos e servis.

Essa história, como outras que inspiraram as peças shakespearianas, tem por base contos populares que, no século XVI, com o reavivamento da vida nas cidades, circulavam pelas feiras e tabernas. Lá, o dramaturgo colhia relatos, contos e trovas que compõem o precioso patrimônio que alimentou o teatro moderno do Ocidente. A trama de Romeu e Julieta se tornou universal e produziu frutos: em muitas peças de teatro e roteiros cinematográficos outros jovens casais apaixonados morreram vítimas das impossibilidades impostas pela sociedade.

Para efeito de nossos estudos sociológicos sobre o poder, essa trama é de especial importância porque mostra um momento de grande transformação da sociedade — as pessoas, finalmente libertas dos grilhões das obrigações feudais para com a família, o feudo e o reino, podiam dar vazão a sentimentos profundos e interpessoais com os quais se identificavam, como, por exemplo, o amor entre casais.

Como outros autores também analisaram, tratava-se de uma nova postura diante da sociedade medieval, que passava a valorizar os sentimentos individuais com os quais os personagens se identificavam. A tragédia expõe uma mudança nos valores sociais — os jovens devem seguir seus sentimentos individuais e romper com as amarras do passado.

Para garantir que isso seja possível, há o príncipe que sela novas amizades. A história de Romeu e Julieta é a história da invenção do indivíduo moderno, do amor romântico e do reconhecimento de um poder político central, capaz de arbitrar os conflitos e as diferenças entre as pessoas.

Essas tendências se intensificaram no decorrer da Modernidade e, por isso, é possível pensar no príncipe como o símbolo embrião de um novo ideal político centralizador e mediador da vida social.

Romeu e Julieta se transformaram no ideal romântico da Modernidade no Ocidente. Em Verona, na Itália, milhares de pessoas e casais apaixonados deixam mensagens na suposta casa onde viveu Julieta. As mensagens são sempre respondidas na intenção de comprovar a renovação dos votos amorosos. (Verona, Itália, 2013).

KIKO ALVAREZ/ALAMY/GLOW IMAGES

Entra em cena o Estado nacional e o rei

O mundo medieval europeu era diferente do mundo da Modernidade. Fragmentado em reinos e famílias, era dirigido por instituições universais, como as universidades e a igreja.

Portanto, era um mundo ambíguo, dividido política e culturalmente, alimentado por acirradas rivalidades entre reinos vizinhos durante séculos de conflito, mas, também, modificado por causa das amplas uniões realizadas e celebradas pela nobreza, que envolviam toda a Europa.

Mas, graças ao desenvolvimento do comércio e ao crescimento da burguesia a partir do século XV, a população urbana passou a desenvolver outra relação com os bens materiais e a propriedade privada e, por isso, precisaram de mais segurança. No entanto, por não disporem de cavaleiros para exercer segurança pessoal, começaram a exigir isso dos governantes das cidades.

Como o príncipe da peça de Shakespeare, os habitantes das cidades começaram a ambicionar um poder unificador e pacificador — um poder central que mantivesse a ordem e permitisse a livre expressão dos anseios dos grupos sociais e também individuais —, o que exigia a constituição de um exército armado e bem preparado. Os reis não tinham recursos para isso, uma vez que viviam apenas das rendas de suas terras, mas os comerciantes, que lucravam com produtos vindos do Oriente, emprestavam o dinheiro necessário em troca de segurança e da defesa de seus interesses comerciais.

Desse modo, por exemplo, os reis promulgaram leis que facilitavam o comércio e consideravam crime o assalto aos negociantes. Mas, para fazer com que as leis fossem cumpridas, as cidades precisavam de funcionários públicos. Para remunerar esses funcionários, os reis precisavam cobrar os impostos antigos e recolher novos impostos da população. Paulatinamente, criou-se uma relação íntima entre prosperidade econômica e poder centralizador. Os Estados nacionais foram se fortalecendo, e, dessa forma, realizaram iniciativas de envergadura, como as Grandes Navegações, patrocinadas por Portugal e Espanha.

As Grandes Navegações só foram possíveis como um empreendimento planejado, custeado e organizado pelos Estados nacionais em formação. Elas favoreciam a burguesia, que desejava conquistar riquezas, a Igreja Católica, que desejava conquistar fiéis, e a nobreza, que queria conquistar terras e obter cargos públicos junto à Coroa.

Grandes navegações europeias: séculos XV e XVI

Fontes: *Atlas histórico*. São Paulo: Britannica, 1997. p. 88; HALE, John R. *Idade das explorações*. Rio de Janeiro: José Olympio, 1981. p. 54.

ANDERSON DE ANDRADE PIMENTEL

O crescente poder das nações acabou, em mais ou menos tempo, por suplantar o poder universal de instituições como a Igreja Católica e o poder local dos nobres feudais. Começava a nascer um sentimento novo entre aqueles que estavam submetidos ao poder dos novos monarcas: o nacionalismo. Esse sentimento de pertencimento a uma coletividade e a um território era fomentado pelos direitos e obrigações que esse pertencimento demandava, assim como por uma vida de crescente sociabilidade e união — de idioma, de valores e de história.

Com essas transformações que caracterizam o Renascimento comercial e urbano e as novas necessidades dos grupos sociais emergentes, a sociedade medieval começa a definhar. Assim, abre-se espaço para a ideia de uma sociedade coesa, laica e participativa, semelhante àquelas da Grécia e de Roma.

Termos e conceitos

Comarca: no contexto europeu, trata-se da subdivisão de um distrito judicial subordinado a um tribunal de primeira instância denominado Juízo de Direito.

O príncipe, de Maquiavel

A partir do Renascimento, deu-se a paulatina substituição do poder da Igreja pelo dos príncipes e reis, em torno dos quais se aglutinava a população de um território, centralizando-se o poder para estabelecer importantes reformas político-jurídico-administrativas, como a unificação das moedas, dos pesos e das medidas, a cobrança de impostos e a organização das trocas comerciais, além da instauração de tribunais capazes de aplicar leis reais, acima do poder local das **comarcas**. Tais medidas permitiram a expansão do comércio, o desenvolvimento das cidades e o fortalecimento dos indivíduos, identificados com esse mundo em plena transformação.

Intelectuais e artistas expressaram em suas obras o apego a esse mundo novo, à materialidade da vida, aos prazeres terrenos. Romeu e Julieta representavam, como personagens, esse mundo novo de pessoas ousadas e em busca pela satisfação de seus anseios, de forma imediata.

Além de Shakespeare, outros autores começavam a se interessar por esse tema. Como já vimos, Nicolau Maquiavel via no príncipe, pensado como um chefe absoluto em seus domínios, a possibilidade de um mundo organizado, seguro, próspero e em paz. Paz entendida não como ausência de guerras e batalhas, mas como o estabelecimento de um poder superior às rivalidades locais, exercido por alguém com características especiais para isso e que desejasse essa posição.

A essas características especiais Maquiavel chamou *virtú* (virtude), porque envolviam coragem, determinação, ousadia e destemor.

Como os jovens de Verona, o príncipe deveria ser alguém que encontrasse dentro de si as qualidades e as motivações para suas ações, ou seja, um indivíduo com características específicas e capacidade de ação imediata. Ele deveria colocar em prática seus anseios, sem limitar as ações por respeito a costumes e tradições herdadas do passado.

O Humanismo foi um movimento intelectual e artístico que nasceu na Itália e se disseminou pela Europa. Baseava-se na valorização do homem como centro da criação, da racionalidade e do cientificismo. O desenho de Leonardo da Vinci (1452-1519) reflete essa preocupação, colocando o homem como a medida de todas as coisas. A imagem representa um estudo de simetria e proporcionalidade.

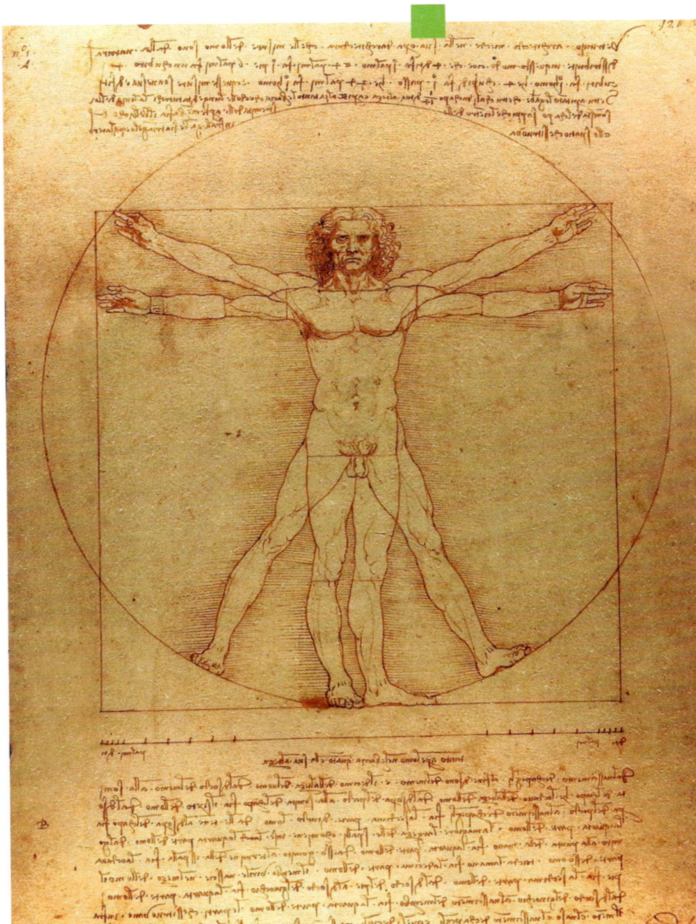

GALERIA DA ACADEMIA, VENEZA

A nova mentalidade, por privilegiar a racionalidade, sobrepunha a técnica e a práxis à contemplação e à providência. Maquiavel pensava a política dessa forma, com racionalidade e prontidão para a ação, uma ação que devia estar além do bem e do mal, inspirada nas virtudes pessoais do governante. Maquiavel vivia numa Itália conturbada e sonhava, como outros de sua época, com um governo forte, capaz de vencer as forças locais. Para isso, confiava também na *fortuna* (oportunidade) e na competência, outra característica necessária para o príncipe. E, embora admitisse que para alcançar seus objetivos o príncipe, por vezes, necessitasse ser despótico, não escondia seu apreço por aqueles príncipes cujo poder emanava do povo. Nas palavras de Maquiavel:

> "O príncipe elevado pelos grandes — que se julgam seus iguais, que são insaciáveis, e aos quais não domina — encontra mais dificuldade em manter-se do que o príncipe elevado pelo povo. Pois só este é da sua categoria, e todos, ou quase todos, são levados a obedecer-lhe; por outro lado, o povo é fácil de satisfazer, não exigindo, como os grandes, oprimir, mas apenas 'não ser oprimido'. Eis por que o príncipe da primeira categoria, constituído pelos grandes contra a vontade do povo, deverá fazer tudo para se reconciliar quanto antes com o povo; não terá então amparo mais fiel".
>
> CHEVALLIER, Jean-Jacques. *As grandes obras políticas:* de Maquiavel a nossos dias. Rio de Janeiro: Agir, 1982. p. 33.

Sem disfarçar seu apreço pelos governos livres, sendo justo com a cidade de Florença, que havia passado longo tempo por regime republicano, Maquiavel propõe o poder centralizado como o remédio devido para libertar a Itália e lá implantar um governo de paz e união.

THE STAPLETON COLLECTION/BRIDGEMAN IMAGES/KEYSTONE BRASIL - COLEÇÃO PARTICULAR

Cidade de Florença conforme ilustração de Hartmann Schedel (1440-1514), autor de *Crônica de Nuremberg*. Na obra observamos a representação da cidade durante o Renascimento. Em Florença, Maquiavel trabalhou por anos, até chegar ao posto de chanceler da cidade. Ocupou o cargo de secretário no Conselho dos Dez, responsável pelas relações externas da cidade.

Humanismo, contratualismo e liberalismo

Nicolau Maquiavel viveu em Florença, centro irradiador do Humanismo renascentista por toda a Europa, impulsionado pelo desenvolvimento das universidades, nas quais defendia-se o racionalismo contra o **devocionismo** e as crenças religiosas.

O Renascimento tinha como fonte de inspiração também a Itália clássica e a Grécia, de onde absorveram ideias e valores. Entre eles, estava a crença de que todos os homens nasciam livres e iguais, visto que a sociedade e o poder deveriam existir apenas para defender direitos e interesses individuais e para criar condições de plena realização da vida humana.

Da Antiguidade também ressurgia o apreço pela política e pela vida pública. República e democracia tornaram-se temas importantes para os humanistas, que passaram a se preocupar com os limites do poder dos reis. Embora os reinos garantissem segurança, domínio territorial e expansão das atividades econômicas, limitavam as opções políticas e econômicas dos grupos emergentes que buscavam ampliar sua influência na condução dos negócios de Estado dos reinos nascentes.

Se era verdade que um forte governo central poderia ter feito as mudanças estruturais que as forças produtivas do nascente capitalismo exigiam, já no século XVII, os excessos de poder, o controle sobre as atividades econômicas impostas pela política mercantilista, a cobrança de altos impostos, a vida luxuosa da nobreza começavam a desagradar aos não nobres (burguesia comercial, trabalhadores urbanos, pequenos e médios comerciantes, artesãos e industriais).

Desse descontentamento, nascia o debate sobre o "governo ideal" e a necessidade de limitar o poder dos reis.

Essas ideias foram discutidas e defendidas pelos filósofos humanistas, como **Thomas Hobbes**, **John Locke** e **Jean-Jacques Rousseau**, entre outros. Esses filósofos foram chamados de *contratualistas* por defenderem o princípio de que o Estado civil teve sua origem em um movimento da humanidade que, ao abrir mão da liberdade natural com a qual nascera, preferiu estabelecer um governo para que promovesse a paz, a harmonia e a disciplina entre os homens. Essa seria a origem do **contrato social**, que inspirou o título da obra mais conhecida de Rousseau.

Termos e conceitos

Devocionismo: atitude marcada pela devoção, especialmente a religiosa, mas no sentido negativo. O uso mais comum, na liturgia católica, significa uma devoção exagerada, que ignora a liturgia e leva o fiel à superstição.

John Locke (1632-1704)

Filósofo inglês, defensor do liberalismo político, acreditava que os homens nascem livres e com direitos inalienáveis, como a vida e a propriedade. Escolhem ceder parte desses direitos a um governo que deve limitar-se ao pacto com a sociedade. Locke foi também defensor do empirismo — doutrina pela qual o conhecimento deriva da experiência sensível.

PHILIP MOULD LTD, LONDON/BRIDGEMAN IMAGES/ KEYSTONE BRASIL - COLEÇÃO PARTICULAR

Thomas Hobbes (1712-1778)

Nasceu na Inglaterra e teve formação nas áreas de Matemática, Filosofia e Política. A principal ideia de sua obra *Leviatã* (1651) é a de que "o homem é o lobo do homem" e por isso seria necessário um Estado forte, que controlasse a ação dos homens, já que eles viveriam num "estado de natureza" em que os mais fortes se sobreporiam aos mais fracos.

Jean-Jacques Rousseau (1712-1778)

MUSEU NACIONAL DO PALÁCIO DE VERSALHES E TRIANON, VERSALHES

Nascido em Genebra, na Suíça, e radicado na França, foi um dos principais filósofos do Iluminismo. Escritor e teórico político, notabilizou-se por defender a ideia de um homem livre e bom em sua origem, que seria degradado pela vida em sociedade. Sua principal obra é *O contrato social* (1762).

ARQUIVO DO PARLAMENTO, LONDRES

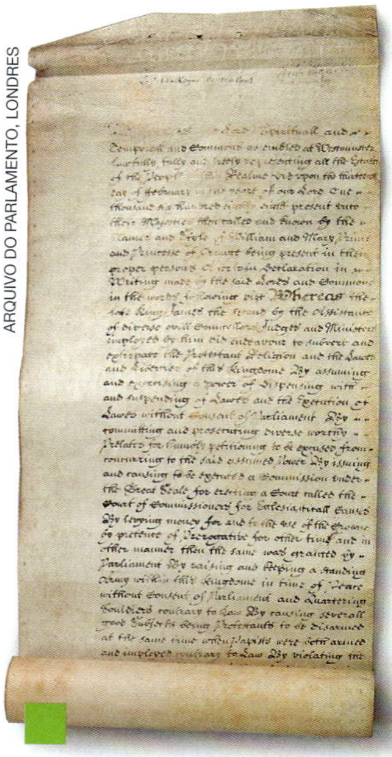

Fragmento original da Constituição inglesa de 1689. Com a Revolução Gloriosa, ou Guerra sem sangue, a monarquia inglesa passou a ter limites estabelecidos pela Constituição, por meio da *Bill of Rights* (Declaração de Direitos).

Embora discordassem de como seria a vida humana em suas origens, anteriores ao pacto que criou o Estado, os contratualistas concordavam que era a vontade coletiva a fonte de legitimidade do poder político. Da mesma forma, e em consequência disso, quando esse poder exorbitasse em sua prática, perderia sua legitimidade.

A base desse contrato estaria sacramentada na Constituição, daí a preocupação desses filósofos e de seus seguidores em limitar o poder dos reis por meio da Constituição. Essa foi a base da Revolução Gloriosa na Inglaterra, entre 1688 e 1689. Com esse ideário, ruía a ideia de uma monarquia absoluta, de origem divina — o Estado e o poder passavam a ser resultado da ação humana, derivados e condicionados por ela, que, por sua vez, estaria orientada pelos homens unidos na vida social.

O Estado, entretanto, continuou a ter crescente importância na sociedade, na medida em que proporcionou uma necessária homogeneidade cultural, econômica e política às nações. A unidade linguística, a educação pública, a elaboração de uma história pátria e de uma narrativa sobre a nação seriam as garantias de uma identidade coletiva, que, desde então, passou a modelar a vida em sociedade.

Além disso, a defesa territorial, a uniformização da moeda e o comprometimento com o bem-estar da população expandiram as forças produtivas de forma inédita, o que garantiu o progresso do capitalismo.

A homogeneização criada pela expansão capitalista encobriu, ainda que de maneira precária, as desigualdades étnicas, religiosas, econômicas e sociais que continuavam a se reproduzir internamente. Assim, subsistiam desigualdades de acesso aos bens comuns, à riqueza e ao poder, entre estrangeiros, imigrantes, mulheres, nativos e outras minorias, que continuavam à margem dos direitos sociais.

Os povos antigos, nos quais os modernos se inspiravam, também tinham e mantinham desigualdades, mas não as disfarçavam sob o manto do nacionalismo.

No entanto, embora o Estado continuasse a ser uma força crescente e fundamental para o desenvolvimento da nação e do capitalismo, estava aberto o caminho para o liberalismo — doutrina pela qual a separação entre a economia e a política deve ser respeitada. Por esse ideário, embora o Estado soubesse que sua estabilidade dependeria do bem-estar da população, as necessidades de expansão da economia não deviam estar sujeitas a pressões políticas.

Para os liberais, a economia é regida pela lei da oferta e da demanda para o estabelecimento do valor das mercadorias e deve ser papel do Estado permitir que tais leis atuem sem interferência de outros poderes. O mentor dessa doutrina foi Adam Smith. Porém, na obra *Teoria dos sentimentos morais* (1759), o autor enfatiza que a moral deve prevalecer sobre o interesse próprio, o que permitiria que o livre jogo das forças econômicas não seria distorcido por interesses pessoais.

República moderna

Audiovisual
Formas históricas do Estado moderno

A monarquia absolutista tornava-se um entrave para a expansão econômica e o fortalecimento da burguesia. Era preciso acabar com as regalias da nobreza, considerada parasitária (improdutiva), assim como com a política de Estados voltados em especial para questões internas. O capitalismo exigia expansão — uma economia que se mundializava acionada principalmente pelo colonialismo europeu sobre os demais continentes.

A insatisfação se generalizava. As perseguições da Igreja ao pensamento científico e não dogmático e às dissidências doutrinárias também desagradavam a todos que buscavam uma nova perspectiva de vida, alicerçada em escolhas pessoais, livres das imposições sociais, religiosas e dos costumes aristocráticos. Era preciso romper com as tradições e reforçar o espírito novo e moderno.

O resultado foi a substituição da Monarquia pela República. Alguns reis, que aceitaram sua submissão ao Parlamento e à Constituição, puderam conservar-se no poder, mas, onde essa aliança não foi possível, prevaleceu a república.

ERICH LESSING/ALBUM/LATINSTOCK - MUSEU CARNAVALET, PARIS

Gravura anônima do século XVIII, ilustrando a decapitação de Luís XVI, na Praça da Revolução, em janeiro de 1793, que pôs fim à Monarquia absoluta na França. A incompreensão do momento histórico que se vivia tornou o absolutismo francês inflexível perante as mudanças que se faziam necessárias. Isso transformou o conflito político em conflito armado.

BRIDGEMAN IMAGES/ KEYSTONE BRASIL - COLEÇÃO DO CAPITÓLIO, WASHINGTON

No dia 4 de julho de 1776 foi ratificada, no Congresso, a *Declaração de Independência dos Estados Unidos da América*, pela qual as treze colônias da América do Norte se tornavam independentes da Inglaterra. Dizia o documento que todos os homens são criados iguais, que são dotados pelo Criador de certos direitos inalienáveis, que entre estes estão a vida, a liberdade e a busca da felicidade. Os debates iluministas sobre o Estado, a cidadania e o ser humano foram a base da Declaração de Independência estadunidense. Obra de John Trumbull (1756-1843), *Declaration of Independence in Congress, at the Independence Hall, Philadelphia, July 4th, 1776*, datada de 1818.

A Revolução Francesa, com o fim do Antigo Regime, e a independência estadunidense, que instaurou a República nos Estados Unidos, foram dois dos acontecimentos mais importantes que marcaram o advento da república no Ocidente.

Como os romanos na Antiguidade, os republicanos da Idade Moderna também criaram um sistema representativo, cujo governo deveria ser exercido por representantes eleitos que falassem em nome da nação como um todo (e não apenas em nome dos próprios eleitores ou interesses particulares). Reunidos em assembleias, eles representavam um dos poderes da República, o Legislativo, que atuava em colaboração com o poder Executivo e o Judiciário.

Esse sistema tripartite, proposto inicialmente por John Locke e desenvolvido por Montesquieu, pretendia impedir a usurpação do poder por quem quer que fosse — um poder fiscalizaria o outro. Entretanto, tanto na França revolucionária como nos Estados Unidos pós-independência, o princípio da cidadania como salvo-conduto para a atuação política continuava restritivo, como o fora em Roma — só eram considerados cidadãos os homens nascidos no país e com certa renda.

Apesar das limitações, a participação política ganhava cada vez mais importância e tornava-se mais influente na vida das nações. Essa importância da esfera política na sociedade refletiu-se também na Sociologia, que desde suas origens dedicou-se a estudar as formas de poder. Vejamos como foram enfrentados os debates sobre a vida política das nações nesse período de fortalecimento da vida pública.

A Sociologia clássica diante do Estado nacional

A Alemanha, como a Itália, constituiu-se como nação tardiamente. Sob a pressão da concorrência internacional e da Primeira Revolução Industrial, a Alemanha encontrava-se dividida. Os *junkers*, donos de terras, usavam o poder que detinham para atrasar o desenvolvimento industrial do país. Industriais, comerciantes e trabalhadores urbanos exigiam reformas. O desentendimento provocou uma luta entre partidos políticos que desuniu o país e impediu planos consistentes de longo prazo. Foi nesse contexto que Max Weber desenvolveu seu pensamento político — uma tentativa de unir forças e fortalecer o país rumo ao capitalismo.

BRIDGEMAN IMAGES/ KEYSTONE BRASIL - MUSEU D'ORSAY, PARIS

No século XIX, o embate entre as forças conservadoras e a burguesia progressista postergou o avanço do Estado moderno em toda a Europa. A Itália tentou, pela via revolucionária, unificar seu país e derrubar os resquícios do antigo sistema feudal. O mesmo aconteceu com a Alemanha. Fracassada a revolução em cada um desses países, o uso da força dos exércitos foi acionado para impor as mudanças. Na Alemanha, o Estado prussiano, sob o comando de Otto von Bismarck, forjou a unificação por meio de várias guerras contra a Áustria, a França e a Dinamarca. O nacionalismo e o Estado alemão nasceram durante essas guerras. Obra de Jean-Louis Ernest (1815-1891), *Allegory of the Siege of Paris*, de 1870.

Filho de um importante membro do Partido Nacional Liberal, Weber desde cedo entrou em contato com personagens ilustres da vida acadêmica e política, transitando sempre por esses campos. Como um homem de seu tempo, acreditava profundamente no papel do Estado para intervir na vida política da Alemanha e na necessidade de fortalecer o nacionalismo e aumentar a capacidade de enfrentamento da concorrência internacional.

Sobre essa questão afirmou Max Weber:

> "O elemento ameaçador de nossa situação [...] é que as classes burguesas, isoladas dos interesses do poder da nação, parecem definhar enquanto não há nenhum sinal de que os trabalhadores estejam começando a mostrar maturidade para substituí-las. O perigo não [...] repousa nas massas. Não está na questão da posição política dos governados, mas na qualificação política das classes governantes e ascendentes [...]".
>
> WEBER apud GIDDENS, Anthony. *Política, sociologia e teoria social.* São Paulo: Unesp, 1998. p. 32.

Além da ausência de líderes e partidos capazes de dar à Alemanha um governo que representasse a nação e a conduzisse a um capitalismo industrial consistente, para motivar a população e preparar o país para a concorrência internacional, Weber identificava outro entrave para o desenvolvimento de uma política em bases democráticas. Tratava-se do que ele chamou de *despotismo burocrático*, ou seja, o aparato do Estado administrando por meio de ações, despachos, instâncias oficiais, processos legais, jurídicos e administrativos que criavam entraves intransponíveis para a prática e a participação políticas.

Weber acreditava que o Estado moderno apenas poderia ser bem administrado por meio da democracia representativa e da eleição de um líder carismático, que contasse com o apoio popular, e um Parlamento atuante, que impedisse o cesarismo do poder, ou seja, o despotismo. Essas condições deveriam convergir para a criação de um Estado-nação forte, cujos interesses deveriam ser a meta de todos os acordos e conjunções políticas.

Todas as considerações sobre o poder baseavam-se em análises sociológicas pelas quais o autor entendia a importância e a influência das instâncias políticas sobre as econômicas e sociais.

Na mesma época, Émile Durkheim também se preocupava com o fortalecimento da democracia em seu país, a França, onde a Revolução Francesa havia tornado realidade os ideais republicanos. A preocupação do sociólogo com as crises que se sucediam no país e o descontentamento da população refletiam-se no desenvolvimento da teoria sociológica. Para Durkheim, portanto, o estudo da **anomia**, a origem e o desenvolvimento da desordem social, era extremamente relevante. A ela contrapunha a crença de que a força coercitiva da sociedade resistiria às investidas de grupos anômicos que agissem com propósitos egoístas.

Ao enfatizar a importância da ordem e da coesão, Durkheim idealizava um Estado que agisse de acordo com os princípios morais vigentes e dominantes na sociedade. Da mesma forma, acreditava, como era tradição da Filosofia Social francesa, que o sucesso político do Estado faria com que a coesão superasse os conflitos, a ordem resistisse às forças da mudança e a autoridade se tornasse mais importante que a liberdade. Para o autor, esse Estado ideal resultaria da ação das instituições e das forças sociais, como a divisão social do trabalho, e não da vontade individual de um líder. A política era uma das instâncias da sociedade que funcionavam organicamente, integradas ao corpo social.

Termos e conceitos

Anomia: estado da sociedade em que desaparecem os padrões normativos de conduta e de crença e os indivíduos encontram dificuldades para seguir as normas sociais.

Para Karl Marx, todavia, o Estado-nação moderno representava o aparato de poder administrativo criado pela burguesia para o desenvolvimento do capitalismo nacional e internacional. O fortalecimento e a emancipação do Estado eram, para os marxistas, uma bandeira liberal e conservadora, sempre que este Estado precedesse o desenvolvimento capitalista. E essa bandeira fazia parte da revolução democrático-burguesa. É por meio dela que a burguesia procura se livrar dos entraves econômicos e das reminiscências feudais que impediam o pleno desenvolvimento das forças produtivas capitalistas.

Assim, Karl Marx e Friedrich Engels colocaram-se distantes do nacionalismo burguês, considerado limitado e patriótico, e defenderam todas as forças de emancipação nacional, se e quando elas eram convergentes com os interesses revolucionários do proletariado mundial. Esse era o princípio de uma democracia popular. De acordo com esse ideário, o Estado nacional era uma etapa de formação e atuação política do capitalismo que seria superada na sociedade socialista. No entanto, o Estado-nação cumpria uma força aglutinadora dos anseios populares, que não podiam ser ignorados. Tais anseios, quando legítimos e essencialmente progressistas, deveriam ser apoiados pelo proletariado.

Estado nacional e Guerra Fria

No século XX, logo após a Segunda Guerra Mundial, a oposição entre os projetos político-econômicos capitalista e socialista colocou em confronto os Estados Unidos da América e a União das Repúblicas Socialistas Soviéticas em um grande e longo conflito internacional. Chamado de Guerra Fria, esse embate dividiu o mundo em zonas de influência nos quatro continentes.

Essa oposição se estendeu para as mais diferentes áreas e setores da sociedade, indo da corrida armamentista à espionagem, da propaganda política às artes, da guerra tecnológica às disputas esportivas. A produção massiva de armamentos, embalada também pelo desenvolvimento tecnológico e a chamada Guerra nas Estrelas, colocou o mundo na iminência de um conflito nuclear, embora os dois blocos oponentes tivessem sempre deixado uma margem de segurança para que um desastre desse tipo não ocorresse.

A corrida armamentista e a conquista da Lua fizeram parte da Guerra Fria. Nos Estados Unidos, desenvolveu-se o Programa Apollo, que tinha por objetivo chegar à Lua antes dos russos. Em 1969, efetivamente, os Estados Unidos conseguiram pousar em solo lunar e nele fincar sua bandeira. O acontecimento foi televisionado.

CENTRO ESPACIAL KENNEDY, NASA

O fato é que essa oposição sistemática penetrou nos diversos países e fez com que as nações alinhadas com os Estados Unidos desenvolvessem uma política de perseguição a toda ideologia de esquerda, assim como, do outro lado, os países comunistas abriam guerra contra qualquer dissidência política, liberal ou não. A consequência dessa conjuntura histórica foi o endurecimento dos governos dos mais diversos países, um fator a mais para a manutenção de governos despóticos instalados em países da Europa, Ásia e América. Governos que aliavam ditaduras populistas a controle militarizado, propaganda política ao culto nacionalista, instalaram-se e conservaram-se na Itália, na Espanha, em Portugal, na Iugoslávia, na Argentina, no Chile e no Brasil, entre outros.

O que o século XX acompanhou em razão dos conflitos militares e ideológicos foi, portanto, o fortalecimento dos Estados nacionais, embora eles encobrissem profundas divisões internas. O colapso da União Soviética e o fim da Guerra Fria, o declínio da maioria dos governos autoritários e o movimento de descolonização da África introduziram modificações profundas na divisão geopolítica do mundo. Essa conjuntura abalou as fronteiras e as unidades nacionais.

O enfraquecimento dos conflitos internacionais, por um lado, e o desenvolvimento da tecnologia, por outro, promoveram — por meio de transformações das redes de comércio, das finanças e da divisão de trabalho — uma revolução nas relações internacionais e geraram o fenômeno que recebeu o nome de globalização em seu sentido contemporâneo. Isso foi possível graças à presença de Estados fortes e intervencionistas que hoje são questionados e redefinidos exatamente por possuir essas características.

A difícil formação do Estado nacional no Brasil

Antes de encerrarmos este capítulo, vamos tratar da constituição do Estado nacional no Brasil. Aqui, como em muitas ex-colônias europeias, a vida política foi marcada por séculos de dependência e de submissão aos laços coloniais. Até 1808, quando a Corte veio para o Brasil para fugir da invasão napoleônica em Portugal, constituímos uma colônia severamente controlada pela metrópole portuguesa. As ordens religiosas e a administração colonial trataram de submeter as populações nativas e de defender o território de invasões, e, assim como não pudemos ter universidades, bibliotecas nem imprensa até o século XIX, também não tivemos instituições políticas e todas as tentativas de emancipação foram duramente sufocadas. Exemplo disso foi a Inconfidência Mineira (1789), cujos revoltosos foram executados ou exilados.

Com a vinda da Corte para o Brasil, fomos transformados em Reino Unido de Portugal e Algarves. Por um lado, essa condição abriu as portas do país ao capitalismo mundial, mas, por outro, tornava ainda mais forte a influência da monarquia portuguesa. Assim, quando a defesa da monarquia em Portugal exigiu que D. João VI retornasse à pátria, D. Pedro I aqui permaneceu para, em seguida, proclamar a independência do país, em 1822. Ao contrário do que aconteceu na maioria das colônias ibéricas da América, continuamos a ser uma monarquia, cujo trono era ocupado por um português descendente e herdeiro da Coroa da antiga metrópole. Esse fato retardou a Proclamação da República no Brasil, que ocorreu somente em 1889.

O período republicano, por sua vez, foi marcado por uma herança colonial que resistia às transformações políticas e sociais exigidas pelo capitalismo industrial e financeiro. Passamos também por dois períodos ditatoriais — o governo de Getúlio Vargas (1930-1945) e a ditadura civil-militar (1964-1985). Durante esses períodos, tivemos a suspensão de direitos políticos, censura e repressão.

Por toda essa história truncada e repleta de autoritarismo, da época colonial à República, a vida política esteve marcada, segundo o sociólogo Renato Ortiz, por um tradicionalismo que mina os processos de mudança e transformação político-econômicas. E, embora vivamos épocas mais amenas, ainda estamos aprendendo a constituir nossa democracia e a exercer nossa cidadania.

PINGOS NOS "IS"

Globalização

A globalização, processo de integração político-econômica e cultural dos países, ocorrido na passagem do século XX para o século XXI, resultou de um movimento de expansão do capitalismo que se iniciou com as Grandes Navegações e o colonialismo europeu. Avançou com o desenvolvimento da indústria e das comunicações, mas foi a partir do final do século XX, com a revolução informática e o fim do confronto entre Estados Unidos e URSS, que a globalização se apresentou em toda sua potencialidade, de maneira a revolucionar as relações internacionais. Um dos efeitos desse processo foi o enfraquecimento das fronteiras nacionais e a aproximação entre blocos de países com interesses convergentes. Uma nova ordem geopolítica une regiões e nações antes distantes.

Ao lado disso, a extinção da URSS estancou a expansão comunista no Ocidente, fazendo prevalecer o capitalismo liberal desde sempre defendido pelos Estados Unidos. A essa nova etapa do capitalismo, apoiado na globalização e na informática, dá-se o nome de neoliberalismo.

Esta doutrina político-econômica obrigou as nações que desejavam fazer parte das relações internacionais a reformular o Estado nacional para torná-lo mais eficiente do ponto de vista econômico e financeiro. Metas de enxugamento das despesas sociais e assistenciais do Estado foram promovidas em favor de um balanço que favorecesse a entrada de recursos financeiros provenientes de arrecadações do Estado. Os diferentes países signatários desse documento intitulado Consenso de Washington (1989) comprometeram-se a deixar de lado o Estado do Bem-Estar Social e a respeitar as exigências de enxugamento dos gastos públicos. Desde então, diferentes países vêm tentando fazer frente a essas exigências, que ficaram cada vez mais difíceis em razão da globalização, que torna as economias nacionais muito mais vulneráveis às instabilidades internacionais.

Esse cenário faz com que muitos sociólogos se debrucem sobre a sociedade com o objetivo de entender o que é e para que serve o Estado nacional na atualidade. Os estudos demonstram que as nações se mostram cada vez mais diversificadas e plurais, e reúnem uma população com ampla diversidade étnica, racial, religiosa e de nacionalidade — cada grupo com suas demandas e exigências. As trocas mercantis e de população entre os países intensifica-se, assim como é aprofundada a dependência internacional. Os Estados nacionais, na atualidade, devem se reposicionar diante das suas dissidências e diversidades internas e, ao mesmo tempo, posicionar-se nessa nova orquestração internacional.

Boaventura de Sousa Santos é um dos estudiosos que têm se dedicado a entender as transformações políticas das últimas quatro décadas e aponta como um dos desafios dos dias de hoje, entre outros, pensar no Estado nacional como instituição democrática e a cidadania como efetiva integração e participação dos governados na vida política. Como se percebe, muitos séculos se passaram desde que os gregos tomaram consciência da política como práxis e criaram instituições destinadas a permitir a vida civil participativa, mas as questões com as quais se depararam em sua época ainda não foram resolvidas.

É preciso redefinir os limites entre a vida pública e a privada e, nesta, incluir a população governada, sob o signo da cidadania participativa. Nenhum Estado, já sabiam os filósofos clássicos, será eficiente se não conseguir esse intuito.

Boaventura de Sousa Santos (1940-)

Sociólogo português, professor catedrático jubilado da Universidade de Coimbra, especializou-se em Sociologia do Direito, em Berlim, na Alemanha. Ao retornar a Portugal, foi um dos fundadores da Faculdade de Economia da Universidade de Coimbra e é diretor do Centro de Estudos sociais da mesma universidade.

MARCELO LIMA/AFP

Democracia, uma lição que precisamos aprender

É nosso desafio afirmar a democracia, tanto a representativa (que, apesar de tantas decepções, ainda merece nosso voto e nossa consciência) quanto a democracia direta, através da nossa participação e do apoio aos movimentos sociais organizados. Sobre este tema da nossa cidadania, conversamos com Ana Maria Prestes Rabelo*.

• *"A democracia representativa e formal fracassou? É insuficiente?*

A democracia representativa é fruto de uma concepção liberal que sempre teve como objetivo manter o poder político nas mãos das elites e pouco acessível à maioria da população. Como ideário, ela não fracassou, visto que se espalhou como modelo hegemônico e tem sido utilizada como mote para justificar as campanhas belicistas do imperialismo no período recente. Por outro lado, sua insuficiência é flagrante e muitas têm sido as iniciativas de introduzir elementos de democracia direta, deliberativa e participativa nos países que conseguem projetar programas alternativos ao liberalismo em seus governos. A questão fundamental é que ao mesmo tempo em que o mundo vive a difusão do modelo liberal de democracia representativa, apresentada pela globalização hegemônica como a melhor forma de organização das sociedades humanas, as pessoas se veem cada vez mais afastadas da possibilidade de opinar e influir em decisões que atingem diretamente suas vidas. O vácuo, ou o déficit democrático criado entre o que se discute e aprova nos encontros multilaterais ou globais, por exemplo, e o entendimento e a opinião dos cidadãos nacionais sobre tais decisões, gerou um espaço político a ser preenchido. Esta foi uma condição essencial para o surgimento de encontros como o Fórum Social Mundial.

• *Qual o papel e a importância dos movimentos sociais para a democracia?*

Os movimentos sociais (grupos, associações e organizações não governamentais que se articulam coletivamente em torno de uma luta específica) ajudam a demonstrar os pontos falhos da democracia representativa de modelo elitista que circunscreve a participação política ao processo de votação eleitoral. No período que separa uma eleição da outra, a maioria da população fica privada de interferir no andamento das políticas públicas e é exatamente através dos movimentos sociais que as demandas vão surgir e se expressar para o conjunto da sociedade. Movimentos sociais fortes são fundamentais para que as decisões políticas sejam mais democráticas e tenham consonância com as demandas sociais. A cultura do associativismo e da solidariedade social presente nos movimentos sociais é fundamental para pressionar a ampliação do espaço público nas democracias liberais que tendem à privatização do Estado e do escopo de atuação civil. No Brasil, os movimentos sociais tiveram, no período recente, um papel importantíssimo no estabelecimento de novas relações entre o Estado e a sociedade no que tange, por exemplo, às relações de gênero, etnia, uso do espaço público e vários outros aspectos que democratizam esta relação.

• *Onde começa e como deve acontecer o estímulo e a formação para a participação cidadã?*

De preferência o mais cedo possível. Na família, na escola, nas primeiras experiências de relações sociais das crianças e dos jovens. O Estado precisa estar aberto à participação cidadã, as escolas devem estar preparadas para formar as crianças e os jovens em uma cultura participativa e a sociedade deve praticar esta cultura de forma ativa. As pessoas participam se percebem que há sentido nesta participação, que sua ação interfere na dinâmica social, e este é um bom termômetro do grau de democracia das sociedades.

• *Em que setores a população brasileira se organiza? Que experiências são mais significativas?*

A sociedade brasileira tem uma história muito rica de organização e luta. Desde as lutas abolicionistas às recentes mobilizações para a democratização da mídia. O Brasil é referência mundial em organização pela reforma agrária, pelos direitos das mulheres, pelo fim da discriminação racial, pelos direitos da juventude e dos estudantes, pelo direito à moradia, pela ampla justiça social. No período recente, nosso país também se tornou referência pela implementação de alguns mecanismos de democracia participativa e deliberativa, como os orçamentos participativos, o funcionamento de conselhos setoriais e a realização de conferências temáticas. [...]"

*Ana Maria Prestes Rabelo é mestre em Ciência Política e membro do Conselho Internacional do Fórum Social Mundial de Belo Horizonte, MG.

PIES, Nei Alberto. Democracia, uma lição que devemos aprender. Entrevista com Ana Maria Prestes Rabelo, n. 408, jul. 2010, do jornal *Mundo Jovem*. Disponível em: <www.mundojovem.com.br/entrevistas/edicao-408-entrevista-democracia-uma-licao-que-precisamos-aprender>. Acesso em: jul. 2016.

ATIVIDADES

1 Palavras de Maquiavel em *Comentários sobre a primeira década de Tito Lívio*:

"Percebe-se facilmente de onde nasce o amor à liberdade dos povos; a experiência nos mostra que as cidades crescem em poder e em riqueza enquanto são livres. É maravilhoso, por exemplo, como cresceu a grandeza de Atenas durante os cem anos que se sucederam à ditadura de Pisístrato. Contudo, mais admirável ainda é a grandeza alcançada pela república romana depois que foi libertada dos seus reis. Compreende-se a razão disso: não é o interesse particular que faz a grandeza dos Estados, mas o interesse coletivo".

MAQUIAVEL, Nicolau. *Comentários sobre a primeira década de Tito Lívio*. Brasília: Universidade de Brasília, 1982. p. 198.

De acordo com o que foi estudado sobre o pensamento de Maquiavel, qual é a ideia que mais converge com o significado do texto acima?

2 "O acordo vigente entre essas criaturas (abelhas e formigas) é natural, ao passo que o dos homens surge apenas através de um pacto, isto é, artificialmente. Portanto, não é de se admirar que seja necessária alguma coisa mais, além de um pacto, para tornar constante e duradouro seu acordo, ou seja, um poder comum que os mantenha em respeito, e que dirija suas ações no sentido do benefício comum."

HOBBES, Thomas. *Leviatã*. São Paulo: Abril Cultural, 1974. p. 109.

Nesse trecho de seu famoso livro, Hobbes defende:

a) que o pacto entre os homens é artificial e por isso pouco duradouro.

b) que apenas um pacto natural, como das abelhas e formigas pode trazer o benefício comum.

c) que o benefício comum resultará de um pacto entre os homens, que não é natural, mas resultante da sociabilidade entre eles.

d) que apenas os pactos naturais trazem benefícios para as diferentes espécies.

3 Conforme expresso no texto citado na atividade anterior, Hobbes imaginava que o poder entre os homens deve resultar de um pacto realizado entre eles. Em razão desse pensamento, Hobbes, assim como Jean-Jacques Rousseau, foi considerado um filósofo:

a) contratualista.

b) monarquista.

c) democrata.

d) absolutista.

4 Como o ser humano é visto pelos humanistas renascentistas?

5 O que favoreceu em Maquiavel e em Max Weber as ideias políticas favoráveis à criação de Estados nacionais fortes?

6 Por que a teoria marxista não propunha o fortalecimento do Estado nacional como os autores clássicos das demais teorias?

7 Por que a globalização fragiliza os Estados nacionais?

8 Neste capítulo, o texto explica que a existência do Estado nacional no Brasil enfrentou dificuldades. Das alternativas abaixo, qual **não** pode ser apontada como causa dessas dificuldades?

a) Os fortes laços coloniais estabelecidos por Portugal.

b) A existência de períodos de ditadura em nossa história política.

c) Nunca termos lutado por nossa liberdade.

d) Pela República ter sido tardia no Brasil.

9 "Ao dizer que a sociedade brasileira é autoritária estou pensando em certos traços gerais das relações sociais que se repetem em todas as esferas da vida social (da família ao Estado, passando pelas relações de trabalho, pela escola, pela cultura). Vivemos numa sociedade verticalizada e hierarquizada (embora não o percebamos) na qual as relações sociais são realizadas sempre sob a forma de cumplicidade [...] ou sob a forma do mando e da obediência entre um superior e um inferior."

CHAUÍ, Marilena. Raízes teológicas do populismo. In: DAGNINO, Evelina (Org.). *Anos 90:* política e sociedade no Brasil. São Paulo: Brasiliense, 1994. p. 27.

Esse trecho discorre sobre o autoritarismo. Segundo o capítulo estudado, qual é a origem desse autoritarismo na política brasileira? O que ele pode dificultar?

Observe a charge e responda à atividade.

GEOFF HOOK

10 A qual fato histórico, tratado no capítulo, a charge se refere?

a) Guerra Fria, que opôs o comunismo, vigente na União das Repúblicas Socialistas Soviéticas, ao capitalismo, defendido pelos Estados Unidos da América, e à corrida armamentista que essa guerra engendrou.

b) Guerra Fria, que opôs o comunismo, vigente na União das Repúblicas Socialistas Soviéticas, ao socialismo, defendido pelos Estados Unidos da América.

c) Segunda Guerra Mundial, uma guerra entre os aliados e as potências do eixo, esses últimos (Alemanha, Japão e Itália) compostos por governos fascistas.

d) Guerra Fria, uma guerra entre os aliados e as potências do eixo, esses últimos (Alemanha, Japão e Itália) compostos por governos fascistas.

EXAMES DE SELEÇÃO

1 (Enem, 2015)

"Em sociedade de origens tão nitidamente personalistas como a nossa, é compreensível que os simples vínculos de pessoa a pessoa, independentes e até exclusivos de qualquer tendência para a cooperação autêntica entre os indivíduos, tenham sido quase sempre os mais decisivos. As agregações e relações pessoais, embora por vezes precárias, e, de outro lado, as lutas entre facções, entre famílias, entre regionalismos, faziam dela um todo incoerente e amorfo. O peculiar da vida brasileira parece ter sido, por essa época, uma acentuação singularmente enérgica do afetivo, do irracional, do passional e uma estagnação ou antes uma atrofia correspondente das qualidades ordenadoras, disciplinadoras, racionalizadoras."

HOLANDA, S. B. *Raízes do Brasil*. São Paulo: Cia. das Letras, 1995.

Um traço formador da vida pública brasileira expressa-se, segundo a análise do historiador, na

a) rigidez das normas jurídicas.

b) prevalência dos interesses privados.

c) solidez da organização institucional.

d) legitimidade das ações burocráticas.

e) estabilidade das estruturas políticas.

2 (Enem, 2012)

Texto I

"O que vemos no país é uma espécie de espraiamento e a manifestação da agressividade através da violência. Isso se desdobra de maneira evidente na criminalidade, que está presente em todos os redutos — seja nas áreas abandonadas pelo poder público, seja na política ou no futebol. O brasileiro não é mais violento do que outros povos, mas a fragilidade do exercício e do reconhecimento da cidadania e a ausência do Estado em vários territórios do país se impõem como um caldo de cultura no qual a agressividade e a violência fincam suas raízes."

Entrevista com Joel Birman. A corrupção é um crime sem rosto. *IstoÉ*. Edição 2099, 3 fev. 2010.

Texto II

"Nenhuma sociedade pode sobreviver sem canalizar as pulsões e emoções do indivíduo, sem um controle muito específico de seu comportamento. Nenhum controle desse tipo é possível sem que as pessoas anteponham limitações umas às outras, e todas as limitações são convertidas, na pessoa a quem são impostas, em medo de um ou outro tipo."

ELIAS, N. *O processo civilizador*. Rio de Janeiro: Jorge Zahar, 1993.

Considerando-se a dinâmica do processo civilizador, tal como descrito no Texto II, o argumento do Texto I acerca da violência e agressividade na sociedade brasileira expressa a

a) incompatibilidade entre os modos democráticos de convívio social e a presença de aparatos de controle policial.

b) manutenção de práticas repressivas herdadas dos períodos ditatoriais sob a forma de leis e atos administrativos.

c) inabilidade das forças militares em conter a violência decorrente das ondas migratórias nas grandes cidades brasileiras.

d) dificuldade histórica da sociedade brasileira em institucionalizar formas de controle social compatíveis com valores democráticos.

e) incapacidade das instituições político-legislativas em formular mecanismos de controle social específicos à realidade social brasileira.

3 **(Enem, 2015)**

"A natureza fez os homens tão iguais, quanto às faculdades do corpo e do espírito, que, embora por vezes se encontre um homem manifestamente mais forte de corpo, ou de espírito mais vivo do que outro, mesmo assim, quando se considera tudo isto em conjunto, a diferença entre um e outro homem não é suficientemente considerável para que um deles possa com base nela reclamar algum benefício a que outro não possa igualmente aspirar."

HOBBES, T. *Leviatã*. São Paulo: Martins Fontes, 2003.

Para Hobbes, antes da constituição da sociedade civil, quando dois homens desejavam o mesmo objeto, eles

a) entravam em conflito.

b) recorriam aos clérigos.

c) consultavam os anciãos.

d) apelavam aos governantes.

e) exerciam a solidariedade.

4 **(Enem, 2014)**

"Existe uma cultura política que domina o sistema e é fundamental para entender o conservadorismo brasileiro. Há um argumento, partilhado pela direita e pela esquerda, de que a sociedade brasileira é conservadora. Isso legitimou o conservadorismo do sistema político: existiriam limites para transformar o país, porque a sociedade é conservadora, não aceita mudanças bruscas. Isso justifica o caráter vagaroso da redemocratização e da redistribuição da renda. Mas não é assim. A sociedade é muito mais avançada que o sistema político. Ele se mantém porque consegue convencer a sociedade de que é a expressão dela, de seu conservadorismo."

NOBRE, M. *Dois ismos que não rimam*. Disponível em: <www.unicamp.br>. Acesso em: 28 mar. 2014. (Adaptado.)

A característica do sistema político brasileiro, ressaltada no texto, obtém sua legitimidade da

a) dispersão regional do poder econômico.

b) polarização acentuada da disputa partidária.

c) orientação radical dos movimentos populares.

d) condução eficiente das ações administrativas.

e) sustentação ideológica das desigualdades existentes.

OUTRAS MÍDIAS

Para ler

Nação e nacionalismo no século XXI

Helio Jaguaribe. Revista *Estudos Avançados*, vol. 22, n. 62. São Paulo: jan.-abr. 2008. Dossiê Nação Nacionalismo.

Nesse breve estudo, o autor retoma as origens da palavra *nação*, quando ela ainda designava comunidades dotadas de cultura própria, que geralmente habitavam um mesmo território, falando um mesmo idioma e obedecendo a uma mesma direção. Mostra como a palavra mudou de sentido até corresponder, a partir do século XVI, a um território ocupado por uma população sob a jurisdição administrativa de um Estado nacional. O autor considera que nesses cinco séculos de história do Ocidente os Estados nacionais passaram por diferentes desafios, especialmente a sede imperialista de certas nações. Finalmente, Helio Jaguaribe aborda o grande desafio atual que é a globalização.

Disponível em: <www.scielo.br/pdf/ea/v22n62/a18v2262.pdf>. Acesso em: jun. 2016.

A sociedade contra o Estado: pesquisa de antropologia política

Pierre Clastres. São Paulo: Cosac & Naify, 2003.

Nesse livro, que tem encantado gerações, o antropólogo Pierre Clastres (1934-1977) fala de antropologia política, filosofia política e etnografia. Foi editado originalmente em 1974 e compõe-se de diversos artigos que têm em comum a defesa da sua tese central — a ausência de Estado nas sociedades tribais, chamadas inicialmente de "primitivas", deve-se à resistência dos indígenas em reconhecer uma autoridade que não provenha da integração da sociedade como um todo ou se sobreponha a ela. Assim, ao contrário de constituir prova de "atraso" sociológico, a ausência de Estado entre os indígenas amazonenses seria resultado de uma sociedade capaz de se organizar por si só, sem a necessidade de um poder coercitivo quase externo.

A leitura dessa obra, especialmente do primeiro e do último capítulo, permitirá analisar que o Estado-nação, embora pareça universal, ainda se encontra ausente de determinadas sociedades, não porque não tenham conseguido chegar a essa formação, mas porque a recusam. Nesse sentido, mesmo com o estudo da formação do Estado nacional, os leitores saberão que se trata de uma formação histórica moderna e contemporânea e não de um fenômeno universal.

A resiliência do Estado nacional diante da globalização

Rubens Ricupero. Revista *Estudos Avançados*, vol. 22, n. 62, São Paulo, jan.-abr. 2008. Dossiê Nação Nacionalismo.

Nesse estudo, o autor faz uma análise histórica do surgimento do Estado nacional e das funções que assumiu na história, na Europa e em outros continentes. Analisa a globalização e discute que, apesar da ameaça que representa para os Estados nacionais, estes se mostram ainda mais importantes do que as forças econômicas mundiais.

Disponível em <www.scielo.br/pdf/ea/v22n62/a09v2262.pdf>. Acesso em: jun. 2016.

Para assistir

Coleção 007 (24 filmes)

James Bond, também conhecido pelo código do serviço secreto britânico MI-6 como 007, é um agente secreto criado pelo escritor Ian Fleming (1908-1964). O autor lançou 12 títulos sobre o agente secreto, que logo se tornaram sucesso de vendas. Foi adaptado para a televisão, revistas em quadrinhos e cinema. Foram 23 filmes, nos quais o espião foi protagonizado por diferentes atores. As primeiras histórias mostram como agiam os serviços secretos dos países desenvolvidos em plena época da Guerra Fria, a importância da tecnologia e o constante perigo de eclosão de um conflito internacional. Nos filmes mais recentes, o tema principal é a globalização, e são abordados o crime organizado internacionalmente e o terrorismo de alcance global.

Getúlio

Direção: João Jardim. | País: Brasil. | Ano: 2014.

O filme mostra Getúlio Vargas, presidente eleito do Brasil, em 1954, durante seus últimos dias de vida — aqueles que antecederam seu suicídio. Apresenta-o em sua intimidade nos momentos mais difíceis, quando teve que enfrentar uma forte crise política decorrente do atentado contra o seu inimigo político, o jornalista Carlos Lacerda (1914-1977), que acabou vitimando um militar da Aeronáutica e ferindo o jornalista.

Intrigas no governo mobilizaram a oposição, que, apoiada por militares, pediu a renúncia do presidente. Getúlio Vargas é interpretado por Tony Ramos, e o filme foi rodado no Palácio do Catete, no Rio de Janeiro, antiga sede do Governo Federal. Essa trama poderá ilustrar a análise feita neste capítulo sobre as dificuldades enfrentadas pelo Estado nacional no Brasil durante toda sua história.

Os inconfidentes

Direção: Joaquim Pedro de Andrade. | País: Brasil. | Ano: 1972.

Filme realizado para a televisão italiana RAI como parte da série *A América Latina vista por seus realizadores*, foi sucesso de crítica internacional e premiado no Festival de Veneza. Com José Wilker (1944-2014) no papel de Tiradentes, é uma versão cinematográfica da Inconfidência Mineira. Aborda a repressão de Portugal sobre o Brasil, tecendo uma metáfora à ditadura civil-militar vigente na época em que o filme foi rodado. O roteiro baseou-se nos *Autos da devassa*, uma compilação de documentos extraídos do processo contra os inconfidentes. Será uma boa oportunidade para discutir a resistência ao poder no Brasil e o autoritarismo que caracterizou a história brasileira desde a época colonial.

Para acessar

Núcleo de Estudos em História Social da Política

<www.ufjf.br/nucleodehistoria/>

Trata-se de um núcleo de pesquisa da Universidade Federal de Juiz de Fora que tem por objetivo promover a pesquisa e o debate interdisciplinar sobre política, priorizando o estudo do comportamento dos cidadãos na vida pública. O *site* divulga atividades científicas, eventos e publicações do grupo.

Capítulo

11 Democracia, cidadania e direitos humanos

Objetivos

- Entender o Humanismo como escola filosófica desenvolvida no contexto do Renascimento.
- Compreender a ascensão da burguesia e os entraves representados pela monarquia absolutista e pela ordem senhorial.
- Conhecer os movimentos de independência e libertação política na Inglaterra, França e Estados Unidos.
- Entender o significado da *Declaração dos Direitos do Homem e do Cidadão*.
- Estudar o desenvolvimento dos direitos humanos no Brasil.
- Analisar os desafios atuais para as noções de liberdade e cidadania.

Este capítulo trata da origem histórica de uma das manifestações mais importantes da Idade Moderna, a *Declaração dos Direitos do Homem e do Cidadão*, nascida desse amplo movimento que foi a Revolução Francesa. Com base no humanismo renascentista e no neoclassicismo, inspirado nos ideais da Antiguidade clássica, os revolucionários puseram em prática os ideais dos filósofos do Iluminismo. Considerando os seres humanos dotados de racionalidade e liberdade individual, proclamaram novos direitos civis.

Vamos estudar também as transformações promovidas pelo capitalismo e a necessidade da revisão dos conceitos de liberdade e igualdade expressos na *Declaração Universal dos Direitos Humanos* aprovada pela Organização das Nações Unidas (ONU), em 1948. Apresentaremos os direitos humanos no Brasil à luz de sua história passada e recente, mostrando seus avanços e dificuldades. Finalmente, veremos os desafios que a defesa dos direitos humanos enfrenta na atualidade.

Jovens decoram com grafites temáticos os muros do Conselho Estadual dos Direitos da Mulher para marcar o Dia internacional de combate à violência contra a mulher na cidade do Rio de Janeiro (RJ, 2014).

FERNANDO FRAZÃO/AGÊNCIA BRASIL

MARY EVANS PICTURE LIBRARY/DIOMEDIA

Frontispício da *Declaração dos Direitos do Homem e do Cidadão*, França, de 1789, em que está inscrito o lema: "Unidade indivisível da república: liberdade, igualdade e fraternidade ou a morte".

ORDEM DOS ADVOGADOS DO BRASIL – SEÇÃO DE SÃO PAULO

Cartaz da campanha "Diversidade sexual e combate à homofobia", da Ordem dos Advogados do Brasil (OAB), de São Paulo, divulgada em 2015.

Para refletir

1. Você consegue estabelecer uma relação entre as imagens e o que se entende por direitos humanos?
2. Em sua opinião, que frase poderia ser colocada em um cartaz para defender os direitos humanos?

STRINGER/ AFP

Sessão da Organização das Nações Unidas (ONU) que votou a adoção formal da *Declaração Universal dos Direitos Humanos,* em 10 de dezembro de 1948, na cidade de Paris (França).

A criação de Adão, detalhe do teto da capela Sistina, em Roma (Itália), realizado por Michelangelo, entre 1508 e 1512.

A imagem acima é uma das mais conhecidas da arte ocidental. Ela representa Deus criando o homem à sua imagem e semelhança, como informa a Bíblia. Além da beleza formal da obra, alguns aspectos chamam a atenção: a semelhança na técnica utilizada pelo artista para retratar a divindade e sua criação. Ambos têm o rosto com feições profundas e se olham intensamente. A composição da pintura converge para o olhar e para as mãos do Criador e da criatura, que quase se tocam.

O afresco é uma obra-prima de Michelangelo (1475-1564), artista considerado por muitos o maior de sua época, e apresenta uma revolução estética em relação à pintura sacra que se fazia até então — em vez de imagens humildes e sofredoras com que a pintura medieval representava o ser humano, aparece um homem nu, jovem, forte e que se coloca sem medo diante do Criador. Deus e Adão estão próximos, colocados quase à mesma altura na obra, buscam-se e reconhecem-se. Podemos dizer que Criador e criatura compõem um mesmo conjunto — são figuras contíguas.

Essa obra representa uma revolução também no campo das ideias — traz a marca do humanismo renascentista que substituiu, entre intelectuais, pensadores e artistas, o pensamento medieval, para o qual o ser humano era visto como pecador, expulso do paraíso, e a vida terrena, uma expiação. Para os humanistas, como nos mostra Michelangelo, o ser humano é grandioso, a mais importante obra da natureza, ou seja, criado à semelhança do Criador. Portanto, com suas características físicas, mentais e psicológicas. A vida na Terra deve ser de realização e de desenvolvimento pleno desse ser que, assim, cumprirá os desígnios de Deus.

Audiovisual
A Reforma Protestante

Em outras palavras, *A criação de Adão*, de Michelangelo, expressa a nova mentalidade que se constituía no Ocidente, a partir do século XV até o século XVIII, e que envolvia o Humanismo, o Neoclassicismo e o Iluminismo, três tendências do pensamento moderno europeu. Estudar esses movimentos filosóficos e artísticos permite-nos compreender por que os intelectuais dessa época se preocuparam em entender a natureza humana e em definir os direitos que a distinguem e caracterizam. Foi porque o ser humano passou a ser considerado o centro da natureza que a luta pelos direitos humanos é travada até hoje.

O Iluminismo

Iluminismo foi o nome dado ao movimento intelectual que se desenvolveu a partir do Renascimento e que defendia a importância e o domínio da razão e da ciência sobre o obscurantismo dogmático e a superstição. Com o desenvolvimento científico e tecnológico, ganhou força a racionalidade sobre alguns elementos mais comuns na Idade Média, como a crença religiosa, a fé dogmática e o pensamento mágico.

Os debates filosóficos se intensificam diante das transformações provocadas pelo capitalismo e, depois, pelo desenvolvimento da indústria. A **sociedade estamental** feudal, dividida em nobreza, clero e camponeses, passa a comportar novas divisões sociais com o desenvolvimento de novos grupos sociais, como a burguesia, o proletariado e os grupos intermediários. Medo e insatisfação manifestam-se entre os que perdem direitos e privilégios (nobres, mercantilistas e clero) e entre os que ainda não os conquistaram (burgueses e trabalhadores assalariados).

Termos e conceitos

Sociedade estamental: nome que se dá à sociedade que precede o desenvolvimento do capitalismo industrial, em que a população é dividida em camadas sociais que não se misturam. A distribuição das pessoas pelos estamentos se dá, geralmente, pelo nascimento. É uma sociedade estática e pouco flexível.

Inspirados no cientificismo e na racionalidade, os intelectuais discutem *princípios*, isto é, leis capazes de explicar o que determina os acontecimentos, as manifestações, o comportamento humano e social. Princípios também pensados como aquilo que orientará a ação humana nessa nova era, numa projeção dos anseios dos pensadores da época.

As teorias enunciam os princípios que, entretanto, encontrarão legitimidade apenas quando transformados em leis e artigos constitucionais. Essa legitimação também se tornará uma característica da época — a importância dos enunciados legais que, se não administram a realidade, ao menos enunciam ideias e programas de ação. Leis científicas e jurídicas ocupam as discussões filosóficas e políticas da época.

O Neoclassicismo, parte do ideário iluminista, leva os filósofos, intelectuais, cientistas e artistas a buscarem inspiração na Antiguidade clássica. O platonismo traz de volta o idealismo e o pensamento utópico. A moral e a ética procuram edificar um mundo melhor e mais perfeito que se anuncia. Todo esse esforço de pensar criticamente o presente e instaurar uma nova ordem, capaz de realizar plenamente o ser humano, é selado pelo juramento à lei e à constituição.

Outra característica desse momento revolucionário no campo das relações sociais e das ideias foi o anticlericalismo. Ao combater a Igreja Católica, especialmente, e as religiões de forma geral, o Iluminismo apega-se a uma visão material, racional e terrena da vida humana; rechaçando as superstições, o misticismo e as crendices. É o momento da ciência, do racionalismo e dos prazeres terrenos.

AKG-IMAGES/ALBUM/LATINSTOCK – MUSEU CARNAVALET, PARIS

Às vésperas da Revolução Francesa (1789-1799), panfletos denunciavam o poder opressor do Antigo Regime, cuja monarquia absoluta distribuía privilégios à nobreza e à Igreja à custa da população pobre e sem direitos. A charge critica a isenção de impostos para o clero e a nobreza que, em contrapartida, recaem nas costas do resto da população.

Do passado clássico, vem a inspiração pela vida política participativa e republicana, baseada na ideia de que os cidadãos podem e devem constituir o *bem comum*.

Nesse movimento filosófico são, do ponto de vista do pensamento e da ação, gestados a Revolução Francesa, principal marco histórico da era republicana, a Independência dos Estados Unidos e o principal ato jurídico de expressão do pensamento ocidental moderno: a *Declaração dos Direitos do Homem e do Cidadão*, votada e aprovada pela Assembleia Constituinte em 26 de agosto de 1789, que contém os princípios que traduzem o idealismo, a ética e a moral modernos. Esse foi o documento mais importante da Revolução Francesa, pois concebe o homem de um ponto de vista universal.

No documento estão enunciados os princípios universais acerca do homem, mas está presente também a ânsia do capitalismo por firmar-se como um modo de produção industrial, liberto dos grilhões de uma sociedade nobiliárquica, estamental e religiosa. Em lugar dela, surgiu uma nova ordem contratual, jurídica, regulada por um estado impessoal e laico.

Para que isso se realizasse, deveria prevalecer a concepção do homem como um ser livre, dono de seu destino, capaz de agir como indivíduo, motivado por sua própria vontade. Um ser novo, motor de sua própria história e que, segundo Jean-Jacques Rousseau, tinha, por característica própria de sua origem, a liberdade. Livres e iguais perante a natureza e a lei, os seres humanos também deveriam sê-lo perante o poder, o qual existe por decisão dos cidadãos, fonte de toda sua legitimidade.

MEUNIERD/SHUTTERSTOCK

O anticlericalismo da Revolução Francesa manifestou-se de diferentes formas. O local em que se encontra a Catedral de Notre-Dame de Paris era um antigo centro de culto celta. Depois, os romanos construíram nele um templo em homenagem a Júpiter. Com a cristianização, construiu-se a primeira igreja católica de Paris. Com a ascensão da monarquia absolutista, durante o século XII, as antigas construções foram demolidas e novos edifícios foram erguidos em estilo gótico, cuja engenharia permitia a construção de paredes altas, de maneira a invocar, assim, a ascensão espiritual aos céus, como também a elevação do poder do rei e da monarquia. Por esse simbolismo, na Revolução Francesa, a catedral passou de Igreja Católica a Templo da Razão. Foto da Catedral de Notre Dame em Paris (França, 2014).

MUSEU DE ARTE METROPOLITANO, NOVA YORK

Óleo sobre tela de Jean-Louis David (1748-1825), *A morte de Sócrates*, 1787. Nesse quadro, o artista procurou representar o conflito vivido em Atenas por ocasião do julgamento do filósofo Sócrates, condenado por expressar sua opinião aos jovens atenienses. Inspirados nos textos clássicos, intelectuais e artistas discutiram, no século XVIII, a liberdade de expressão e outros direitos humanos.

Assim, renasce a república, que procura, nem sempre com êxito, garantir um governo democrático, defensor da liberdade e equânime. Diferentemente da democracia ateniense ou da república romana, esses princípios tinham um caráter universal e deveriam se aplicar a todo cidadão e nação, ou seja, à humanidade inteira.

Foi na Revolução Francesa que os direitos à liberdade e à igualdade, assim como o repúdio a qualquer tipo de opressão, assumiram a forma de um conjunto de leis institucionais, cuja defesa passou a ser vista como dever do Estado. Essas leis expressam os ideais da humanidade adaptados às circunstâncias históricas daquele momento, como a emergência da burguesia e a necessidade de expansão da indústria e do capitalismo.

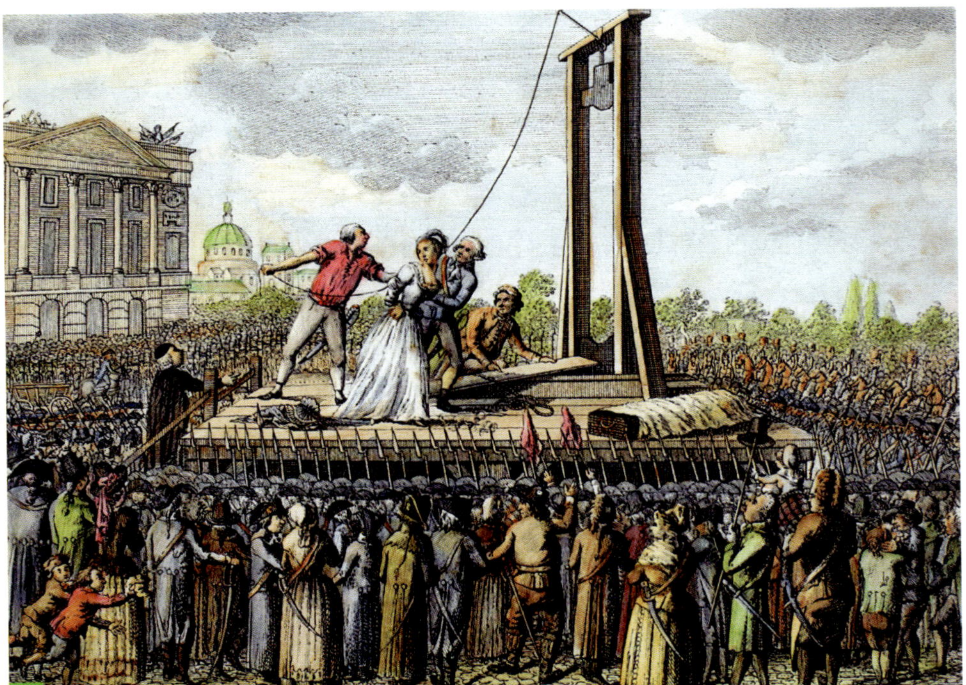

BRIDGEMAN IMAGES/KEYSTONE BRASIL – COLEÇÃO PARTICULAR

Na Revolução Francesa, a guilhotina procurou eliminar os resquícios da sociedade feudal — a religiosidade, a superstição, os privilégios dos nobres e a monarquia —, que tentava manter-se a todo custo. Disso resultou muita violência – inúmeras pessoas foram mortas. A gravura acima representa a execução da rainha francesa Maria Antonieta, ocorrida em Paris em 16 de outubro de 1793.

Igualdade, liberdade e desenvolvimento capitalista

Sob os signos do nacionalismo — defesa da nação como o bem comum de todos os cidadãos —, da igualdade e da liberdade, a democracia moderna contribuiu para o desenvolvimento do capitalismo industrial. Acabou formalmente com a escravidão, a servidão, os direitos feudais dos donos de terra e o escambo (embora tais práticas, sobretudo as chamadas "condições análogas à escravidão", ainda existissem de maneira ilegal em muitos lugares).

Assim, instaurou-se o mercado capitalista, no qual se confrontam livremente mercadorias, produtores e consumidores, que, livres das antigas limitações impostas pelo sangue, pela origem social e familiar ou pela religião, estabelecem seu valor econômico ou seu valor de troca. Nessas condições, a liberdade que verdadeiramente se instala é a da negociação, pela qual, despidos de outras características e restrições, comparam-se bens como valores de troca ou de mercado.

A Revolução Francesa foi um momento decisivo na história política do Ocidente ao pôr fim ao Antigo Regime. Representou, também, a tomada de poder pela burguesia como classe dominante e impôs uma nova estrutura social e econômica, que resultou na expansão do capitalismo industrial e do mercado internacional, bem como na consolidação da noção de Estado. Todos esses ideais estão expressos na *Declaração dos Direitos do Homem e do Cidadão*. Esse conjunto de objetivos políticos e sociais tornou-se o mais expressivo e emblemático da modernidade, cada vez mais aceito e, ao mesmo tempo, mais distante de sua plena aplicação.

Pela importância ideológica e pela unanimidade na aceitação de seus princípios, a *Declaração dos Direitos do Homem e do Cidadão* passou a representar uma nova constituição relativa a toda humanidade, isto é, o documento que defende a liberdade, a igualdade dos homens perante a lei, o direito à propriedade privada e de resistência à opressão. Tornou-se referência para todo Estado que se pretenda democrático, independentemente da forma de governo vigente.

Fundamentos históricos dos direitos humanos

Os fundamentos dos princípios defendidos na *Declaração dos Direitos do Homem e do Cidadão* mudaram ao longo do tempo.

Em 1789, liberdade significava o fim da vassalagem, da servidão e da escravidão, formas pré-industriais de produção que ligavam o trabalhador ao dono de terras e de escravos. O trabalho livre representava a liberdade de o trabalhador buscar o melhor salário e de o capital procurar o menor custo de mão de obra. Do mesmo modo, igualdade perante a Constituição e o Estado significava sujeitar todos os cidadãos às leis e penalidades iguais. Resistência à opressão e liberdade de expressão diziam respeito ao fim do autoritarismo monárquico e garantiam aos opositores dos soberanos reinantes o direito de discordar e criticar.

Da mesma forma, a defesa da propriedade privada, no século XVIII, criticava a concentração de terras nas mãos da aristocracia fundiária, existente até então. No século XVII, John Locke defendia a liberdade de cada indivíduo possuir sua propriedade e a garantia de que o Estado protegesse esse direito. O direito à propriedade significava, para um pensador da época, uma conquista, uma vez que as terras se concentravam nas mãos dos nobres feudais, que as transmitiam por herança, o que impedia o pleno desenvolvimento da indústria e do capitalismo.

> "Esse elenco de direitos coincidia com as aspirações de amplas massas populares em sua luta contra os privilégios da aristocracia. No entanto, em última instância, eram direitos que primeiramente satisfaziam as necessidades da burguesia, dentro do processo de constituição do mercado livre (direitos da liberdade; livre iniciativa econômica; livre manifestação da vontade; livre-cambismo; liberdade de pensamento e expressão; liberdade de ir e vir; liberdade política; mão de obra livre), e consequentemente criavam as condições de consolidação do modo de produção capitalista."
>
> DORNELLES, João Ricardo W. *O que são direitos humanos*. São Paulo: Brasiliense, 1993. p. 21.

Entretanto, com o desenvolvimento da indústria e do capitalismo, as desigualdades sociais e econômicas não acabaram, apenas se tornaram mais evidentes. No plano internacional, as relações de dependência entre os países cresceram, apesar da independência política de muitas colônias europeias, influenciada pela difusão dos princípios liberais.

Durante todo o século XX, as lutas por melhores condições de trabalho e os movimentos sociais que defendiam condições de trabalho mais igualitárias e justas intimidaram os anseios por liberdade e igualdade propostos pelos revoltosos da Revolução Francesa.

O desenvolvimento do capitalismo, de um lado, e a consciência das desigualdades sociais que engendrava, de outro, evidenciaram que a igualdade jurídica dos cidadãos não bastava. As reivindicações de diferentes movimentos sociais mostravam que a igualdade deveria incluir também redistribuição de renda, condições semelhantes de participação política e até mesmo, para os movimentos de esquerda, o fim da propriedade privada, cujo direito era assegurado pela célebre Declaração.

Após a Segunda Guerra Mundial, os conceitos de liberdade e igualdade já não correspondiam aos defendidos na Revolução Francesa, mas referiam-se a ideais de justiça social, dignidade humana e remuneração condizente com o esforço despendido no trabalho, direito à moradia, educação gratuita e segurança. Ampliava-se, assim, o conceito de direitos humanos, que englobavam até mesmo as relações internacionais, que também se expandiam.

Preocupado com as consequências dessa ordem internacional em expansão, a ONU criou a Comissão de Direitos Humanos e, em 10 de dezembro de 1948, aprovou, em Paris, a *Declaração Universal dos Direitos Humanos*, assinada por 48 países. Adaptada à época contemporânea, essa declaração tem como alguns de seus princípios o direito à paz, às instituições democráticas e a defesa do meio ambiente descrita em trinta artigos.

O sociólogo português Boaventura de Sousa Santos, ao analisar as duas declarações de direitos humanos — a de 1789, que considera defensora dos direitos cívicos e políticos, e a de 1948, que vê como a garantia dos direitos econômicos, sociais, culturais e de qualidade de vida —, reitera que uma das grandes diferenças entre elas está no papel do Estado.

De acordo com o sociólogo, na primeira os direitos humanos defendiam o indivíduo do Estado opressor; na segunda, é o Estado que garante os direitos individuais. Assim, em 1789, procurava-se assegurar a soberania individual e, em 1948, a soberania nacional.

Por essa razão, segundo Boaventura Santos, a globalização e o neoliberalismo que caracterizam o século XXI e ameaçam o poder, a soberania e a autonomia do Estado fazem com que seja necessária a atualização da discussão sobre os direitos políticos, civis e sociais. Podemos concluir, portanto, que os direitos humanos não são uma Constituição nem um conjunto de regras, mas princípios de vida política e de emancipação do ser humano, que serão sempre renovados e reelaborados conforme as circunstâncias históricas.

Um dos problemas que mais incomodam os defensores dos direitos humanos é a luta pela melhoria das condições carcerárias do Brasil. As más condições dos presídios são um dos fatores mais importantes para o aumento da criminalidade no país, pois transforma infratores de pequenos delitos ou jovens menores de idade em criminosos, fato que respalda o argumento usado por aqueles que são contra a redução da maioridade penal.

NEFTALY

A universalidade dos direitos humanos

O fato de diversas nações reconhecerem e aprovarem, em 1948, a Declaração da ONU foi de grande importância para diferentes movimentos sociais, que, na segunda metade do século XX, promoveram intensa mobilização política e encontraram apoio político, ideológico e legal nessa manifestação de vontade internacional. Organizações não governamentais, movimentos populares e trabalhistas, associações voltadas para as causas sociais e instituições internacionais apoiaram-se nos direitos humanos para lutar por liberdade, inclusão, reconhecimento, denúncia e punição ao uso indiscriminado da força e aos abusos de poder. A Declaração da ONU transformava-se num amplo manifesto de vontade política em favor das lutas contra o preconceito, a desigualdade, o racismo, a xenofobia e a exclusão social ou, como sugerem alguns autores, inclusão social perversa.

Os direitos humanos consolidaram-se como princípios legitimadores de políticas, regimes, movimentos sociais minoritários, lutas reivindicatórias e relações internacionais envolvendo diferentes países. Serviram de justificativa para ações como a descolonização da África e a guerra contra o ***apartheid*** sul-africano, a luta contra as ditaduras latino-americanas e contra o racismo americano. Aos poucos a universalização desses princípios tornou-se possível com atitudes cada vez mais efetivas e menos retóricas.

O documento, no entanto, não foi imediatamente aceito por todos. Os países socialistas abstiveram-se de aprovar a *Declaração Universal dos Direitos Humanos* por divergirem nas questões ligadas à igualdade e à liberdade. Para eles, a única igualdade seria obtida com a eliminação da propriedade privada, enquanto para os liberais a defesa da propriedade continuava a ser uma questão de princípio. Também havia desacordo quanto ao papel do Estado, que, segundo os socialistas, deveria ser o principal agente das transformações sociais. Em contraponto, os liberais defendiam um Estado menos intervencionista. Apesar dessas diferenças, a Declaração seria atualizada em várias conferências, nas quais novas questões eram discutidas e negociadas. Construía-se, aos poucos, um objetivo comum e defendido por diversas nações.

LOUISE GUBB/CORBIS/LATINSTOCK

Condenado à prisão perpétua em 1964, por ser líder do Congresso Nacional Africano (CNA), organização negra que militava contra o *apartheid*, o advogado Nelson Mandela (1918-2013) foi libertado em 1990, graças à contínua resistência interna dos negros e às campanhas internacionais contra o regime sul-africano. Em 10 de maio de 1994, Mandela foi eleito presidente, na primeira eleição multirracial do país, e fez seu juramento como presidente da África do Sul, na cidade de Pretória.

Termos e conceitos

***Apartheid*:** regime de segregação racial imposto pelos governos de minoria branca do Novo Partido Nacional na África do Sul, entre 1948 e 1994. Nesse regime, os negros não podiam votar ou serem votados, pois apenas a minoria branca possuía o direito ao voto, e eram proibidos de adquirir terras na maior parte do país. Nas cidades, os negros eram obrigados a viver em zonas residenciais segregadas.

Após 1990, essa polaridade internacional diminuiu de intensidade com a derrocada da União Soviética e a hegemonia do capitalismo e da economia de mercado no mundo. Com a redução da divergência em torno do conceito de dignidade humana e o aumento das condições de desenvolvimento da globalização, as questões ligadas aos direitos humanos tornaram-se cada vez mais importantes.

Foi o momento também em que outros conflitos emergiram: as minorias étnicas, religiosas, sexuais e sociais clamavam por seus direitos e por novas formas de inclusão social e encontraram na Declaração elementos que davam suporte à sua luta.

Em nossos dias, há unanimidade em relação ao valor e à importância dos princípios defendidos, mas é necessário discutir o significado desses princípios para estabelecer seus limites e sua aplicabilidade. É preciso entender como se pode defender a humanidade sem desonrá-la, como se pode agir em favor da liberdade sem destruí-la, como se pode defender os interesses minoritários sem cometer arbitrariedades e como respeitar as diferenças sem alimentar os preconceitos. Não é uma tarefa fácil, até porque, muitas vezes, potências invadem pequenos países com a desculpa de promover a liberdade, quando por trás dessa atitude pode haver muitos interesses escusos. Existem contradições entre os próprios artigos da Declaração e os direitos humanos são violados e desrespeitados com muita frequência. Não é possível, porém, negarmos a importância ética e moral da Declaração nem desconsiderarmos que as denúncias de violação dos direitos humanos têm crescido.

Para o filósofo italiano **Norberto Bobbio**, a luta em favor dos direitos humanos é uma construção, uma preocupação contínua para descobrir maneiras de impedir que eles sejam continuamente violados — apesar das solenes declarações.

Direitos humanos no Brasil

O Brasil, como outros países que foram colônias, sempre conheceu mais o autoritarismo e a opressão do que a liberdade, a emancipação e a cidadania. Fomos uma colônia submetida ao rígido controle português, que necessitava das nossas riquezas para fazer frente à expansão do capitalismo industrial europeu. Um exemplo disso é a diferença entre o que acontecia na Europa e aqui: no mesmo ano em que a França proclamava a república, a Inconfidência Mineira era duramente sufocada no Brasil.

Depois da Independência em 1822, proclamada pelo herdeiro da Coroa portuguesa, continuamos sob uma monarquia, de certo modo, estrangeira. Além disso, a elite conservadora procurava sufocar qualquer tendência do monarca de rever as instituições coloniais. Uma monarquia ainda comprometida com a Metrópole, e uma elite agrária conservadora, fizeram perpetuar uma sociedade colonial cujos ecos são sentidos até hoje. Escravidão, indigenismo e outros conflitos ficaram postergados para o século seguinte.

A convivência secular com instituições políticas e religiosas autoritárias e, principalmente, o conservadorismo reinante na elite e setores médios da sociedade perpetuava a estrutura social desigual, arcaica e colonial, completamente desajustada em relação às questões que se enfrentava na Europa. Essa situação adiava a discussão sobre os direitos humanos no país. Duas ditaduras — o Estado Novo, de Getúlio Vargas, e a ditadura civil-militar, de 1964 a 1985 — retardaram ainda mais o debate sobre os direitos básicos e a possibilidade de organização da população em defesa desses direitos.

Noberto Bobbio (1909-2004)

Importante teórico italiano na área de Ciências Sociais e Política, seus estudos enfatizam a evolução da democracia e temas próximos como liberalismo, Estado de Bem-Estar Social e Estado. Tem vasta produção na área da Ciência Política. Entre suas obras estão *Liberalismo e democracia* (1988) e a coautoria do *Dicionário de política* (1983).

Nas palavras do cientista social Paulo Sérgio Pinheiro:

> "Nos anos sessenta e setenta, a violência arbitrária do Estado e o desrespeito às garantias fundamentais fizeram com que indivíduos e grupos se voltassem contra o regime autoritário em nome da defesa dos direitos humanos. As primeiras comissões de direitos humanos foram fundadas a partir dos anos 1970 e chamaram a atenção para a tortura e assassinatos de dissidentes e presos políticos, fazendo revelar as condições gritantes das prisões brasileiras."

PINHEIRO, Paulo Sérgio; MESQUITA NETO, Paulo. *Direitos humanos no Brasil*. Perspectivas no final do século. Textos do Brasil. *Cinquenta anos da Declaração Universal dos Direitos Humanos*. Brasília: Ministério das Relações Exteriores. p. 43-52.

Os governos civis que sucederam à ditadura civil-militar de 1964 empenharam-se em defender os direitos humanos no Brasil, cujo desrespeito passou a ser manchete da imprensa mundial com o fim da censura no período da ditadura.

Foram expostos os crimes praticados contra militantes, negros, pobres, presidiários, mulheres, entre outros. Esses grupos sociais passaram a organizar-se e a exigir justiça, e deixavam claro que eles tinham sido excluídos do movimento de reivindicação pelos direitos humanos durante as ditaduras e ainda depois delas.

Entretanto, a escalada da violência, urbana e rural, promovida pelo crescimento da criminalidade, e a incapacidade dos governos em encontrar uma ação eficaz, em nível federal e estadual, de fazer frente a ela, levou à arbitrariedade da ação dos agentes de segurança, como o aparato militar e policial, em âmbito tanto municipal, quanto nacional. Esses órgãos têm respondido com extrema violência à ascensão da criminalidade no país, e agravam o cenário de arbitrariedade e impunidade. Esse confronto oficial e oficioso tem dificultado a execução dos programas em defesa dos direitos humanos. Ainda assim, o Brasil procurou atingir metas em consonância com os tratados internacionais, muitos dos quais é signatário.

PEDRO RIBAS/FUTURA PRESS

Marcha das Vadias, realizada em Curitiba (PR), em 2013. Na pauta das discussões, dos eventos e das ações em prol dos direitos humanos, a igualdade de gênero, entre homens e mulheres, é um dos temas mais constantes. A Marcha das Vadias, movimento que se iniciou no Canadá em 2011, critica a ideia machista de que as mulheres são estupradas por terem, com seus gestos e/ou roupas, provocado os homens que as atacaram, pensamento que as transforma de vítimas em culpadas pela violência.

Em 1997, foi criada a Secretaria Nacional de Direitos Humanos, no Ministério da Justiça, que passou a orquestrar as ações nesse sentido. Inúmeras organizações não governamentais também passaram a ter papel protagonista pela reversão do quadro caótico do país em relação aos direitos humanos.

O programa desenvolvido desde então, embora reconheça a necessidade de promover a justiça econômica e social, tem privilegiado os direitos civis, ao procurar realizar o combate à impunidade, à tortura, à arbitrariedade das forças militares e as execuções políticas. Outras medidas têm sido as de agilização dos planos de reforma agrária, a defesa da criança e do adolescente, o combate à violência contra a mulher e o desarmamento da população.

Avanços no enfrentamento desse cenário são visíveis no Brasil — os abusos de poder já não são silenciados, os membros da elite econômica e política enfrentam rigorosos processos judiciais, conquistas e, progressivamente, são estabelecidas no país diretrizes para garantir a eficiência dos órgãos jurídicos em defender o interesse da população, o bem público e a transparência dos órgãos governamentais.

As ações ainda são fragmentadas e bastante localizadas nos principais centros urbanos, entretanto são de extrema importância por colocar em pauta a discussão sobre os direitos humanos e já ter garantido algumas vitórias.

De qualquer forma, é inegável que a instabilidade que se propaga no país e no mundo em razão da criminalidade e do acirramento do **capitalismo concorrencial** tem feito com que cresça o número dos que não acreditam nos benefícios da defesa das minorias. A violência tem minado a esperança em uma sociedade mais justa e harmoniosa. Mas é diante dessa dissidência que os defensores dos direitos humanos se erguem e reafirmam que não há democracia nem estado de direito sem respeito aos direitos humanos. O que procuramos mostrar neste capítulo é que a história milenar da nossa civilização comprova isso.

A Sociologia não tem ficado alheia a esse debate, assim como a sociedade civil não tem ficado passiva diante desse difícil cenário institucional. Grupos de estudo, de assessoria e de educação para a defesa dos diretos humanos têm se organizado e atuado no país. Na esteira da desmilitarização e na redemocratização do país, profissionais de diferentes áreas atuam de forma decisiva. Vamos relatar alguns exemplos.

- **Gabinete de Assessoria Jurídica às Organizações Populares** (Gajop) — ONG que atua nos estados de Paraíba, Pernambuco e Sergipe e tem por objetivo fortalecer a democracia e a cidadania plena, combatendo a violência. Em suas ações, tem como parceiros o Centro de Filosofia e Ciências Humanas da Universidade Federal de Pernambuco (UFPE), a Comissão de Direitos Humanos da Universidade Federal da Paraíba (UFPB) e a Comissão de Direitos Humanos da Universidade Federal de Sergipe (UFS).
- **Ação da Cidadania contra a Fome, a Miséria e pela Vida** — Fundada pelo sociólogo Herbert de Souza (1935-1997), o Betinho, a partir do Movimento pela Ética na Política, iniciado em 1993. Ativista, o sociólogo mobilizou a sociedade civil na luta por um país mais justo e humano. Tornou-se uma referência na luta pelos Direitos Humanos.
- **Núcleo de Estudos da Violência da USP** — Fundado em 1987, na Universidade de São Paulo (USP), tem por foco o estudo da violência em relação à democracia e aos direitos humanos. Tem sua origem na Comissão Teotônio Vilela, criada em 1982 para investigar o massacre ocorrido no Hospital Psiquiátrico Franco da Rocha. Coordenado atualmente pelo sociólogo Sergio Adorno, o NEV participou da formulação e atualização do Plano Nacional de Direitos Humanos.

Termos e conceitos

Capitalismo concorrencial: chamamos de capitalismo concorrencial quando, no modo de produção capitalista, se estabelece o livre mercado, com as empresas concorrendo livremente pelos consumidores, sem nenhum tipo de protecionismo. Com a globalização e a política neoliberal, a disputa entre empresas, países e mercados acirra-se a ponto de ser cada vez mais difícil combater o desemprego e as desigualdades sociais, na medida em que se espera que o Estado não intervenha nessa concorrência.

PINGOS NOS "IS"

Os direitos universais e a globalização

Em 1993, a II Conferência Mundial sobre Direitos Humanos, realizada em Viena, referendou a abrangência internacional da *Declaração Universal dos Direitos Humanos*, além de reconhecer a indivisibilidade dos diversos direitos — econômicos, políticos e sociais.

Naquele momento, já se reconhecia que os direitos humanos deveriam ser pensados e defendidos por toda a comunidade internacional, já que os direitos dos homens são universais e valem igualmente para todos. Assim, hoje em dia, não se trata mais de aceitar os homens como iguais perante a lei, mas de considerá-los membros de uma coletividade universal, que se sobrepuja às diferenças regionais e às particularidades nacionais. Pode-se dizer que, se a Declaração de 1789 apoia a noção de humanidade no reconhecimento da individualidade, a de 1948 reconhece o ser humano como membro de uma comunidade internacional. Já em 1993, diante de novo contexto histórico, a humanidade emerge como um coletivo íntegro e indissolúvel, para além das especificidades e dos particularismos.

Mas, se essa visão globalizada da humanidade confere aos direitos humanos uma abrangência nunca antes pensada, pois exige também o enfrentamento do relativismo cultural e das especificidades culturais. A discussão desloca-se para as questões das diferenças históricas, filosóficas e culturais que impediriam a aceitação de regras universais. Poderá o universalismo alcançado resistir à tolerância que o espírito da própria Declaração nos obriga a ter com aquele que nos é diferente?

Problemas como esse estão na pauta dos encontros, das discussões e dos seminários que se realizam hoje no mundo para tratar dos direitos humanos. Essas considerações estão presentes na fala de **Giuseppe Tosi**:

> "A criação de um mercado mundial, desde o tráfico de escravos em larga escala até os contemporâneos processos de globalização econômica e financeira (basta pensar na enorme dívida externa dos países dominados), é o grande fenômeno macro-histórico que condiciona todo o processo de universalização dos direitos humanos, que se deve sempre ter presente nas nossas análises históricas e atuais".
>
> TOSI, Giuseppe. História e atualidade dos direitos do homem. In: NEVES, Paulo Sérgio da Costa, RIQUE, Célia D. G.; FREITAS, Fábio F. B. (Org.) *Polícia e democracia*: desafios à educação em direitos humanos. Recife: Gajop/Bagaço, 2002.

Giuseppe Tosi (1951-)

Graduado em Filosofia pela Universidade Católica de Milão, doutor pela Universidade de Pádua e com pós-doutorado pela Universidade de Firenze (todas na Itália). É professor da Universidade Federal da Paraíba. Atua nas áreas de direitos humanos e democracia.

A globalização não é o único desafio nessa histórica epopeia da humanidade pelo reconhecimento dos direitos universais. Há muitos outros, como a conciliação entre o desenvolvimento econômico e o social, além da busca pela paz em um mundo cada vez mais violento e bélico. Mas o importante é que a discussão desse tema ocupe cada vez mais espaço na Sociologia e em todas as disciplinas que possam propiciar aos seres humanos formas de autorreflexão.

Mas temos a considerar que, se por um lado, a globalização faz retroceder os ideais de uma sociedade fraterna, na qual o bem comum represente o bem de todos os cidadãos, por outro, ela permite que as violações a esses ideais sejam mais rapidamente conhecidas e rechaçadas.

É esse movimento dialético entre o desfio e a transparência, propiciados pela globalização, que vivemos na atualidade.

ONU pede mais participação popular no dia dos Direitos Humanos

Hoje a ONU (Organização das Nações Unidas) comemora o Dia dos Direitos Humanos — mesmo que não se tenha muito o que comemorar. O tema este ano é a ampliação da participação da sociedade na vida pública.

"Em 1948, a Organização adotou a *Declaração Universal dos Direitos Humanos*, que representa, conforme o texto, 'o ideal comum a ser atingido por todos os povos e todas as nações, com o objetivo de que cada indivíduo e cada órgão da sociedade se esforce, através do ensino e da educação, por promover o respeito a esses direitos e liberdades'.

Na celebração, o secretário-geral da Organização, Ban Ki-moon, disse que a lei internacional é clara: a voz de todos deve contar sem importar quem seja a pessoa, de onde ela venha ou viva.

Na prática, porém, a teoria é bem diferente — é só ver o quão distante está a realidade de muitos países e povos do que declara o Artigo I do documento da ONU: 'todas as pessoas nascem livres e iguais em dignidade e direitos'.

O Secretário-Geral afirmou que todos têm o direito de serem ouvidos e de participarem de decisões que afetam as suas comunidades e lembrou que, em muitas partes do mundo, mulheres ainda estão sub-representadas na política e indígenas continuam sofrendo discriminação.

E não precisa ir longe. Há dois meses, um grupo de Guaranis Kaiowás divulgou uma carta que colocou o absurdo cometido contra o povo indígena do Mato Grosso do Sul na pauta nacional: 'Pedimos ao Governo e Justiça Federal para não decretar a ordem de despejo/expulsão, mas solicitamos para decretar a nossa morte coletiva e para enterrar nós todos aqui'.

Este é um dos exemplos de como o nosso modelo de desenvolvimento e sociedade aumenta a distância entre direitos humanos e direitos, de fato, humanos e universais."

CINTRA, Lydia. ONU pede mais participação popular no dia dos Direitos Humanos. *Superinteressante Online*, 10 dez. 2012. Disponível em: <http://super.abril.com.br/blogs/ideias-verdes/onu-pede-mais-participacao-popular-no-dia-dos-direitos-humanos/>. Acesso em: jun. 2016.

ATIVIDADES

1 Observe a imagem abaixo.

De acordo com o que foi abordado neste capítulo, como se explica a questão colocada por essa charge de Nani Lucas intitulada *Direitos Humanos*?

2 Leia os artigos que compõem a *Declaração dos Direitos Humanos e do Cidadão*, que podem ser encontrados no *site* da Organização das Nações Unidas para a Educação, a Ciência e a Cultura (Unesco), disponível em: <http://unesdoc.unesco.org/images/0013/001394/139423por.pdf>. Acesso em: jun. 2016.

Terminada a leitura, forme um grupo com os colegas, escolha um dos artigos e elabore um texto que será usado como pauta para um debate com a turma. Cada grupo deverá escolher um artigo diferente. Ao final do debate, exponha o texto no mural da sala de aula.

3 Leia o texto a seguir.

"Nosso problema surge quando se olha para as estatísticas de analfabetismo, baixa escolaridade, doença, desemprego, pobreza, violência, registradas em milhões. Elas revelam problemas vindos dos porões de nossa história, para os quais a própria democracia leva a exigir solução em curto prazo. Fica, então, patente o fato de que a democracia, como a temos praticado, continua muito lenta em produzir frutos sociais [...] Vem agravar a situação o fato de que a base em que se sustenta nossa tradição, o Estado-Nação, sofre hoje desafios poderosos originados no processo de globalização. O poder do Estado reduz-se em virtude de restrições impostas por acordos e agências internacionais. O ajuste fiscal desmonta políticas de bem-estar e reduz empregos."

FREITAS, Fábio F. B. Para além da "estadania": pensando a cidadania como categoria estratégica. In: NEVES, Paulo Sérgio da Costa, RIQUE, Célia D. G.; FREITAS, Fábio F. B. (Org.). *Polícia e democracia*: desafios à educação em direitos humanos. Recife: Gajop/Bagaço, 2002. p. 72.

Esse trecho sobre a defesa dos direitos humanos no Brasil está, na sua opinião, em concordância com o que foi estudado ao longo deste capítulo? Justifique sua resposta.

4. Em 1959, a Assembleia Geral das Nações Unidas aprovou um documento estabelecendo os direitos das crianças, por considerá-las os seres mais vulneráveis à ausência dos direitos fundamentais. Entre eles, estão:

   1. Direito à igualdade, sem distinção de raça, religião ou nacionalidade;
   2. Direito à proteção especial para seu desenvolvimento físico, mental e social;
   3. Direito a um nome e a uma nacionalidade;
   4. Direito à alimentação, à moradia e à assistência médica adequadas para a criança e a mãe;
   5. Direito à educação e a cuidados especiais para a criança física ou mentalmente deficiente;
   6. Direito ao amor e à compreensão por parte dos pais e da sociedade;
   7. Direito à educação gratuita e ao lazer;
   8. Direito a ser socorrido em primeiro lugar, em caso de catástrofe;
   9. Direito a ser protegido contra o abandono e a exploração no trabalho;
   10. Direito a crescer dentro de um espírito de solidariedade, compreensão, amizade e justiça entre os povos.

   Em grupo, faça um cartaz aludindo a um desses direitos, que deve ser defendido universalmente.

5. Leia o texto a seguir.

   "A violência endêmica — ambientada em um contexto de profundas desigualdades sociais e em um sistema de relações sociais bastante assimétricas — não é um fenômeno novo na região. Piorou nas duas últimas décadas, em parte porque as políticas econômicas neoliberais aprofundaram as desigualdades e condenaram milhões de pessoas da América Latina a viverem na pobreza e na exclusão social. A violência é, no entanto, também resultado direto da continuidade de uma longa tradição de práticas autoritárias das elites contra as não elites, que, por sua vez, são reproduzidas entre os mais pobres.
   A volta ao constitucionalismo democrático pouco efeito teve na erradicação dessas práticas autoritárias na sociedade."

   PINHEIRO, Paulo Sérgio. Violência, crime e sistemas policiais em países de novas democracias. Revista *Tempo Social*; revista de Sociologia da USP, São Paulo, v. 9, n. 1, p. 43-52, maio de 1997.

   O autor Paulo Sérgio Pinheiro fala de uma longa tradição de práticas autoritárias das elites contra os demais grupos sociais, que são reproduzidas em relação às populações mais pobres dos países da América do Sul. De acordo com o que foi abordado neste capítulo, no Brasil que práticas autoritárias são essas?

6. Podemos dizer que, apesar das dificuldades em se promover uma sociedade justa e equânime, os ideais da Revolução Francesa — liberdade, igualdade e fraternidade — e da *Declaração dos Direitos do Homem e do Cidadão* têm se tornado universais? Justifique sua resposta.

7. A globalização representa um desafio para a defesa dos direitos humanos, na medida em que o neoliberalismo prega a liberdade das leis de mercado, agindo sem intervenção do Estado. Mas, então, a defesa dos ideais revolucionários expressos nos direitos humanos encontra-se em "um beco sem saída"?

EXAMES DE SELEÇÃO

1 **(Uerj, 2013)** *A Declaração Universal dos Direitos Humanos* (ONU, 1948) conta hoje com a adesão da maioria dos Estados nacionais. O conteúdo desse documento, no entanto, permanece como um ideal a ser alcançado. Observe o que está disposto em seu artigo XV:

1. Toda pessoa tem direito a uma nacionalidade.

2. Ninguém será arbitrariamente privado de sua nacionalidade, nem do direito de mudar de nacionalidade.

Desde a década de 1960, em virtude de conflitos, o direito expresso nesse artigo vem sendo sonegado à maior parte da população pertencente ao seguinte povo e respectivo recorte espacial:

a) árabe – regiões ocupadas pela Índia.

b) esloveno – distritos anexados pela Sérvia.

c) palestino – territórios controlados por Israel.

d) afegão – províncias dominadas pelo Paquistão.

2 **(PUC-RJ, 2005)** *A Declaração dos Direitos do Homem e do Cidadão*, de 1789, foi elaborada no contexto do movimento revolucionário francês. Ela é considerada um documento que estabelece importantes princípios relativos ao moderno conceito de cidadania.

Acerca dos princípios da *Declaração* podemos afirmar que:

(I) estabeleceu a igualdade de todos os homens perante a lei e o combate às hierarquias e aos privilégios.

(II) garantiu a universalização do acesso à educação, à saúde e à moradia para todos os cidadãos.

(III) estabeleceu o voto universal de homens e mulheres.

(IV) afirmou o princípio da liberdade como um dos principais direitos do homem.

Assinale:

a) se apenas as afirmativas I e II estiverem corretas.

b) se apenas as afirmativas III e IV estiverem corretas.

c) se apenas as afirmativas II e III estiverem corretas.

d) se apenas as afirmativas I e IV estiverem corretas.

e) se apenas as afirmativas I e III estiverem corretas.

3 **(Enem, 2013)**

"Tenho 44 anos e presenciei uma transformação impressionante na condição de homens e mulheres *gays* nos Estados Unidos. Quando nasci, relações homossexuais eram ilegais em todos os Estados Unidos, menos em Illinois. *Gays* e lésbicas não podiam trabalhar no governo federal. Não havia nenhum político abertamente *gay*. Alguns homossexuais não assumidos ocupavam posições de poder, mas a tendência era eles tornarem as coisas ainda piores para seus semelhantes."

ROSS, A. "Na máquina do tempo". *Época*, ed. 766, 28 jan. 2013.

A dimensão política da transformação sugerida no texto teve como condição necessária a:

a) ampliação da noção de cidadania.

b) reformulação de concepções religiosas.

c) manutenção de ideologias conservadoras.

d) implantação de cotas nas listas partidárias.

e) alteração da composição étnica da população.

4 **(Unicentro, 2011)**

"O simples nascer investe o indivíduo de uma soma inalienável de direitos, apenas pelo fato de ingressar na sociedade humana. Viver, tornar-se um ser no mundo, é assumir, com os demais, uma herança moral, que faz de cada qual um portador de prerrogativas sociais. Direito a um teto, à comida, à educação, à saúde, à proteção contra o frio, a chuva, as intempéries; direito ao trabalho, à justiça, à liberdade e a uma existência digna."

(SANTOS, 2007. p. 19).

A respeito de cidadania, é correto afirmar:

a) A consagração da cidadania ocorre quando há respeito ao indivíduo e, como um direito, ela atinge toda a sociedade, conferindo a todos garantia.

b) A atuação cidadã nada mais é do que a habilidade individual de fazer valer seus interesses, mesmo diante da resistência de outros.

c) A noção de cidadania, nas sociedades antigas, difere da existente na moderna, porque, atualmente, ela se apoia na noção de pertencimento e influência.

d) Os cidadãos, nas sociedades modernas, são todos aqueles que estão em condições aptas de opinar sobre os rumos da sociedade.

e) O momento específico de se exercer a cidadania, nos países desenvolvidos, é quando se opina e vota.

OUTRAS MÍDIAS

Para assistir

Tropa de Elite 2 – O inimigo agora é outro

Direção: José Padilha. País: Brasil. Ano: 2010.

Conta a história do coronel Nascimento, agora afastado do Bope, divorciado e atuando na inteligência da Secretaria de Segurança Pública do Estado do Rio de Janeiro. Mais uma vez, vai enfrentar a polícia corrupta, o crime organizado e os políticos que nada fazem, mas são cúmplices no complexo jogo de poder.

Danton, o processo da revolução

Direção: Andrzej Wajda. País: França. Ano: 1983.

O filme traz elementos para os jovens compreenderem o que estava em jogo na Revolução Francesa, a violência que ela provocou e a importância da *Declaração dos Direitos do Homem e do Cidadão* no processo revolucionário.

Para ler

O cidadão de papel: a infância, a adolescência e os direitos humanos no Brasil

Gilberto Dimenstein. São Paulo: Saraiva, 1993.

Livro sobre a falta de cidadania e o desrespeito aos direitos humanos no Brasil, voltado especialmente para estudantes brasileiros.

O estatuto da criança e do adolescente e a educação: direitos e deveres dos alunos

Luiz Antônio Miguel Ferreira. São Paulo: Verbatim, 2010.

Em linguagem fácil e direta, o autor discorre sobre os fundamentos dos direitos da criança e do adolescente no Brasil: o direito à vida, à saúde, à alimentação, à educação, ao lazer e à profissionalização, além do papel da família, da escola, dos Conselhos Municipal e Tutelar e do Ministério Público.

Para acessar

Ibase – Instituto Brasileiro de Análises Sociais e Econômicas

<http://ibase.br/pt/>

Organização sem fins lucrativos criada por Herbert de Souza, o Betinho, em 1981 e que surgiu com a luta pela redemocratização do país e é um importante canal na defesa dos direitos humanos e fortalecimento da democracia.

Comissão Nacional da Verdade

<www.cnv.gov.br/>

Criada pelo governo federal do Brasil para o resgate da memória e da verdade sobre as graves violações de direitos humanos ocorridas entre 1946 e 1988 no país, para dar aos cidadãos consciência de sua história, muitas vezes omitida propositadamente pelos governantes. Os relatórios já elaborados e entregues ao governo estão disponíveis no *site* para pesquisa.

Capítulo 12

Sociedade civil, cidadania e movimentos sociais

Objetivos

- Entender a relação entre cidadania e participação política.
- Compreender os movimentos sociais e suas diferenças no tempo e no espaço.
- Estudar os movimentos sociais da América Latina.
- Conhecer os movimentos operários e entender os conflitos entre capital e trabalho.
- Analisar os movimentos sociais que eclodiram no final do século XX.
- Entender as particularidades dos movimentos sociais contemporâneos.
- Compreender o que são organizações não governamentais e a dinâmica do Terceiro Setor.
- Pesquisar as relações entre movimentos sociais e redes sociais.

Este capítulo é dedicado ao estudo da cidadania em um de seus mais importantes aspectos — a participação social. A ideia de ação política e participação, nascida na Grécia e praticada, de forma diferente, em Roma, ainda na Antiguidade, chegou à sociedade ocidental por meio da república democrática — até o momento, a forma de governo que mais respeita a participação da maioria da população na vida política do Estado em questão. Simultaneamente à expansão da participação política da população, desenvolveu-se desde a Revolução Francesa a organização e a atuação de diferentes movimentos sociais que, de modo geral, exigem a igualdade entre todos os cidadãos.

Vamos entender as características desses movimentos, seus objetivos e formas de atuação, suas semelhanças e diferenças, até chegar à atualidade — momento em que os movimentos sociais usam as redes sociais como apoio e meio de mobilização. Daremos espaço especial para entender os movimentos sociais da América Latina e como eles se diferenciaram dos ocorridos na Europa. Por fim, estudaremos os novos integrantes da organização da sociedade civil, como as organizações não governamentais.

FRANCISCO LEONG/AFP

Mobilização contra a política de contenção de despesas públicas imposta pela União Europeia. Lisboa, Portugal, 2012.

EVELSON DE FREITAS/ESTADÃO CONTEÚDO

Manifestação contra o aumento das tarifas de transporte público. São Paulo, capital, 2013.

PEDRO KIRILOS/AGÊNCIA O GLOBO

O sucesso do filme *V de Vingança*, de 2005, popularizou a máscara inspirada no rosto do terrorista inglês Guy Fawkes (1570-1606) como um símbolo internacional de luta contra o que está errado, principalmente em relação aos governos. A máscara é utilizada tanto por manifestantes de todas as vertentes políticas como por grupos de *hackers* cibernéticos que atacam *sites* de governos, empresas e muitas vezes propagam mensagens de ódio racial, sexual etc. Quem vir uma imagem como essa saberá que se trata de um protesto.

Para refletir

1. Você participou de alguma manifestação recente de grupos ou movimentos sociais? Se sim, qual?
2. O que você pensa sobre as manifestações populares?
3. Você se lembra do que motivou algumas das manifestações que ocorreram no Brasil ultimamente?

Você já participou de alguma passeata?

Leia a seguir algumas histórias sobre a participação de brasileiros em manifestações políticas em diferentes épocas.

"Nome: Julio Covello

Profissão: Jornalista

Idade: 62 anos

Aos 16 anos, Julio César Covello Neto sai de Guarapuava para estudar no Rio de Janeiro e morar com a avó. Era 1967. Na cidade maravilhosa Julio vivencia a efervescência cultural e agita no movimento secundarista no Colégio André Maurois. 'Eu era um guri e não tinha formação política. Eu ouvia as palavras de ordem, 'Abaixo a ditadura', 'O povo no poder', achava justo e pronto.'

Quando o estudante de Medicina Edson Luiz foi morto no Restaurante Calabouço após a invasão da Polícia Militar em 28 de março de 1968, Julio estava lá entre centenas de secundaristas que foram protestar. Em junho, ele também estava na passeata dos 100 mil, e em outros tantos protestos e ações contra a ditadura e seus generais. Participava de discussões filosóficas, fazia leituras políticas, panfletagem e pichações e aprofundava sua militância."

Disponível em: <www.dhpaz.org/dhpaz/depoimentos/detalhe/41/o-movimento-estudantil-era-organizado-participei-da-passeata-dos-cem-mil-no-rio-de-janeiro-eu-era-guri-mas-achava-que-era-justo-e-pronto>. Acesso em: jun. 2016.

"São Paulo – Thalita Marangon, 25, atriz: 'Há algum tempo, eu venho pensando muito sobre meu papel na sociedade, principalmente nas últimas três semanas. Quando as manifestações começaram, esse sentimento explodiu. [...] Foi difícil convencer a minha a me deixar participar. Mas nós conversamos muito e eu expliquei o que me motiva a participar'.

São Paulo – Mayara Vivian, 23, aluna de geografia da USP (Universidade de São Paulo) e uma das líderes do MPL (Movimento Passe Livre): 'Não acredito na via partidária e acho que a política estudantil tradicional está desgastada, por isso entrei no MPL. Isso já faz cinco anos. [...] O povo tem direito à cidadania e à tarifa zero'.

As manifestações que se espalharam pelas ruas do Brasil nos últimos dias ganharam corpo na semana passada, quando uma marcha contra o aumento das tarifas de transporte público em São Paulo foi reprimida com violência pela polícia.

A partir de então, uma onda de protestos com centenas de milhares de pessoas tomou conta das ruas de cidades brasileiras por todas as regiões do país. Na noite de terça-feira, novas manifestações foram realizadas em pelo menos 12 estados.

Os protestos das últimas semanas são apontados como os maiores desde o *impeachment* do presidente Fernando Collor, em 1992.

Como resultado da pressão das ruas, as autoridades de São Paulo e Rio anunciaram na noite de quarta-feira a revogação dos reajustes nos preços do transporte coletivo. [...]"

BBC Brasil. Vozes dos protestos brasileiros pelo mundo. 20 jun. 2013. Disponível em: <www.bbc.com/portuguese/noticias/2013/06/130617_vozes_manif_mdb>. Acesso em: jun. 2016.

DOMINGOS PEIXOTO/AGÊNCIA O GLOBO

Nas ações de rua de 2013, como esta na capital do estado do Rio de Janeiro, 21 anos após as mobilizações dos "caras pintadas", houve o resgate da marca dos manifestantes daquela época, o que indica a continuidade do processo e a incorporação por parte da população das manifestações de protesto no processo de construção da democracia do país. Vinagre, escrito em um dos cartazes, foi um produto usado para neutralizar o gás lançado pelos policiais sobre os manifestantes.

Como demonstram essas duas matérias, os brasileiros vêm participando de manifestações políticas há muito tempo. As razões que motivam esses protestos são diversas, e os resultados que alcançam. Mas, como podemos perceber, eles fazem parte da vida política atual e tendem a crescer em número de participantes. Falaremos aqui sobre a importância da mobilização popular na vida política da sociedade atual.

Nesta unidade, estudamos o que caracteriza a ação política do ser humano e como ela engendra um tipo peculiar de organização voltada para o exercício do poder, dando origem ao Estado, instituição máxima de administração coletiva e distribuição de autoridade e poder. O Estado, por sua vez, pode ser gerido por diferentes regras e regimes políticos, desde ditaduras autoritárias até a democracia, regime político de maior aceitabilidade no mundo contemporâneo.

A democracia, como já estudamos e compreendemos, teve sua origem na Grécia antiga, em Atenas, durante o período da Confederação de Delos e previa uma forma de governo com participação de todos os cidadãos. Os conceitos e preocupações políticas e sociais da democracia disseminaram-se pela Europa durante a Idade Moderna, a partir do Renascimento comercial, e ela passou a ser novamente praticada depois das monarquias absolutas na Europa e das guerras de independência na América, com exceção do Brasil.

Audiovisual
Cidadania e movimentos sociais

Assim, o ideal de uma política participativa direta ou indireta, baseada em um princípio cada vez mais amplo de cidadania, tem marcado os diferentes momentos históricos da sociedade. Com as variadas experiências democráticas, afirma-se continuamente a ideia de que a cidadania não corresponde apenas ao direito de voto, à escolha de representantes políticos da sociedade, mas também à inclusão social que preveja uma efetiva participação nas ações político-administrativas, assim como na distribuição dos direitos sociais e econômicos e da produção cultural e simbólica.

Cidadania implica participação, possibilidade de ter voz e ser ouvido, de ter acesso aos direitos sociais, materiais e simbólicos, o que significa também a rejeição a formas de segregação, injustiças civis e genocídios. Logo, a cidadania está estreitamente ligada a aceitação, legitimidade e efetiva defesa dos direitos humanos.

A luta por esse conceito mais abrangente de cidadania tem levado grupos sociais a organizar-se e a atuar de maneira a expor suas reivindicações de justiça social e inclusão. Assim, esses grupos — muitos dos quais destituídos de cidadania — exercem pressão contra o Estado e a sociedade civil para que seus anseios sejam ouvidos e aceitos. Trata-se da origem dos chamados movimentos sociais.

Esses movimentos, que tiveram início com a república e, depois, com o surgimento do sistema industrial, tornaram-se cada vez mais presentes, organizados e diversificados em suas propostas, durante todo o século XX e no princípio do século XXI. Por essa via, as mulheres conseguiram o direito ao voto e os negros estadunidenses e sul-africanos conseguiram derrubar leis de segregação racial nos Estados Unidos e na África do Sul.

Os movimentos sociais e seus desdobramentos

Nos séculos XVII e XVIII, a urbanização e a indústria criaram as condições necessárias para a eclosão de movimentos sociais, colocando nas fábricas e praças públicas pessoas de origens diferentes, mas submetidas às iguais condições precárias de vida e trabalho. Seja pelas exigências a que estavam sujeitos os operários, adultos e crianças, como trabalhar mais de 14 horas diárias e em situações degradantes, seja pelas difíceis condições de vida, as pessoas passaram a sentir necessidade de reunir-se para discutir e organizar-se em grupos.

Greves e ataques às máquinas, como fizeram os ludistas, começaram a preocupar a sociedade e os cientistas sociais. Estes, apoiados em princípios funcionalistas e positivistas, que preconizavam a integração harmônica dos membros de uma sociedade, viam os movimentos sociais como um fenômeno indesejável, sintoma de que o ajuste social fraquejava. Émile Durkheim, por exemplo, considerava-os anomias, ou seja, manifestações que extrapolavam os padrões desejáveis de integração da sociedade.

Influenciados por premissas evolucionistas, esses sociólogos acreditavam que a sociedade estava em permanente aprimoramento — por transformarem-se, com o passar do tempo, de sociedades simples em complexas, de primitivas em desenvolvidas, de agrárias em industriais — e viam com preocupação a insatisfação da população, especialmente a mais pobre, potencialmente capaz de gerar movimentos coletivos e públicos de insubordinação e transgressão das normas sociais.

O movimento ludista, no início do século XIX, reuniu operários que viam nas máquinas utilizadas na produção industrial um recurso para exploração e substituição do trabalho humano. Os ludistas preconizavam a destruição das máquinas e a valorização do trabalhador.

MARY EVANS PICTURE LIBRARY/DIOMEDIA

Para os evolucionistas, os movimentos sociais eram respostas irracionais, derivadas das tensões sociais e desajustes, provocadas pela falta de orientação, comando e autoridade. Todo movimento não institucional, isto é, que não fosse motivado ou organizado por partidos políticos ou organizações consideradas legítimas, era encarado como atitude antidemocrática e ameaçadora do consenso que deveria existir na sociedade civil.

Os estudos sobre a sociedade de massas e a análise de motins ocorridos em épocas de grandes conflitos históricos, como a Revolução Francesa, colaboraram para a disseminação da ideia, defendida pela Sociologia positivista e funcionalista, de que os movimentos sociais seriam disfuncionais e perniciosos e poderiam fazer que os envolvidos cometessem atos de barbárie.

Nessa linha de pesquisa está o estadunidense Talcott Parsons (1902-1979), para quem os movimentos sociais seriam sintoma de desajuste social. Esse sociólogo pesquisou os movimentos sociais e identificou em sua dinâmica diferentes fases de manifestação e organização: inquietação, excitação, formalização e institucionalização.

Essa visão dos movimentos sociais como manifestações de caos, selvageria e irracionalidade começou a mudar na segunda metade do século XX, quando outras teorias os descreveram como formas organizadas e planejadas de ação que envolviam profissionais e líderes, bem como a arrecadação de fundos para a persecução de seus objetivos. Assim, os movimentos sociais passaram a ser estudados também em sua estrutura empresarial e administrativa. Essa tendência científica foi denominada teoria da **mobilização de recursos**.

Pesquisadores perceberam que, ao longo do século XX e no início do XXI, os movimentos sociais deixaram de ser espontâneos e improvisados para tornar-se cada vez mais previsíveis e planejados. Pode-se afirmar que, à medida que a democracia amadurecia, também as reivindicações das categorias se apresentavam com mais consciência e racionalidade.

Outra tendência que se observou na história dos movimentos sociais foi a diversificação dos grupos, das reivindicações e da in clusão social. Se, no século XIX, os movimentos sociais se resumiam principalmente às reivindicações operárias e das camadas mais pobres da população, no século XX os motivos que levavam a população a se mobilizar eram mais plurais: feminismo, paz mundial fim da guerra do Vietnã, liberdade sexual, desarmamento nuclear, entre outros.

Ao observar a história, veremos que, como fenômenos sociais típicos do Ocidente, os movimentos sociais foram mais regionais e violentos até o século XVIII. Foi o caso dos conflitos religiosos na França e dos movimentos independentistas das colônias americanas.

No entanto, dessa época em diante, os Estados nacionais fortaleceram-se, tornaram-se menos agressivos e mais influentes em âmbito nacional. Após a segunda metade do século XX, os movimentos sociais ganharam amplitude mundial e passaram a expressar suas reivindicações por meio de greves e movimentos sindicais.

A Escola de Chicago e o estudo da mudança social

Nos Estados Unidos, país que recebeu grande número de imigrantes desde o final do século XIX, os estudos sobre o comportamento social desenvolveram-se especialmente entre os pesquisadores da chamada Escola de Chicago, ligada à Universidade de Chicago. Esta, cuja produção mais importante deu-se entre as décadas de 1910 e 1950, reuniu importantes nomes da Sociologia estadunidense, que pesquisaram os grupos sociais e sua forma de comportamento, especialmente nas cidades. Além dos sociólogos, participaram desse esforço acadêmico-científico psicólogos sociais, historiadores, filósofos e economistas.

Para isso, desenvolveram uma metodologia multidisciplinar que incluía observação participante e análise de documentos históricos e da história de vida individual e de grupos específicos.

Dedicaram-se ao estudo da integração dos grupos sociais. Atribuíam essa integração principalmente às formas de comunicação desenvolvidas dentro desses grupos. Chamaram essa tendência teórica, que privilegiava o papel da comunicação na mediação das relações humanas, de **interacionismo simbólico**.

Termos e conceitos

Interacionismo simbólico: linha teórico-metodológica da Sociologia, desenvolvida pela Escola de Chicago, sob a influência de elementos da Sociologia alemã, que tem como ponto de partida a interação que se estabelece entre atores ou agentes sociais para a compreensão da sociedade. Essa análise privilegia a compreensão dos aspectos simbólicos e linguísticos.

Herbert Blumer (1900-1987)

Sociólogo estadunidense, notabilizou-se pelos estudos de Psicologia Social. Na Universidade de Chicago, substituiu o filósofo George Herbert Mead (1863-1931), responsável por essa disciplina. Mais tarde, assumiu a cadeira de Sociologia na Universidade da Califórnia.

UNIVERSITY OF MINNESOTA DULUTH/ARCHIVE

A Escola de Chicago teve impacto decisivo na formação de outros núcleos de ensino e pesquisa. No Brasil, mais especificamente em São Paulo, surgiu em 1933 a Escola Livre de Sociologia e Política, ELSP, que trouxe para seus quadros alguns docentes vinculados à perspectiva desenvolvida em Chicago.

Um dos focos dos estudos da Escola de Chicago era o comportamento desviante e a marginalidade. Foram William Isaac Thomas (1863-1947), Robert Ezra Park (1864-1944) e **Herbert Blumer**, entre outros integrantes dessa escola, que analisaram os movimentos sociais e seu potencial de mudança.

Ao considerar que a integração do grupo é o principal objetivo dos seus membros, a dissidência e os conflitos seriam as maneiras de gerar expectativas de mudanças que resultam na transformação e no aprimoramento da sociedade. Em meio a esses conflitos aparecem lideranças capazes de organizar a insatisfação geral e conduzir uma mudança que marque uma nova etapa da vida social. Entender tais movimentos de mudança e esclarecê-los era (e ainda é) o papel da Sociologia.

Blumer classifica os movimentos sociais em:

- **movimentos genéricos**: inicialmente pouco expressivos, tendem a se organizar e a mudar a opinião da sociedade sobre suas reivindicações. O feminismo é um deles.
- **movimentos específicos**: são movimentos revolucionários, com forte organização e liderança, e procuram ação imediata sobre a sociedade em busca de mudança. O antiescravismo é um exemplo.
- **movimentos expressivos**: não preconizam mudança, mas divulgam ideias que se propagam na sociedade. Os movimentos religiosos enquadram-se nessa categoria.

Mural do pintor e arquiteto Juan O'Gorman (1905-1982), *El grito de Dolores*, México, 1960-1961. Não apenas a Sociologia, como também a arte, imortaliza os movimentos sociais. Esse mural retrata o movimento de independência do México, liderado pelo Padre Hidalgo (1753-1811), em 1810. É um exemplo de movimento específico.

As teorias marxistas e os novos movimentos sociais

Ao lado dessas teorias que analisavam os movimentos sociais do ponto de vista do consenso e da ordem ou da organização e da manifestação histórica de certos grupos sociais, as teorias marxistas procuraram estudar os movimentos sociais da Modernidade como resultado de contradições intrínsecas ao capitalismo, especialmente o industrial. Os movimentos sociais não seriam apenas o resultado de lideranças ou da organização de grupos mobilizados, mas também de conflitos intransponíveis gerados pelo modo de produção capitalista na sua cada vez mais eficiente exploração do trabalhador.

O desenvolvimento do capitalismo e a crescente acumulação de capital levariam a uma oposição cada vez mais forte entre capital e trabalho. Nesse contexto, eclodiram movimentos que pleiteavam reformas na economia e na política, justiça social e mais equilíbrio entre os interesses econômicos e as necessidades sociais.

Assim, as forças da estrutura social em conflito seriam a base da mobilização de setores da sociedade por mudanças. Os movimentos sociais seriam denunciadores de contradições e fissuras do sistema instalado, e os membros em ação constituiriam forças mobilizadoras de transformação social.

As análises de orientação marxista procuraram dar conta de alguns aspectos identificadores e categorizadores dos movimentos sociais, como a identidade dos agentes — movimentos *camponeses* ou *operários*, por exemplo, quando diziam respeito às reivindicações de trabalhadores rurais ou industriais/urbanos.

Outro aspecto da análise marxista era o *tipo de conflito*, ou seja, se a motivação era por redução da jornada de trabalho ou por melhoria na remuneração dos trabalhadores. E, para complementar esse tipo de análise, os movimentos sociais foram classificados de acordo com o *espaço* ou *nível de interesses* que expressavam. Com base nesse critério, podiam ser classificados como econômicos (quando voltados para transformações nas relações de produção) ou políticos (caso fizessem reivindicações de ação do Estado, como a luta por direito ao voto). Os movimentos sociais podiam ter também outros tipos de motivação, como a luta por direitos universais, como educação e saúde.

Mas é preciso ressaltar que há nos movimentos sociais diferenças históricas. No século XIX, as mobilizações populares ocorreram em um espaço político relativamente homogêneo e unificado, sendo possível identificar os agentes, os conflitos e as relações sociais que representavam. Já no século XX, encontramos uma realidade política heterogênea, na qual interagem diferentes grupos com diversas motivações — trabalhadores que lutam por melhor salário, mulheres que buscam igualdade de direitos e de remuneração salarial, imigrantes em sua luta por cidadania no país onde passam a viver, indígenas que exigem a legitimação da propriedade e sua preservação, entre outros grupos.

Essa pluralidade caracteriza os movimentos sociais contemporâneos, chamados de **Novos Movimentos Sociais**. Não que os conflitos que os mobilizam sejam exatamente novos, mas se manifestam de forma diferente e exigem maneiras alternativas de conscientização social, organização e ação política. Nesse sentido, a luta de classes, considerada pelos marxistas como o conflito básico da sociedade capitalista, desdobra-se em uma série de outras contradições que mobilizam setores da sociedade para reivindicações específicas.

Ruth Corrêa Leite Cardoso (1930-2008)

Doutora em Antropologia pela Universidade de São Paulo, concentrou suas pesquisas na área dos Novos Movimentos Sociais. Nascida em Araraquara, foi primeira-dama no mandato de Fernando Henrique Cardoso e presidiu o programa Comunidade Solidária.

Entretanto, o que caracteriza esses Novos Movimentos Sociais, como explicou a antropóloga **Ruth Cardoso**,

> "[...] é sua independência com relação aos políticos profissionais e aos partidos, bem como sua capacidade de expressar os desejos de base da sociedade. Associações de bairro, grupos de moradores, clube de mães [...] ao se tornarem mais numerosos e atuantes, são vistos como formas autênticas de participação."

CARDOSO, Ruth Corrêa Leite. Movimentos sociais na América Latina. In: *Revista Brasileira de Ciências Sociais*. São Paulo: Cortez, v. 1, n. 3, 1987.

Além da ênfase nos conflitos entre capital e trabalho e na luta de classes, outra característica dos movimentos sociais, pela ótica marxista, seja de quem deles participa, seja de quem os pesquisa e analisa, está na sua posição contra o Estado, visto sempre como representante dos interesses capitalistas, ou, em certos casos, na exigência de maior intervenção estatal em prol da redução das desigualdades. Na Sociologia contemporânea, porém, muitos autores defendem a ideia de que o Estado é o espaço de articulação de forças sociais e das classes sociais em confronto, e não apenas o espaço de representação das classes dominantes. Essa visão do Estado articulador e gerenciador de conflitos está expressa nas políticas públicas que, muitas vezes, defendem princípios democráticos e de justiça social.

SÉRGIO BEREZOVSKY/ACERVO ABRIL COMUNICAÇÕES S/A/LATINSTOCK

Em 1983, no governo de João Figueiredo, iniciou-se um dos mais importantes movimentos populares da história do Brasil, chamado Diretas Já. O movimento foi apoiado por partidos políticos de diversas vertentes e contou com a participação maciça da população, que foi às ruas pedir eleições diretas e o fim da ditadura.

América Latina e os movimentos sociais

Na América Latina, os movimentos sociais estiveram presentes ao longo de toda a história. No período colonial, quando a violência, física e cultural, e a escravidão foram usadas na dominação dos povos indígenas e na exploração agrícola e comercial das colônias, a organização de movimentos pela independência, pela libertação de pessoas escravizadas e pela resistência ao domínio estrangeiro marcou a formação política desses países.

No Brasil, por exemplo, os quilombos representavam formas de resistência dos africanos à escravidão, ao passo que a Inconfidência Mineira (1789) se insurgia contra a exploração econômica por parte da metrópole portuguesa.

Após os processos de independência, as populações mais pobres e os indígenas e afrodescendentes, sem ter encontrado na nova nação um espaço de justiça social e emancipação, organizaram movimentos por meio dos quais buscavam combater a resistente estrutura desigual herdada do colonialismo.

Não podemos nos esquecer também de que o autoritarismo implantado no continente com a exploração colonial abriu espaço para que, mesmo após os movimentos de independência, governos autoritários se instalassem em diversos países.

Eles não governavam em nome da metrópole, mas dos privilégios e dos interesses econômicos e políticos das elites. Para tanto, os governos instalados utilizaram diversos recursos de dominação e manipulação da população, como a cooptação por parte de líderes políticos locais, fenômeno no Brasil chamado de **coronelismo**. Fizeram uso de meios legais e ilegais para fraudar eleições e, inúmeras vezes, do uso da força e da instalação de governos ditatoriais.

Contra esses abusos, os movimentos sociais pela democratização dos países e pela implantação de regimes de direito se organizaram. Assim, seja pela democracia e pela participação das populações na vida política, seja contra ditaduras implantadas à revelia da vontade popular, seja por justiça social e melhores condições de trabalho, os movimentos sociais fizeram parte do dia a dia dos países latino-americanos.

REPRODUÇÃO/MAGDALENA OLSZANOWSKI

Zapatismo é o nome do movimento que luta, desde a década de 1990, pela defesa dos indígenas, repartição de terras no México e autonomia da gestão das cidades mexicanas. Posicionam-se contra a política mexicana de aproximação com os Estados Unidos. Inspiram-se no líder mexicano Emiliano Zapata (1879-1919), que comandou um movimento contra a ditadura de Porfirio Díaz, em 1910.
O movimento zapatista tem sua sede em Chiapas. A figura de maior destaque é o subcomandante Marcos. Os zapatistas têm usado as redes de computadores para se comunicar e divulgar seus ideais.

Maria da Glória Marcondes Gohn (1947-)

Professora titular da Universidade Estadual de Campinas (Unicamp), Maria da Glória Gohn graduou-se em Sociologia e Política pela Escola de Sociologia e Política de São Paulo e concluiu mestrado e doutorado na Universidade de São Paulo (USP). É professora livre-docente pela USP e foi professora visitante em diversas universidades estrangeiras. Seus temas de pesquisa são, especialmente, movimentos sociais, associativismo e cidadania.

No século XX, com a expansão da indústria no continente, os países latino-americanos assistiram à organização de inúmeros movimentos sociais por melhores condições de trabalho. Greves e manifestações contra a exploração da classe trabalhadora, bem como contra a dependência do capitalismo internacional, levaram operários à forte mobilização. A economia latino-americana, afetada pelas oscilações do mercado internacional, tornava a condição dos trabalhadores instável e precária. Diante dessa situação, os trabalhadores passaram a se organizar e lutar por melhores relações entre capital e trabalho.

Finalmente, na contemporaneidade, a América Latina observa a expansão capitalista promovida pela globalização, que ameaça derrubar conquistas dos movimentos sociais populares. A exigência de uma economia voltada para a acumulação de capital, administrada por um Estado sem grandes preocupações sociais, e que compete em um mercado dominado por economias robustas e planejadas, tem levado os países latino-americanos a uma política mais rígida em relação aos anseios da população carente. Os movimentos sociais recrudesceram, com propostas antiglobalização e de luta por justiça social.

Assim, ao acompanhar a transformação dos movimentos sociais que eclodiram no mundo, voltados às questões internas e, especialmente, aos problemas que acompanham as diferentes nações desde os tempos coloniais, a América Latina tem sido palco de ampla e constante mobilização. **Maria da Glória Gohn** descreve assim os movimentos sociais latino-americanos:

> "Todos esses movimentos têm eclodido na cena pública como agentes de novos conflitos e renovação das lutas sociais coletivas. Em alguns casos, elegeram suas lideranças para cargos supremos na nação, a exemplo da Bolívia. Outros movimentos que estavam na sombra e tratados como insurgentes, emergem com força organizatória, como os piqueteiros na Argentina, cocaleiros na Bolívia e Peru, zapatistas no México. Outros, ainda, articulam-se em redes compostas de movimentos sociais globais como o MST (Movimento dos Trabalhadores Rurais Sem Terra no Brasil) e a Via Campesina. Muitos deles passaram a ser discriminados e criminalizados pela mídia e alguns órgãos públicos. Fóruns globais têm articulado esses movimentos em megaeventos, como o Fórum Social Mundial. Setores do movimento ambientalista politizaram-se em algumas regiões, a exemplo da luta contra a instalação de papeleiras* no Uruguai, ou se articulam com movimentos populares, como na região do rio São Francisco, no Brasil, assim como o movimento contra a construção de barragens, e dos pequenos agricultores, em várias partes do Brasil."
>
> GOHN, Maria da Glória. *Abordagens teóricas no estudo dos movimentos sociais na América Latina*. In: *Caderno CRH*, v. 21, n. 54, 2008. p. 441.

Como se percebe, os movimentos sociais latino-americanos têm objetivos variados, assim como identidades variadas, e, ao acompanhar o que acontece no resto do mundo, posicionam-se de forma particular diante de seus problemas.

*O governo uruguaio permitiu a instalação de fábricas de papel estrangeiras às margens do Rio Uruguai, o que desagradou profundamente uruguaios e argentinos que temem a poluição do rio que faz fronteira com os dois países. Amplos movimentos de protesto ocorreram, fechando, até mesmo, o canal que liga as duas margens do rio.

Mesmo repercutindo o que ocorre internacionalmente, a América Latina mostra-se consciente de suas peculiaridades e da forma específica como os problemas internacionais a afetam. Em contrapartida, a repercussão desses movimentos é cada vez maior — são divulgados pelas redes sociais e pela imprensa mundial. Os movimentos sociais latino-americanos, portanto, não se restringem aos países que os sediam nem aos territórios nos quais ocorrem.

Em junho de 2013, por exemplo, uma mobilização popular de ampla dimensão ocorreu no Brasil. A população manifestou-se contra a corrupção, pela melhoria das políticas voltadas à educação e à saúde e contra a atuação dos partidos políticos de maneira geral.

As movimentações nas ruas foram iniciadas pelo Movimento Passe Livre (MPL) contra o aumento da tarifa do transporte público. Depois disso, o movimento popular cresceu, atraiu milhares de pessoas em quase todos os estados, independentemente de partido, credo ou classe social.

Os movimentos contra as tarifas de transporte obtiveram sucesso e, por isso, causaram apreensão nos governos municipal, estadual e federal. A vitória conquistada estimulou outros movimentos, que continuaram a reunir pessoas e a fazê-las ir às ruas para se manifestar. Em 2014 houve, em diferentes estados e municípios, protestos contra a realização da Copa do Mundo no Brasil por causa dos gastos excessivos que acarretou. Ocorreram também protestos contra o atraso na conclusão das obras para os jogos. Em 2015, a baixa popularidade do governo de Dilma Rousseff, por conta da crise econômica e das denúncias de corrupção contra membros do partido e da base aliada do governo petista, fomentou amplas e contundentes mobilizações populares e protestos.

Essas manifestações foram acompanhadas pela mídia internacional e também estudadas por diferentes sociólogos. Os movimentos sociais no Brasil e nos demais países latino-americanos têm extrapolado sua territorialidade física.

Movimentos sociais e sociedade pós-industrial

Alain Touraine foi um dos autores que estudaram os movimentos sociais da sociedade contemporânea. Segundo ele, seriam característicos de uma época pós-industrial, ou seja, na qual o confronto entre capital e trabalho teria sido diluído, em parte, pelas novas condições tecnológicas da produção material.

A indústria globalizada e informatizada já não emprega grandes contingentes de trabalhadores. Além disso, muitos profissionais são altamente qualificados e recebem salários condizentes com sua qualificação – ainda que, por vezes, até os profissionais bem qualificados recebam salários inferiores à sua atribuição.

A produção industrial, ao utilizar tecnologia de ponta e a robótica, já não propicia a reunião e a organização de um elevado contingente de trabalhadores insatisfeitos e mal remunerados, como acontecia nas fábricas de produção em série. Entretanto, outras questões globais, como a luta ambientalista por preservação do planeta, emergem e, como a economia, atingem proporções globais.

No lugar de reivindicações trabalhistas, os movimentos sociais da atualidade têm forte conteúdo cultural e ideológico — criticam estilos de vida e opõem-se ao consumismo; contestam a poluição atmosférica, o desperdício de água e o preconceito contra minorias raciais, étnicas e de gênero. Outra característica desses movimentos sociais da atualidade é a de que nem todos os apoiadores fazem parte da categoria em questão. A militância é muito mais cultural do que de pertencimento a um grupo específico por causa de determinada característica, como nacionalidade, gênero ou religião.

UPPA/ZUMAPRESS/GLOW IMAGES

Obra de Banksy, *Jesus Christ with shopping bags* ("Jesus Cristo com sacolas de compras"), 2004.

É importante destacar o fato de que a adesão às bandeiras dos movimentos sociais da atualidade tem relação com a identificação do militante com a causa, isto é, com sua predisposição individual, pessoal e particular. Essa identificação não passa necessariamente por um pertencimento à categoria reivindicadora. Em contrapartida, é cada vez mais comum que essa militância se dê em completo distanciamento da ação política propriamente dita — muitos dos participantes se declaram indiferentes ao que faz ou pensa o Estado. Este passa a ser visto como governo, e não como Estado, isto é, como entidade representada por aqueles que, em determinado momento, ocupam as posições de mando e o fazem temporariamente. Esse afastamento da política propriamente dita e das atitudes partidárias caracteriza a militância da atualidade. Assim define o cientista social francês Michel Wieviorka:

> "O sujeito do movimento operário era coletivo e social, o dos "novos movimentos sociais" podia ser individual e era sobretudo resolutamente cultural."
>
> WIEVIORKA, Michel. *Nove lições de sociologia*. Lisboa: Teorema, 2010. p. 111.

SOS MATA ATLÂNTICA/ REPRODUÇÃO

A Fundação SOS Mata Atlântica faz parte dos movimentos sociais contemporâneos que defendem ideias e promovem campanhas baseadas em princípios mundiais, como a sustentabilidade e a defesa do meio ambiente.

No século XXI, os movimentos sociais apresentam-se com novas perspectivas, e uma delas é o distanciamento do Estado e do nacionalismo. Embora possam conter reivindicações locais, como os movimentos do início do capitalismo industrial, eles adquirem importância na medida em que se vinculam a redes transnacionais. Não buscam, como na primeira metade do século XX, combater as injustiças sociais, mas pensam no apoio a mudanças estruturais que devem ocorrer no mundo, seja qual for a ideologia ou o regime vigente nos diferentes países.

Entre as diversas reivindicações desses movimentos estão causas identitárias e de reconhecimento cultural, como os dos homossexuais, que defendem o direito à liberdade e à autoafirmação, bem como o direito de expressar sua orientação afetiva e sexual.

Organizações não governamentais, responsabilidade social e Terceiro Setor

A pluralidade de movimentos sociais das últimas décadas, aliada a um sentimento de decepção em relação à atuação do Estado e dos partidos políticos na representação da sociedade civil, fez que surgissem as organizações não governamentais — ONGs — para reunir aqueles que lutam por diferentes bandeiras sociais, culturais e econômicas. Essas entidades posicionam-se de forma independente e autônoma em relação ao Estado e ao mercado. Em suma, as ONGs institucionalizam muitos dos movimentos sociais da atualidade.

No Brasil, as ONGs passaram a proliferar a partir da década de 1970, ainda durante a ditadura civil-militar, para combater o autoritarismo e defender presos políticos, denunciar torturas e até mesmo lutar pela alfabetização de adultos. Com a redemocratização do país, as ONGs continuaram a ter um papel relevante em ações que eram deixadas de lado pelo Estado, como, por exemplo, a defesa da nossa biodiversidade. Em outros países da América Latina, as ONGs também serviram à luta contra governos autoritários e pela redemocratização.

São características de uma ONG ter um caráter formal e de direito; ser independente do governo, inclusive economicamente; não desenvolver atividades lucrativas (todos os fundos são revertidos para sua atividade-fim); ser autogerida e dispor de colaboradores majoritariamente voluntários.

Suas práticas têm um caráter de filantropia ou caridade, como distribuição de alimentos entre os moradores de rua, mecenato, como financiamento de projetos artísticos e esportivos em zonas periféricas das grandes cidades, e mobilização política, como a defesa da descriminalização do aborto.

Embora algumas empresas, hoje em dia, desenvolvam atividades semelhantes e sem fins lucrativos, como parte de uma ação denominada de responsabilidade social, as ONGs se caracterizam por sua independência do poder político e econômico. De qualquer maneira, as ONGs, que atualmente se apresentam como uma alternativa de ação política e de cidadania, assim como as atividades de responsabilidade social desenvolvidas pelo setor privado, constituem uma nova instância da sociedade denominada de Terceiro Setor, ou seja, aquele que não é nem estatal nem empresarial, mas diz respeito às necessidades da sociedade civil. As iniciativas do Terceiro Setor, iniciadas com as atividades de ajuda mútua promovidas pelas igrejas — as casas de misericórdia brasileiras são um exemplo significativo —, hoje adquirem outra importância, com a tendência a se internacionalizar, a desenvolver atividades sustentáveis para obtenção de recursos e a empregar um bom número de profissionais qualificados.

PINGOS NOS "IS"

Movimentos sociais e redes sociais

A revolução tecnológica, ou seja, a informatização da sociedade, teve influência na transformação dos movimentos sociais. Essa transformação ocorreu em dois sentidos diferentes. No primeiro sentido, a informatização da sociedade modificou, como vimos, a relação entre capital e trabalho.

O chamado **toyotismo**, que privilegia a produção industrial ao integrar tecnologia de ponta e produção por demanda, substituiu a massa de trabalhadores típica das antigas linhas de produção em série por equipes reduzidas, com operários qualificados e bem remunerados. Essa estratégia, adotada pelas grandes empresas, especialmente as automobilísticas, dissolveu em parte a oposição entre trabalho e capital que caracterizou as relações de produção na indústria da primeira metade do século XX. Os movimentos operários, as greves e o confronto entre empresariado e trabalhadores diminuíram nesse novo cenário, em que aumentaram as terceirizações e o desemprego.

Tal cenário pôs em evidência o fato de que no capitalismo as contradições não se resumiam aos confrontos trabalhistas, mas havia outras questões, consideradas importantes e de interesse global, que deflagraram novos movimentos sociais. Entretanto, as lutas tradicionais dos trabalhadores pela diminuição da jornada de trabalho (sem redução de salários) e para conter o desemprego, por exemplo, continuam a ocorrer, até mesmo nas maiores empresas.

Já os novos movimentos sociais defendem causas que têm profundo sentido identitário — minorias étnicas e raciais, de gênero e comunidades locais lutam para ter suas reivindicações reconhecidas e atendidas. Ambientalistas, imigrantes, pacifistas, feministas, homossexuais, estudantes, pessoas com necessidades especiais reivindicam modificações na legislação, para que sejam reconhecidos o acesso a direitos sociais, o reconhecimento de sua identidade social e de sua especificidade como grupo.

O segundo sentido da transformação dos movimentos sociais se deve ao desenvolvimento das redes de comunicação digital, visto que as redes sociais são o recurso prioritário para a divulgação das ideias desses movimentos, assim como para a cooptação de partidários e até para a captação de recursos para suas ações.

Nas redes sociais grupos afins mobilizam-se e unem forças para agir rapidamente em nível internacional. Analistas dessas manifestações afirmam que essa nova forma de militância tem reforçado a democracia e tornam os direitos humanos cada vez mais importantes na pauta das reivindicações dos diversos movimentos. Tais movimentos buscam, na prática, uma articulação com instituições da sociedade civil e até mesmo com o mercado, mas buscam, antes de tudo, independência e autonomia, quer do governo, quer das empresas privadas.

Em artigo que trata desse tema, a socióloga Ilse Scherer-Warren afirma:

> "A sociedade civil organizada do novo milênio tende a ser uma sociedade de redes organizacionais, de redes interorganizacionais e de redes de movimentos e de formação de parcerias entre as esferas públicas, privadas e estatais, criando novos espaços de *governance* com o crescimento da participação cidadã".

SCHERER-WARREN, Ilse. Das mobilizações às redes de movimentos sociais. *Sociedade e Estado*. Brasília, v. 21, n. 1, jan./abr. 2006, p. 126.

Termos e conceitos

Toyotismo: sistema de produção desenvolvido no Japão e proposto por Taiichi Ohno (1912-1990). Esse sistema diferencia-se da produção em série praticada nos Estados Unidos e que recebeu o nome de fordismo por ter sido empregada por Henry Ford (1863-1947) na fabricação de automóveis. Enquanto o fordismo baseava-se na produção em série e na formação de grandes estoques, o toyotismo propôs um modelo flexível de produção, baseado em tecnologia de ponta, gerenciado por operários qualificados, sem criação de estoques, a fim de reduzir os desperdícios de recursos humanos, financeiros e de tempo. Esse sistema foi chamado de toyotismo por ter sido implantado inicialmente na fábrica Toyota.

SOCIOLOGIA NA MÍDIA

Governo deve usar rede social para entender reivindicações, diz cientista política

Em vez de apenas reagirem aos movimentos políticos criados pelas redes sociais, os governos e instituições devem usar essas novas tecnologias para colher a enorme quantidade de dados que elas disponibilizam, melhor compreender os desejos latentes da população e antecipar reformas.

A opinião é da cientista política Helen Margetts, diretora do Instituto de Internet da universidade britânica Oxford, um dos principais centros do mundo no estudo das interações entre política e tecnologia [...].

"Leia abaixo a entrevista, feita por e-mail:

***Folha* – Os protestos no Brasil, os atos do "Occupy", o que ocorreu na Turquia, no Egito, toda a "Primavera Árabe". Todos usaram redes sociais, como o Facebook e o Twitter. É possível traçar um modelo comum a todos eles, em relação ao papel da mídia social?**

Helen Margetts – A questão em relação à mídia social é que ela permite pequenos atos de participação política – como um tuíte, "curtir" algo, baixar um vídeo no Youtube e assim por diante. Uma vez que as pessoas começaram a realizar esses pequenos atos, microdoações de recursos políticos, elas ficam mais propensas a fazer mais. Todos esses pequenos atos se agregam em mobilizações de larga escala as quais, uma vez que elas tenham ganho ímpeto, encorajam as pessoas a contribuir mais e empreender atos de participação maiores, como ir a uma passeata. Nós chamamos esse modelo de "pluralismo caótico". [...]

É possível a qualquer instituição tradicional controlar movimentos como esses?

Com esses novos tipos de mobilização, a questão é que as instituições não são mais necessárias para fazer essas mobilizações decolarem – na verdade, essas instituições são normalmente rejeitadas. Mas o perigo vem quando a mobilização alcançou algum tipo de sucesso, ocorre um vazio institucional e uma organização tradicional assume [...].

A senhora acredita que qualquer uma dessas chamadas "revoluções" teriam ocorrido sem as redes sociais?

Para ser realista, é muito difícil imaginar como eles teriam conseguido se coordenar e decolar sem redes sociais. É verdade que revoluções como as de 1989 no leste Europeu [que derrubou o comunismo real] funcionaram perfeitamente bem sem mídia social (ou qualquer tipo de tecnologia baseada em internet). Mas em certo sentido elas eram de uma natureza diferente, foram iniciadas por mudanças nas cúpulas e não foram começadas de baixo para cima, como no Brasil, Turquia. [...]

No Brasil, as pessoas demandaram uma miríade de coisas – de melhor serviço público a ferramentas mais eficientes contra a corrupção e cortes nas tarifas de ônibus. Isso levou algumas pessoas a dizer que, se um protesto é contra tudo, ele na verdade é contra nada, e que isso seria um obstáculo para que qualquer vitória seja alcançada. Concorda?

Bem, a preocupação original em relação à participação política feita pela internet era a de que ela seria baseada em problemas pontuais, sem objetivos mais abrangentes ou interesses comuns, então em certo sentido essa natureza de "múltiplos-alvos" dos protestos antiglobalização, dos "indignados" [na Espanha], do movimento Occupy, do movimento da Turquia e do Brasil é surpreendente. Parece sintomático de outros movimentos originados de políticas de pressão – como a política verde e os movimentos pró-meio ambiente –, os quais tendem a ter um grupo bem articulado de coisas contra as quais eles se insurgem, mas muito menos coerência do que eles querem. Acho que isso tem mais a ver com a origem da resistência, protesto e pressão do com que as redes sociais. [...]"

MAGALHÃES, João Carlos; VALENTE, Rubens.
Governo deve usar rede social para entender reivindicações,
diz cientista política. Cotidiano,
Folha de S.Paulo, 25 jul. 2013.
Disponível em: <www1.folha.uol.com.br/cotidiano/2013/07/1316767-governo-deve-usar-rede-social-para-entender-reivindicacao-popular.shtml>.
Acesso em: jun. 2016.

ATIVIDADES

1 Por que a indústria criou as condições para o recrudescimento dos movimentos sociais?

2

BIRA DANTAS

Essa charge diz respeito a quais aspectos tratados neste capítulo?

3 Por que a globalização tende a provocar insatisfação na população mundial?

4 Complete com a alternativa correta.

A Escola de Chicago e o interacionismo simbólico deixaram de encarar os movimentos sociais como desequilíbrios sociais por considerá-los:

a) fatores de mudança social.

b) atividades de pessoas desajustadas.

c) irrelevantes.

d) início de processo revolucionário.

5 Os movimentos sociais da atualidade mostram uma tendência diferente daqueles organizados na segunda metade do século XX, provocados principalmente pelos conflitos entre capital e trabalho. Que tendência é essa?

6 Faça uma pesquisa sobre uma ONG e identifique seus objetivos, forma de agir e método de obtenção de recursos. Em seguida, pesquise na internet as últimas ações dessa ONG, a fim de verificar a satisfação dos objetivos propostos. Algumas sugestões: Greenpeace; Médicos sem Fronteiras; Viva Rio; Instituto Ethos; SOS Mata Atlântica; Movimento dos Trabalhadores Rurais Sem Terra.

7 Qual das correntes sociológicas mencionadas abaixo considerava os movimentos sociais sintoma pouco recomendável da saúde social?

a) Evolucionismo.

b) Interacionismo simbólico.

c) Marxismo.

d) Nenhuma das anteriores.

EXAMES DE SELEÇÃO

1 **(UEM, 2013)** Considerando a dinâmica dos movimentos sociais, indique as alternativas corretas.

a) Os movimentos sociais visam ao confronto político e estabelecem ora uma relação de oposição, ora uma relação de parceria com o Estado.

b) Os movimentos sociais que combatem a homofobia procuram disseminar visões de mundo que aumentam os preconceitos e as discriminações contra os homossexuais.

c) Os movimentos sociais não precisam de um princípio norteador para se estruturar ou para garantir que eles atuem como uma forma de organização coletiva.

d) As greves trabalhistas, os movimentos por melhores condições de vida na cidade e no campo, os movimentos étnicos, feministas, ambientais e estudantis são exemplos de movimentos sociais.

e) As ações dos movimentos sociais têm o poder de reverter ou de determinar políticas públicas de desenvolvimento econômico, social, educacional e trabalhista.

2 **(Enem, 2011)**

"Na década de 1990, os movimentos sociais camponeses e as ONGs tiveram destaque, ao lado de outros sujeitos coletivos. Na sociedade brasileira, a ação dos movimentos sociais vem construindo lentamente um conjunto de práticas democráticas no interior das escolas, das comunidades, dos grupos organizados e na interface da sociedade civil com o Estado. O diálogo, o confronto e o conflito têm sido os motores no processo de construção democrática."

SOUZA, M. A. *Movimentos sociais no Brasil contemporâneo*: participação e possibilidades das práticas democráticas. Disponível em: <www.ces.uc.pt>. Acesso em: 30 abr. 2010. (Adaptado.)

Segundo o texto, os movimentos sociais contribuem para o processo de construção democrática, porque:

a) determinam o papel do Estado nas transformações socioeconômicas.

b) aumentam o clima de tensão social na sociedade civil.

c) pressionam o Estado para o atendimento das demandas da sociedade.

d) privilegiam determinadas parcelas da sociedade em detrimento das demais.

e) propiciam a adoção de valores éticos pelos órgãos do Estado.

3 **(UEM, 2013)** O sociólogo espanhol Manuel Castells sustenta que

"a comunicação de valores e a mobilização em torno do sentido são fundamentais. Os movimentos culturais (entendidos como movimentos que têm como objetivo defender ou propor modos próprios de vida e sentido) constroem-se em torno de sistemas de comunicação — essencialmente a internet e os meios de comunicação — porque esta é a principal via que esses movimentos encontram para chegar àquelas pessoas que podem eventualmente partilhar os seus valores, e a partir daqui atuar na consciência da sociedade no seu conjunto".

Disponível em: <www.compolitica.org>. Acesso em: 2 mar. 2012. (Adaptado.)

Em 2011, após uma forte mobilização popular via redes sociais, houve a queda do governo de Hosni Mubarak, no Egito. Esse evento ratifica o argumento de que

a) a internet atribui verdadeiros valores culturais aos seus usuários.

b) a consciência das sociedades foi estabelecida com o advento da internet.

c) a revolução tecnológica tem como principal objetivo a deposição de governantes antidemocráticos.

d) os recursos tecnológicos estão a serviço dos opressores e do fortalecimento de suas práticas políticas.

e) os sistemas de comunicação são mecanismos importantes de adesão e compartilhamento de valores sociais.

4 **(Unicentro, 2012)** Sobre os Movimentos Sociais no Brasil, está correto o que se afirma em

a) Estão direcionados apenas para a Reforma Agrária, pois seu enfoque é político.

b) Dividem-se em duas fases: Regime Militar (1964-1974) e Regime Democrático (1989 aos dias atuais).

c) São desorganizados e sem adesão populacional e, por isso, não trazem modificações substanciais ao país.

d) Caracterizam-se pelo não entendimento da luta por reconhecimento de identidades indígenas como sendo movimento social.

e) Ganharam força e destaque após anos de ditadura militar, período em que a sociedade brasileira buscava reconduzir o país à democracia.

OUTRAS MÍDIAS

Para assistir

No

Direção: Pablo Larraín.
Países: Chile/Estados Unidos.
Ano: 2012.

O filme narra o episódio em que o ditador do Chile, Augusto Pinochet (1915-2006), pressionado pela conjuntura internacional desfavorável, realiza um plebiscito para perguntar à população se esta queria ou não que ele continuasse no poder. Na verdade, essa possibilidade era remota e o ditador imaginava legitimar, com o "sim", a sua permanência no poder. René Saavedra é contratado para fazer a propaganda do No (não), enquanto a agência para a qual trabalha faz a campanha do Sí (sim). Esse filme permite analisar o modo como uma ideia pode propagar-se pela população transformando-se em um ato revolucionário.

V de Vingança

Direção: James McTeigue.
País: Estados Unidos. Ano: 2005.

Numa Inglaterra onde há um governo totalitário, vive um rebelde conhecido apenas pelo codinome "V". Trata-se de um revolucionário mascarado que luta contra o autoritarismo e se dedica a levantar a população para lutar pela liberdade. Evey Hammond, uma das vítimas da repressão do regime, é salva por ele em uma situação de perigo e se torna o símbolo da luta de V pela liberdade, pois Evey, por seu passado, tem medo de se envolver em questões políticas. Além de explorar a história de movimentos por liberdade, o filme apresenta o mascarado, símbolo que tem sido usado nos movimentos sociais da atualidade e permite aos alunos relacionar história, movimentos sociais e atualidade.

Junho – o mês que abalou o Brasil

Direção: João Wainer.
País: Brasil. Ano: 2014.

Com depoimento de sociólogos, historiadores, jornalistas e manifestantes, o documentário aborda as manifestações de rua que ocorreram no Brasil em junho de 2013. Iniciado como protesto contra o aumento das tarifas de transporte público, o movimento expandiu-se e aglutinou-se a outros descontentamentos da população com os serviços públicos, os partidos políticos e os gastos com a Copa do Mundo, que ocorreu no ano seguinte.

Para ler

As veias abertas da América Latina

Eduardo Galeano. São Paulo: L&P Editores, 2010.

A primeira edição desse livro é de 1970, e atualizada em 1977, período de grandes conflitos entre o povo e as ditaduras que se perpetuavam em diversos países da América Latina. O autor traça um retrato difícil do sul do continente, espoliado em diversas épocas por sistemas coloniais, desde a conquista ibérica até os dias de hoje, quando se evidencia a dependência da América Latina em relação ao capitalismo desenvolvido. No prefácio dessa edição, o autor lamenta que o livro não tenha perdido a atualidade. A leitura da obra esclarece a dimensão dos problemas vividos pela América Latina, que estão nas raízes dos movimentos sociais desenvolvidos no continente.

Literatura e resistência

BOSI, Alfredo. São Paulo: Companhia das Letras, 2002.

No capítulo "Narrativa e resistência", também publicado na revista *Itinerários*, da Unesp, Bosi analisa o tratamento que as questões políticas têm recebido na literatura de ficção brasileira e estrangeira. Entre os autores brasileiros, destaca Graciliano Ramos (1892-1953), em *Memórias do cárcere*, e Carlos Drummond de Andrade (1902-1987), em *A rosa do povo*. Entre os estrangeiros, aborda Fiódor Dostoiévski (1821-1881), Albert Camus (1913-1960) e Jean-Paul Sartre (1905-1980). Além de o autor dissertar sobre a literatura como forma de mobilização política e resistência, faz boas sugestões de leitura.

Sociologia dos movimentos sociais

Maria da Glória Gohn. São Paulo: Cortez, 2015.

A obra trata, na primeira parte, de diferentes movimentos sociais ocorridos nos anos de 2011 e 2012 — a Primavera Árabe, Indignados na Europa e *Occupy Wall Street*. Na segunda parte, a autora estuda os movimentos sociais no Brasil e, finalmente, na terceira parte, estuda os movimentos de maio de 1968. O livro permitirá complementar as ideias desenvolvidas neste capítulo.

Para acessar

Doutores da Alegria

<www.doutoresdaalegria.org.br/>

Criado há mais de 20 anos, o grupo é uma organização não governamental que utiliza as competências de palhaços profissionais — o jogo, o olhar, a escuta, o trabalho em grupo — para atuar voluntariamente no trabalho com crianças hospitalizadas. Possui uma escola — Doutores da Alegria —, que forma palhaços profissionais em suas sedes, em São Paulo e no Recife. Atua também no Rio de Janeiro, em seu programa Plateias Hospitalares. Valoriza a arte e o trabalho voluntário com doentes, promove a formação de artistas, a pesquisa e o desenvolvimento humano, além do amparo aos doentes. Os Doutores da Alegria já foram tema de um filme dirigido por Mara Mourão.

Brasil de fato – uma visão popular do Brasil e do mundo

<www.brasildefato.com.br/>

Jornal semanal político brasileiro, lançado no Fórum Social Mundial, em 2003, por diversos movimentos populares. Reúne jornalistas e intelectuais de esquerda que buscam divulgar as notícias do país e do mundo, tentando interpretá-las de um ponto de vista diferente daquele da grande imprensa. Além da edição digital, há uma versão impressa distribuída em bancas.

Repórteres sem fronteiras

<http://pt.rfi.fr/>

Organização não governamental internacional que procura defender o direito à liberdade de expressão no mundo. Foi criada na França, por Robért Menard, Rony Bauman e Lean-Claude Gillebaud, em 1985. Defende o direito de informar e ser informado e combate a censura. Também tem como objetivo defender os jornalistas ameaçados no mundo, presos ou vítimas de violência. Entre outras atividades, os RSF publicam uma classificação anual de países em relação ao respeito à liberdade de expressão.

OBRA DE ARTE

Arte como crítica social

Love is in the air ("O amor está no ar", imagem abaixo) e *Cancelled* ("Cancelado", na próxima página) são obras do artista urbano Banksy, pseudônimo que usa para se manter anônimo. Ele produz pinturas nas ruas de Bristol e Londres, além de outras cidades da Inglaterra. Elas se tornaram importantes e atraem o olhar de pedestres e turistas, assim como são disputadas em leilões de museus e galerias. De conteúdo crítico, suas obras expressam seu ceticismo em relação à sociedade e às suas instituições.

Os grafites de Banksy mostram como a arte também deve ser vista como uma expressão de cidadania e participação política.

THOMAS COEX/AFP

E concluímos com um trecho de Anthony Giddens:

"O estudo do poder é de extrema importância para a Sociologia. O poder é a capacidade que indivíduos ou grupos possuem para fazer valer os seus próprios interesses, mesmo quando outros se opõem."

E ele completa:

"Hoje em dia, alguns observadores lamentam que os cidadãos em estados democráticos se tenham tornado apáticos, perdendo o interesse no processo político. [...] No entanto, é um erro sugerir que as pessoas se desinteressaram pela política e perderam a fé na própria democracia. [...] Além disso, há sinais de que o interesse pela política está em crescimento, sendo, porém, canalizado para outras direções [...] em novos movimentos sociais dedicados a questões como o ambiente, os direitos dos animais, a política comercial e a não proliferação nuclear".

GIDDENS, Anthony. *Sociologia*. Lisboa: Fundação Calouste Gulbenkian, 2008. p. 424, 434.

Atividades

- Banksy utiliza as paredes das cidades para expor suas ideias e discutir a realidade que o cerca. Com suas obras em Bristol e em outras cidades do mundo, tornou-se o anônimo mais famoso do mundo. Qual é a mensagem que ele oferece sobre o poder, tema dessas obras reproduzidas aqui?

ESSDRAS M SUAREZ/THE BOSTON GLOBE VIA GETTY IMAGES

Unidade 4

Produção, trabalho e tecnologia

Capítulos

Nesta unidade vamos abordar uma das mais importantes ações humanas — o trabalho, como veremos, é parte constitutiva de nossa vida em sociedade. Vamos entender as características das diferentes formas de produzir que organizamos, bem como a importância do desenvolvimento da ciência e da inovação tecnológica para as diferentes épocas históricas. Cada período caracterizou-se por determinado modo de produzir a vida material e imaterial, pelo uso de certas ferramentas, pela tentativa de dominar a natureza e pela forma como nos relacionamos uns com os outros. Vamos resgatar esse percurso e discutir heranças e inovações da vida contemporânea diante da globalização.

ERICH LESSING/MUSEU DO BARDO TUNIS/ALBUM/LATINSTOCK

Mosaico no qual um barco está sendo descarregado, da metade do século III a.C, encontrado em uma tumba subterrânea, exposto em Túnis, Túnisia.

Iluminura francesa de 1250 que representa a construção da Torre de Babel, presente na *Bíblia* Maciejowski.

Capítulo

13

Trabalho, produção e suas modalidades

Objetivos

- Explicar as características do trabalho humano e sua centralidade na vida social.
- Entender a relação entre trabalho, desenvolvimento tecnológico e cultura.
- Explicar o que é divisão social do trabalho e especialização.
- Analisar diferentes modalidades de trabalho compulsivo.
- Diferenciar escravidão de servidão e de trabalho assalariado.
- Relacionar trabalho humano e produção de riqueza.
- Compreender as modificações do trabalho em vista da automação e da globalização.
- Conhecer as pesquisas da Sociologia do Trabalho e revisitar as teorias clássicas sobre o tema.

Ao discorrer sobre o trabalho humano, Karl Marx usa uma comparação famosa. Diz ele que a pior abelha constrói melhor do que o melhor arquiteto, mas que o pior arquiteto faz mais do que a melhor abelha, pois a casa que constrói é fruto de uma intenção e um projeto, enquanto a abelha age por instinto, sem consciência do que faz e sem planejamento. Neste capítulo, vamos falar sobre o trabalho humano e a capacidade de agir sobre a natureza, da tecnologia, assim como do poder transformador do trabalho.

Mostraremos, portanto, que a história da humanidade tem sido a história da forma como produzimos e o que fazemos com o resultado de nossa produção. Entenderemos também as diferentes formas de trabalho e geração de riqueza que adotamos, bem como as relações sociais que estabelecemos diante dessas escolhas e opções.

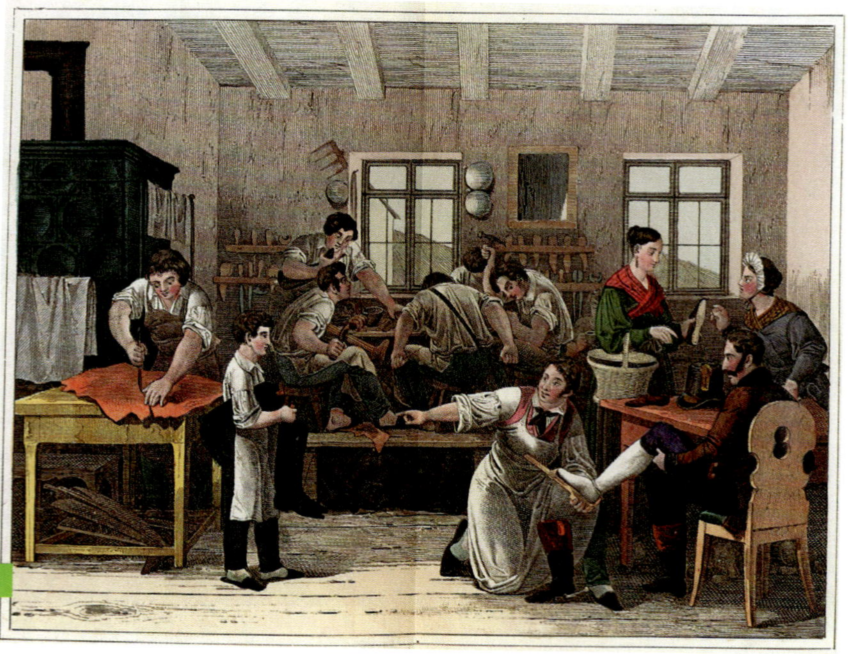

DIOMEDIA - MUSEU DA CIÊNCIA, LONDRES

O sapateiro, 1849. Publicado no diário *Groningen*, nos Países Baixos, em 1849.

DARIO PIGNATELLI/BLOOMBERG/GETTY IMAGES

Indústria de semicondutores que emprega alta tecnologia na Tailândia, 2014.

STUDIOSMART/SHUTTERSTOCK

Abelhas produzem mel em favos.

LEONARDO FINOTTI/MAREINES E PATALANO ARQUITETURA

Casa inspirada na arquitetura indígena, construída em Angra dos Reis, Rio de Janeiro, pelos arquitetos Ivo Mareines e Rafael Patalano. Foto de 2007.

Para refletir

1. Você já percebeu quantas pessoas perguntam para os jovens: "O que você vai ser quando crescer?". O que elas querem saber com a pergunta quando empregam o verbo "ser"?
2. Quando você pensa no trabalho que desenvolverá um dia, quais são os objetivos que tem em mente?
3. Na música "Um homem também chora", o compositor Gonzaguinha (1945-1991) diz: "Um homem se humilha se castram seu sonho/Seu sonho é sua vida e vida é trabalho/E, sem o seu trabalho, um homem não tem honra/E, sem a sua honra, se morre, se mata/Não dá pra ser feliz, não dá pra ser feliz". Por que Gonzaguinha considera que "o sonho é [a] vida e vida é trabalho"?

Quando Marx compara o trabalho humano ao trabalho da abelha e afirma que a ação humana se diferencia radicalmente daquela desenvolvida por outros animais, ele associa o trabalho humano à consciência que temos daquilo que elaboramos, dos objetivos que temos em mente ao fazê-lo, e da autonomia que sentimos diante da possibilidade de fazê-lo ou não. Marx está destacando, portanto, na ação humana e no trabalho produtivo estes aspectos: autonomia, consciência e intencionalidade.

Outros antropólogos, filósofos e sociólogos também estudaram essa atividade produtiva que nos distingue. Reconhecem que, efetivamente, ela é uma atividade consciente e, ao mesmo tempo, material e abstrata. A construção de uma casa, por exemplo, inicia-se com a elaboração de uma planta, um projeto, com o qual um arquiteto planeja a edificação, de modo que demonstre o caráter ao mesmo tempo físico, material e abstrato do trabalho humano.

Richard E. Leakey (1944-) e Roger Lewin (1944-), estudiosos do evolucionismo, destacam como características essencialmente humanas, e que teriam possibilitado o surgimento de nossa cultura, a criação da linguagem e a sociabilidade resultante da ação colaborativa, além da consciência e da intencionalidade.

Eles afirmam que a mente humana se formou na época em que éramos ainda caçadores-coletores, quando descobrimos que, para sobreviver nas savanas, seria essencial atuarmos em conjunto. Ao observar e pesquisar os diversos grupos tribais que ainda sobrevivem da caça e da coleta, os autores mostram que, nessas sociedades, o trabalho colaborativo é o que mantém a estabilidade de seus membros. Ao trabalhar em bandos ou apenas em duplas, os caçadores conseguem o suficiente para o abastecimento de suas famílias. Restos de alimentos encontrados em cavernas arqueológicas mostram que muitas vezes a caça era abundante, o que favorecia o aumento populacional dos grupos e, ao mesmo tempo, a divisão de tarefas por sexo e idade — as mulheres dedicaram-se à coleta e, depois, à agricultura. Dizem os autores:

> "Esse tipo de cooperação entre os grandes grupos de caçadores seria um elemento-chave na compreensão do surgimento das características humanas."
>
> LEAKEY, Richard E.; LEWIN, Roger. *O povo do lago*. São Paulo: Melhoramentos, 1988. p. 112.

Decorrente, portanto, do trabalho colaborativo, surgem as regras de reciprocidade e a moral. Jesús Azcona escreve:

> "Na maior parte das sociedades baseadas em sistemas de subsistência que exigem alto grau de solidariedade e de responsabilidade, todos os indivíduos são considerados como parte do todo que conforma a sociedade."
>
> AZCONA, Jesús. *Antropologia II*: cultura. Petrópolis: Vozes, 1993. p. 144.

Antropólogos, historiadores, sociólogos, biólogos e filósofos dão ao trabalho humano um papel de centralidade na vida cultural e social da nossa espécie. A necessidade de sobrevivência teria levado à cooperação e, para isso, à invenção da linguagem e da comunicação. Tanto a cooperação como a comunicação só foram possíveis pelo desenvolvimento da capacidade de simbolizar, interpretar e da capacidade de **intersubjetividade**.

Termos e conceitos

Intersubjetividade: define a capacidade que os seres humanos têm de estabelecer a comunicação das consciências individuais, entre sujeito e sujeito, cuja realização baseia-se na reciprocidade. É a capacidade do ser humano de se relacionar com o semelhante.

Pintura rupestre do Abrigo Xique-Xique, Rio Grande do Norte. Muitas pinturas rupestres, além dos objetos deixados em cavernas, mostram cenas de trabalho colaborativo entre caçadores-coletores. Na cena acima, vemos homens cercando animais e outros abatendo-os. Essas informações evidenciam que a solidariedade e a reciprocidade sempre fizeram parte do trabalho humano pela sobrevivência do grupo e da espécie. Carnaúba dos Dantas, Rio Grande do Norte, 2014.

Por outro lado, o trabalho jamais deixou de ter, na sociedade humana, a centralidade que teve entre os caçadores-coletores, por mais sofisticada que a sociedade tenha se tornado. Por isso, achamos importante discorrer neste capítulo acerca do que define e circunda o trabalho humano.

A fabricação de ferramentas — o desenvolvimento da tecnologia

Além de impulsionar a cooperação e a sociabilidade entre os humanos, assim como estimular a formação e o desenvolvimento da linguagem, o trabalho, como o exercício para manutenção e reprodução da vida, levou nossos antepassados à criação de utensílios que tornassem a atividade laboriosa mais eficiente. Entre três milhões e um milhão de anos atrás, nossos antepassados desenvolveram ferramentas cada vez mais precisas, que passaram de um conjunto rústico de instrumentos de lascas de pedra, osso e madeira a peças mais bem planejadas e executadas. Nesse espaço de tempo, o cérebro dos hominídeos quase dobrou de tamanho e, por mais que julguemos importante a fabricação de utensílios para o desenvolvimento mental da humanidade, sabemos que também outros fatores alavancaram o aperfeiçoamento de nossa inteligência.

O aprimoramento da caça, da linguagem e de nossa complexa sociedade foi estímulo concomitante. Segundo diversos antropólogos, graças a ele fomos capazes de organizar uma relação diferenciada com nossos pares, que incluía não só a capacidade de caçar e sobreviver, mas também a de colaborar e repartir. Assim, os primeiros hominídeos teriam usado a inventividade para criar laços de afeição e hostilidade, a partir dos quais estabeleceram-se formas de trabalho cooperativo para o qual foram inventados diferentes instrumentos ou artefatos.

Marshall Sahlins (1930-)

Antropólogo estadunidense, graduou-se na Universidade de Michigan, na qual foi aluno de Leslie White (1900-1975), e doutorou-se na Universidade Columbia. Na política, fez campanha contra a Guerra do Vietnã. Viveu e estudou na França na década de 1960, e foi influenciado por Claude Lévi-Strauss. Nessa época, abandonou seus cânones evolucionistas e dedicou-se aos estudos do determinismo cultural. Dedicou-se ao estudo da relação entre produção simbólica e a realidade social. Hoje é professor emérito da Universidade de Chicago.

ULF ANDERSEN/GETTY IMAGES

> "Obviamente, não há nenhum sinal dessa importante revolução tecnológica no arquivo arqueológico: como os primeiros recipientes foram confeccionados provavelmente de folhas ou de casca de árvore entrelaçada, eles simplesmente desapareceram sem deixar vestígio. A ideia de uma antiga bolsa trançada pode parecer um tanto forçada, mas, de fato, chimpanzés e gorilas são peritos tecelões. [...] Certamente, então, não estava fora de alcance dos hominídeos primitivos ampliar essa habilidade básica a fim de confeccionar uma bolsa rústica."
>
> LEAKEY, Richard E.; LEWIN, Roger. *O povo do lago*. São Paulo: Melhoramentos, 1988. p. 130.

Há sinais de que entre todos os utensílios inventados nesses dois milhões de anos figuravam, além das armas de pedra, que resistiram ao tempo, as sacolas como artefatos fundamentais. Nelas, caçadores e coletores, ao praticarem o consumo adiado (coleta de alimentos para posterior consumo), acomodavam o produto da colheita e da caça para dividi-lo com os demais membros do acampamento. De acordo com o antropólogo estadunidense **Marshall Sahlins**, autor de *Cultura e razão prática*, assim surgiu uma primeira sociedade **afluente**.

Embora haja pesquisadores que considerem que a fabricação de utensílios teve como motivação a necessidade de ataque e defesa, hoje, as pesquisas arqueológicas indicam que o aperfeiçoamento do relacionamento social e o trabalho cooperativo, base da vida social, foram igualmente importantes. É significativo perceber que os utensílios, artefatos e equipamentos estiveram sempre relacionados com o desenvolvimento da linguagem, da percepção e da capacidade de expressão, além de produzirem uma forma peculiar de sobreviver no planeta — planejada, simbólica e coletiva.

FABIO COLOMBINI

Trançado com fibra de buriti de Barreirinha, Maranhão, confeccionado pela artesã Maria de Lourdes Lopes Rodrigues. A arte de fazer utensílios com trançados de fibras foi legado de nossos antepassados em tempos distantes. Esses objetos provam que a fabricação de utensílios não respondeu apenas às necessidades de ataque e defesa, mas também de planejamento (o consumo adiado) e a cooperação. Foto de 2013.

Termos e conceitos

Sociedade afluente: sociedade na qual há abundância de bens, de riquezas. Em sua significação nos dicionários, afluência (ou rio afluente) é o processo no qual um rio menor desagua em um maior. Em algumas definições mais abertas, também quer dizer convergência, confluência, encontro.

Além de auxiliar nossos antepassados a competir, esses artefatos os ajudavam a dividir e a compartilhar. Eles foram importantes para o desenvolvimento do cérebro, das atividades cognitivas e da percepção da realidade. Semiólogo e pesquisador, Arlindo Machado é um dos autores que reconhecem as tecnologias como estimuladoras das atividades cerebrais e transmissoras de significados. Por isso, ele as chama de **máquinas semióticas**.

Há algum tempo, os cientistas acumulam provas de que diversos animais usam ferramentas para sobreviver. Existem pássaros das Ilhas Galápagos que extraem bichinhos de fendas entre as pedras com a ajuda de hastes presas ao bico. Abutres egípcios abrem ovos de avestruz com o auxílio de uma pedra. Lontras foram vistas abrindo conchas com o auxílio de pedras e até de garrafas de refrigerante encontradas no ambiente. Há antropólogos que garantem terem visto uma lontra abrir conchas com uma garrafa de refrigerante.

Nem sequer a especificidade de confeccionar nossas ferramentas pode ser garantida — o chimpanzé fabrica uma série de varetas com as quais consegue agilizar a busca de alimentos. Ele corta um ramo curto e flexível de capim, o introduz no cupinzeiro e o retira em seguida cheio de cupins, que engole rapidamente, como nós fazemos com os espetinhos de aperitivo. Já para pegar as perigosas formigas-safári, eles fazem uso de uma haste longa, de mais ou menos 60 centímetros, lisa e resistente. Outros primatas usam esponjas para sorver líquidos e pedras para romper superfícies duras. E, nas disputas entre machos, galhos de árvore servem como chocalhos para assustar e impressionar o adversário. Essas descrições dizem respeito a animais que vivem livres na natureza e não a animais presos ou domesticados.

Existe, em todos esses casos, um sofisticado exercício mental que requer a análise da matéria-prima disponível e o desenvolvimento de técnicas de manipulação e uso. Mas certamente o utensílio humano exige um esforço a mais — a confecção de uma forma sem base em algum modelo preexistente.

Termos e conceitos

Máquinas semióticas: nome dado às máquinas que não só processam informações e signos, como a máquina de calcular, mas que também produzem signos e interferem no sentido das informações que pretendemos processar. As máquinas fotográficas, por exemplo, não só registram um dado da realidade, como alteram a reprodução da imagem de acordo com sua programação. Nesse caso, semiótica é um adjetivo que significa que essas máquinas têm um potencial sígnico ou informativo que as fazem ser objeto da Semiótica, ciência que estuda as manifestações simbólicas ou linguísticas.

> "Visualizar um machadinho manual, com o formato de uma gota de lágrima, numa saliência de rocha sem forma, é um estágio intelectual posterior, pois o produto tem pouca relação com o material bruto. Somente os humanos conseguem dar este último salto intelectual."
>
> LEAKEY, Richard E.; LEWIN, Roger. *O povo do lago*. São Paulo: Melhoramentos, 1988. p. 132.

Dessa forma, percebemos que a fabricação de utensílios já evidenciava a forma peculiar que a vida humana social e coletiva vinha assumindo, assim como mostrava a importância crescente da atividade laboral no sentido de garantir nossa sobrevivência, controlar, intervir na natureza e, assim, expressar nossa intencionalidade, consciência e motivação.

Divisão Social do Trabalho

Georges Friedmann (1902-1977) pontuou em suas pesquisas que a fabricação de utensílios no período Neolítico — conhecido como Idade da Pedra Polida, que ocorreu entre 12 e 4 mil anos a.C. — desenvolveu-se de forma impressionante entre os hominídeos de diferentes partes do mundo, mostrando que a evolução da espécie se manifesta pelo uso de materiais variados e no fabrico de diversas ferramentas. Com chifres, ossos, lascas, madeira, fibras e folhas, fabricaram-se raspadeiras, machados, serras, sacolas, redes, vestes e casas. Depois, vieram os tecidos, a cerâmica, os utensílios usados na terra como pás e arados e, assim, sucessivamente.

Segundo Friedmann, esse desenvolvimento mostra um novo caráter do trabalho humano: a especialização e a divisão social do trabalho. Não seria possível que esse desenvolvimento tivesse sido alcançado em pouco tempo sem que alguns inventores antes tivessem se dedicado especialmente ao aperfeiçoamento dessas tarefas. Por outro lado, para que essa especialização ocorresse, era necessário que parte dos membros do grupo fosse deslocada para as atividades de caça e coleta e ao abastecimento dos demais.

Mas, para que existisse essa cooperação no trabalho, foi preciso que a vida social se institucionalizasse de forma que cada um cumprisse com a sua parte na manutenção e na reprodução do grupo. Assim, foram estabelecidos ao longo do desenvolvimento dos agrupamentos humanos os pactos da vida social — o comprometimento com a reciprocidade e a manutenção das atividades que couberam a cada um nessa distribuição de funções.

Grupos de caçadores-coletores existentes até hoje mostram aos pesquisadores que a vida social, por mais homogênea (ou pouco diferenciada) que seja, exige esse acordo em relação à cooperação, complementaridade e reciprocidade. Essa foi a base da cultura e da institucionalização da sociedade, que teve sua origem, sem dúvida, no trabalho cooperativo.

Nesse sentido, é possível concluir que se atribui ao trabalho humano um papel central na organização da sociedade, na criação da linguagem, no desenvolvimento da tecnologia e na criação de modelos de vida cooperativa capazes de garantir a continuidade do grupo. Mas, se o trabalho é o elemento promotor dessas características essencialmente humanas da vida social, por que é que ele se transformou em espaço de conflito e revolta? Isso se deu porque à medida que os grupos sociais cresceram e se tornaram sedentários, houve acúmulo de excedente de produtos e alimentos.

A posse desse excedente levou a conflitos e à sua apropriação por determinadas famílias, o que deu origem à desigualdade social, à propriedade individual ou mesmo à propriedade coletiva que teria existido no início da civilização humana. Terras e meios de produção também se transformaram em propriedade, e geraram cobiça e luta pela posse de bens. Isso resultou na formação de grupos rivais no interior de uma mesma sociedade. O enfrentamento entre eles provocou, por sua vez, a necessidade de alianças, muitas vezes com pessoas estranhas ao grupo original.

Sedentarização e agricultura, combinados ao crescimento demográfico, provocaram a demanda pela posse de terras e a apropriação das colheitas — fatores que conduziram à formação de desigualdade em comunidades que eram mais igualitárias, além de posteriores conflitos pelo poder e por terras. Esse quadro permitiu que surgissem as possibilidades de trabalho compulsório, ou seja, a obrigação de alguns trabalhadores de produzirem para outros e não para uma coletividade de pertencimento.

BRIDGEMAN IMAGES/ KEYSTONE BRASIL - MUSEU DE HISTÓRIA NATURAL, LONDRES

Microlâminas é o nome que se dá a esses achados arqueológicos encontrados na França e que datam de cerca de 15 mil anos. Povos de caçadores-coletores nômades especializaram-se nessas pequenas ferramentas (agulhas e lascas que eram usadas para fazer vestimentas de inverno). Esses achados mostram que a especialização na produção tecnológica foi grande em diversas partes do mundo.

Trabalho compulsório: a escravidão

Chamamos de trabalho compulsório aquele que é realizado não por meio de um acordo cooperativo, mas pelo poder que alguns grupos exercem sobre outros. Essa obrigação pode vir de uma guerra em que os vencidos são coagidos ao trabalho forçado, ou da escassez de alimentos e meios de sobrevivência, situação que leva certos indivíduos a dependerem de outros, o que os força à prática de trabalhos servis.

No Brasil colonial, entre indígenas tupis-guaranis, o trabalho forçado ou compulsório era muitas vezes exigido pelos inimigos vencidos em guerras, como explica o historiador e arqueólogo Norberto Luiz Guarinello no texto Escravos sem senhores: escravidão, trabalho e poder no mundo romano (2006).

Portanto, a propriedade privada ou coletiva da terra, das ferramentas de trabalho e do excedente da produção não é a única condição para a existência do trabalho compulsório. Os conflitos bélicos podem resultar em submissão de trabalhadores, via de regra, considerados estrangeiros, ou seja, não pertencentes ao grupo social dominante.

Mas, se propriedade de terra e ferramentas não é condição *sine qua non* do trabalho compulsório, tornou-se elemento facilitador da proliferação desse tipo de trabalho nas sociedades mais abastadas desde a Antiguidade. Como explica Guarinello:

> "Nas sociedades que costumamos agrupar sob o nome enganoso de 'mundo antigo', seja nos grandes Impérios fluviais do Médio Oriente, seja nas cidades-Estado que depois se alastraram pelas margens do Mediterrâneo, nunca se constituiu um mercado abundante de mão de obra livre disponível para trabalhar para outrem. Daí advém que a carga de trabalho que excedia as capacidades de um grupo doméstico fosse sempre realizada mediante o uso de trabalhadores dependentes, ou seja, como dissemos, de trabalhadores submetidos a algum tipo de coação para trabalhar para outrem."
>
> GUARINELLO, Norberto Luiz. Escravos sem senhores: escravidão, trabalho e poder no mundo romano. In: *Revista Brasileira de História*, v. 26, n. 52. São Paulo, dez. 2006.

Desse modo, nos grandes impérios da Antiguidade, assim como nas mais prósperas cidades-Estados gregas, o trabalho compulsório, especialmente de estrangeiros, foi bastante utilizado.

O que aqui chamamos de trabalho compulsório na Antiguidade, provavelmente você o estudou como escravidão. Entretanto, temos que fazer uma distinção entre o que era a "escravidão" na Antiguidade, com a escravidão da Modernidade.

Na Modernidade, chamamos de escravidão a apropriação do trabalhador por um proprietário, que pode dispor dele e de seu corpo como desejar, bem como de seu trabalho, dos produtos dele resultantes e dos filhos por ele gerados. Essa concepção surgiu com o colonialismo europeu, a partir do século XVI, como parte das relações de produção capitalistas e do desenvolvimento do mercado escravista, tendo sido o escravizado utilizado em colônias europeias, especialmente na América, na visão deles um "Novo Mundo" a ser desbravado e explorado.

Na Antiguidade, o trabalho compulsório nem sempre levava à apropriação do corpo do trabalhador, de sua prole e de sua família. Os trabalhadores compulsórios atuavam nas mais diferentes funções, desde as atividades agrícolas até os serviços domésticos, não possuíam direitos civis, nem participavam das atividades públicas.

No entanto, por serem numerosos — chegaram a um terço da população romana — e por não se distinguirem das camadas mais pobres da população por características étnicas, gozavam de uma condição mais próxima e aberta de convívio social. Mas, mesmo nessas condições, o trabalhador compulsório era passível de maus-tratos, de castigos e até de condenação e morte.

ALINARI/BRIDGEMAN IMAGES/KEYSTONE BRASIL - GALERIA BORGHESE, ROMA

Spartacus (Espártaco, 109 a.C.-71 a.C.) foi um escravo que, como outros, lutava como gladiador na arena romana, para divertimento da população. Revoltado com os maus-tratos que recebia, liderou a maior revolta escrava do Império, conhecida por Terceira Guerra Civil, Guerra dos Escravos ou Guerra dos Gladiadores. Depois de anos de resistência, quando liderou milhares de escravizados que haviam aderido ao movimento, Spartacus morreu em batalha contra o império. Considerado bandido pelos historiadores romanos, Spartacus tornou-se, na modernidade, lenda de heroísmo e símbolo da luta pela liberdade. Mosaico romano, *Guerra de gladiadores*, século IV, Itália.

O que se percebe ao nos debruçarmos sobre a Antiguidade é que o trabalho compulsório esteve atrelado à prosperidade econômica das sociedades, e foi crucial para o desenvolvimento dos impérios e para a concentração de bens e poder — proprietários de trabalhadores compulsórios tiveram sempre maior chance de apropriação legal ou ilegal de terras e riquezas.

Nesse sentido, ele contribuiu para a criação de sociedades cada vez mais desiguais. Por outro lado, a condição de coação do trabalhador, seja por derrota em guerras, seja por dívidas, se não diminuiu a condição do trabalho como centro da vida social e da produção de riqueza, provocou a desonra dessa atividade que, como vimos, esteve na base da criação da cultura humana.

Trabalho compulsório: a servidão

O Império Romano terminou pela principal razão de aglutinar um território imensurável povoado por grupos sociais diferentes e culturas heterogêneas. A crise de abastecimento alastrava-se e as cidades despovoavam-se. As invasões bárbaras dificultavam o comércio e a economia tendia ao regionalismo e às dimensões da vida nas aldeias. A Igreja Católica assumiu o papel centralizador do império e a civilização romana entrou em declínio. Com ela, suas instituições e, entre elas, a escravidão como forma de trabalho compulsório, responsável pela riqueza do império.

Já no período feudal, é instituído outro tipo de trabalho compulsório. Trata-se da servidão, que, etimologicamente, significa também escravidão. Mas, como nos contam os historiadores, os servos não eram propriedade do seu senhor, mas este podia dispor de seu trabalho, como proprietário das terras às quais os servos estavam ligados irrevogavelmente. Nessa condição de proprietário, dispunha do trabalho dos servos para diversas atividades e, em troca, lhe davam a corveia como pagamento pelo uso da terra que lhes era facultado.

Esses camponeses servis plantavam nas terras do senhor feudal, como era chamado o proprietário de terras, colhiam, preparavam os grãos, construíam, guardavam a propriedade e a defendiam, criavam animais, abriam estradas, comerciavam produtos nas feiras locais. Caso um cavaleiro conquistasse a propriedade, ou ela fosse dote de um casamento, ou expropriação realizada pelo rei, o servo, assim como os animais e as benfeitorias, passariam a ter outro dono.

Em relação à hereditariedade, o servo podia ter sua própria família e prole, embora as obrigações servis, incluindo a coação para o trabalho, fossem hereditárias. Como explica Leo Huberman (1903-1968), havia no feudalismo diferentes graus de servidão que iam desde os mais pobres, que não dispunham de nenhuma terra, mas apenas de uma cabana, chamados *aldeões*, até os *vilãos*, servos que gozavam de mais liberdade e não estavam sujeitos a trabalhar sob as formas de coação, embora tivessem laços de dependência em relação ao senhor.

Amilcar Baiardi assim descreve o campesinato medieval:

> "A vida camponesa neste período é descrita pelos poetas bucólicos como simples, mas suportável, em que pesem os censos, que confiscavam parte dos excedentes, e a corveia, que significava um resíduo de trabalho compulsório. Há referências de que, apesar de habitarem em construções rústicas e de se vestirem com tecidos toscos, os camponeses medievais comiam carne e bebiam vinho pelo menos três vezes por semana e alimentavam-se de cereais e leite nos demais."
>
> BAIARDI, Amilcar. Mudanças técnicas na agricultura medieval e o processo de transição para o capitalismo. *Cadernos de ciência e tecnologia*, v. 14, n. 3, set./dez. 1997.

Iluminura que mostra camponeses ordenhando vacas e cabras para a elaboração de queijos e manteigas. Essa era uma das obrigações dos servos em relação à vida no feudo. Eles eram arrendatários da terra do senhor e, por isso, obrigados a trabalhar em suas terras. Pátio da fazenda, *Livro das horas*, iluminura do flamengo Simon Bening (1483/84-1561).

GRANGER/DIOMEDIA - BIBLIOTECA E MUSEU MORGAN, NOVA YORK

A servidão sobrevive no feudalismo até o Renascimento comercial (a partir do século XIII), provocado pela melhoria nas condições de vida e de produção agrícola — as pestes são controladas, introduzem-se novas tecnologias e métodos de trabalho agrícola que, em pouco tempo, provocariam o excedente de produção. Com mais alimentos e outras melhorias, a população aumenta e as trocas comerciais intensificam-se na periferia das cidades. Os burgos, como eram chamadas as cidades, se enchem de comerciantes e prestadores de serviços, pessoas que deixam os feudos em busca de atividades comerciais independentes.

O sistema feudal começa a ruir e sua derrocada é intensificada pelo desenvolvimento da manufatura e da monocultura. Na Inglaterra, onde se dará, inicialmente, a Revolução Industrial, os cercamentos acabam com as terras comunais e, sem terra para plantar, conseguir madeira e caçar, os camponeses começam o êxodo rural e repovoam as antigas cidades. Preparou-se, dessa forma, o caminho para novas relações de produção baseadas não no trabalho compulsório, mas no trabalho livre. Iluminura do *Livro das horas*, de Simon Bening. Pátio da fazenda em abril, c. 1515.

Trabalho livre ou assalariado: a "mercadoria"

O capitalismo, modo de produção que se instalou no Ocidente após o feudalismo, é um sistema socioeconômico que tem como principal objetivo o lucro e a acumulação de bens e riquezas como resultado do capital investido pelo capitalista na produção e/ou na comercialização de bens.

Para isso, o capitalismo emprega todos os recursos de racionalização produtiva que permitam ampliar constantemente a margem de lucro das atividades econômicas. Esses recursos envolvem a propriedade privada dos meios de produção (ferramentas, máquinas, terreno, matéria-prima), a livre concorrência entre empresas e o domínio do mercado tanto nacional quanto global.

Para que esse modelo de prática econômica abrangesse toda a Europa, foi preciso romper com a servidão feudal — a ligação do camponês à terra e ao senhor —, assim como romper com uma sociedade baseada essencialmente na agricultura. O desenvolvimento urbano e comercial criou as condições para o estabelecimento das novas relações capitalistas de produção.

As possibilidades de lucro capitalista exigiam que os empresários procurassem reduzir ao máximo o custo da produção e das relações comerciais. Essa exigência levou a duas tendências que caracterizaram o capitalismo, embora nem sempre desenvolvidas de forma concomitante: o avanço tecnológico e a instituição do trabalho livre ou assalariado. O desenvolvimento de máquinas que potencializassem a produção e aumentassem a produtividade do trabalhador passou a ser uma preocupação cada vez mais urgente.

Por outro lado, o assalariamento do operário permitiu a contabilização do custo da hora de trabalho e a avaliação de sua produtividade. Assim, o trabalho livre permitiu que o empresário otimizasse os custos pagando o menor salário para a maior quantidade de horas trabalhadas possível ou por meio do uso da mão de obra de mulheres e crianças — que recebiam salários menores. Além desses fatores, a ausência de uma regulação trabalhista levava os empresários a cometer muitos abusos com a justificativa do melhor lucro.

O salário referia-se à quantidade de horas trabalhadas e a um montante capaz de manter a sobrevivência do trabalhador (comida, abrigo, vestimentas) e, assim, garantir a reprodução e a manutenção da força de trabalho. De acordo com a teoria marxista, o trabalhador vende sua força de trabalho porque é a única propriedade que ele tem e, portanto, a única mercadoria que pode comercializar. Por isso, a exploração do trabalhador assalariado de diferentes formas passou a ser, juntamente com a mecanização da produção, a principal fonte de lucro do capitalismo.

Com essa revolução promovida pelos burgueses, como foram chamados os habitantes dos burgos que passaram a se dedicar às atividades capitalistas, instituía-se o chamado mercado de trabalho, em que o trabalho passou a ser oferecido, cotado e comercializado como uma mercadoria. Para que essas relações complexas pudessem ser corretamente calculadas, as relações econômicas capitalistas foram monetarizadas, isto é, deixaram de basear-se em tradições e em costumes, para se pautarem por contratos e trocas monetárias — em dinheiro.

Desse modo, assim como o trabalho compulsório foi base da riqueza dos impérios da Antiguidade e da produção proveniente da agricultura feudal, o trabalho assalariado, somado à produtividade, tecnologia e divisão do trabalho, resultou em uma surpreendente produção de bens. No entanto, como nos sistemas econômicos baseados no trabalho compulsório, a apropriação desigual do fruto do trabalho fez com que o capitalismo também se tornasse uma fonte de conflito, exploração e desigualdades sociais. A luta entre empregadores e trabalhadores tem pautado as relações sociais da sociedade capitalista até os dias atuais.

É importante saber que no capitalismo, com a instauração de um sistema econômico baseado no trabalho livre ou assalariado, não se aboliram outras formas de trabalho compulsório. Essas formas de trabalho existiram simultaneamente por alguns séculos até que o capitalismo abrangesse tanto os países europeus quanto os de outros continentes.

Assim, durante três séculos (entre os séculos XVI e XIX), houve tráfico de africanos adquiridos para o trabalho agrícola em colônias europeias. Diferentemente da escravidão antiga, resultado de guerras, pilhagens ou endividamento, esses escravos eram comprados de outros africanos que se diziam seus proprietários e vendidos para traficantes que os transportavam para as colônias, em navios, para serem vendidos aos donos de terras — era o chamado *tráfico negreiro*.

O comprador adquiria os direitos sobre o corpo do escravo, sua prole e seu trabalho, ou seja, era o dono absoluto de seu destino. Poderia também emprestá-lo, alugá-lo, vendê-lo, castigá-lo e submetê-lo às condições que quisesse de moradia e subsistência. Assim, enquanto na Europa as formas de trabalho servil eram substituídas pelo trabalho assalariado, nas colônias empregava-se e estimulava-se o trabalho escravo. Portugueses, britânicos, espanhóis e franceses desenvolveram esse tráfico, que provocou uma grande diáspora étnica. No século XIX, a escravidão africana foi sendo proibida paulatinamente em diferentes países após os movimentos de independência das colônias nas Américas e da dificuldade de conciliar as justificativas dos movimentos democráticos que pregavam a igualdade entre os homens e a manutenção de um regime tão perverso como foi a escravidão. Entretanto, ainda no século XXI, algumas empresas mantêm seus funcionários em condições análogas às condições do trabalho escravo.

Navio negreiro era o nome das embarcações que buscavam negros na África. Essas pessoas eram transportadas pelo Atlântico até a América, onde eram vendidas como escravas, em diferentes países, para os donos de terra, que as obrigavam a trabalhar nas plantações e em serviços domésticos. O tráfico negreiro e todas as relações envolvidas condicionaram as colônias a um racismo endêmico nos países onde esses africanos passaram a viver. Johann Moritz Rugendas. Navio negreiro, em *Viagem pitoresca através do Brasil*, 1835.

BIBLIOTECA MUNICIPAL MARIO DE ANDRADE, SÃO PAULO

Mesmo abolidos o tráfico e a escravidão, a situação dos ex-escravos e de seus descendentes foi sempre cercada de preconceito e racismo. Essa situação gerou uma população marginalizada em relação ao desenvolvimento social e econômico dos países onde vivem. Essa população afrodescendente pleiteia, na atualidade, condições de inclusão social e uma política afirmativa que os compense por uma longa história de discriminação.

Atualmente, em vários países, tem sido intensificado o combate às formas de apropriação indevida do trabalho humano, como estratégias de endividamento do trabalhador que disfarçam o trabalho por coação e mantêm relações de servidão nos setores agrários e, em casos extremos, o tráfico.

Há, portanto, uma tentativa de parte da sociedade civil de restaurar a ideia do trabalho como ela foi descrita no início deste capítulo: uma atividade consciente e planejada por meio da qual o ser humano sobrevive em cooperação, de maneira a criar riqueza e aperfeiçoar suas relações com outros seres humanos e com a natureza.

Na sociedade em que vivemos, há diversas formas de trabalho, entre eles, aquele que possibilita a realização pessoal de quem o realiza, não só do ponto de vista financeiro, mas também como prática da vida coletiva e participativa, como forma de cidadania. Ter consciência de que o trabalho humano desenvolveu-se como uma atividade engrandecedora do ponto de vista individual e coletivo, e que ele teve papel essencial na criação da sociedade humana, permite lutar para que tais características não sejam perdidas em função de interesses particulares e pouco humanistas. Assim, o combate às formas desumanas de trabalho, e de sobrevivência, ganhou força na sociedade contemporânea. Entretanto, é preciso ressaltar que ter acesso à universidade e a uma atividade profissional satisfatória é um privilégio de uma pequena parcela da sociedade, visto que as desigualdades causadas pelo capitalismo são abrangentes e levam os seres humanos a viver em condições muito precárias.

A Sociologia e o estudo do trabalho

O trabalho sempre foi um objeto importante nos estudos sociológicos, especialmente quando pensamos que essa ciência nasceu justamente motivada pelos problemas sociais trazidos com a industrialização da Europa. Crise no setor agrário, greves e conflitos entre operários e empresários levaram pesquisadores e cientistas sociais a dedicarem-se ao estudo científico, compreensivo e sistemático da sociedade. Consequentemente, os sociólogos esforçaram-se para analisar os feitos da industrialização, especialmente a mecanização da indústria, a crescente especialização do trabalho e a rotinização de tarefas executadas por massas de trabalhadores cada vez mais necessitados e menos motivados.

Émile Durkheim foi um desses autores que se preocuparam em analisar a divisão social do trabalho, fundamento básico de sua teoria para diferenciar a *solidariedade mecânica* da *solidariedade orgânica*.

De modo geral, em sua produção teórica, Durkheim creditava ao trabalho o poder de criar ligações profundas entre os trabalhadores, desde que a divisão de trabalho que os integrasse distribuísse de forma adequada as funções, uma como complemento da outra. Anomia, para Durkheim, era mais do que isso. Implicava numa certa regularidade do comportamento desviante (estatística). Sua teoria foi criticada por autores que consideraram que a solidariedade que existe em certos grupos de trabalhadores não decorre da divisão social do trabalho, mas do fato de pertencerem a igual classe social.

Max Weber também se interessou pelo estudo do trabalho, mas considerou o desempenho do trabalhador de um ponto de vista psicossocial. O trabalho realizado seria o resultado de uma motivação interna que não depende da estrutura produtiva, mas da mentalidade e da ética adotada pelos indivíduos, sempre em relação a um determinado contexto histórico-cultural e a determinado espaço e tempo.

A partir dessa concepção, ele distingue posturas bastante diferentes entre os adeptos da religião católica e os que seguem a doutrina protestante. Segundo Weber, os católicos não privilegiam o trabalho material e adotam práticas religiosas que incentivam a ostentação e o isolamento místico. Já os protestantes praticam a ascese, a contenção e a atividade produtiva. Dessa forma, teria sido uma religião que possibilitou as condições adequadas para o desenvolvimento capitalista combinada a fatores históricos e culturais específicos.

Como se vê, Weber pensou a realidade social como fruto de uma ação que nasce da motivação dos indivíduos. Com relação à industrialização e à complexificação da vida social, criticou abertamente a burocracia que se instaurava na sociedade como forma de administração impessoal e pouco eficiente que engessava a sociedade. Mas percebia que essa rotinização da vida facilitava o exercício e a permanência do tipo de regime político instalado e do próprio poder do governo.

A maior crítica à indústria e ao desenvolvimento do trabalho mecanizado veio de Karl Marx e seus seguidores. Ao analisar o modo de produção capitalista, Marx identifica nas relações de produção estabelecidas por meio do assalariamento uma fonte da exploração do trabalhador — que recebe pelas horas trabalhadas o necessário para sua sobrevivência e reprodução. Ao pagar um salário medido em horas trabalhadas ao trabalhador e não pelo valor total gerado, o trabalhador é expropriado da riqueza que produz. Isso constitui a mais-valia, fonte da riqueza da produção capitalista. O uso de máquinas na produção de uma mercadoria eleva a produtividade, mas não o número de horas trabalhadas — assim, o salário permanece igual independentemente do lucro do empresário. O trabalhador, por sua vez, não se identifica com o que produz. Primeiro, porque deixa de participar do processo inteiro de produção e, segundo, porque passa a operar máquina e o conhecimento específico de uma função deixa de ser uma exigência essencial. Essa falta de reconhecimento de si mesmo no que produz faz com que o trabalho assalariado seja considerado alienante, de acordo com Marx, porque expropria o trabalhador da riqueza produzida.

ANTONIO LUCIO/ESTADÃO CONTEÚDO

Ao perceber o que acontecia com o salário, sempre insuficiente pelas análises marxistas, inúmeras categorias profissionais se organizaram em sindicatos para lutar contra a tendência de diminuírem os ganhos dos trabalhadores para gerar maior acumulação de renda e capital. O arrocho salarial é a diminuição do salário real do trabalhador em consequência de reajustes salariais que não cobrem a taxa de inflação do período. Passeata dos professores por melhores salários e condições de trabalho na capital paulista, em 1961.

A saída para esse impasse, de acordo com Marx, seria o fim da propriedade privada dos meios de produção por meio da socialização desses meios para toda a sociedade, que promoveria o fim da dependência do trabalhador em relação ao empresário capitalista e, consequentemente, de sua exploração.

DELFIM MARTINS/PULSAR IMAGENS

Os boias-frias são trabalhadores rurais que, com o êxodo rural, deixaram de viver no campo e passaram a habitar as cidades próximas. Passaram a ter emprego temporário nas épocas de plantação e colheita, quando são conduzidos em caminhões, pela manhã, da cidade para as plantações. Levam consigo uma marmita com o almoço que, à hora de comê-lo, já está frio — daí o nome boia-fria. A sazonalidade e precariedade de seu trabalho foram estudadas por inúmeros sociólogos, entre os quais a professora e pesquisadora Ecléa Bosi. Boias-frias almoçam junto aos pés de café, onde fazem a colheita dos grãos, em Lupércio, São Paulo, 2010.

Audiovisual
A cidade e a moradia dos trabalhadores

Outros autores também contribuíram para as discussões a respeito do trabalho na sociedade e das transformações provindas da industrialização. Dessa forma, constituíram, no século XX, uma área denominada Sociologia do Trabalho. Questões como o desenvolvimento econômico das nações, a implantação de empresas internacionais, a relação entre trabalho agrário e industrial foram alguns dos temas estudados.

Na América Latina, sociólogos procuraram dar conta da resistência de formas de servidão nas relações de produção no meio rural, assim como a manutenção de formas semiescravistas de trabalho. A imigração europeia e asiática e a competição dos trabalhadores imigrantes no mercado de trabalho também mereceram pesquisas importantes.

LUCIANA WHITAKER/PULSAR IMAGENS

LUCAS LACAZ RUIZ/FOTOARENA

Catadores de lixo ou de material reciclável, que trabalham individualmente, ligados a empresas e ONGs — organizações não governamentais —, ou reunidos em cooperativas, exemplificam formas de trabalho autônomo da atualidade. Na foto à esquerda, catadora de material reciclável em Curitiba (PR, 2015). Na foto à direita, usina de separação de materiais recicláveis na Urban, em São José dos Campos (SP, 2014).

PINGO NOS "IS"

Pluralismo e diversidade

Com a globalização e a automação, as relações de produção tornaram-se mais complexas — as atividades econômicas, financeiras e produtivas ultrapassaram os limites das fronteiras nacionais, e com isso ficou cada vez mais difícil identificar o âmbito de suas ações. Por outro lado, a informatização da sociedade levou a uma modificação das formas de produção material, da divisão social do trabalho e das relações produtivas — consolida-se a tendência de substituir as atividades repetitivas, rotineiras e consideradas não qualificadas por atividades complexas, que envolvem novas tecnologias e integram, ao mesmo tempo, trabalho manual e intelectual.

Também o setor público se diferenciou — o trabalho administrativo cresce e é disseminado, as intersecções entre trabalho industrial privado e serviço público administrativo confundem-se em propostas mistas e de parceria. Transporte público, por exemplo, é uma atividade privada ou mista? Quem é o responsável e quem responde por ela? Funções como segurança pública são privatizadas, enquanto atividades tradicionalmente privadas, como a pesquisa científica, passam a ser patrocinadas por instituições públicas.

Na sociedade automatizada e informatizada, o número de horas de trabalho necessárias para a produção nas grandes empresas é menor, e há cada vez mais espaço de tempo para atividades de lazer que ocupam o tempo de ócio. Por outro lado, o ócio e o lazer geram trabalho para setores emergentes da sociedade, como as atividades esportivas e de entretenimento. E, à medida que o desemprego se institucionaliza, há espaço, nessa economia globalizada e automatizada, para iniciativas individuais, prestação de serviços diversos.

Os setores dedicados ao lazer tendem a empregar de forma permanente ou temporária um número crescente de trabalhadores, e as iniciativas individuais, o trabalho voluntário e as microempresas proliferam. Se, por um lado, o trabalho se torna precarizado, as profissões descaracterizam-se e cada trabalhador faz de tudo um pouco para sobreviver, por outro, a pluralidade e extensão do mercado de trabalho se agigantam.

Nesse cenário, a Sociologia tem buscado entender o que é trabalho, o que é assalariamento e como conceitos clássicos — divisão de trabalho, atividade manual e mais-valia, por exemplo — podem ser atualizados para designar recortes precisos da realidade atual.

PATRICK GEORGE/ GETTY IMAGES

Outro elemento de mudança no trabalho, atualmente, é a flexibilidade. É cada vez mais comum a possibilidade de compartilhar espaços de trabalho para trabalhadores autonômos ou temporários.

SOCIOLOGIA NA MÍDIA

HOME | SOBRE | CONTATO | LINKS

O TRABALHO ESCRAVO NO BRASIL

"O governo federal brasileiro assumiu a existência do trabalho escravo contemporâneo perante o país e a Organização Internacional do Trabalho (OIT) em 1995. Assim, o Brasil se tornou uma das primeiras nações do mundo a reconhecer oficialmente a ocorrência do problema em seu território. De 1995 até 2014, mais de 47 mil trabalhadores foram libertados de situações análogas à de escravidão.

Tradicionalmente, esse tipo de mão de obra é empregada em atividades econômicas desenvolvidas na zona rural, como a pecuária, a produção de carvão e os cultivos de cana-de-açúcar, soja e algodão. Nos últimos anos, essa situação também tem sido verificada em centros urbanos, especialmente na indústria têxtil, construção civil e mercado do sexo. Infelizmente, há registros de trabalho escravo em todos os estados brasileiros.

No Brasil, 95% das pessoas submetidas ao trabalho escravo rural com fins de exploração econômica são homens. As atividades para as quais esse tipo de mão de obra é utilizado exigem força física, por isso os aliciadores têm procurado basicamente homens e jovens. Os trabalhadores rurais libertados são, em sua maioria, migrantes que deixaram suas casas com destino à região de expansão agrícola. Saem de suas cidades atraídos por falsas promessas de aliciadores ou migram forçadamente pela situação de penúria em que vivem.

Em zonas urbanas, a situação de imigrantes latino-americanos, como a de bolivianos, paraguaios e peruanos, merece atenção. O recente crescimento econômico do Brasil e a crise mundial contribuíram para aumentar significativamente o número de estrangeiros no país nos últimos anos. De acordo com dados do Ministério da Justiça, de 2010 até abril de 2012, o número de estrangeiros em situação regular no Brasil aumentou em 60%. Há ainda aqueles que, por estarem em situação irregular, são mais vulneráveis à exploração e a terem seus direitos desrespeitados. A migração deve ser considerada um direito humano, no entanto, muitas vezes, o fenômeno está relacionado a violações de direitos, como o trabalho escravo contemporâneo e o tráfico de pessoas. [...]

Entretanto, a erradicação do problema só pode ser efetivada por meio da garantia de outros dois aspectos: a prevenção e a assistência ao trabalhador libertado, que devem ser feitas por meio de ações da sociedade civil e pela adoção de políticas públicas por órgãos governamentais, para que se reverta a situação de pobreza e de vulnerabilidade. A atuação nessas duas frentes de combate visa a atacar a origem do trabalho escravo, interrompendo a reincidência desse tipo de exploração.

Diante disso, a educação tem papel fundamental para a quebra de paradigmas e a divulgação de informações, agindo diretamente na prevenção ao problema. Os dados oficiais do Programa Seguro-Desemprego registrados até 2012 indicam que, entre os trabalhadores libertados, 74% deixaram a escola após quatro anos de estudo aproximadamente."

ESCRAVO, nem pensar! O trabalho escravo no Brasil. Disponível em: <www.escravonempensar.org.br/sobre-o-projeto/o-trabalho-escravo-no-brasil/>. Acesso em: jun. 2016.

ATIVIDADES

1 No trecho da notícia publicada no jornal *O Estado de S. Paulo*, os autores explicam por que o Supremo Tribunal Federal (STF), no Brasil, julgou constitucional o sistema de cotas para índios e negros nas universidades. Como o capítulo lido ajuda a entender essa decisão?

"As cotas raciais nas universidades são constitucionais. Por unanimidade, o Supremo Tribunal Federal (STF) julgou que as políticas afirmativas não violam o princípio da igualdade e não institucionalizam, como defendeu o [partido] Democratas, autor da ação julgada, a discriminação racial.
Os 10 ministros — Dias Toffoli não participou do julgamento — deram nesta quinta-feira o aval para que universidades brasileiras reservem vagas para negros e índios em seus processos seletivos e afirmaram que as ações afirmativas são necessárias para diminuir as desigualdades entre brancos e negros e para compensar uma dívida do passado, resultante de séculos de escravidão no Brasil. No caso específico julgado, o STF concluiu que a política de cotas estabelecida pela Universidade de Brasília (UnB) não viola a Constituição."

GALLUCI, Mariângela; RECONDO, Felipe. STF aprova cota racial em universidade. In: *O Estado de S. Paulo*. Disponível em: <www.estadao.com.br/noticias/geral,stf-aprova-cota-racial-em-universidade-imp-,866006>. Acesso em: jun. 2016.

2 Complete a frase com a alternativa correta:

Após o feudalismo, instalou-se na Europa o trabalho livre ou assalariado, isto é, livre dos vínculos estabelecidos entre os servos e os senhores feudais. Mas

a) os servos preferiram continuar trabalhando nos feudos em que tinham certa autonomia.

b) o trabalho compulsório não deixou de ocorrer, como prova a escravidão africana que ocorreu entre os séculos XVI e XIX.

c) não havia trabalho para todos os servos e eles se refugiaram nos burgos, zonas periféricas das cidades, dando origem aos burgueses.

d) não houve possibilidade de sobrevivência nas cidades, pois a Revolução Industrial ainda não havia começado.

3 Quais fatores contribuíram para mudar as condições de trabalho na atualidade?

4

DELFIM MARTINS/TYBA

De que forma podemos relacionar a imagem com o que foi discutido ao longo do capítulo?

5 Por que o desenvolvimento tecnológico estaria provocando desemprego?

6 Complete a frase abaixo, extraída do texto, com uma atividade que você ou seus conhecidos costumam fazer nas horas de folga:

"Na sociedade automatizada e informatizada, o número de horas de trabalho necessárias para a produção nas grandes empresas é menor, havendo cada vez mais espaço de tempo para atividades de lazer e entretenimento como..."

Compare sua resposta com a dos demais alunos e perceba como é vasta a quantidade de atividades de recreação e entretenimento na atualidade.

7 "Além de ser um dos mais perversos reflexos de uma recessão, [...] tem um custo alto para a economia. O seu aumento [...] significa que o comércio passa a vender menos, a indústria reduz a produtividade e a arrecadação de impostos diminui."

PASSARINHO, Sandra. Brasil tem 11,4 milhões de desempregados, segundo IBGE. *G1*. Disponível em: <http://g1.globo.com/jornal-da-globo/noticia/2016/05/brasil-tem-114-milhoes-de-desempregados-segundo-ibge.html>. Acesso em: jun. 2016.

Esse trecho da matéria jornalística refere-se a um problema da atualidade. Qual é esse problema?

a) Escravidão

b) Globalização

c) Desemprego

d) Servidão

EXAMES DE SELEÇÃO

1 **(Enem, 2015)**

"Dominar a luz implica tanto um avanço tecnológico quanto uma certa liberação dos ritmos cíclicos da natureza, com a passagem das estações e as alternâncias de dia e noite. Com a iluminação noturna, a escuridão vai cedendo lugar à claridade, e a percepção temporal começa a se pautar pela marcação do relógio. Se a luz invade a noite, perde sentido a separação tradicional entre trabalho e descanso — todas as partes do dia podem ser aproveitadas produtivamente."

SILVA FILHO, A. L. M. *Fortaleza*: imagens da cidade. Fortaleza: Museu do Ceará/Secult-CE, 2001. (Adaptado.)

Em relação ao mundo do trabalho, a transformação apontada no texto teve como consequência a

a) melhoria da qualidade da produção industrial.

b) redução da oferta de emprego nas zonas rurais.

c) permissão ao trabalhador para controlar seus próprios horários.

d) diminuição das exigências de esforço no trabalho com máquinas.

e) ampliação do período disponível para a jornada de trabalho.

2 **(Enem, 2009)**

"Entre 2004 e 2008, pelo menos 8 mil brasileiros foram libertados de fazendas onde trabalhavam como se fossem escravos. O governo criou uma lista em que ficaram expostos os nomes dos fazendeiros flagrados pela fiscalização. No Norte, Nordeste e Centro-Oeste, regiões que mais sofrem com a fraqueza do poder público, o bloqueio dos canais de financiamento agrícola para tais fazendeiros tem sido a principal arma de combate a esse problema, mas os governos ainda sofrem com a falta de informações, provocada pelas distâncias e pelo poder intimidador dos proprietários. Organizações não governamentais e grupos como a Pastoral da Terra têm agido corajosamente, acionando as autoridades públicas e ministrando aulas sobre direitos sociais e trabalhistas."

"Plano Nacional para Erradicação do Trabalho Escravo". Disponível em: http://www.mte.gov.br. Acesso em: 17 mar. 2009. (Adaptado.)

Nos lugares mencionados no texto, o papel dos grupos de defesa dos direitos humanos tem sido fundamental, porque eles

a) negociam com os fazendeiros o reajuste dos honorários e a redução da carga horária de trabalho.

b) defendem os direitos dos consumidores junto aos armazéns e mercados das fazendas e carvoarias.

c) substituem as autoridades policiais e jurídicas na resolução dos conflitos entre patrões e empregados.

d) encaminham denúncias ao Ministério Público e promovem ações de conscientização dos trabalhadores.

e) fortalecem a administração pública ao ministrarem aulas aos seus servidores.

3 **(FGV, 2010)** A escravidão é uma relação social que esteve presente em diversos momentos da história da humanidade. A escravização de prisioneiros de guerra, por exemplo, foi praticada desde a Antiguidade em diversas regiões do mundo, inclusive na África. No entanto, a situação criada com o escravismo e o tráfico negreiro a ele associado entre os séculos XV e XIX não pode ser tratada como o mesmo fenômeno. A esse respeito é correto afirmar que:

a) o tráfico atlântico não provocou mudanças na organização das sociedades africanas, apenas propiciou novas direções para aqueles indivíduos que, de uma maneira ou de outra, seriam escravizados na própria África.

b) o escravismo foi uma prática econômica que teve breve duração e cujos efeitos restringiram-se exclusivamente ao continente africano, em razão das suas especificidades históricas.

c) os europeus comercializavam os escravos que eram aprisionados no litoral, não modificando a dinâmica escravista das diferentes sociedades africanas estabelecidas no interior.

d) o tráfico negreiro, como forma de exploração do trabalho, diferenciou-se da escravidão, pois não considerava o escravo como mercadoria e sim como um elemento na propagação da religião cristã.

e) o tráfico internacional de escravos marcou uma ruptura radical na história da África, pois, ao ser conduzido numa escala até então desconhecida, favoreceu a desagregação de estruturas políticas e a formação de outras a partir do tráfico.

OUTRAS MÍDIAS

Para assistir

Relatos selvagens

Direção: Damián Szifron. País: Argentina/Espanha. Ano: 2014.

O filme narra seis histórias que procuram mostrar como é tênue aquilo que nos separa do absurdo. Representou a Argentina na indicação para o Oscar de melhor filme estrangeiro em 2015. Ricardo Darín interpreta um dos episódios de conteúdo social mais explícito — trata-se de um dia comum de um cidadão que tem seu carro apreendido pela polícia no dia do aniversário da filha, por estar estacionado em local proibido. Dali em diante a história mostra os problemas que o personagem enfrenta diante da burocracia que lhe cobra multas e taxas e não ouve suas explicações nem justificativas. Tudo isso leva o homem à violência extrema, que, com os demais episódios, compõem uma ácida crítica à sociedade na qual vivemos.

Para ler

Vozes da ficção: narrativas do mundo do trabalho

Claudia A. Campos (Org.). São Paulo: Expressão Popular, 2011.

Antologia que reúne 16 textos que tratam da questão do trabalho e do trabalhador, entre o fim do século XIX e início do século XX. Temos, por um lado, uma antologia de importantes autores brasileiros, como Machado de Assis (1839-1908), Euclides da Cunha (1866-1909) e João de Rio (1881-1921), seguidos de Manuel de Oliveira Paiva (1861-1892), Afonso Arinos (1868-1916) e Hugo de Carvalho Ramos (1895-1921), e, por outro, o retrato do trabalhador em diferentes condições de trabalho, a partir de um cenário que é a história do Brasil.

Cacau

Jorge Amado. São Paulo: Companhia das Letras, 2010.

Publicado em 1933, quando o autor tinha apenas 21 anos de idade, *Cacau* é a segunda obra de Jorge Amado (1912-2001). Faz parte de um conjunto de obras em que o escritor discorre sobre as duras condições do trabalhador do campo. Além de *Cacau*, escreveu também *Terras do Sem-fim*, *São Jorge dos Ilhéus* e *Tocaia Grande*. Em *Cacau*, Jorge Amado escreve na primeira pessoa. Ele dá voz a José Cordeiro, um lavrador que, filho de um industrial decaído, trabalha como operário. A narrativa descreve a tomada de consciência do trabalhador, bem de acordo com as questões da época em que a obra foi escrita e publicada. É uma importante oportunidade de os alunos conhecerem a condição do trabalho rural no Brasil da época.

Para acessar

Organização Internacional do Trabalho

<www.oit.org.br/base_dados>

A Organização Internacional do Trabalho (OIT) pertence à Organização das Nações Unidas e tem por missão dar acesso a todos, homens e mulheres, a um trabalho produtivo e engrandecedor, com igualdade, equidade e segurança. Os objetivos são, com essa meta, favorecer a democracia, a governabilidade e combater as desigualdades sociais. Criada em 1919, após a Primeira Guerra Mundial, a OIT vem atuando pela melhoria das condições do trabalho e do trabalhador. Atuante no Brasil desde 1950, a instituição combate o trabalho forçado, o trabalho infantil e o tráfico de pessoas. O *site* oferece aos visitantes informações básicas sobre os direitos do trabalhador, bem como produções importantes, como vídeos documentários sobre o tema.

Capítulo

14

Capitalismo industrial

Objetivos

- Entender como o capitalismo se desenvolveu ao longo da história.
- Conhecer o desenvolvimento do comércio e sua importância para a Revolução Industrial europeia.
- Identificar os meios pelos quais as oposições são estabelecidas na sociedade.
- Compreender a relação entre a industrialização da Europa e o colonialismo entre os países periféricos.

Neste capítulo, vamos tratar do desenvolvimento capitalista e do que ele representou em relação às transformações que ocorreram na Europa.

Por conseguinte, estudaremos a emergência de uma elite capitalista europeia que se distingue por um estilo de vida suntuoso e ostentatório que se opõe à grande massa de trabalhadores provenientes do mundo rural que migram para as cidades em busca de trabalho e sobrevivência, além de abordar temas como o movimento operário, sua organização política e o impacto do capitalismo nos países que foram colônias europeias.

UNITED ARTISTS

Cena de *Tempos modernos* (*Modern times*, Estados Unidos, 1936), interpretado por Charles Chaplin (1889-1977). O filme questiona a sociedade industrial com a metáfora de que as máquinas e suas engrenagens engolem o ser humano.

UNIVERSAL HISTORY ARCHIVE/UIG/BRIDGEMAN IMAGES/KEYSTONE BRASIL

Na gravura, produção de aço pelo sistema Bessemer, inventado por Henry Bessemer (1813-1898) em 1855 e utilizado até 1950. O aço, a eletricidade e o petróleo eram as bases dessa nova fase do capitalismo industrial.

Para refletir

1. Onde você mora, ou morou, ou bem próximo, há fábricas? Como é o cotidiano do bairro com a presença dessa(s) fábrica(s)? Se não há, como é o cotidiano da vida do bairro onde mora?
2. Sua família é natural da cidade onde vive atualmente, ou veio de outro lugar? De onde e por que mudaram?
3. Você percebe se há, na nossa sociedade, distinções sociais que têm por base a riqueza pessoal ou familiar? Se sim, como se dá essa distinção?

PHOTOS 12 ARCHIVE/DIOMEDIA - COLEÇÃO PARTICULAR

J. T. VINTAGE/BRIDGEMAN IMAGES/KEYSTONE BRASIL - COLEÇÃO PARTICULAR

Nos anos de 1920, no *boom* econômico após a Primeira Guerra Mundial, a burguesia, principalmente a estadunidense, tinha o mundo aos seus pés, e o luxo e a ostentação marcavam o estilo de vida desses magnatas. O consumo de artigos de luxo, além de carros e viagens em transatlânticos, era símbolo de riqueza e poder na época.

Um dos personagens das histórias de Mafalda, criadas pelo desenhista argentino Joaquín Salvador Lavado Tejón, o Quino — e publicadas entre 1964 e 1973 — é o Manolito. Filho de um comerciante, dono do armazém do bairro, é um garoto rechonchudo, de cabeça quadrada e que se veste como um adulto. É parecido com o pai, a quem ajuda no armazém, um homem conservador do ponto de vista político e sovina, sempre preocupado com as contas dos clientes.

Manolito não é extamente muito inteligente. Ele tem dificuldades na escola, não gosta de estudar, não tem utopias e herdou toda a racionalidade comercial de seu pai. Manolito avalia as situações da vida do ponto de vista de seus interesses materiais. Exemplo disso é o *cartoon* acima, em que ele, com a cesta de entregas do armazém enfiada na cabeça, diz a Mafalda que só lhe interessa aquilo que lhe for útil para os negócios de seu pai, ou seja, a Matemática e as viagens espaciais.

Ao encarar o conhecimento de forma pragmática, ele expressa, por meio de um estereótipo, um ponto de vista diferente do de Mafalda e, por vezes, simplista sobre a realidade que o cerca. Já Mafalda, ao contrário, entusiasma-se com o conhecimento e as possibilidades que ele traz, como um bem em si mesmo, e expressa uma visão progressista existente na sociedade.

São duas posições antagônicas com as quais o autor, Quino, procura explorar o economicismo e pragmatismo típicos do capitalismo diante de uma atitude mais social e humanista, defendida por Mafalda. Esse contraponto dá a oportunidade ao leitor de comparar essas posições polarizadas que, frequentemente, encontramos na sociedade e que dividem a opinião pública. O perfil de Manolito nos ajuda a entender as características do capitalismo e as formas como ele interfere nas relações sociais.

Antes do capitalismo

Antes de o capitalismo tornar-se o modo de produção dominante, a partir do século XV, a Europa vivia sob o sistema feudal. A principal característica da sociedade medieval era a de ser uma sociedade sem produção de excedente: cada família, cada feudo, cada aldeia produzia aquilo de que necessitava para consumo próprio e poucos produtos eram trocados. Diante da falta de um produto (ferro, por exemplo), o camponês buscava na vizinhança e trocava algo que não lhe fizesse falta no momento. Essas trocas não monetárias eram feitas geralmente em feiras.

Nos feudos, os servos trabalhavam em sua própria casa e com suas ferramentas. Utilizavam as matérias-primas disponíveis para produzir o que era mais necessário para o dia a dia. O servo, junto de sua família, desde o fim do Império Romano, estava preso à terra onde nascera. Este panorama começou a mudar paulatinamente depois do século X, com a ocupação das terras livres e com o consequente crescimento populacional. Muitos feudos não conseguiam comportar o crescente número de servos e, por isso, os senhores os liberavam de suas obrigações, ao permitir que mudassem para outros lugares.

Essa mudança também aconteceu entre outras categorias de servos, como os artesãos. À medida que os artesãos começaram a se instalar nas aldeias e cidades, organizaram-se em corporações de ofício reunindo os artesãos que se dedicavam a um tipo de trabalho, sob a direção de um mestre. Obter um ofício dependia de ser aceito na corporação e tornar-se aprendiz de uma oficina. Lá ele aprenderia o ofício, seja para forjar o ferro, caso fosse ferreiro ou a tecer um pano, caso fosse tecelão. O que era produzido seria trocado posteriormente nas feiras. Tratava-se de uma economia voltada para a sobrevivência e o consumo, mas não para a acumulação.

Esse mundo relativamente estático foi abalado com as Cruzadas, diáspora que teve grande impacto nas relações comerciais, por causa da vinda de produtos do Oriente, especiarias, joias, tecidos e objetos de luxo — desejos de consumo da aristocracia feudal. A procura por essas mercadorias animava ainda mais o comércio. As feiras ficaram cada vez mais importantes e reuniam comerciantes de diversas regiões. As feiras incentivaram as trocas de produtos e possibilitaram o estabelecimento de uma moeda, assim como de medidas para que produtos de diferentes valores fossem trocados. Por causa da oferta de produtos, as cidades passaram a crescer e a atrair pessoas, principalmente aquelas que viviam no campo.

Esse comércio que floresceu ao final da Alta Idade Média (V d.C.-XV d.C.), impulsionado pela melhoria nas condições de vida e no crescimento populacional, funcionava como na Antiguidade — havia os artesãos que produziam e os comerciantes que financiavam as trocas, e cada um recebia pelo que custara o seu trabalho.

Os artesãos teriam que receber o suficiente para repor a matéria-prima utilizada e sustentar sua família, por isso mantinham o cultivo de produtos agrícolas e tinham alguns animais.

Os comerciantes, por sua vez, precisariam de outros meios para o próprio sustento. Assim, ao preço pago pelo produto a ser comercializado era acrescentado o preço da intermediação do comerciante — o custo com animais e carroças para o transporte e o que era necessário para ele e sua família sobreviverem. O que ultrapassasse esse custo, que nós chamaríamos de lucro, era considerado ilegal e antiético. Cobrar juros pelo montante envolvido em transações era considerado pecado pela Igreja Católica e antiético pela moral vigente.

DE AGOSTINI PICTURE LIBRARY/ GLOW IMAGES - BIBLIOTECA NACIONAL DA FRANÇA, PARIS

À medida que se intensificaram as trocas com o Oriente, um comércio de outra dimensão instalou-se na Europa. Produtos de luxo, caros e raros — sedas, brocados, tapeçarias, especiarias —, atraíam consumidores, que desembolsavam riquezas para obtê-los. Expostos nas feiras das cidades que floresciam no cruzamento das rotas comerciais, constituíram-se no impulso que faltava para o Renascimento comercial. Reprodução de uma imagem miniatura francesa do *Livro das maravilhas do mundo*, de Marco Polo e Rustichello, do século XV. Nela, especiarias estão sendo trazidas do Oriente para o Ocidente.

No entanto, as atividades comerciais exigiam cada vez mais investimentos e eles deveriam vir de algum lugar — de banqueiros, da própria Igreja, que acumulava ouro e prata de doações, heranças e guerras santas, e das monarquias que começavam a se fortalecer na Europa. Os empréstimos começavam a exigir juros, mas o comércio se avolumava.

A resistência da moral vigente e da doutrina religiosa cedeu, aos poucos, às necessidades crescentes do comércio emergente — todos queriam lucrar com o crescimento dos negócios. O lucro passava a ser lícito e desejável. Quem mais ajudou a expandir essa nova mentalidade foram os burgueses, grupos de pessoas saídas do mundo rural que se estabeleceram nas cercanias das cidades (os burgos) para atividades comerciais autônomas, isto é, livres das obrigações feudais e dos valores religiosos. Eles constituíram a força de mobilização do capitalismo.

BRIDGEMAN IMAGES/ KEYSTONE BRASIL - BIBLIOTECA NACIONAL DA FRANÇA, PARIS

Perto das fortificações das cidades, na Baixa Idade Média, comerciantes e artesãos, que haviam deixado o meio rural, dedicaram-se às atividades comerciais. O mercado, iluminura do livro *Cavaleiros errantes*, de Thomas III de Saluces, Paris, c. 1405.

Ofícios, oficinas, manufaturas

Com o desenvolvimento do comércio e a possibilidade de vender o produto nas feiras, os artesãos puderam desenvolver suas atividades, dedicando-se cada vez mais à produção, ao expandir os limites do comércio. Caso a demanda aumentasse, dois ou três aprendizes eram contratados para ajudar o artesão — que permaneciam com o mestre por alguns anos até poderem abrir a própria oficina.

As corporações de ofício tinham por objetivo padronizar a produção e estabeleciam medidas e preços para defender os interesses dos artesãos. A fiscalização era rigorosa e havia multas para os artesãos que não obedecessem às disposições corporativas, principalmente as que regulavam a qualidade e o preço do produto.

O próprio desenvolvimento do mercado e a prosperidade alcançada por algumas oficinas colocaram em xeque o sistema das corporações. Alguns artesãos mais bem-sucedidos nas vendas deixaram a produção para se dedicar apenas ao comércio. O produtor começava a se diferenciar do comerciante distribuidor.

Ao longo do tempo, os comerciantes enriquecidos passavam a fazer parte das instituições municipais e acabavam por dominar o governo das cidades. A diferença entre um mestre bem-sucedido e um aprendiz aumentava, e ficava cada vez mais difícil a um aprendiz ter a própria oficina. Assim, transformavam-se em empregados.

As relações produtivas e comerciais passaram a ser cada vez mais complexas e as regiões em que havia as feiras passaram a ter maiores aglomerações de famílias que passaram a ocupar esses espaços por conta das possibilidades de trabalho.

Dessa forma, formavam-se aos poucos as nações europeias sob a direção de um monarca que, apoiado pelos comerciantes endinheirados, respondia a esse apoio com a facilitação das trocas, ao padronizar impostos e leis comerciais para favorecer os comerciantes e os proprietários das oficinas da região.

Criavam-se as condições para um mercado nacional, que chegou depois a ser internacional por conta da conquista de novos territórios que as Grandes Navegações possibilitaram. Assim, acumulavam dinheiro com os negócios, impulsionados cada vez mais pela busca de novos negócios.

A expansão da demanda fez com que os comerciantes propusessem uma nova forma de produzir: passaram a se reunir em galpões os artesãos que antes trabalhavam individualmente, e as tarefas foram divididas entre esses empregados. Ou seja, na medida em que cada artesão se dedicava a apenas uma tarefa num espaço comum, a produtividade aumentava e era a origem da manufatura.

Um exemplo dessa transformação que contribuiu para o fim das corporações foi Jack O´Newbury (1489-1557), comerciante londrino que ergueu um edifício onde acomodou mais de duzentos teares, empregando seiscentos trabalhadores. Ele se tornaria o modelo de empresário capitalista moderno que investia no aumento da produtividade para obter lucro na venda do que produzisse.

Oficina alemã de encadernamento de livros, litogravura de 1875, do artista T. Streich. A mudança no modo de produção também alterava a relação entre o trabalhador e o produto. Tornou-se mais comum a especialização — em que cada trabalhador desempenha apenas uma tarefa e assim contribui para aumentar a produtividade.

MARY EVANS/DIOMEDIA - COLEÇÃO PARTICULAR

Essas transformações radicais no sistema de produção medieval que deram origem à indústria capitalista foram facilitadas pelo êxodo rural e pelo crescimento da população resultante da diminuição da mortalidade e da melhoria na qualidade de vida, proporcionada pela introdução de novas técnicas de produção agrícola, responsável por maior volume de alimentos e produtos — visto que a demanda das cidades que se formavam também aumentava.

No caso específico da Inglaterra, outro elemento que contribuiu para o avanço da indústria foi a lei de cercamento — que permite aos grandes proprietários de terras cercar suas propriedades e, com isso, extinguir as terras comunais utilizadas pelos camponeses.

Sem o uso das terras comunais, os camponeses mais pobres não puderam sobreviver no campo; migraram para as cidades e foram empregados na nascente indústria inglesa.

A disponibilidade de mão de obra resultante dessas circunstâncias contribuiu para o desenvolvimento das manufaturas, assim como estas motivaram o avanço das monoculturas no meio rural, já que a produção industrial demandava uma grande colheita de produtos específicos. Os proprietários de terras passaram a produzir lã e algodão para abastecer a indústria nascente da tecelagem, por exemplo, e o mesmo ocorreria com os mais diferentes tipos de indústria. Ou seja, o desenvolvimento da indústria e da cidade implicava uma mudança simultânea das relações rurais de produção.

Esses acontecimentos resultaram na Revolução Industrial.

Revolução Industrial

Chamamos Revolução Industrial ao processo ocorrido na Europa, entre os séculos XVII e XIX, iniciado na Inglaterra, marcado pela transição da *manufatura* para a *maquinofatura*, que estabeleceu novas formas de produção e novos tipos de relações.

O recorte do século XVII a XIX não é preciso, pois alguns autores consideram que desde o Renascimento a economia da Europa tem sofrido uma lenta e contínua transformação. Outros estudiosos consideram a criação das unidades fabris, mas a maioria tem o século XVIII como um divisor de águas.

Quanto ao nome dado a essa revolução, ele é atribuído a Jérôme-Adolphe Blanqui (1798-1854), economista francês do século XIX. O termo foi expandido por Friedrich Engels e Arnold Toynbee (1889-1975), entre outros estudiosos da História e da Economia europeias do século XIX. Mas ele popularizou-se no século XX para designar os processos de transformação na produção material capitalista.

O empresário capitalista, com o dinheiro acumulado das transações comerciais ou emprestado dos bancos, constrói um espaço onde instala máquinas e emprega trabalhadores em troca de salário.

Ao contrário do que ocorria na oficina medieval, em que o artesão tinha conhecimento e domínio da produção, além de atuar em todas as etapas, cada operário passou a conhecer apenas parte do produto, intensificando-se a divisão social do trabalho e a especialização.

Um tecelão medieval, por exemplo, preparava os fios, tingia, tecia e dava acabamento ao tecido, enquanto na tecelagem industrial, cada etapa era realizada por um grupo especializado de trabalhadores, os quais já não dominavam seu ofício como um todo. Ou seja, cada grupo de trabalhadores sabe apenas preparar os fios e, na maioria das vezes, desconhece toda a divisão de trabalho de uma fábrica.

A Revolução Industrial consagrou esse novo modelo de produção em que a empresa, as máquinas e o produto do trabalho pertencem ao empresário capitalista, enquanto o operário recebe apenas o suficiente para sua reprodução, independentemente da riqueza que ele ajudou a produzir.

Pela quantidade de mercadorias que o sistema industrial passou a produzir, pela mecanização da produção e pelos salários reduzidos com os quais os empresários remuneravam os trabalhadores, o preço do produto fabril resultou muito inferior ao do produto artesanal. Isso, aos poucos, levou muitos artesãos à pobreza por não poderem competir com o produto industrial. Assim, a indústria extinguiu o artesanato como uma forma de produção significativa para o mercado.

Algumas consequências da Revolução Industrial nas áreas rurais

A Revolução Industrial repercutiu por toda a sociedade, ao contribuir para o declínio da sociedade aristocrática e para a valorização cada vez maior do mercado como instância reguladora da produção.

Durante a Idade Média, as propriedades rurais não eram totalmente destinadas à produção agrícola. Grandes glebas eram dedicadas à caça, principal entretenimento dos nobres, ao passo que muitos servos dividiam-se entre inúmeras atividades — do plantio à fabricação de telhas, tecidos e carroças e tudo aquilo de que necessitassem.

Com a Revolução Industrial, as propriedades rurais tradicionais modificaram-se, ao mesmo tempo que se intensificou a produção de alimentos com novas técnicas agrícolas, para atender às necessidades do crescente exército de operários das cidades.

Houve transformação nos pastos e plantações em produtoras de matéria-prima para a indústria. O emprego de um número de pessoas cada vez maior e a dispensa de muitos trabalhadores rurais levaram ao aumento do êxodo rural, e as propriedades monocultoras transformaram-se em latifúndios capitalistas.

Já no século XIX, quando ocorreu a mecanização do trabalho agrário, novas modificações ocorreram e fizeram diminuir continuamente as distâncias sociais e econômicas entre campo e cidade.

BRIDGEMAN IMAGES/ KEYSTONE BRASIL - CENTRO YALE PARA ARTE BRITÂNICA, NEW HAVEN

A Revolução Industrial interferiu também nos hábitos dos nobres e dos grandes proprietários de terra. Na Inglaterra, parte das terras que se destinavam às caçadas era utilizada na criação de ovelhas para a indústria têxtil. *The Quorn Hunt in Full Cry: second horses*, pintura de John Dalby, século XIX. Óleo sobre tela.

Entretanto, entre os camponeses as transformações no estilo de vida são radicais — o êxodo rural será processado continuamente ao longo dos séculos, ao despovoar o campo e aumentar a densidade populacional das cidades.

A unidade produtiva deixa de ser a casa da família; o trabalhador passa a ser empregado individualmente, sem vínculo com o grupo familiar, e trabalha em um espaço que não lhe pertence, em horários estipulados pelo empregador, recebendo um salário fixo suficiente para assegurar sua sobrevivência e reprodução. Ele é despossuído das ferramentas necessárias ao trabalho e da mercadoria que produz, como explica Karl Marx.

Dono apenas de sua força de trabalho, ele a vende no mercado para quem lhe pagar melhor. Por outro lado, a ininterrupta divisão social do trabalho faz com que as tarefas fabris tornem-se cada vez mais simples e, consequentemente, pior remuneradas — o operário já não domina o fabrico total do produto, mas apenas a atividade na qual está empregado. Seu trabalho se torna não qualificado e seu conhecimento sobre o processo produtivo cada vez menor. Eis a base da alienação do operário produzida pela industrialização capitalista.

Algumas consequências da Revolução Industrial nas áreas urbanas

Apesar das más condições de vida dos trabalhadores da indústria e do campo, o fenômeno do desenvolvimento científico, o comércio internacional e as benesses tecnológicas que a indústria produzia levaram a uma melhoria nas condições básicas de vida da população — como abastecimento de alimentos, remédios, tratamentos médicos, transporte, saneamento básico etc. Isso resultou no crescimento populacional, não apenas nas áreas que se industrializavam, mas inclusive no meio rural que, depois de ter um primeiro momento de êxodo, recebe trabalhadores para as demandas do campo, que também passou em certa medida por transformações para receber e desenvolver uma indústria específica de seus produtos.

BIBLIOTECA DO CONGRESSO, WASHINGTON

Com a industrialização, as empresas começaram a desdobrar suas atividades. Da fabricação do ferro, surgiu a produção de pregos, mobília, navios, trens, máquinas, estruturas arquitetônicas etc. Todos esses produtos passaram a ser expostos em feiras internacionais, como a Exposição Universal de Paris, em 1889. Na imagem, a Galeria das Máquinas dessa exposição, que, além das máquinas, nos faz admirar a própria estrutura em ferro da feira.

Essas melhorias diminuíram o número de mortes, especialmente de crianças, aumentaram o combate e o tratamento de doenças e pragas, melhoraram a alimentação e o abastecimento das novas cidades que se formavam. Entretanto, é importante ressaltar que tais mudanças foram lentas e demoraram décadas para acontecer, além de muitas delas serem acessíveis apenas às classes mais ricas. Em contraponto, a classe trabalhadora de Londres e da Inglaterra, por exemplo, sofria com sérios problemas de saneamento básico e de alimentação, já que trabalhavam muitas horas em troca de salários muito baixos. Entre as consequências da Revolução Industrial está também a transformação urbana.

As cidades crescem, a população fica mais densa e a cidade se moderniza. Surgem bairros novos e casas com maior leveza, feitas de tijolos produzidos em grande quantidade. A cidade cresce às margens dos rios, usados como transporte e para escoar a sujeira. Nas capitais, como Londres, Paris e Madri, estão os grandes mercados, cuja presença valoriza cada vez mais as áreas centrais das cidades para onde tudo converge. Mas, nas cidades menores, também se intensificam as redes de distribuição de produtos e alimentos, o fenômeno da urbanização passa a ocorrer na maioria dos lugares.

Entretanto, os centros urbanos, com o crescimento descontrolado e acelerado da população, são também locais de grandes perigos. As cidades eram bastante escuras até o início do uso da eletricidade em 1865, o que facilitava a realização de crimes e criava dificuldades para a ação da polícia. Além disso, com o crescimento desordenado e sem qualquer política pública de tratamento de águas e esgotos, as cidades eram facilmente varridas por doenças endêmicas que amedrontavam a população e levavam ao hábito de se beber chá e vinho, em vez da água, que era retirada de poços pouco salubres. Assim, a revolução urbana trouxe novos hábitos, anseios e desafios.

Pierre Chaunu observa, entretanto, que nenhuma dessas transformações econômicas e sociais teria sido possível sem um elemento essencial: a monetarização da economia. Diz ele:

> "O dinheiro fascina, o dinheiro polariza, o dinheiro mobiliza. A ascensão da burguesia é a ascensão de um grupo de homens que detém a manipulação do maravilhoso instrumento monetário."
>
> CHAUNU, Pierre. *A civilização da Europa clássica*, v.1. Lisboa: Editorial Estampa, 1987. p. 301.

Algumas consequências da Revolução Industrial na economia

Também como consequência da industrialização, está o desenvolvimento do setor de serviços da economia. Na Inglaterra, por volta de 1800, 80% da população trabalhava na prestação de serviços. À medida que as máquinas passaram a ser cada vez mais incorporadas à produção e mais tipos de serviços foram criados, maior foi o número de pessoas empregadas no setor terciário.

Outra tendência vista com a industrialização é o incentivo à criação de associação entre empresas ou produções combinadas.

Trata-se de um desdobramento das funções nas empresas capitalistas — a fábrica de tecidos acaba por desenvolver a modelagem, o fabrico de acessórios como meias e chapéus e até as flores que enfeitam as roupas.

Pierre Chaunu (1923-2009)

Historiador francês, Chaunu especializou-se nas pesquisas da América espanhola e na História Social da França no Antigo Regime. Foi professor emérito da Universidade de Paris IV, Sorbonne. Dedicou-se ao estudo da História quantitativa, influenciado, entre outros, por Fernand Braudel (1902-1985).

LOUIS MONIER/GAMMA-RAPHO/GETTY IMAGES

Da mesma forma, a mineradora de ferro produz pregos e depois grades e, por fim, escadas, terraços e edifícios inteiros feitos de ferro fundido e até chafarizes para jardim. Cada vez mais percebe-se a concentração de atividades em poucas empresas que combinam preços de mercadorias, se associam, ampliam sua força no mercado e tentam anular ou diminuir a importância das empresas recorrentes — são os chamados **trustes**.

AKG-IMAGES/ALBUM/LATINSTOCK

Londres, considerada a maior cidade do mundo no século XIX e a sede da Revolução Industrial, foi parcialmente destruída por um incêndio em 1666, resultante de um verão longo, quente e seco em uma cidade que tinha, em sua maioria, construções de madeira. Mais de treze mil casas foram destruídas, assim como o Parlamento. Mas, graças à riqueza que nela circulava, foi inteiramente reconstruída em cerca de dez anos. *Fachada do Royal Exchange*, Londres. Gravura em metal, por Georg Gottfried Winckler, c. 1750.

Desigualdades sociais e identidade de classe

A Revolução Industrial, que se inicia na Inglaterra, logo se espalha por outros países como Bélgica, Alemanha, França e parte da Itália por meio de acontecimentos simultâneos similares: declínio das instituições feudais, êxodo rural, industrialização, urbanização, desenvolvimento tecnológico, monetarização e transformação do cotidiano e do estilo de vida.

Como muito bem explica Norbert Elias em *O processo civilizador* (1939), a sociedade burguesa não criou apenas uma nova forma de produzir, mas também outra maneira de viver e sentir. Os burgueses, não sendo nobres em sua origem, nem proprietários de terras, ao alcançar sucesso econômico em seus empreendimentos, procuraram distinguir-se das demais categorias sociais por intermédio de um estilo de vida ostensivo e suntuoso.

Procuraram, por meio de novos hábitos e costumes, que iam desde o figurino até a etiqueta, distinguir-se e distanciar-se dos demais homens comuns que viviam nas cidades. Alguns desses novos modos eram superficiais, e diziam respeito a como cumprimentar pessoas, por exemplo, mas outros eram mais profundos e diziam respeito ao gosto artístico, à erudição e ao culto do individualismo.

Diziam respeito também ao apelo cada vez mais forte da vida privada e do apego à vida familiar, que se desenvolveu na medida em que se romperam os laços coletivos de linhagem e da vassalagem, além de haver maior integração com pessoas desconhecidas e anônimas resultante da vida urbana.

Diante disso, as pessoas isolam-se no reduto do mundo familiar. Todas essas disposições que, como dissemos, iam de aspectos mais frívolos e maneiristas ao cultivo da sensibilidade e dos sentimentos, preconizavam uma vida social bastante ritualizada e formal na qual o comportamento social passava a ser elemento indispensável de identidade social e de atribuição de *status* social.

Esses novos hábitos, característicos da burguesia emergente, dependiam de recursos financeiros e de acesso a elementos da nova sociedade — não só aos produtos que a indústria colocava no mercado, mas à arte e à educação.

Aqueles que não tinham acesso a essas condições passaram a se distinguir claramente na sociedade, excluídos da instrução e desse estilo de vida sofisticado que caracterizava a partir de "civilizados", em oposição aos "incultos" ou "selvagens". Nas cidades que se avolumavam com pessoas oriundas de diferentes regiões e estratos — Paris tinha, no século XVIII, cerca de 70% de não nascidos na cidade — cada vez mais aumentava a diferença entre pobres e ricos. Em vez de diminuir as distâncias sociais que havia entre nobres e súditos, a burguesia criava novos distanciamentos e desigualdades, ainda mais difíceis de serem dissolvidos.

A industrialização, desse modo, não só contrapôs duas classes sociais opostas — de um lado, os empresários, donos das indústrias, das máquinas e das riquezas produzidas e, de outro, os trabalhadores, vindos do campesinato, sem recursos nem qualificação —, como levou à formação de duas culturas igualmente opostas — a da sociedade rica e abastada e a do trabalhador braçal da periferia das cidades.

Pintores retrataram a vida social das elites parisienses e tornaram evidente o fosso que se estabelecia entre ela e as camadas pobres da população. *Hotel Meurice*, litogravura francesa de autoria desconhecida, 1909.

Duas culturas de classe antagônicas, separadas por atitudes, comportamentos e a ostentação de padrões de consumo e estilos de vida díspares, aumentaram os conflitos sociais da modernidade. A indústria teve papel relevante nesse cenário quer pelas relações de produção geradas, quer pelo enriquecimento proporcionado aos empresários, financistas, negociantes e suas famílias. Claro está que esse confronto gerou preconceito, hostilidade e revolta.

Como relata René Rémond (1918-2007) sobre o período:

> "Existem, portanto, agora, duas populações, frente a frente, populações que não se encontram senão por ocasião do trabalho e não têm outra relação que as de mando e de subordinação. Elas poderiam ignorar-se, mas logo passam da dissociação para o antagonismo".
>
> RÉMOND, René. *O século XIX*: 1815-1914. São Paulo: Cultrix, s.d. p. 105.

Movimento operário

As condições de trabalho na indústria nascente da Europa eram péssimas — o trabalho fabril podia chegar a dezesseis horas de jornada, sem férias e finais de semana de descanso. Todos estavam submetidos a essas condições homens, mulheres e crianças, além de serem mal remunerados e trabalharem em sistemas industriais autoritários e excessivamente reguladores.

Para complementar esse quadro, esses operários viviam nas piores áreas da cidade, em locais distantes e insalubres. Moravam em sub-habitações. Mesmo nessas condições, o movimento operário, liderado pelos artesãos que se sentiam prejudicados pelo avanço da indústria, só tomou corpo na Inglaterra no final do século XIX, quando mineiros, estivadores e trabalhadores das companhias de gás ingressaram no sindicalismo.

O movimento operário demorou a fazer-se ouvir e a lutar pela sua livre organização como classe, mas desde o final do século XIX tem conseguido conquistas notáveis para os trabalhadores, como o fim de semana remunerado e as férias. A proibição do emprego de crianças e a limitação na jornada de trabalho foram outras conquistas. Durante o século XX, o movimento operário esteve atuante no mundo todo. Greve no porto de Londres, 1889.

BRIDGEMAN IMAGES/ KEYSTONE BRASIL - COLEÇÃO PARTICULAR

A luta inicial do movimento operário foi por mudança na lei que proibia a organização aberta dos operários. Com base nos interesses em desfazer as rígidas regras que dominavam a produção feudal, as leis europeias proibiram a organização profissional dos trabalhadores, ou seja, as corporações de ofício. A luta operária fez-se no sentido de derrubar essas leis, existentes na Inglaterra e França, e permitir a organização política dos trabalhadores.

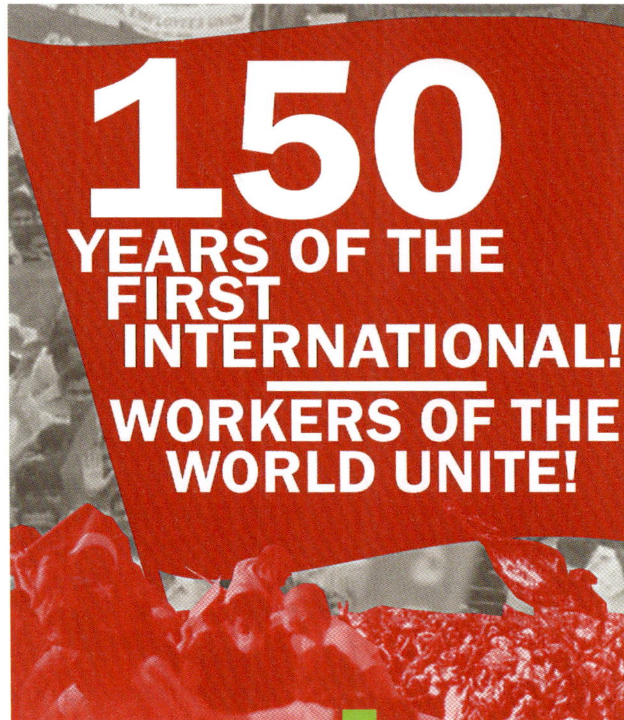

REPRODUÇÃO

Cartaz comemorativo dos 150 anos de fundação da Associação Internacional dos Trabalhadores, conhecida por Primeira Internacional — a primeira organização internacional de trabalhadores (2014).

Depois disso, com a pressão exercida sobre os partidos políticos, os avanços foram no sentido de limitar o turno de trabalho de mulheres e crianças. Mais tarde, os trabalhadores conseguem leis que garantem a segurança e a salubridade no trabalho. Desde então, o movimento operário luta por uma sociedade mais justa e igualitária.

Os métodos utilizados pelos trabalhadores são a greve, a pressão junto aos partidos e muitas vezes ações violentas. As reivindicações que começaram tímidas chegaram, na passagem do século XIX para o XX, às exigências anarquistas que contestam a existência da propriedade, do Estado e da própria empresa capitalista. Mas foi o socialismo, criado e difundido por Karl Marx, que fomentou o movimento dos trabalhadores na indústria, que passou a lutar por uma nova etapa da sociedade humana na qual seriam abolidos a propriedade privada dos meios de produção, o Estado e a nação.

Surgiram, então, as Internacionais Comunistas — a primeira, criada em Londres, em 1864, fundada como Associação Internacional dos Trabalhadores, tendo Karl Marx como um de seus membros e autor de mensagens e programas. Ela deixou de existir em 1876.

A Segunda Internacional, organizada em 1889, previa a organização internacional dos trabalhadores e teve a adesão de partidos políticos democratas e trabalhistas, mas acabou durante a Primeira Guerra Mundial.

A Terceira Internacional foi criada na Rússia, em 1919. Lênin foi seu grande inspirador e articulador e representou a maior organização política do operariado, extinta, entretanto, em 1943, por Stalin, em um acordo com os países aliados da Segunda Guerra Mundial.

Houve ainda uma Quarta Internacional Comunista, criada por **Leon Trotski**, em 1938, quando exilado na França, que teve influência até a década de 1970, com forte atuação nos movimentos políticos dessa década.

Leon Trotski (1879-1940)

Nascido Lev Davidocich Bronstein, Trotski foi líder da Revolução Bolchevique, na Rússia, organizador do Exército Vermelho, que se torna rival de Josef Stalin. Exilado, refugiou-se no México, onde foi assassinado por um agente da polícia soviética.

Para terminar este capítulo, vamos retornar às diferentes visões de mundo de Manolito e Mafalda, expressas no *cartoon* de Quino, com o qual iniciamos nosso texto. Os diálogos conflituosos entre Manolito e Mafalda retratam as contradições que apontamos neste capítulo que justificam a existência, durante todos esses séculos, do desenvolvimento do modo de produção capitalista, dessa polarização gerada por um desenvolvimento econômico desigual e nem sempre justo. Embora essa polarização seja, em parte, um estereótipo, ela continua a opor diferentes correntes ideológicas.

PINGOS NOS "IS"

Indústria, colonialismo e dependência

Um dos fatores importantes para o desenvolvimento do capitalismo e da chamada Primeira Revolução Industrial, sobre a qual falamos neste capítulo, foram as Grandes Navegações e o **imperialismo** europeu sobre as regiões da África, América e Ásia. Inicialmente, o contato com o Oriente estimulou o comércio; mais tarde, a riqueza natural e mineral das colônias forneceu matéria-prima para a indústria e auxiliou na monetarização da economia e na acumulação de riquezas.

Novos produtos, como café e milho, além dos minerais tão procurados como o ouro e a prata, foram combustível essencial para a indústria nascente. A troca de matérias-primas por produtos industrializados que se estabeleceu entre a Europa e suas colônias também alavancou o desenvolvimento industrial europeu. Assim, tinha início o processo de internacionalização do mercado capitalista.

Mas, para as colônias, essa internacionalização, ao contrário, atrasou o desenvolvimento da indústria, uma vez que as atividades fabris eram proibidas pelo pacto colonial. As colônias europeias, ao mesmo tempo que fomentavam a indústria nas metrópoles, permaneciam atadas a um modelo agroexportador, baseado no trabalho escravo. Tornavam-se, por sua vez, dependentes da produção industrial europeia e consumidores de suas inovações. Essa condição colonial foi responsável por nova desigualdade nas relações produtivas — não apenas entre categorias e classes sociais, mas entre regiões e, depois, países.

Termos e conceitos

Imperialismo: nome que se dá ao processo de dominação econômica, política e cultural de uma nação sobre outra ou sobre outras. Durante toda a história da humanidade, reinos exerceram hegemonia uns sobre os outros, explorando recursos econômicos, físicos e humanos. Na modernidade, o colonialismo europeu transformou-se, muitas vezes, em imperialismo e, contemporaneamente, a dominação cultural e tecnológica de certos países também é reconhecida como uma forma de imperialismo informal, ou seja, sem laços formais de dependência política.

LEEMAGE/ GETTY IMAGES

Ilustração do jornal francês *Le Petit Journal*, de 21 abril de 1904, que representa o exército alemão tomando a Namíbia, na África, uma das últimas conquistas europeias naquele continente.

Essa **divisão internacional do trabalho** que favoreceu a industrialização da Europa e a dependência econômica das colônias em relação a ela criou um grande distanciamento entre países desenvolvidos e as ex-colônias, também chamadas, por alguns autores, de países dependentes ou de **Terceiro Mundo**. A Revolução Industrial só se processou nas ex-colônias após processos de independência política que, entretanto, não eliminaram séculos de atraso em relação ao capitalismo europeu.

No que diz respeito ao atraso industrial das ex-colônias europeias é preciso fazer uma ressalva. As colônias inglesas, especialmente as da América do Norte, apresentaram desenvolvimento industrial intenso e suplantaram sua condição colonial. Isso se deve, em parte, ao fato de que a Inglaterra não proibia a manufatura em suas colônias e a população pôde desenvolver atividades fabris baseadas no trabalho livre e assalariado. Nos Estados Unidos, por exemplo, era nítida a distinção entre o norte manufatureiro e o sul agrário e escravocrata. O colonialismo ibérico impediu completamente a industrialização, que só se processou nas ex-colônias no século XX, visto que eles apenas extraíam matérias-primas e não desenvolveram os meios necessários para uma industrialização, mas havia diversos fatores históricos e sociais que dificultavam esse movimento.

De modo geral, na América Latina, formada por países que se libertaram do colonialismo de Portugal e Espanha, ocorreu um desenvolvimento econômico e industrial desigual, dependente tecnologicamente das nações industrializadas e desenvolvidas. O estudo desses entraves, das heranças do passado colonial e da independência política mesclada à dependência econômica, foi objeto de estudo de diferentes autores como Fernando Henrique Cardoso, Octavio Ianni, Renato Ortiz e Paul Singer, que colaboraram para o que ficou conhecido como Sociologia do Desenvolvimento.

Paul Singer reconhece que, no século XX, a América Latina assistiu ao surgimento de ideias críticas que apoiavam planos de industrialização, e visavam a diminuição da dependência em relação às potências. A globalização do mercado financeiro, ocorrida após 1980, entretanto, transformou esse cenário que previa um desenvolvimento industrial mais uniforme, nacionalista e pujante.

Com os desafios da atualidade, a questão da industrialização do chamado capitalismo periférico — constituído pelas nações que dependem tecnologicamente dos países desenvolvidos — continua a desafiar análises, políticas econômicas e planejamento. Nesses países, o desafio é industrializar sem aprofundar as desigualdades sociais — raciais, étnicas e de classe — herdadas do passado e diminuir o fosso que os separa do mundo industrialmente e tecnologicamente desenvolvido. No entanto, as conquistas resultantes de sucessos anteriores se vêm ameaçadas pelo capitalismo concorrencial.

Paul Singer (1932-)

Nascido em Viena, na Áustria, Paul Singer reside no Brasil desde 1940 e tem cidadania brasileira desde 1954. Formado em Economia pela USP, doutorou-se pela mesma instituição em 1966. Professor titular da FEA/USP, Singer trabalhou como metalúrgico e liderou greves no setor. Também foi militante político durante a ditadura civil-militar e contribuiu para a fundação do Partido dos Trabalhadores (PT).

Termos e conceitos

Divisão internacional do trabalho: divisão social do trabalho é o nome que se dá ao processo de especialização da cadeia produtiva, de forma com que uma produção seja dividida em tarefas e executada por diferentes grupos de trabalhadores. Trata-se de quando uma produção é dividida por trabalhadores dispersos entre várias nações. Assim, alguns países se especializam na produção de matéria-prima, enquanto outros se especializam na fabricação de peças, outros, na montagem, e geram uma divisão internacional da atividade industrial. Essa divisão ocasionou, por consequência, dependências e desigualdades na distribuição da riqueza advinda dessas especializações.

Terceiro Mundo: termo criado durante a Guerra Fria. Este conflito opunha o bloco liderado pelos Estados Unidos ao bloco de países liderados pela União Soviética. O primeiro bloco foi chamado de Primeiro Mundo, constituído dos países desenvolvidos, capitalistas, alinhados aos Estados Unidos, enquanto os países comunistas, liderados pelos soviéticos, configurariam o Segundo Mundo. O Terceiro Mundo reuniu os países não industrializados ou também chamados subdesenvolvidos.

A Revolução Industrial e a América Latina

"A Revolução Industrial do século 18 foi responsável por grandes mudanças na Inglaterra, na Europa e na América.

Na Inglaterra do século 18, a burguesia era a classe social hegemônica, que controlava o Estado desde as revoluções do século anterior — Puritana e Gloriosa — e assumia efetivamente o controle da economia, promovendo a consolidação do capitalismo (com a separação definitiva entre capital e trabalho), do trabalho assalariado e da expansão de seu modelo econômico para o restante da Europa e da América.

Ao mesmo tempo, ocorreram a Revolução Americana e a Revolução Francesa. Esse conjunto de revoluções é normalmente tratado como Revoluções Burguesas, pois é responsável por colocar em prática os projetos dessa classe social, abrindo caminho para a sua hegemonia e, principalmente, para a consolidação do capitalismo.

Desde as revoluções do século 18, o capitalismo se fortaleceu e determinou a dinâmica das relações sociais e de poder.

O capitalismo se consolidou como um sistema econômico mundial, e todas essas transformações, que representaram o avanço do capitalismo e da burguesia, tiveram importante repercussão na América Latina e foram fundamentais para os processos de independência das colônias ibéricas, assim como para a formação dos novos Estados nacionais. Não é possível entender a formação dos estados na América Latina sem perceber as transformações vividas pela estrutura capitalista.

Mas cada um dos novos países possui suas próprias características e se articulará com os interesses ingleses de maneira específica. Isso significa dizer que as independências na América ocorreram não apenas pelo interesse inglês, mas também a partir de diversos interesses dos grupos sociais latino-americanos, seja das elites coloniais, que pretenderam se enquadrar na nova dinâmica da economia mundial, seja de novas camadas sociais, que contestaram esse enquadramento.

Se entre os países capitalistas a hegemonia inglesa será contestada e depois superada, na América a política das elites pró-Inglaterra também será contestada — tanto por setores sociais que defendem a industrialização como pelas revoltas de grupos marginalizados, mesmo que não tenham um projeto definido como alternativo."

RECCO, Claudio B. A Revolução Industrial e a América Latina. *Folha de S.Paulo*. Disponível em: <www1.folha.uol.com.br/folha/educacao/ult305u14052.shtml>. Acesso em: jun. 2016.

ATIVIDADES

1. Conforme explicado neste capítulo, as principais reivindicações do movimento operário eram:
   a) Livre organização dos trabalhadores, melhores condições de trabalho e sociedade mais justa.
   b) Livre organização dos trabalhadores, internacionalização das empresas, sociedade mais justa.
   c) Melhores condições de trabalho, liberdade para as Corporações de Ofício e desmonetarização da economia.
   d) Liberdade para as Corporações de Ofício, fim das obrigações servis, melhores condições de trabalho e sociedade mais justa.

2. Da lista abaixo, qual das alternativas não pode ser considerada como consequência da Revolução Industrial?
   a) Aumento da população.
   b) Concentração de renda nas mãos dos empresários.
   c) Aumento da mortalidade infantil.
   d) Crescimento no setor de serviços.

3. Os cercamentos foram leis inglesas que impediram o uso de terras comunais pelos camponeses, fazendo com que eles abandonassem o campo e fossem viver nas cidades, empregando-se nas indústrias nascentes. Esse processo recebeu o nome de:
   a) êxodo rural.
   b) imigração ilegal.
   c) alienação do trabalhador.
   d) desenvolvimento do setor terciário.
   e) mecanização da agricultura.

4. Faça, em dupla, uma pesquisa e redação com o tema presente na frase abaixo de Claudio B. Recco e apresentado na seção *Sociologia na mídia*:
   "A Revolução Industrial do século XVIII foi responsável por grandes mudanças na Inglaterra, na Europa e na América".

5. "A disparidade dos gêneros de vida e a desigualdade dos recursos acabam por criar como que duas humanidades diferentes: de um lado, o capitalismo industrial, financeiro, bancário, favorecido por dispositivos de lei... e, de outro, uma massa assalariada que não tem por si nada além de sua capacidade de trabalho físico, que não tem nem reservas nem recursos, mão de obra não qualificada, vinda em linha direta do campo à busca de trabalho, obrigada a se acomodar ao primeiro serviço que encontra."

   RÉMOND, René. *O século XIX*: 1815-1914. São Paulo: Cultrix, s.d. p. 104.

   O autor desse trecho sobre a Revolução Industrial está se referindo a:
   a) agricultores e operários industriais.
   b) ingleses e franceses.
   c) burgueses e proletários.
   d) europeus e latino-americanos.

6. Uma das consequências da Revolução Industrial foi a revolução urbana. Em que ela consistiu?

ATIVIDADES

7 Leia o texto e resolva a questão.

"Nas sociedades tradicionais, o trabalho não agrícola baseava-se em ofícios, cujo domínio perfeito era adquirido depois de um longo período de aprendizagem. O trabalhador executava normalmente todas as fases do processo de produção, do princípio ao fim. Por exemplo, ao fabricar uma charrua, um ferreiro teria que forjar ferro, modelá-lo e finalmente montar a charrua. Com o desenvolvimento da produção industrial moderna muitos dos ofícios tradicionais desapareceram, sendo substituídos por especialistas que operam no âmbito de processos de produção mais amplos."

GIDDENS, Anthony. *Sociologia*. Lisboa: Fundação Calouste Gulbenkian, 2008.

O autor desse trecho nos fala da passagem do feudalismo para o capitalismo industrial. Ele está se referindo a dois tipos diferentes de trabalhadores que são:

a) os agricultores e os burgueses.

b) os artesãos e os operários.

c) os artesãos e os prestadores de serviços.

d) os capitalistas e os socialistas.

8 A imagem abaixo refere-se a qual trecho do capítulo estudado?

MUSEU DE BELAS ARTES DE BILBAO

Essa pintura do século XVI mostra dois agiotas — pessoas que emprestam dinheiro a juros — contando o dinheiro que recebem por seus empréstimos. *Os cambistas*, óleo sobre tela de Marinus van Reymerswaele (seguidor de,) c. 1548.

EXAMES DE SELEÇÃO

1 **(Enem, 2015)**

"O principal articulador do atual modelo econômico chinês argumenta que o mercado é só um instrumento econômico, que se emprega de forma indistinta tanto no capitalismo como no socialismo. Porém os próprios chineses já estão sentindo, na sua sociedade, o seu real significado: o mercado não é algo neutro, ou um instrumental técnico que possibilita à sociedade utilizá-lo para a construção e edificação do socialismo. Ele é, ao contrário do que diz o articulador, um instrumento do capitalismo e é inerente à sua estrutura como modo de produção. A sua utilização está levando a uma polarização da sociedade chinesa."

OLIVEIRA, A. A Revolução Chinesa. *Caros Amigos*, 31 jan. 2011 (adaptado).

No texto, as reformas econômicas ocorridas na China são colocadas como antagônicas à construção de um país socialista. Nesse contexto, a característica fundamental do socialismo, à qual o modelo econômico chinês atual se contrapõe, é a

a) desestatização da economia.

b) instauração de um partido único.

c) manutenção da livre concorrência.

d) formação de sindicatos trabalhistas.

e) extinção gradual das classes sociais.

2 **(Enem, 2015)**

"Até o fim de 2007, quase 2 milhões de pessoas perderam suas casas e outros 4 milhões corriam o risco de ser despejadas. Os valores das casas despencaram em quase todos os EUA e muitas famílias acabaram devendo mais por suas casas do que o próprio valor do imóvel. Isso desencadeou uma espiral de execuções hipotecárias que diminuiu ainda mais os valores das casas. Em Cleveland, foi como se um "Katrina financeiro" atingisse a cidade. Casas abandonadas, com tábuas em janelas e portas, dominaram a paisagem nos bairros pobres, principalmente negros. Na Califórnia, também se enfileiraram casas abandonadas."

HARVEY, D. *O enigma do capital*. São Paulo: Boitempo, 2011.

Inicialmente restrita, a crise descrita no texto atingiu proporções globais, devido ao(à)

a) superprodução de bens de consumo.

b) colapso industrial de países asiáticos.

c) interdependência do sistema econômico.

d) isolamento político dos países desenvolvidos.

e) austeridade fiscal dos países em desenvolvimento.

3 **(Enem, 2015)**

"O processo de concentração urbana no Brasil em determinados locais teve momentos de maior intensidade e, ao que tudo indica, atualmente passa por uma desaceleração no ritmo de crescimento populacional nos grandes centros urbanos."

BAENINGER, R. *Cidades e metrópoles*: a desaceleração no crescimento populacional e novos arranjos regionais. Disponível em: <www.sbsociologia.com.br>. Acesso em: 12 dez. 2012 (adaptado).

Uma causa para o processo socioespacial mencionado no texto é o(a)

a) carência de matérias-primas.

b) degradação da rede rodoviária.

c) aumento do crescimento vegetativo.

d) centralização do poder político.

e) realocação da atividade industrial.

4 **(Enem, 2015)**

"No início foram as cidades. O intelectual da Idade Média — no Ocidente — nasceu com elas. Foi com o desenvolvimento urbano ligado às funções comercial e industrial — digamos modestamente artesanal — que ele apareceu, como um desses homens de ofício que se instalavam nas cidades nas quais se impôs a divisão do trabalho. Um homem cujo ofício é escrever ou ensinar, e de preferência as duas coisas a um só tempo, um homem que, profissionalmente, tem uma atividade de professor, em resumo, um intelectual — esse homem só aparecerá com as cidades."

LE GOFF, J. *Os intelectuais na Idade Média*. Rio de Janeiro: José Olympio, 2010.

O surgimento da categoria mencionada no período em destaque no texto evidencia o(a)

a) apoio dado pela Igreja ao trabalho abstrato.

b) relação entre desenvolvimento urbano e divisão do trabalho.

c) importância organizacional das corporações de ofício.

d) progressiva expansão da educação escolar.

e) acúmulo de trabalho dos professores e eruditos.

OUTRAS MÍDIAS

Para assistir

As gangues de Nova York

Direção: Martin Scorsese. País: Estados Unidos/ Reino Unido/ Itália/ Alemanha/ Holanda. Ano: 2003.

O filme é uma adaptação do livro homônimo, escrito por Herbert Asbury (1889-1963), relatando a história de Amsterdam Vallon, interpretado por Leonardo DiCaprio. Apresenta a periferia de Nova York, no século XIX, quando a cidade atrai vários imigrantes e forasteiros de toda espécie, que se organizam em gangues para conquistar e defender seus espaços.

Com cenas fortes e ritmo acelerado, o filme mostra as dificuldades desses imigrantes em se estabelecer no território, defender seus interesses e lutar até a morte pela liderança desses grupos que iniciaram a história da cidade. Este filme vai permitir aos alunos entender como viviam os migrantes das primeiras eras do capitalismo industrial quando, recém-saídos do meio agrário, se encontram nos subúrbios das grandes cidades em busca de um sonho, uma utopia ou uma vingança. O ambiente de confronto, a ausência de ordem e lei exibem a rudeza da vida nas cidades nos séculos passados.

Libertários

Direção: Lauro Escorel. País: Brasil. Ano: 1976.

Com base em fotos, filmes e música de época, provenientes do Arquivo Edgard Leuenroth, da Universidade Estadual de Campinas (Unicamp), o filme de Lauro Escorel aborda a luta do operariado brasileiro desde o século XIX até o século XX. Procura mostrar o movimento operário e a importante participação dos imigrantes italianos anarquistas, especialmente depois da greve de 1917. Apresenta a forte repressão ao movimento após a Revolução Russa e a deportação de seus principais líderes. Mas ficam claras as péssimas condições de trabalho da indústria brasileira no alvorecer do século XX, com o emprego de crianças e mulheres em jornadas de trabalho de até 16 horas. O filme foi lançado em 2014, em DVD.

Eles não usam *black tie*

Direção: Leon Hirzman. País: Brasil. Ano: 1981.

Baseado na peça homônima de Gianfrancesco Guarnieri (1934-2006), o filme foi premiado em diversos festivais, sendo o mais importante o Festival de Veneza de 1981, quando ganhou o Leão de Prata. Trata-se da saga de um operário, líder de uma greve, Otávio, interpretado pelo próprio Guarnieri, que se depara com o filho Tião, também operário, que decide não aderir ao movimento. Com a namorada grávida, ele busca não contrapor-se à empresa, preservando seu emprego e a possibilidade de criar o filho. O confronto com o pai, idealista, é iminente, e acaba com Tião deixando a casa paterna e a empresa. Este filme permitirá aos alunos entender o movimento operário em sua complexidade. Possibilitará também perceber o sentimento de pertencimento e a cultura de classe que se forma e se manifesta no confronto com a empresa e na luta por melhores condições de trabalho.

Para ler

O mercador de Veneza

William Shakespeare. Porto Alegre: L&PM Editores, 2007.

Nessa obra, Shakespeare narra o drama de um mercador, Antonio, que, dado o naufrágio dos navios que transportavam suas mercadorias, se vê impedido de pagar a dívida que contraíra com Shylock, um agiota. Uma das cláusulas do contrato previa que, caso Antonio falhasse no pagamento, poderia ter seu coração retirado do peito.

Como nas demais obras do autor, toda essa discussão vem entremeada com uma história de amor bela e envolvente. A leitura dessa obra, escrita e publicada no século XVI, permitirá ao leitor entender a ruptura que representou o advento do capitalismo, elegendo o lucro e a acumulação como seu principal alvo.

Ingleses no Brasil

Gilberto Freyre. São Paulo: Topbooks, 2001.

Gilberto Freyre mostra nessa obra a grande influência que os ingleses exerceram sobre o Brasil, não só de um ponto de vista econômico, mas também social e cultural. No estilo narrativo, próprio do autor, temos acesso ao estudo dos inúmeros anglicanismos de nossa sociedade — aprendemos com os britânicos a tomar banho de mar, a beber o chá da tarde, a beber cerveja e a comer bife com batatas. Além disso, substituímos esquadrias de madeira pelas de ferro e salpicamos o país com construções de ferro fundido, nem sempre adequadas ao nosso clima. O subtítulo "Aspectos da influência britânica sobre a vida, a paisagem e a cultura do Brasil" já introduz o leitor no estudo realizado e permite a ele que entenda os caminhos de nossa dependência em relação à Europa.

Para acessar

Fundação Getúlio Vargas

<http://portal.fgv.br/>

A Fundação Getúlio Vargas foi criada em 1944, tendo por meta formar profissionais para a administração pública e privada do Brasil, devido ao surto de desenvolvimento econômico que se anunciava na época. Depois, a FGV ampliou seu campo de atuação para as ciências sociais e econômicas. Além de pesquisas em nível nacional e internacional, atua na Graduação e Pós-graduação. Gera, por meio do Instituto Brasileiro de Economia (Ibre), relatórios que servem de parâmetro para as atividades públicas e privadas de instituições brasileiras. Em seu portal divulga seu acervo bibliográfico, com livros, periódicos, documentos, pesquisas e bases de dados, sempre atualizados.

Centro de Documentação e Memória Sindical da Central Única dos Trabalhadores — CUT

<http://cedoc.cut.org.br/>

O Cedoc-CUT foi instalado em 1999, com o objetivo de recuperar e organizar a documentação de atuação histórica da CUT no Brasil. Disponibiliza informações sobre a formação do sindicalismo brasileiro e a luta contra a ditadura civil-militar. Trata-se de importantes informações sobre a organização dos trabalhadores no Brasil e de sua história. O visitante terá acesso a dissertações e teses que tratam sobre a atuação da CUT e de seus programas, bem como às parcerias que a entidade tem estabelecido ao longo de sua história.

Comissão Econômica para América Latina e Caribe — Cepal

<www.cepal.org/es/acerca-de-la-cepal>

Criada em 1948, é uma das cinco comissões regionais das Nações Unidas, com sede em Santiago do Chile. Teve, desde suas origens, o objetivo de contribuir para o desenvolvimento econômico da América Latina, reforçando as relações dos países do continente entre si e com o resto do mundo. O visitante terá no portal acesso a publicações, aos conteúdos dos programas em desenvolvimento e as estatísticas que permitem a todos os interessados — pesquisadores e profissionais da administração pública —, atualizar-se sobre o desenvolvimento da América Latina. Além disso, o portal informa acerca dos programas de formação que a instituição oferece.

Capítulo

15

Tecnologia, indústria e modernização

Objetivos

- Entender o que é Segunda Revolução Industrial, a revolução tecnológica e seu impacto na produção industrial.
- Analisar a revolução urbana e a modernização das cidades.
- Entender o conceito de *Belle Époque* e o que ele representou na cultura e na vida cotidiana.
- Estudar a dependência econômica e como ela se estabelece em acordo com as relações entre países desenvolvidos e ex-colônias.
- Compreender o que aconteceu no Brasil a partir desse cenário internacional.
- Compreender a relação entre industrialização e Modernidade.

Depois de termos estudado, no capítulo anterior, a Primeira Revolução Industrial, vamos agora falar das grandes transformações promovidas pela revolução tecnológica — o desenvolvimento da capacidade humana de fabricar máquinas que produzem máquinas e também colocam outras em movimento.

Trataremos do uso de outras formas de energia, além da humana e animal, e mostraremos como elas provocaram mudanças na economia, política e cultura das nações. A vida cotidiana se modificou, o desenvolvimento urbano se intensificou e ocorreu um aceleramento na industrialização — surgiu, então, uma nova sensibilidade e outra visão de mundo associada ao progresso e ao consumo. Por isso, a época ficou conhecida por *Belle Époque* ("bela época", em português).

A princípio, veremos como essas transformações ocorreram na Inglaterra e como se espalharam pelo resto do mundo, chegando até as ex-colônias europeias que, independentes, procuravam também a autonomia econômica e a industrialização para superar sua condição de nações dependentes econômica e tecnologicamente dos chamados países desenvolvidos.

Trabalho infantil na carvoaria Pennsylvania Coal Co., em South Pittston, Estados Unidos. A densidade da poeira dificultava a visibilidade, além de prejudicar as crianças, que eram vigiadas por capatazes para obrigá-las a serem obedientes. Imagem do fotógrafo e sociólogo estadunidense Lewis Wicke Hine (1874-1940), 1908-1912.

DE AGOSTINI PICTURE LIBRARY/ALBUM/LATINSTOCK

As entradas das estações de metrô de Paris foram criadas em estilo *art nouveau* por Hector Guimard (1867-1942) e feitas em ferro e vidro. Na fotografia, o acesso à estação Metropolitain na Praça d'Etoile, Paris, 1900. Ele foi arquiteto e desenhista industrial francês e um dos principais representantes desse movimento artístico.

Para refletir

1. Adultos comentam como os jovens de hoje estão dependentes das novas tecnologias — é raro ver-se um jovem sem *smartphone* ou aparelho de som. Como você imagina que será a vida tecnológica dos jovens de amanhã?
2. Você participa de uma ou mais redes sociais? Como você a(s) usa? Quais são os benefícios pessoais que ela lhe traz? Do que você não gosta nelas? O que você mudaria nelas?
3. Quais mudanças você vê no mundo atual que foram promovidas pelo uso de novas tecnologias?

TOPHAM PICTUREPOINT/TOPFOTO/KEYSTONE BRASIL

Pioneiro da aviação, o brasileiro Alberto Santos Dumont (1873-1932) voou, em 19 de outubro de 1901, em Paris, com o seu dirigível número 6 enquanto era observado por espectadores em terra.

THE GRANGER COLLECTION/GLOW IMAGES

ADOC-PHOTOS/ALBUM/LATINSTOCK

As duas rodas-gigantes erguidas em Paris e Chicago representam a Modernidade — o desenvolvimento da ciência, indústria, cultura e vida urbana. A primeira, de Chicago, foi montada para a Feira Mundial de 1893, como uma resposta à construção da Torre Eiffel, na França. A segunda, de Paris, foi construída para a exposição universal de 1900. Era a mais alta de todas as montadas nessa época, com cem metros de altura.

Em muitas capitais e grandes cidades pelo mundo, desponta contra o horizonte uma roda-gigante que atrai o olhar dos habitantes e dos visitantes para esse divertimento que há mais de um século distrai as pessoas. Subir e descer de alturas imensas, das quais se descortina a paisagem urbana, é uma emoção renovada. Mas poucos sabem que esse divertimento foi resultado de intensas transformações ocorridas entre os séculos XVIII e XIX que receberam o nome de Segunda Revolução Industrial.

Para que existisse a roda-gigante foi preciso que o aço se tornasse maleável para compor a estrutura circular e para que também fosse aplicado na arquitetura, de forma a remodelar as cidades e edificar palácios de vidro, torres e pontes. Foi preciso um motor capaz de movimentar a forte e pesada estrutura da roda-gigante e o domínio da eletricidade para alimentar esse motor e iluminá-la à noite. Por isso, só em 1893, na Feira Mundial de Chicago, o engenheiro estadunidense George Washington Gale Ferris Jr. (1859-1896) expôs a primeira roda-gigante, com 76 metros de diâmetro, 36 cabines fechadas para 40 passageiros cada uma. O feito foi logo copiado na Inglaterra, na França e, depois, em outros países.

Além da tecnologia e do desenvolvimento da ciência, a roda-gigante é símbolo de mudanças na vida das cidades e das pessoas — da importância da vida urbana, do tempo livre, do entretenimento e do progresso. Por isso, desde mais de um século atrás, as rodas-gigantes são uma marca da Modernidade. Sobre isso falaremos neste capítulo.

A aceleração do desenvolvimento tecnológico

Um dos aspectos mais característicos do desenvolvimento tecnológico da humanidade é a crescente aceleração. Os artefatos datados de 150 mil a 40 mil anos antes de nossa era e descobertos em escavações — cortadores, raspadeiras, furadores e certo tipo de serra — apresentam progressivo aperfeiçoamento, o que demonstra que nossos antepassados já eram fabricantes atentos. Arpões e agulhas fabricados pelo *Homo sapiens*, datados de 30 mil a 10 mil anos antes de nossa era, demonstram capacidade simbólica acentuada e princípios estéticos desenvolvidos. Mas, de 10 mil a cinco mil a.C., houve um salto no desenvolvimento — foi a Revolução Agrária (ou neolítica), quando o ser humano aprendeu a cultivar plantas, domesticar animais, moer grãos, polir metais. Nessa época, surgiram os primeiros reinos com organização mais complexa e os mais antigos sistemas religiosos conhecidos.

Na Antiguidade, outros saltos qualitativos foram dados no desenvolvimento de nossa capacidade de inventar e agir sobre a natureza. Um dos mais importantes foi o chamado "milagre grego", quando, entre outras conquistas, o povo grego conseguiu sistematizar o conhecimento e assim separar o conhecimento científico abstrato da produção material.

Historiador da ciência, **Lewis Mumford** considerava, entretanto, que todo esse desenvolvimento seria estabelecido por meio do aperfeiçoamento no uso de ferramentas, ou seja, na fabricação de utensílios que dão maior poder, autonomia e produtividade ao trabalho humano. Mas, a partir do ano 1000 da era cristã, pode-se dizer, segundo o autor, que o ser humano passou a fabricar máquinas, isto é, equipamentos que, além de dar maior capacidade produtiva ao trabalho humano, ganham independência e promovem a **automação** — a conjugação de tarefas realizadas de forma programada.

Lewis Mumford (1895-1990)

Historiador estadunidense, pesquisou ciência, arte e tecnologia. Mumford foi aluno no Colégio da Cidade, de Nova York, e na Nova Escola de Pesquisa Social. Interessou-se pelo desenvolvimento tecnológico, mas de forma humanista, acreditando que o aprimoramento nesse campo deveria ser acompanhado de igual evolução no campo das artes e do conhecimento. A obra na qual estabelece diferentes períodos de desenvolvimento tecnológico foi *Técnica e civilização*, publicado pela primeira vez em 1934.

ERIC SCHAAL/PIX INC./THE LIFE IMAGES COLLECTION/GETTY IMAGES

INGRAM PUBLISHING/DIOMEDIA

Na imagem vemos Si Nan, a primeira bússola do mundo, criada pelos chineses, no século I a.C. Eles conseguiram, já nessa época, dominar as propriedades da magnetita (óxido de ferro, de cor prata, fortemente magnético) e encontrar os pontos cardeais. Mas só mil anos depois se tem notícia de seu uso na navegação.

Baseando-se na periodicidade proposta por Mumford, o cientista social Renato Ortiz (1947-) considera que a produção de máquinas, entre o ano 1000 e 1750 da era cristã, teve características comuns: certo **sincretismo** nas descobertas, com diferentes povos e civilizações contribuindo com avanços — a roda hidráulica usada pelos egípcios, o moinho d'água criado pelos romanos, os moinhos de vento conhecidos na Pérsia, papel e bússola originários da China. Outra característica é que essas invenções surgiram de necessidades práticas e não foram fruto de propostas científicas. Ortiz nos informa que a máquina a vapor já era usada em trens e navios sem que se tivesse desenvolvido a teoria que explica seu funcionamento, o que ocorreu cem anos depois da invenção do motor a vapor. É a chamada fase **eotécnica**, conforme a divisão elaborada por Mumford, que vai até 1750 — data que podemos considerar início da chamada Primeira Revolução Industrial —, quando ainda não era possível produzir energia com regularidade e o homem utilizava recursos disponíveis na natureza como o vento, a água e a força animal.

É dessa fase da invenção do vidro cristalino ou cristal que se distingue Veneza, graças às técnicas e matérias-primas vindas do Oriente, via as cruzadas, como a soda do Egito. Desde a descoberta do vidro até o cristal se passaram 3.800 anos. Do cristal às lunetas, microscópios, lentes especiais e o consequente desenvolvimento da ótica, não se passaram trezentos anos. Na fase eotécnica é a técnica que empurra a ciência e não o contrário.

Termos e conceitos

Automação: processo pelo qual os dispositivos mecânicos ou eletrônicos controlam a produção fabril e substituem o trabalho humano.

Sincretismo: processo de intersecção ou "mistura" das características culturais e filosóficas de dois grupos sociais, sendo perceptível a contribuição de cada um deles na constituição de um novo modelo ou formato cultural. Termo bastante usado para explicar a integração de diferentes doutrinas religiosas numa nova crença.

Na foto, a Central de Energia Geotérmica de Nesjavellir, Islândia, 2013. Essa usina, como os motores movidos a vapor-d´água do século XVIII e as modernas usinas nucleares, seguem os princípios da termodinâmica, que foram estudados pela primeira vez ainda no século I a.C., em Alexandria, no Egito antigo.

A partir de 1750, começa uma nova fase quando se processa a Primeira Revolução Industrial, da qual falamos no capítulo precedente. Desenvolve-se a indústria têxtil, as ferrovias e a mineração. Surgem os **altos-fornos**, mais produtivos e econômicos, que substituem a tecnologia antiga e se difundem pela Europa. A produção do ferro fundido torna-se uma realidade assim como a máquina a vapor, em estreita relação com a metalurgia. É a Revolução Industrial que se consagra na produção da indústria têxtil, em especial do algodão. A essa nova fase Lewis Mumford denominou *paleotécnica*.

A produção de chita (tecido de algodão barato e colorido) faz furor e vai substituir os brocados, a cambraia e o linho. Uma produção que já não depende dos ventos nem de animais, mas de teares operados por um tecelão e movidos inicialmente por moinho d'água, depois, vapor e, por fim, eletricidade. Toda essa transformação é custeada pelo comércio colonial e distribuída pela Europa e Oriente por meio de trens e navios movidos a carvão.

A partir do século XIX, Mumford identifica a fase *neotécnica*, em que a indústria chega à maturidade. A Ciência torna-se independente da sua aplicação prática e as teorias caminham à frente das demandas técnicas. É como explica Renato Ortiz:

> "A indústria elétrica é uma consequência direta das investigações científicas; as invenções do telégrafo, dínamo, motor elétrico e rádio, normalmente atribuídas à "genialidade" de seus criadores (Morse, Siemens, Jacobi, Marconi), são na verdade aplicações de princípios desvendados por Hey, Faraday, Oersted, Mawell, Hertz."
>
> ORTIZ, Renato. *Cultura e modernidade*. São Paulo: Brasiliense, 1991. p. 27.

Termos e conceitos

Alto-forno: grande forno, revestido por fora de chapas metálicas e por dentro de tijolos refratários, destinado a fundir e a reduzir o minério de ferro para transformá-lo em ferro-gusa (ferro com elevada proporção de carbono e impurezas, que o torna quebradiço e sem maior uso prático). O ferro-gusa, em seguida, passa por um processo de eliminação do excesso de carbono e das impurezas, o que resulta em ferro fundido ou em aço, conforme a necessidade.

Com a eletricidade, tem início a Segunda Revolução Industrial, que trouxe modificações profundas não só na produção material, mas na cultura e na vida cotidiana. Instala-se uma nova concepção de tempo e espaço. A sociedade torna-se cada vez menos dependente da luz solar — a luz elétrica é mais estável, permanente e fixa, e dilui as diferenças antes nítidas entre dia e noite, fora e dentro dos edifícios.

Como nos informa **Edmond Couchot**, no campo da mecânica aparecem turbinas hidráulicas e a vapor, mais limpas, menores e de maior rendimento. A energia é transportada por transformadores a longas distâncias. No campo dos transportes, diz o autor, surgem as locomotivas elétricas, o automóvel e o avião. Os viajantes não ficam mais encarcerados em um vagão, mas deslocam-se e movimentam-se eles mesmos. O espaço como referência fixa para o ser humano desaparece aos poucos. Tudo fica móvel e encurtam-se as distâncias. O aeroplano leva a sensação de movimento e dinamismo ao máximo e novos horizontes descortinam-se para os viajantes.

Edmond Couchot (1932-)

Estudioso e artista da fusão entre artes plásticas e visuais e novas tecnologias. Reconhecido internacionalmente, Couchot realizou experiências interativas em que o público atua em sistemas integrados. Criou o Departamento de Artes Visuais da Universidade Paris VIII — instituição da qual foi professor. É autor de diversos livros.

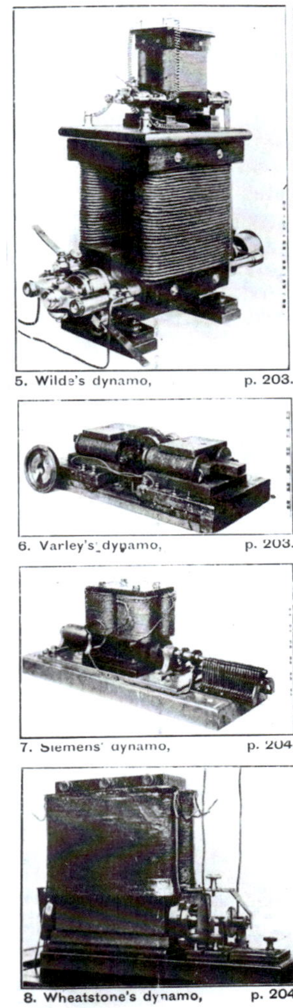

HULTON ARCHIVE/GETTY IMAGES

Na foto, quatro tipos iniciais de dínamo, inventados (de cima para baixo) por Dr. Henry Wilde (c. 1865), C. F. Varley (c. 1866), Ernst Werner von Siemens (c. 1866) e Charles Wheatstone (c. 1866). O motor elétrico é um dispositivo que transforma energia mecânica em elétrica pela ação de campos magnéticos. Já os geradores ou dínamos transformam energia elétrica em mecânica.

PHOTO12/UIG/GETTY IMAGES

O brasileiro Santos Dumont projetou, construiu e voou em balões dirigíveis com motor a gasolina e foi um dos pioneiros da aviação, ao lado dos irmãos Wright, dos Estados Unidos. O avião criado por Santos Dumont foi o 14 Bis, que se vê na imagem, também conhecido como *Oiseau de Prole* (Ave de Rapina), testado no campo de Bagatelle, em Paris, no dia 23 de outubro de 1906.

Urbanidade e *Belle Époque*

Todas essas máquinas e esses inventos, desenvolvidos no século XIX, mudaram completamente a rotina das cidades e o estilo de vida das pessoas, além de transformar a sensibilidade e a visão de mundo da época. As novas tecnologias traziam novos hábitos, valores e maior conforto. Introduzia-se, assim, um novo ritmo às cidades, que recebiam cada vez mais pessoas.

O clima que animava as sociedades urbanas era de otimismo, beleza e entretenimento. Essa cultura cheia de elegância e brilho ficou conhecida como *Belle Époque* (bela época, em português). E Paris foi a sede desse período, que vai do final do século XIX até a Primeira Guerra Mundial.

Termos e conceitos

Urbanidade: qualidade ou característica daquilo que constitui a vida urbana — o uso do espaço público pelas pessoas, os fluxos de veículos e transeuntes, a sociabilidade, de diferentes graus, entre pessoas e certa maneira de se comportar em público.

Aculturação: conjunto de mudanças nos hábitos, costumes, comportamento, valores de um grupo, em decorrência do contato direto e contínuo com grupos de cultura diferente. Esse contato pode resultar da vizinhança, de relações comerciais ou de processos violentos de dominação, como as guerras de conquistas e os processos coloniais. Atualmente, não é um conceito unânime nas Ciências Sociais; alguns pesquisadores e teóricos preferem outros termos para definir esse processo.

Até mesmo a produção agrícola é impulsionada pelas tecnologias — a lavoura é mecanizada com a adoção do arado e de máquinas para semear e colher. Mas uma transformação sem precedentes acontece na relação agricultura/indústria, campo/cidade — pela primeira vez, a indústria é o carro-chefe da economia e a agricultura passa a ser o setor dela dependente. Não só a agricultura passa a ser planejada de acordo com a demanda do setor industrial (matéria-prima para a indústria e alimentação para o setor urbano), como os produtos agrícolas sofrem desvalorização em relação à produção industrial. O êxodo rural continua com a mecanização do campo, o que povoa as cidades, que abrigam mais pessoas que as terras ao seu redor.

A Ciência, o conhecimento e a racionalidade chegam também à produção agrária. Já no século XVIII, o agricultor inglês Jethro Tull (1674-1741) introduz a ciência na agricultura, o que promove a alternância de plantio para restabelecer o solo: ora se planta trigo, ora cevada, ora aveia ou ervilha. Sistemas de drenagem diferentes garantem a produtividade do meio rural e o fazem compatível com a industrialização. A monocultura é difundida e as propriedades agrárias tornam-se latifúndios monocultores. Na cidade, como no campo, instala-se a ideia de progresso.

As cidades se transformam em metrópoles onde a vida se acelera e se agiganta. Elas são o centro do comércio, da indústria, da administração pública e da vida intelectual e artística, a partir dos séculos XVIII e XIX. A **urbanidade**, como alguns especialistas chamam esse fenômeno, fez das capitais, e em especial Paris, centros difusores de conhecimento, costumes e moda. Telefones, bicicletas, navios, aviões, elevadores e edifícios passam a fazer parte da vida diária dos habitantes das cidades.

No campo da arte e da cultura, são outros equipamentos e novas relações: gramofone, rádio, fotografia, cinema. A educação expande-se e ocorre o desenvolvimento dos meios de comunicação.

Indústria e *Belle Époque* tropical

O apogeu da industrialização e dos avanços técnicos, embora sediado nos países pioneiros da industrialização e, em especial, em suas capitais — Londres, Paris etc. —, não se limitaram a esses espaços. Impulsionado pela tecnologia, o capitalismo industrial espalhou-se pelo mundo em busca de matéria-prima e consumidores. Durante o período de colonialismo nos séculos XVI e XVII, os países europeus promovem a chamada "missão civilizadora", ou seja, substituir as culturas nativas pela cultura europeia, considerada mais adiantada e civilizada. Hábitos tidos como "selvagens" são substituídos por costumes europeus como dormir em camas e comer com talheres, vestir roupas de pano e falar a língua dominante dos colonizadores. Missões de religiosos católicos, como jesuítas, protestantes, presbiterianos, erguem escolas nas colônias para a **aculturação** dos nativos. Socializados nessa nova mentalidade civilizadora, os habitantes das colônias se transformam em consumidores da indústria europeia — não só os administradores europeus, mas também os nativos que, aos poucos, assimilam novos hábitos e aderem às novas modas.

Dessa forma a *Belle Époque* espalhou-se pelo mundo até atingir as ex-colônias europeias. No Brasil, cidades como o Rio de Janeiro, então a capital federal, São Paulo, impulsionada pelo ciclo do café, Manaus e Belém, no apogeu do ciclo da borracha, viveram momentos de intenso desenvolvimento econômico, cultural e artístico. Com os ares libertários da República e do fim da escravidão, a *Belle Époque* prometia grandes transformações.

A primeira cidade a se modernizar e a aderir às novas tendências da *Belle Époque* europeia foi o Rio de Janeiro. Com a estabilização da economia advinda do ciclo cafeeiro, inúmeras mudanças culturais, arquitetônicas e urbanísticas ocorreram na cidade, cujo modelo era Paris. As revistas ilustradas que se dedicavam ao cotidiano das elites não cansavam de ressaltar as semelhanças. O testemunho dessa época é dado pelo escritor e arguto observador João do Rio (1881-1921), que escreveu inúmeras crônicas para a nascente imprensa brasileira.

Ele e outros autores tornaram-se personagens importantes na vida boêmia dos cafés e dos cabarés. O poeta Olavo Bilac (1865-1918), da recém-fundada Academia Brasileira de Letras (ABL), outra inspiração francesa, e a literatura e a poesia mostram suas ambições no país que se moderniza. Ao lado disso, diante da vontade de "civilizar-se", começa a repressão à cultura popular e aos costumes suburbanos. Por falta de um hino republicano, cantava-se a "Marselhesa" nas ocasiões cívicas e falar francês era um modismo. Assim relatava a revista *Fon-Fon*, criada em 1907, e de grande prestígio na época, no seu característico tom jocoso:

> "O *Rio civilisa-se!* Eis a exclamação que irrompe de todos os peitos cariocas.
>
> Temos a Avenida Central, a Avenida Beira Mar (os nossos *Campos Elyseos*) estatuas em toda a parte, cafés e confeitarias com *terrasses*, o Corso das quartas-feiras, um assassinato por dia, um escandalo por semana, cartomantes, *mediums*, automoveis, *autobus*, auto...res dramaticos, *grand monde*, *demi monde*, emfim todos os apetrechos das grandes capitaes.
>
> Faltava-nos o *cabaret*. Já o temos, e com o novissimo nome de *Chat Noir* [N.E.: gato preto] que é bom não confundir com chá preto".

Revista Fon-Fon!, *Chat Noir*, 18 jan. 1908. In: ZANON, Maria Cecília. *A sociedade carioca da* Belle Époque *nas páginas da Fon Fon*. UNESP-FCLAs-CEDAP, v. 4, n. 2, p. 217-235, jun. 2009. p. 226. Disponível em: <http://goo.gl/Zq7afs>. Acesso: 30 nov. 2015.

AUGUSTO MALTA - COLEÇÃO PARTICULAR

Foto da inauguração, em 1875, do magazine Vasco Ortigão, denominado *Parc Royal* — casa de moda, tecidos e confecções, uma das primeiras lojas a ter preços fixos, escritos em algarismos bem visíveis nos produtos. Ele fez parte dessa remodelação da cidade do Rio de Janeiro na *Belle Époque*.

ACERVO G. ERMAKOFF

Foto de 1907 da avenida central do Rio de Janeiro na *Belle Époque*. Entre avenidas alargadas e prédios de aparência suntuosa, os carros, símbolo da Modernidade, esperam por seus motoristas e passageiros.

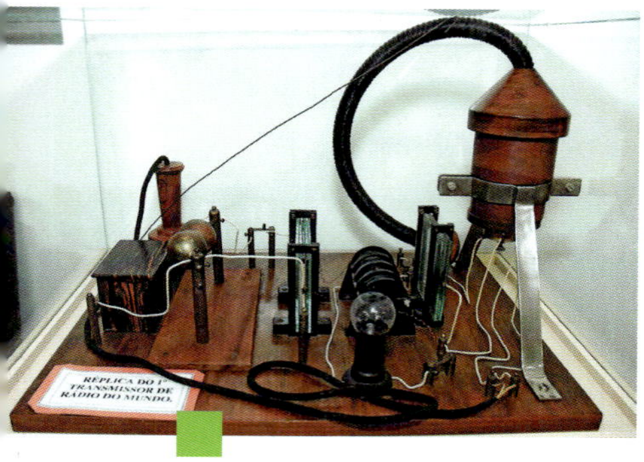

RODRIGO FANTI/FUTURA PRESS

Na foto, réplica do primeiro transmissor de rádio do mundo (Porto Alegre, RS, jul. 2005). Em 1894, o gaúcho Roberto Landell de Moura (1861-1928) fez uma transmissão por rádio construído por ele na cidade de São Paulo. Seu feito foi noticiado em 1902 e seu invento patenteado no Brasil e nos Estados Unidos. No entanto, a invenção do rádio foi creditada apenas, e em quase todo o mundo, o italiano Guglielmo Marconi (1874-1937).

Em São Paulo, a vitória do café como produto agroexportador fez com que o estado e sua capital florescessem. Uma elite de homens de negócios, profissionais liberais, artistas, intelectuais e funcionários públicos engendraram uma sociedade progressista em diferentes campos. Com a Primeira Guerra Mundial, acelerou-se a industrialização de São Paulo e a economia cafeeira colocou o estado em contato com o resto do mundo. A cidade de Santos qualifica-se como centro exportador e importador e uma elite coesa e próxima de artistas e intelectuais são elementos que conferem visibilidade à *Belle Époque* paulista (estado) e paulistana (capital).

Com a chegada de imigrantes de diferentes partes do mundo — italianos, japoneses, alemães, ingleses —, São Paulo conheceu momentos de profunda renovação, a partir da história e das ideias libertárias que essa população trouxe na bagagem. Nesse clima de progresso, instituições acadêmicas e artísticas foram criadas, a vida da cidade diversificou-se, o consumo cresceu e os negócios avolumaram-se.

Mas a agitação não foi só citadina. Negros e operários organizaram-se em movimentos e mostraram a sua insatisfação e as suas reivindicações. Um movimento incessante que vai da cultura aos movimentos políticos, das corridas de cavalos aos transportes ferroviários, das greves ao *footing* pelas ruas de comércio do centro da cidade. São Paulo consagrou-se, assim, como a cidade que *não pode parar*.

Na foto, a Praça da Sé, cidade de São Paulo, início do século XX. Ao fundo, na extrema esquerda, o Palacete Guinle; ao centro, o início da Rua Direita e da Rua 15 de Novembro. Nas primeiras décadas do século XX, São Paulo despontou para sua vocação de metrópole múltipla e diversa, repleta de contrastes, na qual o bonde elétrico convive com a carroça puxada a cavalo. Na *Belle Époque*, a cidade modernizou-se.

AURELIO BECHERINI/ESTADÃO CONTEÚDO

Em Manaus, as elites vindas do Pará e do Maranhão, impulsionadas pela aplicação da borracha na indústria automobilística, viveram momentos de euforia. Produtos industrializados entraram pelo porto de Manaus e distribuíram-se pelo Norte por meio da navegação a vapor, sinônimo do desenvolvimento econômico e industrial. Concedido o monopólio da navegação amazônica ao Barão de Mauá, a Companhia de Navegação e Comércio do Amazonas passou a funcionar em parceria com a Amazon Steam Navigation Company Limited, de Londres. Assim, a Amazônia comunicava-se com o mundo desenvolvido, de onde vinham produtos comestíveis como a manteiga, além de porcelanas, cristaleiras e roupas que abasteciam as casas dos mais ricos.

COLEÇÃO PARTICULAR

Foto de cartão-postal do Teatro Amazonas, Manaus, c. 1910. Esse teatro, inaugurado em 1896, foi o símbolo da modernidade cultural, artística, econômica e urbanística da cidade patrocinada pelos recursos do ciclo da borracha.

A elite, constituída pelos tradicionais donos de terra do Pará, assim como pelos novos ricos que chegavam a Manaus, afrancesava-se em contato com os homens de negócios enriquecidos pelo capitalismo industrial — as casas passaram a ter um número maior de cômodos e o banheiro tornou-se um local importante. Quadros, móveis e até pianos decoravam as residências. O requinte e a sofisticação faziam parte dos projetos urbanísticos e arquitetônicos. Palacetes que recebiam o nome da família do dono passaram a compor a paisagem, além dos chalés de veraneio. Também a arte e a cultura tornaram-se importantes — é dessa época a criação do Museu Paraense Emílio Goeldi.

A *Belle Époque* amazônica chegou ao fim em 1912, quando a borracha teve uma redução drástica de preço no mercado mundial, em razão do cultivo da seringueira pelos ingleses na Ásia. Ciclos econômicos agroexportadores, como os da borracha e do café, não eram capazes de produzir no Brasil o sólido desenvolvimento econômico e industrial que acontecia na Europa. Nossa *Belle Époque*, como nosso desenvolvimento, continuava a depender das demandas externas, frágeis e cíclicas.

Capitalismo industrial e dependência

Como vimos neste capítulo, o progresso econômico, urbano e cultural que se espalhou pelo mundo, estimulado pelo desenvolvimento da indústria capitalista europeia e do desenvolvimento tecnológico, foi desigual, contraditório e contaminado por uma estrutura arcaica difícil de ser esquecida e ultrapassada. O desenvolvimento que enchia os olhos dos cidadãos mal disfarçava uma economia complementar e dependente — trocávamos café e borracha por toda sorte de tecnologias e mercadorias que a indústria estrangeira distribuía em seus trens e navios.

Não tínhamos objetivos próprios nem autonomia e, assim que um ciclo sofria qualquer ameaça ou concorrência, o progresso evaporava-se e deixava expostas as dificuldades de uma sociedade dependente — profundas desigualdades sociais, étnicas e raciais, grandes diferenças entre regiões e estados, assim como entre setores da sociedade. A considerar esse período necessário e transitório, as elites econômicas e políticas consagravam esse momento que Paul Singer (1932-) designou como de "dependência consentida". Nas palavras dele:

> "Depois que a América Latina se tornou independente, os donos das terras, das minas, do gado etc. tornaram-se, em cada país, a classe dominante, tendo ao seu lado uma elite de comerciantes e financistas que superintendia os canais que ligavam atividades agrícolas e/ou extrativas ao mercado mundial. A nova classe dominante via na dependência de seus países dos países capitalistas adiantados — até o último terço do século XIX, praticamente só o Reino Unido — o elo que os ligava à civilização da qual se acreditavam os únicos e autênticos representantes. Almejavam o progresso de seus países — a noção de desenvolvimento ainda não fora inventada — e só podiam concebê-lo como expansão contínua das atividades especializadas de exportação. Os elementos materiais e espirituais do progresso só eram alcançáveis mediante importação dos países civilizados para poder pagá-los havia que exportar.
>
> Assim, é justo apelidar esta situação que se criou com a independência e que durou, em geral, até a Primeira Guerra Mundial, de dependência consentida."
>
> SINGER, Paul. De dependência em dependência: consentida, tolerada e desejada. *Estudos Avançados*, São Paulo, v. 12, n. 33, ago. 1998, p. 119-130.

Segundo Paul Singer, esse capitalismo dependente que se desenvolveu nas antigas colônias europeias só entra em crise com a Primeira Guerra Mundial, quando a Europa "desglobaliza-se" — os países se voltam cada vez mais para seus próprios interesses. Regimes ditatoriais instalam-se em diferentes países desenvolvidos e não desenvolvidos: com medidas protecionistas, ex-metrópoles, como a Espanha, e ex-colônias, como a Argentina, procuram equilibrar a economia nacional, que gasta cada vez mais com segurança e militarização.

Esse é o momento de desenvolvimento da indústria e de políticas econômicas nacionalistas que, mesmo sem romper com os laços de dependência, criticam-na e consideram-na indesejada. Singer a chama de *dependência tolerada*. A busca por medidas que superassem esses laços e o consequente endividamento dos países em relação às potências europeias tornaram-se uma das principais questões político-econômicas dos países ditos subdesenvolvidos.

A campanha "O Petróleo é nosso!", nos anos 1930, expressa essa tendência que se verificou no Brasil, assim como no México, Chile e Argentina.

O desenvolvimentismo passou a ser uma ideologia dominante nas políticas econômicas dos países ainda não completamente industrializados. Multiplicaram-se as multinacionais com sede nos países industrializados e filiais nos países em desenvolvimento, o que favoreceu novas formas de dependência, ao mesmo tempo em que produziam transferência de tecnologia em troca da remessa de lucros advindas dos negócios das filias estabelecidas nesses países.

Nesse período, os Estados Unidos tornaram-se a potência hegemônica do Ocidente. Com eles, o Brasil estabeleceu a política de "boa vizinhança", ou seja, uma política que previa negociações diplomáticas e colaboração econômica entre Estados Unidos e América Latina, com vistas a manter, de um lado, a hegemonia estadunidense e, de outro, a estabilidade política dos países envolvidos.

Depois dos anos 1980, entretanto, conforme analisa Singer, novamente assistimos a um processo de globalização da economia, que responde às novas necessidades de acumulação do capital. Com o fim da Guerra Fria e o desenvolvimento das tecnologias e da comunicação em rede, entramos em nova etapa da dependência econômica dos países semi-industrializados em relação às economias desenvolvidas. Singer chama essa nova fase de *dependência desejada*, em que os países procuram integrar-se a blocos liderados pelo capitalismo global, que, de acordo com alguns autores, entra em novo estágio chamado de pós-industrial.

ACERVO ICONOGRAPHIA

O estudante José Batista de Oliveira Jr. (1932-) discursa durante a campanha "O petróleo é nosso" na Cinelândia, Rio de Janeiro, jun. 1957. Essa campanha foi um lema dos anos 1950, que refletia a política da época que exortava o governo a explorar nossas próprias riquezas e preparava a economia para a era do governo Juscelino Kubitschek (1902-1976), entre 1956 e 1961, dominada pelo crescimento da indústria automobilística e das estradas.

Essas três formas de dependência propostas pelo autor caracterizam: um primeiro momento em que as trocas no mercado servem de plataforma para as relações de dependência e complementação; um segundo momento, em que relações mais complexas entre as economias desenvolvidas e não desenvolvidas levam ao endividamento dos países dependentes e às políticas que visam a autonomia industrial; e, finalmente, um terceiro momento, em que a globalização e o enfraquecimento dos Estados nacionais estabelecem novas relações de produção e mercado, cujo protagonismo é dos indivíduos e das empresas.

Os diversos países alinham-se de forma diferente em relação a esses estágios da dependência econômica entre o mundo industrializado e o emergente e buscam auferir o maior proveito possível das relações que assim se estabelecem.

Dependência e desenvolvimento industrial e econômico

A dependência econômica foi objeto de estudo de diversos autores — sociólogos, cientistas políticos, economistas, administradores, que tentaram entendê-la como um processo resultante das relações históricas estabelecidas entre as nações.

Mas a maioria desses estudos buscou pensar a dependência como um estágio do desenvolvimento econômico e autônomo das nações. Nesse sentido, a partir de uma postura evolucionista, procuravam os entraves que, uma vez superados, poderiam influir favoravelmente no processo de integração e industrialização nacional.

Além disso, era preocupação dessas teorias classificar os países e criar designações para os diversos estágios de desenvolvimento econômico e industrial. Termos como *desenvolvido/subdesenvolvido*, *semidesenvolvido*, ou *industrializado/agrícola/semi-industrializado* resultaram de uma análise que privilegia metodologias quantitativas de estudo e a ideia do desenvolvimento como consequência de uma história particular e das condições internas a cada país.

Atualmente, o conceito de *nação emergente* tenta qualificar os países ainda não completamente industrializados, mas com índices significativos e crescentes de robustez econômica como o Produto Interno Bruto — PIB, ou a renda *per capita*. Esse e outros índices posicionam os diversos países em um modelo contínuo de desenvolvimento a ser percorrido, mais cedo ou mais tarde, por todas as nações. Esses estudos, muito em voga na segunda metade do século XX, aos poucos têm perdido sua credibilidade.

Ao contrário dessas teorias quantitativas e evolucionistas, as análises do desenvolvimento, hoje, abordam, ao mesmo tempo, as condições internas e as relações externas que explicam a história econômica das diferentes nações.

Também é importante mencionar que, nos últimos anos, outros índices têm sido relevantes para classificar o desenvolvimento alcançado por um país. Educação, políticas públicas, segurança social, entre outros fatores, são utilizados para medir o desenvolvimento humano alcançado pelas nações, de maneira a mostrar que elas devem ser estudadas no conjunto de suas ações econômicas, políticas e sociais.

PINGOS NOS "IS"

Industrialização e Modernidade

Iniciamos este capítulo abordando a revolução tecnológica que ocorreu nos séculos XVIII e XIX e de que maneira ela influenciou o modo pelo qual as pessoas se relacionavam com a produção e a natureza — como a fabricação de máquinas que produzem ou movimentam máquinas e o uso de diferentes energias para impulsionar essas máquinas. Mas ocorreu uma drástica separação entre ciência e produção — os inventos resultaram de teorias sobre a natureza, produzidas por cientistas, e não da prática produtiva, executada por técnicos e operários. As atividades humanas demandadas por essas máquinas, quando aplicadas à indústria e à produção material, tornaram-se cada vez mais simples e exigiram profissionais menos qualificados. Assim, a industrialização europeia desse período caracterizou a Segunda Revolução Industrial, criou novas relações de trabalho e de produção que, por sua vez, impulsionaram o capitalismo, ou seja, levaram maior concentração de capital para os empresários.

A industrialização capitalista que se processou na Inglaterra foi única, não se repetindo em nenhum outro país. Os demais países que se industrializaram encontraram uma Europa com capitalismo industrial e mercado concorrencial, isto é, cada novo processo de industrialização deu-se em um cenário novo e diferente, formado pelo capitalismo concorrencial, para enfrentar a hegemonia inglesa, que se sustentou por mais de um século. Se os países europeus que se industrializaram concorreram com a poderosa Inglaterra, o que dizer das ex-colônias que precisaram lutar contra estruturas seculares de dependência e dominação? Processos de industrialização diferentes, fragmentados, que arcaram com heranças de um passado colonial recente e conservador, surgiram em diferentes partes do mundo.

Países de economia socialista como a Rússia também se industrializaram após a Revolução de 1917; o desenvolvimento industrial promoveu a divisão social do trabalho e a especialização, os investimentos em tecnologia pesada de produção, em transportes e na remodelação das cidades. Enquanto o Ocidente amargava a depressão de 1929, a indústria russa vencia obstáculos antes intransponíveis. Com um modelo econômico coletivista e isolacionista, a Rússia socialista tornava-se a segunda potência mundial do século XX.

Com o desenvolvimento tecnológico e industrial, acompanhado da autonomização dos campos da Ciência e das Artes, da convergência entre diversos setores da vida — trabalho e consumo, produção e lazer —, surgiu uma sociedade nova que rompeu com os padrões do passado e foi chamada de Moderna por historiadores, filósofos e sociólogos. Max Weber cunhou o termo ao referir-se a uma sociedade voltada para a práxis, racionalista e laica, nacionalista e planejada nos diversos setores da vida coletiva — economia, política e vida pessoal.

Uma sociedade participativa, baseada em direito formal, na formação escolar e na urbanidade. Outros pensadores começaram a identificar esses aspectos da sociedade, entre os séculos XIX e XX. No Ocidente, o desenvolvimento do capitalismo promoveu também a oferta abundante de produtos e a valorização cada vez mais acentuada do consumo como parte significativa da vida em sociedade. Assim, a Segunda Revolução Industrial e o desenvolvimento tecnológico da qual faz parte configuraram uma sociedade diferente e inovadora que se tornou sinônimo de Modernidade.

A Revolução Industrial na Inglaterra

"A Revolução Industrial do século 18 representou o momento de consolidação do capitalismo. Apesar de restrita à Inglaterra, ela foi responsável pela reordenação da economia mundial durante o século 19, pois representou a nova dinâmica capitalista, responsável por superar o mercantilismo.

O pioneirismo inglês pode ser explicado com base na existência de um Estado liberal burguês, de capitais acumulados oriundos da exploração colonial e do domínio sobre as atividades mercantis, até então de mão de obra barata, e da disponibilidade de recursos naturais.

No entanto, o aspecto mais importante, ao analisarmos esse processo, é entender o seu significado. De que maneira podemos definir a Revolução Industrial? Dizemos: 'Foi um conjunto de transformações socioeconômicas e tecnológicas responsável por consolidar o sistema capitalista'.

Uma definição bastante simples, mas que possui um elemento fundamental: primeiro o homem, depois a máquina. Isso significa que a revolução não deve ser entendida apenas como um conjunto de inovações técnicas, novas máquinas e novos procedimentos de produção. A revolução deve ser entendida a partir da alteração estrutural que determinou.

Se pensar a máquina e seus inventores não é o mais importante para compreendermos esse movimento, como deve ser vista a revolução? Quais são suas características fundamentais? Ela foi responsável pela separação definitiva entre o capital e o trabalho, pela consolidação do trabalho assalariado, pelo controle da burguesia sobre a produção e pela formação de uma nova classe social, o proletariado. Foi ainda caracterizada pela substituição do trabalho manual pelo trabalho da máquina e pela substituição da energia humana pela energia a vapor.

O desenvolvimento desse processo determinou uma série de transformações na vida cotidiana do homem inglês, em especial do homem pobre que migrava para a cidade e engrossava a camada marginalizada ou subempregada. As condições de vida e de trabalho eram caracterizadas pela miséria, o operário trabalhava cerca de catorze horas por dia em condições insalubres, não havia uma legislação trabalhista e a exploração era ainda maior em relação às mulheres e às crianças, que viviam em locais semelhantes a cortiços."

RECCO, Claudio B. A revolução industrial na Inglaterra. In: *Folha de S.Paulo*, 8 ago. 2002. Disponível em: <www1.folha.uol.com.br/folha/educacao/ult305u10188.shtml>. Acesso em: jun. 2016.

ATIVIDADES

1 Complete com a alternativa correta.

O desenvolvimento de fontes de energia que não a humana ou animal e seu emprego na produção material de bens fez com que o trabalho humano nas fábricas se tornasse:

a) mais produtivo, mais simples e mais bem remunerado.

b) menos produtivo, mais bem remunerado e mais difícil.

c) mais produtivo, mais simples e menos remunerado.

d) menos produtivo, menos remunerado e mais simples.

2 Segundo a periodização criada por Lewis Mumford para explicar as diferentes fases do desenvolvimento tecnológico da humanidade, na fase neotécnica, que corresponde à Segunda Revolução Industrial, no século XIX, a relação entre ciência e trabalho técnico se modifica. Por que isso ocorre?

3 Segundo o texto apresentado na seção *Sociologia na mídia*, "A revolução industrial na Inglaterra", quais foram as razões que explicam o fato de a Segunda Revolução Industrial ter ocorrido na Inglaterra?

4 O capítulo procura mostrar a estreita relação havida no Ocidente entre o desenvolvimento da indústria e do capitalismo. Isso significa que os países comunistas não se industrializaram?

5 Complete com a alternativa correta: Sabendo que a *Belle Époque* brasileira se realizou com recursos advindos do ciclo cafeeiro e da borracha, podemos dizer que se trata de um desenvolvimento econômico:

a) dependente das demandas do capitalismo industrial internacional.

b) dependente da matéria-prima estrangeira.

c) independente da produção europeia internacional.

d) independente da indústria europeia.

6 Faça uma pesquisa e procure saber se o desenvolvimento econômico que ocorreu no Brasil no início do século XX, com o ciclo do café e da borracha, teve repercussões em sua cidade. Para isso faça pesquisas em jornais da época, em livros e revistas da biblioteca e na internet. Caso você não encontre informações, procure saber o que acontecia no Rio de Janeiro, São Paulo, Belém e Manaus.

7 Segundo o texto estudado, o que é uma nação *emergente*?

8 Em sua opinião, depois de ler o capítulo, você diria que o Brasil no início do século XX teve:

a) um período de pouco crescimento econômico, pois não tinha indústrias pesadas.

b) um período de estagnação e pobreza, embora algumas cidades tenham se desenvolvido.

c) um período de industrialização crescente e ininterrupto, embora o café e a borracha tenham entrado em crise.

d) um período de desenvolvimento econômico baseado na exploração de matérias-primas demandadas pelo mercado internacional.

EXAMES DE SELEÇÃO

1 **(Enem, 2012)**

Texto I

"Ao se emanciparem da tutela senhorial, muitos camponeses foram desligados legalmente da antiga terra. Deveriam pagar, para adquirir propriedade ou arrendamento. Por não possuírem recursos, engrossaram a camada cada vez maior de jornaleiros e trabalhadores volantes, outros, mesmo tendo propriedade sobre um pequeno lote, suplementavam sua existência com o assalariamento esporádico."

MACHADO, P. P. *Política e colonização no Império*. Porto Alegre: EdUFRGS, 1999 (adaptado).

Texto II

"Com a globalização da economia ampliou-se a hegemonia do modelo de desenvolvimento agropecuário, com seus padrões tecnológicos, caracterizando o agronegócio. Essa nova face da agricultura capitalista também mudou a forma de controle e exploração da terra. Ampliou-se, assim, a ocupação de áreas agricultáveis e as fronteiras agrícolas se estenderam."

SADER, E.; JINKINGS, I. *Enciclopédia contemporânea da América Latina e do Caribe*. São Paulo: Boitempo, 2006 (adaptado).

Os textos demonstram que, tanto na Europa do século XIX quanto no contexto latino-americano do século XXI, as alterações tecnológicas vivenciadas no campo interferem na vida das populações locais, pois

a) induzem os jovens ao estudo nas grandes cidades, causando o êxodo rural, uma vez que, formados, não retornam à sua região de origem.

b) impulsionam as populações locais a buscar linhas de financiamento estatal com o objetivo de ampliar a agricultura familiar, garantindo sua fixação no campo.

c) ampliam o protagonismo do Estado, possibilitando a grupos econômicos ruralistas produzir e impor políticas agrícolas, ampliando o controle que tinham dos mercados.

d) aumentam a produção e a produtividade de determinadas culturas em função da intensificação da mecanização, do uso de agrotóxicos e cultivo de plantas transgênicas.

e) desorganizam o modo tradicional de vida impelindo-as à busca por melhores condições no espaço urbano ou em outros países em situações muitas vezes precárias.

2 **(Udesc, 2006)** Há um período compreendido entre 1870 e 1914, aproximadamente, que ficou conhecido como "Belle Époque". Dentre as manifestações que caracterizaram o Brasil nesse período, é CORRETO afirmar que houve:

a) o pouco investimento na urbanização e ajardinamento das grandes cidades brasileiras da época, a exemplo da cidade do Rio de Janeiro.

b) a emergência de cidades vinculadas ao regime imperial, a exemplo de Vila Rica.

c) um evidente projeto modernizador republicano brasileiro, sob inspiração dos valores socioculturais europeus.

d) o surgimento da televisão, um dos principais veículos de comunicação desse período.

e) a Revolta da Vacina, implementada pela população paulista, contrária à política sanitária de Oswaldo Cruz e apoiada por Pereira Passos.

3 **(PUC-Campinas, 2013)** A exploração da seringueira, para a fabricação da borracha, na região amazônica brasileira teve seu período mais produtivo no final do século XIX e início do século XX. O sucesso econômico que essa atividade obteve nessas décadas deveu-se

a) à utilização clandestina de mão de obra escrava, a despeito da abolição já ter acontecido, uma vez que não havia fiscalização do trabalho dos seringueiros nos rincões da Amazônia.

b) ao grande subsídio estatal concedido pelo governo republicano aos produtores, que resultou no enriquecimento da cidade de Manaus, visível nos vestígios de sua Belle Époque presentes em seu patrimônio arquitetônico.

c) à fase de expansão da indústria automobilística, que gerou uma grande demanda pelo látex, matéria-prima essencial na fabricação de pneus e existente em abundância nos seringais, nativos da Amazônia.

d) à instalação, pelo empresário Henry Ford, da Fordlândia, um enorme polo agroindustrial de exploração de látex no Pará, que transformou o Brasil no principal exportador de borracha em escala mundial.

e) ao menor preço da borracha brasileira no mercado internacional, comparado ao da borracha produzida pelos ingleses na Ásia, dado que favoreceu a vitória sobre a concorrência e a expansão dessa cultura.

OUTRAS MÍDIAS

Para assistir

O Grande Gatsby

Direção: Baz Luhrmann. País: Estados Unidos/Austrália. Ano: 2013.

Filme que, entre outras coisas, mostra o estilo de vida dos milionários das primeiras décadas do século XX, plena de ostentação e desperdício, bem como de entretenimento e futilidade.

Sangue Negro

Direção: Paul Thomas Anderson. País: Estados Unidos. Ano: 2007.

Cobiça, ganância e violência rodeiam a história dos tempos brutais do alvorecer do desenvolvimento capitalista industrial, da primeira metade do século XX.

O Rio de Janeiro na *Belle Époque*

Vídeo-documentários que pretendem abordar a *Belle Époque* da cidade do Rio de Janeiro, com referência ao desenvolvimento urbano, à criação de instituições como hospitais e maternidades, ao surgimento dos cinemas e das escolas públicas.

Para ler

O primeiro avião do futuro

Salvador Nogueira. Revista *Superinteressante*, nov. 2006.

O autor procura mostrar que os processos de invenção tecnológica não se resumem a momentos espetaculares, mas escondem que a ciência progride em diferentes países, estimulada por diversas equipes que se dedicam a alcançar determinados objetivos. As respostas acabam sendo semelhantes com diferenças mínimas de tempo. Foi o que aconteceu com Santos Dumont que continua em meio à polêmica sobre a "paternidade" da invenção do avião.

Mauá – empresário do império

Jorge Caldeira. São Paulo: Companhia das Letras, 1995.

Biografia de Irineu Evangelista de Sousa (1813-1889), o Visconde e, depois, Barão de Mauá, um dos mais importantes empresários do Império. Em 1865, chegou a ter dezessete empresas, muitas delas em sociedade com ingleses, estadunidenses e franceses — estradas de ferro, fundições e companhias de navegação, como a que desenvolveu economicamente os estados do Norte e Nordeste.

Para acessar

Fundação Museu da Tecnologia de São Paulo

<www.museutec.org.br/fmtsp_2011.php>

Realiza pesquisas sobre a invenção tecnológica, sua difusão e incorporação pelo mercado. Estuda ainda os impactos sociais e ambientais do desenvolvimento tecnológico.

Programa das Nações Unidas para o Desenvolvimento

<www.pnud.org.br>

Por meio dos projetos que desenvolve, o PNUD presta apoio aos países para que alcancem seus objetivos de desenvolvimento e as metas acordadas internacionalmente.

Capítulo 16

Capitalismo pós-industrial

Objetivos

- Compreender a função do desenvolvimento tecnológico no que foi chamado de capitalismo pós-industrial.
- Estudar o fordismo e sua importância no desenvolvimento da sociedade estadunidense.
- Entender o toyotismo e as transformações que promove na produção.
- Compreender as consequências da automação.
- Entender o que é sociedade da informação.

Este capítulo destina-se a estudar a chamada Terceira Revolução Industrial, promovida pelo desenvolvimento da informática e da robótica, que instituiu um sistema produtivo automatizado, em que ocorreu a progressiva substituição do trabalho humano pela máquina. Esse processo provocou transformações radicais na produção, como a substituição do fordismo — produção em série e em massa — pelo toyotismo — produção programada e automatizada.

O desenvolvimento do capitalismo ocorreu simultaneamente à substituição do trabalho manual pelo trabalho mecânico. Atualmente, o mundo assiste a uma intensa revolução tecnológica que, cada vez mais, tem colocado em xeque a necessidade do trabalho humano.

STUDIO GRAND OUEST/SHUTTERSTOCK

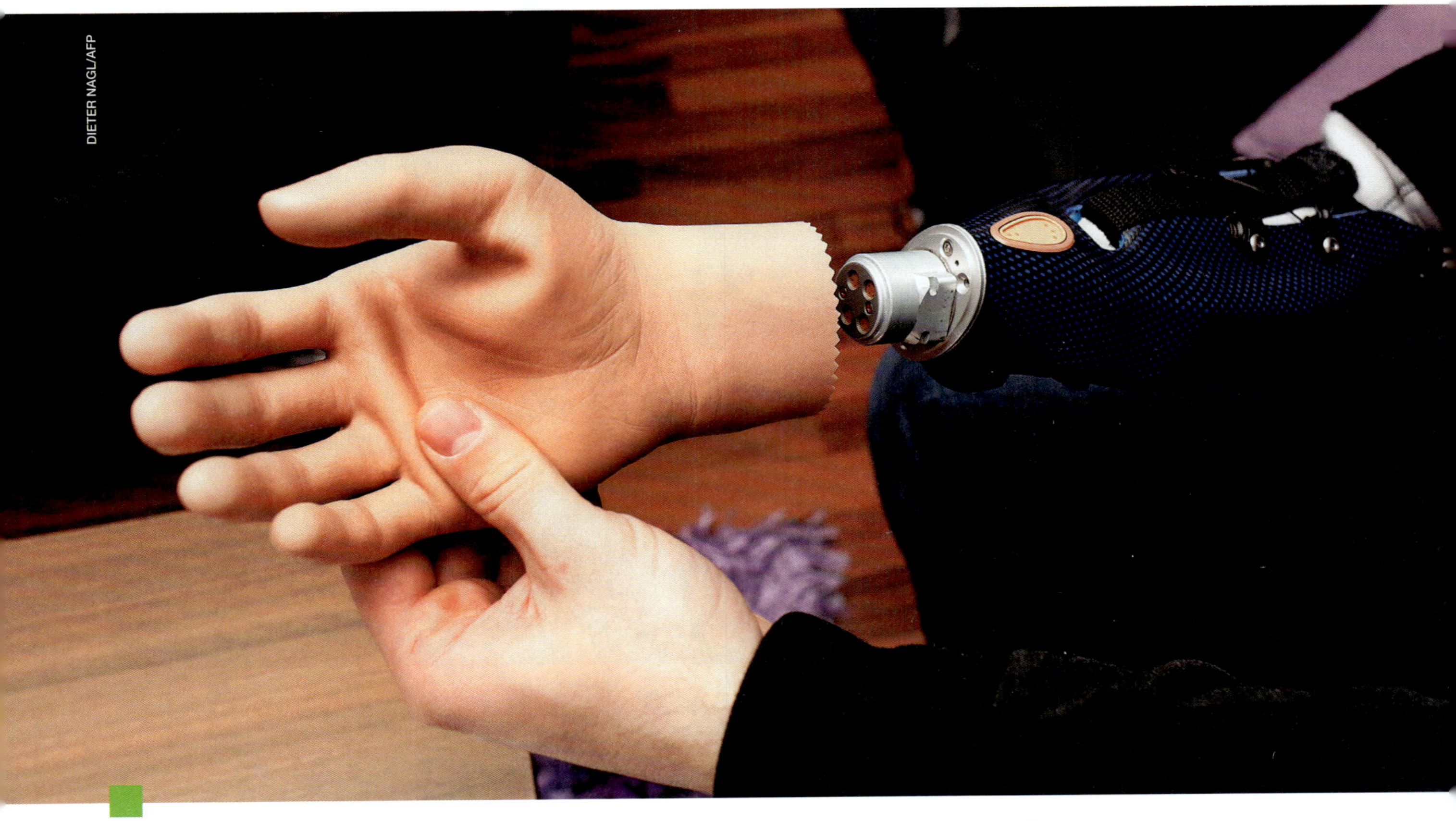

Três homens austríacos foram submetidos à técnica de "reconstrução biônica", a primeira do mundo com utilização de mão biônica controlada pela mente. O projeto foi desenvolvido pelo chefe da cirurgia plástica da Universidade de Medicina de Viena, Oskar Aszmann (Viena, Áustria, 2015).

Esse novo sistema produtivo foi chamado, embora nem sempre de maneira consensual entre os pesquisadores, de capitalismo pós-industrial, em função das mudanças que promoveu, tais como a terceirização e o desemprego estrutural. Neste capítulo, falaremos das características da automação, bem como das desigualdades que promoveu entre países e regiões. Por fim, abordaremos o surgimento da sociedade da informação que também caracteriza, com o poderio da comunicação por rede de computadores, o capitalismo pós-industrial.

Para refletir

1. Pense na nossa vida diária e, em seguida, responda: com quais tecnologias nós convivemos?
2. Em um supermercado, ainda não dispomos de robôs, mas muitas atividades, antes realizadas por funcionários, já são feitas por máquinas. Você saberia citar uma?
3. Você já pensou em quantas atividades um *smartphone* tem programadas e que substituem tarefas que as pessoas faziam sozinhas ou com diferentes equipamentos?

CHINAFOTOPRESS/GETTY IMAGES

Robôs são usados em restaurante chinês em substituição aos trabalhadores. O uso de máquinas autônomas deve crescer na produção e até mesmo na área de serviços (Suzhou, China, 2012).

> "A fábrica do futuro terá apenas dois empregados, um homem e um cachorro. O homem estará lá para alimentar o cachorro. O cachorro estará lá para impedir que o homem toque no equipamento."
>
> Warren G. Bennis, escritor estadunidense, 1925.
> Disponível em: <www.mci.org.br/frases/>. Acesso em: fev. 2016.

Essa piada, elaborada por Warren Bennis (1925-2014), é contada em sala de aula pelo matemático e professor Osvaldo Sangiorgi (1921-), estudioso do desenvolvimento tecnológico e do efeito da introdução de máquinas eletrônicas na produção industrial e na educação. O objetivo de Sangiorgi é chamar a atenção para o fato de que o desenvolvimento tecnológico tem afastado os trabalhadores dos processos industriais e sugere que as máquinas podem trabalhar sozinhas e que os homens apenas atrapalham a produção.

Apesar do exagero que a piada pinta sobre o futuro — piadas, trocadilhos e charges geralmente exageram os fatos que elas querem criticar e tornar risíveis —, há certa razão ao afirmar que existe uma tendência na produção contemporânea em se empregar mais máquinas do que trabalhadores. E, como vemos pelas imagens com as quais iniciamos este capítulo, a tecnologia promete substituir não só operários, mas trabalhadores de restaurantes e empresas afins. Vamos ver como essa nova era da eletrônica, da informação e da robótica, também chamada de Terceira Revolução Industrial, ocorreu.

BRAD MCMILLAN/ CARTOONSTOCK

Nesta charge, a máquina ocupa o lugar do trabalhador e também precisa ser vigiada. Esse processo gera o desemprego.

Revoluções industriais

Como vimos nos capítulos anteriores desta unidade, o processo de industrialização desenvolveu-se a partir de três eixos principais: a urbanização, o êxodo rural e a revolução tecnológica. Sem esses elementos, a Europa moderna talvez tivesse permanecido, embora tecnologicamente desenvolvida, uma sociedade de produção predominantemente familiar e artesanal. A China, por exemplo, de onde provém grande parte das invenções introduzidas no Ocidente a partir do século XV, só desenvolveu a indústria quatro séculos mais tarde.

Algumas das condições essenciais para o desenvolvimento do capitalismo, entretanto, foram o assalariamento e a transformação do trabalho em mercadoria. O assalariamento vincula o pagamento do trabalhador ao número de horas trabalhadas, e não à quantidade de produção. Essa possibilidade estimulou o emprego da tecnologia, pois, com o mesmo número de horas, o operário produzia maior quantidade de riqueza, que era imediatamente apropriada pelo capitalista.

Já a transformação do trabalho em mercadoria tornava possível que o trabalho pudesse ser permutável por seu valor com qualquer outra mercadoria ou dinheiro. Ao conter o pagamento dos salários e aumentar a produtividade com o emprego de novas tecnologias, havia maior possibilidade de retorno e acumulação de capital. Foram essas as circunstâncias que propiciaram o estabelecimento da indústria capitalista.

Tais fatores consolidaram também a sociedade burguesa, caracterizada pelo desejo de lucro e acumulação, pelo anseio de ascensão social e pela propriedade privada. Foi nessa sociedade e nessas condições que os objetos produzidos e trocados adquiriram crescente valor simbólico e instauraram uma cultura pautada na distinção social, expressa em diferentes modos de vida. Essas diferenças incluíam formas de falar, andar, vestir e pensar e todos os objetos necessários para compor diversos estilos de vida. As marcas de classe expressaram-se também por meio dessas formas de ser, baseadas na conquista, na obtenção e na ostentação de objetos que reafirmavam os valores sociais vigentes, além da constante busca por distinção e por um *status* social privilegiado.

A indústria, portanto, esteve integrada à formação e ao desenvolvimento da sociedade capitalista, e isso alimentava o imaginário e o comportamento dos indivíduos. A revolução tecnológica, aliada à crescente racionalidade na organização produtiva, acabou por gerar uma produção cada vez mais abundante. Todas essas condições — desenvolvimento tecnológico, população urbana assalariada e estímulo ao consumo — se integraram nas duas primeiras revoluções industriais de forma específica, com o desenvolvimento da máquina a vapor na primeira e com a eletricidade na segunda. Veremos, portanto, como esses elementos se integraram em sistemas produtivos diferenciados que caracterizaram a indústria no início e no final do século XX.

Taylorismo ou fordismo

A indústria automobilística foi uma das mais características da Segunda Revolução Industrial, e chegou até mesmo a representá-la. As cidades e os países foram cortados por estradas, ao passo que a produção de petróleo cresceu e o automóvel passou a fazer parte do cenário urbano. Foi na fabricação de automóveis que surgiu o fordismo — uma forma racional de organização da produção, que ficou conhecida como linha de montagem, preconizada por Henry Ford (1863-1947), aplicada em sua fábrica de carros e apresentada em seu livro *Minha filosofia da indústria*. Em sua concepção de administração industrial, aplicou os princípios defendidos por Frederick Winslow Taylor (1856-1915), de racionalização da produção.

No início do século XX, Taylor criou um modelo de racionalização do processo de produção que ficou conhecido por administração científica, ou taylorismo, em sua homenagem. Na sua concepção de produção, o trabalho industrial foi fragmentado e cada trabalhador passou a exercer uma atividade específica na produção. Os movimentos dos operários eram estudados para obter a ação mais simples, rápida e eficaz de cada trabalhador, o que ocasionava uma atividade repetitiva; assim, o tempo de produção passou a ser cronometrado.

Ao aplicar o taylorismo à sua indústria, Ford idealizou um método que ficou conhecido como *linha de montagem*, com a produção automatizada. Os veículos seriam montados à medida que deslizassem por esteiras rolantes, por operários que se distribuíam ao lado das esteiras e faziam atividades simples e que exigiam pouco conhecimento. O objetivo era economizar tempo de produção por meio de acentuada e bem administrada divisão do trabalho, sistema de remuneração por ganhos e controle produtivo realizado por supervisores. Ao lado disso, houve com o fordismo a verticalização da empresa, que fornecia tudo aquilo que fosse necessário para a produção, da plantação de seringueiras, das quais se extraía a borracha dos pneus, até a fabricação dos vidros para os automóveis.

Com a aplicação dessa racionalização produtiva nos Estados Unidos, houve um intenso surto econômico. A empresa de Ford passou a produzir cerca de dois milhões de carros por ano na década de 1920. Com esse crescimento, os demais setores da economia também se expandiram — produtores e consumidores puderam se deslocar rapidamente de um lado a outro do país, e a vida das cidades se desenvolveu.

Essa época, que vai da Segunda Guerra Mundial até a década de 1960, chamada de *Anos dourados*, entra em crise quando o planejamento, a divisão do trabalho e a mecanização chegaram a seu limite, quando a produção em massa passa a asfixiar o mercado — sobram estoques e faltam consumidores, que se combina com a falta de opções dos produtos diante da mesmice da produção serial em massa, fato que desestimulava ainda mais o consumo. Entretanto, economistas apontam o fordismo como responsável por tirar os Estados Unidos da Depressão da década de 1930.

O Ford T, chamado no Brasil de Ford Bigode, foi o primeiro carro produzido de forma automatizada, em 1908. O motor também utilizava mecanismos semiautomáticos, o que o tornava fácil de dirigir. Era um automóvel resistente que ajudou a colocar em comunicação o meio urbano e o rural.

Mas, se o fordismo fez o capitalismo estadunidense superar a crise dos anos 1930, ele provocou a reação dos trabalhadores que se sentiam explorados pelo excessivo controle da produção. Assim, movimentos operários procuravam denunciar o despotismo direto, como Karl Marx chamava o controle do trabalhador pela excessiva hierarquia industrial exigindo regularidade e intensidade na produção. Acirrou-se, assim, o antagonismo entre capital e trabalho, e foi contundente a resistência do trabalhador à exigência de aumento da produtividade, ao controle de sua eficiência e à cronometragem de seu trabalho. Dois eventos, nos Estados Unidos, foram resultado desse conflito: em 1911, operários espancaram cronometristas na American Locomotive Co., uma das maiores construtoras de locomotivas americanas, sediada na cidade de Schenectady, em Nova York. Com esse mesmo espírito, em 1916, os tecelões da cidade de Passaic, em Nova Jersey, entraram em greve na tentativa de suprimir as inovações tayloristas. Os trabalhadores entendiam que a cronometragem feita pelos profissionais que analisavam a produtividade por hora de cada operário representava o excesso de controle e de monitoramento da administração industrial.

Esses e outros movimentos operários perderam força na medida em que, nas cidades, formava-se o chamado exército de reserva, ou seja, uma grande quantidade de trabalhadores, vindos do meio rural, sem qualificação e necessitando encontrar trabalho. Os imigrantes também reforçaram o contingente de trabalhadores disponíveis e empregáveis. A oferta desses potenciais operários enfraqueceu o movimento reivindicatório dos trabalhadores.

LEWIS HINE - BIBLIOTECA DO CONGRESSO, WASHINGTON

Imigrantes vindos de diversas partes do mundo ajudaram a engrossar as fileiras do exército de reserva nos Estados Unidos, nos anos 1940 e 1950. A existência desse contingente enfraqueceu o movimento operário por melhores condições de trabalho, pois a miséria em que viviam os predispunham a aceitar trabalho por baixos salários, inferiores aos dos empregados, e condições nem sempre favoráveis para sobreviver. Essa situação pressionava os trabalhadores mobilizados em suas reivindicações, pois poderiam ser demitidos e substituídos por esses desempregados desesperados. Na foto, família polonesa trabalhando no campo em Maryland (Estados Unidos, 1909).

Ao seguir as recomendações de Taylor, Ford adotou uma nova política salarial que aumentava a remuneração do trabalhador. Henry Ford tinha como base o operário com certo perfil social e ético — homem casado, com reputação de honesto, trabalhador e pai de família — e promoveu o aumento da renda por meio de alta salarial e do acesso ao crédito que pretendia ver cobertos pelo crescimento de consumo do mercado interno estadunidense. Ford acreditava que, ao baixar o custo dos automóveis e aplicar uma política salarial crescente, promoveria a ascensão da classe trabalhadora, ao mesmo tempo em que estimularia o mercado interno, por meio de benefícios creditícios.

Essa política fez, inicialmente, com que os próprios operários da Ford fossem os consumidores dos carros que produziam. O efeito disso se espalhou pelos Estados Unidos, levando o movimento dos trabalhadores a pressionarem os capitães das outras indústrias a seguir o modelo de Ford.

O resultado da aliança entre a administração taylorista e o fordismo foi a grande produção material, o aumento da renda do trabalhador em geral e, consequentemente, do mercado interno. Foi o apogeu da chamada sociedade afluente — nos Estados Unidos, entre 1941 e 1950, os 20% mais pobres registraram aumento de 42% em sua renda; os 20% imediatamente acima tiveram aumento de 37%.

Porém, apesar desse desenvolvimento, a crise após a Segunda Guerra Mundial abalou a economia mundial, e muitos países reduziram drasticamente a produção e o consumo. Além disso, os anos 1970 viveram a primeira crise do petróleo: a popularização do automóvel aumentou a demanda dos derivados de petróleo, o que causou a diminuição dos estoques e o aumento do preço do barril desse óleo natural.

A crise evidenciou a enorme dependência dos países desenvolvidos em relação ao mercado mundial dessa matéria-prima. Formou-se, então, a Organização dos Países Exportadores de Petróleo (Opep), composta por países produtores cuja economia dependia da venda do combustível. Em 1973, o preço do barril triplicou, graças à decisão desses países, a maioria do Oriente Médio, de usar o mercado mundial como forma de pressão contra o armamento de Israel, apoiado pelos Estados Unidos. Diante disso, para manter os lucros crescentes e a acumulação de capital, as empresas adotaram o arrocho salarial e a diminuição no número de empregados.

MALCOLM MCGOOKIN/CARTOONSTOCK

O sucesso da indústria automobilística, entre outros fatores, trouxe a dependência dos países industrializados em relação ao chamado ouro negro. Essa matéria-prima se tornou cada vez mais importante e, em 1973, alcançou preços insustentáveis. O controle do mercado internacional exigiu uma boa dose de pressões políticas que envolveram estadunidenses, israelenses e países árabes. As crises continuaram e exigiram uma nova política de desenvolvimento industrial.

Toyotismo

Nesse conturbado cenário, o desenvolvimento de novas tecnologias possibilitou a reorganização da produção industrial, a chamada Terceira Revolução Industrial, impulsionada pela eletrônica, pela informatização e pela comunicação por rede de computadores. Com o desenvolvimento de pesquisas realizadas por empresas de telecomunicações em parceria com os Estados Unidos e com as universidades, formas recém-criadas de trabalho e produção começaram a ser adotadas. A nova ordem não era mais de produção em série em massa, mas de integração produtiva e de flexibilização.

Para enfrentar as crises de superprodução ou de escassez de matéria-prima, a produção deveria se reorganizar para responder a demandas voláteis, instáveis e diferenciadas. O modelo de administração produtiva recebeu o nome de toyotismo, mais uma vez inspirado em uma empresa de produção automotiva, mas agora sediada no Japão.

O industrial japonês Eiji Toyoda (1913-2013), depois de conhecer a indústria automobilística estadunidense, percebeu que o modelo ali implantado não poderia ser utilizado na reconstrução do Japão do pós-guerra — um país pequeno, sem matéria-prima abundante e com reduzido mercado interno. Assim, com o engenheiro Taiichi Ohno (1912-1990), propôs um modelo revolucionário, mais simples e flexível, que obteve resultados expressivos — o toyotismo.

Sua proposta baseava-se na redução de estoques tanto de produtos como de matéria-prima, grande investimento em tecnologia e automação da produção, com base na informática. O avanço da robótica prometia que as tarefas de maior simplicidade seriam realizadas por equipamentos cada vez mais sofisticados, supervisionados por operários muito qualificados. Assim, previram-se a redução da especialização e do trabalho não qualificado e a diminuição na quantidade de empregados e de mercadorias previamente produzidas. Em vez de estoques em séries idênticas, que eram postos no mercado em busca de consumidores, o toyotismo apostava na produção flexível, ou seja, organizada em função da disponibilidade de matéria-prima e da demanda. Amparada por sofisticadas plataformas tecnológicas, a produção passava a ser mobilizada a partir da demanda.

Animação
O emprego (El empleo)

PRADIT.PH/SHUTTERSTOCK

Uma das regras de administração proposta pelo toyotismo é o *"just in time"* ("na hora certa", em português), que significa não produzir, nem acumular, nem transportar nada a não ser na hora certa, ou seja, após a venda do produto. O objetivo era eliminar o estoque de produtos (Chengdu, China, 2014).

A empresa passava a ser gerida como um conjunto de oficinas integradas e gerenciadas por sistemas de informação, cada uma responsável por determinado tipo de serviço. Projeto, coordenação e fabricação se interligam, e os trabalhadores têm consciência dessa integração. O resultado é a demanda por trabalhadores mais qualificados e de habilidades gerenciais, que são remunerados por produtividade.

Além dessas características, os processos foram racionalizados. As empresas se especializaram naquilo que era seu produto principal, e terceirizavam as atividades subsidiárias e de apoio. Pneus e vidros de automóveis foram deixados a cargo das subsidiárias ou de fornecedores terceirizados, bem como a publicidade ficou a cargo das agências especializadas. Por outro lado, a comunicação por redes mundiais de computadores, acelerada a partir da década de 1990, permitiu globalizar a produção, com unidades internacionais que atuavam em conjunto e de forma sistêmica. A adaptação das empresas a esse novo modelo foi chamada de "reengenharia" e promoveu mudanças substanciais na economia e em toda a sociedade.

O sistema implantado na Toyota em 1948 foi aperfeiçoado ao longo de duas décadas e acabou por ser utilizado nas empresas japonesas existentes nos Estados Unidos e, depois, espalhou-se pelo mundo. O sistema exige um relacionamento estreito e cooperativo entre empresas e subsidiárias, entre fornecedores de matéria-prima e produtores, entre sedes e filiais, assim como entre gerentes e funcionários. As características desse processo visam à melhoria da qualidade dos produtos, ao maior dinamismo no processo produtivo e no escoamento dos produtos, além de reduzir a burocracia e aperfeiçoar constantemente a tecnologia.

Produção por demanda

O toyotismo trouxe modificações profundas ao processo produtivo. Uma delas foi substituir a produção em série e em massa pela produção flexível e com baixos estoques, o que implica a fragmentação do processo produtivo em etapas, de modo a permitir que um produto possa ter diferentes apresentações ou acabamentos, ou seja, que os consumidores possam personalizar o que querem, e escolher, entre uma gama de opções, cores, detalhes e acessórios diferentes disponibilizados pela fábrica. Um verdadeiro incentivo ao consumo. Dessa forma, em vez de milhares de produtos absolutamente idênticos, procura-se, agora, produzir mercadorias com características individualizadas. Em vez dos carros idênticos que saíam das esteiras da Ford há um século, os processos produtivos fragmentados oferecem alternativas ao comprador, pois o produto só é terminado após a escolha e a decisão do consumidor. Por outro lado, o capital inicial investido é menor, o restante é concomitante à compra do produto que desencadeia a produção.

A massificação que caracterizou a primeira metade do século XX foi substituída, na atualidade, pela produção de mercadorias que, ao menos aparentemente, procuram se adaptar ao gosto, às necessidades e aos desejos individuais. Diferentes cores, tamanhos, formas e composições dos produtos permitem ao comprador ter maior sensação de liberdade e de afirmação de sua personalidade. Essa nova forma de organização produtiva se tornou possível devido à informatização da indústria.

> "As novas tecnologias permitem a transformação das linhas de montagem típicas da grande empresa em unidades de produção de fácil programação que podem atender às variações de mercado (flexibilidade do produto) e das transformações tecnológicas."
>
> CASTELLS, Manuel. *A sociedade em rede*. São Paulo: Paz e Terra, 2000. p. 176.

A flexibilidade da produção resultou da fragmentação do processo produtivo das maiores indústrias, das terceirizações, das subcontratações e das parcerias estabelecidas com pequenas e médias empresas, sempre mais adaptáveis às mudanças. O novo modelo fez a produção industrial substituir a tradicional verticalização por uma estrutura horizontal capaz de integrar diversas unidades.

O novo tipo de organização produtiva, também nomeado como capitalismo pós-industrial, abandonou a visão massiva dos consumidores, substituída pelo reconhecimento da existência de segmentos de comportamento consumista, diferenciados e divergentes. Atender a essas tendências díspares passou a ser a preocupação dos produtores. Esse objetivo, aplicado à produção e ao consumo, teve como resultado o pluralismo de propostas, tendências, mensagens e usos.

ALAIN BUU/GAMMA-RAPHO/GETTY IMAGES

Funcionários na linha de montagem da empresa Toyota no Reino Unido, em 1998. No toyotismo, o trabalho em equipe de funcionários qualificados é valorizado, em lugar de uma massa de trabalhadores com baixa qualificação.

Termos e conceitos

***Holding*:** nome de origem inglesa que designa a empresa que centraliza os negócios e as operações de suas subsidiárias, administrando-a financeiramente. Em resumo, é uma sociedade gestora de uma empresa e suas subsidiárias.

Outra consequência dessa reorganização produtiva foi a maior importância que a marca adquiriu nos negócios. As empresas gerenciam processos complexos, que envolvem uma sede, inúmeras filiais e subsidiárias que fornecem matéria-prima, produzem, distribuem os produtos, financiam a produção e aplicam e administram o capital numa *holding*. O que torna possível reunir esse processo fragmentado é a marca. É nela que a empresa sede investe para garantir sua soberania sobre o processo como um todo, contra a concorrência e sobre o consumidor.

A marca ganhou em importância à medida que as empresas passaram a oferecer ações no mercado financeiro e reunir uma larga gama de produtos com a marca. É o caso, por exemplo, da marca *Star Wars*, que, na década de 1970, começou apenas como um filme de ficção científica do diretor e produtor George Lucas. Hoje, entretanto, ela é uma marca, o que se percebe inicialmente pelo nome. No passado, onde fosse exibido o filme, o nome era traduzido e no Brasil a trilogia inicial ficou conhecida como *Guerra nas Estrelas*. Hoje, seja qual for o lugar, seu nome é único, *Star Wars*, sem tradução, pois é uma marca. Junto a ela existem dezenas de produtos, que vão de livros a luminárias no formato de sabre de luz, além de bonecos dos personagens principais, canecas, camisetas, utensílios de cozinha, roupas de cama etc.

Globalização e desterritorialização do consumo

Entre as novas tendências do consumo na sociedade pós-industrial está a globalização da produção e do consumo. Os conglomerados estendem suas redes de filiais pelos cinco continentes, abrem fábricas em diferentes países, conforme as estratégias adotadas, onde instalam setores estratégicos de sua produção e estabelecem sociedades com empresas locais. Assim, podem diminuir os gastos com matérias-primas e transporte, empregar mão de obra mais barata e obter maiores lucros.

Como consequência desse processo de globalização produtiva, os mesmos produtos passam a fazer parte do cotidiano das mais diferentes nações. Ao mesmo tempo, o consumidor se vê diante de uma oferta bastante diversificada de modismos, hábitos e costumes — cada uma associada a um produto.

Dessa forma, países com culturas anteriormente díspares começam a assimilar hábitos semelhantes e estilos de vida parecidos. Novas formas de consumo cultural diminuem as diferenças que existiam entre nações, continentes e culturas. Por outro lado, vivemos uma sociedade de mobilidade populacional — as migrações se intensificam provocadas ou incentivadas pelas trocas mercantis, pelas associações e alianças internacionais, pelo turismo. Esse trânsito populacional de dimensões inéditas ajuda a difundir hábitos e a assimilar traços culturais. A mundialização da cultura se intensifica de forma simbólica e financeira, ou seja, a difusão de produtos, hábitos, costumes e valores a eles integrados pelos continentes.

Muitos autores temem que essa mundialização do consumo resulte na homogeneização das culturas e na perda das especificidades existentes entre nações e etnias. Outros, entretanto, percebem na adoção dessa cultura globalizada um processo intenso de acomodação das produções material e simbólica aos padrões locais. Assim, produtos, serviços e processos produtivos sofreriam influências regionais.

"Como observei em povos indígenas do México, a introdução de objetos exteriores modernos é aceita desde que possam ser assimilados pela lógica comunitária. O crescimento da renda, a expansão e variedade das ofertas de mercado, assim como a capacidade técnica para se apropriarem dos novos bens e mensagens, graças ao acesso a níveis de educação mais elevados, não bastam para fazer com que os membros de um grupo se atirem sobre as novidades. O desejo de possuir 'o novo' não atua como algo irracional ou independente da cultura coletiva a que se pertence."

CANCLINI, Néstor García. *Consumidores e cidadãos*. Rio de Janeiro: UFRJ, 1997. p. 60.

GARI WYN WILLIAMS/AGE FOTOSTOCK/EASYPIX

VICTOR LAUER/SHUTTERSTOCK

Cupcake de *sushi*. Vemos na imagem a expressão da assimilação cultural promovida pela globalização. Trata-se de uma mistura de *cupcake* — bolinho feito em xícara, original da Inglaterra, e tornado famoso pelos estadunidenses — com pratos de culinária oriental (japonesa) que, na origem, são elaborados com arroz e peixe cru. Nesse caso, os *sushis* são elaborados com massa de bolo e decoram os doces em "estilo estadunidense".

Roupas e acessórios decorados com estampas inspiradas em bandeiras estrangeiras (no caso, a inglesa) são vendidos em diversas partes do mundo, independentemente da nacionalidade dos consumidores.

Por outro lado, a fragmentação da produção faz com que os produtos possam ser fabricados em partes, cada uma delas em um país diferente, numa nova e acentuada divisão internacional do trabalho. Dessa forma, os produtos também acabam por possuir origem diversa, híbrida e miscigenada. Muitos objetos típicos do Ocidente, como as calças *jeans* e os tênis, são fabricados no Oriente, onde os salários são mais baixos. Isso sem falar nos produtos culturais, que circulam pelo mundo, de modo quase instantâneo pelos meios de comunicação e misturam-se a ritmos, idiomas e funcionalidades.

"Vivemos um tempo de fraturas e heterogeneidade, de segmentações dentro de cada nação e de comunicações fluidas com as ordens transnacionais da informação, da moda, do saber. Em meio a esta heterogeneidade encontramos códigos que nos unificam, ou ao menos que nos permitem que nos entendamos. Mas esses códigos compartilhados são cada vez menos os da etnia, da classe ou da nação em que nascemos."

CANCLINI, Néstor García. *Consumidores e cidadãos*. Rio de Janeiro: UFRJ, 1997. p. 62.

Automação e des-trabalho

Uma das características marcantes da sociedade pós-industrial é o uso da tecnologia na criação de processos operacionais de produção, o que envolve dispositivos mecânicos, elétricos ou eletrônicos, com o objetivo de aumentar a velocidade e a eficiência na fabricação de produtos, reduzir custos e diminuir o uso da mão de obra. Desde que houve a predominância da produção industrial nas economias em nível nacional e global desenvolvem-se esforços para fazer com que as máquinas sejam cada vez mais produtivas e autossuficientes, e dependem de um mínimo necessário da ação humana. A esse processo deu-se o nome de automação. Por causa dela, a relação do trabalhador com o trabalho mudou e ainda muda.

O ser humano passou, dessa maneira, de criador a força motriz e, assim, a alimentar o processo produtivo. Depois, seu trabalho foi fragmentado em operações simples e repetitivas. Por fim, passou a ser um trabalhador super-qualificado, com características multitarefa, capaz de intervir em qualquer parte da produção (toyotismo). Atualmente, mesmo este trabalhador está sendo paulatinamente substituído por programas de gerenciamento do chão de fábrica, o que reduz ainda mais a mão de obra, o que estabelece a "fábrica inteligente".

As primeiras máquinas programáveis foram criadas ainda no século XIX — Christopher Miner Spencer (1833-1922) inventou um torno mecânico que produzia, sozinho, porcas e parafusos. Desde então a **robótica** — área que se especializa em desenvolver máquinas que fazem o trabalho humano — só tem evoluído. Em 1946, foi incorporado um dispositivo capaz de controlar os equipamentos de engenharia industrial — era já um robô, cuja eficiência o fará instrumento habitual nas empresas de maior porte a partir da década de 1970.

Os autores entram em conflito sobre as consequências da automação. A maioria dos críticos vê nesse processo a desestruturação do trabalho, seja pelo **desemprego estrutural** que a automação preconiza, seja pela precarização das relações de trabalho que tendem a ser cada vez mais temporárias e informais. Há a tendência de empregar cada vez menos operários na produção, de terceirizar atividades complementares, ao contratar, para elas, empresas de pequeno porte que empregam trabalhadores de forma informal ou temporária. Assim, as formas de trabalho e de sustento das famílias de baixa renda tornam-se ainda mais precárias.

Termos e conceitos

Robótica: campo da ciência que envolve computadores, circuitos integrados e mecanização na produção de equipamentos que tentam simular a ação humana e interagir com os seres humanos. São utilizados em diferentes funções, desde seu emprego na indústria até no entretenimento.

Desemprego estrutural: nome dado ao processo de substituição do trabalho humano por máquinas que resulta no emprego cada vez menor de trabalhadores nas fábricas e empresas. Trata-se de uma das consequências do chamado capitalismo pós-industrial.

WOLFGANG RATTAY/REUTERS/LATINSTOCK

Na imagem, um "chefe" de cozinha automatizado, apresentado na maior feira mundial de tecnologia industrial, a Hannover Messe, no estado da Baixa Saxônia (Alemanha, 2015). Com dois braços robóticos portando ágeis mãos biomiméticas — que podem imitar as mãos humanas —, são capazes de agir em uma cozinha especialmente projetada, usando as bocas de fogão, os utensílios e a pia para criar refeições complexas inteiras. A empresa produtora está elaborando uma biblioteca de duas mil receitas antes de disponibilizar o produto ao público consumidor.

Cada trabalhador acaba por desenvolver inúmeras competências e passa muitas vezes de um trabalho a outro, a depender das oportunidades que aparecem. Surgem atividades novas e cresce o setor de serviços — cuidadores de idosos, treinadores, acompanhantes, técnicos de informática e até profissionais que vivem de guardar lugar em filas para compra de ingressos ou para entrada em espetáculos podem ser encontrados na atualidade.

Em obra publicada em 2008, Anthony Giddens afirma que, nos últimos recenseamentos havidos no Reino Unido, pôde se identificar vinte mil ocupações diferentes no Reino Unido, quando no século XIX elas não passavam de duzentas. Essas ocupações, entretanto, não exigem muito conhecimento e, nem sempre, formação específica, têm um caráter temporário e, não raro, uma mesma pessoa se ocupa de mais de uma função. Caracterizam-se também por se concentrarem no setor de serviços. O desenvolvimento tecnológico permitiu também que muitas tarefas fossem feitas em casa em meio às atividades domésticas. Trabalhar com alimentos ou acabamento de produtos têxteis em oficinas domésticas, muitas vezes improvisadas, tornou-se cada vez mais comum nas grandes cidades.

A escritora e ensaísta francesa Viviane Forrester (1925-2013) chama esse cenário de horror econômico, em um livro homônimo que causou muito debate. Forrester, que era também crítica literária e de artes plásticas, preocupou-se também em analisar os impactos da globalização e da dinâmica econômica.

BEN HUSMANN (CC BY 2.0)

Muitos movimentos sociais, assim como artistas e intelectuais, criticam a adoção de máquinas em substituição ao trabalho humano e procuram mostrar que por trás de cada aparelho tecnológico (ou dentro) existe o esforço humano.

No lado oposto desse debate estão os autores que defendem as vantagens desse novo modelo de trabalho. **Robert Blauner** sustenta que os trabalhadores que continuam a ser utilizados nas empresas são mais qualificados, mais bem formados e motivados. Ao estudar seu comportamento nas empresas, o autor afirma que, com a automação, a alienação — entendida por ele como perda de controle da produção como um todo e falta de sentido naquilo que faz e isolamento do trabalhador — diminui, quando comparada com indústrias de produção massiva e em série. Da mesma forma, o sociólogo italiano **Domenico de Masi** também é um entusiasta das novas relações de trabalho que, segundo ele, deixa mais tempo livre para o trabalhador e o lazer. Seu livro *O ócio criativo* causou polêmica ao defender uma sociedade que não tem no trabalho seu principal objetivo. Mesmo diante desse debate, temos de aceitar que o capitalismo pós-industrial desemprega trabalhadores e que estes, para sobreviver, descobrem diferentes maneiras de se engajar em uma estrutura por vezes efêmera e volátil.

Robert Blauner (1929-)

Sociólogo estadunidense, foi estudioso da Sociologia do Trabalho. Blauner iniciou seus estudos na Universidade de Chicago, com doutorado na Universidade de Berkeley. Sua obra mais importante foi *Alienação e liberdade*, publicada em 1964, fundamentada em ampla pesquisa realizada com operários, em procedimento influenciado pelas pesquisas realizadas pelos acadêmicos de Chicago.

Domenico de Masi (1938-)

Sociólogo italiano, de Masi é formado também em Direito, especializado em Sociologia do Trabalho. Professor universitário e consultor de empresas e sindicatos, fez palestras pelo mundo todo, especialmente sobre as mudanças no sistema produtivo da atualidade e a inevitável redução no tempo que se dedica ao trabalho. Seu livro de maior repercussão é *O ócio criativo*. Em 2010, tornou-se cidadão honorário da cidade do Rio de Janeiro.

VITTORIO ZUNINO CELOTTO/GETTY IMAGES

Diante disso, o trabalho não pode mais ser qualificado apenas como uma ocupação formal e estável, mas como atividades que remuneram e permitem a sobrevivência do trabalhador. Como diz Ricardo Antunes, é preciso pensar na categoria *dos que vivem do trabalho*, seja ele qual for. Devemos incluir nessa categoria os trabalhadores domésticos, assim como os voluntários que se engajam em atividades de militância e assistenciais.

Fragmentação da classe operária

Todas essas mudanças que ocorreram na produção material do capitalismo a partir dos anos 1970, também denominadas reengenharia, modificaram o perfil do trabalhador das empresas. Este deixou de ser pouco qualificado e destinado ao trabalho braçal para se tornar um trabalhador preparado e polivalente, que tem amplo conhecimento da tarefa que executa. Tende a ser bem remunerado e a identificar-se de forma diferente do operário industrial clássico com sua profissão. Por outro lado, os grupos de trabalhadores são cada vez menores, enquanto a maioria dos que não estão empregados na indústria acaba em atividades individuais, como motoristas ou funcionários de condomínios.

A estrutura de salários e a distribuição de poder são diferenciadas. Isso provoca desníveis entre funções e trabalhadores, dificultando a solidariedade entre eles. As maiores empresas esvaziam-se de operários, o que resulta no enfraquecimento dos movimentos sociais de trabalhadores, que se encontram em menor número e estão dispersos numa estrutura ocupacional complexa e globalizada. É certo que, especialmente nos países não industrialmente desenvolvidos, o antigo modelo industrial ainda resiste, mas a globalização da economia, a abertura de filiais de grandes multinacionais e a possibilidade de contratação de mão de obra internacional transformam essa reengenharia em uma tendência — o processo de acomodação ao capitalismo pós-industrial é rápido.

Esse conjunto de mudanças repercute com a paulatina dissolução da classe trabalhadora fabril e, por consequência, da sua cultura de classe. A fragmentação da classe faz desaparecer a semelhança que havia entre eles nas condições de vida, no salário, na sujeição. Por outro lado, mesmo com salários díspares e condições diferentes de autonomia, ainda prevalece, segundo Ricardo Antunes, uma sujeição ao capital, na medida em que a produção não é de sua iniciativa e os seus objetivos fogem de sua administração. Não podemos esquecer também que a racionalização da produção promovida pelo toyotismo favorece a concentração de capital, o que desperta diferenças sociais ainda mais evidentes, especialmente em uma sociedade em que o consumo é de vital importância.

Como consequência, surge na sociedade um subproletariado composto por trabalhadores precários, mal remunerados, facilmente substituíveis e subutilizados. São contingentes de secretários, funcionários administrativos, auxiliares de venda e de distribuição, que aumentam na mesma proporção em que o desemprego estrutural alastra-se impulsionado pela informatização da sociedade, não só das grandes empresas, como das pequenas e médias organizações que atuam na distribuição e consumo. É nesse cenário que a defesa do emprego e a diminuição do desemprego estrutural passam a ser um dos problemas mais importantes em todos os países, independentemente de seu grau de desenvolvimento industrial e econômico.

AGÊNCIA ESPACIAL EUROPEIA

Na imagem artística de 2008 fornecida pela ESA (Agência Espacial Europeia), na qual os objetos não estão em escala real, mas ampliada, vemos o conjunto de satélites que circundam a Terra hoje em dia. O capitalismo pós-industrial é também a sociedade da informação. É ela que conecta pessoas, cidades, países e regiões e cria uma teia de relações que caracteriza a sociedade na atualidade.

PINGOS NOS "IS"

A sociedade da informação

O capitalismo pós-industrial não teria sido possível sem o desenvolvimento de duas áreas da revolução tecnológica: a robótica e a informática. A primeira teve sua origem no século XIX, quando, na indústria têxtil, foram criados os primeiros teares automáticos, capazes de produzir tecidos e reproduzir padrões por meio da automação, com o uso de cartões perfurados que traduziam o padrão têxtil para uma linguagem binária que a máquina conseguia manipular — furos e não furos significavam pontos e laçadas. Era uma máquina programada para substituir a habilidade humana dos operários têxteis. De lá para cá, esse investimento na criação de máquinas capazes de fazer o trabalho humano e interagir com operadores foi gradualmente maior, e resultou na fabricação de robôs que fabricam robôs.

A informática é outro setor da ciência que procura inventar máquinas para gerenciamento de informações, criação de bancos de dados e cruzamento de informações. As origens da informática perdem-se no século XVI, quando foram inventadas as primeiras máquinas de calcular, mas foi no século XVIII que o cientista inglês Charles Babbage (1791-1871), aplicando o princípio da linguagem binária, inventou uma máquina de calcular com os elementos que dariam origem aos computadores.

A administração pública e a administração empresarial impulsionaram o aperfeiçoamento dessas máquinas, que já eram capazes de imprimir relatórios. Surgiu então a máquina de Hollerith, em 1889, primeiro sistema eletromecânico capaz de tratar informações de forma automática, fundamento da informática. Alguns especialistas consideram este aparelho o primeiro computador do mundo. Apesar do desenvolvimento dos computadores no século XIX, utilizados nas empresas e no sistema financeiro, foi só no século XX que os computadores passaram a fazer parte da vida cotidiana do cidadão comum, através de sistemas com interfaces gráficas ligadas às redes mundiais de computadores. Assim, surgia a sociedade da informação que ligava pessoas, países, regiões e empresas que, em redes, intercambiam informações de uma forma multidirecional, codificada e de uso pessoal. Foi essa estrutura que sedimentou a globalização e a comunicação a distância e, consequentemente, a produção fabril que chamamos de pós-industrial.

A inclusão dos diversos países a esse mundo globalizado depende de inúmeros fatores, como desenvolvimento tecnológico, dimensão do investimento estatal, políticas públicas de implantação de sistemas de comunicação em rede, dimensões geopolíticas do território, entre outras variáveis. Mas a economia mundial trafega pela comunicação em rede e pelo intercâmbio de informações. Integrar-se à sociedade da informação parece ser uma estratégia capaz de diminuir as disparidades regionais locais e mundiais. Assim, em países como o Brasil, cuja infraestrutura informacional ainda é precária, a informatização se apresenta como uma importante ferramenta de integração a blocos regionais vizinhos ou parceiros, de diminuição das disparidades regionais, e até de combate ao desemprego, seja pelo oferecimento de processos de formação e educação a distância, seja pela autonomia que garante aos profissionais disponíveis para sua recolocação no mercado de trabalho.

Dessa forma, os estudos atuais procuram dar conta de gerenciar a expansão da sociedade da informação, em busca de uma real integração no processo de globalização da economia e do mercado, e de fazer do desenvolvimento da tecnologia um aliado do desenvolvimento econômico.

Fábrica da BMW, em Leipzig, na Alemanha: mil robôs trabalham na produção do primeiro carro elétrico da montadora (Leipzig, Alemanha, 2013).

A era das fábricas inteligentes está começando

"Leipzig e São Paulo — A fábrica mais moderna da Europa em nada se parece com as descrições da *U.S. Robots and Mechanical Men*, a indústria inventada pelo americano Isaac Asimov, um dos maiores autores de ficção científica de todos os tempos.

Em vez do prédio sem graça e com paredes cinza dos textos de Asimov, o edifício que abriga a produção de carros da BMW em Leipzig, na Alemanha, tem forma arredondada, é todo envidraçado e lembra um museu de arte moderna.

Pode não produzir robôs, como a imaginária *U.S. Robots and Mechanical Men*, mas, na linha de montagem do i3, o primeiro modelo elétrico da BMW, tudo parece futurista. Não há barulho nem sequer faíscas. Como em uma dança sincronizada, braços mecânicos levantam carcaças, juntam pedaços e ali mesmo fazem testes de qualidade.

A indústria automobilística está entre as mais robotizadas do mundo, mas, ainda assim, a unidade mais moderna da BMW, com seus mais de 1 000 robôs, é um caso à parte. Os funcionários, todos de colete azul, acompanham tudo a distância pelas telas de computadores.

Os seres humanos só supervisionam o trabalho das máquinas. A unidade de Leipzig é uma prévia do futuro das fábricas. 'Estamos no estágio inicial de uma mudança tão profunda na manufatura como aquela provocada pela Revolução Industrial', afirma Erik Brynjolfsson, professor de tecnologia da informação do Instituto de Tecnologia de Massachusetts (MIT).

Junto com Andrew McAfee, também professor do MIT, Brynjolfsson é autor do livro *A Segunda Era das Máquinas*, com previsão de lançamento no Brasil para até o fim do ano e aclamado como a nova bíblia das tendências do setor industrial.

Para McAfee e Brynjolfsson, [...] o setor produtivo mundial está num processo movido por três forças: o avanço exponencial da capacidade dos computadores, a imensa quantidade de informação digitalizada e novas estratégias de inovação.

O progresso computacional fez com que as máquinas ficassem muito mais potentes, ágeis e, sobretudo, baratas. [...]. Na indústria, em geral, e no caso específico da fábrica da BMW, em Leipzig, essa tendência pode ser sentida pela forte expansão dos robôs.

Em 2013, as vendas de robôs industriais no mundo foram recorde: 179 000 unidades. A popularização é resultado do preço em queda e das novas habilidades que eles estão ganhando. [...]

A segunda característica dessa nova era industrial é a imensa quantidade de informação digital disponível. A concepção dos produtos, o *design*, os testes com novos materiais, os protótipos, a arquitetura da fábrica, a organização da linha de produção, o estoque de materiais, o manual de um equipamento, tudo é digital.

Isso permitiu criar e operar ambientes fabris virtuais em sincronia com a unidade física. Os ganhos já são visíveis antes mesmo de os primeiros produtos ficarem prontos. [...]

Transformações incrementais fazem parte da história das fábricas desde o seu nascimento. O que mais impressiona hoje, além da extensão das mudanças, é o ritmo frenético. A Revolução Industrial, iniciada na Inglaterra no século 18, demorou mais de 100 anos para ganhar uma escala global. As máquinas a vapor levaram sete décadas para dobrar sua produtividade.

Em apenas 15 anos, a popularização dos computadores e da internet já deixou um rastro de transformação. [...]

Há um ano, a Philips construiu uma fábrica de barbeadores elétricos na Holanda com 126 robôs e algumas dezenas de pessoas. 'Os empregos que envolvem funções repetitivas vão desaparecer rapidamente nos próximos anos', diz o economista Michael Spence, ganhador do Prêmio Nobel e professor da Universidade de Nova York.

Nos países ricos, estima-se que 25% de todas as funções na indústria deverão ser substituídas por tecnologias de automação até 2025. No mundo, a estimativa é que 60 milhões de postos de trabalho em fábricas sejam eliminados. [...]"

COSTA, Melina. A era das fábricas inteligentes está começando. *Revista Exame*, 9 jul. 2014. Disponível em: <exame.abril.com.br/revista-exame/edicoes/1068/noticias/a-fabrica-do-futuro>. Acesso em: fev. 2016.

ATIVIDADES

1 Leia o trecho a seguir.

"Um caso extremo de metamorfose do trabalho industrial é a unidade produtiva da Fujitsu Fanuc, onde há robôs que produzem robôs. Mais de 400 robôs funcionam durante 24 horas; os operários, cujo número não chega a 400, trabalham só de dia. Se fossem utilizados métodos tradicionais para se obter a mesma produção nessa fábrica, necessitariam de dez vezes mais de operários e de uma soma de capital dez vezes superior. Em média, a cada mês, estragam-se oito robôs e a tarefa dos operários consiste principalmente em prevenir e reparar os danificados. A carga de trabalho dos operários é descontínua e imprevisível. Além dos 400 operários que possui nas oficinas, a Fujitsu Fanuc emprega 1.700 pessoas nos trabalhos de pesquisa, administração e comercialização."

GORZ, André (1990). "O Futuro da Classe operária", *Revista Internacional, Quinzena*, São Paulo, n. 101, 16 set. 1990, Centro Pastoral Vergueiro, São Paulo.

Esse processo descrito neste trecho apresenta:

a) uma empresa de capitalismo fordista.

b) um sistema pós-industrial toyotista.

c) uma empresa do setor de serviços.

d) uma indústria típica da Segunda Revolução Industrial.

2 Escolha um trecho do texto que ajuda a entender a piada contada por Oswaldo Sangiorgi, que inicia este capítulo.

3 Quais foram, segundo o texto estudado, os três eixos que promoveram as chamadas revoluções industriais que puseram fim ao feudalismo e fizeram a Europa ingressar na Modernidade? Escolha a alternativa correta:

a) Urbanização, êxodo rural e desenvolvimento tecnológico.

b) Urbanização, invenção do automóvel e crise da agricultura.

c) Desenvolvimento de robôs, desemprego estrutural e êxodo rural.

d) Desenvolvimento tecnológico, Guerra Fria e êxodo rural.

4 No capítulo estudado, dizemos que o desenvolvimento da produção em série, proposta pelo fordismo, foi fruto da racionalização da produção industrial e do maior controle sobre a produtividade do trabalho. Por outro lado, nos Estados Unidos, sede desse modelo, observa-se o crescimento da renda das famílias. Como isso se explica?

5 Dos fatores abaixo, qual não pode ser apontado como causa do desenvolvimento das novas tecnologias no século XX, as chamadas Tecnologias da Informação?

a) Guerra Fria e a corrida armamentista.

b) Movimento operário e as greves reivindicatórias.

c) Racionalização da produção e controle da produtividade.

d) A invenção da máquina a vapor.

6 Segundo o texto lido, a globalização foi o processo que permitiu aos diversos países se integrarem de forma equânime e democrática à economia mundial. A afirmação está:

a) correta, pois a todo o mercado, na atualidade, se integra globalmente.

b) parcialmente correta, pois países comunistas como a China não aderiram à globalização.

c) errada, pois a globalização criou diferenças entre países e regiões.

d) errada, pois no capitalismo pós-industrial o que importa é o mercado interno das nações.

ATIVIDADES

7 Observe a imagem a seguir.

FOLHAPRESS

MANÁ EDIÇÕES. *Linha de montagem Ford T* – Aventuras na história. Disponível em: <http://cargocollective.com/manaedi/Linha-de-montagem-Ford-T-Aventuras-na-historia>. Acesso em: jul. 2016.

A imagem ilustra qual das cinco frases abaixo, retiradas do capítulo estudado?

a) As primeiras máquinas programáveis foram criadas ainda no século XIX — Christopher Spencer inventou um torno mecânico que fazia, sozinho, porcas e parafusos.

b) Os veículos seriam montados à medida que deslizassem por esteiras rolantes, por operários que se distribuíam ao lado das esteiras, fazendo atividades simples e que exigiam pouco conhecimento.

c) O avanço da robótica prometia que as tarefas mais simples seriam realizadas por equipamentos cada vez mais sofisticados, supervisionados por operários muito qualificados.

d) Sua proposta baseava-se na redução de estoques tanto de produtos como de matéria-prima, grande investimento em tecnologia e automação da produção, com base na informática.

e) O sistema exige um relacionamento estreito e cooperativo entre empresas e subsidiárias, entre fornecedores de matéria-prima e produtores, entre sedes e filiais, assim como entre gerentes e funcionários.

8 Cite três diferenças entre o sistema produtivo fordista e o toyotista.

9 No capítulo estudado falamos que a sociedade pós-industrial engendrou o desemprego estrutural. O que você entendeu a respeito desse termo?

10 Que polêmica ocorreu entre os pesquisadores da sociedade pós-industrial relativa ao sucesso da automação?

EXAMES DE SELEÇÃO

1 (Enem, 2009)

"A prosperidade induzida pela emergência das máquinas de tear escondia uma acentuada perda de prestígio. Foi nessa idade de ouro que os artesãos, ou os tecelões temporários, passaram a ser denominados, de modo genérico, tecelões de teares manuais. Exceto em alguns ramos especializados, os velhos artesãos foram colocados lado a lado com novos imigrantes, enquanto pequenos fazendeiros-tecelões abandonaram suas pequenas propriedades para se concentrar na atividade de tecer. Reduzidos à completa dependência dos teares mecanizados ou dos fornecedores de matéria-prima, os tecelões ficaram expostos a sucessivas reduções dos rendimentos."

THOMPSON, E. P. *The making of the english working class*. Harmondsworth: Penguin Books, 1979 (adaptado).

Com a mudança tecnológica ocorrida durante a Revolução Industrial, a forma de trabalhar alterou--se porque

a) a invenção do tear propiciou o surgimento de novas relações sociais.

b) os tecelões mais hábeis prevaleceram sobre os inexperientes.

c) os novos teares exigiam treinamento especializado para serem operados.

d) os artesãos, no período anterior, combinavam a tecelagem com o cultivo de subsistência.

e) os trabalhadores não especializados se apropriaram dos lugares dos antigos artesãos nas fábricas.

2 (Enem, 2012)

"Além dos inúmeros eletrodomésticos e bens eletrônicos, o automóvel produzido pela indústria fordista promoveu, a partir dos anos 50, mudanças significativas no modo de vida dos consumidores e também na habitação e nas cidades. Com a massificação do consumo dos bens modernos, dos eletroeletrônicos e também do automóvel, mudaram radicalmente o modo de vida, os valores, a cultura e o conjunto do ambiente construído. Da ocupação do solo urbano até o interior da moradia, a transformação foi profunda."

MARICATO, E. *Urbanismo na periferia do mundo globalizado: metrópoles brasileiras*. Disponível em: <http://www.scielo.br>. Acesso em: 12 ago. 2009 (adaptado).

Uma das consequências das inovações tecnológicas das últimas décadas, que determinaram diferentes formas de uso e ocupação do espaço geográfico, é a instituição das chamadas cidades globais, que se caracterizam por

a) possuírem o mesmo nível de influência no cenário mundial.

b) fortalecerem os laços de cidadania e solidariedade entre os membros das diversas comunidades.

c) constituírem um passo importante para a diminuição das desigualdades sociais causadas pela polarização social e pela segregação urbana.

d) terem sido diretamente impactadas pelo processo de internacionalização da economia, desencadeado a partir do final dos anos 1970.

e) terem sua origem diretamente relacionadas ao processo de colonização ocidental do século XIX.

3 (Enem, 2011)

"Estamos testemunhando o reverso da tendência histórica da assalariação do trabalho e socialização da produção, que foi característica predominante na era industrial. A nova organização social e econômica baseada nas tecnologias da informação visa à administração descentralizadora, ao trabalho individualizante e aos mercados personalizados. As novas tecnologias da informação possibilitam, ao mesmo tempo, a descentralização das tarefas e sua coordenação em uma rede interativa de comunicação em tempo real, seja entre continentes, seja entre os andares de um mesmo edifício."

CASTELLS, M. *A sociedade em rede*. São Paulo: Paz e Terra, 2006 (adaptado).

No contexto descrito, as sociedades vivenciam mudanças constantes nas ferramentas de comunicação que afetam os processos produtivos nas empresas. Na esfera do trabalho, tais mudanças têm provocado

a) o aprofundamento dos vínculos dos operários com as linhas de montagem sob influência dos modelos orientais de gestão.

b) o aumento das formas de teletrabalho como solução de larga escala para o problema do desemprego crônico.

c) o avanço do trabalho flexível e da terceirização como respostas às demandas por inovação e com vistas à mobilidade dos investimentos.

d) a autonomização crescente das máquinas e computadores em substituição ao trabalho dos especialistas técnicos e gestores.

e) o fortalecimento do diálogo entre operários, gerentes, executivos e clientes com a garantia de harmonização das relações de trabalho.

OUTRAS MÍDIAS

Para ler

1984

George Orwell. São Paulo: Companhia das Letras, 2009.

Escrita por George Orwell, pseudônimo do jornalista e escritor inglês Eric Arthur Blair, em 1949, pouco antes de sua morte. Uma ficção científica sobre o desenvolvimento de uma sociedade totalitária que, em 1984, estaria dominada pelo Estado e pelo partido do governo, com o uso de um aparato tecnológico de vigilância, o Grande Irmão (*Big Brother*). A leitura desse livro será importante para entender, de forma literária, como a informática e a comunicação em rede criam sistemas de governança e vigilância assustadoramente eficazes.

A evolução da taxa de desemprego estrutural no Brasil

Paulo Picchetti e José Paulo Chahad. *XXXI Encontro Nacional de Economia*. Porto Seguro: ANPEC, 2003.

Estudo quantitativo e qualitativo sobre as taxas de desemprego no Brasil, com análises comparativas por região, idade e gênero, é também uma fonte de pesquisa para aprofundamento das questões levantadas no capítulo. Disponível em: <www.anpec.org.br/encontro2003/artigos/F05.pdf>. Acesso em: jul. 2016.

Eu, Robô

Isaac Asimov. São Paulo: Aleph, 2014.

Coletânea composta de nove contos, escritos por Isaac Asimov, entre 1940 e 1950, amarrados por um subterfúgio narrativo – uma entrevista dada a um jornalista na qual as nove situações são apresentadas. Divertidos e sensíveis, os contos apresentam um novo olhar sobre a tecnologia que inspirou outros autores de ficção científica, roteiristas e diretores. Nele, Asimov esclarece as três leis da robótica, que, segundo ele, foram criadas para limitar o poder das máquinas no mundo humano.

Para assistir

Ela

Direção: Spike Jonze. País: Estados Unidos. Ano: 2014.

Filme de ficção científica misturada à comédia dramática, em que o escritor Theodore, interpretado pelo ator Joaquin Phoenix, em uma época futura indeterminada, acaba de se separar da esposa. Triste e solitário, ele resolve comprar um sistema operacional que conversa com ele e desenvolve funções conforme seus desejos, tais como acordá-lo, lembrá-lo de seus compromissos, guardar lembranças, etc. A integração de Theodore com o sistema operacional, de nome Samantha, é tão grande que ele acaba por se apaixonar pela "pessoa" que ele idealiza na voz que conversa com ele.

Este filme pode possibilitar discutir os limites da integração homem/máquina e os perigos da substituição das relações humanas por mediações tecnológicas. O filme recebeu o Oscar de Roteiro Original– 2014.

O que você faria?

Direção: Marcelo Pineyro. País: Espanha/Itália/Argentina. Ano: 2004.

Em meio a protestos que acontecem em Madri contra a globalização, uma empresa aplica um teste seletivo para sete candidatos que disputam uma vaga de executivo em suas fileiras.

O processo seletivo baseia-se em uma metodologia diferente que recebe o nome de Método Grönhom e consiste em deixar em uma sala os candidatos que, respondendo a algumas provocações, chegam a situações-limite nas quais expõem suas fraquezas e dificuldades. Com cada um dos participantes, que paulatinamente deixam o teste, os espectadores percebem os duros limites que imperam hoje na sociedade, que exclui pessoas de oportunidades por critérios que nada têm a ver com a competência, tais como idade e gênero. Trata-se de uma hábil metáfora dos processos de exclusão social, assim como uma dura crítica ao desemprego que se alastra na sociedade, o que evidencia a consequente luta dos trabalhadores por postos de trabalho.

Um senhor estagiário

Direção: Nancy Meyers. País: Estados Unidos. Ano: 2015.

Comédia romântica estrelada por Robert De Niro e Anne Hathaway, na qual ela é a dona de uma bem-sucedida empresa de vendas de roupas pela internet. Ele é um ex-diretor executivo de uma grande e famosa companhia que, aposentado, consegue uma vaga de estagiário sênior na firma dirigida por Jule Ostin (Anne Hathaway). No início, o conflito é evidente. O cotidiano da nova empresa é tenso e dinâmico, com muitos jovens funcionários inventando uma maneira diferente de se relacionar com o mundo globalizado e controlado por informação e computadores, enquanto ele possui experiência e valores antigos e sólidos. Pouco a pouco, entretanto, eles se aproximam e percebem a complementaridade de suas personalidades e experiências. Nesse cenário, discutem-se problemas da sociedade capitalista globalizada e altamente concorrencial, como a difícil condição da mulher trabalhadora que, casada e com filhos, tem dupla jornada de trabalho.

Para acessar

Núcleo de Estudos em Robótica e Automação

<http://nera.sr.ifes.edu.br/>

O *site* aborda as questões de robótica educacional. Disponibiliza notícias, matérias, cronograma de eventos e publicações.

Laboratório de Sistemas Integráveis – LSI – USP

<http://www.lsi.usp.br/#0_0>

O laboratório foi fundado em 1975, na Escola Politécnica da Universidade de São Paulo, e é especializado em pesquisa e desenvolvimento nas áreas de saúde digital, sistemas de visualização interativa, tecnologias assistivas e de reabilitação, tecnologias para a educação, sistemas computacionais integrados, TV digital, microeletrônica e microfabricação, entre outras.

Laboratório de Estudos em Ética nos Meios Eletrônicos

<www.mackenzie.br/leeme.html>

No portal há dois livros para *download*: *De bem com a Internet* e *O uso legal da Internet*, criados por esse laboratório e que pretendem orientar jovens estudantes para bem usar os equipamentos digitais e a comunicação em rede. É o resultado do desenvolvimento do MackPesquisa, que apoia projetos. O livro traz informações científicas sobre a internet e ampla pesquisa sobre o uso da comunicação em rede por estudantes dos ensinos fundamental e médio. O objetivo é criar um espaço de discussão sobre as questões que envolvem uso, legislação, cidadania e meios digitais.

OBRA DE ARTE

Arte e tecnologia

MICHEL BRET ET EDMOND COUCHOT/ ANYFLO

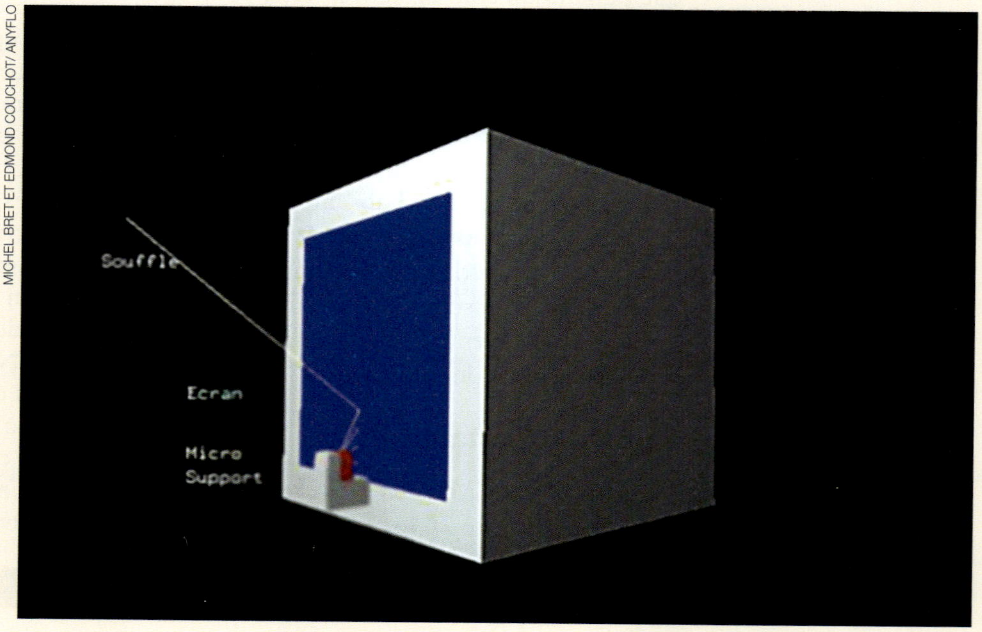

MICHEL BRET ET EDMOND COUCHOT/ ANYFLO

As imagens que encerram a Unidade 4 referem-se à obra *La plume* (*A pluma*), de Edmond Couchot (1932-) e de Michel Bret (1941-), de 1986. É uma instalação que utiliza computador, microfone e programação. Essa obra pode ser apresentada em diferentes espaços — galerias, museus e salões de arte.

Aos visitantes é disponibilizada uma tela de computador acoplada a um microfone. O visitante deve soprar sobre a tela, que reflete parte do sopro sobre o microfone. A depender da força do sopro do visitante, o desenho virtual de uma pluma voa para cima, para baixo e para os lados da tela, obedecendo à interatividade do visitante da exposição. Se o sopro é forte, a pluma se desloca rapidamente, se é mais fraco, ela flutua mais lentamente. O soprar a tela passa a sensação de que o sopro age realmente sobre a pena. Na segunda imagem, vemos 25 penas digitais flutuando.

Essa obra de arte é resultado também de toda a revolução tecnológica que acabamos de estudar e às conquistas da ciência ela vem juntar a sensibilidade artística. Quem não gosta de pegar uma pluma do chão e soprá-la, acompanhando seu voo? Pois foi essa sensação prazerosa que os artistas quiseram possibilitar ao público com seu trabalho, por meio de equipamentos programados e interfaces gráficas e visuais. Assim, os artistas procuram mostrar que a tecnologia também pode servir a propósitos humanos, produzindo sensações íntimas e prazerosas sugeridas por um programa que alia os conhecimentos da matemática à poesia das imagens.

A robótica também tem produzido obras interessantes no campo das artes, apresentando robôs que dançam ou que se expressam como os seres humanos. A intenção, nesses casos, não é substituir o homem, mas ampliar suas possibilidades de ação.

Atividade

- A tecnologia tem transformado o campo da produção artística. Computadores, realidade virtual, *games* vêm ampliando as possibilidades sensoriais e expressivas dos artistas, misturando arte e tecnologia. Procure em jornais, revistas e internet outros exemplos que comprovem essa afirmação.

Unidade 5

Desigualdade, conflito e consumo

Capítulos

Xangai é uma das maiores cidades da China e um grande centro comercial, representado por uma arquitetura moderna e cosmopolita. Foto de 2015.

VIEWSTOCK/GETTY IMAGES

Ainda que possua vários centros cosmopolitas, a China apresenta desigualdades sociais e populações que mantêm ofícios muito antigos e manuais, como a preparação do chá.

Nesta unidade, vamos abordar uma série de conflitos com os quais os humanos deparam-se na vida em sociedade e que se explicam em razão do modo de produção, da estrutura social e do momento histórico em que se manifestam, e que são vividos de forma contundente na vida diária, nas relações cotidianas, na vida pessoal e atingem a subjetividade de todos nós. Falamos aqui de conflitos como o preconceito e a discriminação que atingem nossa autoestima, nossa maneira de nos comportar com os outros, nossa forma de enfrentar as relações pessoais.

Trata-se também da violência que bate na nossa porta e que nos amedronta, desafia, que nos revolta e contra a qual nos sentimos, na maioria das vezes, impotentes. Estamos nos referindo às desigualdades sociais, às formas de exclusão que afetam injustiçados socialmente e a todos que com elas convivem. Essas formas de marginalização social que parecem resistir às políticas públicas, aos debates em torno de suas causas, às tentativas de erradicação e controle.

Perpassa por todas essas questões a constituição de nossa identidade, aquilo que nos forma e que configura a nossa sensibilidade, que nos torna presentes no mundo e nos distingue dos demais, o que possibilita com eles conviver e dividir o mundo no qual vivemos. Enfim, falaremos de mudança — da dinâmica social que permite pensar em todos esses conflitos como momentos que, uma vez vividos, abrem as portas para aquilo que ainda virá e que ajudaremos a construir.

Capítulo

17

Conflito, mudança e desenvolvimento

Objetivos

- Compreender as transformações sociais como próprias da vida social.
- Entender a importância de analisar as transformações sociais.
- Apresentar diferentes enfoques para a compreensão da dinâmica social.
- Compreender o que é evolucionismo.
- Apresentar a sociedade global como um conjunto interdependente de unidades históricas.
- Compreender o materialismo histórico e sua contribuição para o estudo das transformações sociais.
- Mostrar a importância da história para entender a dinâmica de cada país ou região.
- Estudar as consequências da globalização nesse debate.

O presente capítulo apresenta as teorias que explicam os processos de mudança na sociedade, a começar pela abordagem dos autores que pensam a sociedade como estável e a mudança como uma anomia. Em seguida, analisamos como as transformações radicais ocorridas na Modernidade levaram autores a encarar a mudança como característica própria da sociedade humana e como explicaram essas transformações. Simultaneamente, estudaremos autores que entendem a mudança como uma evolução da sociedade, inspirados pelas teorias biológicas do evolucionismo, e a contribuição do materialismo dialético para entender as mudanças como efeito não de leis naturais, mas das contradições de cada sociedade em dado momento e lugar. Ressaltamos a importância de se pensar a sociedade como um conjunto integrado de países e regiões que mantém relações complementares e de interdependência, cuja dinâmica, entretanto, só pode ser compreendida à luz da história de cada uma delas.

© CAZO

Charge do cartunista Luis Fernando Cazo (2013).

REPRODUÇÃO

Imagem de muro com a palavra *revolution* (revolução) em que *evol* é destacada ressaltando a escrita *love* (amor) ao contrário.

Para refletir

1. Se, em seu computador, houvesse uma tecla com a função MUDAR, para qual aspecto da nossa sociedade você pressionaria essa tecla?
2. Para que haja mudanças na sociedade, o que você acredita ser necessário?
3. Cite uma transformação que você presenciou em seu bairro, cidade ou país.

A Guerra Fria ocorreu no período posterior à Segunda Guerra Mundial. Novas nações surgiram no mundo, sobretudo com o fim do colonialismo europeu na África e Ásia, e o desenvolvimento tecnológico avançava, assim como a crença na racionalidade e no planejamento, que se manifestavam desde os governos (planos de desenvolvimento), até nas empresas e na vida pessoal. No Brasil, vivíamos anos de democracia, após o fim do Estado Novo de Getúlio Vargas.

Esse foi um período de conflitos e mudanças, que atingiu o Brasil e o mundo. Foi uma época de ânsia por mudança e perplexidade dos processos de transformação. Essa preocupação com a mudança, com a transformação histórica da sociedade, foi uma das questões tratadas pelas Ciências Sociais e, em especial, pela Sociologia. Dedicaremos este capítulo às ideias que se desenvolveram em torno dela.

A emergência das Ciências Sociais e a historicidade

Já citado neste livro, Michel Foucault foi um filósofo que se dedicou a estudar, entre outros temas, o desenvolvimento do pensamento humano e, em especial, do pensamento científico. Em seu livro *A arqueologia do saber*, originalmente publicado em 1969, ele explicava que, para que alguns conceitos sejam estabelecidos culturalmente e capazes de designar certo recorte da realidade, é preciso que uma revolução ocorra em três níveis diferentes da existência humana.

Primeiro, é preciso que a realidade social seja modificada, ou seja, um fenômeno seja deslocado do espaço que o define para ser compreendido, explicado, conceituado e nomeado por uma forma de pensamento organizado, sistematizado e legitimado. Depois, é preciso que seja incorporado a um campo do saber capaz de defini-lo e, finalmente, que a linguagem o nomeie. Quando essas três instâncias atuam sobre a realidade, a compreensão do fenômeno concretiza-se e ele passa a ser reconhecido e conceituado.

Para explicar sua teoria, Foucault utiliza a "loucura" que se consagra como objeto da ciência (psicopatologia) no século XIX. Para que isso fosse possível foi necessário que a Revolução Industrial, que ocorreu na Europa, separasse a unidade produtiva ou de trabalho do domicílio ou habitação do trabalhador. Ao tirar o trabalhador de casa, dificultava-se o cuidado com os doentes mentais da família. Agora, seria necessário um tratamento científico desse doente, que transformou a loucura (distúrbio mental) em enfermidade (doença).

Numa segunda instância, o campo da ciência desenvolveu teorias a respeito da loucura e de como enfrentá-la. Por fim, nomeou-se a enfermidade como **esquizofrenia** e para seu tratamento construíram-se hospitais onde os doentes foram asilados, o que em tese dispensaria a família de seus cuidados. Assim, o reconhecimento da loucura como um estado da saúde mental humana resultou de um processo envolvendo a sociedade, o saber científico e a linguagem.

Em outro livro, *As palavras e as coisas* (1966), Foucault analisa o surgimento das Ciências Humanas e explica como o desenvolvimento da sociedade e de seus conflitos, especialmente após as revoluções do século XVIII, exigiu a organização de um corpo de conhecimentos capaz de dar visibilidade e explicar o comportamento humano. Para isso, os cientistas sociais lançaram mão da Biologia, da Economia, da Linguagem e da História para constituírem um novo campo do saber no qual o homem tornou-se o objeto do conhecimento.

Termos e conceitos

Esquizofrenia: é um transtorno mental que acontece devido a alterações no funcionamento do cérebro. Os sintomas fundamentais apontam a existência de uma dissociação da ação e do pensamento, expressa em um quadro de sintomas variados, tais como delírios persecutórios, alucinações, sobretudo auditivas, instabilidade afetiva, entre outros.

Nesse movimento, estimulado pelas mudanças das relações sociais introduzida pelo capitalismo industrial, surgiu, desenvolveu-se e institucionalizou-se o campo da Sociologia. Foucault também afirma em *As palavras e as coisas* que a mãe de todas as Ciências Humanas é a História — a explicação do devir. Diz ele:

> "A história forma, pois, para as ciências humanas, uma esfera de acolhimento [...]. A cada ciência do homem ela dá um fundo básico que a estabelece, lhe fixa um solo e como que uma pátria: ela determina a área cultural – o episódio cronológico, a inserção geográfica – onde se pode reconhecer, para este saber, sua validade [...]."
>
> FOUCAULT, Michel. *As palavras e as coisas*. São Paulo: Martins Fontes, 1981. p. 388.

E, na Sociologia, uma das preocupações mais importantes para seus teóricos e pesquisadores clássicos e contemporâneos foi entender e explicar o processo histórico. Ao constituir-se como campo do conhecimento a partir das dificuldades surgidas do próprio movimento histórico, pensar a mudança — como contê-la, ou como promovê-la — passou a ser um dos temas centrais dos pensadores envolvidos com o desenvolvimento da Sociologia.

Veremos, em seguida, como eles abordaram essa questão e quais as diferenças conceituais elaboradas para explicar o trânsito da sociedade e da vida humana.

SIMON WEBSTER/ALAMY/GLOW IMAGES

Manicômio de Royds Insane Asylum, criado em 1888 e fechado em 2003, no noroeste de Londres, Inglaterra. No século XIX, surgiram, na Europa, os primeiros manicômios, hospitais psiquiátricos destinados a tratar doentes mentais. A partir de então, eles passam a ser objeto da ciência e não apenas da religião ou da literatura. Entretanto, nesses institutos, também eram internadas pessoas que eram consideradas portadoras de comportamentos indesejáveis, como os homossexuais e as mães solteiras. Menston, 2015.

Evolucionismo e desenvolvimentismo

Apesar de nascida das convulsões sociais surgidas com o desenvolvimento do capitalismo e da ascensão social da burguesia e do desenvolvimento tecnológico e industrial, os sociólogos tiveram dificuldades em pensar as transformações sociais. Émile Durkheim, por exemplo, defendia a ideia de que uma sociedade saudável era aquela que apresentasse mais estabilidade e maior coesão entre seus membros, os quais, em sua maioria, deveriam ter um comportamento de acordo com as normas sociais estabelecidas pelo conjunto. A sociedade que apresentasse características diversas, com comportamentos desviantes ou majoritariamente diferentes do esperado pelas regras sociais, era considerada uma sociedade anômica.

A função da Sociologia deveria ser de diagnosticar os problemas e agir de forma a reconduzir a sociedade à formulação estabelecida pelas leis sociais e pelas expectativas dos agentes. Como se vê, Durkheim, assim como outros autores de mesma tendência, não tinha o conflito, a dissidência e a mudança como eixos de análise social, como era o caso de Marx.

Mas, por outro lado, ao definir a metodologia para o estudo das sociedades, Durkheim propôs o método comparativo. Assim, diferentes sociedades deveriam ser estudadas no que possuem em comum num mesmo momento histórico ou em momentos diferentes. A análise comparativa dessas formações permitiria compreender as tendências dos processos históricos. Assim, se por um lado Durkheim pensava em uma sociedade estável como saudável, por outro, explicava o processo histórico da civilização como em permanente aprimoramento. Isso o colocava entre os chamados sociólogos de alguma maneira seduzidos pelo evolucionismo, em voga desde a publicação de *A origem das espécies*, de Darwin, em 1859.

Como já tivemos oportunidade de explicar, a Sociologia sofreu grande influência do avanço alcançado pelas Ciências Biológicas e Exatas no século XIX. Por isso, muitas das suas hipóteses e conceitos são metáforas de termos e teorias desenvolvidas nessas disciplinas, como, por exemplo, a palavra **órgão**, que, na Biologia, conceitua parte de um organismo vivo, composto por elementos celulares que interagem fisiologicamente e desempenham uma ou mais funções, para designar, na Sociologia, um sistema social estruturado, com objetivos e regras comuns a membros fortemente inter-relacionados.

O mesmo aconteceu em relação às teorias que explicam o processo histórico – o evolucionismo defendido pela Biologia, a partir do qual toda mudança visa o aprimoramento e a sobrevivência das espécies, tornou-se modelo interpretativo das transformações sociais pelos sociólogos que aderiram a esse princípio. Assim, pensaram as sociedades como uma espécie social que apresenta diferentes estágios de uma mesma tendência evolutiva.

Segundo essa concepção, as sociedades, enquanto exemplares de uma mesma espécie, passariam por estágios semelhantes, que as fariam evoluir de um modelo mais simples para outro mais complexo de vida social, com maior diferenciação entre os indivíduos, maior desenvolvimento tecnológico e mais riqueza reunida na totalidade da sociedade. Tais pressupostos criaram teorias sociais que pensam o desenvolvimento histórico como uma evolução constante, ou seja, como progresso.

São as teorias evolucionistas ou desenvolvimentistas, que analisam qualitativa e quantitativamente as sociedades e buscam comparar seus índices de crescimento social e econômico e propor políticas para alavancar esses índices.

Sociólogos positivistas adotaram esse princípio e preocupam-se com o progresso e o crescimento econômico. Auguste Comte, um dos fundadores da Sociologia, participa dessa corrente.

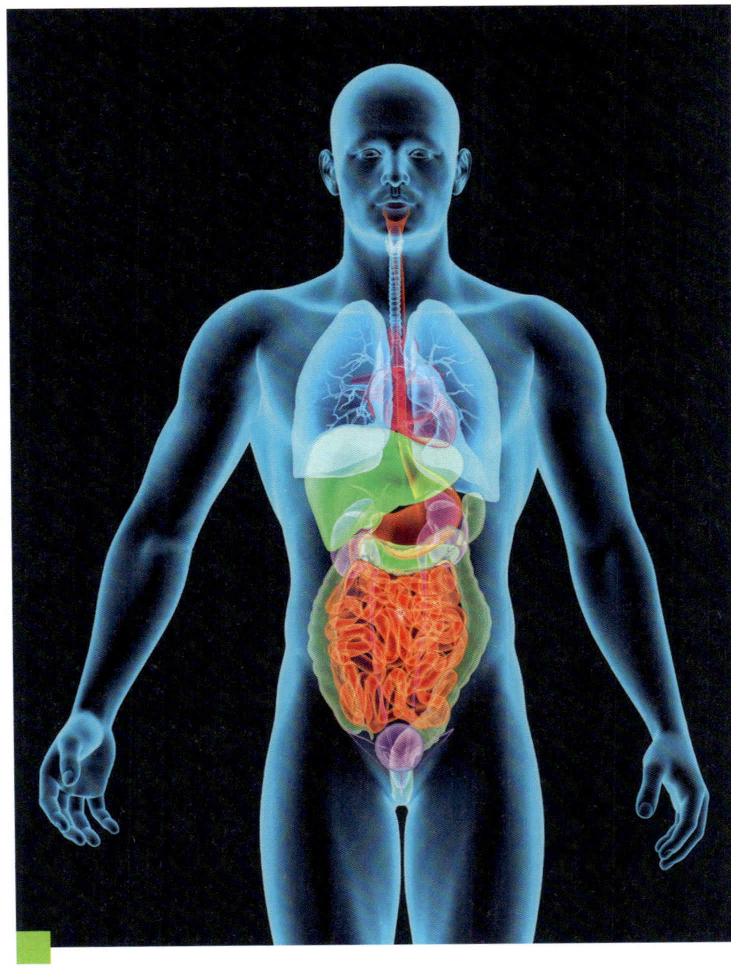

ABYRVALG/SHUTTERSTOCK

Inspirados nas teorias das Ciências Naturais e Biológicas, cientistas sociais criaram metáforas e procuraram aplicar à realidade social os conceitos dessas ciências. Hoje em dia, é muito comum o uso da expressão sinergia. Na Biologia, refere-se à associação de dois ou mais órgãos cujo resultado é a execução de um movimento ou função orgânica. O movimento de uma mão exige a sinergia de vários músculos, tendões e nervos. Na Sociologia, o termo é usado para designar a coesão dos membros de um grupo em prol de um objetivo comum.

Desenvolvimentismo e suas diferenças

Apesar de comungarem desse mesmo princípio evolucionista, os sociólogos desenvolvimentistas preocuparam-se com diferentes questões frente à diversidade de formações, ritmos e direções, encontradas no estudo comparativo das sociedades. Alguns, como o antropólogo estadunidense Marshall Sahlins, sustentaram que a evolução depende de fatores ambientais e temporais, outros, como o russo **Pitirim Sorokim**, propuseram a ideia de que o desenvolvimento se dá por ciclos irregulares que alternam crescimento com declínio.

Sociólogos diferem também quanto ao estudo das causas das mudanças sociais. Alguns as consideram predominantemente endógenas, isto é, resultam de problemas ou falhas na organização da sociedade. Outros consideram que as forças de mudança são, geralmente, externas à sociedade, como invasões e guerras. Mas tais estudos tiveram um aspecto comum – acreditavam que o movimento histórico das sociedades levaria, de forma inexorável, ao capitalismo industrial, baseado em alta tecnologia e à racionalidade da organização da sociedade.

Traços sociais, práticas e costumes que se opusessem a esse objetivo passaram a ser considerados como “resquícios” de estágios a serem superados. Da mesma forma, as nações que apresentassem melhores resultados em relação a esses objetivos foram consideradas como modelos de desenvolvimento, em função dos quais as demais sociedades deveriam agir.

Pitirim Sorokin (1889-1968)

Sociólogo e filósofo social, Sorokin nasceu na Rússia e participou da Revolução Russa de 1917 e trabalhou junto ao governo provisório de Alexandrer Kerensky (1881-1940). Exilado, em 1924 imigrou para os Estados Unidos, onde atuou como professor de Sociologia nas Universidades de Minnesota e Harvard.

COLEÇÃO PARTICULAR

William Wilber Rostow (1916-2003)

Economista e historiador estadunidense. Rostow foi professor de Economia e História no Instituto Tecnológico de Massachusetts e na Universidade do Texas. Foi assessor do presidente John F. Kennedy (1917-1963) e conselheiro especial de seu sucessor, Lyndon Johnson (1908-1973). Em sua obra *As etapas do crescimento econômico* (1960), W. W. Rostow expôs as cinco fases pelas quais devem passar todas as economias em seu desenvolvimento.

BETTMANN/GETTY IMAGES

O economista, historiador e assessor presidencial **William Wilber Rostow** escreveu uma das obras mais comentadas sobre sistemas classificatórios ao estabelecer diferentes estágios de desenvolvimento aplicáveis às diversas nações. Os estágios propostos por ele eram os seguintes:

1º Estágio: sociedade tradicional — produção limitada, ciência rudimentar, dependência profunda do meio ambiente e desperdício dos recursos naturais.

2º Estágio: sociedade em processo de transição — aparecimento das pré-condições de desenvolvimento e de atitudes racionais para exploração da natureza.

3º Estágio: sociedade em início de desenvolvimento — é perceptível o investimento da área produtiva, aumento da manufatura, expansão do sistema político. Esse estágio já configura o surgimento de uma sociedade moderna.

4º Estágio: sociedade em maturação — nesse estágio, as forças econômicas estão em expansão e passam a predominar na sociedade.

5º Estágio: sociedade de produção de massa — corresponde ao desenvolvimento ativo da produção em bases industriais e científicas resultante de grande e expressivo investimento de capital.

Esse modelo teórico explicativo das diferenças entre sociedades foi reproduzido inúmeras vezes por diversos autores que elaboraram escalas de desenvolvimento/subdesenvolvimento, economias centrais/periféricas e assim por diante. O que ele deixa claro é a existência de fortes desigualdades entre nações, regiões e agrupamentos sociais. Mas, por outro lado, tais teorias ignoram a história de cada grupo estudado, essencial para se entender as diferenças de graus de desenvolvimento.

Deixam, assim, de lado as concorrências, as condições ambientais e a interdependência que existe entre nações, regiões e agrupamentos sociais. Muitas dessas teorias desenvolvimentistas acabam gerando preconceito em relação a culturas, etnias e até a regiões do planeta. Alguns autores chegaram a propor que as regiões mais frias são mais propícias ao desenvolvimento do que as regiões mais quentes, sem levar em consideração os indicadores importantes de saúde (como a fertilidade da população e sua capacidade de reprodução). Por sua ênfase na ideia de que as sociedades são resultado de mecanismos internos, autônomos e individuais, e não de história e interdependência, essas teorias foram identificadas como manifestações de **darwinismo social**.

Termos e conceitos

Darwinismo social: nome dado a diversas teorias sociais que tentam aplicar os princípios biológicos evolucionistas de Charles Darwin, desenvolvidos para explicar o aparecimento de diferentes espécies biológicas, às sociedades humanas. Dessa forma, veem as diferenças sociais como diferenças de graus de desenvolvimento social e não como resultado de um processo histórico diverso e de relações de interdependência entre as sociedades.

As teorias desenvolvimentistas analisam cada sociedade individualmente e tendem a desconsiderar a relação de interdependência que existe entre elas. Na foto, vemos que a girafa adulta alcança os arbustos, enquanto a menor fica apenas olhando. Trata-se de uma metáfora do que as teorias da dependência propõem para o estudo das sociedades: os maiores abocanham os melhores galhos disponíveis, enquanto os países mais pobres observam, em situação próxima da impotência.

SHCHIPKOVA ELENA/SHUTTERSTOCK

Materialismo histórico e a perspectiva dialética

A ideia de que o Universo é estável sempre encantou os pensadores, especialmente porque a religião e a Filosofia, que sempre trataram dessas questões, estiveram ligadas ao poder temporal e religioso, os quais sempre quiseram assegurar a sua continuidade na posição de mando e dominação. Assim, as ideias de mudança sempre foram rechaçadas e consideradas perigosas, pois reafirmavam, em oposição, as teorias que defendiam a natureza universal e imutável do mundo, para as quais as mudanças seriam movimentos ocasionais e superficiais, que não chegavam a abalar os alicerces da sociedade.

Essa hegemonia da ideia de permanência e estabilidade do real só perdeu força consideravelmente com o advento da burguesia e o estabelecimento do capitalismo como modo de produção dominante. Isso porque a nova sociedade que se estabelecia exigia mudanças profundas na organização social e política da Europa, o que significava grandes transformações na totalidade da sociedade. As ideias de mudança foram defendidas por filósofos da Ilustração como Denis Diderot (1713-1784) e Jean D'Alembert (1717-1783).

A Revolução Francesa foi o acontecimento da Modernidade que mais marcou a ideia da impermanência, da ruptura. A sociedade, com suas instituições e valores, é que define o momento histórico que se vive e, portanto, tudo pode ser mudado.

Ficou claro para os filósofos que as contradições não eram momentos anômicos na sociedade, assim como compreenderam o papel da motivação e da vontade humana no desenrolar da história. Kant e Hegel dedicaram-se a desenvolver esse pensamento, ao propor realidade como uma totalidade constituída de condições naturais e históricas nas quais atuavam os homens como agentes. Estava aberta a porta para se pensar a realidade como **dialética**, ou seja, aberta às contradições e às mudanças, e refutavam o princípio da permanência e da natureza imutável do mundo. A natureza, assim como o ser humano, obedecia ao princípio da transformação.

No dia cinco de outubro de 1789, sete mil mulheres armadas marcharam sobre Versalhes para exigir do rei pão e trigo. A Revolução Francesa foi o fato que tornou evidente que as contradições e a mudança fazem parte da realidade e não podem ser consideradas como aspectos superficiais dessa realidade. Gravura de autoria desconhecida e colorida artificialmente.

REPRODUÇÃO – MUSEU CARNAVALET, PARIS

Charge de 2008, de Andrew B. Singer: a imagem de um homem na mesma posição de *O pensador* de Auguste Rodin (1840-1917), mas vestido de terno e gravata e sentado sobre uma pilha de objetos e equipamentos representativos do capitalismo, expressando uma crítica a esse sistema.

Com essa perspectiva, Marx e Engels desenvolveram, então, os princípios do materialismo dialético, que são os seguintes:

1. As mudanças podem diferir em ritmo — há momentos de mudança mais lenta e outros em que as transformações aceleram, como o ferver da água em uma chaleira; há um dado momento em que a água entra em ebulição.

2. A totalidade é constituída de partes integradas e interdependentes. Nada pode ser pensado de forma isolada, mas conectada.

3. As transformações obedecem a um princípio de negação da realidade que está sendo modificada. Entretanto, a negação, assim como a realidade que é transformada, são superadas, e uma nova realidade é estabelecida. Esses três momentos dos processos de transformação são concebidos como tese (realidade existente), antítese (negação da realidade existente) e síntese (nova realidade).

O materialismo dialético modificou radicalmente as teorias que explicam a sociedade e influenciou inúmeros sociólogos, mas esteve sempre erroneamente vinculado às predições feitas por Karl Marx sobre o advento da sociedade comunista. Na medida em que elas fracassam, questiona-se a pertinência da lei explicativa da história que as sustenta. De qualquer forma, a Sociologia tem trabalhado majoritariamente com os princípios que o norteiam: a ideia da totalidade formada pela natureza, sociedade e ser humano, o princípio da transformação permanente a que essa totalidade está sujeita e o papel do ser humano como agente de transformação.

Antônio Gramsci foi um dos críticos do **determinismo** que se percebe no materialismo histórico desenvolvido por Marx ao considerar que as relações de produção são as forças impulsionadoras das mudanças sociais, o que fere a ideia de uma totalidade integrada por diferentes instâncias da realidade. Da mesma forma, outros autores também concordam que as previsões feitas por Marx e Engels sobre o futuro da sociedade humana desrespeitam suas propostas teóricas e privilegiam os fatores econômicos sobre os sociais, culturais e até mesmo sobre as condições da práxis humana.

Na contramão dessa ideia estão os marxistas, muitos na América Latina, que consideram que a sociedade socialista prevista por Marx deve ser pensada em termos relativos e que a sociedade atual, dada a sua fragmentação e pluralidade, difere muito daquela que serviu de base às teorias do autor. Se a sociedade comunista não se consolidou, outros "socialismos" e militâncias políticas se tornaram realidade. Tais fenômenos não poderiam ser pensados sem a influência do movimento político desencadeado por Marx junto ao operariado.

Termos e conceitos

Determinismo: princípio filosófico e científico que pressupõe que tudo que ocorre na realidade, inclusive os processos de mudança e desenvolvimento social, obedecem a leis universais imutáveis e predeterminadas, próprias da natureza, independentemente da história de cada sociedade e da ação humana, consciente ou inconsciente.

As desigualdades e as relações de dependência

O materialismo histórico deu uma grande contribuição para a compreensão da dinâmica da sociedade e de seus processos de mudança e evidenciou que as sociedades não se desenvolvem por um processo endógeno (que se origina no interior do organismo, do sistema), único e universal, como o que explica parte das diferenças físicas e biológicas dos seres humanos. As sociedades são históricas, isto é, caracterizam-se pelas possibilidades abertas e pelos entraves criados ao desenvolvimento, herdados do passado, ou seja, pela própria dialética do processo histórico.

Dissemos, em outro capítulo, que a Revolução Industrial, como a entendemos cientificamente, ocorreu de forma exemplar na Inglaterra, entre os séculos XVIII e XIX. De lá, espalhou-se pela Europa e levou outros países como a França e a Espanha a industrializarem-se. Entretanto, embora as condições políticas e sociais fossem semelhantes, Espanha e França tiveram que competir no mercado internacional com a Inglaterra, que já se encontrava industrializada.

Isso significa que enfrentar a concorrência, por si só, configura-se como uma situação nova à qual a Inglaterra não esteve sujeita, mas que caracterizou o desenvolvimento dos demais países. Da mesma forma, a industrialização de países surgidos no século XIX e XX, a partir da independência de ex-colônias europeias, foi muito mais difícil do que nos demais países da Europa, pois o colonialismo impediu por séculos a industrialização dessas regiões. Portanto, um único processo — a industrialização — apresentou diferenças provenientes de condições internas diversas, de processos históricos díspares e das relações que as diversas nações mantiveram entre si. Sabemos hoje, por exemplo, que os metais preciosos extraídos pelos colonizadores ibéricos das Américas foram transferidos para a Inglaterra em razão das relações de dependência econômica criadas entre os países europeus.

A industrialização desigual entre os países europeus e a evasão de riquezas pelas fronteiras, que levaram países ricos como Portugal e Espanha a perderem divisas e tornarem-se deficitários, começam, já no século XIX, a demonstrar que a riqueza e o desenvolvimento dos países dependem tanto de suas condições internas como das relações que estabelecem entre si. Mas foram as transformações que ocorreram no século XX, com as duas guerras mundiais e a emergência de novas potências, lideranças dos blocos internacionais, que colocaram por terra as crenças em um desenvolvimento único das nações.

Essa percepção ficava ainda mais evidente quando diferentes modelos de desenvolvimento, um capitalista, liderado pelos Estados Unidos, e outro comunista, liderado pela União Soviética, rivalizavam-se na capacidade de desenvolver países que, como a China e a Coreia, eram agrários até pouco tempo atrás. Os modelos de desenvolvimento e a sua diversidade afrontaram as teorias desenvolvimentistas.

Rio da Prata é o nome dado ao estuário dos rios Paraná e Uruguai que se acreditava daria acesso à Serra de Prata, região procurada pelos colonizadores espanhóis e portugueses. O nome dessa larga faixa de terra expressava a cobiça dos europeus pelos metais preciosos americanos que, na Europa, eram trocados por navios, armas e produtos manufaturados em países como Inglaterra, França e Holanda.
O trânsito das riquezas exibe as condições de interdependência entre países e regiões em um mesmo continente e entre continentes. Imagem de satélite do estuário (2002).

JACQUES DESCLOITRES, MODISRAPID RESPONSE TEAM, NASA/GSFC

XINHUA/AFP

Imagem de 1969 que mostra militares e civis em Pequim, em uma parada militar na praça Tiananmen, ao final da Revolução Cultural, promovida por Mao Tsé-tung (1893-1976). A Revolução Chinesa mostrou que não existia apenas uma via para atingir o desenvolvimento industrial. A China passou de uma economia agrária a industrial por meio da coletivização da economia e não do desenvolvimento do capitalismo, como pregavam os adeptos do desenvolvimentismo.

A partir dos anos 1950, sociólogos e economistas passaram a desenvolver análises que demonstravam que o não desenvolvimento de regiões em um mesmo país, ou de países dentro de um mesmo continente ou de uma mesma zona de influência, alimentava o enriquecimento dos países desenvolvidos, de maneira a impedir o processo de superação de seus "entraves" ao crescimento.

Defenderam essa ideia economistas suecos como Magnus Blomstrom e Bjorn Hettne com uma explicação científica que tem como base os seguintes pressupostos:

- O subdesenvolvimento de países e regiões auxilia a expansão da indústria nos países desenvolvidos, que têm aí uma fonte de matéria-prima e um manancial de consumidores de seus produtos.
- O processo que inter-relaciona regiões e países não desenvolvidos com países industrializados e ricos é um processo único de expansão do capital.
- As relações que se estabelecem entre regiões e países não desenvolvidos com os desenvolvidos são, portanto, de dependência e manifestam-se interna e externamente aos países e regiões.

No Brasil, estudiosos dessas questões se destacaram desde o início da Sociologia. Caio Prado Júnior desenvolveu importante estudo da história econômica do Brasil. Na geração seguinte, temos intelectuais como Celso Furtado, Florestan Fernandes, Fernando Henrique Cardoso e Theotônio dos Santos.

Theotônio dos Santos (1936-)

Cientista político e economista brasileiro, professor emérito da Universidade Federal Fluminense (UFF), teve como uma de suas maiores contribuições à Sociologia brasileira a análise teórica do processo de dependência. Na atualidade, desenvolve a teoria do sistema-mundo. É comendador da Ordem do Rio Branco e Doutor *honoris causa* da Universidade Ricardo Palma, em Lima, no Peru, e da Universidade de Buenos Aires, na Argentina.

FELIPE VARANDA/FOLHAPRESS

No exterior, o nome de André Gunder Frank se destaca, procurando mostrar que o sistema colonial foi um processo de expropriação e acumulação levado a cabo nas mais diferentes partes do mundo. Muitos desses autores apoiaram-se nas teorias marxistas, enquanto outros analisavam as sociedades de um ponto de vista capitalista, como o brasileiro Roberto Simonsen (1889-1948).

Audiovisual

A globalização vista do lado de cá

André Gunder Frank (1929-2005)

ARQUIVO/UNIVERSIDADE DE TORONTO

Sociólogo e economista alemão, Gunder Frank teve projeção no debate que se estabeleceu nos anos 1970 sobre as relações de dependência provenientes do colonialismo. Foi um dos formuladores da teoria da dependência inspirada nas ideias do desenvolvimento desigual e combinado, de Leon Trotsky.

Globalização e sistema-mundo

O esfacelamento da União Soviética (1991), o desenvolvimento da comunicação em rede por computadores e o neoliberalismo revitalizaram as análises das teorias da dependência, pois a economia mundial passou a se apoiar no sistema global no século XXI, dominado pelo capitalismo internacional globalizado. Ao mesmo tempo, o toyotismo firmou-se como modelo econômico de acumulação de capital com a produção baseada na automação e na informática. Assim, processa-se a globalização da economia e da comunicação.

Diante desse quadro, alguns pontos devem ser colocados:

- Estamos diante de um processo político-econômico e ideológico que foge à clássica divisão entre comunismo-capitalismo que influenciou as análises do século XX.
- Cada vez mais, a importância das histórias locais, regionais e nacionais permite entender a dinâmica dos processos pelos quais as regiões e países se integram nesse processo global.
- A análise desse processo deve levar ao desenvolvimento de novos modelos de explicação sociológica capaz de dar conta de processos locais e globais e de suas mútuas interdependências.

Nesse sentido, as teorias do desenvolvimentismo, do materialismo histórico e da dependência, três diferentes enfoques assumidos pelas Ciências Sociais e, em especial, pela Sociologia, têm contribuições a dar para a compreensão do século XXI e de suas desigualdades e conflitos. Nos capítulos subsequentes, procuraremos tratar de algumas dessas questões e de como repercutiram na análise de problemas atuais da sociedade. Esperamos contribuir para o desenvolvimento da Sociologia contemporânea que, como resultado da dinâmica da sociedade, se abastece e se modifica de acordo com os desafios impostos pela atualidade.

Mas isso não significa que as classificações herdadas do passado perderam completamente seu sentido. Muitos cientistas sociais continuam pensando os problemas enfrentados pelos países não desenvolvidos como resultantes de sua incapacidade interna, ou de suas elites econômicas e políticas, de fazer frente aos desafios atuais. Dessa maneira, novas nomenclaturas aparecem. Em vez de desenvolvidos/subdesenvolvidos, criamos termos como "emergentes" para designar países que, na orquestração mundial da economia, se posicionam a meio caminho entre os países ricos e os incapazes de integrar as relações atuais, baseadas em um capitalismo financeiro e cibernético. Repensar essas questões é o propósito desta unidade.

PINGOS NOS "IS"

Pluralismo, singularidade e pós-colonialismo

O debate que se instalou nas Ciências Sociais em razão das diferentes perspectivas defendidas por cada uma das linhas teóricas que aqui abordamos – evolucionismo, materialismo histórico, teorias da dependência – levou a outros desdobramentos. Em primeiro lugar, sob a influência das teorias da dependência que estudam os laços coloniais estabelecidos entre metrópoles e colônias, responsáveis em parte por suas discrepâncias e diferenças, autores como o indiano **Homi K. Bhabha** e o português Boaventura de Sousa Santos analisam a situação pós-colonial, ou seja, as relações que se estabelecem entre as metrópoles europeias e suas ex-colônias.

Homi K. Bhabha (1949-)

Nasceu na Índia, graduou-se em Oxford e tornou-se professor visitante na Universidade de Princeton, nos Estados Unidos. Desde 2001, é professor de Literatura e Língua Inglesa e Americana em Harvard. Contribuiu com outras universidades nos Estados Unidos e na Inglaterra. Tornou-se famoso por seus estudos sobre a cultura e as relações coloniais, ao desenvolver conceitos-chave como *hibridização* — trocas e influências culturais estabelecidas entre países que tiveram relações coloniais no passado, relações essas que não são dissolvidas com a independência das colônias.

ABHIJIT BHATLEKAR/MINT/HINDUSTAN TIMES/GETTY IMAGES

O pós-colonialismo se caracteriza pela desconstrução das ideias evolucionistas que justificavam as relações coloniais como a prevalência do mais forte e do mais hábil sobre o mais fraco, ou das teorias missionárias e assistencialistas de universalização da civilização, por intermédio da doutrinação e do desrespeito às identidades culturais dos povos colonizados.

A crítica ao colonialismo está na base da atitude investigativa, assim como o reconhecimento da violência da dominação colonial, não só física, mas cultural e étnica. Por outro lado, os estudiosos do pós-colonialismo identificam a complementaridade das relações coloniais e propõem uma visão mais complexa e menos dualista dessa realidade. Para isso, Bhabha propõe o conceito de *entre-culturas*, referindo-se a esse tecido que envolve trocas econômicas, políticas e culturais.

O sucesso alcançado pelas telenovelas brasileiras em Portugal demonstra que as relações pós-coloniais são vias de mão dupla – entre ex-colônias e ex-metrópoles são fortalecidas relações que envolvem trocas econômicas, políticas e culturais. A capa da revista *Amiga Tv tudo*, de 1975, mostra a forte presença das telenovelas na cultura brasileira que criou e ainda mantém um mercado consumidor específico.

REPRODUÇÃO

Dessa forma, as teorias sobre o pós-colonialismo dão uma grande contribuição para a compreensão sociológica dos processos de mudança, mostrando que as relações entre regiões e países não se iniciam ou se esgotam nas formalidades contratuais — os processos socioculturais subsistem a elas. Por outro lado, essas teorias valorizam a história de cada povo e de cada sociedade para a compreensão de sua atualidade, mostrando que as sociedades têm uma dinâmica diferente da que rege as leis biológicas. Por fim, os estudos pós-coloniais favorecem o estudo das particularidades e das diferenças de cada povo e de cada sociedade, e auxiliam na elaboração de uma visão sociológica mais pluralista, humanista e menos eurocentrada.

O fim da globalização?

"Uma transição de importância maior está acontecendo na sociedade mundial. Suas evidências estão visíveis por toda parte, à nossa volta. A recessão ameaça chegar ou já chegou aos Estados Unidos, as economias europeias estão em queda, e o Japão mergulhou num estado de estagnação econômica.

Protestos políticos em grande escala voltaram a ser comuns, tanto à esquerda quanto à extrema direita. Os ultrajes terroristas em Nova York e Washington acrescentaram um fator adicional, preocupante e altamente perigoso a essa reviravolta de transformações.

À luz desses acontecimentos, alguns comentaristas já estão falando do "fim da globalização". Para eles, a integração global já foi longe demais. Se quisermos recolocar o mundo no caminho certo, dizem, teremos, em essência, que fazer o que querem os manifestantes contrários à globalização: fazer o relógio voltar para trás em relação às últimas décadas.

A globalização sempre foi um projeto do Ocidente e das grandes empresas, afirmam.

Seus beneficiários foram os ricos, muito mais do que os pobres, resultando nas consequências terríveis que agora observamos.

Os ataques terroristas teriam sido um sinal visível de que os marginalizados fazem questão de bater de volta nos responsáveis pelo destino que sofrem.

Mas essas afirmações estão erradas e precisam ser contestadas. A globalização nunca foi resultado de políticas escolhidas conscientemente e não pode ser revertida por decisão nossa.

Ademais, apesar das perspectivas sombrias que se apresentam para boa parte do mundo no momento atual, a globalização oferece benefícios, incluindo vantagens para os países mais pobres, que não podem ser alcançados de nenhuma outra maneira.

A definição mais simples de globalização é "interdependência crescente". Acontecimentos que têm lugar longe de nós afetam nossas vidas mais do que nunca. As origens de nossa crescente interdependência são bem profundas. Elas incluem, é claro, a crescente integração da economia mundial, preocupação mais comum dos manifestantes, mas muito mais do que isso também.

A globalização tem sido movida tanto pela revolução das comunicações, o fim da Guerra Fria e os padrões mutantes da soberania nacional quanto por influências puramente econômicas.

Considere-se, por exemplo, o impacto da internet. Criada originalmente pelo Departamento da Defesa dos Estados Unidos, ela já penetrou praticamente em todo o planeta. Não existe um caminho de volta a um mundo sem a internet (e não deveríamos procurar por tal caminho, tampouco).
A interdependência global chegou para ficar. [...]"

GIDDENS, Anthony. O fim da globalização?
Disponível em: <http://acervo.folha.uol.com.br/fsp/2001/10/28/5>. Acesso em: jul. 2016.

ATIVIDADES

1 Após a Segunda Guerra Mundial, diversos acontecimentos levaram os cientistas sociais a se preocuparem em entender os processos de mudança. Da relação abaixo, qual acontecimento não faz parte desse período?

a) Independência das ex-colônias europeias.
b) Formação da União Soviética.
c) Revolução Francesa.
d) Guerra Fria.

2 Por que os filósofos, desde a Antiguidade, estiveram preocupados em descartar os estudos dos processos de mudança social?

3 O princípio segundo o qual as transformações da sociedade não ocorrem obedecendo a um direcionamento único, mas apresentam ciclos, avanços e retrocessos, diferentes ritmos e direção, levando-se em conta a história de cada país ou região, foi uma contribuição do:

a) materialismo dialético.
b) evolucionismo.
c) darwinismo social.
d) desenvolvimentismo.

4 Qual a principal diferença que existe entre uma visão de mundo evolucionista e outra historicista?

5 "A organização não governamental britânica Oxfam afirmou nesta quarta-feira (02/05/2015) que 10% dos habitantes mais ricos do mundo são responsáveis por mais da metade das emissões de dióxido de carbono (CO_2). Em relatório divulgado durante a 21ª Conferência das Partes das Nações Unidas sobre Mudanças Climáticas (COP21), em Paris, a Oxfam informou que, no sentido inverso, metade dos mais pobres no planeta é responsável por apenas 10% das emissões poluentes."

Texto integral em: <http://noticias.terra.com.br/mundo/ricos-do-planeta-geram-mais-de-50-das-emissoes-de-co2-diz-oxfam,02edd241cb021a78838830fa00544a7d61vrixul.html>. Acesso em: fev. 2016.

A notícia acima informa que, segundo pesquisas, são os países mais desenvolvidos e industrializados que emitem mais gases responsáveis pelo aquecimento global, como era de se esperar. Essas considerações apontam para uma crítica sobre o que é desenvolvimento e demonstram a interdependência que existe no mundo entre países e regiões. Discuta essa questão em grupo e elabore um texto a respeito.

6 Segundo as teorias da globalização:

a) Cada sociedade (país ou região) é independente uma da outra, demonstrando pertencerem a diferentes estágios de um desenvolvimento único e universal.
b) As sociedades (países e regiões) estão inter-relacionadas e mantêm entre si estreitos laços de dependência.
c) As sociedades (países ou regiões) devem buscar um mesmo objetivo histórico, que cada uma alcançará a seu tempo.
d) As sociedades (países e regiões) desenvolvidas têm o dever de criarem condições para o desenvolvimento das sociedades mais pobres, levando a todos a sua civilização responsável por sua grandeza.

7 Leia o artigo e responda à questão.

Economia criativa: ideias que valem ouro

"Conheça um novo jeito de produzir que investe na cultura e na criatividade para gerar riquezas que vão muito além de encher os bolsos de dinheiro

Se no passado recente o que fazia girar a economia eram parques industriais gigantescos, com capital investido em máquinas e funcionários e produção contada em milhares de produtos, hoje existe um vasto mercado em que as ideias geniais valem dinheiro. Essa é a base do conceito da economia criativa, que ganha força no Brasil e será um dos temas discutidos na Rio+20, a Conferência das Nações Unidas sobre Desenvolvimento Sustentável, de 13 a 22 deste mês. Segundo dados das Nações Unidas, 8% do PIB mundial é gerado por negócios em torno de música, literatura, design, moda, desenvolvimento de softwares, artesanato. Esse patrimônio cultural é chamado de intangível, mas os ganhos obtidos por meio dele são bem concretos. [...]

No Brasil, também são muitos os exemplos de pessoas criativas à frente de negócios rentáveis e marcas reconhecidas mundialmente pela qualidade e originalidade. Quando o chef Alex Atala — cujo restaurante, o D.O.M., acaba de ser eleito o quarto melhor do mundo — tempera seus pratos com priprioca, um tipo de capim da Amazônia, ele está fazendo economia criativa. "O elo entre natureza e cultura é a comida. É preciso cozinhar e comer como cidadão", costuma dizer ele, que desbravou a culinária nacional viajando pelos sertões e conhecendo as comunidades que produzem os ingredientes empregados em suas criações gastronômicas.

Assim chamou a atenção para si mesmo, para o país e gerou renda para centenas de pessoas, que permanecem em seus lugares de origem. Quem vai a seu restaurante, em São Paulo, vive uma experiência única, e esse fator, tão subjetivo, também gera concretamente dinheiro, emprego e oportunidade para todos os envolvidos.

'A economia criativa valoriza mais o processo do que o produto', sintetiza Claudia Leitão, que está à frente da recém-criada Secretaria da Economia Criativa do Ministério da Cultura (Minc). 'São prioridades a inclusão e a cooperação. A criatividade brasileira, embora impalpável, é uma das nossas maiores riquezas e pode ser um caminho para o desenvolvimento do país e de todos os envolvidos. Um exemplo: do Oiapoque ao Chuí, as brasileiras bordam. Uma de nossas missões é desenvolver políticas públicas que estimulem e organizem a produção e a comercialização do bordado, para sustento dos autores e também para projetar nossa cultura', diz ela. [...]"

Disponível em: <http://planetasustentavel.abril.com.br/noticia/desenvolvimento/producao-investimento-cultura-criatividade-gerar-riquezas-economia-criativa-693244.shtml>. Acesso em: jan. 2016.

A matéria acima fala de "economia criativa", nova forma de produzir respeitando as tradições e o patrimônio cultural e econômico da sociedade. Essas formas não convencionais de produzir estariam ajudando a produzir riqueza e substituem as clássicas opções pela industrialização e emprego de alta tecnologia. Essa ideia faz uma crítica ao desenvolvimentismo. Qual é?

8 De que forma a perspectiva histórica combate o reducionismo das teorias desenvolvimentistas?

EXAMES DE SELEÇÃO

1 **(Enem, 2009)** O fim da Guerra Fria e da bipolaridade, entre as décadas de 1980 e 1990, gerou expectativas de que seria instaurada uma ordem internacional marcada pela redução de conflitos e pela multipolaridade.

O panorama estratégico do mundo pós-Guerra Fria apresenta:

a) o aumento de conflitos internos associados ao nacionalismo, às disputas étnicas, ao extremismo religioso e ao fortalecimento de ameaças como o terrorismo, o tráfico de drogas e o crime organizado.

b) o fim da corrida armamentista e a redução dos gastos militares das grandes potências, o que se traduziu em maior estabilidade nos continentes europeu e asiático, que tinham sido palco da Guerra Fria.

c) o desengajamento das grandes potências, pois as intervenções militares em regiões assoladas por conflitos passaram a ser realizadas pela Organização das Nações Unidas (ONU), com maior envolvimento de países emergentes.

d) a plena vigência do Tratado de Não Proliferação, que afastou a possibilidade de um conflito nuclear como ameaça global, devido à crescente consciência política internacional acerca desse perigo.

e) a condição dos EUA como única superpotência, mas que se submetem às decisões da ONU no que concerne às ações militares.

2 **(Enem, 2009)**

"Para Caio Prado Jr., a formação brasileira se completaria no momento em que fosse superada a nossa herança de inorganicidade social — o oposto da interligação com objetivos internos — trazida da colônia. Este momento alto estaria, ou esteve, no futuro. Se passarmos a Sérgio Buarque de Holanda, encontraremos algo análogo. O país será moderno e estará formado quando superar a sua herança portuguesa, rural e autoritária, quando então teríamos um país democrático. Também aqui o ponto de chegada está mais adiante, na dependência das decisões do presente. Celso Furtado, por seu turno, dirá que a nação não se completa enquanto as alavancas do comando, principalmente do econômico, não passarem para dentro do país. Como para os outros dois, a conclusão do processo encontra-se no futuro, que agora parece remoto."

SCHWARZ, R. Os sete fôlegos de um livro. *Sequências brasileiras*. São Paulo: Cia. das Letras, 1999 (adaptado).

Acerca das expectativas quanto à formação do Brasil, a sentença que sintetiza os pontos de vista apresentados no texto é:

a) Brasil, um país que vai pra frente.

b) Brasil, a eterna esperança.

c) Brasil, glória no passado, grandeza no presente.

d) Brasil, terra bela, pátria grande.

e) Brasil, gigante pela própria natureza.

3 **(Uerj, 2016)**

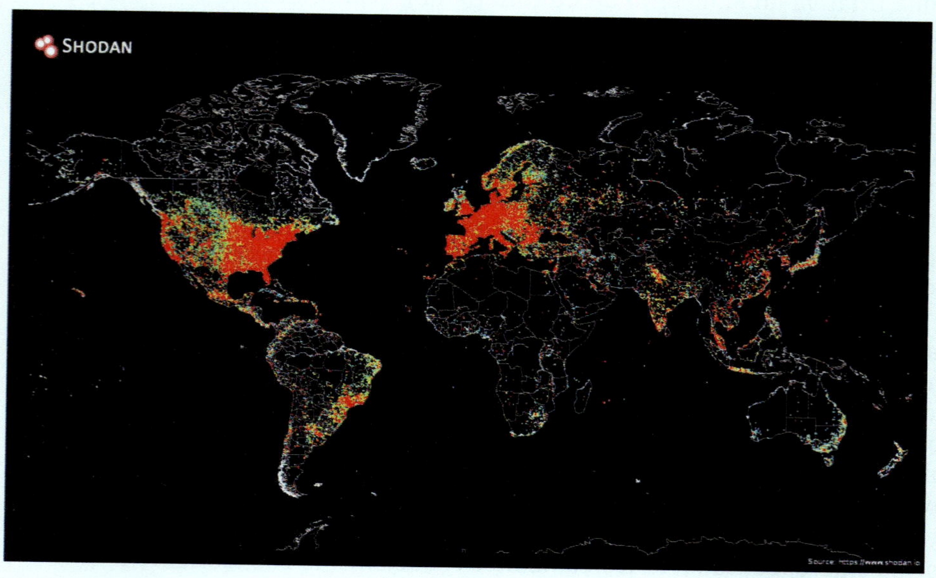

JOHN MATHERLY/SHODAN

"Imagine mandar um sinal para todos os dispositivos conectados à Internet ao redor do globo? Foi exatamente o que fez John Matherly, que se autointitula um "cartógrafo" da rede. Com essa técnica, que permite sondar tão rapidamente o panorama de conexões no mundo, o criador pretende fazer isso mais vezes ao longo do tempo, para comparar a evolução do acesso à rede. Quanto mais intensa a cor, maior o número de dispositivos, e por enquanto sabemos bem onde eles se concentram."

Adaptado de revistagalileu.globo.com, setembro/2014.

A análise do mapa possibilita visualizar o uso da Internet nas diversas regiões do mundo. A principal causa para as diferenças regionais na concentração do uso dessa rede é:

a) baixa densidade demográfica

b) redução do crescimento econômico

c) descontinuidade das transmissões globais

d) desigualdade de desenvolvimento tecnológico

4 **(UEL, 2010)** Leia o texto a seguir:

"O sistema Linux é um artesanato público. O kernel (núcleo de *software*) do código Linux está disponível a todos, pode ser utilizado e adaptado por qualquer um: as pessoas se oferecem voluntariamente e doam seu tempo para aperfeiçoá-lo. O Linux contrasta com o código utilizado na Microsoft, cujos segredos até recentemente eram entesourados como propriedade intelectual de uma só empresa. [...] Ao ser criado na década de 1990, o Linux tentava resgatar um pouco do espírito de aventura dos primeiros dias da informática na década de 1970. Ao longo dessas duas décadas, a indústria de *software* metamorfoseou-se em pouco tempo num conjunto de poucas empresas dominantes, adquirindo o controle de concorrentes menores ou expulsando-os do mercado. Nessa dinâmica, os monopólios pareciam fabricar em série produtos cada vez mais medíocres."

SENNET, R. *O artífice*. Rio de Janeiro: Record, 2009. p. 35.

Com base no texto e nos conhecimentos sobre o tema, é correto afirmar:

a) as configurações dos processos de invenção no mercado da informática não dependem da lógica de acumulação capitalista, pois se miram nos princípios de liberdade e de simetria nas formas de apropriação.

b) os processos de criação e produção de conhecimentos e produtos na era da revolução microeletrônica não são neutros, pois podem ocorrer segundo a lógica da acumulação privada ou da lógica da apropriação pública.

c) os modos de apropriação dos *softwares* e seus códigos passam pela garantia de inovação, revolução e acumulação de conhecimentos que eles comportam, pois são esses elementos que determinam seu uso social.

d) as formas de circulação e de acesso aos produtos diretamente ligados aos progressos da informática não estão subordinadas aos processos e engenharias que hierarquizam os detentores e não detentores do capital.

e) os sistemas de elaboração de técnicas e mecanismos no meio virtual são indiferentes em suas formas de aplicação seguindo lógicas distintas, mas que convergem para a apropriação pública dos processos e resultados.

OUTRAS MÍDIAS

Para assistir

Capitalismo, uma história de amor

Direção: Michael Moore. País: Estados Unidos. Ano: 2009.

O escritor, cineasta e ativista estadunidense Michael Moore tornou-se famoso pelos seus documentários que criticam e denunciam o capitalismo em suas rachaduras e conflitos, numa linguagem ágil e irônica. Em *Capitalismo, uma história de amor*, ele mostra quão flexíveis são os limites éticos do capitalismo e das ações que são realizadas em nome da plena expansão do capital. Contra esse conflito, no qual nem o Estado, nem o mercado conseguem estabelecer os limites para a ação que visa o lucro e a acumulação, Moore apresenta como uma saída a democracia e, para justificá-la, retoma os ideais expressos na constituição dos Estados Unidos. Realizado após a crise financeira mundial de 2008, o filme tece críticas à globalização e ao neoliberalismo, e mostra as consequências de suas premissas.

Babel

Direção: Alejandro González Iñárritu. País: Estados Unidos/México. Ano: 2006.

O filme narra quatro diferentes histórias: Susan e Richard Jones, um casal estadunidense que viaja pelo Marrocos para tentar refazer seu casamento abalado pela morte do filho; Abdullah, um criador de cabras marroquino que compra um rifle para matar os chacais que atacam suas cabras; Cheiko, uma adolescente surda-muda japonesa que vive com o pai e enfrenta os problemas de rejeição de sua condição; Amélia, uma mexicana que vive ilegalmente nos Estados Unidos e cuida dos filhos de Susan e Richard enquanto estes viajam. Cada um desses dramas é tratado independentemente, mas são costurados por um fato que os une: o pai de Cheiko é um caçador que, em visita ao Marrocos, doa seu rifle para seu guia, que o vende para Abdullah, que o empresta aos filhos, os quais, em um misto de brincadeira e treino, disparam um tiro que fere Susan, que passava em um ônibus nesse exato momento.

Com a permanência do casal no Marrocos para salvar a vida de Susan, Amélia, que precisa ficar mais tempo com as crianças, decide atravessar com eles a fronteira do México, com a ajuda de seu sobrinho Santiago, para um casamento. Quando tenta retornar, ela é então presa e deportada para o México, enquanto as crianças são devolvidas aos pais. O filme é ágil e repleto de não linearidades costuradas por um roteiro surpreendente. O longa-metragem de Iñárritu traz uma experiência importante para que o aluno entenda a interdependência entre regiões e nações de que fala o capítulo.

Ilha das flores

Direção: Jorge Furtado. País: Brasil. Ano: 1989.

Trata-se de um documentário diversas vezes premiado que, ao adotar uma linguagem utilizada para produções científicas, procura acompanhar a trajetória de um tomate do plantio até terminar em um lixão, onde crianças têm apenas cinco minutos para catarem o que puderem. Escrito e dirigido por Jorge Furtado, o filme é bem realizado e mostra como todos os setores da vida social estão interligados e são interdependentes, o que permite aos alunos entender as teorias da dependência e da globalização apresentadas neste capítulo.

Para ler

O local da cultura

Homi K. Bhabha. Belo Horizonte: Ed. UFMG, 1998.

O teórico da cultura, ensaísta e professor indiano Homi K. Bhabha analisa as relações que se estabelecem com a colonização, especialmente as formas discursivas em que o poder é externado e estabelece as relações de poder, dominação e superioridade. Valores que sustentam essas associações são transmitidos de geração em geração. Assim, analisa o colonialismo em suas consequências para a formação das identidades étnicas e nacionais sempre distantes, mas complementares. Bhabha desenvolve o conceito de pós-colonialismo com o qual procura mostrar que as relações coloniais não são desfeitas com os processos políticos de independência, mas perduram numa dialética de inter-relação de identidades.

O colapso da modernização – da derrocada do socialismo de caserna à crise da economia mundial

Robert Kurz. Rio de Janeiro: Paz e Terra, 1992.

Nesse livro, o filósofo alemão Robert Kurz (1943-2012) analisa o socialismo de uma perspectiva menos convencional e mais ousada – não como um sistema conflitante ou alternativo ao capitalismo, mas como um sistema diferente de atingir objetivos muito próximos: a acumulação do trabalho abstrato. Tanto o capitalismo liberal, como o comunismo de estado tendem a buscar o desenvolvimento ilimitado das forças produtivas e, portanto, a acumulação de capital. Com base nas ideias de Karl Marx, Kurz argumenta que o conflito básico da modernidade não é a falta de consciência das classes trabalhadoras, mas a socialização do trabalho que se contrapõe à apropriação privada dos bens e do dinheiro que se processa na circulação e consumo, o que estimula desigualdades avassaladoras nos sistemas implantados na sociedade. Com essa análise, a leitura desse texto trará importantes subsídios para o estudo da interdependência entre países, regiões e sistemas político-econômicos.

Razões e ficções do desenvolvimento

Glauco Arbix et al. São Paulo: Ed. Unesp/Edusp, 2002.

A publicação é resultado de seminários internacionais realizados na USP, numa parceria entre o Departamento de Sociologia, da Escola Politécnica e da Faculdade de Economia e Administração da USP, nos anos de 2000 e 2001. Apesar das diferenças entre os ensaios, existe uma pauta comum sobre a necessidade de pensar-se o futuro levando-se em conta a diversidade e a pluralidade de realidades existentes nos diferentes países. Apresenta diferentes visões para o desenvolvimento econômico e as políticas públicas e sociais. A publicação reafirma a importância da história na compreensão da dinâmica das diferentes regiões e países.

Para acessar

Diálogos de economia criativa entre o Brasil e o Reino Unido

<http://transform.britishcouncil.org.br/pt-br/economiacriativa>

Nesta área do *site* do British Council, disponibilizam-se três publicações, realizadas com a curadoria da economista Lidia Goldenstein e participação de autores britânicos e brasileiros.

Capítulo

18 Identidade, discriminação e preconceito

Objetivos

- Apresentar e desenvolver o conceito de identidade.
- Explicar como se desenvolvem em relação dialética a subjetividade e a identidade social.
- Relacionar os processos que auxiliam o desenvolvimento da identidade, tanto individual quanto social.
- Estabelecer a relação dialética entre pertencimento e discriminação.
- Desenvolver o conceito de estereótipo.
- Apresentar o cenário da atualidade em que os processos identitários se enfraquecem.
- Analisar as novas formas de pertencimento da sociedade contemporânea.
- Refletir sobre as interdependências entre indivíduos, grupos e regiões.
- Apresentar os conceitos de diversidade e pluralidade.

Neste capítulo, será apresentado o processo pelo qual todas as pessoas passam: o desenvolvimento da individualidade. Esse processo que promove a subjetividade é estimulado pelo contato com o outro, o não eu, do qual nos distinguimos. Por meio dele e uma vez que estamos integrados à cultura, temos a possibilidade de aprimorar nossas identidades pessoal e social. As instituições, como a família, a escola e a religião, são espaços que auxiliam as relações entre essas duas instâncias de nossa vida.

As identidades pessoal e social envolvem o sentimento de pertencimento e integração, mas também podem gerar hostilidade em relação a sujeitos e grupos pelos quais sentimos algum tipo de estranhamento, o que provocaria atitudes de discriminação e preconceito. Com a globalização, o neoliberalismo e as migrações, as instituições e o Estado se enfraquecem em certos aspectos, entre os quais a possibilidade de gerar sentimentos duradouros de identidade. Novas formas de pertencimento, mais efêmeras e fluidas, são criadas, assim como proliferam outras formas de organização e identificação social, criando um cenário diversificado e plural com o qual devemos conviver e nos relacionar.

CASTKA/SHUTTERSTOCK

Em frente ao espelho, criança de dez meses descobre a própria imagem.

CARAVAGGIO - PALÁCIO BARBERINI, ROMA

Óleo sobre tela, *Narciso*, de Michelangelo Merisi da Caravaggio (1571-1610), obra produzida entre 1597-1599.

Para refletir

1. Você se identifica com a imagem do seu retrato na carteira de identidade? Por quê?
2. Pesquisas demonstram que ouvir o próprio nome ativa mais certas áreas do cérebro do que qualquer outro som. Por que você acha que isso acontece?
3. Por que será que as pessoas, quando passam diante de um espelho ou de uma vitrine, costumam olhar para sua imagem e ajeitar a roupa ou o cabelo?

A autoimagem, ou autorretrato, tem sido elemento importante de inspiração nas artes e na literatura do mundo todo. Em uma das imagens que abrem este capítulo, vemos a reprodução de uma obra do pintor italiano Caravaggio que ilustra um famoso mito grego, o de Narciso. Segundo a mitologia, ele, filho de um deus e de uma ninfa, era um jovem de rara beleza que despertava grandes paixões, às quais permanecia completamente insensível. A ninfa Eco, uma das apaixonadas, desprezada por ele, pediu vingança aos deuses, que, em resposta, o condenaram a apaixonar-se pela própria imagem. Certo dia, ao debruçar-se sobre as águas de um lago, Narciso vê sua imagem refletida e por ela se apaixona. Ao não reconhecer a imagem como sua e com o desejo de ir atrás do ser que imaginava estar no fundo do lago, afoga-se nas suas águas. Na margem do lago, surge uma flor muito bela, à qual se deu o nome de narciso.

Branca de Neve, a heroína do conto infantil, também é vítima da magia de um espelho. Sua invejosa madrasta perguntava todos os dias a seu espelho quem era a mulher mais linda do reino, e o espelho respondia que ela era a mais bela. Certo dia, porém, o espelho diz que a mais bela mulher é Branca de Neve. Raivosa, a madrasta resolve matá-la. Branca de Neve só é salva no final da história, depois de muito sofrimento infligido pela rival.

O escritor e dramaturgo Oscar Wilde (1854-1900) escreveu *O retrato de Dorian Gray*, em 1890. Trata-se da história de um belo jovem da aristocracia inglesa retratado por um importante pintor. Com a obra pronta, a imagem de Dorian na pintura expressa a mais profunda e juvenil beleza e o faz desejar ardentemente permanecer com aquela aparência para sempre. O aristocrata faz um pacto com o diabo (ou com os deuses) para que conserve aquela aparência e que toda e qualquer decadência que a vida lhe impinja só se torne visível na pintura. Assim se faz e, durante anos, Dorian pratica inúmeras iniquidades, mas elas ficam registradas apenas no retrato, que se deteriora, enquanto o personagem permanece jovem e belo. Ao final, Dorian não suporta a transformação sórdida de sua própria imagem e destrói a tela, destruindo a si próprio.

Todas essas metáforas ficcionais e literárias respondem a um importante anseio da humanidade — o de se sentir identificado com sua imagem.

ALLIANCE FILMS/EVERETT COLLECTION/KEYSTONE BRASIL

Instantâneo do filme *O retrato de Dorian Gray*, de 2009, do diretor Oliver Parker. Ao ver a beleza de seu retrato, Dorian Gray pede aos deuses que ele permaneça como na imagem da pintura e que as desventuras da existência corrompam apenas a imagem feita pelo pintor. Assim ocorre e, a cada decaída de Dorian, apenas o retrato se deteriora. Oscar Wilde, com esse recurso literário, consegue ilustrar a decadência da sociedade inglesa, que se vangloria de sua pretensa superioridade em relação às outras sociedades, incapaz de ver as próprias deficiências morais e éticas.

O estádio do espelho

Em 1936, Jacques Lacan (1901-1981), psicanalista e psicólogo social francês, denominou de "**estádio do espelho**" o período da infância em que o ser humano já se mostra capaz de reconhecer sua imagem no espelho. Filósofo, médico e psicólogo, o francês Henri Wallon (1869-1962) havia mostrado que, por volta dos seis meses de idade, o ser humano passa a desenvolver o simbolismo e a ser sensível às sugestões das imagens e dos símbolos. Com esse processo, irrompe a consciência de si como ser em formação, cuja imagem visual estimula o desenvolvimento.

Lacan contribuiu para essa teoria ao observar o próprio filho, de apenas seis meses de idade, que, colocado diante do espelho e ainda incapaz de sustentar o próprio corpo, reconheceu sua imagem refletida e regozijou-se com ela. Com gestos, o bebê demonstrou ter identificado sua imagem e poder diferenciá-la da imagem do adulto que o sustentava. Mesmo não sendo capaz ainda de manter-se em pé ou de articular a palavra "eu", o ser humano tem a experiência simbólica do eu, base da sua individualidade, que o acompanhará por toda a vida.

A consciência de si, que se desenvolve desde as fases iniciais da vida, permitirá também, progressivamente, a identificação do outro e dos outros, que constituirão para ele uma referência exterior e distinta de si. Esse outro e esses outros que povoam o meio circundante estabelecerão com ele uma relação dialética, ou seja, uma relação ao mesmo tempo de oposição e síntese, que envolve o mundo interno e o mundo externo ao indivíduo, os sujeitos e a sociedade.

A relação entre o eu e o outro destaca e organiza duas formas de existência. Tanto a individualidade, por um lado, quanto a coletividade, a cultura e a sociedade, por outro, são formadas por meio dessa interação. Essa relação, contudo, nunca constitui um todo acabado e prossegue durante toda a existência humana. É uma construção permanente, para a qual cooperam as forças internas do indivíduo e as forças da sociedade, que agem sobre ele e a partir dele.

Ao tratar do indivíduo e da vida coletiva, os sociólogos clássicos procuraram teorizar a distinção entre um e outro conceito. Émile Durkheim, por exemplo, procurou conceituar a sociedade como algo que está fora do indivíduo e que se impõe a ele, enquanto Max Weber buscou mostrar que a sociedade só poderia ser entendida com base nas unidades que a constituem, ou seja, as formações históricas e os indivíduos, com suas necessidades e motivações.

Assim, seja ao pensar a supremacia da sociedade sobre a força das individualidades, seja ao conceber a sociedade como uma composição dessas forças, está sempre presente no pensamento sociológico a relação entre o sujeito e a sociedade, que são duas realidades interdependentes, porém distintas. É por meio dessa relação mediada por signos — como o reflexo no espelho que estimula a criança de seis meses — que desenvolvemos a capacidade de reconhecer em determinadas situações externas prolongamentos de nosso corpo e de nossa interioridade. Obtemos nessas situações a sensação de pertencimento, ou seja, nos sentimos parte de algo que se situa fora de nós. Isso é o que chamamos de identidade, isto é, a possibilidade de, em certas circunstâncias, vencer as oposições que existem entre nosso mundo interior e o meio circundante, ao perceber esse mundo como nosso prolongamento e a nós próprios como parte dele.

Erving Goffman (1922-1982)

Cientista social e escritor canadense que atuou e morreu nos Estados Unidos. Foi presidente da Associação Americana de Sociologia e um dos mais citados autores da área. Sua contribuição foi especialmente importante no estudo da interação simbólica, para a qual utilizava um método interpretativo da comunicação simbólica e do jogo dramatúrgico entre os atores sociais.

Identidade e instituições sociais

A formação da identidade individual, embora se manifeste de forma prematura no desenvolvimento do ser humano, estará sempre vinculada ao processo dialético de identificação do eu e do não eu. Conceber o indivíduo e conceber o todo, o coletivo, são duas faces de um mesmo processo, como tão bem descreveu **Erving Goffman**. Ao adotar uma perspectiva **microssociológica**, ele mostrou que o indivíduo se constrói na interação com o outro, quando as expectativas coletivas moldam o seu comportamento, por meio de uma rede de interações simbólicas que inclui a fala, o olhar, os gestos e outras formas de indução, à qual se dá o nome de interacionismo.

Nesse sentido, podemos dizer que o indivíduo pode ser concebido como um *ator*, ou *interator*, o ser que age em função do outro ou dos outros. Não se trata, portanto, do indivíduo isolado e fechado dentro de sua particularidade, como é muitas vezes apresentado pela Psicologia Social ou pela Economia. Para a formação do indivíduo-ator, dessa perspectiva, as instituições sociais desempenham papel fundamental, utilizando suas regras e rituais, por meio dos quais os agentes introjetam maneiras de ser e interagir.

Uma das primeiras instituições com a qual o indivíduo-ator vai se relacionar é a família, entendida como um grupo de pessoas unidas por laços de consanguinidade, parentesco e afinidade, estabelecidos por meio de pactos de natureza afetiva, sexual ou econômica, reconhecidos socialmente e que reúnem pessoas de sexo, gênero e idade diferentes, no qual os adultos detêm a responsabilidade pelo gerenciamento do todo. Em geral, as famílias tendem a habitar um mesmo espaço e considerá-lo seu domicílio.

Essa definição concretiza-se em diferentes arranjos a depender do tempo e do espaço social em que estão inseridos, que podem ir desde uma dualidade formada por um casal de cônjuges até extensos grupos que reúnem parentes e agregados. Segundo Talcott Parsons (1902-1979), a família é responsável pela *socialização primária*, ou transmissão dos conhecimentos básicos (idioma, regras, comportamento, valores) da sociedade mais ampla à qual pertencem, assim como pela *estabilização da personalidade*, ou desenvolvimento das tendências pessoais do sujeito.

À medida que a criança cresce, outras instituições passam a desenvolver suas características pessoais e sociais. A escola ocupa cada vez mais a vida das pessoas nos países industrializados, como uma importante fonte de adaptação ao processo produtivo, ao estimular a formação e profissionalização de jovens e adultos.

Com o permanente desenvolvimento tecnológico e científico, o conceito de educação continuada torna-se cada vez mais universal, ou seja, o aprendizado técnico e profissional acompanha a pessoa a vida toda, e não mais apenas durante o período de estudante, e atualiza-se em virtude de novas descobertas e novos procedimentos profissionais. As crianças vão cada vez mais cedo para a escola e a educação estende-se por mais anos.

Além da escola, à medida que as crianças crescem, elas passam a interagir com outros grupos e instituições, que ao mesmo tempo moldam sua personalidade e ajustam sua conduta à sociedade como um todo, oferecendo espaço de desenvolvimento pessoal e reafirmação de sua personalidade. A Igreja, o grupo de amigos, as associações recreativas desenvolvem a identidade do indivíduo, naquilo que ele tem de pessoal e particular e naquilo que o tornará apto a inserir-se em diferentes instâncias da vida social. Entre a juventude e a fase adulta, os indivíduos passam a interagir com instituições profissionais e a inserir-se em setores da produção material. Com isso, passam a participar da vida política e a fazer parte de associações e sindicatos, nos quais desenvolvem sua cidadania, embora esta seja construída de diversas formas.

Termos e conceitos

Microssociologia: um dos ramos da Sociologia, a microssociologia faz um enfoque qualitativo do estudo das relações singulares e cotidianas. Teve como principal precursor Max Weber e como seguidores dessa abordagem Herbert Mead (1863-1931) e Erving Goffman. Baseia-se principalmente na observação e interpretação do comportamento e do aparato simbólico utilizado na comunicação entre atores ou grupos sociais.

TYLER OLSON/SHUTTERSTOCK

A educação, hoje, estende-se pela vida toda. As crianças vão cada vez mais cedo para a escola e estudam por mais tempo, e as pessoas com mais idade devem manter-se permanentemente atualizadas e acompanhar as rápidas mudanças na sociedade, pois é preciso adaptar-se aos novos tempos.

Essas instituições, como bem analisou Durkheim, têm forte poder coercitivo e atuam a fim de conservar e manter seus objetivos e procedimentos, mas também são espaços de ação transformadora. Assim, à medida que a identidade se desenvolve, o indivíduo-ator encontra nessas instituições meios de ação que visam a mudanças na sociedade.

Alteridade e individualidade

Não são apenas as instituições que servem de espaço para a integração na sociedade, para a formação de nossa identidade social e para a ação transformadora sobre o mundo. Os estudos sociológicos têm apontado que a **alteridade** é o elemento principal na condição humana, ou seja, a relação do eu com o outro, em uma oposição dialética. Esses estudos têm apontado que a alteridade não diz respeito apenas ao indivíduo-ator e às pessoas com as quais interage, mas também às relações entre instituições, cidades e países. Cada um deles percebe-se segundo uma realidade própria e intrínseca, na medida em que se distingue de outro diante do qual se posiciona e com o qual interage.

Norbert Elias foi um dos sociólogos que estudou essa relação entre o eu e os outros do ponto de vista de um processo que ele chamou de individualização. No livro *A sociedade dos indivíduos*, composto de um conjunto de ensaios, Elias analisa a formação da individualidade como resultado de um longo processo que se iniciou nos primórdios da civilização, acelerou-se a partir do Renascimento e constituiu-se como uma característica da modernidade.

Para o autor, o ser humano adquiriu maior consciência de si como um ser diferente e independente à medida que a sociedade se tornou mais complexa e ofereceu a ele maior liberdade de opção em relação a suas ideias e formas de comportamento. Para o autor, nas sociedades homogêneas ou tribais, em que os padrões de comportamento são muito semelhantes, as pessoas têm menos chances de experimentar a diversidade e a diferença. Já nas sociedades industriais e tecnologicamente desenvolvidas, as diferenças aumentam entre os grupos que nelas vivem, o que permite aos membros optar por diferentes modalidades de sentimentos, valores e comportamentos. Essa liberdade estimula a experiência própria da individualidade, ou seja, de constituir um ser único e independente. Por outro lado, essa experiência faz surgir o sentimento de responsabilidade para com o outro e para com a sociedade.

DIVULGAÇÃO/PMPA

Até mesmo a publicidade tem estimulado o sentimento de pertencimento das pessoas ao seu bairro, cidade, país, mostrando que a identidade se constrói socialmente e aumenta diante da alteridade. Essa alteridade manifesta-se como interioridade não apenas nas pessoas, mas também nas relações entre lugares e instituições.

Norbert Elias considera que o processo de individualização se confunde com o próprio processo civilizatório, à medida que o ser humano começa a agir com maior independência e liberdade, ao reafirmar suas convicções e abandonar progressivamente as formas de comportamento inatas ou aprendidas de seus pares por imitação. Portanto, a individualidade é um processo longo e histórico que surgiu com a cultura humana e acompanhou o desenvolvimento das sociedades, que se tornaram mais amplas, diversificadas e complexas. Esse período da existência é revivido inicialmente pela criança no estádio do espelho e atinge a maturidade no adulto, quando este se identifica com sua história, como resultado de escolhas e opções individuais.

> "Toda sociedade humana consiste em indivíduos distintos e todo indivíduo humano só se humaniza ao aprender a agir, falar e sentir no convívio com os outros. A sociedade sem os indivíduos ou o indivíduo sem a sociedade é um absurdo."
>
> ELIAS, Norbert. *A sociedade dos indivíduos*. Rio de Janeiro: Zahar, 1994. p. 67.

O indivíduo e a globalização

É na relação com o outro que surge o indivíduo, um ser consciente de si, capaz de interagir com o outro e, consequentemente, com a sociedade e que desenvolve um sentimento misto de responsabilidade e liberdade em relação a seus atos. Essa vivência de si como unidade e coletividade, segundo Elias, está expressa nos nomes próprios com os quais identificamos as pessoas — há o prenome, que distingue a unidade, e o nome, ou sobrenome, que identifica o grupo ao qual pertencemos. Nossa vida pauta-se pela relação entre o eu e o outro, entre nós e a sociedade.

Finalmente, o autor diz que, com a globalização, esse sentimento de pertencimento a um grupo maior foi intensificado. Teríamos passado a desenvolver, como um grau mais elevado de individualização, uma responsabilidade e um comprometimento que extrapolam os grupos mais próximos com os quais convivemos e se estendem para o planeta como um todo e para a humanidade.

Dessa forma, percebemos que o desenvolvimento de nossa identidade é complexo. Inicia-se nos primeiros tempos de vida e é estimulado por experiências simbólicas e comunicacionais, que podem ser a imagem no espelho, a pronúncia de nosso nome, o sorriso dos pais ou o objeto que carregamos com as mãos. Aos poucos, as noções do eu e do outro, que continuam a se referir mutuamente por toda a vida, transformam-se em consciência, que se amplia à medida que amadurecemos e construímos nossa história com nossas experiências e opções. Os sentimentos de pertencimento e completude adaptam-se a diferentes circunstâncias, situações e limites, mas são sentimentos básicos para a construção da personalidade e da própria sociedade, que resulta da experiência comum de todas essas individualidades. Como explica Elias:

> "Graças a uma peculiaridade de sua organização corporal, as pessoas têm condição de se distanciarem de si enquanto organização física ao se observarem e pensarem a seu próprio respeito. Em virtude dessa peculiaridade de sua organização física, que lhes permite perceberem-se como imagens espaço-temporais entre outras imagens similares, como pessoas corporalmente existentes em meio a outras pessoas semelhantes, elas estão aptas a caracterizar sua posição, dentre outras maneiras, mediante o uso do símbolo 'eu' e a caracterizar a posição das outras através de símbolos como 'você', 'ele' ou 'eles'."
>
> ELIAS, Norbert. *A sociedade dos indivíduos*. Rio de Janeiro: Zahar, 1994. p. 154.

Identidade e discriminação

Temos argumentado, neste capítulo, que a identidade, esse sentimento interior de autorreconhecimento, é constituída de aspectos subjetivos, componentes da nossa individualidade, e objetivos, referentes à nossa identidade social, por meio da qual os outros nos reconhecem. Nossa forma de ser no mundo congrega essas duas instâncias: interior e subjetiva; exterior e objetiva.

Vimos também que esse processo envolve o universo simbólico e a comunicação, ou seja, a manifestação dessa maneira de ser em **enunciados** elaborados por meio das linguagens disponíveis: a fala, os gestos, as expressões faciais, as imagens. Tais enunciados são interpretados e compartilhados pelos demais membros de nossa cultura, que respondem a essas manifestações e interagem conosco. Esse processo promove a **mediação** entre nossa individualidade e nossa identidade social e as trocas entre elas — aquilo que experimentamos internamente tende a expressar-se coletivamente enquanto a vivência social molda nossa subjetividade.

Esse complexo processo é que permite, ainda que conservemos nossa individualidade, sentirmo-nos pertencentes a uma coletividade e membros de um grupo. Também como procuramos ressaltar, isso só é possível na medida em que conseguimos conceber simbólica e culturalmente a nós e aos outros, por meio das formas como nos representamos — essas representações simbólicas envolvem desde o idioma com o qual nos expressamos, o comportamento, os rituais de que participamos e a imagem que assumimos diante dos outros. Doutora em Cultura pela Universidade de Aveiro e mestre em Psicologia da Educação pela Universidade de Coimbra, a pesquisadora Maria Manuel Baptista, em *Estereotipia e representação social* (2004), considera que a representação é a *expressão de um sujeito*, produzida socialmente. Trata-se, portanto, de uma construção simbólica, ainda que amparada em aspectos biológicos e naturais.

Philippe Ariès (1914-1984) tem um importante trabalho, intitulado *História social da infância e da família*, lançado em 1960, no qual explica que, a partir da Idade Média, as crianças deixaram de ser vistas como adultos em crescimento (incompletos) e passaram a ser tratadas como um grupo em uma determinada fase de crescimento, com peculiaridades e características próprias. Essa diferenciação envolveu os trajes, a postura, as brincadeiras, os jogos e até, quando possível, a atribuição de um espaço próprio nos domicílios.

Desde então, a ideia de infância firmou-se na sociedade ocidental e expressou-se como forma de identidade social e de representação das crianças, o que não existia até então. Mesmo apoiada em elementos biológicos e naturais, essa distinção decorreu do desenvolvimento econômico e da importância que as idades adquiriram na modernidade. Até mesmo o sistema escolar baseado em faixas etárias dependeu dessa nova concepção social (representação) da infância.

Termos e conceitos

Enunciado: significado de um discurso verbal, oral ou escrito, formado por signos linguísticos e regras de combinação entre eles, cujo sentido depende de outros fatores, como entonação, silêncios, expressão e gestualidade.

Mediação: é um conceito antigo que parece ter sua origem na tradição religiosa em que certas entidades são *mediadoras* entre a divindade e o ser humano. Tem, portanto, um significado de intermediação, com o objetivo de permitir a comunicação entre seres diferentes e distantes. Foi usado na Filosofia e também na área jurídica, que considerou a mediação uma instância para a resolução de conflitos. Na comunicação, a mediação diz respeito ao processo cognitivo que se estabelece entre o ser humano e a realidade, assim como à intervenção das diferentes linguagens e dos diversos meios de comunicação por meio dos quais nos comunicamos com os outros, como o alfabeto ou a máquina fotográfica.

ALBRECHT DÜRER - MUSEU DE HISTÓRIA DA ARTE, VIENA

Óleo sobre madeira, *Virgem e menino com pera*, de Albrecht Dürer (1471-1528), obra produzida em 1512.

Entretanto, a complexidade desse processo de identificação acaba por promover um duplo movimento — o de identificação do sujeito consigo próprio e com seu grupo e a concomitante diferenciação e discriminação em relação aos que ficam de fora desse grupo. Assim, o processo de individualização e identificação gera, constantemente, a distinção social, a estereotipia e o preconceito. Ao procurar constituir e reforçar a própria identidade, sujeitos e grupos tendem a desenvolver o antagonismo em relação àquilo que não lhes é familiar ou que se opõe aos princípios que norteiam sua identidade e sua forma de representá-la. Essa discriminação em relação ao diferente utiliza os mesmos recursos dos processos identitários — o uso das formas de expressão, como linguagem verbal, gestual e facial, o comportamento, os valores e os sentimentos. Dessa forma, à medida que se reforça a identidade, aumenta a discriminação em relação aos demais grupos aos quais não julgamos pertencer. O mais comum é que tais formas de identidade e discriminação social sejam mútuas, isto é, um grupo discriminado tende a hostilizar o grupo discriminador. Afirma-se, assim, uma relação dialética entre processos de identidade e discriminação.

Estereótipos e preconceito

Como estudamos, os processos identitários envolvem processos de diferenciação da sociedade, presentes em toda a história da humanidade. A migração de nossos antepassados, a miscigenação, a capacidade humana de adaptar-se a territórios os mais diferentes fizeram com que sociedades e culturas diversas se desenvolvessem, cada uma com seu idioma, suas crenças, seus hábitos e seus valores. Essa pluralidade fez crescer a importância dos processos identitários e o sentimento de pertencimento a um grupo original.

Assim, solidificaram-se as discriminações, ou seja, as percepções do diferente como rival ou hostil, contra o qual se desenvolve um sentimento de rejeição. Isso acontece pela criação de estereótipos, ou seja, de uma visão generalizante e simplificada do que é o diferente, definindo-o por meio de estigmas socialmente aceitos e compartilhados. Os estereótipos ganham então rigidez e o diferente passa a ser evitado e rechaçado.

Norbert Elias escreveu uma obra importante a esse respeito, *Os estabelecidos e os outsiders,* na qual relata os processos de discriminação que são criados em uma pequena cidade quando para lá começam a se mudar grupos de forasteiros. Os estabelecidos, ou seja, os moradores mais antigos, rejeitam os novos habitantes e promovem, por meio de fofocas e piadas, a desqualificação dos novos moradores. Cria-se, assim, um estereótipo que gera preconceito, hostilidade e rivalidade.

RICARDO YOSHIO OKAMA TOKUMOTO

Os estereótipos são simplificações rígidas que, na sua maioria, desqualificam o diferente ao estigmatizar as suas características. Eles generalizam-se e transformam-se em preconceito à medida que são divulgados e passam a ser aceitos e a integrar o imaginário da sociedade.

Os povos têm gerado esse tipo de conflito desde tempos remotos. Tratar o estrangeiro, o forasteiro, o diferente como “selvagem”, inculto e inferior tem sido uma constante na história dos povos. Porém, à medida que, na modernidade, dá-se a proliferação de grupos, cada um com sua identidade, que lutam para conseguir espaço para atuar, sobreviver e crescer, as intolerâncias multiplicam-se, assim como as hostilidades.

Diversos fatores têm contribuído para que as relações entre grupos façam aumentar as mútuas intolerâncias: a escassez de recursos mediante o aumento da população regional e global; o desenvolvimento de sistemas econômicos altamente competitivos, como o capitalismo; o estímulo da concorrência entre indivíduos e grupos; a fragilidade das instituições sociais, que faz o apego a processos identitários mais frágeis tornar-se cada vez mais urgente; a migração entre grupos, regiões e nações, o que expõe as diferenças e aumenta a sensação de insegurança e de ameaça entre os “estabelecidos”; e o desenvolvimento dos meios de comunicação, que aceleram esses confrontos e modificam as relações de espaço e distância no mundo.

Termos e conceitos

Castas: termo que se refere a uma forma de estratificação social, caracterizada por consanguinidade, casamento endogâmico, ou seja, entre seus membros, e transmissão hereditária de bens, posses e até ofício. Inclui rituais e cultura próprios. Esse sistema de diferenciação social baseia-se geralmente em princípios religiosos/dogmáticos que o justificam, como o bramanismo na Índia.

Classes, etnias e religiões

A hostilidade que se estabelece entre indivíduos, grupos e categorias sociais, regiões, bairros e cidades sempre acompanhou a história da humanidade. Desde os impérios da Antiguidade, havia conflito e preconceito contra os estrangeiros e os escravos. Nenhum deles era considerado cidadão na Grécia Antiga ou no Império Romano. Havia também rivalidade, ódio e até violência entre grupos que disputavam o mesmo território ou entre cidades que queriam dominar umas às outras, como ocorria na Grécia.

Os Jogos Olímpicos eram competições em que as “cidades-Estado” exercitavam a sua rivalidade, competindo entre si em atividades atléticas. Nesses confrontos, havia sempre o desejo de desqualificar o opositor como desculpa para atitudes injustas ou discriminatórias. Para justificar o colonialismo dos europeus na América, por exemplo, a Igreja Católica chegou a afirmar que os indígenas não tinham alma, sendo, portanto, criaturas selvagens, passíveis de receber maus-tratos como os animais e impossibilitados de compartilhar as benesses da sociedade.

Para reforçar o poder de que desfrutavam os grupos dominantes — os aristocratas, na Grécia; os patrícios, em Roma; os europeus, na América Colonial —, os casamentos eram sempre malvistos entre **castas** e etnias (interétnicos) e, geralmente, proibidos (ou não reconhecidos social e politicamente).

Em janeiro de 2015, terroristas atacaram, em Paris, o jornal satírico *Charlie Hebdo* por ter publicado charges com representações de Maomé consideradas ofensivas pela comunidade islâmica, o que causou a ira dos extremistas. Isso resultou na morte de doze pessoas. Um ano depois, Paris assistiu a manifestações contra o extremismo religioso e a favor da liberdade de imprensa. A luta contra a intolerância deve ser uma ação cotidiana dos cidadãos. Na foto, Place de la République, Paris (França, 2016).

CHARLES PLATIAU/REUTERS/LATINSTOCK

Assim, as diferenças entre etnias sempre estiveram na base de grandes conflitos históricos nos quais se estabeleceram *regimes de apartheid* — sistema de segregação de contingentes populacionais de características biológicas específicas, como a cor da pele e o formato dos olhos, a fim de impedir a miscigenação, a integração à sociedade e o acesso aos bens sociais.

Além das diferenças étnicas, a religião foi, ao longo dos milênios, outro fator de oposição entre grupos sociais, ao contrapor seguidores e não seguidores de uma religião, ou mesmo de uma subdivisão religiosa contra outra. Considerados hereges pelos cristãos, luteranos e calvinistas, por exemplo, foram duramente combatidos pela Igreja Católica, apesar de serem devotos da mesma divindade e seguirem a mesma *Bíblia*. Os judeus, acusados de descenderem do povo que executou Jesus, foram severamente perseguidos por cristãos. O número de exemplos multiplicam-se, o que comprova a permanência da intolerância étnica e religiosa.

Confundida muitas vezes com confrontos étnicos e religiosos, encontra-se a oposição entre classes sociais, tão bem analisada por Karl Marx. Cada modo de produção que se desenvolveu na história da humanidade opôs classes sociais que se distinguiam principalmente por terem ou não a propriedade dos meios de produção, o que possibilitava a dominação de uma sobre a outra.

Diferentes quanto à posse dos meios de produção, ao acesso à riqueza gerada pela sociedade, à cultura e ao estilo de vida, as classes sociais desenvolveram ódio e rivalidade nas suas relações de permanente confronto. Muitas vezes esse confronto revestiu-se de justificativas étnicas ou religiosas, quando a diferença de classe social coincidia com a diversidade religiosa ou étnica. O candomblé, religião de origem africana, por exemplo, foi perseguido por ser uma religião de escravos, mas a justificativa dessa perseguição foi defender a fé cristã e opor-se ao politeísmo.

Grupos minoritários

Na sociedade contemporânea, outros fatores têm feito aumentar a intolerância entre grupos sociais. Em primeiro lugar, há a globalização dos meios de comunicação e dos mercados, que tem diminuído as distâncias e contraposto culturas, sociedades, nações e regiões diferentes. Grupos e populações que antes pouco sabiam umas das outras agora se confrontam pelas redes sociais de computadores. Como consequência da globalização, aumentou o fluxo de pessoas entre regiões e países, acirrando consideravelmente as oposições.

Por outro lado, o desenvolvimento do capitalismo neoliberal tem tornado as concorrências agudas e as rivalidades mais expostas. Empresas, países, regiões e cidades estão em permanente disputa por mercados, oportunidades, lucros, vantagens e consumidores, em uma escalada de tensão social. Também como consequência da globalização e do neoliberalismo, os Estados nacionais tornaram-se mais frágeis, no contexto mundial, enfraquecendo as instituições econômicas e políticas nacionais, responsáveis pelos processos identitários, e gerando sentimentos de insegurança, desconfiança e ameaça.

Audiovisual
Trabalho e gênero

Além disso, grandes transformações sociais modificaram a sociedade e fizeram emergir novas necessidades e identidades sociais. Feministas, que lutam pela igualdade de direitos em relação aos homens, homossexuais e transexuais que reivindicam liberdade afetiva e sexual, assim como regulamentação e reconhecimento para suas uniões conjugais, desempregados que exigem a proteção do Estado e estudantes que se mobilizam pela melhoria do ensino público são alguns dos grupos que atuam na sociedade — as chamadas minorias sociais. São minorias não porque representam um pequeno número de pessoas, mas por terem uma posição subalterna na sociedade, sem acesso à justiça social, à equidade e à representatividade política, e por verem-se numa situação de exclusão social. A mobilização desses grupos desafia a sociedade e exige o reconhecimento de suas características, especificidades e identidades.

PINGOS NOS "IS"

Diversidade e pluralidade

"Cedo ou tarde teremos de tirar conclusões de nossa irreversível dependência mútua", diz Zygmunt Bauman a Benedetto Vecchi em entrevista publicada no livro *Identidade*. Autor que tem descrito a realidade contemporânea como *líquida* ou *fluida*, como consequência da globalização, do desenvolvimento das novas tecnologias da comunicação e do capitalismo neoliberal, Bauman afirma que não podemos desejar estar presos a uma única identidade por toda a vida. Diz ele:

> "[...] planejadores prudentes não se arriscariam (pelo menos nos Estados Unidos) a começar a construir um prédio sem terem obtido a permissão para demoli-lo; generais relutam em enviar as suas tropas para a batalha sem que se preveja um cenário de retirada verossímil [...]".
>
> BAUMAN, Zygmunt. *Identidade*. Rio de Janeiro: Zahar, 2005. p. 99.

E, ao acentuar essa fluidez das identidades contemporâneas, deparamos com mecanismos cada vez mais eficientes para transmitir o sentimento de pertencimento a grupos e tribos — um deles é o consumo. O desenvolvimento das marcas estabelece um padrão de representatividade que dá aos consumidores a ideia de que integram seus predicados. Ao lado delas, outros modismos de consumo cultural e de comportamentos atraem pessoas e constituem grupos — ciclistas, surfistas, cineclubistas, leitores. Organizações governamentais e não governamentais, associações profissionais e esportivas, culturais e educacionais, assistencialistas e de empreendedores disputam adeptos numa população cada vez maior de migrantes identitários.

A efemeridade desses novos agrupamentos, a fluidez dessas organizações porão em risco um processo tão fundamental como o da busca da identidade, que, como vimos, se manifesta desde a mais tenra idade? Para responder a essa pergunta, **Manuel Castells** afirma que, como resultado desses processos (globalização, neoliberalismo, desenvolvimento da comunicação em rede),

> "[...] novas personalidades vêm à tona, mais complexas, menos seguras de si, porém mais capazes de adaptarem-se aos papéis em mudança constante dentro dos contextos sociais, uma vez que seus mecanismos de adaptação são acionados por novas experiências desde a mais tenra idade".
>
> CASTELLS, Manuel. *A era da informação*: economia, sociedade e cultura — o poder da identidade. 2. ed. São Paulo: Paz e Terra, 1999. v. 2. p. 275.

Bauman assegura que os processos identitários continuarão a referir os indivíduos, apesar de sua fluidez, se estivermos conscientes de nossa *interdependência*, ou seja, de que é sempre no outro que encontraremos a referência dialética entre ser e não ser. Por outro lado, é importante sermos conscientes também da fragilidade exposta e defendermos exatamente essa interdependência que se manifesta na pluralidade de propostas e possibilidades e na diversidade de interesses e individualidades. Ou seja, é preciso não confundir o outro com nós mesmos para não nos afogarmos nas águas do **narcisismo**.

Manuel Castells (1942-)

Sociólogo espanhol, Manuel Castells Oliván foi professor da Universidade Aberta da Catalunha (Espanha), da Universidade de Paris (França) e da Universidade de Berkeley (Estados Unidos). Atuou também na Universidade da Califórnia do Sul. É um dos autores mais citados do mundo na área e ficou conhecido por seus estudos sobre o capitalismo informacional e a sociedade contemporânea, cujas relações de produção são mediadas pela rede mundial de computadores.

LUIZ MUNHOZ/FATOPRESS/LATINCONTENT/GETTY IMAGES

Termos e conceitos

Narcisismo: conceito que deriva do mito grego de Narciso (o jovem que se afoga nas águas de um lago por ter se apaixonado pela própria imagem) e que designa o amor excessivo por si próprio. A partir do século XIX foi utilizado na Psicologia e na Psicanálise para identificar atitudes autocentradas de crianças e adultos em relação a si mesmos ou ao próprio corpo. Na linguagem comum, é utilizado como sinônimo de egoísmo.

SOCIOLOGIA NA MÍDIA

HOME | SOBRE | CONTATO | LINKS

ÁFRICA DO SUL A BRAÇOS COM NOVA ONDA DE VIOLÊNCIA CONTRA IMIGRANTES

Manifestantes carregam cartazes durante marcha contra a xenofobia em Johanesburgo (África do Sul, 2015).

Alex Marcus nasceu há 24 anos na Etiópia, mas foi na África do Sul que encontrou uma oportunidade para escapar à pobreza extrema. O irmão, Tescma, dois anos mais novo, juntou-se a ele há quatro meses, para ajudar a gerir uma pequena loja de conveniência instalada num contentor [contêiner] nos arredores da cidade portuária de Durban, onde nas últimas semanas se têm multiplicado os ataques contra imigrantes. Alex e Tescma são agora duas dessas vítimas.

Na sexta-feira passada, os dois irmãos foram atacados por um grupo de sul-africanos, que pegaram fogo ao contentor com eles lá dentro. Tescma ainda foi levado para o hospital com vida, mas morreu pouco depois, com queimaduras de 3º grau; ainda sem saber da morte do irmão, Alex descreveu ao jornal sul-africano *The Times* o inferno por que ambos tinham passado: "Chorei dentro do contentor enquanto estava a ser queimado. Ficamos lá fechados durante quase uma hora. O meu corpo ainda está a arder".

Nas últimas três semanas foram mortas pelo menos quatro pessoas na região de Durban, em casos diretamente relacionados com violência contra imigrantes de outros países africanos e asiáticos.

Temendo a repetição da onda de violência de 2008, que fez pelo menos 62 mortos, o presidente Jacob Zuma foi nesta quinta-feira ao Parlamento condenar os ataques das últimas semanas, que ameaçam alastrar-se a Joanesburgo.

"Nenhum grau de frustração ou de fúria justifica estes ataques", disse Zuma, dirigindo-se aos sul-africanos que acusam os imigrantes de estarem a contribuir para o aumento do desemprego no país — as estimativas da Organização Mundial do Trabalho para 2015 apontam para 25% no total e 52,5% entre os mais jovens, o que equivale à 8ª maior taxa de desemprego em todo o mundo.

O presidente da África do Sul condenou "da forma mais vigorosa possível" os ataques contra pessoas que nasceram noutros países e que podem ou não ter adquirido a nacionalidade sul-africana, afirmando que "violam todos os valores que a África do Sul defende" — o país que se libertou do *apartheid* há duas décadas, frisou Zuma, rejeita "o racismo, a xenofobia, a homofobia e o sexismo".

Ainda assim, o presidente sul-africano sublinhou que é preciso discutir e contrariar a percepção de que os imigrantes representam uma ameaça, com o anúncio de um reforço do controle nas fronteiras. Muitos deles estão no país de forma legal, e outros são refugiados, "em fuga de conflitos ou de guerras", à imagem do que muitos sul-africanos fizeram durante o *apartheid*.

Também a presidente da Comissão da União Africana, Nkosazana Dlamini-Zuma (ex-mulher do presidente Jacob Zuma), condenou o clima de hostilidade contra os imigrantes. "Os desafios da África do Sul, a pobreza e o desemprego são desafios de todos os países do continente, e nós temos de trabalhar em conjunto para combatê-los e para construir um futuro melhor para todos os africanos", disse a responsável pelo órgão executivo da União Africana.

MARTINS, Alexandre. África do Sul a braços com nova onda de violência contra imigrantes. In: *Publico.pt*, 16 abr. 2015. Disponível em: <www.publico.pt/mundo/noticia/africa-do-sul-a-bracos-com-nova-onda-de-violencia-contra-imigrantes-1692632>. Acesso em: jul. 2016.

ATIVIDADES

1 Leia a tirinha a seguir.

ARMANDINHO, DE ALEXANDRE BECK

Na tirinha acima, a colega de Armandinho fica preocupada por passar a usar óculos e ser vista de outra maneira pelas pessoas. Qual dos conceitos abaixo a tirinha expressa?

a) Estereótipo.

b) Identidade.

c) Pertencimento.

d) Conflito.

2 No presente capítulo, a escola e a educação são vistas como um elemento importante que:

a) ajuda o indivíduo a se integrar à sociedade em que vive, profissionalizando-o, mas sem deixar espaço para a formação de sua identidade pessoal.

b) ajuda o indivíduo a se integrar à sociedade em que vive, profissionalizando-o e oferecendo oportunidade para que desenvolva sua personalidade.

c) integra o indivíduo na vida política da sociedade em que vive, mas não oferece oportunidade ao desenvolvimento de sua personalidade.

d) não integra o indivíduo na sociedade em que vive, mas o profissionaliza e desenvolve sua vocação.

3 Quais são as causas apontadas no capítulo para a proliferação de grupos de pertencimento na atualidade? Aponte pelo menos quatro causas.

4 Os ataques de extremistas ao jornal satírico *Charlie Hebdo*, em Paris, no ano de 2015, tiveram como motivação, principalmente, a intolerância religiosa. Faça uma pesquisa para saber mais sobre esse acontecimento que ainda mobiliza a opinião internacional.

5 Segundo o conteúdo estudado, o que são minorias?

a) Grupos pouco numerosos que reivindicam possibilidades de inserção social, como os descendentes de ex-escravos na América.

b) Grupos que, mesmo numerosos, têm pouco poder na sociedade para reivindicar soluções para suas necessidades específicas, como as mulheres.

c) Grupos que, apesar de numerosos, não possuem uma reivindicação específica pela qual lutam, como os indígenas no Brasil.

d) Grupos que, por serem pouco numerosos, não são atendidos em suas reivindicações, como os afro-descendentes da América.

6 De acordo com o que vimos no capítulo, de que forma o capitalismo neoliberal tem favorecido o enfraquecimento dos processos identitários tradicionais?

7 Quais são as perspectivas que a Sociologia aponta para os processos identitários diante da contemporânea multiplicidade de fontes de identidade social?

EXAMES DE SELEÇÃO

1 **(Unicentro, 2012)** A relação indivíduo e sociedade é um dos eixos dos estudos sociológicos. Sobre esse assunto, um dos autores clássicos da Sociologia observa a primazia da sociedade e dos grupos sociais, que exercem determinado tipo de coerção sobre os indivíduos, fazendo-os assumir papéis sociais específicos em relação a determinados fenômenos particulares. Trata-se, nesse caso, de

a) Karl Marx.

b) Max Weber.

c) Augusto Comte.

d) Émile Durkheim.

e) Herbert Spencer.

2 **(Unicentro, 2011)**

"O homem é resultado do meio cultural em que foi socializado. Ele é um herdeiro de um longo processo acumulativo, que reflete o conhecimento e a experiência adquiridos pelas numerosas gerações que o antecederam. A manipulação adequada e criativa desse patrimônio cultural permite as inovações e as invenções. Estas não são, pois, o produto da ação isolada de um gênio, mas o resultado do esforço de toda uma comunidade."

LARAIA, 2009. p. 45.

Nesse fragmento de texto, o professor e antropólogo Roque Laraia apresenta a socialização do homem como um elemento cultural.

A respeito das discussões sobre cultura, identifique com V as afirmativas verdadeiras e com F as falsas.

( ) A cultura marca a entrada das sociedades "primitivas" no mundo "civilizado".

( ) O comportamento humano se origina do uso de símbolos e simbologias e, dessa forma, a cultura é apreendida.

( ) O contato com povos e culturas diferentes pode causar alterações significativas na cultura de uma sociedade.

( ) A busca do seio materno por um recém-nascido é um exemplo de que nem todos os instintos são suprimidos pela cultura.

A alternativa que contém a sequência correta, de cima para baixo, é a:

a) V V F V

b) F V V F

c) F F V V

d) F V V V

e) V F F F

3 **(UEM, 2012)**

"Etnocentrismo é uma visão do mundo onde o nosso próprio grupo é tomado como centro de tudo e todos os outros são pensados e sentidos através dos nossos valores, nossos modelos, nossas definições do que é a existência. No plano intelectual, pode ser visto como a dificuldade de pensarmos a diferença; no plano afetivo, como sentimentos de estranheza, medo, hostilidade, etc."

ROCHA, E. G. *O que é etnocentrismo*. São Paulo: Brasiliense, 1988. p. 5.

Sobre o conceito de etnocentrismo, assinale o que for correto.

a) Práticas xenofóbicas (de aversão aos estrangeiros) são exemplos do preconceito produzido pela radicalização de perspectivas etnocêntricas sobre o mundo social, pois indicam que determinado grupo se considera superior aos outros.

b) O etnocentrismo foi um fenômeno característico das sociedades tradicionais, cuja organização social não permitia a assimilação do diferente — com o advento da globalização, a discriminação deu lugar à compreensão das diferenças.

c) O estigma é uma condição, um traço ou um atributo indesejável nas relações sociais que desqualifica os indivíduos, ao identificá-los como "desviantes" ou "estranhos" aos valores tidos como "normais" em cada época.

d) A produção de estereótipos sobre pessoas ou culturas diferentes da nossa é a melhor forma de combater o etnocentrismo, pois produz representações simples sobre os outros, facilitando o entendimento mútuo e promovendo a igualdade.

e) O racismo é um modo arbitrário de classificar as coletividades humanas a partir de determinadas características físicas, hierarquizando-as por meio de noções culturalmente produzidas sobre a suposta "superioridade racial" de certos grupos.

OUTRAS MÍDIAS

Para assistir

Entre os muros da escola

Direção: Laurent Cantet. País: França. Ano: 2008.

O filme aborda a difícil integração dos imigrantes na França, por meio de uma história que se passa em uma escola de Ensino Médio na periferia de Paris, na França.

Um conto chinês

Direção: Sebastián Boresztein. País: Argentina. Ano: 2011.

Na Argentina, "conto chinês" significa "uma mentira deslavada", mais ou menos como a expressão "conto do vigário" em português. Trata-se do encontro de Roberto, o solitário dono de uma pequena loja de ferragens, com um chinês, Jun, imigrante que não fala espanhol e que, assaltado, sem dinheiro nem documentos, não tem para onde ir nem o que fazer.

Para ler

O poder da identidade

Manuel Castells. *A era da informação*: economia, sociedade e cultura — o poder da identidade. 2. ed. Rio de Janeiro: Paz e Terra, 1999. v. 2.

No segundo volume da trilogia escrita pelo sociólogo, Castells contrapõe dois importantes fenômenos da vida social contemporânea: o processo identitário e a globalização.

Pedagogia da tolerância

Paulo Freire. São Paulo: Paz e Terra, 2013.

São diferentes textos — discursos, palestras, correspondências, anotações — organizados pela viúva de Paulo Freire, Ana Maria Araújo Freire, cujo ponto em comum é tratar de um tema que o autor sempre privilegiou: a tolerância.

Para acessar

Consumo Colaborativo (CC)

<http://consumocolaborativo.cc/>

Neste capítulo, tratamos dos processos identitários individuais e coletivos e dos desafios da atualidade, da globalização e do desenvolvimento tecnológico, de elaborar "pertencimentos" seguros e capazes de nos guiar na práxis social.

Observatório das Desigualdades

<http://observatorio-das-desigualdades.com/apresentacao-2/>

O objetivo do Observatório é divulgar publicamente os resultados de pesquisas a respeito das desigualdades sociais que procuram contribuir com a construção da cidadania e com o desenvolvimento de políticas públicas.

Capítulo

19

Violência, terrorismo e criminalidade

Objetivos

- Estudar o comportamento violento humano como manifestação remota da sociedade.
- Compreender a crescente violência humana, com base no estabelecimento da propriedade privada e do Estado.
- Analisar a prática da guerra, que contrapõe nações.
- Acompanhar o desenvolvimento histórico do terrorismo moderno e atual.
- Pensar o comportamento violento na América Latina e no Brasil e identificar as suas especificidades.
- Entender o que é vulnerabilidade.
- Pensar em políticas públicas diante da complexidade do tema.

Este capítulo trata de um dos problemas que mais têm ocupado a atenção não só dos cientistas sociais, como também da mídia e da população em geral — a violência. Para isso, aborda a existência remota de atitudes violentas na sociedade humana, registradas nos achados arqueológicos e em passagens bíblicas. Analisa o recrudescimento dessas atitudes quando se instituiu a propriedade privada, a sociedade se tornou próspera e governos centrais assumiram o poder dos grupos sociais. Apresenta as diversas manifestações violentas que têm acontecido na sociedade a partir da Modernidade, desde guerras entre nações até atos de terrorismo. O capítulo estuda ainda as mudanças na prática terrorista com o desenvolvimento tecnológico, especialmente a internet, e com a globalização. Examina também o Brasil e a América Latina, onde a violência, constante na história política desde tempos coloniais, tende a ser endêmica. Por fim, explica como a Sociologia propõe políticas de controle da violência crescente na atualidade.

CHRISTOPHE SIMON/AFP

Entre abril de 2014 e junho de 2015, as Forças Armadas ocuparam o Complexo de Favelas da Maré para controlar e garantir a segurança no local (Rio de Janeiro, 2015).

Grafite de Banksy, intitulado *War*, feito em um muro na cidade de Belém, no Estado da Palestina, em 2010.

VANDERWOLF IMAGES/SHUTTERSTOCK

Para refletir

1. Jornal, rádio e televisão trazem, cada vez mais, notícias de guerras, confrontos e criminalidade. Como você se sente a esse respeito?
2. Em sua opinião, o que leva as pessoas a praticar atos violentos?
3. Você acha que é possível viver numa sociedade mais pacífica, ou seja, em que os conflitos sejam resolvidos com menos violência e agressividade?

Termos e conceitos

Nazismo: nome dado à ideologia política do Partido Nacional-Socialista dos Trabalhadores Alemães, baseado nos princípios do totalitarismo, nacionalismo exacerbado, racismo, antissemitismo e expansionismo militar, que dominou a Alemanha durante o Terceiro Reich (1933-1945), sob o governo de Adolf Hitler.

Stalinismo: termo que designa o estado totalitário controlado por Josef Stalin entre 1924 até 1953. Para estruturar esse regime, Stalin eliminou toda a antiga direção do partido bolchevique nos chamados processos de Moscou de 1935 e 1937, quando, sob ameaças e torturas, a oposição de esquerda foi julgada como traidora e executada. O expurgo termina com o assassinato de Trotsky, em 1939. Criou uma doutrina que pretendia proteger a União Soviética da ameaça estadunidense e impedir que a revolução saísse do seu controle. Durante o seu regime, milhões de pessoas foram presas, exiladas e mortas, como parte do plano político de transformar a URSS em uma potência imperialista militar, capaz de fazer frente aos Estados Unidos.

Em 1962, em plena época da Guerra Fria e com o intuito de afastar qualquer possibilidade de confronto direto entre as duas potências mundiais, a política de Coexistência Pacífica foi proposta ao presidente John F. Kennedy (1917-1963) dos Estados Unidos pelo chefe de Estado russo Nikita Krushchev (1894-1971) — sucessor de Joseph Stalin (1878-1953), comandante da União das Repúblicas Socialistas Soviéticas (URSS) —, após a crise dos mísseis soviéticos em Cuba. Na verdade, essa estratégia política figurava na agenda soviética como uma forma de diminuir a tensão entre as potências e impedir que essa pressão resultasse em um abalo nas estruturas de poder na então URSS, devido às disputas de setores distintos em relação à política externa soviética. Alguns queriam o enfrentamento direto contra os Estados Unidos, e outros, uma paz controlada. A proposta da Coexistência Pacífica freava o grupo mais belicoso. Para o mundo, entretanto, essa política era uma incógnita, que mais parecia uma farsa.

UNDERWOOD ARCHIVES/GETTY IMAGES

Encontro do presidente estadunidense John F. Kennedy com o chefe de Estado russo Nikita Krushchev na embaixada dos Estados Unidos em Viena, Áustria, em 3 de junho de 1961.

Nesse período foi difícil conviver com a corrida armamentista entre os países e a ameaça de uma Terceira Guerra Mundial. Era a chamada Guerra nas Estrelas, cujos grandes protagonistas foram os Estados Unidos e a União Soviética. Foi no século XX também que ocorreu a Segunda Guerra Mundial e as atrocidades cometidas pelo **nazismo**, em batalhas nas quais cidades inteiras foram destruídas e em campos de concentração, parecidos aos criados uma década antes pelo **stalinismo** para eliminar a oposição ao governo soviético. O final da Segunda Guerra foi marcado pelas bombas atômicas jogadas sobre Hiroshima e Nagasaki pelos estadunidenses, que levaram à rendição o Japão.

Essas e muitas outras violências que ocorreram no século passado assombram tanto os que viveram esse período e se lembram dele quanto os que, ao ouvir os relatos, assistir a filmes e ler a respeito, mal acreditam que fomos capazes de produzir violências dessa magnitude. Pois bem, como a violência não é apenas coisa do passado, dedicaremos este capítulo a esse tema, que, apesar de difícil, precisa ser enfrentado por aqueles que pretendem estudar a sociedade humana.

Provas arqueológicas

MARTA MIRAZON LAHR/FABIO HAHR/NATURE/AFP

Estudo realizado pela Universidade de Cambridge de um conjunto de 27 fósseis, de homens, mulheres e crianças, em um sítio arqueológico no Quênia, indica que a humanidade já praticava a guerra ou ações extremamente violentas há cerca de dez mil anos. Os fósseis do Quênia constituem-se na mais antiga, até agora, evidência dessa violência (Quênia, 2012).

O crânio perfurado pertenceu a um antepassado pré-histórico encontrado em um conjunto de 27 esqueletos fossilizados em um sítio arqueológico no Quênia. Segundo estudos da Universidade de Cambridge, esse grupo de caçadores-coletores foi morto por outro grupo há cerca de 10 mil anos e se tornou a mais remota evidência de guerra entre seres humanos. Esse achado arqueológico mostra que a violência humana é tão antiga quanto nossa espécie. Inúmeros mitos e relatos coletados por antropólogos indicam que a violência cresceu na mesma medida em que se desenvolveu o princípio da moral e do dever social.

A ideia de castigo e de controle social parece ter legitimado diferentes formas de violência. Um dos mitos mais conhecidos das culturas judaico-cristãs é o de Caim e Abel, no qual Caim mata Abel. Outros relatos mostram que a vingança tem sido usada desde tempos imemoriais como uma forma legítima de resolver conflitos. Pierre Clastres (1934-1977) apontava que a vingança pela morte envolve gerações entre povos tribais, sem a necessidade de que o ato violento seja motivado por raiva ou ódio. Trata-se, simplesmente, de equiparações, em que grupos e famílias vingam seus mortos, de modo a provocar igual e "merecida" violência. O antropólogo Jesús Azcona relata que:

> "[...] entre os chukchee, um homem que matou por descuido uma rena — o que para os de seu grupo constituía uma má conduta — foi condenado à morte [...]. Entre os camponeses que habitam a região pertencente, politicamente, ao Equador e ao Peru, as rixas sanguentas ocorrem com relativa frequência [...]."
>
> AZCONA, Jesús. *Antropologia II*. A cultura. Petrópolis: Vozes, 1993. p. 149.

Diferentes relatos míticos a respeito de sociedades antigas comprovam que a violência faz parte da vida das sociedades desde tempos imemoriais. Ela tem sido uma reação com a qual o ser humano enfrenta dificuldades, rivalidades e frustrações. Sabe-se, entretanto, que nas sociedades mais antigas e mais igualitárias havia menos agressões dentro dos grupos formados.

De acordo com Marshall Sahlins (1930-), à medida que os nossos antepassados passaram a viver em sociedades afluentes, isto é, com maior fartura, e passaram a acumular bens — terras e minérios —, começou a haver mortes não acidentais. Como os antropólogos deduzem isso? Chega-se a essa conclusão quando os mortos por ferimentos não são enterrados como os demais, o que denuncia certo desprezo e descaso, como aconteceu com os 27 corpos encontrados no Quênia. Quando, ao contrário, nos deparamos com diversos crânios com uma mesma marca de ferimento, colocados em uma vala comum, revelam a prática de uma execução em série. Quando esses ferimentos atingem apenas homens ou apenas mulheres jovens, acredita-se que essas mortes não tenham resultado de um acidente, mas de conflitos, disputas e rivalidades. Entretanto, precisamos distinguir esses exemplos de mortes rituais, quando jovens e até crianças eram imoladas aos deuses e se tornavam, assim, uma espécie de divindades ou heróis.

Existem na pré-história a morte ritual, que faz parte da religião e para a qual os mártires são preparados, e a morte, que é fruto de conflitos intergrupais e extragrupais. Mas, de uma forma ou de outra, elas comprovam que a agressividade e a violência integram a história da nossa espécie. A Sociologia, assim como a Arqueologia, sempre se interessou por esse aspecto do comportamento humano, especialmente porque a violência só fez aumentar à medida que os reinos e impérios se consolidavam, o poder se institucionalizava e a tecnologia criava métodos mais eficientes de ataque e morte.

Vamos estudar, neste capítulo, de que forma as teorias sociológicas explicam a violência e, também, como chegamos na atualidade ao ponto em que as armas podem destruir a nossa espécie.

Cobiça, rivalidade e a institucionalização da força

Ao que tudo indica, a violência humana começou a ser endêmica, ou seja, constante na sociedade em qualquer tempo e lugar, a partir da instituição da propriedade privada, da acumulação de riquezas e da legitimação de formas de poder central, violência agravada por uma crescente desigualdade social, que fez dos grupos oponentes mais beligerantes.

A crescente hostilidade encontrou duas formas primárias de expressão. Uma delas é ritual, como em certos grupos de animais, quando um dos oponentes mostra ao outro, por meio de movimentos, sons e exibições do corpo, que ele é mais forte e mais capaz e "convida" o outro a se render. Essa expressão ritual é quase teatral, com o agressor expondo suas armas e mostrando sua superioridade. Outra forma de agressividade é aquela em que o agressor quer eliminar o oponente ou feri-lo e, para isso, se vale de diferentes recursos e armas, como a emboscada e até a traição. Essa forma de violência é, sem dúvida, a mais agressiva, pois causa danos físicos e materiais ao agredido.

MIKE HEWITT/GETTY IMAGES/AFP

O *haka* é um tipo de canto de guerra sincronizado com passos de dança dos Maoris — povo nativo da Nova Zelândia —, cujo objetivo é afugentar o inimigo ou mostrar que não está com medo dele, além de exaltar a paixão e o vigor masculinos. As palavras utilizadas durante o ritual não só servem para incitar quem dança, mas também estimulam o grupo para a "luta" (jogo) e intimidam o adversário. Essa é uma típica demonstração simbólica de força e violência que não visa à agressão física real. O *haka* ficou mundialmente conhecido graças à seleção de *rugby* da Nova Zelândia. Na foto, apresentação da equipe neozelandesa antes da partida contra a França pela final da Copa do Mundo de Rugby, em 23 de outubro de 2011, Auckland, Nova Zelândia.

À medida que reinos e principados se constituíram em territórios demarcados, o uso da força para a manutenção da ordem, contenção de revoltas e enfrentamento de potências estrangeiras se tornou regular. As guerras, entendidas como conflito armado entre reinos ou nações, que declaram soberania e em situação de igualdade política e jurídica uma em relação à outra, ocuparam parte da vida política de reinos e países e constituíram momentos cruciais de nossa história. Para enfrentá-las, foram organizadas forças treinadas, como os exércitos romanos e as cavalarias medievais, fabricadas armas e erguidas construções especialmente destinadas à defesa. Essa organização prévia de recursos para o uso da força e da violência, tanto para o ataque como para a defesa, mostra que conflitos e guerras internas e externas passaram a fazer parte do exercício cotidiano do poder. Cada vez mais foram dirigidos recursos, esforços e atenção na criação de exércitos, fortificações e armas e, consequentemente, na construção de prisões e masmorras onde os inimigos expiam sua culpa.

Por meio da crescente importância dos exércitos, das táticas bélicas, das armas desenvolvidas e da rivalidade que se estabelecia em torno das riquezas materiais, fossem elas o estuário de um rio, uma mina ou produtos materiais, a prática da violência passou a fazer parte intrínseca do exercício do poder e a confundir-se com ele. Outro possível uso da violência expressa-se no mito, que tem passado de geração em geração, do rapto das sabinas pelos romanos. Estes, após a fundação de Roma, teriam decidido formar família com as mulheres dos sabinos, povo que habitara anteriormente a região. Para isso usaram de violência e de uma agressividade que perpetuaram por gerações. Esses relatos míticos se baseiam em tradições orais que, se não constituem fatos históricos, revelam tradições e comportamentos plausíveis.

Estado Nacional — violência e segurança nacional

Com a formação dos Estados nacionais, a violência deixou de ser um recurso para a proteção de um poder instalado frente a inimigos externos ou frente a grupos internos rebeldes para se tornar uma força legítima na defesa dos cidadãos e do Estado.

Diversos autores abordam essas relações entre poder e uso da força e violência — um deles foi Michel Foucault, para quem o poder político seria exercido pela força disciplinadora que se constitui em atos de violência, fiscalização, vigilância e punição.

Hannah Arendt é uma autora sempre citada por seus estudos sobre *totalitarismo* — forma de poder em que o Estado extrapola todos os limites do uso da violência e rompe com o chamado estado de direito, em que repousa a própria legitimidade do Estado e de suas formas de defesa. Como exemplos dessa transgressão, ela analisou o nazismo e o stalinismo. Max Weber foi outro autor que reconheceu no Estado o monopólio do uso da força e do poder como forma de instituir-se enquanto governo em um território.

As experiências que a humanidade tem vivenciado, especialmente na Modernidade, colocam em discussão essa violência cotidiana do Estado. Os campos de extermínio de judeus, comunistas e homossexuais na Alemanha nazista; as bombas nucleares arremessadas no Japão, ao final da Segunda Guerra Mundial; as prisões sumárias de dissidentes durante o governo de Stalin, na União Soviética; e as perseguições levadas a cabo nas ditaduras da América Latina mostraram os perigos do uso aparentemente legítimo da violência pelos Estados.

Hannah Arendt (1906-1975)

Filósofa política alemã de origem judaica, Arendt perdeu a nacionalidade alemã em 1937 e emigrou para os Estados Unidos. Desenvolveu importante teoria política por meio da análise crítica de autores como Kant e Marx, combatendo toda forma de totalitarismo. Atuou como jornalista e professora universitária.

HEIRLER/PICTURE-ALLIANCE/DPA/AP IMAGES/GLOW IMAGES

Numa sociedade plural como a nossa, em que convivem diferentes crenças, ideologias e etnias em um mesmo território, é difícil afirmar que, em determinadas ofensivas, o Estado use a força em nome dos seus cidadãos. Quantos cidadãos realmente estão de acordo com isso? Quando o uso da violência ocorre para controle da ordem interna, as discordâncias são ainda maiores. As formas de violência visam a manutenção da ordem ou calar as críticas e as dissidências? Na atualidade, em razão dessas dúvidas, há a tendência de organizar instâncias jurídicas internacionais, capazes de arbitrar sobre a violência praticada pelos Estados e até mesmo de interferir nos conflitos por intermédio de forças internacionais. As organizações internacionais, das quais os países são membros, podem julgar até mesmo a legitimidade ou não do desenvolvimento de armas capazes de ameaçar a paz e a ordem internas dos próprios países, além de constituírem um perigo ao equilíbrio das relações internacionais.

JEAN-MARC BOUJU/AP PHOTO/GLOW IMAGES

O governo do Iraque foi acusado, em 2003, de estar produzindo armas de destruição em massa, consideradas pela ONU uma ameaça interna e externa ao país. Os Estados Unidos, presididos por George W. Bush (1946-), com o apoio da Inglaterra, iniciaram a segunda Guerra do Golfo, contra o Iraque, com o intuito de desarmá-lo. Entretanto, após a vitória estadunidense, nada foi encontrado no Iraque que abonasse a justificativa dada para realizar a guerra. Na imagem, vemos um prisioneiro iraquiano, preso, com seu filho de quatro anos, no centro estadunidense de reagrupamento para os prisioneiros de guerra, próximo à cidade de An Najaf, Iraque, 31 de março de 2003.

Terrorismo — confronto e violência

Como dissemos, o terrorismo é uma arma antiga na história dos conflitos sociais — foi utilizada pelos governos contra populações submetidas ou por grupos dominados contra seus dominadores. Com o estabelecimento dos Estados nacionais, com forças de segurança instituídas, regulares e legitimadas pela sociedade, os atos de resistência e sublevação tornaram-se cada vez mais constantes. Disseminam a violência e fazem aumentar os aparatos bélicos de defesa do poder estabelecido. Assim, na modernidade, os atos que podemos classificar como terroristas tornaram-se mais frequentes, de alguns Estados contra populações dissidentes, assim como de algumas populações contra os abusos do poder.

No transcurso da revolução francesa, mais precisamente entre 1793 e 1794, houve um período que, dada a quantidade de execuções de pessoas consideradas inimigas da revolução, foi chamado de "terror". Desde essa época, com o advento da república moderna, o terrorismo passou a fazer parte da vida republicana das nações como forma de conter os excessos totalitários ou o ataque de grupos dissidentes.

Dessa forma, o que por vezes é chamado de terrorismo clássico é o ataque de surpresa de forças organizadas em atos violentos, impetrados por forças dissidentes contra alvos (instituições ou populações) dentro de um mesmo território. Muitas vezes, esses ataques terroristas têm por motivação a oposição ideológica ou político-partidária. O fortalecimento da esquerda, nos séculos XIX e XX, e o combate à sua participação política tenderam a aumentar os atos de violência considerados terroristas.

Michel Wieviorka, estudioso da violência, chama de clássicos esses ataques que ocorrem de forma interna entre grupos dissidentes de uma nação e que predominam na Europa moderna, promovidos pela extrema direita ou pela extrema esquerda de um país. Exemplo dos primeiros: a ação da Fração do Exército Vermelho (também conhecido como Grupo Baader-Meinhof), da Alemanha Ocidental, entre 1960 e 1970; dos segundos, temos como exemplo as polícias políticas dos governos nazifascistas da Alemanha e Itália. Além desses dois tipos, Wieviorka ainda classifica como *clássicos* os ataques terroristas dos grupos nacional-separatistas. Entre eles estão o IRA — Exército Republicano Irlandês (Irish Republican Army) —, grupo paramilitar católico que tem por objetivo a independência da Irlanda do Reino Unido; e o ETA — Pátria Basca e Liberdade (Euzkadi Ta Azkatasuna) —, formado por um grupo separatista do norte da Espanha, que luta pela criação de um estado basco independente.

É importante entender que a classificação de ataques como "terroristas" pelos governantes ou pelos meios de comunicação pode ter apenas a intenção política de desmerecer a afronta e desconsiderar sua legitimidade ou representatividade – um ato de desordem, afinal. Assim foi, por exemplo, no século passado, quando os **anarquistas** foram considerados "terroristas", apesar de estarem organizados e serem um grupo de proposta política explícita e declarada.

Michel Wieviorka (1946-)

Um dos mais importantes sociólogos da atualidade, Wieviorka nasceu em Paris, descendente de judeus poloneses mortos em Auschwitz. Foi administrador da Fundação Casa das Ciências do Homem e presidente da Associação Internacional de Sociologia. Seu renome internacional deve-se, sobretudo, a seus estudos sobre a violência e o terrorismo.

IBO/SIPA/AP PHOTO/GLOW IMAGES

KAVEH KAZEMI/GETTY IMAGES

A oposição dos irlandeses ao domínio inglês data desde o século XII, quando o Tratado de Windsor determinou que a Irlanda fosse governada pelas leis inglesas. O rompimento da Inglaterra com a Igreja Católica, no século XVI, acirrou as disputas. Dessa forma, política e religião se misturaram. Mas, desde o século XX, o grupo IRA tem utilizado a prática de guerrilhas para resistir ao domínio inglês. A criação da União Europeia, a ascensão do Partido Trabalhista ao poder, com a condução de Tony Blair (1953-) ao cargo de primeiro ministro, e a nova ordem mundial foram fatores que tornaram possível um pacto de não agressão. Na foto, meninos de um bairro católico de Belfast posam debaixo de um mural pró-IRA (Irlanda do Norte, 1985).

Termos e conceitos

Anarquismo: a palavra vem do grego e significa "sem governantes". Trata-se de um movimento revolucionário libertário surgido na segunda metade do século XIX, a partir da Associação Internacional dos Trabalhadores. Prega o combate a qualquer forma de dominação, especialmente do Estado, por meio de atos insurrecionais.

Terrorismo globalizado

Diferentemente desse tipo clássico que caracterizou os ataques com bombas, ações militares planejadas, tendo como alvo grupos inimigos ou rivais dentro de um mesmo país, está o terrorismo globalizado do século XXI, que não respeita limites territoriais, possui metas de longo prazo e não poupa a população civil.

O exemplo mais conhecido da prática terrorista da atualidade foi o ataque de 11 de setembro de 2001, realizado pela organização fundamentalista islâmica Al-Qaeda, aos Estados Unidos, quando quatro aviões comerciais foram sequestrados e arremessados contra alvos importantes do país — dois colidiram com as "Torres Gêmeas" do complexo empresarial World Trade Center, o que provocou a morte de quase três mil pessoas, outro avião foi atirado contra o Pentágono, sede do departamento de defesa dos Estados Unidos, e um último, que tinha por objetivo derrubar a Casa Branca, sede do governo estadunidense, caiu na Pensilvânia, desviado de seu alvo por ação dos passageiros.

Diferentemente dos terroristas clássicos, os terroristas globalizados não pertencem a um grupo ou a uma facção tradicional, amplamente reconhecida, mas a uma entidade imaginária pela qual lutam para dar-lhe forma e concretude. Não defendem um ideário político, mas, sim, crenças fundamentalistas e planetárias que pensam ser alvo de desrespeito e de combates.

Outra característica do terrorismo global da atualidade é que ele não admite diálogo ou negociação. Suas ações primam pelo radicalismo e pela ausência de questões a serem debatidas e colocam-se como vinganças contra uma sociedade da qual o grupo responsável sente-se excluído, incompreendido e desrespeitado. Assim foi o atentado de janeiro de 2015 contra o jornal satírico francês Charlie Hebdo, o que resultou na morte de doze pessoas, como "punição" pela publicação de imagens do profeta Maomé — consideradas ofensivas ao líder religioso.

CARMEN TAYLOR/WIREIMAGE/GETTY IMAGES

Os ataques de 11 de setembro de 2001 são um marco nas transformações do terrorismo na sociedade atual diante da globalização: são atentados que têm por alvo um país diferente daquele que sedia a organização terrorista, são planejados em detalhes e requerem uma estratégia ampla e internacional. Não poupam a população civil, são espetaculares e utilizam como arma os meios de comunicação de massa. O World Trade Center estava situado numa das áreas mais frequentadas por turistas no mundo e com maior contingente de fotógrafos e produtores de vídeo amadores, que foram capazes de colocar as imagens do atentado em rede de televisão e computadores nos dois minutos que separaram a colisão do primeiro avião do segundo. Cidade de Nova York (Estados Unidos, 2001).

Criminalidade e explicação sociológica

O crime, como o desrespeito intencional da ordem estabelecida, foi sempre, desde o início do desenvolvimento da Sociologia, uma preocupação para os sociólogos. Durkheim foi um dos primeiros a estudar o comportamento anômico, ou seja, fora das regras sociais. Dizia ele que as normas sociais permitiam sempre uma margem de manobra, dando certa liberdade para um comportamento diferente das prescrições sociais. Muitas vezes, esse comportamento, aparentemente dissidente, torna-se funcional em relação à organização e à dinâmica social e engendra a solução de conflitos.

Assim, dentro de certos limites, o desrespeito às normas pode ser funcional em relação à sociedade, na medida em que explora a flexibilidade das próprias normas sociais. Uma das grandes contribuições da teoria durkheimiana foi introduzir no estudo da criminalidade uma proposta não individualista, ou seja, o desvio sendo pensado como uma possibilidade aberta pela própria sociedade e por suas normas, e não como resultado de uma personalidade desviante ou criminosa.

O cientista social **Robert K. Merton**, por sua vez, procurou explicar o desvio como uma prática resultante da própria sociedade, que oferece objetivos comuns, mas restringe a poucos os meios para alcançá-los e faz com que parte dos sujeitos procure outras formas de atingi-los. Estudos posteriores sobre grupos delinquentes explicam que, não conseguindo obter o sucesso social supervalorizado pela sociedade, jovens veem na **delinquência** (comportamento não previsto ou legitimado pela sociedade) uma forma desviante de afirmação social.

As teorias interacionistas tendem a qualificar o desvio como resultado da *rotulagem* de certos grupos tidos como não integrados socialmente, como inadaptados, pelo julgamento dominante na sociedade. Um mesmo comportamento, segundo o sociólogo **Howard Becker**, pode ser considerado normal, se for apresentado pela elite ou pelas camadas mais elevadas da sociedade, e pode ser rotulado de incorreto ou desviante, se disser respeito a indivíduos das classes menos favorecidas. Nesse caso, entram nesse julgamento fatores como o preconceito e a discriminação, tratados no capítulo precedente desta unidade.

CHRISTOPHER PILLITZ/GETTY IMAGES

As gangues são grupos de indivíduos que atuam à margem da sociedade. Possuem uma identidade comum e especializam-se em atividades ilegais ligadas, geralmente, ao crime organizado, como tráfico de drogas e de pessoas, roubos e assaltos, jogo clandestino, contrabando etc. Na foto, jovens fortemente armados pertencentes a uma facção do crime organizado da favela do Vidigal (Rio de Janeiro, 2004).

Robert K. Merton (1910-2003)

Sociólogo estadunidense, foi professor da Universidade de Columbia e da Universidade de Harvard. Entre suas teorias destaca-se a chamada "profecia autorrealizável", com a qual explica como determinados resultados são obtidos em função principalmente das crenças e expectativas despertadas a seu respeito.

PICTORIAL PARADE/GETTY IMAGES

Termos e conceitos

Delinquência: termo usado para designar o comportamento desviante, reiterado e insubordinado, sem motivação política, que pode chegar a atos criminosos de pequena magnitude (delitos) e, eventualmente, atingir níveis mais altos de desvio.

Howard Becker (1928-)

Sociólogo nascido nos Estados Unidos, cuja maior contribuição foi para a Sociologia do desvio, além de ter se dedicado à Sociologia da arte. Considerado um pesquisador do internacionalismo simbólico, fez parte da chamada segunda geração da Escola de Chicago. Em seu livro *Outsiders*: estudos de Sociologia do desvio, desenvolveu a teoria da rotulagem.

THIERRY CARO/CC BY SA 3.0

Para os marxistas, todavia, o comportamento desviante é resultado de uma sociedade marcada pelas desigualdades sociais. Nesse caso, a sociedade baseada na propriedade privada, na acumulação, na hegemonia de uma classe dominante, relega um grande contingente da população à pobreza e às más condições de vida. Sair dessa situação não depende do valor individual dos sujeitos, mas de uma transformação revolucionária da sociedade que, quando não ocorre, leva ao comportamento desviante ou criminoso. Essas teorias tendem a responsabilizar a sociedade pela criminalidade que nela ocorre.

Os processos de globalização e metropolização da sociedade contemporânea provocam o crescimento de um processo de desenraizamento das pessoas — migração, desestruturação familiar, ruptura em relação às culturas de origem, falta de acesso a bens tecnológicos e sociais — e levam a uma criminalidade endêmica e à formação de grupos marginalizados que passam a agir de acordo com suas próprias regras. Essas teorias explicariam o crescimento das ações criminosas e o aumento estatístico da criminalidade, especialmente nas maiores cidades, onde crescem a marginalidade, a exclusão e a vida em guetos sociais.

Todas essas teorias procuram explicar por que, numa sociedade cada vez mais vigiada e regulamentada, proliferam as atitudes consideradas ilegais e criminosas, na maioria das vezes ligadas ao uso da violência na prática de roubos e assaltos, geralmente relacionados ao crime organizado. Esse cenário social tem desafiado as análises sociológicas especialmente por recrudescerem em uma sociedade que se congratula com um grande desenvolvimento tecnológico e produtivo.

A violência no Brasil e na América Latina

O Brasil tem sido cenário de violência em todos os períodos de sua história. Colonizadores impuseram controle sobre o território e a população indígena por meio de práticas que exorbitavam em violência. Passamos por séculos de escravidão africana de inapagável violência, além de termos sofrido invasões e conquistas de nações estrangeiras. O território manteve-se unido graças ao exercício indiscriminado da força, como no caso do esquartejamento de Tiradentes, um dos líderes da Inconfidência Mineira, mostrando que as revoltas eram duramente reprimidas.

Tivemos visitações do Santo Ofício, com prisões e perseguições impetradas pelos representantes da Inquisição portuguesa, cujos resultados foram exílios e execuções. E, embora nossa independência não tenha exigido grandes guerras contra os portugueses e a proclamação da República tenha sido incruenta, sem lutas ou participação popular, passamos, posteriormente, por guerras contra nações vizinhas. A vastidão do território contribuiu para a proliferação de poderes regionais e locais, amparados pela posse de terra e pela manutenção de grupos armados de defesa privada. As disputas entre eles e contra as forças do Estado inspiraram artistas e intelectuais.

Passamos por dois períodos longos de rígidas ditaduras — o Estado Novo, de Getúlio Vargas (1937-1945), e a ditadura civil-militar (1964-1985) — nas quais todo tipo de arbitrariedade e violência foi cometido. Toda essa conturbada história nos legou instituições democráticas frágeis e uma débil cidadania. Apesar de sermos um povo altamente miscigenado e etnicamente diversificado, termos herdado de indígenas e africanos uma sociabilidade fácil e extrovertida e manifestarmos uma forte religiosidade, temos uma cultura que promove atitudes autoritárias e o constante uso da força como um dos recursos para qualquer tipo de conflito.

Paulo Sérgio Pinheiro, um dos nomes da Sociologia, estudioso da violência, assim resume esse quadro social:

> "O Brasil oferece o paradoxo de estar hoje ao mesmo tempo no que poderia ser o melhor dos mundos e também no pior: o país é hoje a décima maior economia mundial com um Produto Interno Bruto (PIB) de 414,1 bilhões de dólares, em 1991 [...]. As mortes violentas são a terceira causa de morte no município [de São Paulo]. Periferização e favelização ocorrem num profundo contexto de desigualdades entre ricos e pobres [...]. A décima economia industrial do mundo convive com a segunda pior distribuição de renda em todo o mundo: a razão dos 20% mais ricos para os 20% mais pobres entre 1980 e 1991, era de 32,1%. [...]"
>
> PINHEIRO, P. S. Prefácio: o passado não está morto, nem passado é ainda. In: DIMENSTEIN, G. *Democracia em pedaços*: direitos humanos no Brasil. São Paulo: Companhia das Letras, 1996.

Esse tem sido o panorama descrito pelos estudos da violência no Brasil, o qual não difere nos demais países da América Latina, cuja história reproduz um mesmo modelo de formação nacional colonial, de exploração e agroexportadora. Assim, guardadas as devidas diferenças, o cenário da violência endêmica caracteriza essa parte do continente americano.

IMAGEBROKER/IMAGEBROKER/FOTOARENA

Na América Latina, inúmeros movimentos pregam o fim da violência considerada endêmica pelos analistas. Entre inúmeras causas, a violência contra a mulher é uma das principais preocupações dos movimentos sociais. Na foto, manifestantes chilenas nas ruas da cidade de Concepción reivindicam igualdade de direitos e o fim da violência contra as mulheres (Chile, 2009).

Diante dessas considerações, os estudos sobre a violência na América Latina têm apelado para um conceito auxiliar capaz de explicar esses paradoxos — é o de *vulnerabilidade*, ou seja, a violência endêmica é provocada pela situação em que se encontra parte expressiva da população, exposta à insuficiência de recursos materiais e sociais, à inacessibilidade à estrutura de oportunidades existente na sociedade, à dificuldade de mobilidade e ascensão social. A população que se encontra nessas condições é considerada vulnerável ou em situação de risco, e sobre ela recaem, de uma forma ou de outra, as ações violentas.

SERGIO LIMA/FOLHAPRESS

As campanhas pelo desarmamento e as rígidas leis para obtenção de licença para o porte de armas têm tido pouco efeito na diminuição dos índices de violência no Brasil. Explicam alguns estudiosos que a razão está no fato de que se deve intervir na estrutura da sociedade e integrar as populações consideradas vulneráveis. Na foto, cerimônia de destruição de cerca de 10 mil armas de fogo recolhidas pela Campanha do Desarmamento, realizada no Memorial Juscelino Kubitschek, em Brasília (Distrito Federal, 2004).

O combate à violência está na luta contra essa situação de vulnerabilidade das populações, e não apenas, como se tem pensado até o momento, na penalização dos agentes de violência. As políticas públicas, de acordo com esses estudos, deveriam dirigir-se para a redução das situações de risco, tais como a diminuição das desigualdades sociais, o combate às formas existentes de *apartheid* ou segregação social, o fortalecimento e a preservação das estruturas familiares e a universalização da educação.

O conceito de *vulnerabilidade* veio substituir o termo anteriormente usado para definir esses contingentes populacionais, que era o de *marginalidade*. Considera-se hoje que essa população não se encontra marginalizada da sociedade — moram nos grandes centros, trabalham, consomem e votam. As relações que estabelecem com a sociedade, entretanto, são precárias, temporárias, inconsistentes, e é isso que os torna vulneráveis. Isso possibilita que, ao seu redor, se estabeleçam e proliferem redes de criminalidade e sejam usados, cada vez mais, recursos de violência.

Fortalecer a sua inserção na sociedade, estabelecer relações sociais consistentes com as instituições sociais e dar-lhes acesso aos direitos sociais e à cidadania é, atualmente, a solução preconizada para a luta contra a violência.

Pacifismo

À medida que crescem os índices de violência nas cidades e nas metrópoles, o que demonstra o quanto a sociedade contemporânea tem criado obstáculos ao entendimento entre as pessoas e à sua integração institucional à vida social, mais a população em geral se torna sensível aos atos de violência.

Quanto mais cresce a sensação de insegurança e se espalha o medo, tanto de criminosos como das forças de repressão, mais nos tornamos revoltados com os atos violentos. Em resposta, a sociedade tem se organizado em movimentos pacifistas que clamam pela paz e pela não violência. O estudo dos movimentos pela paz local, nacional e mundial também tem ocupado os cientistas sociais. E, assim como surgem classificações para os atos de violência, há também análises para entender os diferentes movimentos pacifistas.

Na Modernidade, à medida que as ações violentas se intensificaram, as organizações pacifistas também passaram a ser fortalecidas e a empreender campanhas pela paz. No século XX, alguns desses movimentos foram liderados por indivíduos que lhes emprestaram a ideologia, o carisma e a direção, como o pacifismo de Mahatma Gandhi (1869-1948), com o qual enfrentou o Reino Unido pela liberdade da Índia. Para isso, utilizou a desobediência civil, a não resistência à prisão, o jejum e longas caminhadas acompanhadas por uma população desarmada e disposta a enfrentar o poder colonial.

Outro líder pacifista foi Martin Luther King Jr. (1929-1968), que lutou, nos Estados Unidos, pelos direitos civis dos negros na sociedade estadunidense, ao propor o enfrentamento às regras da segregação sem usar da violência. Conseguiu, desse modo, comover a opinião pública. Como Gandhi, morreu assassinado. Outro defensor da paz contra a violência foi Nelson Mandela (1918-2013), que, depois de 20 anos de prisão política, tornou-se presidente da África do Sul.

Outros movimentos pacifistas se realizam por meio de sociedades e organizações não governamentais que pregam a paz no mundo ou em regiões específicas onde se verificam conflitos armados, como a Palestina e o Iraque. Na década de 1960, jovens estadunidenses lutavam pelo fim da Guerra do Vietnã e pregavam a resistência à convocação para a luta. Após a Segunda Guerra Mundial, partidos de direita e de esquerda desenvolveram campanhas pelo desarmamento nuclear e pregavam o fim da corrida armamentista capitaneada pelos Estados Unidos e pela União Soviética.

Na atualidade, há movimentos pacifistas encabeçados pelos chamados partidos verdes, que defendem o meio ambiente e a paz, assim como movimentos religiosos de resistência pacífica, como a campanha pela independência da região do Tibete, na China, onde vivem budistas liderados pelo Dalai Lama.

Os recentes conflitos entre Ocidente e Oriente também levaram manifestantes às ruas contra a Guerra do Iraque, a favor da causa palestina e contra a dominação israelense nos territórios de Gaza. Recentemente, movimentos pacifistas mundiais procuram mobilizar a população contra a hegemonia do neoliberalismo e dos interesses de mercado, em campanhas contra as guerras, não só militares, mas também econômicas. Até mesmo campanhas como "Um dia sem carro" tentam atuar nessa via de resistência pela paz, pelo silêncio e pela resistência.

A ONU tem se destacado também na tentativa de enfrentar conflitos bélicos pela via democrática, mas a dificuldade está em fazer com que as grandes potências, como Estados Unidos, Israel e Rússia, acatem suas propostas pacifistas e diplomáticas. Ela continua, entretanto, como outros organismos internacionais, a procurar arbitrar e intervir nos conflitos internacionais e, assim, tentar evitar as ameaças que ainda pairam pelo mundo.

Occupy Wall Street é um movimento de protesto contra a violência econômica, entendida como um sistema que privilegia o mercado e que promoveria, na visão desses grupos, a desigualdade social, a corrupção e a ganância. Teve início em 2011, mobilizou milhares de pessoas e se espalhou por diversos países. A estratégia do movimento era ocupar Wall Street, centro financeiro de Nova York. Na foto, manifestantes seguram faixa no primeiro aniversário do movimento (Nova York, EUA, 2012).

STAN HONDA/AFP

SOCIOLOGIA NA MÍDIA

HOME | SOBRE | CONTATO | LINKS

LUIS ROMERO/AP PHOTO/GLOW IMAGES

VIOLÊNCIA NA AMÉRICA LATINA: UMA EPIDEMIA PIOR QUE O EBOLA OU A AIDS?

Detentos da prisão de Ciudad Barrios (El Salvador, 2012).

Um epidemiologista explica por que as altas taxas de homicídio na região devem ser tratadas como um problema de saúde.

A violência é uma epidemia e há formas de tratá-la — e, possivelmente, erradicá-la — da mesma maneira que são ou foram tratadas outras doenças epidêmicas.

Tal afirmação pode parecer revolucionária, mas o desafio está em propor soluções ao problema da violência na América Latina, uma região com a taxa de homicídio *per capita* mais alta do mundo: mais de 10 assassinatos para cada 100.000 habitantes, segundo cifras da Organização Mundial da Saúde (OMS).

Andrés Villaveces é médico especializado em epidemiologia e, junto a outros especialistas do Banco Mundial, participa na Guatemala de uma conferência que reúne mais de 450 delegados da América Latina e outros lugares do mundo para tentar lançar um esforço continental que ajude a proteger, em especial, as principais vítimas e culpados dessa epidemia: os jovens.

Pergunta: ***Temos 9% da população e 30% dos homicídios do mundo, estamos enfrentando uma epidemia de violência na América Latina?***

Resposta: Sim. De acordo com a definição de epidemia que tem a Organização Mundial da Saúde, uma taxa acima dos 10% no caso da violência é epidêmica. E a maioria dos países na América Latina tem taxas muito superiores a isso. Então, sim, é uma epidemia.

P.: ***Atualmente, a epidemia que monopoliza as manchetes é a do ebola na África. E vimos que existem protocolos muito claros para enfrentar uma epidemia desse tipo. Também existem protocolos para a epidemia de violência?***

R.: Sem dúvida, e as estratégias para estudar a violência, para entendê-la, e os métodos para tentar avaliá-la e explicar o que serve ou não são muito similares aos que são utilizados para entender outras epidemias. Obviamente existem diferenças nas intervenções, mas há uma quantidade de possíveis respostas, de ações, em nível individual, familiar, escolar, comunitário, ou em nível municipal, subnacional ou nacional, que podem ser implementadas e todas são complementares.

P.: ***Quem são os responsáveis por realizar essas ações?***

R.: Por exemplo, em nível nacional podemos falar da aprovação de uma lei que restrinja o porte de armas ou o acesso às armas de fogo. Na América Latina, temos exemplos eficientes nos quais a restrição resulta em uma redução de homicídios. O mesmo acontece com o álcool. A restrição ao álcool é ainda mais eficiente na redução de homicídios: até 25% menos assassinatos com uma redução de algumas horas do acesso ao álcool em algumas cidades. Em nível institucional, há respostas que podemos trabalhar no sentido de produção, disseminação e coleta de informações que sejam mais confiáveis, que nos demonstrem muito claramente como se distribui a violência e quais populações são afetadas.

Podemos trabalhar, por exemplo, para criar ambientes mais pró-sociais no seio da família, evitar problemas como a violência doméstica ou de abuso infantil. Temos atividades em nível escolar, onde podemos criar um ambiente que seja mais produtivo e criativo. Então, temos estratégias e intervenções que podemos fazer em múltiplos níveis que podem nos dar benefícios também em múltiplos níveis. Todas são complementares e desejáveis, especialmente em ambientes nos quais pode haver violência.

P.: ***E o que acontece com a repressão? Faz parte dessas ações também?***

R.: As atividades de controle são necessárias e importantes, mas não são as únicas e nem são as melhores. A melhor estratégia realmente, do ponto de vista econômico e do benefício social, é a prevenção. Todos estes eventos violentos produzem uma série de sequelas, criando um efeito cascata que prejudica o indivíduo e suas famílias, que terminam sendo afetadas do ponto de vista social e econômico. Definitivamente, a prevenção dá muitos mais benefícios a longo prazo que só as atividades repressivas e de controle. Sem dúvida, as atividades de controle policial, a melhora das estruturas judiciárias do ponto de vista de sua eficiência e de sua capacidade de resposta são muito importantes e complementares, mas a prevenção é mais importante.

P.: ***Por que é preciso manter o foco nos jovens?***

R.: Os jovens são os que mais cometem atos violentos e são as principais vítimas dos atos violentos. Especialmente os rapazes. Essa é uma razão de peso, é a população mais afetada pela violência, não apenas na América Latina, mas em todo o planeta. Então, é aí onde mais devemos trabalhar. Também quando trabalhamos com jovens temos mais oportunidades de corrigir o problema e de preveni-lo a longo prazo do que quando trabalhamos com pessoas em idade adulta que já aprenderam condutas violentas. Quanto mais cedo for a intervenção na população juvenil, melhores efeitos a longo prazo teremos. Podíamos somar a isso um terceiro elemento e é que os jovens são as pessoas que possuem melhor capacidade de produzir economicamente para suas famílias. Se são as pessoas mais afetadas pela violência, porque sofrem lesões para toda a vida ou porque falecem, para suas famílias isso vai representar um problema econômico muito severo que leva a uma espiral de pobreza. Por isso, nós queremos trabalhar para prevenir que isso ocorra. Isso, naturalmente, é preciso ser complementado com maior acesso ao emprego e à educação, mas cercar essa cascata de violência nos dá a oportunidade de que estes jovens possam fazer algo mais frutífero para suas sociedades.

BAIG, José. Violência na América Latina: uma epidemia pior que o ebola ou a AIDS? 6 nov. 2014. Disponível em: <http://brasil.elpais.com/brasil/2014/11/05/internacional/1415211182_812699.html>. Acesso em: mar. 2016.

PINGOS NOS "IS"

A complexidade desse objeto de estudo

Os diferentes tipos de violência que se desenvolveram na sociedade ao longo do tempo — as guerras e os conflitos entre nações, os movimentos revolucionários com motivação ideológica, a ação de gangues aliadas ao crime organizado, o exercício totalitário do poder, a ação criminosa proveniente da exclusão social e assim por diante — foram abordados neste capítulo.

Entretanto, essas diferentes manifestações violentas não se encontram separadas na sociedade — elas se reforçam e se estimulam mutuamente. Para garantir a ordem pública, os estados aparelham forças de repressão que exorbitam nas ações de contenção de grupos revolucionários; forças policiais cometem violências injustificáveis para punir atos terroristas; nações devastam territórios enquanto matam e prejudicam civis, para desenvolver ações preventivas contra a criminalidade, e grupos armados ameaçam a população.

Esse estado de violência endêmica na sociedade tem se agravado e torna-se cada vez mais perceptível na sociedade, gerando uma forte sensação de insegurança e medo. Por outro lado, esse cenário conflita com um agudo senso de direitos humanos que muitos defendem atualmente.

Essa visão de uma violência endêmica e plural está presente no seguinte trecho extraído do livro *Juventude, violência e vulnerabilidade social na América Latina*:

> "[...] a violência não mais se restringe a determinados nichos sociais, raciais, econômicos e/ou geográficos, entretanto, como se pretende demonstrar, considerando-se modalidades de violência, ela pode se acentuar por gênero, idade, etnia e classe social, independentemente se como vítimas ou como agentes. [...]"
>
> ABRAMOVAY, Miriam et al. *Juventude, violência e vulnerabilidade social na América Latina*: desafios para políticas públicas. Brasília: Unesco/BID, 2002. p. 13.

A violência também se manifesta em vários aspectos da vida social: a violência física (danos materiais à vítima), sobre a qual existe maior consenso na sociedade quanto à sua identificação e ao seu repúdio, a violência sexual (praticada contra mulheres e crianças), a econômica (expropriações), a psicológica (assédio e abuso de poder) e a simbólica (calúnia, difamação e ofensa).

Os estudos sociológicos sobre a violência aumentam conforme adentramos o século XXI, com a globalização e a migração das populações, que se separam de sua cultura de origem, família e ambiente social. Por outro lado, o rápido avanço da tecnologia tem facilitado a prática da violência e a proliferação de atos violentos.

Diante desse cenário, Anthony Giddens recomenda que o estudo da violência e da criminalidade abdique de explicações universalistas e busque o aprofundamento no estudo dos contextos sociais. Assim, é possível evitar conclusões apressadas, inviáveis, injustas ou preconceituosas, pois estas terão como consequência, necessariamente, o recrudescimento dos atos violentos e da violência endêmica na sociedade. Diz ele: "A forma como o crime é entendido afeta diretamente as políticas desenvolvidas para o combater".

ATIVIDADES

1. Dos fatores abaixo, qual não explica o aumento da violência na sociedade humana na passagem da Pré-história para as sociedades chamadas históricas?

   a) Aparecimento da propriedade privada.

   b) Acumulação de bens nas mãos de poucos.

   c) Surgimento das religiões.

   d) Instituição de formas de governo central.

2. "Olho por olho, dente por dente" era uma lei do *Código de Hamurabi*, que representava o conjunto de leis escritas pelo rei babilônio Hamurabi, no século XVIII a.C. Você sabe o que isso significa? O que essa lei prova em relação aos povos antigos?

3. Mahatma Gandhi, criador e líder do Estado Indiano Moderno, lutou pela independência da Índia do Império Britânico, através de uma atitude pacifista que fazia uso da resistência e do jejum. Em relação à lei de Hamurabi — "olho por olho, dente por dente" — da qual falamos na pergunta anterior, ele disse "olho por olho, e o mundo acabará cego". Com a leitura deste capítulo, como você entende a proposta de Gandhi?

4. Quais acontecimentos, no século XX, colaboraram para a ideia de que o poder e a violência estão intimamente ligados?

5. Quais são as diferenças apontadas no texto entre o terrorismo praticado no século XX e o que acontece na atualidade?

6. Quais as razões que o texto aponta para a violência endêmica no Brasil?

7. Os movimentos pacifistas da década de 1960 foram importantes e lutaram por diversos objetivos nos Estados Unidos, na Europa e na América Latina. Faça uma pesquisa a esse respeito e procure saber como a arte e a cultura participaram dessas manifestações.

8. Em revistas, jornais ou na internet encontrem imagens que ilustrem a seguinte frase extraída do texto estudado:

   Diante dessas considerações, os estudos sobre a violência na América Latina têm apelado para um conceito auxiliar capaz de explicar esses paradoxos — é o de vulnerabilidade, ou seja, a violência endêmica é provocada pela situação em que se encontra grande parte da população, exposta à insuficiência de recursos materiais e sociais, à inacessibilidade da estrutura de oportunidades existente na sociedade, à dificuldade de mobilidade e ascensão social.

9. Muitas pessoas que viveram no século XX se lembram da corrida armamentista, a chamada Guerra nas Estrelas, entre Estados Unidos e União Soviética. Procure na sua família, no seu bairro ou em sua escola uma pessoa que se lembre desse fato e entreviste-a. Peça que relate o que sabe e o que se lembra. Complemente essas informações com uma pesquisa na internet a esse respeito. Produza um texto com essas informações.

EXAMES DE SELEÇÃO

1 **(Enem, 2012)**

Texto I

"O que vemos no país é uma espécie de espraiamento e a manifestação da agressividade através da violência. Isso se desdobra de maneira evidente na criminalidade, que está presente em todos os redutos — seja nas áreas abandonadas pelo poder público, seja na política ou no futebol. O brasileiro não é mais violento do que outros povos, mas a fragilidade do exercício e do reconhecimento da cidadania e a ausência do Estado em vários territórios do país se impõem como um caldo de cultura no qual a agressividade e a violência fincam suas raízes."

Entrevista com Joel Birman.
A corrupção é um crime sem rosto. *IstoÉ*.
Edição 2099, 3 fev. 2010.

Texto II

"Nenhuma sociedade pode sobreviver sem canalizar as pulsões e emoções do indivíduo, sem um controle muito específico de seu comportamento. Nenhum controle desse tipo é possível sem que as pessoas anteponham limitações umas às outras, e todas as limitações são convertidas, na pessoa a quem são impostas, em medo de um ou outro tipo."

ELIAS, N. *O processo civilizador*. Rio de Janeiro: Jorge Zahar, 1993.

Considerando-se a dinâmica do processo civilizador, tal como descrito no Texto II, o argumento do Texto I acerca da violência e agressividade na sociedade brasileira expressa a

a) incompatibilidade entre os modos democráticos de convívio social e a presença de aparatos de controle policial.

b) manutenção de práticas repressivas herdadas dos períodos ditatoriais sob a forma de leis e atos administrativos.

c) inabilidade das forças militares em conter a violência decorrente das ondas migratórias nas grandes cidades brasileiras.

d) dificuldade histórica da sociedade brasileira em institucionalizar formas de controle social compatíveis com valores democráticos.

e) incapacidade das instituições político-legislativas em formular mecanismos de controle social específicos à realidade social brasileira.

2 **(Enem, 2010)** "O príncipe, portanto, não deve se incomodar com a reputação de cruel, se seu propósito é manter o povo unido e leal. De fato, com uns poucos exemplos duros poderá ser mais clemente do que outros que, por muita piedade, permitem os distúrbios que levem ao assassínio e ao roubo."

MAQUIAVEL, Nicolau. *O príncipe*. São Paulo: Martin Claret, 2009.

No século XVI, Maquiavel escreveu *O príncipe*, reflexão sobre a Monarquia e a função do governante. A manutenção da ordem social, segundo esse autor, baseava-se na

a) inércia do julgamento de crimes polêmicos.

b) bondade em relação ao comportamento dos mercenários.

c) compaixão quanto à condenação de transgressões religiosas.

d) neutralidade diante da condenação dos servos.

e) conveniência entre o poder tirânico e a moral do príncipe.

3 **(Enem, 2009)** Os regimes totalitários da primeira metade do século XX apoiaram-se fortemente na mobilização da juventude em torno da defesa de ideias grandiosas para o futuro da nação. Nesses projetos, os jovens deveriam entender que só havia uma pessoa digna de ser amada e obedecida, que era o líder. Tais movimentos sociais juvenis contribuíram para a implantação e a sustentação do nazismo, na Alemanha, e do fascismo, na Itália, Espanha e Portugal.

A atuação desses movimentos juvenis caracterizava-se

a) pelo sectarismo e pela forma violenta e radical com que enfrentavam os opositores ao regime.

b) pelas propostas de conscientização da população acerca dos seus direitos como cidadãos.

c) pela promoção de um modo de vida saudável, que mostrava os jovens como exemplos a seguir.

d) pelo diálogo, ao organizar debates que opunham jovens idealistas e velhas lideranças conservadoras.

e) pelos métodos políticos populistas e pela organização de comícios multitudinários.

OUTRAS MÍDIAS

Para assistir

Cidade de Deus

Direção: Fernando Meirelles. País: Brasil. Ano: 2002.

Adaptação para o cinema do livro de mesmo nome, escrito por Paulo Lins — o roteiro é de Bráulio Mantovani. A história apresenta o crescimento do crime organizado na favela Cidade de Deus, um dos lugares mais perigosos do Rio de Janeiro nos anos 1980. O herói da história é Buscapé, um jovem que é cercado por ambiente que cria todas as condições para levá-lo a participar do crime organizado, mas ele consegue resistir. Sucesso de público e de crítica, o filme faz parte de um movimento chamado "cinema da retomada", ou seja, o renascimento do cinema nacional, depois que o governo de Fernando Collor cortou todos os subsídios à produção cinematográfica brasileira. Recebeu quatro indicações ao *Oscar* e foi um marco da cinematografia brasileira da atualidade. A análise desse filme será importante para os alunos compreenderem melhor certas propostas do capítulo.

Para ler

Violência urbana

Paulo Sérgio Pinheiro e Guilherme de Assis Almeida. São Paulo: Publifolha, 2003. (Coleção Folha Explica.)

Os autores são pesquisadores do Núcleo de Estudos da Violência da Universidade de São Paulo (NEV) e dedicam-se ao estudo da violência e dos direitos humanos no Brasil e no mundo. O livro aborda a violência endêmica no país, fruto de um sistema de relações assimétricas que se desenvolve em uma estrutura social que se caracteriza pelo autoritarismo. Com base na definição dada pela Organização Mundial da Saúde (OMS), que associa intencionalidade com o uso ilegítimo da força, de forma a causar dano a outrem, os autores explicam a intensidade com que o fenômeno se apresenta entre os brasileiros. Por fim, analisam as possibilidades de diminuir os altos índices que alcançam nos grandes centros urbanos.

Para acessar

Instituto Sou da Paz

<http://www.soudapaz.org/o-que-fazemos>

A Organização da Sociedade Civil de Interesse Público (Oscip) trabalha há mais de 15 anos para a redução da violência no Brasil. Defende políticas públicas que favoreçam a democracia e combatam especialmente os roubos e os homicídios. Propõe-se a estudar as causas da violência no país, diagnosticar suas causas e apresentar respostas, como projetos de lei, debates públicos, associação com outras entidades públicas e mobilização social. Sua história teve início com a Campanha do Desarmamento de 1997 e, com o apoio de entidades como a OAB e a Comissão de Justiça e Paz, viu crescer sua participação e seu âmbito de atuação.

Capítulo 20

Consumo, desigualdade e espetáculo

Objetivos

- Compreender o que é consumo e como ele se constituiu em importante elemento da sociedade humana.
- Estudar as teorias sociológicas que explicam o consumo.
- Entender o que é valor material e valor simbólico dos produtos.
- Perceber o papel dos significados agregados às mercadorias.
- Definir e discutir o consumismo na sociedade atual.
- Tratar do papel identitário do consumo e de como ele cria diferenciações sociais.
- Entender a diferença entre bens materiais e bens simbólicos.
- Compreender a sociedade contemporânea e a mercadoria informação.

Vamos tratar, neste capítulo, de um dos fenômenos que mais têm sido evidenciados na sociedade e que se tornaram preocupação constante na Sociologia — o consumo. Numa sociedade considerada consumista, isto é, em que o consumo parece superar em muito as necessidades imediatas, biológicas ou sociais, é preciso entender o que impulsiona as pessoas a desejar os produtos e até a adquiri-los.

Sabemos que o consumo é importante por impulsionar a produção, por dinamizar a economia e por revestir-se de ritos e cerimônias sociais. O consumo envolve, como Karl Marx explicou, valores de uso e valores de troca da mercadoria, valores humanos, materiais e valores simbólicos.

Aos produtos que consumimos agregam-se qualidades que não são naturais aos bens, mas que são incorporadas de forma simbólica e ideológica às mercadorias, constituindo, assim, o seu fetiche.

Os valores simbólicos que estão na raiz do consumo são amplamente apregoados pela publicidade e têm papel preponderante na capacidade das coisas de promoverem sua identificação com o consumidor. No entanto, se os bens servem para identificar pessoas, servem também para distingui-las, e nesse círculo de identidade e diferenciação, promovido pelo consumo, cria-se a moda.

Há produtos que são materiais e há os que são simbólicos, e, nos tempos de hoje, a informação, uma mercadoria virtual, configura-se como o produto de maior valor.

ANDREY RUDAKOV/BLOOMBERG/GETTY IMAGES

Smartphone da marca Apple, personalizado pela empresa russo-italiana Caviar. O aparelho, que tem um valor aproximado de 3,8 milhões de dólares, é revestido de ouro 18 quilates e traz o busto do presidente russo Vladimir Putin (em alto-relevo), além do brasão da Federação Russa (em baixo-relevo), e dos primeiros versos do hino nacional do país.

REPRODUÇÃO

Propaganda do Fusca, como ficou conhecido o carro mais popular do Brasil. Fabricado no país de 1959 a 1986 e de 1993 a 1996, em São Bernardo do Campo (SP), o Fusca teve mais de 3 milhões de unidades produzidas. O baixo custo de aquisição e manutenção aliado à sua resistência mecânica conquistaram os consumidores brasileiros, tornando o veículo um ícone nacional e popularizando o consumo de carro no país, além de impulsionar a industrialização nacional.

Para refletir

1. Com que tipo de roupas você se sente bem?
2. Além da roupa, que outros produtos estão intimamente relacionados com seus hábitos? *Shows*, filmes, música, livros, por exemplo?
3. Relacione cinco produtos que você julga fazerem parte da sua forma de ser e procure explicar o que eles significam para você.

THE ADVERTISING ARCHIVES/BRIDGEMAN IMAGES/KEYSTONE BRASIL - COLEÇÃO PARTICULAR

Em 1932, a empresa estadunidense Levi's, que inventou o *jeans* nos anos 1870, projetou e lançou a calça para mulheres. A foto reproduz um anúncio da década de 1960 da revista *Levi's Magazine*, em que a empresa faz propaganda dos novos tecidos e cores. Repare como a imagem explorou as cores e as texturas dos produtos, além da mensagem que o jovem casal tenta passar ao consumidor.

Todo mundo sabe o que é uma calça *jeans*. O que poucos conhecem é a sua história. Ao que tudo indica, o nome tem sua origem relacionada aos marinheiros genoveses, que faziam uso de calça de sarja reta e de cintura baixa, cujo tecido era chamado de "*bleu* de Gênes" (azul de Gênova) pelos franceses e de "*blue jeans*" pelos estadunidenses. Mas foi nos Estados Unidos que essas calças, feitas para serem uniforme de trabalhadores, viraram moda. Um imigrante judeu de nome Levi Strauss (1829-1902), negociante de secos e molhados, vendia em sua loja o denim, um tecido de algodão rústico muito resistente e usado para confeccionar roupas de trabalho.

Um alfaiate cliente de Levi, Jacob Davis (1831-1908), comprou o tecido de Levi e fez calças nas quais inseria rebites de metal nos pontos de tensão, como os cantos dos bolsos. A calça fez um grande sucesso entre os operários da região de Jacob. Então, ele decidiu criar um negócio e, para isso, precisava de dinheiro. Jacob enviou duas calças para Strauss, e ambos patentearam a invenção e abriram uma fábrica. Assim, em 1873, ano da concessão da patente, surgia a calça *jeans* Levi's, a roupa mais vendida na história da humanidade.

Na metade do século XX, embora declinasse a criação de búfalos nos Estados Unidos, o cinema estadunidense consagrava a imagem do *cowboy* e imortalizava a indumentária — o *jeans*. A peça transformava-se no símbolo do *cowboy* dos Estados Unidos. Foi durante a Segunda Guerra Mundial que os soldados estadunidenses levaram para a Europa a calça *jeans*, que passou a ser usada nos dias de folga.

Desse modo, ela começava a ser associada à democracia e à liberdade. Nos anos 1960, os jovens tornam-se o principal filão da indústria e passam a usar o *jeans*, que se tornou símbolo de rebeldia, contra a formalidade da roupa social das décadas anteriores. Daí a tornar-se objeto dos grandes estilistas foi um passo. Calvin Klein foi o primeiro estilista que transformou o *jeans* em objeto de desejo, de grande procura, que cada consumidor procurava desbotar, em casa, a seu modo. Desde então, embora variassem o formato e os adereços, a calça *jeans* continua na preferência de homens e mulheres, jovens ou adultos, ricos ou pobres do mundo inteiro.

Na década de 1970, em plena ditadura civil-militar, uma fábrica brasileira começou a produzir as calças *jeans*, que antes eram importadas, e rapidamente essa cobiçada peça de vestuário transformou-se na roupa mais usada por todos, pois estava associada à ideia de luta por liberdade e democracia e à irreverência que caracterizou essa época.

No presente capítulo, vamos falar de consumo e de como os produtos acabam sendo mais do que objetos funcionais para tornarem-se parte da nossa maneira de ser, de nos identificarmos com nós mesmos e de nos diferenciarmos dos demais. Afinal, apesar de todos usarem *jeans*, a maneira de combiná-lo com nossa vida é pessoal e intransferível.

O que é consumo?

Há dois sentidos diferentes para a palavra *consumo*: de origem latina, significa "esgotar" ou "destruir". O português, como outras línguas, interpreta a palavra de forma próxima ao latim, o que lhe confere sempre um certo sentido pejorativo — o consumo elimina aquilo que foi produzido pelas pessoas ou pela natureza.

Desde a Antiguidade, mesmo com a existência de sociedades e períodos históricos de grande abundância e prosperidade, entre os pensadores o consumo foi encarado com resistência, como algo negativo, relacionado à ganância, à gula e à sensualidade. Em oposição a essas transgressões, o sacrifício era considerado bom e agradável aos deuses.

Na Idade Média, a Igreja católica valorizava a vida monástica, o jejum e a contenção, ao mesmo tempo que desprezava o desperdício e o exagero nas vestes, no comportamento e no estilo de vida.

Já o Renascimento, em resposta ao feudalismo, fez que a cultura ocidental passasse a enaltecer a vida terrena e seus prazeres. Era o apogeu da laicidade e do humanismo, o que possibilitou o desenvolvimento do capitalismo comercial e depois industrial, assim como a valorização do ato de ter e consumir.

PIETER BRUEGEL - KUNSTHISTORISCHES MUSEUM, VIENA

No Renascimento, começava-se a valorizar o consumo — na pintura em óleo sobre madeira intitulada *Casamento camponês* (1567), do pintor flamengo Pieter Bruegel, O Velho (*c*. 1525-1569), observamos a celebração de um casamento em uma pequena aldeia holandesa. No conjunto da cena representada, podemos ver o prazer da abundância de comida, bebida e música.

Termos e conceitos

Tabu: é uma proibição imposta aos membros de um grupo desde tempos imemoriais, com forte repressão aos que ousam desobedecer aos seus preceitos. Segundo Sigmund Freud, a força dos tabus comprova o poder de coibir um comportamento condenado e a existência de forte compulsão do grupo em relação ao que é proibido. Para o autor, não matar e não casar com membros de seu grupo consanguíneo são tabus universais.

Portanto, o consumo e seu crescimento desenfreado por grandes contingentes populacionais são obra da modernidade, do desenvolvimento do capitalismo e da indústria.

Do ponto de vista da prática social e da história da humanidade, fomos sempre, inicialmente, consumidores. Como pescadores e coletores, no início da nossa história, a produção ficava por conta da natureza e consumíamos seus frutos. O trabalho produtivo, de coleta e pesca, tinha um caráter mais funcional e imediatista, enquanto o consumo envolvia rituais — havia e há **tabus** alimentares e regras para a ingestão dos alimentos: os judeus, por exemplo, não ingerem carne de porco, e os indianos não comem carne de vaca.

Cada sociedade estabelece seus padrões de comportamento e, entre eles, os relativos aos alimentos. Há tabus que se referem apenas a determinadas épocas do ano ou da vida — católicos não consomem carne na sexta-feira da Paixão e mulheres do Norte e Nordeste brasileiro evitam a ingestão de carne de peixe quando estão grávidas.

Entretanto, mesmo com o desenvolvimento do capitalismo e da indústria, o sentido negativista em relação ao consumo chega a nossos dias. Jean-Jacques Rousseau e Émile Durkheim, ao analisarem as fragilidades da sociedade em que viviam — respectivamente, a Europa dos séculos XVIII e XIX —, viam na acumulação de bens e na ganância de certos grupos as causas de perda de integridade das pessoas. Essa tradição pejorativa do consumo é resultado e causa de o objeto *consumo*, nas Ciências Sociais, ter sido geralmente tratado de forma independente da produção, sempre mais valorizada pelos estudiosos. Foi Karl Marx quem conseguiu entender e explicar a relação próxima e profunda que existe entre produção e consumo.

FABIO COLOMBINI

Entre os indígenas brasileiros Sateré-Mawé, o guaraná é uma bebida de consumo das famílias, estendido aos habitantes de toda a aldeia, usada no dia a dia e em cerimônias religiosas — a mulher do anfitrião rala o guaraná, como vemos na imagem, com uma língua de pirarucu, produzindo um líquido viscoso que é dissolvido na água, numa cuia, com os dedos da raladora. Pronta a bebida, que se chama *çapó*, a mulher a entrega ao marido, que bebe o primeiro gole e passa a cuia aos demais, a começar pelos mais velhos ou por alguma visita importante. A cuia passa de mão em mão, e cada visitante sorve um pequeno gole para que sobre bebida na cuia, que deverá voltar ao dono.

Karl Marx: produção e consumo

Para Karl Marx, a produção só pode ser pensada de um ponto de vista social e histórico. Vive-se determinado momento da produção porque as forças históricas assim o engendraram, de forma social e coletiva, e não de maneira isolada, livre ou autônoma.

A produção, circunstanciada pela história e pelas relações sociais entre os homens, divide-se em quatro instâncias bem diferentes: a produção propriamente dita, a distribuição, a troca e o consumo.

> "Na produção os membros da sociedade adaptam (produzem, dão forma) os produtos da natureza em conformidade com as necessidades humanas; a distribuição determina a proporção em que o indivíduo participa na repartição desses produtos; a troca obtém-lhe os produtos particulares em que o indivíduo quer converter a quota-parte que lhe é reservada pela distribuição; no consumo, finalmente, os produtos tornam-se objetos de prazer, de apropriação individual."
>
> MARX, Karl. *Contribuição para a crítica da economia política*. Lisboa: Estampa, 1973. p. 217.

Vídeo
A história dos eletrônicos

Ainda de acordo com Marx, a produção é também consumo, porque, ao produzir, o indivíduo consome matérias-primas, que perdem a forma e a constituição natural, e outros meios de produção, como as máquinas, que se desgastam. Além disso, gastamos energia no ato da produção. Essas formas de consumo recebem o nome de consumo produtivo. Essa definição é importante porque permite dissociá-la do consumo como o entendemos.

A produção é consumo, mas o inverso também é válido: o consumo é produção. Por exemplo, o trabalhador, que é produtor, já que transforma matéria-prima em produtos para serem consumidos, é também consumidor, já que consome o que produz, como no caso de alimentar-se; o alimento produz energia para o corpo. Um produto só é produto de fato quando é consumido, caso contrário, é apenas um objeto. Em termos conceituais diz-se que o produto se realiza como tal e justifica sua existência como produto quando é consumido.

O consumo gera a produção, assim como enseja uma nova. Ele também reproduz a necessidade que demanda a produção. Por outro lado, a produção determina o produto, bem como de que forma ele deve ser consumido, tanto de maneira objetiva como subjetiva. Então, a produção cria o próprio consumidor. Estabelece-se, assim, entre produção e consumo, uma reciprocidade que lhes é própria, sendo um o intermediário do outro. Como o produtor não é necessariamente o consumidor, pois o trabalhador produz para outros, surge então a necessidade da distribuição.

PATRICIA MELO E VINICIUS YAGUI - BLOG REMOBÍLIA

Remobília é o nome dado a móveis e objetos de decoração feitos com restos de produtos usados para outras finalidades. Na imagem, vemos uma mesinha construída com engradado de plástico e um pufe feito de uma câmara velha de pneu. São exemplos de consumo produtivo. Na atualidade, são chamados de objetos reciclados.

O fetichismo da mercadoria

A teoria marxista apresenta outro conceito importante para que se compreenda o que é consumo: o fetichismo da mercadoria. Trata-se de uma qualidade que é atribuída ao produto e que parece ter origem em suas características individuais, e não materiais. Essas características parecem também ser responsáveis pelo valor que se paga pelo produto e encobrem o fato de que todo valor resulta, acima de tudo, do trabalho nele contido.

Cada mercadoria tem um valor de uso que é dado pela sua materialidade e pelo trabalho concreto nele consubstanciado. Além desse valor de uso, a mercadoria tem um valor de troca que se evidencia no confronto com outras mercadorias trocadas no mercado. Mas a relação entre o valor das mercadorias e o valor advindo do trabalho humano realizado é encoberta por uma visão fantasmagórica que entende o mercado como uma relação entre coisas, e não entre sujeitos e classes. Essa alienação, que se opera no mercado entre o valor dos objetos e o envolvimento de sua origem humana, é chamada por Marx de *fetiche da mercadoria*.

Tomemos como exemplo a calça *jeans* de que falamos no início deste capítulo. O seu valor é determinado pelo custo da produção, da matéria-prima utilizada e da mão de obra — o trabalho humano, que modifica a matéria-prima com o auxílio de máquinas e ferramentas, transformou o tecido em uma mercadoria, isto é, em um produto que tem um valor de uso — a possibilidade de ser vestida por alguém — e um valor de troca (ou preço), que é o montante que um consumidor está disposto a pagar por ela. Esses valores são calculados socialmente e matematicamente pelo empresário a quem essa mercadoria pertence antes de ser vendida.

Porém, a associação que se estabeleceu e ainda se estabelece entre o *jeans*, a juventude e a liberdade — características estas que não são produzidas na fábrica, mas na sociedade e na história do produto, como procuramos mostrar, transformou uma peça ordinária do vestuário em um fetiche, porque essas qualidades não estão vinculadas ao tecido utilizado, à cor ou ao talhe, mas à forma como a calça é utilizada durante sua vida social.

Arjun Appadurai (1949-)

Antropólogo indiano que estuda a sociedade contemporânea e a globalização. Foi professor na Universidade de Princeton e Pensilvânia. Deu aulas de Estudos Internacionais na Universidade de Yale, onde dirigiu o Centro para Cidades e Globalização. É professor de Antropologia da Universidade de Chicago, instituição na qual dirige o Globalization Project. *A vida social das coisas* é um de seus principais trabalhos.

ALEXANDER PYLYSHYN/ALAMY/LATINSTOCK

JOEL SILVA/FOLHAPRESS

Quem já colecionou álbum de figurinhas, como as de futebol, sabe como as faltantes são importantes para o colecionador. Os valores simbólicos, nascidos da vida social das coisas, interferem no valor das mercadorias, como explica **Arjun Appadurai**. Na foto, estudantes de um colégio paulistano jogam bafo com figurinhas do álbum da Copa do Mundo 2014. (Foto de 2013.)

A propaganda encobre tanto a produção social do significado quanto aquilo que é medido matematicamente, que é o custo da produção. Mas o valor simbólico da calça — juventude e liberdade — não é o único fetiche que a vida social da mercadoria cria. Caso um cantor apareça na televisão com uma determinada marca de calça *jeans*, ele vai agregar valor simbólico àquela calça, que passa a ser mais cara que as da concorrência. Se ela for desenhada por um estilista famoso, um novo valor simbólico será incorporado ao produto, que terá seu valor elevado. Se determinada calça tiver uma edição reduzida e tornar-se rara, seu preço também será aumentado devido à escassez.

A cada valor simbólico agregado ao produto, menor é o número de consumidores capazes de adquiri-lo, até que o objeto se torne tão raro e caro que passa a ser uma mercadoria de luxo — ou seja, acessível somente a poucos, à elite. É muito importante, portanto, compreender como o valor de uma mercadoria é formado materialmente e simbolicamente e que, nas trocas mercantis, todos esses fatores entram nos cálculos.

Valor simbólico e mercantilização

Claro que esses valores são relativos e variam de sociedade para sociedade e de cultura para cultura. Por exemplo, em um local quente, aquecedores terão valor muito baixo porque serão poucas as pessoas que terão necessidade de possuí-lo e usá-lo. Os refrigeradores de ar, ao contrário, terão maior valor nesse local do que em lugares frios.

Do ponto de vista cultural e simbólico também se dá o mesmo. Países muito religiosos e que tenham uma moral mais rígida com relação às vestimentas das mulheres, como os países muçulmanos, não venderão muitas roupas em tecido transparente. Em compensação, em nações em que as mulheres costumam usar roupas mais abertas e informais, as peças mais fechadas terão poucas vendas e seus preços serão mais baixos.

Portanto, o que define o valor das mercadorias é a série de elementos que atuam na vida social das pessoas e das mercadorias. O fetiche é o processo que encobre essa construção social e simbólica de valores e induz o consumidor a pensar que as qualidades da mercadoria são "mágicas", ou seja, nascem com o produto. Também as teorias econômicas, que explicam o valor pelas leis de mercado, mascaram os processos culturais e simbólicos — o mercado é feito de pessoas que se relacionam, trocam bens (por meio de dinheiro e de presentes, doações, heranças e escambo) e fazem uso das coisas, de forma que geram valores constantemente. Arjun Appadurai, em *A vida social das coisas*, publicado em 2008, denomina *regimes de valor* essa situação de coerência valorativa, que é variável conforme o caso e a mercadoria.

A propaganda tem ajudado a difundir o fetiche das mercadorias, pois apregoa qualidades imateriais aos produtos do mercado, mobiliza o desejo do consumidor, sem que ele tenha consciência, por exemplo, de por que se sente à vontade com uma calça *jeans* azul e desbotada.

A antiga propaganda do creme dental Kolynos, dos anos 1950, realizada em uma época em que aumentava o contato físico entre as pessoas, queria vender, com o dentifrício, a sensação de bem-estar e proteção. Mas esse fetiche diz respeito à necessidade de os jovens terem um hálito mais saudável e fresco para se sentirem mais seguros ao se aproximarem do sexo oposto. Anúncio veiculado na revista *Fon-Fon!*, n. 2230, 7 jan. 1950.

FUNDAÇÃO BIBLIOTECA NACIONAL, RIO DE JANEIRO

Arjun Appadurai considera que a mercantilização é apenas um dos momentos da vida das coisas que são produzidas, desde sempre, para satisfazer necessidades geradas pela sociedade e pela cultura. Por isso ele distingue as diferentes mercadorias em quatro tipos diferentes:

- Mercadorias por destinação: são produzidas para serem consumidas no mercado, como as pastas de dentes da imagem da página anterior;
- Mercadorias por metamorfose: transformam-se em mercadoria, apesar de terem sido produzidas para outros fins, como as mechas de cabelo;
- Mercadorias por desvio: são mercantilizadas apesar de, em nenhum momento, terem tido essa destinação, como as relíquias religiosas;
- Ex-mercadorias: produtos que são retirados, temporária ou permanentemente, da troca mercantil, como, animais em extinção, cuja venda é proibida pelo Estado.

WK1003MIKE/SHUTTERSTOCK

Segundo a classificação de mercadorias de Arjun Appadurai, mechas de cabelo alimentam um crescente mercado de fabricação de apliques. As mechas não são unicamente direcionadas para o mercado, mas acabam vendidas por metamorfose. Muitos cabelereiros têm contrato para fornecimento das melhores mechas de seus clientes para a produção de perucas e apliques.

De acordo com a teoria desenvolvida por Appadurai, uma sociedade pode ser considerada *consumista* quando a produção se volta de forma inquestionável para a produção de mercadorias *por destinação*, ou seja, para as trocas mercantis. A sociedade fica abarrotada de produtos e a concorrência torna-se muito acirrada, com grandes disputas pelos consumidores. O capitalismo é o modo de produção que se propõe explicitamente a isso, e o neoliberalismo é o estágio mais avançado de hegemonia da mercantilização da sociedade. Outros autores, como Pierre Bourdieu, consideram como consumista uma sociedade na qual as atividades mercantis extrapolam as necessidades sociais e de reprodução social, como ocorre na sociedade contemporânea.

A institucionalização da produção simbólica

Assim como existem diferentes formas de um produto virar mercadoria e ser consumido — de fósforos, que se consomem no mesmo instante em que são usados, até obras de arte imortais, nas quais se investem fortunas para sua conservação —, existem diferentes produtos que se transformam em mercadorias.

Neste capítulo, até o momento, temos mencionado exemplos de mercadorias materiais, ou seja, aquelas que têm uma existência concreta e palpável, que podem ser adquiridas, usadas, portadas e, efetivamente, consumidas no uso. É o caso da pasta dental, à qual nos referimos anteriormente. Mas existem mercadorias que são simbólicas e não podem ser possuídas, mas apenas usufruídas, como um espetáculo, um filme ou uma música.

No entanto, para que se estabelecesse um mercado capaz de avaliar os produtos simbólicos, fossem eles livros ou espetáculos musicais, foi preciso que essa produção se tornasse autônoma em relação às outras instâncias da vida social. A música, por exemplo, como produto autônomo, não podia ser confundida com o canto gregoriano, que faz parte dos rituais da Igreja católica, ou com as marchas militares, com as quais os compositores buscavam animar as tropas.

A partir do Renascimento, assistimos a uma crescente autonomia da produção simbólica, que deu origem ao chamado "campo artístico". A institucionalização desse setor da sociedade, conforme tão bem explica Pierre Bourdieu, dependeu da criação de museus, salões, academias, conservatórios e ateliês que procederam à definição, avaliação, crítica e ensino da produção artística. O passo seguinte consolidou-se com a formação do mercado de arte, ao estabelecer a concorrência entre artistas, gêneros, obras e linguagens.

TIMOTHY A. CLARY/AFP

Leilão de obra de arte da tradicional casa de leilões de origem inglesa Christie's, em Nova York, em 2105. Os leilões de arte são um dos recursos utilizados para se estabelecer o valor das obras e dos artistas. Esse valor não depende da materialidade da obra, mas, sim, da concorrência que se estabelece entre artistas e obras no interior do campo artístico e dos critérios que nele se estabelecem.

As obras passaram a ser cobiçadas, adquiridas, trocadas e colecionadas, e seu valor passou a ser determinado por um complexo processo de consagração que dependia de critérios internos ao próprio campo. Assim foi criada, na modernidade, a produção artística mercantil destinada à elite econômica e política.

À medida que o poder aquisitivo da população em geral começou a crescer, os estratos médios da sociedade também passaram a desejar os produtos artísticos, e, para colocar à sua disposição produtos simbólicos capazes também de oferecer prazer, sociabilidade e entretenimento, foi criada a indústria cultural, ou seja, a produção em série de mercadorias destinadas ao consumo simbólico, realizada em moldes industriais.

Assim surgiu a produção maciça de livros, revistas, jornais, discos (hoje CDs, DVDs e *blu-rays*) e filmes destinados ao consumidor médio. Como já discutimos anteriormente, a produção erudita e a maciça trocam influências, referem-se mutuamente e criam, por sua complementaridade, um universo de consumo à parte da produção material da sociedade, que encontra suas referências no interior de sua própria história e de seu próprio campo.

PA ARCHIVE/GLOW IMAGES

Objetos que pertenceram ao compositor, músico e cantor John Lennon (1940-1980) foram colocados à venda na Inglaterra, país onde nasceu. O vaso sanitário usado por ele foi arrematado em 2010 por 15 mil dólares, fato que atesta que o valor simbólico de uma mercadoria pode depender mais de sua história do que de suas qualidades materiais.

Do consumo simbólico ao consumo ostentatório

O antropólogo polonês Bronislaw Malinowski (1884-1942) relatou a existência, entre os habitantes das Ilhas Trobriand, de um importante sistema de trocas de objetos de valor simbólico: o *kula*. Grupos nativos desse arquipélago na Nova Guiné produzem pulseiras, colares e adornos de conchas raras, com os quais presenteiam seus vizinhos durante as cerimônias em que celebram esse contato.

Os braceletes não ficam muito tempo com os receptores, que logo os passam a outro grupo, fazendo-os circular. Extremamente valorizados, esses objetos criam uma "dívida" com os presenteados, que devem retribuir as oferendas, se possível com maior prodigalidade. Esse é o critério que dá *status* ao vencedor dessa "rivalidade" — quem oferece a maior quantidade de bens é também quem demonstra mais poder, porque fica com créditos em relação aos receptores, que "pagam" as dádivas com obrigações sociais.

Não é a posse ou a acumulação desses bens que dá importância a quem os possui, mas a capacidade de dar e, no futuro, receber. Paralelamente a essa troca de "dádivas" simbólicas, os trobriandeses desenvolvem a simples troca econômica de produtos ou bens primários, denominada *gimwali*. A existência dessa dupla forma de circulação de bens permite entender as diferentes formas de estabelecer e trocar valores. Os trobriandeses não desenvolveram o *kula* porque desconhecessem o comércio de bens úteis, mas porque davam igual importância ao valor simbólico de determinados produtos.

Já no que diz respeito à sociedade capitalista, predominantemente individualista e desigual, o caráter simbólico das mercadorias relaciona-se diretamente com o seu poder ostentatório, como explica Jean Baudrillard (1929-2007).

> "[...] por detrás de todas as superestruturas da compra, do mercado e da propriedade privada, é sempre o mecanismo da prestação social que se deve ser lido na nossa escolha, acumulação, manipulação e consumo de objetos — mecanismo de discriminação e de prestígio que está na própria base do sistema de valor e de integração na ordem hierárquica da sociedade.
>
> Dessa forma, no capitalismo, desapareceu a distinção entre diferentes processos de troca, simbólica e de bens primários, fazendo com que os produtos se tornassem receptáculos de valor de troca simbólico, de prestação social, de concorrência e de discriminação de posições sociais e de classe."
>
> BAUDRILLARD, Jean. *Para uma crítica da economia política do signo*. São Paulo: Martins Fontes, s.d. p. 12-13.

Marx denomina esse processo de *reificação*, ou seja, processo pelo qual, na sociedade capitalista, inverte-se a relação entre sujeito e objeto, o que faz que as coisas sejam portadoras de significado para os sujeitos que as possuem. Isso é possível na medida em que a universalização do mercado transforma tanto os produtos como o trabalho humano em mercadorias, medíveis não pela sua diferença, mas por sua semelhança avaliada em termos de valor moeda.

Identidade, moda e consumo

A distinção social por meio de signos que as pessoas portam no próprio corpo (roupas e joias) ou ostentam em seus ambientes (móveis e obras de arte) é uma prática antiga, que remonta ao luxo dos grandes impérios. Assim, associa-se a posse ao poder e à condição social elevada. Também na Idade Média, as cortes procuravam marcar sua presença pelos signos visuais emblemáticos, mas foi na modernidade que, efetivamente, a identidade individual e de grupo passou a estar diretamente associada aos signos exteriores de poder e distinção. Exibir riqueza e ostentá-la tornou-se um importante indício de realização pessoal e social.

No entanto, com a Revolução Francesa, em 1789, e o advento da República, a mobilidade social aumentou. A classe média mais ampla começou a imitar o comportamento da elite; isso tornava-se possível pelo fato de os signos de distinção serem oferecidos como mercadoria, o que não acontecia no passado. Com essa possibilidade, os costumes tenderam a se democratizar, desde que o interessado dispusesse dos meios econômicos para adquirir esses bens, fazer uso deles e ostentá-los.

Quando adquirir o signo autêntico (joias ou obras de arte) não era possível, apelava-se para um **simulacro**, ou seja, um produto que lembra o original, mas utiliza matéria-prima ou *design* de qualidade tida como inferior. Enquanto as classes populares imitavam o estilo de vida das camadas superiores, estas buscavam novas formas de expressão, por meio de novas tendências e estilos de roupas, penteados, mobiliário, calçados, entretenimento e obras de arte. O desenvolvimento da indústria só fez acelerar essa dinâmica entre as classes sociais por novos padrões de civilidade e de visualidade.

Surgiu, então, a indústria, que aliou a sua própria necessidade de renovação à necessidade de um consumo ostentatório, capaz de evidenciar a posição de destaque e importância de seu usuário. Não é difícil entender que a indústria tenha passado a fomentar a necessidade de as classes populares parecerem com as elites e de as elites distanciarem-se das camadas populares.

Iniciou-se, assim, um ciclo que se autoalimentava. À medida que surgiam produtos mais acessíveis, começava-se a produzir o novo para os ricos, que deixavam de apreciar aquilo que anteriormente os distinguia e que agora era imitado pela produção voltada para as classes menos favorecidas. Foi assim que a indústria criou a moda tal como a conhecemos hoje, uma lógica de produção e mercado que, por sua própria história, tem um caráter ostentatório e simbólico, assim como econômico e político.

Já estavam estabelecidas aí as bases do que viria a ser uma sociedade de consumo: aquela que procura diferenciar indivíduos num cenário cada vez mais anônimo e impessoal, ao mesmo tempo que difunde ideais de igualdade, de democracia e de inclusão social. Uma sociedade que busca homogeneizar os diferentes grupos sociais por meio da produção industrial em série, mas na qual a racionalidade econômica exige que as mercadorias sejam periodicamente substituídas por outras, de forma que se renove a produção. Cria-se, assim, o circuito da produção da moda e, com ele, uma valorização cada vez maior do valor simbólico dos objetos consumidos, gradativamente associados a poderes imateriais, abstratos e valorativos. Porém, se as bases dessa sociedade de consumo já estavam lançadas, era preciso que outras circunstâncias históricas fizessem dela uma realidade.

Termos e conceitos

Simulacro: conceito que teve sua origem na filosofia grega, significa algo que não é real. Na modernidade, passou a designar as cópias de objetos ou fenômenos da realidade, cuja relação com eles é apenas superficial e de aparência, sem uma identidade verdadeira com seus referentes. É um termo bastante usado em Ciências da Comunicação, especialmente na Semiótica, para designar os signos que tentam substituir superficialmente a realidade a que se referem, muitas vezes, de forma enganosa. Muitos autores, como Jean Baudrillard, consideram as imagens produzidas pelos meios de comunicação como simulacros.

A ostentação pode atingir níveis altíssimos, como é o caso do carro mais caro do mundo em 2015, o Koenigsegg CCXR Trevita, da empresa sueca Koenigsegg, que produziu apenas 3 unidades a um custo de 4,8 milhões de dólares cada, graças ao fato de a pintura ser composta de pó de diamantes assimilado à fibra de carbono do chassi.

JOHN GURZINSKI/AFP

O antropólogo argentino Néstor García Canclini dedicou-se a estudar o processo da moda e do consumo como nova forma de identidade das pessoas na atualidade e diz:

> "Vamos nos afastando da época em que as identidades se definiam por essências a-históricas: atualmente configuram-se no consumo, dependem daquilo que se possui, ou daquilo que se pode chegar a possuir".
>
> CANCLINI, Néstor García. *Consumidores e cidadãos*: conflitos multiculturais da globalização. Rio de Janeiro: Editora da UFRJ, 1977. p. 15.

O autor finaliza ao mostrar que, numa sociedade globalizada, extrapolam-se os limites para a construção identitária do sujeito baseada na propriedade de bens e no estilo de vida e reafirma o poder do consumo em legitimar a identidade social dos sujeitos e sua forma de se posicionar no mundo.

Consumo e desigualdade

Canclini afirma que, numa sociedade globalizada, em que as instituições nacionais se fragilizam, a capacidade de a sociedade tradicional garantir os sentimentos de identificação pessoal e pertencimento diminui sensivelmente, fazendo com que as pessoas busquem novas formas de identidade.

A formação de grupos ou tribos, o fundamentalismo religioso e o consumo acabam adquirindo essa função. Em razão disso, ao lado de uma crescente produção de massa que inunda o mercado de produtos semelhantes, a publicidade promove o sentimento de exclusividade e faz com que o consumidor se sinta único ao comprar, usar, usufruir certo produto. A exclusividade e a diferenciação passam a fazer parte do valor simbólico das mercadorias.

Aliada a essa necessidade de fortalecer a identidade pessoal por intermédio dos produtos que consumimos está também o desejo de ascensão social, de assumir o fetiche que emana do produto. Daí o consumo ter se tornado um elemento importante na identificação do *status* social do consumidor.

COCA COLA/AGÊNCIA OGILVY

Mercadorias que estampam os nomes dos possíveis consumidores demonstram a importância do mito de que um produto possa ser único e feito especialmente para eles.

Para isso, o mercado oferece uma grande variedade de mercadorias de mesmo gênero e utilidade, mas de características e preços diferentes. Diante dessas opções, o consumidor tem a sensação de exercitar sua liberdade de escolha e de afirmar sua personalidade e gosto. Porém, sua escolha se dá numa cadeia hierarquizada de possibilidades estruturadas pelo valor de troca do produto: quanto mais caro, mais desejado e raro.

Como o próprio consumidor, os produtos não estão sós e independentes, mas relacionados uns aos outros. Portanto, as mercadorias também possuem *status*, um valor social de importância relativa que transmitem ao consumidor. Elas constituem o que Baudrillard chama de *sistema dos objetos*.

> "Para tomar um exemplo recente, nem a saia comprida nem a minissaia têm valor absoluto — apenas a relação diferencial de uma com a outra joga como critério de sentido. [...] A minissaia [...] só tem valor [de moda] por oposição à saia comprida."
>
> BAUDRILLARD, Jean. *Para uma crítica da economia política do signo*. São Paulo: Martins Fontes, s.d. p. 79.

É por isso que os produtos têm valor econômico e valor simbólico, o que os transforma em objetos de ostentação. A publicidade procura alardear o valor simbólico dos objetos para acentuar as características que garantem o *status* do produto e a capacidade de promover socialmente aquele que o possui. Com isso se processa um deslocamento entre a utilidade da mercadoria e seus valores econômico e simbólico.

É possível, por exemplo, que uma pessoa adquira uma bebida pelo *status* que ela representa e empresta a seu possuidor, ao usá-la apenas como exposição suntuária, como bem simbólico, sem nunca a servir ou efetivamente consumi-la. Da mesma forma, certos bens podem ser adquiridos única e exclusivamente por seu alto valor de mercado, sendo necessário, muitas vezes, que o comprador anuncie socialmente quanto pagou por eles.

MARY EVANS PICTURE LIBRARY LTD/AGB PHOTO LIBRARY/KEYSTONE BRASIL

Bibliotecas falsas como elementos decorativos atestam que o consumo de objetos, muitas vezes, dá-se apenas pelo seu valor simbólico e pelo seu fetiche. As bibliotecas dão às casas, salas e escritórios uma aura de seriedade e de conhecimento.

Assim, podemos dizer que, muitas vezes, aquilo que ostentamos é apenas a idealização que fazemos de nós mesmos e o *status* que desejaríamos ter. Mais do que a satisfação de nossos anseios, o consumo e a moda expõem nossas fraquezas — aquilo que gostaríamos de ser, mas não somos. Nossos pertences descrevem uma linguagem sobre nós e nossos sonhos, nossas aparentes vitórias e o *status* social que almejamos. Constituem, assim, um estilo de vida e a representação social que escolhemos para nós próprios.

Audiovisual

Consumo contemporâneo e trabalho escravo

Mas, se os produtos ajudam a constituir as identidades pelo seu valor simbólico, também produzem desigualdades sociais e acentuam as diferenças de pertencimento a grupos sociais, de poder aquisitivo, ao exibir as diferenças de classe social, região, idade e gênero. Assim, o consumo revela essa relação dialética — ao mesmo tempo que a produção se torna mais massificada, mais se vende o fetiche da diferenciação e, quanto mais uma moda procura ser copiada, mais evidencia as desigualdades sociais.

Nesse complexo processo de mostrar e esconder, de ser e de parecer ser, aparece o *kitsch* — termo alemão criado para designar produtos que, intencionalmente ou não, revelam essa tendência de os objetos exibirem qualidades ostentatórias de forma exagerada e, às vezes, vulgar. Existe nos objetos *kitsch* uma intenção de substituir materiais valiosos por imitações — o ouro é substituído por plástico dourado, o couro por material sintético, o cristal por vidro. Assim, substituem a "autenticidade" do produto e do material com que é fabricado por uma simulação, conferindo-lhes um acentuado artificialismo.

Há nessa produção a intenção também de evidenciar e criticar o caráter arbitrário e fetichista da mercadoria, especialmente a de objetos de luxo e supérfluos. Curiosamente, entretanto, os objetos *kitsch* também acabam por ser valiosos à medida que passam a ser considerados artísticos.

LUCINDA LAMBTON /BRIDGEMAN IMAGES/KEYSTONE BRASIL

ANDREAS VON EINSIEDEL/ALAMY/LATINSTOCK

Há nessas imagens de espaços decorativos elementos *kitsch*: o excesso de cores, objetos decorativos de motivos diversos, revestimentos artificiais e artificialismos; escultura em gesso substituindo o mármore e remetendo ao período da Antiguidade Clássica, colchas e almofadas com estampas de peles de animais; flores artificiais e latas diversas utilizadas no lugar de obra de arte.

PINGOS NOS "IS"

Um novo produto a ser consumido: a informação

Neste capítulo, abordamos o consumo do ponto de vista da produção e o consumo de produtos materiais — de alimentos a roupas, de armas a moradias — e de produtos simbólicos — da literatura à poesia, da música ao cinema, das festas às cerimônias. Procuramos mostrar que eles possuem um valor calculado em sua materialidade e em seu valor simbólico.

Para terminar este capítulo, falaremos de um outro produto que caracteriza a atualidade e que vem sendo cada dia mais almejado e valorizado mercadologicamente — a informação.

O desenvolvimento dos meios de comunicação e da informação por rede de computadores tem criado a chamada *sociedade da informação*, que significa a geração, processamento e difusão das informações como principal fonte de produtividade e lucro na sociedade. Isso só foi possível pela virtualização das relações sociais, de produção e de poder, em âmbito global, ou seja, pelas relações que se estabelecem, hoje, por meio de fluxos pelos quais transitam as redes informacionais. Essas informações e as conexões que lhes dão acesso transformam-se em mercadoria — com valor de uso e de troca.

Para entendermos melhor do que estamos falando, vamos dar um exemplo. Um supermercado pode vender produtos materiais — tomates ou batatas — e produtos simbólicos — revistas e CDs. Quando o consumidor passa pelo caixa e este registra suas compras, estamos diante da virtualização dessa transação, ou seja, aquilo que foi consumido passa a estar vinculado ao comprador, e transforma-se em **informação**. Quando esse mesmo supermercado quiser fazer uma promoção de determinados produtos, poderá saber quais dos seus clientes são os compradores potenciais e poderá, então, economizar, com a criação de uma campanha direcionada aos consumidores de produtos iguais ou similares aos da promoção direcionada.

Além das campanhas, os dados das vendas indicam quais são as preferências dos consumidores e o que os atrai — produtos em promoção, novidades, cores, tamanhos etc. —, o que permite gerenciar melhor os estoques e a organização das gôndolas dos produtos. Dessa forma, a informação adquire valor de uso e valor de troca, e torna-se uma mercadoria. O próprio supermercado pode vender essas informações para outras empresas. No mundo informatizado, geramos informações que têm valor para alguém, ou seja, que possui *consumidores* dispostos a pagar por ela.

Por outro lado, na medida em que o desenvolvimento tecnológico se dá pela desregulamentação da economia tradicional e sua incorporação aos sistemas informacionais, o acesso à informação, ou seu consumo, passa a ser a fonte primordial de produção de riqueza.

Dessa forma, a economia contemporânea, na *sociedade da informação*, incorpora uma outra forma de produzir, distribuir e consumir bens que faz com que estar conectado, pertencer a redes sociais, receber e enviar informação seja a condição essencial de participação e de atuação econômica e política da atualidade.

SOCIOLOGIA NA MÍDIA

HOME | SOBRE | CONTATO | LINKS

JESSE WILD/ALAMY/LATINSTOCK

DESIGN KITSCH: QUANDO A CULTURA SE TORNOU CONSUMO

A ascensão da burguesia e a Revolução Industrial inspiraram o *design kitsch* em 1890.

"O estilo *kitsch*, criado devido à ascensão da burguesia, e também da Revolução Industrial, com a produção de produtos em massa, divide opiniões entre *designers*, profissionais e estudiosos da arte. A palavra *kitsch*, de origem alemã, descreve o termo '*kitsch*' como algo de mau gosto, um conteúdo direcionado ao apelo do gosto popular.

No Brasil, a palavra adquiriu o significado de 'cafona' ou 'brega', principalmente em relação a objetos com coloração ou formato exagerado, com vários acessórios não necessariamente funcionais ao produto. Também se refere a objetos com pouca qualidade estética, sem autenticidade e até considerados sensacionalistas.

O termo se justifica, principalmente, porque, com a Revolução Industrial, a arte e a cultura começaram a ser consumidas e produzidas em larga escala para atender à demanda da cultura de massa. Para o professor de *design* Abraham Moles, escritor do livro '*Kitsch*: a arte da felicidade', o fenômeno baseia-se em uma civilização que cria para consumir, ou seja, nesse ponto a cultura se confunde com o consumo.

Nesse ponto, as opiniões divergem; enquanto alguns pensam que o *kitsch* não passa apenas de uma cultura de massa e de 'mau gosto', existem aqueles que defendem que o fenômeno *Kitsch* é um movimento complexo com responsabilidades éticas e sociais.

A própria cultura de massa é tratada de forma pejorativa, considerando o fato de que arte, antes era um privilégio, se tornou acessível a todos. Pessoas que antes não tinham voz passam a ter poder de decisão, não só no âmbito social e artístico, mas também no debate político.

Ao mesmo tempo que alguns saem em defesa da cultura de massa como uma forma de liberdade e direitos humanos, outros ponderam que é uma forma de decadência cultural, vulgaridade e destruição da sociedade.

De qualquer forma, sendo a opinião positiva ou negativa, o *kitsch* possui a função de um processo de aprimoramento da experiência estética, assim, quem consome o *design*, sendo ele *kitsch* ou não, possui a responsabilidade de decidir o que é de fato 'bom gosto' ou 'mau gosto'."

DIANDRA. Design kitsch: quando a cultura se tornou consumo. *Blog TNB*, 12 jun. 2015. Disponível em: <blog.tnb.studio/design-kitsch-quando-a-cultura-se-tornou-consumo/>. Acesso em: jul. 2016.

ATIVIDADES

1 Qual é a diferença entre valor simbólico da mercadoria e produção simbólica?

2

EDGAR FABIANO CC0 1.0/ WIKIMEDIA FOUNDATION

Após a leitura do capítulo, interprete o que diz o grafite da imagem acima. Elabore uma redação a esse respeito utilizando as informações contidas no texto.

3 Das imagens abaixo, qual é a que melhor ilustra o conceito de *kitsch*?

MAURICE SAVAGE/ALAMY/LATINSTOCK - ACERVO SECULAR/MUSEU DE HISTÓRIA DA ARTE, VIENA

AMANDA EDWARDS / GETTY IMAGES NORTH AMERICA/AFP

GORDANA SERMEK/SHUTTERSTOCK

Da esquerda para a direita: coroa do Império Austríaco em exposição no Palácio de Hofburg, em Viena (Áustria); vestido usado pela atriz Marilyn Monroe (1926-1962) no filme *O pecado mora ao lado* (1956, Estados Unidos), arrematado em leilão por 4,6 milhões de dólares; vestido de pele sintética, moda nos anos de 1960 e 1970.

4 Coloque nos espaços as palavras faltantes deste trecho e explique, depois, o que entendeu dele.

__________ afirma que, numa sociedade __________ __________, em que as instituições nacionais se fragilizam, a capacidade de a sociedade tradicional garantir os sentimentos de __________ e de pertencimento diminui sensivelmente, fazendo com que as pessoas busquem novas formas de identidade. A formação de grupos ou __________, o fundamentalismo religioso e o __________ acabam tendo essa função.

5 Além do exemplo da compra no supermercado, visto no capítulo, gerando informação com valor de uso e valor de troca, qual outro exemplo da sociedade contemporânea poderia ser dado de geração de informação?

ATIVIDADES

6. Faça uma pesquisa em revistas, jornais e na internet e descubra tatuagens que, na sociedade contemporânea, atribuem identidades aos seus usuários. Em grupos, discutam os significados que estão em jogo.

7. Leia o texto e responda à pergunta.

O Facebook sabe demais

"Conforme você usa o *site* e coloca informações nele, o Facebook vai montando um prontuário digital com grande quantidade de dados a seu respeito. Robôs analisam tudo para tentar descobrir ainda mais — e também vigiam a sua navegação por boa parte da internet.
Ele não é o único: o Google também faz algo do tipo. [...] O sistema funciona graças aos *cookies*, pequenos arquivos de texto que são colocados no seu computador ou celular e o identificam enquanto você navega na internet. Na Europa, a lei determina que o usuário tenha de aprovar cada um dos *cookies* depositados no seu computador. Mas um relatório da Comissão de Privacidade da Bélgica, divulgado em março, concluiu que o Facebook está violando a lei, plantando *cookies* nos computadores das pessoas sem a permissão delas. Segundo o relatório, ele usa *cookies* para monitorar usuários que não estão logados na sua rede — e até gente que jamais teve uma conta de Facebook. A empresa negou a prática e disse que o relatório tem erros."

DE SANTI, Alexandre. O lado negro do Facebook. *Superinteressante*, jun. 2015. Disponível em: <http://super.abril.com.br/tecnologia/o-lado-negro-do-facebook>. Acesso em: jul. 2016.

Indique qual parte do capítulo estudado o trecho acima ilustra.

a) Atualidade: um novo produto a ser consumido — a informação.
b) Identidade, moda e consumo.
c) O que é consumo?
d) Consumo e desigualdade.

8. Leia a matéria e responda à questão.

Como se vestir para uma entrevista de emprego

"A regra de que a primeira impressão é a que fica é ainda mais verdadeira para quem está em busca de emprego. Além do jeito como o candidato se porta e fala de suas habilidades, a forma como ele se apresenta também é avaliada pelos recrutadores. Alguns figurinos podem garantir uma imediata impressão negativa do entrevistado, ofuscando todas as qualidades profissionais que poderiam ser relevadas na entrevista. Mas com que roupa se apresentar?
Roupa de entrevista de emprego nem sempre é terno. Veja as variações, mas fique atento ao código da empresa.
A roupa da entrevista não é mais importante que o seu currículo, mas uma impressão ruim pode diminuir suas chances com o entrevistador logo no primeiro encontro. O bom e velho terno serve para quase todas as ocasiões, mas, em alguns casos, pode ser formal demais. Dependendo da empresa e das expectativas para o cargo, uma imagem mais informal contribui para que você pareça adequado.
Para acertar, antes de ir, faça a lição de casa. Assim como você busca informações sobre os negócios da empresa, informe-se também sobre seu código de vestir. E vá um pouco mais sóbrio do que isso. Roberta Borguignon, consultora de imagem, ensina: 'Por mais que as pessoas se vistam informalmente no dia a dia, o perfil que se espera de um executivo em uma entrevista ainda é rígido'."

TREVIZAN, Débora. Como se vestir para uma entrevista de emprego. *Você Empregos*, 12 maio 2015. Disponível em: <www.voceempregos.com.br/dicas/ver/17/como-se-vestir-para-uma-entrevista-de-emprego>. Acesso em: jul. 2016.

Que elementos do capítulo explicam os conselhos da jornalista?

EXAMES DE SELEÇÃO

1 **(Enem, 2015)** "Na sociedade contemporânea, onde as relações sociais tendem a reger-se por imagens midiáticas, a imagem de um indivíduo, principalmente na indústria do espetáculo, pode agregar valor econômico na medida de seu incremento técnico: amplitude do espelhamento e da atenção pública. Aparecer é então mais do que ser; o sujeito é famoso porque é falado. Nesse âmbito, a lógica circulatória do mercado, ao mesmo tempo que acena democraticamente para as massas com supostos 'ganhos distributivos' (a informação ilimitada, a quebra das supostas hierarquias culturais), afeta a velha cultura disseminada na esfera pública. A participação nas redes sociais, a obsessão dos *selfies*, tanto falar e ser falado quanto ser visto são índices do desejo de 'espelhamento'."

SODRÉ, M. Disponível em: <http://alias.estadao.com.br>. Acesso em: 9 fev. 2015 (adaptado).

A crítica contida no texto sobre a sociedade contemporânea enfatiza

a) a prática identitária autorreferente.

b) a dinâmica política democratizante.

c) a produção instantânea de notícias.

d) os processos difusores de informações.

e) os mecanismos de convergência tecnológica.

2 **(Enem, 2011)** "Como os combustíveis energéticos, as tecnologias da informação são, hoje em dia, indispensáveis em todos os setores econômicos. Através delas, um maior número de produtores é capaz de inovar e a obsolescência de bens e serviços se acelera. Longe de estender a vida útil dos equipamentos e a sua capacidade de reparação, o ciclo de vida desses produtos diminui, resultando em maior necessidade de matéria-prima para a fabricação de novos."

GROSSARD, C. *Le Monde Diplomatique Brasil*. Ano 3, n. 36, 2010 (adaptado).

A postura consumista de nossa sociedade indica a crescente produção de lixo, principalmente nas áreas urbanas, o que, associado a modos incorretos de deposição,

a) provoca a contaminação do solo e do lençol freático, ocasionando assim graves problemas socioambientais, que se adensarão com a continuidade da cultura do consumo desenfreado.

b) produz efeitos perversos nos ecossistemas, que são sanados por cadeias de organismos decompositores que assumem o papel de eliminadores dos resíduos depositados em lixões.

c) multiplica o número de lixões a céu aberto, considerados atualmente a ferramenta capaz de resolver de forma simplificada e barata o problema de deposição de resíduos nas grandes cidades.

d) estimula o empreendedorismo social, visto que um grande número de pessoas, os catadores, tem livre acesso aos lixões, sendo assim incluídos na cadeia produtiva dos resíduos tecnológicos.

e) possibilita a ampliação da quantidade de rejeitos que podem ser destinados a associações e cooperativas de catadores de materiais recicláveis, financiados por instituições da sociedade civil ou pelo poder público.

3 **(Uerj, 2008)** "A rede McDonald's foi fundada na década de 1940 por Dick e Maurice McDonald's, mas comprada e vastamente expandida por Ray Kroc a partir dos anos 1950. Kroc, um imigrante tcheco, foi aparentemente o primeiro empresário que aplicou os princípios da produção em massa a um setor de serviços. Em consequência de suas inovações, hoje cerca de 50 milhões de pessoas por dia comem em um McDonald's em mais de 120 países."

BURKE, Peter. *Folha de S.Paulo*, 15 abr. 2007 (adaptado).

A rede McDonald's tornou-se um dos símbolos de algumas das principais mudanças, ocorridas em diversos países, nos últimos cinquenta anos. Sua história se confunde com a das relações econômicas internacionais. Uma mudança que pode ser representada pela expansão dessa rede e sua respectiva causa histórica são:

a) mundialização da cultura – extinção da dualidade local/global.

b) padronização do consumo – expansão de empresas transnacionais.

c) americanização dos costumes – internacionalização tecnológica do setor industrial.

d) uniformização dos hábitos alimentares – integração mundial dos mercados nacionais.

Para assistir

Fora do figurino: as medidas do jeitinho brasileiro

Direção: Paulo Pélico. País: Brasil. Ano: 2013.

O documentário aborda a falta de padronização da indústria da moda no Brasil, que, desde o século XIX, se baseia nos padrões europeus de medidas, criados para uma população com biótipo completamente diferente do nosso. Trata também da improvisação da indústria nacional e da falta de planejamento que há anos aborta o projeto de criação de um sistema de referências de tamanho nacionais por um consistente levantamento antropométrico.

Com depoimentos de personalidades como Adriane Galisteu e Beatriz Segall, de empresários da confecção e de consumidores em geral, o filme traça um panorama importante da indústria da moda e de como o consumo leva pouco em consideração as necessidades do consumidor. Um retrato ao mesmo tempo cômico e constrangedor da indústria nacional e de como o consumo pode ser equivocado e centrado em referências estrangeiras. O filme trará importantes subsídios para a discussão do consumo.

Criança, a alma do negócio

Direção: Estela Renner. País: Brasil. Ano: 2008.

Documentário sobre a influência da propaganda e das mídias no comportamento consumista da atualidade. Ele resultou do projeto "Criança e Consumo", desenvolvido pelo Instituto Alana — Organização da Sociedade Civil sem fins lucrativos, que, desde 1994, busca valorizar a criança e defender o consumo sustentável, ou seja, aquele que satisfaz adequadamente as necessidades do consumidor sem causar prejuízos à família, à sociedade ou ao meio ambiente.

O Projeto Criança e Consumo visa debater ideias sobre a participação dos menores na publicidade mercadológica e defender a autonomia e o desenvolvimento infantil. O filme foi apresentado em 2008, por ocasião do 2º Fórum Internacional Criança e Consumo. O documentário está disponível de forma legal e gratuita no *site* do Instituto Alana, no endereço <criancaeconsumo.org.br/videos>. O *site* disponibiliza outros vídeos, pesquisas e informações.

O homem que copiava

Direção: Jorge Furtado. País: Brasil. Ano: 2003.

O filme conta a história de André, operador de uma máquina de copiar de uma papelaria que se apaixona por uma vizinha, Sílvia, a qual admira através de um binóculo. Pertencente à classe média baixa de Porto Alegre, ele vê a impossibilidade de comprar aquilo de que necessita com o dinheiro de que dispõe, pois acredita que a conquista da garota depende de ter dinheiro para presenteá-la com uma bela peça de roupa. Para solucionar seu dilema e alcançar seus objetivos, André resolve usar a copiadora para fabricar dinheiro falso. O filme, que é engraçado e leve, aborda uma sociedade cujas relações sociais estão quantificadas pelas posses materiais. Com a direção certeira de Jorge Furtado, diretor premiado, o filme trará subsídios para as discussões propostas pelo capítulo estudado.

Para ler

Comunicação e culturas do consumo

Maria Aparecida Baccega (Org.). São Paulo: Atlas, 2008.

Maria Aparecida Baccega assume o desafio de colocar em discussão as principais teorias explicativas do consumo na contemporaneidade, esse período histórico que recebeu diferentes designações: era do consumo, da pós-modernidade, do capitalismo pós-industrial. Diversos autores ajudam nessa discussão ao mostrarem que, numa época de fluidez, desenraizamento, velocidade e efemeridade, a produção capitalista presta-se a tanto inovar como repetir, aposentar como reeditar, fazendo do consumo uma forma peculiar de relação com o mundo que nos cerca e com os outros.

Aspectos ligados ao consumo como o colecionismo, o suntuosíssimo, a moda e o supérfluo são tratados como instâncias de um novo *sensorium* de um mundo que, atravessado pelas novas tecnologias, está sempre em mudança.

Mitologias

Roland Barthes. São Paulo: Difel, 1982.

Composto de 53 ensaios, o livro divide-se em duas partes. Na primeira, o autor procura analisar as ações do cotidiano e da cultura de massas, interpretando o universo das construções mitológicas da sociedade contemporânea. O autor, com base no princípio de que "o mito é uma linguagem", busca decifrar os enunciados — matérias jornalísticas e publicidade — apreendendo a construção do mito.

Entre preceitos morais e uma ideologia burguesa, aliados a uma linguagem midiática, Barthes desvenda a fabricação de mitos da sociedade, expondo o fetiche da produção simbólica com a qual se pretende atingir ou fugir da realidade. A segunda parte é composta de ensaios teóricos nos quais analisa o mito enquanto objeto de estudo da linguística e da semiótica. Escrito em linguagem agradável, o livro encanta pela atualidade e por esse desvendar de nosso cotidiano, habitado por inúmeros mitos.

Para acessar

Sebrae: estudos de moda

<www.sebraemercados.com.br/moda>

O Serviço Brasileiro de Apoio às Micro e Pequenas Empresas — Sebrae — mantém um *site* com uma área de estudos em diversos setores da produção e um deles é dedicado à moda. São diversas matérias, orientações e informações acerca do mercado da moda no Brasil — temas que interessam ao mais diversificado público, de varejistas da moda a empreendedores —, mas agrupam uma grande quantidade de assuntos e enfoques que desenham a atuação da produção, distribuição e consumo da moda.

Pesquisa sobre cultura em São Paulo

<www.jleiva.com.br/pesquisa_sp/index.html>

Esta pesquisa, realizada no estado de São Paulo, procura desvendar a dinâmica das práticas culturais e o comportamento do brasileiro diante da diversidade da oferta de produções culturais do país. Os objetivos foram entender o mercado de produção cultural, bem como a expectativa de seu consumidor.

O *site* traz textos e detalhes da pesquisa que coloca importantes questões a respeito do consumo da produção simbólica em um estado do país.

OBRA DE ARTE

Preconceito e discriminação

DIAS, CÍCERO/AUTVIS, BRASIL, 2016 - COLEÇÃO PARTICULAR

Cidade, obra de Cícero Dias, 1960.

"É que tem mais chão nos meus olhos do que cansaço nas minhas pernas, mais esperança nos meus passos do que tristeza nos meus ombros, mais estrada no meu coração do que medo na minha cabeça."

Cora Coralina

Cora Coralina é pseudônimo de Anna Lins dos Guimarães Peixoto Bretas e foi assumido quando completou 50 anos. Escritora e poetisa importante, nasceu em Goiânia, em 1889. Morreu em 1985, deixando uma obra que se torna cada dia mais conhecida e apreciada.

Doceira de profissão, começou a escrever aos 14 anos. Casou-se e teve seis filhos. A pouca escolaridade não foi obstáculo para desenvolver uma obra que mostra sua subjetividade.

"Eu vi o mundo...
ele começava no Recife."

Cícero Dias

Cícero Dias (1907-2003), por sua vez, foi um poeta das artes visuais nascido em Pernambuco, mas criado, parte da vida, no Rio de Janeiro. Passou longos períodos no exterior, em funções diplomáticas e, nesses períodos, conheceu e se relacionou com grandes artistas. Sua obra concilia sempre a atmosfera de sonho e a paisagem da terra natal, na qual aparecem mulheres, crianças e o mar.

Foi desenhista, ilustrador e cenógrafo. Ao misturar em sua representação da vida o popular e o erudito, a herança nativa e a influência estrangeira, ele propõe e apresenta, em uma imagem poética, a possibilidade de harmonia nas relações sociais.

Atividade

- Pesquise outros poemas de Cora Coralina e veja quais são as questões em comum que aparecem tanto na obra da poetisa quanto na obra *Cidade*, de Cícero Dias, mostrada nesta seção.

6 Unidade

Globalização e comunicação

Capítulos

EDVARD MUNCH - MUSEU MUNCH, OSLO

O quadro *O grito*, de 1893, do pintor norueguês Edvard Munch (1863-1944), feito em óleo, têmpera e pastel sobre cartão de 91 x 73,5 cm, é uma obra expressionista e autobiográfica. Segundo o artista, ao caminhar com amigos sob o céu vermelho como sangue do pôr do sol, ele parou e para sentir um grito infinito atravessar a paisagem. Porém, o protagonista da pintura não tem qualquer semelhança com Munch ou outra pessoa.

O artista norueguês Edvard Munch (1863-1944) pintou uma série de obras denominada *O grito*, que se tornou famosa e hoje pertence a três museus e galerias de Oslo, e uma das obras, a um colecionador. São obras que retratam o estilo expressionista, que imprime na composição as emoções do pintor, e revelam uma angústia incontida e o desejo de expressá-la.

A obra mais famosa é a ilustração datada de 1893. *O grito* caiu no gosto popular e, após a Segunda Guerra Mundial, tornou-se um ícone cultural. Desde então, tem sido uma das obras mais reproduzidas do mundo. Foi capa da revista *Time*, nos Estados Unidos, inspirou máscaras e camisetas e até apareceu na série de animação *Os Simpsons*. Essa carreira da obra, que vai das galerias às camisetas, torna-a perfeita para abrir esta unidade, que se dedicará às questões entre Sociologia e Comunicação, abordando um exemplo de como os mundos da cultura podem se miscigenar e se interpenetrar, e assim proliferar, ao estabelecer a interligação entre a subjetividade do artista e sua inserção na sociedade e na comunicação. De certa forma, a tecnologia e a produção de bens simbólicos procuraram ampliar os meios pelos quais nossos gritos podem ser ouvidos. Disso trataremos na próxima Unidade.

COURTESY 20TH CENTURY FOX TELEVISION

JUNIAO

Releituras de *O grito*, obra que se introduziu na cultura popular e de massa, na tecnologia e no entretenimento, rompeu fronteiras e miscigenou campos de produção simbólica. À esquerda, Homer Simpson, da série de televisão *Os Simpsons*, como protagonista do quadro, s.d. À direita, charge sobre o dia em que o estado de São Paulo quase parou por causa de uma pane na internet (*Diário do Povo*, Campinas, 3/7/2008).

Capítulo

21

Sociedade midiática

Objetivos

- Compreender a função da linguagem e dos signos para o conhecimento humano.
- Entender a criação das diversas linguagens para a comunicação social.
- Entender o surgimento da escrita e seu significado político.
- Estudar o surgimento da imprensa na modernidade.
- Aprender o que é a "era da imagem".
- Estudar a invenção da fotografia e suas repercussões.
- Entender o papel da imagem na cultura humana.
- Estudar os veículos de comunicação: o cinema, o rádio e a televisão.

Vamos tratar agora de um fenômeno recente na história da sociedade ocidental — o desenvolvimento do que chamamos de *sociedade midiática*, isto é, a sociedade na qual, além das relações que se estabelecem entre pessoas, membros de um grupo com outras pessoas e outros grupos, criam-se importantes relações que estabelecemos com e por meio dos meios de comunicação, seus veículos, linguagens e mensagens.

A sociedade midiática sustenta-se na humana necessidade de compartilhar sentimentos, experiências e ideias, bem como na importância que as linguagens têm na elaboração da cultura. Satisfazer a essas duas condições levou à proliferação de meios e linguagens da comunicação, que se intensificou com a revolução tecnológica, iniciada com a prensa de tipos móveis, criada por Johannes Gutenberg (1398-1468). Com ela, foram estabelecidas as bases da indústria cultural — uma produção simbólica apoiada em tecnologia, divisão do trabalho social e possibilidade de reprodução de um mesmo original.

A partir do século XIX, com o surgimento das linhas férreas, do telégrafo e com o adensamento das cidades, as comunicações tornaram-se cada vez mais importantes. A República, ao estabelecer o debate público e político, criou condições ainda mais propícias para o surgimento do jornalismo diário. Também no século XIX, a invenção da fotografia dá início à chamada era da imagem, a hegemonia de uma cultura baseada na criação e divulgação de imagens técnicas. Falaremos do desenvolvimento do cinema, do rádio e da televisão.

AGE FOTOSTOCK/EASYPIX BRASIL

A invenção da imprensa revolucionou o mundo social, político e científico, inicialmente, na Europa e, depois, no mundo.

ROZELT/DEPOSIT PHOTOS/GLOW IMAGES

Com a linguagem, os signos passaram a construir o mundo simbólico em que vivemos.

Para refletir

1. Você é capaz de traduzir esta conversa?

   — Hj eu tô :-)

   — Pq?

   — Meu <3 veio me ver e disse que <3.

2. Você sabia que, ao atribuir signos gráficos a ideias, objetos e acontecimentos, retornamos aos primórdios da civilização humana e ao aparecimento da linguagem?

3. Na atualidade, as pessoas encontram cada vez mais os meios e linguagens para comunicar o que pensam. Você saberia dizer quais são eles?

BRIDGEMAN IMAGES / KEYSTONE BRASIL

Acorrentados e sem saber o que acontecia no exterior, os prisioneiros da Caverna de Platão amedrontavam-se com as imagens fantasmagóricas de pessoas que passavam do lado de fora e pareciam ameaçadoras. Essa alegoria mostra a importância de conhecermos os processos que medeiam nossa relação com a realidade. Gravura *Caverna de Platão* (alegoria sobre a condição humana), feita por volta do século XVI, em Paris, França, de autoria desconhecida.

Mitos são narrativas de grande simbolismo, criadas pelos membros de um grupo para explicar sua origem e sua relação com o sagrado. Os mitos transmitem e reafirmam os valores da cultura desse grupo, sua ética e as ordenações que devem ser observadas para que a vida da sociedade cumpra-se como um destino. Pelo seu caráter mágico ou fantástico, a palavra mito é utilizada, muitas vezes, de forma pejorativa quando se quer referir a alguma coisa que não existe. Mas essa interpretação é um desvio de uso, porque os mitos constituem explicações que estruturam a sociedade e expõem sua forma de ser e, apesar de utilizarem uma narrativa não naturalista, são muito verdadeiros.

Os gregos desenvolveram uma rica e importante mitologia que marcou a sua vida política e a dos povos que herdaram sua cultura. Começaremos o presente capítulo que fala da sociedade midiática com um mito publicado pelo filósofo grego Platão no seu livro *República* (Livro VII). Trata-se do "mito da caverna", ou "**alegoria** da caverna", com o qual Platão procura mostrar que só o conhecimento liberta o ser humano.

Termos e conceitos

Alegoria: figura de linguagem que expressa mais do que pressupõe seu enunciado. Pode ir da sátira à metáfora e pode se expressar por meio da linguagem verbal, oral ou escrita, das imagens e dos sons.

Segundo o mito, seres humanos nascem e crescem no fundo de uma caverna, acorrentados uns aos outros e com os olhos de frente para uma parede. Entre eles e o mundo externo há uma mureta e sobre ela uma fogueira que lança claridade à parede para onde olham os prisioneiros. Quando pessoas passam entre a caverna e a fogueira, sombras assustadoras são projetadas nessa parede e fazem os acorrentados imaginarem que se tratam de feras. Caso um prisioneiro conseguisse libertar-se, fosse até o exterior e descobrisse que as imagens projetadas na parede são ilusórias, ele não conseguiria convencer os demais, condenados às falsas visões da realidade. Pensariam que o ex-prisioneiro estaria delirando.

Platão era idealista e, portanto, acreditava que apenas a razão pode fazer os seres humanos "enxergarem" a realidade, enquanto os sentidos, como a visão dos prisioneiros, conduzem quase sempre a falsas ilusões — outras correntes filosóficas defendem que os sentidos são recursos essenciais para que a verdade seja alcançada. Platão, por outro lado, temia que a condenação dos sentidos como meio de captar a realidade fosse ofensiva a sua sociedade e que, por causa disso, fosse condenado, como Sócrates, à execução.

De qualquer modo, Platão trouxe à tona uma importante alegoria — as imagens, refletidas ocasionalmente pela luz do fogo ou criadas intencionalmente por alguém para iludir os outros, podem transmitir falsas noções sobre a realidade e acorrentar os observadores no interior de uma caverna de onde ficam prisioneiros. A única forma de ter controle sobre o poder ilusório das imagens é saber como e quem as produz e com que finalidade. Pois bem, este capítulo trata exatamente disso — de como as mídias transformam-se em meios que nos colocam em contato com a realidade e como podemos avaliar a veracidade daquilo que transmitem.

A mediação da relação com a realidade

Como já estudamos em outro capítulo, o ser humano desenvolveu uma forma peculiar de estar no mundo — em vez de se relacionar diretamente com a realidade que o cerca, como os demais animais, ele relaciona-se de forma indireta, pela mediação do racional. O processo mental dá-se pela abstração — decomposição e análise dos objetos da realidade — e simbolização — representação dessas abstrações por signos.

Esse contato com o mundo circundante é de conhecimento, isto é, de um sujeito **cognoscente** que aborda o objeto a ser conhecido e com o qual trava uma relação cognitiva. Nesse processo, a mente extrai do objeto uma **imagem** resultante de operações mentais e experiências perceptivas que será submetida à análise e reflexão, o que resulta em um conceito que, a partir de então, substitui o objeto nas atividades subjetivas e cognitivas do sujeito. Tudo isso se processa em nosso **imaginário** e constituirá nossa subjetividade, formada de nossas experiências pessoais e nossos processos cognitivos.

Termos e conceitos

Cognoscente: qualidade daquilo que tem a capacidade de conhecer. Ser cognoscente é aquele que tem a capacidade e autonomia para conhecer, postar-se diante da realidade com o propósito de apreendê-la em suas características sensíveis e ideais.

Imagem: a palavra imagem tem diferentes significados. Pode designar o processo mental de apreensão de uma dada realidade, de maneira a confundi-la com o próprio pensamento. Pode significar a imagem que criamos a partir da realidade, como os desenhos e os grafismos. Consideramos como imagem-técnica, aquela produzida com o uso de um equipamento tecnológico, como a câmera fotográfica e a cinematográfica. No sentido mais comum, imagem pode ser sinônimo de fama ou prestígio.

Imaginário: processo neuropsíquico que permite ao ser humano apreender o mundo que o cerca e abstrair as características da experiência sensível e transformá-la em imagem mental, sobre a qual pode refletir.

Livre-arbítrio: condição atribuída ao ser humano pela qual ele é considerado capaz de decidir sobre sua ação, independentemente de quaisquer condicionamentos de caráter social, psicológico ou genético. Essa condição humana está na base de conjecturas religiosas, psicológicas, morais e filosóficas.

Nas histórias em quadrinhos, a representação do pensamento ou imaginação e da fala é feita por meio de diferentes tipos de balões, como as ilustrações acima exemplificam. O mesmo acontece com nosso processo de conhecimento que antecede a comunicação.
Para que esse conhecimento não fique apenas dentro de nós, mas possa ser compartilhado, auxiliando a relação entre as pessoas e a vida em sociedade, essa experiência cognitiva é partilhada por meio da comunicação. Para isso, foram criados recursos de linguagem — a imagem que formamos do objeto é transmitida aos outros por meio de signos.
Dessa forma, nós conhecemos o mundo que nos cerca e compartilhamos esse conhecimento com nossos pares. Trata-se de um processo simbólico que faz a mediação entre nós e a realidade que nos faculta pensar e decidir, com certa liberdade, como agir. Esse processo complexo é que permite dizer que o ser humano não é predeterminado, mas possui **livre-arbítrio**, isto é, escolhe como agir entre diferentes possibilidades.

Neste quadrinho, Cascão arremessa uma bolinha na Mônica, mas ela, mesmo de costas, percebe a situação e pensa rápido ao raciocinar as possibilidades, ou seja, desviar-se ou rebater. Ela decide rebater e assim o faz. É dessa forma que funciona nossa mente e nos coloca em prontidão para agir.

Linguagens e mediações

Quando dizemos que o ser humano utilizou linguagens para comunicar-se com seus semelhantes, e com isso compartilhou experiências, não estamos nos referindo especificamente à linguagem verbal. Os autores não são unânimes em dizer que a primeira linguagem criada pelo homem foi a verbal. Friedrich Nietzsche (1844-1900), filólogo e filósofo alemão, defende a ideia de que a primeira linguagem humana teria sido a música, em seu livro *O nascimento da tragédia*.

Jean Galard, filósofo e historiador da arte francês, afirma que a primeira linguagem utilizada pelos seres humanos para compartilhar ideias deve ter sido a gestual. Podemos pensar também que os seres humanos foram aprendendo o uso da linguagem e passaram a usá-la em diferentes formas de expressão — a fala, os gestos etc. O importante para nós é que a linguagem, entendida como um sistema finito de signos, organizado por um conjunto igualmente finito de regras de combinação desses signos, aderida às técnicas de expressão e às tecnologias de comunicação, passou a mediar nossa relação com o mundo e com os nossos semelhantes.

Foi na criação da cultura humana que esses processos foram vivenciados e compartilhados, constituíram o patrimônio de um grupo e possibilitaram a interação entre seus membros e a sua diferenciação dos demais grupos. Assim, surgiram os idiomas, as danças, as canções, os mitos com os quais cada grupo se identifica. Os signos, aliás, nos auxiliam também a decifrar o mundo — podemos identificar objetos e seres, avaliar suas semelhanças e diferenças, orientar-nos em um espaço, e traduzir essa realidade por meio do repertório de signos que colecionamos durante a vida. Nossa mente funciona como um grande computador com corretor automático que se antecipa às possíveis interpretações das experiências e situações que vivenciamos.

A revolução da escrita

O surgimento da escrita também é explicado por diversos autores. No livro *Mitos, emblemas, sinais* (1989), o historiador italiano Carlo Ginzburg explica o surgimento da escrita como resultado do uso de um dos nossos mais antigos dons: a observação. Caçador desde suas mais remotas origens, o ser humano aprendeu a reconhecer e a interpretar rastros, o que o tornou apto a perseguir suas presas e a fugir dos predadores. Para isso, cada indício ou sinal era considerado com rigor, o que certamente predispôs o homem à interpretação de signos e sinais. Assim como aprendeu a identificar vestígios à sua volta, o ser humano tornou-se apto a calcular o tempo passado entre a impressão de passos na argila e a marca deixada por ele no solo arenoso. Foi, em outras palavras, a descoberta do processo de impressão no barro. Foi descoberta, também, a temporalidade, do passado e do presente, que modificam nossas circunstâncias.

Posteriormente, esses sinais tornaram-se mais simples e passaram a designar apenas os sons — era o início da escrita alfabética, abstrata e distante da experiência empírica com os rastros de animais que os primeiros caçadores humanos aprenderam a identificar. A linguagem, criada para mediar nossa relação com o mundo, promoveu um afastamento cada vez maior em relação à vida concreta e passou a desenvolver-se numa busca por aprimoramento e por relações lógicas mais evidentes.

De acordo com o cientista social e ensaísta **Derrick de Kerckhove**, a invenção do alfabeto, acontecimento fundamental da revolução letrada, modificou radicalmente o processo do conhecimento. Tornou-se possível que toda e qualquer linguagem fosse transcrita por meio de uma quantidade fixa e determinada de elementos gráficos, de modo a estabelecer uma correlação entre a quantidade de letras e de sons pronunciados, o que ampliou o alcance da comunicação humana.

Dessa forma, a escrita tornou-se uma **mediação** que permite a organização racional, sistêmica e sequencial do conhecimento. Adotou-se cada vez mais suportes portáteis, resistentes, flexíveis e acessíveis e a humanidade pôde acumular e sistematizar o saber. A organização do conhecimento tornou seu armazenamento mais rápido, seguro e permanente. Por outro lado, a leitura dos textos possibilitou uma atitude crítica e questionadora por parte dos leitores, na medida em que se tornou possível vasculhar o texto em busca de coerência e exatidão.

A universalização da escrita, entretanto, só aconteceu quando a formação de grandes impérios mostrou a utilidade de existir uma única forma de registro de mensagens e de envio para lugares distantes. Foi, portanto, um princípio de globalização praticado pelos impérios antigos que ampliou o uso da escrita como meio de comunicação e tecnologia cognitiva.

Derrick de Kerckhove (1944-)

Sociólogo da arte canadense, formou-se e doutorou-se na Universidade de Toronto. Kerckhove dedicou-se ao estudo da cultura digital e da comunicação em rede, do ponto de vista de sua influência sobre a cultura, o conhecimento e o comportamento humano.

ZUMA PRESS/EASYPIX BRASIL

"O alfabeto significou o poder, a autoridade e o controle das estruturas militares a distância. Quando combinado com o papiro, o alfabeto decretou o fim das burocracias templárias estacionárias e dos monopólios sacerdotais do conhecimento e do poder."

MCLUHAN, Marshall. *Os meios de comunicação como extensões do homem*. São Paulo: Cultrix, 1971. p. 101.

BRIDGEMAN IMAGES/KEYSTONE BRASIL - MUSEU NACIONAL EGÍPCIO, CAIRO, EGITO

O escriba, no Egito antigo, era uma pessoa de *status* social elevado. Ele dominava a escrita e podia, assim, registrar as ideias, as leis e os regulamentos das autoridades. Eram os biógrafos e os contadores do reino. Desde essa época, dominar uma linguagem e seus significados era uma atividade da maior importância; desde então, o domínio da escrita é um fator de ascensão social. Na foto, escultura de c. 2475 a.C. feita em pedra calcária de um escriba segurando um rolo de papiro da quinta dinastia do Antigo Egito, que durou cerca de 2494 a.C. a 2345 a.C. Essa escultura foi encontrada no sítio arqueológico de Saqqara — onde havia uma necrópole da antiga cidade de Mênfis —, localizado nas proximidades da capital do Egito, Cairo.

Desse modo, podemos entender por que os seres humanos desenvolvem linguagens para apreender e interpretar a realidade, utilizam essas linguagens para comunicar-se e, assim, constituir a cultura de um grupo com um repertório próprio que, ao mesmo tempo em que os distingue de outros, os identifica internamente. Essas linguagens são **mediações** que se estabelecem entre nós e o mundo. À medida que ocorreu o adensamento dos grupos humanos, surgiu o anseio por alcançar mais pessoas por meio da comunicação. Para isso foram criados os **veículos de comunicação**, que, como a escrita, são capazes de registrar informações, guardá-las e atingir distâncias maiores, por mais tempo, e mais pessoas.

Na modernidade, surgiram os meios tecnológicos para produzir mensagens de forma regular e reproduzível. A prensa inventada por Johannes Gutenberg foi um exemplo dessa possibilidade — as páginas não precisavam mais ser entalhadas uma a uma, mas podiam ser compostas com os tipos (letras) móveis. Esse trabalho, feito por um profissional técnico — o gráfico (e não pelo próprio autor) —, era mais rápido e barato. Assim surgia, no século XV, o princípio do que viria a ser a indústria cultural — a produção de bens simbólicos, com o uso de tecnologia e divisão social do trabalho, em moldes industriais.

Mas, ao voltarmos ao início de nosso capítulo, à caverna de Platão, percebemos que, à medida que se desenvolveram as linguagens e os meios de comunicação, nossa relação com a realidade circundante tornou-se cada vez mais complexa. Não se trata mais, como no tempo de Platão, de pensar em imagens projetadas sobre uma parede no fundo de uma caverna, mas das múltiplas interpretações daquilo que acontece no exterior da caverna que chegam até nós pelos meios de comunicação.

Não estamos apenas diante dos reflexos luminosos que nos vem do exterior, mas de um crescente universo de informações, de diversas fontes que relatam o que veem dentro e fora da caverna, por diferentes subjetividades que se expressam por diversos veículos e linguagens. Esta é a sociedade midiática com a qual convivemos.

Muito antes de surgirem os veículos de comunicação da atualidade, grupos humanos desenvolveram sistemas complexos de comunicação, como aquela produzida por sons de tambores, ou de fumaça, com a qual podiam alertar seus companheiros para um ataque inimigo, por exemplo. Imagem de músicos astecas presente no *Codice Florentino*, conjunto de 12 livros criados por Bernardino de Sahagún entre 1540 e 1585. Bernardino de Shagun foi um frade franciscano espanhol que viveu durante muitos anos no México coletando e registrando informações sobre as populações locais.

BRIDGEMAN IMAGES/KEYSTONE BRASIL - BIBLIOTECA MEDICEA-LAURENZIANA, FLORENÇA, ITÁLIA

Portanto, a sociedade midiática é uma sociedade que tem a relação com a realidade que a cerca e com seus membros, mediada por linguagens, veículos de comunicação e tecnologias que se transformam em filtros, os quais precisamos decifrar se não quisermos ficar presos no interior da caverna sem nos darmos conta daquilo que nos cerca e diante do que somos meros observadores.

Surge a imprensa

Gutenberg criou a máquina que revolucionou a maneira como nos comunicávamos na sociedade: a imprensa dos tipos móveis. Essa transformação tornou os livros mais acessíveis e, aos poucos, implantou-se a indústria editorial na Europa. As pessoas foram estimuladas a se alfabetizar e a escrever. Surgiu o hábito de colecionar livros que foram, depois, organizadas em bibliotecas.

Mas o desenvolvimento e a implantação da sociedade da comunicação dependeram ainda de outros fatores. Foi preciso que as cidades se tornassem mais populosas e que as pessoas em geral tivessem dinheiro suficiente para adquirir impressos. Foi necessário criar e expandir as ferrovias para que os jornais, revistas e livros pudessem chegar aos mais distantes cantos da Europa, bem como inventar o telégrafo para que as notícias pudessem ser transmitidas a distância.

Para baratear o processo de impressão, as máquinas tornaram-se mais eficientes e a fabricação de papel fez decair o preço das cópias. Finalmente, a República, surgida com a Revolução Francesa e a independência dos Estados Unidos, tornou importante o debate político e, com isso, necessária a comunicação dos políticos com seus eleitores. Esse conjunto de transformações criou as condições para o surgimento da indústria editorial e da imprensa diária.

FRDRIC SOREAU/PHOTONONSTOP/GLOW IMAGES

Quando pensamos em comunicação, temos que levar em conta o fluxo de informações, as pessoas, a tecnologia e as mercadorias, pois ela é feita de público, notícias, indústria, mercado e transportes.

Foi só no século XIX que surgiram as primeiras atividades de jornalismo industrial e de massa, ou seja, publicações de iniciativa de um empresário, baseadas em sistemas industriais, tendo por objetivo o lucro, isto é, a remuneração do capital investido. Para isso, essa iniciativa voltava-se ao grande público, uma massa indiferenciada de pessoas quanto a classe social, gênero, religião, região, grau de instrução, etnia ou religião. Com esses objetivos surgiram, em 1785, o inglês *The Times* e, em 1833, o estadunidense *New York Sun*, este, o primeiro realmente acessível, vendido a um centavo de dólar.

No Brasil, depois de séculos de colonialismo em que a empresa editorial foi proibida, a imprensa surgiu, em 1808, com dois jornais, um deles editado e impresso em Londres, pelo exilado Hipólito da Costa (1774-1823), e outro, a *Gazeta do Rio de Janeiro*, publicado pela Imprensa Régia, após a chegada da corte portuguesa ao Brasil. Rapidamente a imprensa transformou-se em uma janela pela qual nos relacionamos com o mundo.

A era da imagem

O ser humano sempre foi fascinado por imagens, que, desde a mais tenra idade, são importantes apoios para nos situar no espaço e nos ajudam a estabelecer uma relação significativa com o mundo ao redor e com nossos semelhantes. Por isso a cultura, desde as mais antigas sociedades, é criadora de rituais e cerimônias que envolvem a comunicação através das imagens.

Vilém Flusser, filósofo e escritor, disse que a mais importante descoberta do olhar humano foi, ao ter observado as paredes da caverna, a representação bidimensional da realidade tridimensional como a que nos cerca. As pinturas parietais da pré-história são prova de como essa capacidade desenvolveu-se remotamente.

Vilém Flusser (1920-1991)

Filósofo tcheco, nascido em uma família de intelectuais judeus, fugiu do nazismo, refugiou-se no Brasil e aqui se naturalizou. Jornalista e professor, Flusser ensinou Filosofia e Comunicação na Universidade de São Paulo. Teve participação ativa na vida cultural de São Paulo. Em 1972, deixou o Brasil e passou a viver na Europa, em diferentes países. Escreveu inúmeros livros sobre Filosofia da Comunicação.

FOLHAPRESS

DE AGOSTINI/C. SAPPA/GETTY IMAGES

Caverna de Lascaux, na França, exibe uma capacidade ímpar na representação do mundo pré-histórico. São cenas do cotidiano, de caça, de guerras, de sexo e, possivelmente, de rituais religiosos.

Desde a antiguidade, os seres humanos esmeraram-se em descobrir técnicas que permitam melhores resultados na criação de imagens, consideradas essenciais para a comunicação. Ao contrário da leitura da escrita, a leitura de imagens é aprendida quase instintivamente. Embora as linguagens visuais também formem um vocabulário e um repertório que exigem aprendizado, a compreensão delas é mais sensível e menos lógica do que a usada para a escrita. Além do mais, para compreender um texto verbal ou escrito é preciso dominar o idioma. Para a inteligibilidade da imagem, há menos diferenças e obstáculos.

Mas foi com a revolução tecnológica do século XIX que as linguagens visuais adquiriram maior importância. A Europa ansiava por estabelecer relações comerciais e políticas com os povos dos demais continentes e a diferença de idioma era um obstáculo, às vezes, intransponível.

No entanto, as imagens desenhadas, esculpidas e pintadas forneciam importantes pistas sobre a sociedade que as confeccionava. Também, do ponto de vista interno aos diferentes países, a linguagem visual permitia que uma mensagem chegasse a todos, alfabetizados ou não. Assim, a preocupação em desenvolver a comunicação por imagens levou à invenção da máquina fotográfica, a qual abriu um novo capítulo na história da arte e da comunicação. Tinha início a chamada *era da imagem*.

Inicialmente, a fotografia era uma forma de entretenimento entre os ricos, mas rapidamente as máquinas fotográficas foram simplificadas, e a tecnologia tornou-se mais fácil e acessível. Apareceram os fotógrafos lambe-lambe, que ofereciam seus serviços aos transeuntes, e, em pouco tempo, a fotografia se popularizou.

Desenvolvido em 1837 por Louis Jacques Mandé Daguerre (1787-1851), o daguerreotipo foi o primeiro processo fotográfico para criação de imagem. A imagem era fixada sobre uma placa de cobre com banho de prata, sem negativo. Outros processos desenvolveram-se em seguida, mais resistentes e flexíveis, o que só fez popularizar a fotografia.

O fotógrafo lambe-lambe era um ambulante que oferecia seus serviços na praça pública. Seu nome deve-se ao fato de que a saliva ajudava na revelação do filme fotográfico e na realização do retrato. Foto tirada no Jardim da Luz, em São Paulo (SP, 1964).

A fotografia passou a fazer parte dos jornais, e assim surgiu o fotojornalismo, gênero em que o fotógrafo esmera-se na produção de uma imagem instantânea capaz de registrar um olhar, um momento, que se revela de surpresa. Com suas pesquisas tecnológicas, os estadunidenses conseguiram facilitar, cada vez mais, o ato de fotografar, ao torná-lo também mais acessível do ponto de vista financeiro. Com isso, a fotografia passou a fazer parte de nosso cotidiano.

Pouco a pouco, as pessoas em geral, e não apenas os fotógrafos profissionais, passaram a produzir suas próprias imagens, uma forma de identidade e memória. Por sua vez, a tecnologia empregada tornava a imagem fotográfica muito fidedigna, afinal, a cena retratada fora captada por um processo físico-químico. A fotografia em cores trouxe ainda mais veracidade para o ato fotográfico, que, até a atualidade, é um processo de construção de nossa história e nossa identidade.

Imagem em movimento

Após a invenção da fotografia, chegar à invenção do cinema foi um pequeno passo. O cinema foi inventado na Europa, na França, pelos irmãos Lumière, mas, como aconteceu com a fotografia, foi nos Estados Unidos que o cinema transformou-se verdadeiramente em uma indústria, com o apoio do grande capital (bancos), do governo estadunidense e da tecnologia de ponta. O sucesso da imagem em movimento, já pressentida nos experimentos com fotografia animada, foi imediato. Várias narrativas extraídas dos romances do século XVIII passaram a ser adaptadas para o cinema, comovendo numerosas plateias.

AGE FOTOSTOCK/EASYPIX BRASIL

No final do século XIX, os irmãos Lumière assumiram a empresa fotográfica de seu pai e criaram o cinematógrafo. As primeiras imagens foram feitas em 1895 – eram cenas da saída da fábrica. Houve polêmica em torno do pioneirismo dos irmãos, mas o que se sabe ao certo é que eles foram os primeiros a patentear o invento.

Edgar Morin (1921-)

Pseudônimo de Edgar Nahoum, antropólogo, sociólogo e filósofo, nascido em Paris. Foi diretor e pesquisador emérito do Centro Nacional de Pesquisa Científica e é autor de dezenas de livros, nos quais se dedica ao estudo da educação e das mídias. Aderiu ao Partido Comunista francês (do qual foi expulso em 1951) e participou da resistência francesa, quando adotou o sobrenome Morin, que usou a partir de então.

DIDIER BAVEREL/WIREIMAGE/GETTY IMAGES

Segundo o francês **Edgar Morin**, o cinema faz contrastar a imobilidade do corpo do espectador com o movimento das imagens, ao criar uma sensação de prazer e abandono que favorece o que ele chamou de processo de projeção-identificação, pelo qual nos sentimos parte daquilo a que assistimos. Esse sentimento tornou-se mais poderoso à medida que o desenvolvimento tecnológico dotou o cinema de mais recursos, como as imagens coloridas, a trilha sonora e as telas de maiores proporções. O homem parecia ter conseguido realizar o anseio de produzir os próprios sonhos e de poder sonhá-los coletivamente.

Coerência, verossimilhança e naturalismo aliam-se ao sentimentalismo do melodrama para fazer do cinema uma forma de entretenimento, rito e experiência imaginária. Histórias cheias de emoção passam a fazer parte de nosso cotidiano e, por seu caráter coletivo e múltiplo, a integrar nosso repertório cultural.

Ao elevar a possibilidade de reprodução que existia na fotografia, encantar as plateias com sua magia e utilizar toda a racionalidade da grande indústria, o cinema multiplicou o número de imagens com as quais convivemos, assim como povoou nosso imaginário de novos mitos, com os quais passamos a nos identificar. Invenções tecnológicas posteriores, como o videocassete e os computadores, tornaram a experiência cinematográfica ainda mais cotidiana e próxima. Os filmes podiam ser assistidos em casa, em um aparelho de televisão.

Rádio e televisão invadem as casas

O cinema não foi o único meio de comunicação que se popularizou no decorrer do século XX. Inventado no final do século XIX, o rádio foi o veículo absoluto na primeira metade do século XX, principalmente entre as décadas de 1920 e 1940, época conhecida como a *era do rádio*. Ao adentrar as casas e derrubar as fronteiras entre o público e o privado, o rádio começou a divulgar música para rádio-clubes que reuniam assinantes interessados numa programação de qualidade.

Depois vieram as notícias e os comerciais, e, ato contínuo, passaram também a transmitir entrevistas, programas de humor e esportivos. A programação disciplinava as horas da vida das famílias, que se reuniam em volta dos aparelhos.

Ao mesmo tempo em que o rádio dominava os lares, os cientistas faziam as primeiras experiências que permitiriam transmitir imagens de um emissor a um receptor remoto. O russo Vladimir Zworykin (1888-1982) criou o iconoscópio em 1923, mesma época em que Philo Taylor (1906-1971) patenteou o tubo dissecador de imagens. Ambos os dispositivos deram origem à televisão, tecnologia que "lê" uma imagem de cima para baixo em todas as suas variações luminosas e a transmite por ondas eletromagnéticas, que, convertidas, geram imagem semelhante à original. A rapidez desse processo dá ao espectador a sensação de que a transmissão é contínua e sincrônica.

AGE FOTOSTOCK/EASYPIX BRASIL

Famílias inteiras ficavam à volta do rádio por meio do qual ouviam notícias, músicas e novelas, acompanhavam as disputas esportivas, rezavam, faziam cursos a distância e eram alvo da publicidade. O rádio mudou a vida familiar das pessoas. Na foto, família ouvindo o pronunciamento de Winston Churchill em 1945.

Com o rádio, a indústria cultural torna-se efetiva a partir da televisão doméstica, massiva, diária, comercial e aparentemente gratuita, com uma grade horária dividida por segmentos de público (masculino, feminino, infantil) e por gênero de programa (noticiário, ficcional, musical, esportivo e de entrevista). Ao contrário do cinema, a televisão convive com o espectador dentro de sua casa.

CLASSICSTOCK/SUPERSTOCK/GLOW IMAGES

As primeiras televisões realizavam o sonho dos ouvintes da era do rádio – ter um rádio com imagens. Com programas de auditório, musicais, esportes, entrevistas e programas jornalísticos, a televisão, como o rádio, entretinha o público por horas seguidas, sem descanso, e cronometrava o seu dia e a sua noite. Na fotografia da década de 1950, família estadunidense assistindo a um programa de televisão.

O sucesso de público da televisão foi imenso desde a década de 1950, quando os primeiros aparelhos foram comercializados e as emissoras passaram a transmitir seus programas. O desenvolvimento tecnológico proporcionou cada vez mais recursos para uma transmissão atraente: imagens coloridas, transmissão por cabos e satélites, videoteipe e tecnologia digital foram alguns dos recursos que expandiram o poder da televisão. Ao tornar-se parte da vida dos espectadores, a televisão atraiu para si grande fluxo de comércio, a atenção das pessoas e também as maiores críticas dos cientistas sociais.

> "Com a televisão, a rápida manipulação das nossas reações neurofisiológicas [...] vai muito além da montagem imagem a imagem. É tão rápida, tão contínua, tão poderosa que é mais uma modulação magnética da nossa sensibilidade. A televisão modula as nossas emoções e as nossas imaginações de uma maneira comparável ao poder da música."
>
> KERCKHOVE, Derrick de. *A pele da cultura*. Lisboa: Relógio d'Água, 1997. p. 48.

Com essa análise, Derrick de Kerckhove procurava mostrar que a tecnologia empregada resultaria em certo hipnotismo provocado pelo fluxo de imagens eletrônicas, cuja percepção, sendo mais rápida que a reflexão, impediria a análise e o discernimento. Segundo esse autor, a televisão fala primeiro aos sentidos e ao corpo, e não à mente. O seu poder de atração torna o espectador dependente e indefeso diante das imagens que lhe são apresentadas.

FRANTISEK CZANNER/SHUTTERSTOCK

As televisões, transformadas em novos altares domésticos, introduzem-se nas relações familiares e prestam-se aos rituais de identificação pessoal e nacional.

No Brasil, o rádio em rede nacional, criada por Getúlio Vargas, possibilitou a troca de influências culturais, impulsionou a indústria fonográfica e incentivou a produção cultural no país. A televisão, que chegou ao Brasil por influência do empresário Assis Chateaubriand, foi o veículo de maior importância para a comunicação entre os brasileiros.

Uma sociedade de imagens

Compreender como funciona cada uma dessas mídias isoladamente é importante. Mas também devemos entender que elas atuam de forma integrada. A mesma artista que estrela um filme é entrevistada na televisão e tem sua fotografia impressa no jornal, veículo no qual um crítico comenta seu filme.

Da mesma maneira, uma personalidade do mundo político aparece nos telejornais, tem seu nome citado no rádio e uma entrevista publicada nos principais jornais impressos. Isso sem incluir os meios de comunicação da atualidade, conectados à internet. Esse fenômeno, que faz com que um mesmo assunto seja abordado em diferentes veículos e mídias, recebe o nome de intertextualidade. Ela cria um circuito de imagens e um fluxo de informações mutuamente referentes.

Para avaliarmos a importância dessas mediações na sociedade contemporânea, é necessário lembrar que sua influência não dura apenas o tempo em que as imagens se apresentam a nós ou no qual estamos expostos a elas. Elas repercutem nas conversas, nos encontros e nas relações do público, nas fofocas, nas críticas e nos comentários.

O desenvolvimento dos meios de comunicação interferiu na produção da cultura de um modo geral e nas chamadas culturas nacionais em particular. Influenciou na formação do imaginário coletivo e na formulação de hábitos de entretenimento, lazer e comunicação, e povoou a vida cotidiana de novos heróis e mitos, personagens que passaram a fazer parte do dia a dia do público, com os quais passaram a relacionar-se de forma íntima e afetiva. Criou hábitos, estimulou opiniões e crenças, lançou modas e inventou sotaques, tudo isso a partir de experiências midiáticas de grande ficcionalidade. A Sociologia contemporânea, para dar conta das relações estabelecidas entre as pessoas e a realidade externa, precisa se deter na análise dessas mediações, buscando saber como elas atuam na sociedade.

PINGOS NOS "IS"

A era das mídias digitais

Como acompanhamos por este capítulo, as mídias tiveram crescente importância na sociedade a partir do século XIX, e desenvolveram uma cultura cada vez mais mediada, isto é, cada vez mais filtrada pelas tecnologias, pela indústria cultural e pela sociedade da comunicação.

Imagens provenientes dos mais diferentes meios de comunicação passaram a fazer parte da sociedade midiática, uma sociedade que não é feita apenas de relações entre pessoas, mas também de relação com imagens produzidas por pessoas, para seu uso próprio e também para uso de governos e instituições.

Reportando-nos ao mito da caverna de Platão, podemos dizer que as imagens passaram a inundar as paredes de nossas cavernas obrigando as pessoas — os públicos — a se tornar cada vez mais inquisitivos em relação a quem produzia as imagens, por qual tecnologia eram fabricadas e com que intenção.

Pela importância que teve na cultura do século XX e pelas consequências que produziu na Primeira e Segunda Guerra Mundial, usada pelos aliados, assim como pelos países do Eixo, pelos grandes lucros que proporcionou, a sociedade midiática tornou-se um importante objeto de estudo dos sociólogos, cujas teorias abordaremos nos próximos capítulos.

Inúmeros autores se dedicaram a entender a sociedade mediada por linguagens e tecnologias que reduplicaram as nossas referências, memórias e meios de expressão pessoal e coletiva, caracterizando o que é a sociedade das mídias analógicas, que reproduz imagens extraídas do real e que se assemelham por sua natureza à aparência de seu referente, tendo como critério a percepção humana.

As mídias analógicas são mídias convencionais que possuem um sistema de gravação audiovisual de grande variedade. Isso significa que elas extraem sinais (informações) da realidade, de forma natural e direta, sem transformá-los em sequências digitais e que se reproduzem ao criar mensagens que se aproximam por semelhanças (analogias) dos sons e imagens como são percebidas pelo ser humano. Entretanto, também são consideradas mídias analógicas toda a mídia impressa, como jornais, revistas, livros, fanzines e qualquer suporte de difusão capaz de transmitir mensagens ou conjuntos dos meios de comunicação social de massas.

Após as décadas de 1980 e 1990, vimos surgir um novo tipo de comunicação, a comunicação em rede e por mídias digitais — as quais produzem informações numéricas interpretativas do real —, que vieram revolucionar ainda mais nossa caverna de Platão.

Nos próximos capítulos falaremos sobre o advento das mídias digitais, a sociedade do espetáculo e a globalização.

A novela e o seu papel social

"A telenovela há mais de 40 anos foi consolidando uma intimidade com o brasileiro que talvez em outro país não tenha tanta, pois todos nós, nos assuntos do dia a dia, mesmo não assistindo, somos capazes de dialogar sobre temas novelescos mesmo sem assistir um capítulo. Por isso muitos estudiosos afirmam que as novelas já fazem parte da nossa identidade cultural.

Por ter ganhado este posto de importância a telenovela adquiriu uma função social de formar e informar às pessoas sobre os mais diversos assuntos que permeiam a realidade da sociedade brasileira, de forma que o conceito *merchandising* social ganhou espaço nos meios acadêmicos e agora também nas redes sociais, como tema de discussão sobre o real objetivo de sua aplicação. Se seria para fins benéficos à sociedade ou uma forma de atrair mais espectadores para elevar o índice de audiência, com o interesse especificamente mercadológico, sendo uma estratégia para atrair patrocinadores.

Além disso, temos a hipótese de agendamento ou agenda-setting: sua base está fundamentada na ideia de que os vários meios de comunicação determinam a agenda para a opinião pública definir relações de maior ou menor importância sobre determinados assuntos pautados pela mídia. Dessa forma, essa hipótese comprova que as telenovelas possuem relevância quando se trata de interferir na sociedade de modo que ela reflita sobre aquilo que possa beneficiar as pessoas de alguma maneira. Por isso, os temas sociais, ao serem abordados, acabam descortinando um véu de preconceito e ignorância, deixando à mostra a compreensão das informações que são transmitidas com o intuito de informar de formar sobre determinado assunto.

Desse modo, podemos dizer que a telenovela ao longo dos anos ocupa espaço na casa de várias famílias brasileiras, que, mergulhando nas histórias de amor, nos romances, nas injustiças sofridas pelos personagens, acabaram se identificando com a ficção.

Além disso, os hábitos e modismos exibidos pelos personagens vividos nas tramas são copiados e incorporados pelo povo, ou seja, a novela se tornou uma vitrine de consumo dos mais variados produtos, como roupas, utensílios, casas, carros, estilos de vida etc. Embora a influência do mercado capitalista para o consumo nas telenovelas não seja vista com bons olhos por alguns, existe o outro lado da moeda em que a novela se tornou um painel de temas sociais.

Dessa forma, percebe-se que a telenovela adquiriu grande importância para a indústria televisiva brasileira, visto que pessoas de todos os segmentos sociais, pobres, ricos, homens, mulheres, jovens, crianças, com maior, menor ou sem escolaridade, residentes nas mais diferentes regiões do país, discutem a temática social pautada pela telenovela. Sem contar que até mesmo outros meios de comunicação, como o rádio, jornais e revistas, abrem espaço para abordar e discutir tal temática.

Seguem alguns exemplos que caracterizam a hipótese do agendamento ou que tratam do *merchandising* social:

Fera Ferida (1993): aborda a violência contra a mulher;

História de Amor (1995): o câncer de mama e a reabilitação de deficientes físicos;

Pátria Minha (1994) e Zazá (1997): o trabalho infantil e os maus-tratos às crianças;

Quem é Você (1996): abandono de idosos;

Barriga de Aluguel (1990): conta a história de uma inseminação artificial;

De Corpo e Alma (1992): transplante de coração;

Mulheres de Areia (1993): a destruição do meio ambiente;

Explode Coração (1995): destaca a chegada da internet e fala sobre crianças desaparecidas;

Torre de Babel (1998): deficiência física;

O Clone (2001): fala da clonagem humana e dependência química;

Porto dos Milagres (2001): escândalos políticos;

Coração de Estudante (2002): a síndrome de Down e o alcoolismo;

América (2005): a cleptomania, deficiência visual e pedofilia;

Duas Caras (2007-8): a favelização;

A Favorita (2008): lesbianismo, o incesto, a violência contra mulher e a corrupção;

Caminho da Índias (2009): a esquizofrenia, a psicopatia, a violência de alunos contra professores e as redes sociais;

Caras & Bocas (2009-10): o tráfico de animais e a falsificação de obras de arte;

Páginas da Vida (2006-7) e Viver a Vida (2009): o autor inseriu depoimentos sobre histórias de superação no fim de cada capítulo."

FRANKLIN, Adilson. A novela e seu papel social, 1º nov. 2011. Disponível em: <novelasetemassociais.blogspot.com.br/2011/11/novela-e-o-seu-papel-social.html>. Acesso em: jun. 2016.

ATIVIDADES

1. De acordo com o texto estudado, mitos são:
   a) narrativas fantasiosas que não transmitem nada de verdadeiro.
   b) sombras projetadas por uma fogueira em uma parede à sua frente.
   c) histórias que narram a origem de um grupo social e sua relação com o sagrado.
   d) notícias publicadas em jornais.

2. A prensa inventada por Gutenberg instituiu os elementos que viriam a caracterizar a indústria cultural. Dos itens abaixo, qual deles não faz parte do processo de reprodução mecânica de textos criado por ele?
   a) uso de tecnologia para realização da obra.
   b) possibilidade de reprodução idêntica de um texto.
   c) produção de textos para um grande público.
   d) entalhe a mão de cada uma das páginas a ser impressa.

3. De que forma a adoção da República como forma de governo influenciou o desenvolvimento da imprensa?

4. O texto afirma que os equipamentos de comunicação foram acompanhando o desenvolvimento da tecnologia e trazendo novos hábitos. Faça uma pesquisa para descobrir o que aconteceu com os aparelhos de televisão — que mudanças ocorreram e que modificações aconteceram com os telespectadores.

5. Por que a sociedade midiática passou a ser importante objeto dos estudos sociológicos?

6. "Ao elevar a possibilidade de reprodução que existia na fotografia, encantar as plateias com sua magia e utilizar toda a racionalidade da grande indústria, o cinema multiplicou o número de imagens com as quais convivemos, assim como povoou nosso imaginário de novos mitos, com os quais passamos a nos identificar."

   Esse trecho do texto do capítulo fala da capacidade do cinema de nos emocionar. Procure lembrar-se de algum filme a que você assistiu, no cinema, na televisão ou no computador, e elabore um texto com as seguintes informações:
   - título
   - diretor
   - ano de estreia
   - sinopse
   - como você se identificou com ele.

7. Neste capítulo, dissemos que nossa vida tem sido invadida pelos meios de comunicação com os quais nos relacionamos diariamente. Pense em você como público dessas mídias e descreva de que modo os jornais e as revistas, o cinema, o rádio e a televisão fazem parte do seu dia a dia.

EXAMES DE SELEÇÃO

1 **(Enem, 2015)**

"Todo o poder criativo da mente se reduz a nada mais do que a faculdade de compor, transpor, aumentar ou diminuir os materiais que nos fornecem os sentidos e a experiência. Quando pensamos em uma montanha de ouro, não fazemos mais do que juntar duas ideias consistentes, ouro e montanha, que já conhecíamos.

Podemos conceber um cavalo virtuoso, porque somos capazes de conceber a virtude a partir de nossos próprios sentimentos, e podemos unir a isso a figura e a forma de um cavalo, animal que nos é familiar.

HUME, D. *Investigação sobre o entendimento humano*. São Paulo: Abril Cultural, 1995.

Hume estabelece um vínculo entre pensamento e impressão ao considerar que:

a) os conteúdos das ideias no intelecto têm origem na sensação.

b) o espírito é capaz de classificar os dados da percepção sensível.

c) as ideias fracas resultam de experiências sensoriais determinadas pelo acaso.

d) os sentimentos ordenam como os pensamentos devem ser processados na memória.

e) as ideias têm como fonte específica o sentimento cujos dados são colhidos na empiria.

2 **(Enem, 2015)**

Essas imagens de D. Pedro II foram feitas no início dos anos de 1850, pouco mais de uma década após o Golpe da Maioridade. Considerando o contexto histórico em que foram produzidas e os elementos simbólicos destacados, essas imagens representavam um:

a) jovem imaturo que agiria de forma irresponsável.

b) imperador adulto que governaria segundo as leis.

c) líder guerreiro que comandaria as vitórias militares.

d) soberano religioso que acataria a autoridade papal.

e) monarca absolutista que exerceria seu autoritarismo.

3 **(UEM, 2013)** A fotografia, com sua capacidade de fixar imagens com muito mais detalhes, realismo e objetividade, revolucionou a forma como o homem poderia ver o mundo e, já há bastante tempo, provou ser mais uma linguagem artística. Sobre a fotografia, assinale o que for correto.

a) A câmera fotográfica portátil e o instantâneo, que surgiram na mesma época da ascensão da pintura impressionista, permitiram a captura de cenas casuais e a possibilidade de ângulos inesperados.

b) A invenção da máquina fotográfica foi fundamental para o surgimento da arte moderna, pois os artistas procuravam, cada vez mais, explorar temas em que fossem insubstituíveis.

c) A capacidade de obtenção de imagens fidedignas tornou a fotografia o meio preferencial para reprodução do real. Se isso, por um lado, permite o registro documental, por outro, limita seu potencial artístico à representação da natureza e de fatos do cotidiano.

d) Pouco depois da invenção do daguerreotipo, estúdios fotográficos surgiram no mundo todo, e a fotografia substituiu as pinturas de retratos (tão procurados pelos burgueses) de forma mais acessível e confortável para quem posava.

4 **(UEM, 2011)** Assinale o que estiver correto sobre o impacto dos meios de comunicação nas sociedades contemporâneas.

(01) Com a popularização do acesso à internet no Brasil, que tem início na segunda metade da década de 1990, veículos como a televisão e o rádio tornaram-se cada vez mais obsoletos.

(04) Com a globalização dos fluxos comerciais, ocorre, em determinadas sociedades, uma vasta oferta de bens culturais dos mais variados tipos, o que estimula, segundo alguns sociólogos, a diversidade de estilos de vida.

(08) O conceito de indústria cultural está associado à produção em série e ao consumo massificado de bens culturais.

(16) Pode-se dizer que, com a expansão mundial da internet, o debate sobre a regulação dos meios de comunicação alcançou um patamar global, mostrando os limites da ação do Estado nacional em certos aspectos da vida contemporânea.

OUTRAS MÍDIAS

Para assistir

Mais estranho que a ficção

Direção: Marc Forster. País: EUA. Ano: 2007.

Harold Crick, funcionário da Receita Federal, passa a ouvir uma voz feminina que narra, como em um livro de literatura, passo a passo, o que vai lhe acontecer ao longo do dia. Como não consegue desvencilhar-se dessa voz, procura médicos e psicólogos. Ele chega finalmente a um professor de literatura, que passa a interpretar o estilo literário da narrativa relatada por Crick.

Este filme irônico e otimista permitirá que o aluno entenda o que explicamos no capítulo como sendo o imaginário e a mediação da linguagem em nossa relação com a realidade circundante.

Janela da alma

Direção: João Jardim e Walter Carvalho. País: Brasil. Ano: 2001.

Documentário que trata do olhar e de como pessoas, com diferentes problemas visuais, veem a realidade e percebem o mundo de forma particular e subjetiva. São dezenove entrevistas com personalidades brasileiras e estrangeiras, como Wim Wenders, Manoel de Barros, José Saramago, Evgen Bavcar, Oliver Sacks, entre outros.

O filme trará importantes subsídios para as discussões sobre a "era das imagens" trabalhada neste capítulo, bem como acerca de nossa relação com a realidade permeada por imagens.

O mercado de notícias

Direção: Jorge Furtado. País: Brasil. Ano: 2014.

Este documentário entrelaça três narrativas – a encenação da peça *O mercado de notícias*, escrita por Ben Jonson, a história da imprensa e a entrevista com treze renomados jornalistas que falam a respeito da sua profissão e de como atuam. Em torno desse entrelaçamento, tece-se uma crítica inteligente à prática jornalística usando-se como pano de fundo os importantes acontecimentos da política brasileira.

Assistir ao documentário pode ser uma experiência importante para os alunos analisarem o surgimento do jornalismo e sua influência na sociedade.

Para ler

Testemunha ocular

Peter Burke. Bauru: Edusc, 2004.

Escrito pelo historiador e cientista social inglês Peter Burke, professor da Universidade Cambridge, o livro analisa as possibilidades de as imagens serem referência para a compreensão da realidade. Desenhos, pinturas, fotografias, gráficos, mapas, filmes e outros textos imagéticos são testemunhos de sua época, não só porque refletem o mundo circundante, como também por revelar as convenções sociais que utilizamos para compor as imagens com as quais nos expressamos. A leitura desse livro permitirá a aplicação de conceitos aprendidos, além de fornecer interessantes sugestões para sua aplicação.

A sangue frio

Truman Capote. São Paulo: Cia. das Letras, 2003.

Esse romance-reportagem trata de um crime que aconteceu em Halcomb, cidade do interior dos Estados Unidos, em 1959. O fazendeiro Herbert Clutter, sua mulher e os dois filhos foram assassinados por Perry Smith e Dick Hickock. Ambos foram presos e executados em 1965, ano de lançamento do livro, que se tornou um *best-seller*, especialmente pelo estilo investigativo e pela maneira como o autor se aproximou dos réus e ganhou a confiança deles. A obra é um marco no gênero, que mistura jornalismo com ficção.

Chatô, o rei do Brasil

Fernando Morais. São Paulo: Cia. das Letras, 1994.

Essa biografia de Assis Chateaubriand, poderoso comunicador brasileiro, mostra em detalhes sua conturbada vida e sua influência política, cultural e econômica. Aborda seu papel como empresário e fundador do Museu de Arte de São Paulo, dono de mais de 100 jornais e revistas, de estações de rádio e emissoras de televisão. Chateaubriand, também conhecido por Chatô, foi o responsável pelos *Diários Associados*, maior cadeia de comunicação do país, e foi o fundador da TV Tupi. Rico em informações, o livro é uma boa leitura complementar para o capítulo que trata da história da mídia.

Para acessar

Observatório da Imprensa

<observatoriodaimprensa.com.br/>

O *site* foi lançado em 1996, pelo jornalista Alberto Dines, a partir de um projeto desenvolvido pelo Laboratório de Estudos Avançados do Jornalismo da Universidade Estadual de Campinas. Começou como um programa semanal transmitido pela TV Cultura de São Paulo e TVE Brasil e passou, depois, a ser transmitido também pelo rádio, cujos áudios estão disponíveis no *site*.

Centro de Estudos de Telenovela (CETVN)

<www.cca.eca.usp.br/nucleos/cetvn>

Sediado na Escola de Comunicações e Artes da Universidade de São Paulo, é o primeiro centro de referência no Brasil destinado exclusivamente à pesquisa e documentação da telenovela. Reúne acervo documental, matérias, vídeos, relatórios de pesquisa, publicações, dissertações e teses sobre a produção da telenovela. O CETVN desenvolve o programa Observatório Ibero-americano de Ficção Televisiva, Obitel, que congrega grupos de 12 países de pesquisadores europeus e latino-americanos para o estudo da produção de ficção televisiva.

Cinemateca Brasileira

<www.cinemateca.gov.br/>

Instituição responsável pela preservação da produção audiovisual brasileira, a Cinemateca desenvolve projetos e atividades ligados à difusão e restauração de seu acervo, um dos maiores da América Latina. Esse acervo é constituído de material em gravação audiovisual, livros, revistas, roteiros, fotografias e cartazes. Possui mais de 200 mil rolos de filmes, ou cerca de 30 mil títulos. Oferece exibições, exposições, debates e cursos a todos os interessados.

Capítulo 22

Mídias digitais e comunicação em rede

Objetivos

- Entender o que são máquinas pensantes.
- Estudar o desenvolvimento das máquinas que permitiram a automação.
- Compreender o avanço da ciência e a criação de máquinas interativas.
- Estudar como e por que se desenvolveu a informática.
- Explicar como, quando e por quem a rede mundial de computadores foi criada.
- Estudar as características das redes sociais e da cibercultura.
- Entender as características das mídias digitais e da comunicação em rede.

Este capítulo vai tratar do desenvolvimento dos meios de comunicação digital a partir do seu início mais remoto, com a criação do ábaco, na Antiguidade. Desde então evidenciava-se o interesse das sociedades em criar mecanismos e ferramentas capazes de acelerar os processos mentais de resolução de cálculos. Desde o Renascimento, a sociedade ocidental concentrou esforços para criar máquinas calculadoras. Isso resultou no desenvolvimento de duas áreas das ciências, que formam a base para o surgimento do computador: a cibernética e a informática.

A cibernética investiu na criação de sistemas automatizados, capazes de substituir o ser humano em atividades repetitivas e sequenciais. A informática dedicou-se ao desenvolvimento do gerenciamento de informações, e foram criadas maneiras de organizar dados. No século XIX, surgiram os primeiros sistemas de computação, enormes, pesados e caros, utilizados na indústria e no sistema financeiro. O desenvolvimento da ciência e da tecnologia tornou-os mais leves e financeiramente acessíveis.

Na mesma época, nos Estados Unidos, houve a substituição das redes analógicas de informação e investigação por sistemas mais flexíveis e multidirecionais. O cidadão comum só pôde se conectar a essa rede, entretanto, depois do advento do computador pessoal com interfaces gráficas, capaz de estabelecer essa conexão. A partir de então, os computadores e outros dispositivos eletrônicos — *smartphones*, *tablets* etc. — colocaram-nos, cada vez mais, em rede. As novas formas de nos relacionarmos, de nos comportarmos e de sentirmos deram origem à cibercultura.

VLADGRIN/SHUTTERSTOCK

O desenvolvimento da informática, da internet e das mídias digitais transformou a maneira como as pessoas se relacionam.

EMILIO SEGRE VISUAL ARCHIVES/AMERICAN INSTITUTE OF PHYSICS

Imagem de Norbert Wiener (1894-1964), criador da disciplina cibernética, na sua sala de aula no MIT. Sua obra *Cybernetics* (1948) é um estudo que trata dos processos de comunicação e controle, de forma unificada, tanto para sistemas artificiais como naturais.

Para refletir

1. Você se considera um usuário de internet assíduo, displicente ou viciado?
2. Quais atividades você desenvolve na internet?
3. Você tem ideia de quanto tempo utiliza em suas atividades *on-line*, por dia, semana ou mês?

© 2007 JEFF STAHLER/DIST. BY UNIVERSAL UCLICK FOR UFS

© 2007 JEFF STAHLER/DIST. BY UNIVERSAL UCLICK FOR UFS

© PELICANO

Este capítulo começa com três charges bastante atuais. Na primeira, a jovem, acessando o Facebook, diz para a mãe que os amigos têm a ver com quantidade e não com qualidade. Na segunda, o entrevistador da empresa, em vez de olhar o currículo do candidato, prefere conferir a página dele no Facebook. Na terceira, um jovem, sentado em frente a seu computador, diz à mãe que não pode ir jantar porque está participando de uma passeata.

Essas charges apresentam profundas transformações ocorridas na modernidade, trazidas pelo advento das mídias digitais e da rede de computadores, a internet. Essas mudanças são reais e sentidas por todos nós em nossa vida contemporânea. Vamos ver, neste capítulo, como essas transformações ocorreram e como a sociedade as recebe. Veremos também como elas se explicam em termos de nosso momento histórico e das relações político-econômicas que vivemos.

Máquinas que pensam

Embora, para uso do público em geral, a tecnologia digital tenha se consagrado na década de 1970, sua origem perde-se no passado longínquo, quando os primeiros instrumentos inventados para ajudar os seres humanos a calcular foram criados. Na China, cerca de 5 mil anos atrás, já existia o ábaco — artefato feito de sementes ou esferas de madeira dispostas em hastes verticais de madeira ou bambu, separadas em duas seções, para efetuar operações matemáticas. Seu funcionamento já possibilitava operações numéricas com base em um sistema codificado — as bolas substituíam os valores numéricos, e as hastes representavam grandezas — unidades, dezenas ou milhares.

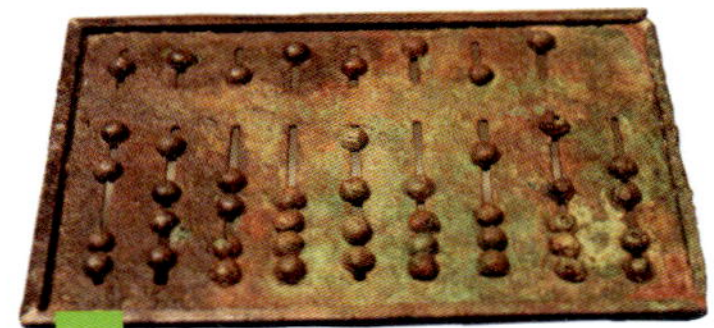

O ábaco foi inventado há mais de cinco mil anos. É difícil precisar se quem o inventou foram os chineses ou os mesopotâmios. O que se sabe é que os chineses e, depois, os romanos o aperfeiçoaram, e estes o introduziram no Ocidente. Na foto, um ábaco de bronze do século I d.C. encontrado no sítio arqueológico St. Martin-de-Corléans, na Itália.

O ábaco migrou para os países vizinhos da China e para a Europa e deu origem ao modelo romano, feito em mármore ou *calx*, de onde derivou a palavra *cálculo*. Já o sistema de numeração decimal de origem indiana, que possibilitava a representação numérica de grandezas, só foi conhecido pelos europeus na época das Cruzadas. A palavra *algarismo* vem do nome do matemático e astrônomo persa do século VIII al-Khwarizmi, cuja obra, algum tempo depois, difundiu o sistema de numeração hindu entre os europeus. Os signos numéricos foram chamados de dígitos.

Em sua origem, dígito designava tanto a quantidade de dedos em nossas mãos quanto à base de nosso sistema numérico. Além disso, os dedos também eram utilizados nas operações matemáticas feitas mentalmente ou com o ábaco.

Na modernidade, o desenvolvimento do comércio e das transações em dinheiro aperfeiçoaram os sistemas de cálculo, e, em 1500, Leonardo da Vinci (1452-1519) apresentou o projeto de uma máquina mecânica que realizava operações matemáticas. Os inventos sucederam-se: em 1621, John Napier (1550-1617) inventou a régua de cálculo, e, em 1642, Blaise Pascal (1623-1662) criou a pascalina, que realizava cálculos por meio de rodas dentadas. Em 1672, essa máquina foi aperfeiçoada por Gottfried W. Leibniz (1646-1716). Em 1822, Charles Babbage (1791-1871) criou uma máquina capaz de processar operações e imprimir relatórios por meio de operações com grandezas indefinidas e não apenas dígitos.

Enquanto esses avanços aprimoravam máquinas calculadoras, outros cientistas desenvolviam a automação. Joseph Marie Jacquard (1752-1834), auxiliado pelas teorias sobre codificação desenvolvidas por George Boole (1815-1864), propunha que todo e qualquer desenho pudesse ser representado por um sistema de signos e de regras combinatórias. Esse princípio foi depois aplicado a diferentes funções, sempre na forma binária "sim" e "não", "*on*" e "*off*", que pode significar "passar energia" ou "não passar energia". Esse foi o princípio de automação do telégrafo, do tear e dos futuros computadores.

Inspirado na ideia dos cartões perfurados de Jacquard, o estatístico estadunidense Herman Hollerith (1860-1929) criou a tabuladora de censo. Hollerith dedicou-se a pesquisas estatísticas sobre a população dos Estados Unidos e desenvolveu um modelo de banco de dados posteriormente comercializado por sua empresa, a Computing Tabulation Recording Company, que mais tarde daria origem à International Business Machine (IBM).

Na foto, o tear de Joseph Marie Jacquard. Criado em 1801, foi considerado a primeira máquina mecânica programável da história. Filho de tecelões e ele mesmo um aprendiz de tecelão, Jacquard incomodava-se com o repetitivo trabalho manual de trocar os novelos de linha conforme a cor projetada no desenho. Ao perceber as sequências formadas pelo desenho, Jacquard criou um sistema de cartões perfurados que guiava a sucessão de fios sem necessidade de intervenção humana.

O acelerado desenvolvimento das máquinas digitais

Das mãos de Claude Shannon (1916-2001) surgiu o código binário, que seria utilizado em computadores. Isso culminou no processo de automação digital. Em 1841, entrava em operação o Mark 1, primeiro computador elétrico-mecânico, com 17 metros de comprimento, 2,50 metros de largura e 5 toneladas.

Do século XIX para o século XX, a evolução dos computadores foi rápida e bem-sucedida. Novas invenções, como os transístores, que processavam impulsos elétricos em alta velocidade, permitiram a miniaturização de circuitos e a redução do consumo de energia. Os transístores deram então lugar aos chips e aos circuitos integrados.

Audiovisual
História da internet

> "Assim, enquanto em 1971 cabiam 2.300 transistores em um *chip* do tamanho de uma unha, em 1993 cabiam 35 milhões. [...] No tocante à velocidade, os atuais microprocessadores de 64 *bits* são 550 vezes mais rápidos que o primeiro *chip* da Intel em 1972."
>
> CASTELLS, Manuel. *A sociedade em rede*. São Paulo: Paz e Terra, 2000. p. 61.

O impacto dessas invenções foi enorme na produção material, na indústria e no desenvolvimento da ciência. Cálculos que antes levavam anos para serem feitos manualmente, como o feito por Charles Delaunay (1816-1872) — que no século XIX despendeu 10 anos para calcular a posição da Lua em sua órbita —, hoje são feitos em minutos.

Mesmo que computadores com essa potência sejam mais recentes, é importante salientar que falamos aqui de um processo que envolve a criação de máquinas que não são meramente prolongamentos do corpo humano, como uma furadeira ou um guindaste, nem da percepção humana, como a câmera fotográfica ou cinematográfica, mas de máquinas que reproduzem a forma de pensar humana e o fazem numa velocidade e acuidade que torna impossível ao ser humano acompanhar seu desempenho. São, portanto, máquinas pensantes, mesmo que seja um tipo de pensamento programado por operadores humanos.

Organização e gestão das informações

Ao lado de todo esse desenvolvimento da automação para substituir as atividades repetitivas e da capacidade de realizar cálculos matemáticos, está o esforço na criação de processos adequados de classificação e organização de informações. A origem dessa preocupação é também remota e origina-se na preocupação de organizar o grande volume de obras existentes na lendária Biblioteca de Alexandria: cerca de 700 mil rolos de papiro e pergaminho com quase todo o saber da Antiguidade. A Biblioteca de Alexandria começou a ser formada no século III a.C. e existiu até o século IV d.C., quando teria sido destruída por um incêndio. Calímaco de Cirene teria sido o criador de um sistema de classificação universal: ele dividiu a biblioteca em estantes ou mesas (*pinakoi*), organizadas em oito classes de assuntos: teatro, oratória, poesia lírica, legislação, medicina, história, filosofia e miscelânea. Depois, dividiu as obras em livros, e estes, em rolos.

A Biblioteca de Alexandria, a maior do mundo antigo, foi criada por Ptolomeu II, na cidade Alexandria, no Egito. Pesquisas recentes não comprovam sua alardeada destruição por um incêndio. Acredita-se que, em diferentes momentos de sua longa história, ela tenha sofrido reveses que determinaram seu fim. Agora, ela entra na história da informática por ter sido a primeira a criar um sistema de classificação e de acesso às informações que guardava. Ao lado vemos um esboço do possível interior da biblioteca, feito no século XIX por Otto von Corvin (1812-1886) com base em evidências arqueológicas.

Quando se começou a produzir mais livros, outros sistemas foram desenvolvidos na modernidade. O surgimento da educação pública e o da alfabetização aceleraram a necessidade de organizar as informações.

Com a proliferação dos textos e a globalização promovida pela expansão capitalista e pelas comunicações, o engenheiro e inventor norte-americano Vannevar Bush (1890-1974) desenvolveu um projeto de indexação, denominado Memex, que propunha a mecanização de um sistema de busca que organizava as informações segundo critérios de catalogação, indexação de textos, organização de temas e interesse do leitor. Era a base para o sistema desenvolvido em 1965 por Theodor Nelson (1937), no qual estava prevista a indexação de imagens, sons e animações. Era a criação do hipertexto, que punha à prova a ideia de Vannevar Bush, segundo a qual a associação de ideias e conteúdos reproduziria a forma do pensamento humano. Era a tecnologia descobrindo novas máquinas de pensar, não mais baseadas na matemática, mas na gestão da informação.

Nascia, assim, a **informática**, ciência de gerenciamento, processamento e difusão de informações por meio de bases de dados automatizadas.

Espionagem e comunicação em rede

O século XX foi um período de grandes conflitos internacionais que mudaram a sociedade ocidental e sua maneira de viver, relacionar-se e interpretar o mundo. Nas duas grandes guerras mundiais, assim como na Guerra Fria, a espionagem foi uma importante ferramenta para obter vantagem estratégica sobre o oponente. Agentes soviéticos e estadunidenses procuravam descobrir os planos de guerra que eram desenvolvidos pelos inimigos, assim como as armas que eram construídas.

Termos e conceitos

Informática: termo usado para designar as diversas ciências dedicadas ao estudo de armazenamento, gestão, processamento e transmissão de dados por meios digitais. São elas: ciência da computação, da informação, do processo de cálculo, da análise numérica, entre outras.

Agências internacionais tornaram-se famosas por suas táticas de espionagem e são celebradas nos filmes até hoje — a CIA (Agência Central de Inteligência) e o FBI (polícia federal estadunidense), sediadas nos Estados Unidos, e a KGB (Comitê de Segurança do Estado e Polícia Secreta), da União Soviética. A espionagem passou a ser um assunto de Estado, que a população em geral acompanhava pelas notícias publicadas nos jornais e por meio dos romances e das produções cinematográficas, que criavam um sem-número de personagens mitológicos destinados a mobilizar a opinião pública.

Mas os heróis espiões eram muito vulneráveis e corriam o risco de cair nas mãos inimigas, o que fez o Pentágono investir em um sistema capaz de criar uma rede de espionagem multidirecional e codificada e, portanto, mais difícil de ser violada. Para a execução desse projeto foram convocados empresas de telecomunicação, pesquisadores, engenheiros, estrategistas e matemáticos ligados a universidades e centros de pesquisa estadunidenses.

A rede criada pelo Pentágono era multidirecional, e cada ponto funcionava como um receptor e emissor de mensagens, com conexão codificada por senhas em um sistema flexível capaz de se reconstituir a qualquer baixa ou ataque. Esse modelo punha abaixo os sistemas tradicionais de redes de comunicação (rádio e, anos depois, também TVs), que eram unidirecionais, centralizados, analógicos e regionais — os sinais dependiam de facilidades geográficas e não havia satélites para transmissão de informações.

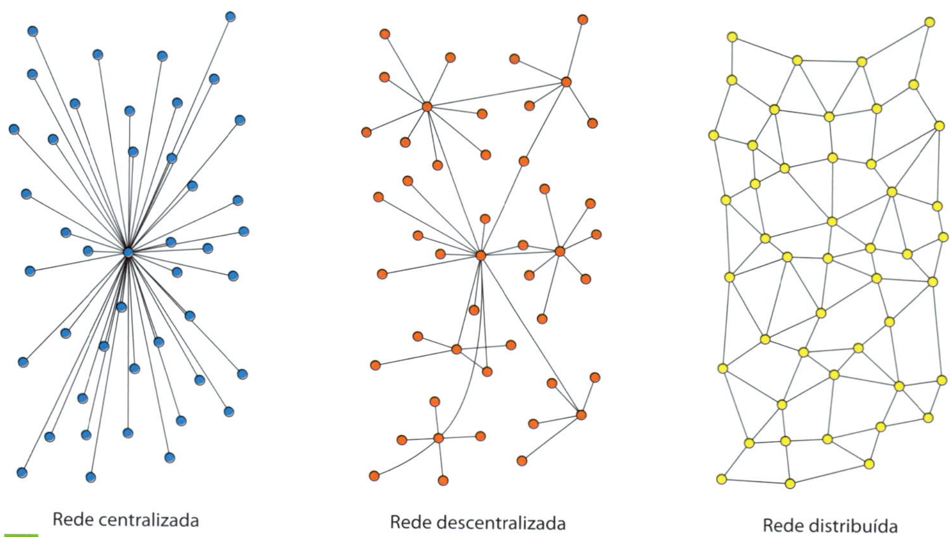

ADILSON SECCO

As redes analógicas de comunicação são centralizadas, unidirecionais (a informação transita do centro para a periferia) e regionais (dependem de antenas de transmissão), como na primeira figura da ilustração. Nas redes descentralizadas, há conexão entre várias redes centralizadas e os diversos nós centralizam e distribuem a informação (segunda ilustração). As redes digitais ou redes distribuídas são multidirecionais, flexíveis, codificadas, digitais e com transmissão via satélite, e formam um desenho como o último (à direita) da ilustração.

Para a constituição dessa rede, os computadores foram colocados em contato um com o outro, e foram criadas as primeiras intranets — redes privadas que conectavam computadores para tarefas conjuntas e troca de informações. Esses computadores tornavam-se cada vez mais hábeis em armazenar e gerenciar informações e, valendo-se de redes de telecomunicações, criaram a **telemática**. Assim surgiram as primeiras redes de computadores: a Arpanet (Advanced Research Projests Agency), que comunicava diversos computadores de forma interativa, a PRNET (rede de transmissão por pacotes por rádio), a Fidonet, que reúne cidadãos comuns que se comunicam por computador, entre outras.

Termos e conceitos

Telemática: conjunto de serviços informáticos fornecidos por meio de uma rede de telecomunicações. Refere-se, também, à ciência que trata da transmissão de informação computadorizada a longa distância.

À medida que crescia o número de redes, configurava-se a necessidade de criação de uma "rede das redes" que gerenciasse esse novo processo de comunicação e produção que tomava corpo. Foi assim que, ao conseguirem derrubar o monopólio estatal do governo estadunidense em relação às telecomunicações, a chamada "desregulamentação", as empresas puderam oferecer aos interessados o serviço de comunicação em rede mundial de computadores. Surgiu a internet, que, sem perder seu perfil de automação e cálculo, de programação e gerenciamento, desenvolvia, cada vez mais, seu potencial comunicativo.

Termos e conceitos

Cibernética: designa as ciências que tratam da comunicação, automação, codificação, interatividade, informação e realimentação de máquinas em sua relação com os seres vivos, em particular com os seres humanos. É o campo de estudo da robótica.

A invenção do PC

Podemos dividir a história dos computadores e da comunicação em rede em três períodos distintos: o primeiro, que teve início no século XIX, quando foram desenvolvidas máquinas programadas capazes de interagir com os seres humanos e substituí-los nas atividades mais repetitivas e sequenciais. Dessa forma, tinha início a área da ciência que passou a ser chamada de **cibernética**. Nesse mesmo período, começaram também as conquistas da informática, ou seja, da ciência que trata do gerenciamento de informações.

O segundo período nessa história ocorreu no século XX, em que esses inventos foram utilizados em estratégias militares e resultaram na criação da comunicação em rede, com o surgimento da internet.

Finalmente há um terceiro período, que começou na segunda metade do século XX: a invenção do PC — *personal computer* —, ou computador pessoal ou individual.

Essa última invenção tornou possível a conexão do cidadão comum à rede internet. Um grupo de jovens engenheiros que trabalhavam em telecomunicações no Vale do Silício, nos Estados Unidos, conseguiu, por meio de experiências com peças extraídas de diversos equipamentos, construir um computador cujos comandos podiam ser acionados pelo usuário; inicialmente, por uma interface de texto e, mais tarde, de modo gráfico. Conseguiram separar a máquina propriamente dita da programação, ou seja, o *hardware* (conjunto de elementos materiais do computador) do *software* (programas que acionam a máquina).

O PC, computador que resultou desse século de revoluções, é formado, numa explicação simplificada, por componentes bem variados, estruturados ao redor de um centro, que é chamado de placa-mãe, que deve conter o processador; uma placa de vídeo, para gerar a interface com o usuário; um disco rígido magnético, para armazenar informações e programas; e portas de entrada e saída, para permitir a comunicação com o mundo exterior. Esse conjunto-base é inserido em um chassi que contém uma fonte de alimentação elétrica. A essa base são acoplados outros componentes, que complementam a capacidade desse conjunto inicial. A cada ano, desde sua criação, os PCs têm se tornado menores, mais leves, mais potentes, mais rápidos e mais baratos, disseminando sua utilização pelo mundo.

Os primeiros PCs lançados pela IBM, como este modelo 5150, de 1981, eram caros, pesados e tinham monitor monocromático. Ele não ligava você a coisa alguma, pois não tinha placa de rede. Mas o seu sucesso permitiu a fabricação em massa desses equipamentos, e com isso estimulou o surgimento de novas empresas, que produziam clones dos IBM, o que resultou na introdução do computador em todo o mundo.

SSPL/GETTY IMAGES

Com o PC, entramos definitivamente no campo das comunicações e das mídias digitais. E, sendo uma das características de todo esse desenvolvimento a ***convergência***, ou seja, a possibilidade de todos os veículos de comunicação serem acionados por programação e sistemas binários, deu-se uma lenta e irreversível adaptação dos veículos analógicos às condições e características dos meios digitais. Dessa forma, todas as linguagens passaram a ser traduzidas para uma linguagem numérica ou matemática. As informações passaram a ser processadas e puderam ser transmitidas por redes de computadores.

VETKIT/SHUTTERSTOCK

Na imagem vemos uma placa-mãe com processador e *cooler*, conjunto básico dos PCs utilizados nas duas últimas décadas do século XX. As inovações nunca pararam, quer na estrutura básica, quer nos componentes, e, na sequência, apareceram os *laptops* (computadores compactos).

Navegando na rede

As conexões em rede que permitiram ao usuário procurar pelas informações que desejasse dependeram da criação de um sistema de gerenciamento e distribuição de informações. Foi criado um protocolo de conexão com cada país que quisesse ter acesso à rede.

A internet é composta de milhões de empresas privadas, públicas, universidades, públicas e estatais, com alcance local e global. Utiliza diversas tecnologias de comunicação — satélites, telefonia, cabos e fibras óticas. Desde a década de 1980, o termo *internet* vem designando as redes interconectadas globalmente, embora o termo seja usado de modo indevido para muitos de seus serviços, como a web, que, na realidade, é apenas o sistema multimídia da internet. A internet é mais ampla que a web.

Durante certo tempo, tudo o que se podia fazer conectado à internet era trocar mensagens, os *e-mails*; mas, na década de 1990, o inglês Tim Berners-Lee (1955-), funcionário do Cern (Organização Europeia para a Investigação Nuclear), criou o Enquire, um sistema que permitia reconhecer e armazenar informações relacionadas. Dessa forma, cada página no Enquire estaria ligada àquela que a gerou. Era o hipertexto. Depois, conseguiram fazer que essas páginas mostrassem fotos, vídeos e sons, transformando o computador em uma máquina multimídia, por meio da WWW (World Wide Web), um sofisticado sistema de *hiperlinks* acessíveis por um clique. A rede começou a fazer circular mensagens de todo tipo, e surgiram as páginas (*sites*) interativas, nas quais a relação do usuário com seu conteúdo baseava-se no interesse e na escolha pessoal dele.

A criação de sistemas de indexação e de busca, como o AltaVista, Google e Yahoo, permitiu que o usuário pudesse chegar de forma mais simples e rápida às informações de seu interesse, tornando a navegação mais confortável e fácil. Hoje, a internet pode ser utilizada em inúmeros tipos de equipamentos eletrônicos, de celulares a *tablets*, de televisores a relógios, sendo um de seus maiores trunfos a comunicação a distância, que uniu usuários do mundo inteiro.

Cibercultura

Com o crescimento da internet, o processo de integração da produção material, das trocas financeiras, do comércio e das relações sociais foi transformado de forma drástica. O processo de desregulamentação, ou seja, de inserção na comunicação em rede dos sistemas da vida cotidiana, segundo as características e os protocolos da rede globalizada, modificou serviços, profissões, hábitos, formas de relacionamento, valores, repertórios. Criou o que foi chamado de cibercultura e que engloba desde formas de lazer, informação, contato pessoal, sociabilidade até complexas transações comerciais.

Diversos autores, como Pierre Levy (1956-) e Manuel Castells, alertam para as mudanças radicais nas formas de vida, que vão desde o hábito de estar sempre conectado até a aceleração da vida como um todo na sociedade contemporânea. A aceleração proveniente do imediatismo da informação em rede, da sincronização dos contatos (como pessoas que jogam um mesmo jogo e vivem em continentes diferentes), e a velocidade considerada um critério de qualidade imprimem rapidez mesmo nas atividades que são realizadas *off-line* (fora da rede).

Agimos como se estivéssemos conectados a um mundo cujo tempo e espaço não são mais determinados pela natureza, mas pelos interesses das pessoas em conexão. Processa-se uma desterritorialização que torna menos importantes nossas referências locais, regionais e pessoais — na rede, sentimo-nos cidadãos do mundo. Todas essas mudanças constituem o que chamamos de cibercultura.

Faz parte da cibercultura, por exemplo, pensarmos estar a sós com nosso computador e, ao mesmo tempo, participarmos e partilharmos um espaço com bilhões de outros seres e utilizarmos mecanismos que rastrearão nossas frases, nossas mensagens e até nossos silêncios onde quer que eles cheguem. Bill Gates, o criador da Microsoft, chama o comportamento introduzido por essas mudanças de *estilo de vida web*.

GURZA/SHUTTERSTOCK

As redes sociais nos colocam em contato até mesmo com pessoas que não conhecemos pessoalmente. Elas satisfazem nosso desejo de sociabilidade, oferecem espaços de expressão, cedem tempo para divertimento e lazer e estão 24 horas de prontidão. Mas todas essas satisfações nos fazem esquecer, muitas vezes, que elas são, na verdade, uma empresa privada de *marketing*. Nosso perfil de usuário nos exibe como consumidores.

Redes sociais e o Facebook

Mark Zuckerberg nasceu em 1984, quando a comunicação em rede, nos Estados Unidos, já era uma realidade. Desde a adolescência, dedicou-se ao estudo da informática e da comunicação por rede. Uma de suas primeiras façanhas foi criar um sistema que "aprendia" o que o usuário gostava de ouvir na rede. Criava, assim, uma espécie de parada de sucesso, de competição entre as músicas disponíveis e o gosto dos ouvintes.

Ao se tornar aluno da Universidade Harvard, Zuckerberg aplicou o mesmo processo ao "Face Book" — nome dado ao livro com as fotos dos alunos daquele ano — e pediu que todos elegessem as melhores fotos do catálogo. O programa foi um sucesso, e como, para votar, o usuário teria que ser convidado por um dos já participantes, surgiram centenas de pessoas querendo participar do chamado "Face Book". O acesso ao programa foi tão grande que congestionou o sistema implantado na Harvard, e Zuckerberg foi acusado de violar o sistema de segurança da universidade e os direitos autorais e de invadir privacidades. Questões éticas colocavam-se — seria correto incluir pessoas num sistema classificatório como se fossem produtos de consumo? Independentemente da resposta que se dê a essa pergunta, o programa Facebook saiu dos limites da universidade e tornou-se a rede social mais utilizada do planeta. Existiram outras, como Google+ e o Instagram, mas até o momento o Facebook continua sua carreira de sucesso, com pessoas conectadas mundialmente por meio da rede, por onde trocam mensagens, fotos, músicas e todo tipo de informação.

As redes sociais são estudadas em Sociologia há muitas décadas, como uma das formas de comportamento social não institucionalizado — estabelecer relações entre um grupo privado de pessoas para determinado objetivo, que pode ser a troca de figurinhas de álbuns, compartilhamento de ideias com pessoas com interesses semelhantes ou até para a criminalidade. A teoria das redes que se aplica ao Facebook foi desenvolvida pelo professor e psicólogo Stanley Milgram (1933-1984), nos Estados Unidos, quando ele fez chegar a Boston, a partir de Nebraska, cartas que deveriam alcançar a seus destinatários passando apenas de mão em mão. Depois de realizado o experimento, Milgram descobriu que as cartas alcançaram seu destino passando por, no máximo, seis pessoas (seis pares de mãos). Daí ter concluído que todos nós estamos a seis contatos de qualquer outra pessoa no mundo.

A aplicação dessa teoria às redes sociais existentes na cibercultura levou à ideia de que estamos a seis cliques de qualquer pessoa na rede internet, o que dá aos usuários uma grande sensação de pertencimento e proximidade. Além dessa sensação — estar tecnologicamente próximo dos outros, mesmo que esses outros estejam longe de nós geográfica e socialmente —, as redes sociais são espaço de expressão e compartilhamento em que os usuários têm a sensação de grande convívio e sociabilidade, além de desfrutarem de raros momentos de liberdade de expressão.

As redes sociais existem para satisfazer nossa vaidade e nosso desejo de convívio? Não, no mundo contemporâneo, a mercadoria mais importante é a informação. Cada postagem nossa, as informações de nosso perfil, aquilo que curtimos ou compartilhamos são importantes informações que, de posse das redes sociais, são vendidas aos interessados — empresas, partidos, governos que desejem nos encontrar, não para compartilhar nossas fotos, mas para enviar suas mensagens, vender seus produtos e satisfazer muitas outras necessidades.

Cada vez que postamos uma informação, damos um clique, curtimos alguma coisa, passamos informações sobre nós para a rede social que estamos usando. Mas ela é uma empresa de publicidade e *marketing* que venderá as informações para um cliente. Na internet, nunca estamos sozinhos, mesmo quando não estamos conectados a ninguém.

BLOOMUA/SHUTTERSTOCK

PINGOS NOS "IS"

Compartilhar a pós-modernidade

A revolução que apresentamos neste capítulo refere-se à emergência das mídias digitais, à consolidação da informática e da cibernética como áreas do saber e às transformações delas decorrentes. As mudanças provocadas atingiram desde a regulamentação da produção material até o uso da energia, a estruturação dos campos científicos, a produção artística e a comunicação, assim como nossa vida cotidiana. As dimensões dessas transformações foram tantas que os estudiosos as designam como terceira revolução tecnológica.

As consequências que essas mudanças promoveram interferem diretamente no processo de globalização da sociedade. A internet permite iniciativas e atividades econômicas de natureza planetária ao derrubar fronteiras, aproximar pessoas e estabelecer novas noções de tempo e espaço.

O conhecimento, as informações e as formas de expressão não se baseiam mais em processos em que as imagens e os registros são extraídos do real e buscam representar o mundo por analogia (os signos semelhantes, em sua representação, à forma como os referentes são percebidos pela sensibilidade humana).

As linguagens e os veículos de comunicação digitalizados, traduzidos para a linguagem numérica, apresentam-se como sequências codificadas e flexíveis que podem ser traduzidas para percepção, apresentação e representação. Sons podem se transformar em imagens e ser representados graficamente. A velocidade pode se transformar em luz, temperatura pode ser sinalizada por cor. Entramos no campo da realidade virtual, em que a programação pressupõe um vir a ser das informações a partir da interação homem/máquina. As relações entre tecnologia e usuário são cada vez maiores e simbióticas, e o próprio corpo começa a se tornar um artefato.

Nesse universo da globalização e da cibercultura podemos voltar às três charges do início do capítulo para entendê-las melhor. Na primeira, o chargista brinca com a ideia de que os jovens, nas redes sociais, estão preocupados em ter muitas amizades, pois acham que é mais importante a quantidade de amigos — e não a qualidade da amizade. Na segunda, o entrevistador da empresa, em vez de olhar o currículo do candidato, confere a página dele no Facebook. O humorista refere-se ao fato de que o perfil de uma pessoa em uma rede social pode falar muito sobre ela. Na terceira charge, um garoto diz para a mãe que não pode ir jantar naquele momento porque está participando de uma passeata. No entanto, ele está sentado em frente ao computador. O humorista, nesse caso, faz graça com o fato de que a mobilização social e os movimentos sociais têm feito uso da internet e têm sido organizados na rede. Há, portanto, uma nova forma de participação política, diferente de épocas anteriores, em que não se precisa sair de casa.

Estamos passando por novas formas de relacionamento social, de desenvolvimento profissional, de conhecimento, de convivência e de lazer. Esse mundo novo que se apresenta é chamado por autores como **David Harvey** de pós-modernidade, aludindo a uma ruptura em relação à modernidade, período que, na sociedade ocidental, vai do Renascimento à segunda metade do século XX, caracterizado pelo capitalismo industrial, pelo predomínio da energia elétrica como força motriz, pelo nacionalismo e pela cultura de massa pautada nas mídias analógicas. A pós-modernidade caracteriza-se, segundo Harvey, pelo capitalismo pós-industrial, pela eletrônica como força motriz, pela globalização e pela cibercultura pautada nas mídias digitais.

David Harvey (1935-)

Geógrafo e cientista social britânico, formado na Universidade de Cambridge. É professor da Universidade Nova York, nos EUA, e lecionou também nas universidades John Hopkins e Oxford. Teórico marxista, Harvey tem desenvolvido estudos sobre a dinâmica do capital na atualidade.

FÁBIO GUINALZ/FOTOARENA

BRASILEIROS FICAM EM TERCEIRO EM RANKING DE TEMPO DE USO DA INTERNET

Estudo da comScore traz informações detalhadas sobre o uso da rede no País

"A comScore está divulgando um balanço sobre o que ela está acompanhando na web. São números relativos a fevereiro último, considerando apenas o acesso via PCs, dispensando o uso via tablets ou smartphones, cada vez mais intenso. Vale prestar atenção porque são informações bem recentes e podem dar subsídios a novos projetos.

De cara, destaque-se que o Brasil está em quinto lugar no total de usuários do planeta, com 68,1 milhões de internautas, num crescimento de 11% em relação a fevereiro de 2013. Mas continuamos atrás de China (354,6 milhões), EUA (194,7 milhões), Índia (80,1 milhões) e Japão (73 milhões). Por outro lado, somos o terceiro país que passa mais tempo na rede, atrás de China e EUA. E (olha aí) 40% da audiência da América Latina (com 169 milhões de usuários) estão no Brasil. São 29,7 horas por mês online, contra 21,9 na média latino-americana e 20,4 dos argentinos.

A internet ainda é um ambiente jovem, digamos assim: 65% do total dos brasileiros conectados têm menos de 35 anos. Me chamou a atenção que, entre 6 e 14 anos, são 14,8% — dado importante, por exemplo, para quem trabalha com educação a distância, além, claro, de e-commerce. Cerca de 58% dos consumidores na web brasileira têm entre 15 e 34 anos de idade, e outros 20,4% estão entre 35 e 44 anos.

Na outra ponta, apenas 6,9% dos internautas brasileiros têm mais de 55 anos. O que vemos aqui é um ambiente muito grande a ser explorado, considerando que o país envelhece e que ainda há muita gente desconectada nessa faixa etária.

E por onde navega esse povo todo? Redes sociais (sobretudo, Facebook, com 97,8% do total) são líderes, como sabemos. Somente em fevereiro, passamos 775 minutos ligados às redes, contra 346 na média mundial. E os brasileiros gastam mais tempo no Facebook do que os argentinos e os mexicanos juntos.

Isso é bom ou ruim? Certo é que a Grande Rede, como se dizia antigamente em relação à internet, pode acabar se tornando uma única rede, restrita ao latifúndio Facebook. Isso pode se configurar uma praga, porque estamos cada vez mais nos encaminhando para um monopólio, mas aí já é assunto para outra hora. Por ora, basta dizer que o Facebook registrou mais de 583 milhões de anúncios ao longo de 2013. E a Netshoes foi a maior anunciante online, com 22,4 milhões de impressões.

Sites de serviços, portais e entretenimento cresceram bastante no último ano — 15%, 12% e 12%. Outro dado curioso foi o aumento de 42% no tempo de navegação, entre maio e junho do ano passado, devido às notícias sobre manifestações que tomaram as ruas do país."

VASCONCELOS, Nelson. "Brasileiros ficam em terceiro em ranking de tempo de uso da internet" Em: Portal IG, 3 jun. 2014. Disponível em: <http://tecnologia.ig.com.br/2014-06-03/brasileiros-ficam-em-terceiro-em-ranking-de-tempo-de-uso-da-internet.html>. Acesso em: mar. 2016.

ATIVIDADES

1 Das características abaixo, quais dizem respeito às mídias digitais?

a) Produção de imagens semelhantes ao referente em aparência, conforme a percepção humana.

b) Rapidez de processamento de dados.

c) Convergência de veículos e linguagens.

d) Criação de bibliotecas.

2 Quais fatores fizeram aumentar a produção de livros, levando os cientistas a procurar sistemas de indexação de textos escritos?

3 Preencha a tabela abaixo com as características listadas, de modo a colocar as alternativas na coluna adequada — à esquerda, as que correspondem às redes analógicas, e à direita, as que correspondem às redes digitais.

a) centralizadas

b) codificadas

c) vulneráveis

d) não codificadas

e) descentralizadas

f) locais

g) globais

h) seguras

Redes analógicas	Redes digitais

4 O que a quebra do monopólio dos Estados Unidos sobre os serviços de telecomunicações, também chamada de "desregulamentação das telecomunicações", permitiu às empresas?

5 Sabe-se que a cibercultura comporta todas as relações que se estabelecem na rede mundial de computadores e engloba desde formas de lazer, informação, contato pessoal e sociabilidade até complexas transações comerciais. Descreva as atividades que você exerce e que pertencem à cibercultura.

6

ALEUTIE/SHUTTERSTOCK

Qual parte do capítulo estudado poderia ser ilustrada por esta imagem?

7 Faça uma pesquisa em livros, revistas, jornais e na internet sobre as modificações que foram introduzidas na fabricação dos computadores e procure compor essa história.

8

© ALPINO

Aplique o que foi estudado neste capítulo e procure explicar o humor desta charge.

EXAMES DE SELEÇÃO

1 (Enem-2015)

"No final do século XX e em razão dos avanços da ciência, produziu-se um sistema presidido pelas técnicas da informação, que passaram a exercer um papel de elo entre as demais, unindo-as e assegurando ao novo sistema uma presença planetária. Um mercado que utiliza esse sistema de técnicas avançadas resulta nessa globalização perversa."

SANTOS, M. *Por uma outra globalização*. Rio de Janeiro: Record, 2008 (adaptado).

Uma consequência para o setor produtivo e outra para o mundo do trabalho advindas das transformações citadas no texto estão presentes, respectivamente, em:

a) Eliminação das vantagens locacionais e ampliação da legislação laboral.

b) Limitação dos fluxos logísticos e fortalecimento de associações sindicais.

c) Diminuição dos investimentos industriais e desvalorização dos postos qualificados.

d) Concentração das áreas manufatureiras e redução da jornada semanal.

e) Automatização dos processos fabris e aumento dos níveis de desemprego.

2 (UNEB-2014)

O século XX passou para a História como um dos mais importantes no processo de desenvolvimento dos meios de comunicação e de informação. A "revolução" ocorrida foi extraordinária, sem precedentes, e mudou radicalmente o estilo de vida das pessoas.

Em relação aos efeitos desse fenômeno, marque **V** nas afirmativas verdadeiras e **F**, nas falsas.

( ) O exercício da liberdade, as ações sociais e as atividades comerciais se modificaram de forma homogênea nos continentes.

( ) O sistema de comunicação se tornou um valioso instrumento político.

( ) O Estado, que, inicialmente, via a internet como um "templo para amadores", passou a considerá-la um serviço de utilidade pública.

( ) A importância e a diversificação dos meios de comunicação impuseram uma única legislação, dirigida aos crimes virtuais, para todos os países.

( ) A banalização da violência, na sociedade atual, se constitui uma das consequências do "mundo de fantasia" criado pela televisão.

A alternativa que indica a sequência correta, de cima para baixo, é a

a) FVFVV

b) FVVFV

c) VFVFF

d) FFVFV

e) VFFVF

3 (Enem-2009)

As tecnologias de informação e comunicação (TIC) vieram aprimorar ou substituir meios tradicionais de comunicação e armazenamento de informações, tais como o rádio e a TV analógicos, os livros, os telégrafos, o fax etc. As novas bases tecnológicas são mais poderosas e versáteis, introduziram fortemente a possibilidade de comunicação interativa e estão presentes em todos os meios produtivos da atualidade.

As novas TIC vieram acompanhadas da chamada *Digital Divide*, *Digital Gap* ou *Digital Exclusion*, traduzidas para o português como Divisão Digital ou Exclusão Digital, sendo, às vezes, também usados os termos Brecha Digital ou Abismo Digital. Nesse contexto, a expressão Divisão Digital refere-se a

a) uma classificação que caracteriza cada uma das áreas nas quais as novas TIC podem ser aplicadas, relacionando os padrões de utilização e exemplificando o uso dessas TIC no mundo moderno

b) uma relação das áreas ou subáreas de conhecimento que ainda não foram contempladas com o uso das novas tecnologias digitais, o que caracteriza uma brecha tecnológica que precisa ser minimizada.

c) uma enorme diferença de desempenho entre os empreendimentos que utilizam as tecnologias digitais e aqueles que permaneceram usando métodos e técnicas analógicas.

d) um aprofundamento das diferenças sociais já existentes, uma vez que se torna difícil a aquisição de conhecimentos e habilidades fundamentais pelas populações menos favorecidas nos novos meios produtivos.

e) uma proposta de educação para o uso de novas pedagogias com a finalidade de acompanhar a evolução das mídias e orientar a produção de material pedagógico com apoio de computadores e outras técnicas digitais.

OUTRAS MÍDIAS

Para assistir

A rede social

Direção: David Fincher. País: EUA. Ano: 2010.

O filme, meio documentário, meio ficção, conta como Mark Zuckerberg criou o Facebook. Pouco sociável, mas bastante inteligente, ele era aluno da Universidade Harvard. Depois de ser abandonado pela namorada, Zuckerberg lança um campeonato eletrônico de eleição dos colegas mais populares. A iniciativa lhe traz inúmeros problemas, na universidade, na vida social e na sociedade, mas resulta na criação da rede de maior popularidade na internet. O filme permitirá aos alunos entender a história do Facebook e sua lógica informacional.

Matrix

Direção: Lana e Andy Wachowski. País: EUA. Ano: 1999.

Nesse filme de ficção científica, Thomas Anderson, um jovem programador de computador que mora em um cubículo escuro, tem pesadelos nos quais se vê conectado a um complexo sistema de computadores e cabos de um imenso programa do futuro. Conforme o sonho reincide, o herói começa a questionar a realidade. Aos poucos, Thomas descobre ser vítima de Matrix, um sistema programado que manipula mentes e faz que ficção e sonho se confundam. Trata-se de uma metáfora dos sistemas digitais que lidam com simulações e controles programáticos. O filme ficou famoso pela maneira como apresenta a questão da realidade virtual.

Para ler

No que você está pensando? Redes sociais e sociedade contemporânea

Maria Cristina Castilho Costa. *Revista USP*, n. 92, dez.-fev. 2011/2012, p. 86-99.

Esse artigo, que faz parte de um dossiê da *Revista USP* sobre as novas mídias e suas repercussões na sociedade, mostra como foi criada a rede social Facebook. Aborda o surgimento de uma cultura mediática desde as primeiras tabuinhas de argila da Antiguidade até o advento dos computadores, de uma perspectiva histórica e também sociológica, de modo a mostrar que a expansão da comunicação reflete a sociedade que a produz e nela interfere.

Para acessar

FILE – Festival Internacional de Linguagem Eletrônica

<http://file.org.br/file_sp_2015/ ?lang=pt>

Desde 2000, o FILE apresenta obras, *performances*, animações, games, experiências com realidade virtual, cinema digital e trabalhos interativos realizados nas chamadas novas mídias. Tem como objetivos oferecer espaço para apresentação e debate em torno da arte eletrônica e disseminar a cultura digital. No *site* do Festival estão arquivadas as participações nas edições já realizadas.

Capítulo

23 Comunicação e sociedade

Objetivos

- Entender de que formas os meios de comunicação de massa interferem na sociedade.
- Compreender as relações entre meios de comunicação e poder.
- Estudar os significados do conceito de *público*.
- Aprender as principais teorias da Sociologia da Comunicação.
- Entender as diferentes contribuições das correntes teóricas que tratam da sociedade da comunicação.
- Analisar as questões ligadas às relações entre comunicação e cultura.

Este capítulo trata das principais teorias desenvolvidas por cientistas sociais para explicar a sociedade com base no desenvolvimento dos meios de comunicação. Também faz parte desse conteúdo a análise da sociedade mediada, isto é, que incorpora os meios de comunicação na vida cotidiana e nas suas relações com os outros e com a realidade.

Tratará, portanto, das principais escolas teóricas, como a escola de Frankfurt e o desenvolvimento da Teoria Crítica, os Estudos Culturais e a teoria das mediações. Traz autores como Pierre Bourdieu e suas análises sobre o poder simbólico, além de apresentar Guy Debord e o estudo da sociedade do espetáculo. Com essas explanações, o texto apresenta as grandes discussões teóricas do século XX e introduz as questões contemporâneas em que a sociedade se vê às voltas com os meios de comunicação digitais e a globalização.

Na imagem, vemos plateia que se agita ao som de um grupo musical no Dia Mundial da Música, que ocorre todo ano no dia 21 de junho, no solstício de verão, no Hemisfério Norte, e de inverno, no Hemisfério Sul, em 120 países ao redor do mundo.

GORAN DJUKANOVIC/SHUTTERSTOCK

RAWPIXEL.COM/SHUTTERSTOCK

O pleno uso dos veículos de comunicação em nossas relações proporcionou transformações na percepção e no conhecimento humanos.

Para refletir

1. Você faz ideia de quanto tempo gasta, por dia, com os meios de comunicação?
2. De onde você extrai informações sobre o que acontece em sua cidade? Em sua opinião, qual veículo de comunicação traz mais e melhores informações?
3. Como você forma uma opinião sobre os acontecimentos veiculados pela mídia?

REPRODUÇÃO

Nesta imagem vemos diferentes chamadas para os mais diversos tipos de *reality show* apresentados na televisão brasileira, muitos deles cópias de programas estrangeiros. O *reality show*, formato pertencente à Holanda, é hoje um fenômeno mundial.

Reality show é o nome dado a um gênero de programa de televisão que surgiu na década de 1970. Trata-se de uma situação criada pela produção de uma rede televisiva e que envolve pessoas comuns, que não se conhecem pessoalmente e têm uma missão para cumprir em conjunto: passar semanas em uma casa, emagrecer, praticar exercícios físicos, competir para saber quem cozinha ou canta melhor.

Isso tudo acontece por um tempo determinado, com a assistência de uma equipe de produção treinada e um roteiro relativamente flexível. Um apresentador periodicamente interage com os participantes e um sistema de eliminação "elimina" gradativamente os concorrentes do programa até a escolha do vencedor, que, geralmente, recebe o prêmio em dinheiro.

Todo esse período de convivência e concorrência é transmitido por câmeras ao público que acompanha pela televisão aberta, por assinatura e pela internet. O que acontece com os participantes pode ser visto por *smartphones* e *tablets* — os espectadores envolvem-se com os participantes e suas histórias e acabam por torcer para um ou outro. A participação desses espectadores vai além da audiência, pois eles podem votar, pelo *site* do programa ou telefone, naqueles participantes que aprecia ou votar pela saída daqueles de quem não gosta. A intimidade do convívio dos participantes é exposta ao público que assiste, assim como os namoros, as brigas e as fofocas que se desencadeiam.

Esses programas, hoje produzidos em diversos países, satisfazem a curiosidade do público *voyeur* da intimidade alheia, o que em geral aplaca a necessidade de sentirem-se parte das produções televisivas e o gosto por ver, nos meios de comunicação, pessoas comuns com as quais se identificam. As emissoras ganham com as assinaturas para acesso irrestrito ao conteúdo do programa e com a publicidade para esse nicho de consumidores (predominantemente jovem), o que cria um excelente espaço de divulgação de produtos.

Os *reality shows* constituem um retrato da sociedade contemporânea, mediada por meios de comunicação analógicos e digitais, em que máquinas espiam nossos passos, oferecem produtos sem que percebamos e derrubam as fronteiras entre o público e o privado. Uma sociedade de concorrência e consumo, cujos critérios de vitória são pouco claros, em que a popularidade torna-se o grande capital social das pessoas, nos quais as relações são mais ditadas pelas oportunidades do que pelos laços de sangue, amizade, afeição ou associação. Uma sociedade em que prazer e trabalho, ócio e desperdício, ficção e realidade confundem-se e nos confundem.

VEJO/TOONPOOL

Os *reality shows* são criticados por artistas, produtores e jornalistas que veem no programa a exploração de emoções pouco edificantes das plateias: curiosidade e voyeurismo, como é chamado o desejo de assistir à intimidade alheia. Por isso, nessa charge, os telespectadores são representados como carneirinhos que passivamente observam a tela da televisão. O pastor do rebanho, de costas para o vídeo, lê um livro e sorri – hoje há maneiras mais fáceis de dominar seus carneiros.

A Sociologia, no século XIX, tinha que explicar as contradições de uma sociedade que, na época, era entendida como uma nação ou território com fronteiras delimitadas, gerida por um Estado, que respondia por um vasto grupo de cidadãos e instituições. Hoje, ela enfrenta o desafio de explicar a emergência dessa nova *sociedade*, mais diversa e heterogênea, menos constante e institucional, que parece só ser apreendida pelas câmeras e programas de televisão. Uma *sociedade líquida*, como a qualifica o sociólogo polonês Zygmunt Bauman, ou *sociedade do espetáculo*, como denominou o filósofo francês Guy Debord (1931-1994).

Este capítulo será dedicado aos estudos das teorias que buscam entender a sociedade contemporânea e midiática. Muitas das ideias que aqui exporemos tratarão de uma área específica das Ciências Sociais: as Ciências Sociais Aplicadas ou Ciências da Comunicação.

Comunicação e vida social

Na Sociologia clássica, foram escassas as contribuições para o estudo da linguagem e dos veículos de comunicação. Embora analisassem as formas de representação da vida social, os primeiros cientistas sociais não conviveram com o amplo desenvolvimento dos meios de comunicação que veio a ocorrer no século seguinte. No século XX, a comunicação de **massa** apresentou crescente importância, despertando o interesse dos cientistas sociais, que passaram a avaliar sua influência nas relações sociais.

Os primeiros estudos procuravam entender as relações entre linguagens e sociedade. Basil Bernstein (1924-2000), por exemplo, admitia que os papéis sociais somente poderiam ser entendidos pela forma como manifestavam-se na linguagem. Desempenhar um papel social é ser capaz de expressar-se de determinada maneira, dentro de um contexto. Os códigos linguísticos, segundo o autor, não estão divorciados dos demais condicionantes da vida social. Assim, o sistema linguístico é consequência das relações sociais ou, de forma mais ampla, atributo da estrutura social.

Termos e conceitos

Massa: termo utilizado pelos cientistas sociais, a partir do século XIX, para designar a população que aumentava nas cidades, anônima e diversificada quanto à origem social e étnica, gênero, idade, crença religiosa e ideologia, para quem se produzia a comunicação e a indústria cultural como o cinema, a televisão e o rádio. Em sua origem, tem um sentido pejorativo, que designava uma população indisciplinada e de pouca cultura e educação, mas a designação continua a ser utilizada, agora, para referir-se a uma coletividade urbana.

Talcott Parsons (1902-1979) procurou desenvolver uma teoria geral da ação social, ao conceber a sociedade como um todo organizado de forma sistêmica, por meio de inter-relações recíprocas entre os atores, estabelecidas pela cultura. Essa constelação de inter-relações, que constitui o sistema social, é expressa sob a forma de expectativas orientadoras da ação individual. A capacidade que demonstramos em responder de modo adequado às situações é parte do êxito que obtemos na vida social. O conhecimento da língua, dos signos e dos códigos de comunicação é essencial para o bom desempenho dos sujeitos nas suas interações.

> "A comunicação através de um sistema comum de símbolos é o pré-requisito desta reciprocidade ou complementaridade de expectativas."
>
> PARSONS, Talcott; SHILS, Edward. A interação social. In: COHN, Gabriel. *Comunicação e indústria cultural*. São Paulo: Companhia Editora Nacional, 1977. p. 125.

Nos termos da troca comunicativa, os envolvidos na interação recebem denominação própria: **emissor** ou **comunicador** é aquele que envia uma mensagem, e o **receptor** é aquele a quem se dirige a mensagem. Numa interação comunicativa, duas pessoas são, ao mesmo tempo, receptores e emissores, na medida em que respondem uma à outra. Quando o receptor responde ao emissor, dizemos que houve resposta ou *feedback*.

Relações pessoais e mediatizadas

Compreender a comunicação entre duas pessoas, ou entre agentes de uma relação primária, isto é, de pessoas que convivem, têm parentesco, amizade ou são membros de uma mesma instituição, que se conhecem pessoalmente e mantêm uma comunicação intermitente, é relativamente simples. Quando adentramos o campo das relações secundárias — entre pessoas que, mesmo que se conheçam pessoalmente, não mantêm relações de proximidade, não compartilham ideias, não participam do mesmo grupo —, compreender a troca de mensagens começa a ficar mais difícil.

Mas a questão que realmente intrigou os sociólogos, à medida que se desenvolveram as comunicações, foi pensar nas relações terciárias, isto é, aquelas que mantemos com pessoas que não conhecemos pessoalmente, com as quais não interagimos, mas que participam de nossa vida por meio dos hábitos de consumo midiático. São atores e atrizes do cinema e da televisão, apresentadores, repórteres, colunistas de jornais e revistas que temos a impressão de conhecer, de conviver, mas que, no entanto, são relações mediadas (ou terciárias). Compreender essas relações é difícil porque elas não ocorrem em um tempo e espaço determinados, não são recíprocas, mas têm cada vez mais influência na vida das pessoas.

A relação que mantemos com os vizinhos no elevador, quase sempre protocolares, podem até ser consideradas relações secundárias. Podemos ter contatos constantes, saber quem são, onde moram, mas não estabelecemos relações de afeto e pertencimento.

NANI

A capacidade que o ser humano tem de estabelecer essas relações e de criar laços, com diferentes níveis de aprofundamento, é denominada por cientistas sociais **vinculação** — competência para estabelecer e manter vínculos. O que mantém os vínculos são as necessidades que vão do afeto à alimentação, da sobrevivência ao apoio; assim como a cultura e a vida cotidiana que nos coloca em relações constantes com determinados grupos e pessoas. Claro que essas relações nem sempre são prazerosas e benéficas — elas também implicam conflitos, concorrências e inimizades.

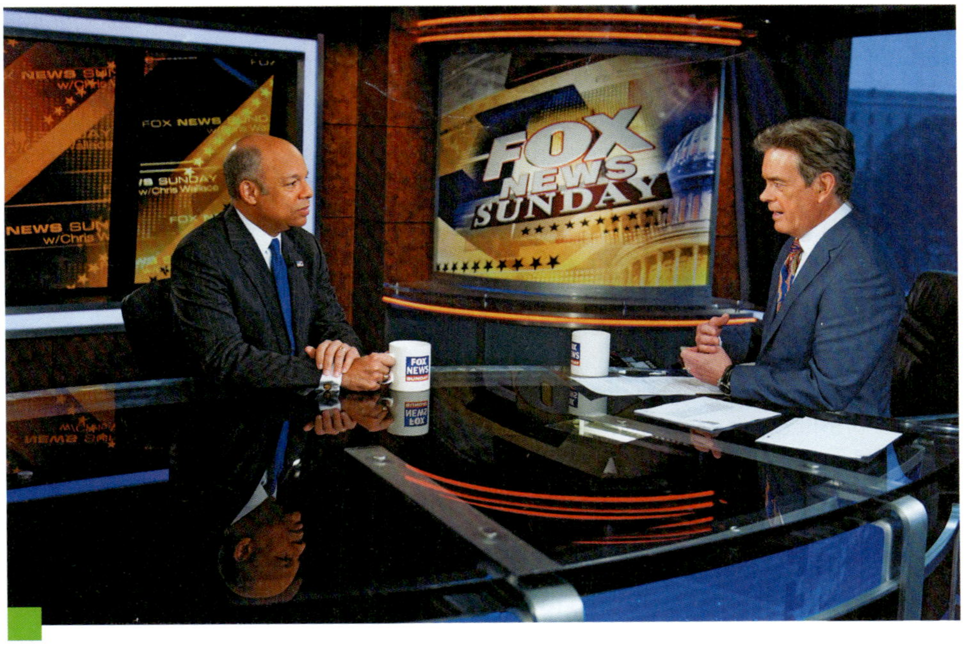

BARRY BAHLER/PLANET PIX/ZUMA WIRE/GLOW IMAGES

Apresentadores de rádio e televisão com os quais nos relacionamos diariamente são nossas relações terciárias ou midiáticas. Sabemos quem são, parecem falar conosco, diariamente, mas, na maioria das vezes, não os conhecemos pessoalmente, apenas por meio das mídias.

Para essas relações, não utilizamos apenas a fala, mas também o corpo, a pele e diferentes modos de expressão, como o rubor ou a palidez. Essas linguagens, por sua vez, são moldadas pela cultura — nossos gestos expressam formas próprias de cumprimento ou respeito, assim como agressão e afeto. Máscaras e pinturas corporais podem ajudar a dar mais vivacidade às expressões.

Além delas, utilizamos em nossas relações os veículos de comunicação, desde os já antigos, como o telégrafo e o microfone, até os atuais telefones celulares e o computador. Aprendemos também a interagir com máquinas como as secretárias eletrônicas, os orientadores de trajetos (GPS: Sistema de Posicionamento Global) e os *games*. Alguns autores, como Harry Pross (1923-2010), também dividem as mídias ou os veículos de comunicação em primários, como nosso próprio corpo; secundários, ferramentas acopladas ao corpo, como as máquinas fotográficas; e terciários, quando são mais abrangentes e envolvem diferentes corpos e mídias.

Opinião pública na Modernidade

Outro fenômeno que tem sido objeto de pesquisa entre os sociólogos à medida que se desenvolveram os meios de comunicação é o comportamento das audiências diante dessa sociedade mediatizada. O conceito de **opinião pública** tem proporcionado importante debate acerca do poder, da autoridade e do direito de fala.

Desde a Antiguidade, sobretudo entre os gregos, tornou-se importante a ideia de que os cidadãos (título exclusivo de homens livres não estrangeiros) deveriam ter direito a expressar suas opiniões a respeito dos destinos de sua cidade. Essa possibilidade era o cimento da democracia daquela época, forma de governo que pressupunha a participação de todos os cidadãos. No império romano, que congregava diversas regiões e culturas díspares, a república adotou um sistema de representação. As centúrias tinham seus representantes nas assembleias e estes discutiam a respeito dos rumos do império.

Essa herança democrática foi recuperada na Modernidade, mas a sociedade que a fez renascer era dividida em nações, diferentes governos e com cidades cada vez maiores, que atraíam um número enorme de imigrantes, todos em luta pela participação política e por fazer valer suas opiniões. Nos séculos XIX e XX, vimos formar-se efetivamente o que chamamos de **sociedade de massas**, ou seja, uma sociedade com grandes contingentes populacionais que buscam integração e legitimidade.

Por outro lado, a indústria, em pleno desenvolvimento, necessitava dessa integração para que essa população se efetivasse como produtora e consumidora. Chegamos, assim, a uma sociedade essencialmente urbana, muito diferenciada quanto à origem étnica e social, quanto à formação profissional e crença religiosa e em relação ao gênero e à idade, que participa, de diferentes formas, do espaço público. Já não é mais possível, como na Antiguidade, diferenciar um seleto grupo de cidadãos do estrangeiro, do artesão ou, até mesmo, de mulheres, pois todos adquirem consciência de sua importância para a criação de riqueza, conhecimento e bem-estar social e, em nome deles, reivindicam seus direitos civis. Forma-se, então, o público heterogêneo e plural da Modernidade.

Mas, à medida que a sociedade cresce e industrializa-se, torna-se mais impessoal e anônima. Assim, esse público heterogêneo e plural vai encontrar nos meios de comunicação novas relações e novos vínculos, com os quais complementa as relações pessoais que se tornam mais frágeis e temporárias. Dessa forma, o **público** tende a ser visto também como **audiência**, os receptores de um mesmo veículo de comunicação ou de um mesmo produto midiático — leitores de um mesmo jornal, ouvintes de uma mesma rádio, telespectadores de uma mesma telenovela e assim por diante.

Compreender a influência das mensagens midiáticas no comportamento desse público é muito importante e tem sido bastante estudada nas Ciências Sociais, quer pelas empresas e governos, como emissores interessados em avaliar o peso de suas ações publicitárias, quer pelos pesquisadores e intelectuais preocupados com a manipulação da população pelas mídias. Com base nessas preocupações, foram desenvolvidos os estudos da **opinião pública**.

Público, eleitor e massa

Foi com a república moderna, criada pela Revolução Francesa e pela independência dos Estados Unidos, que se imaginou, pela primeira vez, que a população em geral teria um pensamento discordante da ideologia dominante, fosse a ideologia da Igreja Católica, fosse a da Monarquia. Assim, a república nasceu baseada na ideia de que esse público deveria ser ouvido, fosse de forma representativa, nos partidos participantes do Congresso, fosse a partir dos meios de comunicação. Por outro lado, na medida em que a república estabelece o mercado de votos, ou seja, a ocupação de cargos no governo por meio de eleições, os políticos, como os anunciantes, começaram a ter interesse em fazer-se ouvir pela população eleitora.

Nesse debate, sedimenta-se a ideia de que a sociedade deveria ter e favorecer o espaço público, ou seja, esse espaço de manifestação e participação da sociedade como um todo, onde aquilo que é comum, ou da população, distingue-se do que é particular e privado. A independência do que é público (espaço, opinião, participação política) torna-se cada vez mais evidente no pensamento dos filósofos e dos cientistas sociais. A ideia que se consagra é de que o que é público é autônomo, quer em relação ao privado, quer em relação ao Estado. Diferencia-se também da ideia de maioria, ou seja, de uma população quantitativamente superior à média que se manifestaria por semelhança.

LUCAS JACKSON/REUTERS/LATINSTOCK

Quando se formou e se reconheceu o espaço público como o espaço que é de todos, da sociedade, embora ele corresponda a diversos ambientes e a um espaço abstrato, foi com a praça pública das cidades que a população mais se identificou. Na imagem vemos pessoas praticando ioga, no dia 13 de junho de 2013, solstício de verão no Hemisfério Norte, na Times Square, em Nova York (Estados Unidos).

A opinião pública envolve dissidência, crítica e conflito. O desenvolvimento dos meios de comunicação também foi incorporado à ideia de um espaço público para a manifestação de opiniões — surgiram pasquins, jornais artesanais e folhetos que procuravam dar espaço à articulação dessas formas novas e coletivas de interpretação da realidade. Para rebater as críticas e as propostas que essas iniciativas populares tinham, assim como seu sentido de oposição, os governos optaram por investir em veículos de maior circulação, a chamada grande imprensa. Desde então as relações do Estado com essa grande imprensa são próximas e, muitas vezes, comprometedoras, o que deixa claro a intenção de dar vazão a um pensamento hegemônico e homogêneo e que dá sustentabilidade ao poder instituído.

Foi o aparecimento da grande imprensa e dos mecanismos simbólicos, políticos e tecnológicos de que fez uso — redes nacionais de transmissão de dados e informações, apoio governamental para manutenção da publicação, contratação de jornalistas de forte aceitação pelos leitores — que deu origem a um novo conceito de público.

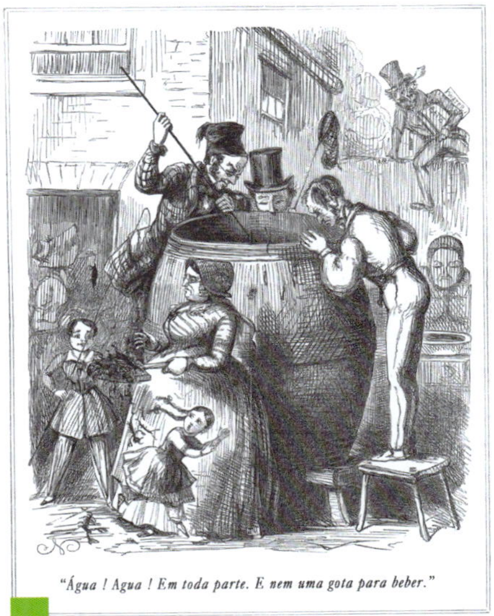

BRIDGEMAN IMAGES/KEYSTONE BRASIL

Os meios de comunicação rapidamente tornaram-se um meio para a população se manifestar, independentemente do setor privado e do Estado. Este cartum, publicado no jornal satírico inglês *Punch* em 1849, é uma crítica à falta de água durante o reaparecimento do cólera entre 1848 e 1849.

Esse novo sentido da palavra remetia a uma população numericamente ampla, consumidora de produtos simbólicos, facilmente manipulável, por meio de textos contundentes e ideologicamente orientados, mesclados com as atividades de lazer e entretenimento. Transformava-se o público em sinônimo de **massa**, uma população ampla e indiferenciada, moldada pelos meios de comunicação. Da mesma forma, *opinião pública* passou a ser sinônimo de consenso e das ideias gerais que circulam na grande imprensa, assim como de ausência de criticidade e de capacidade de reação diante do bombardeio de ideias, valores e produtos que eram oferecidos à população.

Termos e conceitos

Teoria crítica: nome dado às teorias desenvolvidas pelos pesquisadores da Escola de Frankfurt e que denunciavam os meios de comunicação em seu papel homogeneizador da cultura e manipulador das consciências do público. O termo surgiu com Max Horkheimer (1895-1973), em sua obra *Teoria tradicional e teoria crítica* (1937), na qual discute os princípios do livro *Discurso do método*, de René Descartes (1596-1650), considerados tradicionais.

***Mass media*:** designa os meios de comunicação de massa que se organizam para a produção, difusão e recepção de informações. Representam sistemas empresariais públicos ou privados.

Indústria cultural e a Escola de Frankfurt

Um dos primeiros núcleos de pesquisa sociológica a avaliar a importância dos meios de comunicação em sua influência sobre o comportamento coletivo foi a Escola de Frankfurt, que, com a **teoria crítica**, denunciava o caráter ideológico das mensagens que transitam pelos meios de comunicação.

Com base nos conceitos de alienação e ideologia, elaborados por Karl Marx, a Escola de Frankfurt desenvolveu a teoria crítica, que denunciava a hegemonia crescente da circulação de mercadorias e a impossibilidade de o homem se reconhecer num mundo de produção e consumo.

Como consequência das análises desenvolvidas para mostrar como os meios de comunicação de massa participavam do processo de alienação humana, os frankfurtianos criaram o conceito de **indústria cultural**, que veio a substituir o de cultura de massa, ou seja, cultura criada em moldes industriais para um amplo e indiferenciado público de consumidores.

Para os filósofos e cientistas sociais que se reuniam na Universidade Frankfurt na primeira metade do século XX — **Max Horkheimer**, **Theodor Adorno**, **Walter Benjamin** e **Herbert Marcuse**, entre outros —, era evidente a existência de uma produção simbólica programada para manter a passividade do público submetido aos ***mass media*** em relação aos interesses do Estado e do capital. Esses interesses consubstanciavam-se no caráter comercial e mercantil dos meios de comunicação contaminados, desde sua origem, pelo princípio do lucro.

Max Horkheimer (1895-1973)

Filósofo alemão, pertencente à Escola de Frankfurt, foi um dos criadores da teoria crítica. Teve destaque na década de 1930 e, em 1960, participou ativamente do movimento estudantil que teve início na França e espalhou-se por outros países. Durante o nazismo, refugiou-se nos Estados Unidos e retornou à Alemanha, em 1950, para lecionar Filosofia em Frankfurt.

FONDATION HORST TAPPE/ULLSTEIN BILD/ GETTY IMAGES

Theodor Adorno (1903-1969)

Sociólogo, filósofo, escritor e compositor alemão, pertencente à Escola de Frankfurt, filho de um empresário de vinhos de origem judaica e de uma cantora lírica. Depois da Segunda Guerra Mundial, lutou pelo reerguimento da Escola de Frankfurt, tendo se tornado seu diretor. Uma de suas obras mais importantes foi *A dialética do esclarecimento*, escrita em parceria com Max Horkheimer.

RÖHNERT/ULLSTEIN BILD/GETTY IMAGES

Walter Benjamin (1892-1940)

Sociólogo, filósofo, crítico literário e ensaísta alemão, de origem judaica, de orientação marxista, dedicou-se ao estudo da cultura e da arte. Fez parte da Escola de Frankfurt. Suicidou-se em plena Segunda Guerra Mundial, durante sua fuga dos nazistas nos Pirineus. Criticou abertamente a razão iluminista baseada no desenvolvimento instrumental da tecnologia.

ULLSTEIN BILD/GETTY IMAGES

Herbert Marcuse (1898-1979)

Nascido em uma família de judeus alemães, foi membro do Partido Socialdemocrata Alemão. Estudou filosofia, literatura e política. Foi um dos importantes membros da Escola de Frankfurt. Exilado, refugiou-se nos Estados Unidos e naturalizou-se estadunidense. Sua obra foi bem-sucedida na década de 1970, com o movimento de contracultura desse país.

BETTMANN/GETTY IMAGES

Os frankfurtianos denunciaram a lógica racional existente na base da produção simbólica da modernidade e o objetivo explícito de levar as audiências ao conformismo. A indústria cultural, segundo esses autores, é responsável pela passividade do público, pelo seu conservadorismo, pela regressão na qualidade da informação e da produção artística. Assim explica Theodor Adorno:

"As ideias de ordem que ela [indústria cultural] inculca são sempre as do *status quo*. Elas são aceitas sem objeção, sem análise, renunciando à dialética, mesmo quando não pertencem substancialmente a nenhum daqueles que estão sob sua influência. O imperativo categórico da indústria cultural, diversamente do de Kant, nada tem em comum com a liberdade.

[...] na América podemos ouvir da boca dos produtores cínicos que seus filmes devem dar conta do nível intelectual de uma criança de onze anos. Fazendo isso, eles se sentem sempre mais incitados a fazer de um adulto uma criança de onze anos."

ADORNO, Theodor W. A indústria cultural. In: COHN, Gabriel. *Comunicação e indústria cultural*. São Paulo: Companhia Editora Nacional, 1977. p. 293-294.

Os autores da Escola de Frankfurt, em sua maioria de origem judaica, foram perseguidos pelo nazismo e muitos deles imigraram para outros países, onde procuraram continuar as pesquisas sobre comunicação. Depois da guerra, o Instituto de Pesquisa Social foi retomado e um dos pesquisadores que mais têm se distinguido no estudo da sociedade da comunicação é Jürgen Habermas. Este, em sintonia com a teoria crítica, preocupa-se com a defesa da democracia numa época de capitalismo avançado. Para isso, desenvolveu o conceito de **ação comunicativa**, uma forma de entendimento entre opiniões díspares, muito diferentes do consenso massivo promovido pelos meios de comunicação.

Numa direção diferente da desenvolvida pela Escola de Frankfurt, há o conceito defendido pelo sociólogo Norbert Elias sobre opinião pública. Para o autor, ela é formada pelas tendências interpretativas da sociedade a respeito da realidade, que ele chama de **visão de mundo**. A partir dela, a sociedade acompanha os acontecimentos que se desenrolam à sua volta e manifestam suas posições e buscam interferir em seus resultados e consequências. Segundo o autor, trata-se de um processo complexo em que as opiniões atuam como um grupo de pressão não organizado. Diz Elias:

"[...] a opinião pública não é apenas uma sintonia de opiniões de muitos seres humanos sobre uma questão do dia, particular e determinada, mas algo compreendido em contínua formação, um processo vivo que oscila em movimentos pendulares e que, no decorrer desse balanço, influencia as decisões que são tomadas em nome da nação."

ELIAS, Norbert. *Escritos e ensaios*: estado, processo e opinião pública. Rio de Janeiro: Zahar, 2006. p. 119.

Raymond Williams (1921-1988)

Galês e filho de um trabalhador ferroviário, frequentou o *Trinity College*, de Cambridge, mas teve seus estudos interrompidos pela Segunda Guerra Mundial, da qual participou. Pertencente ao Partido Comunista britânico, Williams dedicou-se ao estudo da cultura e ficou famoso pelo livro *Cultura e sociedade*. Foi convidado a lecionar em Cambridge e foi professor visitante na Universidade Stanford.

MARK GERSON/BRIDGEMAN IMAGES/KEYSTONE BRASIL

Estudos culturais

Outras abordagens teóricas das ciências da comunicação relativizaram as críticas contundentes dos frankfurtianos à indústria cultural. Os **estudos culturais** desenvolveram-se nos anos 1960, três décadas depois da Escola de Frankfurt, no Centro de Estudos Culturais Contemporâneos de Birmingham, na Inglaterra. Entre seus principais autores estão **Raymond Williams**, **Richard Hoggart** e Edward P. Thompson (1924-1993). Para eles, a cultura é um espaço de contraposição, luta e tensão, e não de pura dominação.

Os pesquisadores dessa linha valorizaram o papel da cultura na recepção de mensagens e mostram que não existe uma recepção massiva homogênea e que cada mensagem passa pela apreciação da cultura da audiência, entendida como portadora da estrutura básica de valores de um grupo (memória, mentalidade e identidade). Assim, um mesmo produto simbólico, seja uma notícia, um filme ou um programa de televisão, é recebido por determinado grupo de acordo com os padrões interpretativos de sua cultura. Da mesma forma, as **teorias das mediações** mostram que diversos elementos intervêm na percepção e na interpretação de um produto simbólico, desde processos tecnológicos até particularidades relativas a geração, referências, formação e crenças dos componentes de dada audiência.

Esses pesquisadores procuraram valorizar a cultura popular, ao considerá-la não uma produção de menor qualidade em relação à cultura erudita, mas uma produção que se opõe às manifestações da chamada alta cultura. Nesse sentido, o popular, além de fundamentalmente diferente da cultura de elite, seria emancipatório. Os meios de comunicação de massa teriam papel importante na divulgação da cultura de origem popular.

Nesse sentido, o caráter popular dos meios de comunicação teria um sentido de resistência e contestação não compreendido pelos estudiosos de Frankfurt. Os pesquisadores alinhados com os estudos culturais preocupam-se com a ação política dos diferentes grupos sociais e o papel que nela desempenham, com a cultura e a produção simbólica.

Pelas razões expostas, os estudos culturais tiveram grande repercussão nos Estados Unidos e na América Latina, em que se destacaram nomes como Jesús Martín-Barbero e Néstor García Canclini, pesquisadores defensores da cultura popular e das suas relações com a cultura de massa.

Richard Hoggart (1918-2014)

Sociólogo britânico, dedicou-se ao estudo da cultura popular. Formou-se na Universidade Leeds. Quando professor da Universidade Birmingham, entre 1962 e 1973, fundou o Centro de Estudos Culturais Contemporâneos, em 1964, e foi seu diretor até 1969.

PHOTOSHOT/GETTY IMAGES

A aldeia global

Outro autor a se preocupar com as relações que se estabeleciam na sociedade com o desenvolvimento dos meios de comunicação foi Marshall McLuhan (1911-1980). Sem buscar criticar ou denunciar o caráter comercial das mídias, ele se esforçou em analisar as dimensões de um mundo com pessoas conectadas pelas mídias, com países e continentes interligados pelos mesmos fatos e emoções. Segundo seus estudos, esse mundo seria consideravelmente mais próximo, conhecido e cotidiano, como uma aldeia, ou melhor, uma **aldeia global**.

Não se trata apenas de identificar diferentes formas de interação ou contato, mas de reconhecer que tanto nos contatos primários como nos secundários (face a face ou mediados pela tecnologia) o homem age de acordo com expectativas, hábitos e experiências provenientes de uma sociedade mediatizada, cuja cultura é forjada por um imaginário produzido por meios técnicos e por uma lógica industrial. As relações sociais, os papéis desempenhados pelo ser humano na sociedade, o jargão com o qual se expressa, os mitos com os quais se identifica e os desejos que o mobilizam, tudo isso tem relação direta com a cultura midiática que o cerca.

FOTOSEARCH/AGB PHOTO LIBRARY/KEYSTONE BRASIL

Como em um jogo de espelhos, as telas do cinema e da televisão duplicam o mundo e criam uma nova sensibilidade forjada pelas pessoas que ouvem as mesmas notícias, emocionam-se com as mesmas histórias ou torcem pelo mesmo time, como numa aldeia global.

"Aldeia global" foi a maneira como o autor McLuhan chamou esse novo mundo que se torna pequeno em razão das relações mediatizadas pelos veículos de comunicação, em especial a televisão, que faz que o público, mesmo isolado em suas casas, tenha experiências comuns — as mesmas informações, os sentimentos parecidos, as emoções similares. Esse mundo integrado por mídias que repetem ao infinito essas imagens similares é um jogo de espelhos e reflexos que reproduz a realidade e com ela confunde-se e nos confunde.

Ao referir-se principalmente às mídias analógicas, ele assegura que a fotografia, o cinema e a televisão nos fornecem imagens que encantam, tal como as cópias quase perfeitas de um mesmo original. Simulam uma realidade na qual submergimos e emergimos constantemente, sem termos plena consciência da diferença entre estar dentro ou estar fora dele. Entre essas imagens, em tudo semelhante ao mundo real de que são reproduções, experimentamos sentimentos os mais diversos: próximos, pessoais, subjetivos e humanizados.

Octávio Ianni e o príncipe eletrônico

Octávio Ianni, um dos principais sociólogos brasileiros, foi sensível às transformações da vida social no mundo globalizado, especialmente no que diz respeito ao exercício do poder. Para ele, o capitalismo transformou-se em processo civilizatório e de produção mundial com relações e estruturas peculiares que dizem respeito à história contemporânea. São grupos e classes emergentes e novas estruturas de poder que se opõem em escala mundial, com novos jogos de força e diferentes formas de sociabilidade. Entre essas novas forças estão, por exemplo, as tecnologias eletrônicas pelas quais fluem as relações globalizadas e que obedecem a novas hierarquias e exercícios de poder.

"Esse é o novo e imenso palco da história, no qual se alteram mais ou menos radicalmente os quadros sociais e mentais de referência de uns e outros, em todo mundo. [...]. Esse é o novo, imenso, complexo e difícil palco da política como teoria e prática."

IANNI, Octávio. *Enigmas da modernidade-mundo*. Rio de Janeiro: Civilização Brasileira, 2000. p. 144.

Para estudar essas diferenças e explicá-las, Ianni lança mão de uma figura secular no campo da ciência política — o príncipe, a primeira personificação do poder político moderno, aquele em quem uma população reconhece o chefe, que atua de maneira racional e planejada, e não inspirado nas tradições. Maquiavel, quando concebe o "príncipe", primeiro modelo da política moderna, apresenta-o como pessoa e líder, capaz de articular a inteligência com as condições históricas.

Ianni se propõe, então, a redefinir o príncipe como líder coletivo capaz de agir de forma inteligente, planejada e de acordo com a complexidade do momento histórico que se apresenta. Ele introduz o **príncipe eletrônico**, que não é uma pessoa nem um partido político, mas uma entidade nebulosa e ativa, presente e invisível que atua por meio das estruturas de poder existentes em âmbito mundial, entre as quais as diversas mídias que ele chama de indústria da manipulação.

> "A indústria da manipulação das consciências é uma criação dos últimos cem anos. Seu desenvolvimento tem sido tão rápido e tão diversificado que sua existência permanece ainda hoje incompreendida e quase incompreensível. [...]"
>
> IANNI, Octávio. *Enigmas da modernidade-mundo*. Rio de Janeiro: Civilização Brasileira, 2000. p. 149.

Para Ianni, o mundo da política está sendo invadido por novas relações e interesses — transforma-se, então, em um local público eletrônico, constituído por telefone, telégrafo, rádio, cinema, televisão, computador, fax, correio eletrônico, internet, ciberespaço e outras combinações. É nesse universo que o príncipe eletrônico reina soberano.

Pierre Bourdieu e o conceito de capital simbólico

O sociólogo Pierre Bourdieu concebeu a sociedade de forma pluridimensional, e essa é sua principal contribuição à Sociologia. Segundo sua teoria de influência marxista, as classes sociais se opõem. Por esse motivo, as relações sociais entre as classes são marcadas pelo conflito e pela oposição que, contudo, não se manifestam apenas no plano econômico e político. A violência e o domínio presentes nas relações entre as classes sociais também são reproduzidos nas trocas simbólicas e apresentam o vínculo existente entre o poder simbólico e os poderes políticos e econômicos.

Desse modo, Bourdieu propôs uma análise da vida social de um ponto de vista exterior aos agentes — as estruturas — e de um ponto de vista interno e subjetivo — os *habitus*, que significam a maneira como, por meio de diversas instituições sociais, como família e escola, a estrutura é internalizada e expressa em ideias, valores e comportamentos. Portanto, Bourdieu não isolou as relações de produção material das relações e instituições de produção simbólica e, assim, percebeu as correspondências entre umas e outras, ambas com a finalidade básica de reprodução da vida social e de suas estruturas.

CALVIN & HOBBES, BILL WATTERSON © 1992 WATTERSON/DIST. BY UNIVERSAL UCLICK

Pierre Bourdieu estudou os meios de comunicação de um ponto de vista estrutural — como alicerçam e conservam simbolicamente o poder estabelecido — e de um ponto de vista subjetivo e individual — como interferem na sensibilidade de cada um de nós.

Nessa mesma linha, Bourdieu mencionou o **capital simbólico** formado pelo conjunto de conhecimentos, desenvolvimento intelectual e bens culturais a que um sujeito tem acesso de acordo com a posição que ocupa na sociedade. Esse capital define também as classes sociais como dominantes ou dominadas.

Em seus últimos trabalhos, Bourdieu dedicou-se ao estudo dos meios de comunicação de massa que, segundo ele, estão comprometidos com a classe dominante e têm por função a reprodução da estrutura desigual de classes. Numa sociedade mediatizada, a posse e o acesso aos meios de comunicação reforçam o poder do emissor e multiplicam seu capital simbólico.

A ideia de que a linguagem, a comunicação e as artes não são meras formas de representação da realidade, mas são também a prática ou o exercício do poder foi especialmente importante para o estudo da comunicação.

Guy Debord e a sociedade do espetáculo

Afinado com a teoria crítica elaborada pela Escola de Frankfurt, Guy Debord produziu uma das mais contundentes críticas à sociedade mediatizada em seu livro *A sociedade do espetáculo*. Da mesma forma como Bourdieu, o autor tratou o mundo simbólico como uma instância na qual se manifestam diferenças e desigualdades sociais e oposições próprias das relações de produção.

A **sociedade do espetáculo**, como chamou a sociedade contemporânea cujas relações são mediatizadas pelos veículos de comunicação, resulta da multiplicação das imagens que passaram a intermediar as relações entre pessoas e destas com a realidade:

> "O espetáculo é o reflexo fiel da produção das coisas, e a objetivação infiel dos produtores, resultado da transformação do ser em ter."
>
> DEBORD, Guy. *A sociedade do espetáculo*. Lisboa: Afrodite, 1972. p. 17.

O espetáculo das imagens impede que o espectador tenha consciência do que elas mostram, assim como a tecnologia e a divisão do trabalho impossibilitam que os produtores tenham ciência daquilo que produzem e de como produzem. Dessa forma, nas sociedades moderna o espetáculo aliena como antes fazia a religião. Assim, nas sociedades modernas ele se transforma em novo ritual religioso que se situa no tempo livre do homem, tempo esse que não liberta, mas escraviza.

Debord afirma:

> "O espetáculo é o capital a um tal grau de acumulação que se torna imagem. [...]
>
> É o princípio do **fetichismo da mercadoria**, a dominação da sociedade por coisas 'suprassensíveis embora sensíveis', que se realiza absolutamente no espetáculo, onde o mundo sensível se encontra substituído por uma seleção de imagens que existem acima dele e que ao mesmo tempo se faz reconhecer como o sensível por excelência."
>
> DEBORD, Guy. Obra citada. p. 28; 31.

Termos e conceitos

Fetichismo da mercadoria: conceito formulado por Karl Marx, que significa: valor abstrato e simbólico de um produto que é agregado ideologicamente a ele, tornando obscuro o fato de que seu verdadeiro valor está no trabalho humano transformador.

JUNIÃO

A sociedade do espetáculo manipula, pelos meios de comunicação, a visão que temos da realidade. Essa é a ideia defendida por Guy Debord. A globalização dos meios de comunicação nos traz uma realidade que pode ser considerada superespetáculo.

Roger Silverstone: estudar a mídia

O advento e a afirmação da sociedade mediatizada com a produção crescente de mensagens, com a substituição do texto escrito pelas imagens como fonte de informação, com o enriquecimento e crescente poder dos maiores conglomerados jornalísticos, levaram os sociólogos ao estudo das novas relações sociais que se produziam no mundo.

Muitos desses autores desenvolveram estudos críticos e alertaram para a emergência de novas formas de poder e enriquecimento, especialmente os autores marxistas, que se basearam no estudo da alienação, do fetiche da mercadoria e da acumulação de capital simbólico. Essas teorias, que se desenvolveram principalmente na segunda metade do século XX, apontavam transformações radicais na percepção e no conhecimento humanos com o pleno uso dos meios de comunicação.

Mas outras gerações de sociólogos e filósofos procuraram entender que um novo mundo constituía-se na passagem para o século XXI e que dele faziam parte tecnologias, mídias e imagens. Não é possível entender a vida humana sem compreender como ela integra um universo simbólico expandido. Especialmente autores que analisam o que chamam de uma sociedade pós-moderna tiveram que se dedicar ao estudo dos múltiplos espelhos sobre os quais se debruçam os narcisos da atualidade. Um deles foi o professor britânico Roger Silverstone (1945-2006), que assim justificou seu interesse pelo estudo dos meios de comunicação de massa:

> "Quero mostrar que é por ser tão fundamental para nossa vida cotidiana que devemos estudar a mídia. Estudá-la como dimensão social e cultural, mas também política e econômica, do mundo moderno. Estudar sua onipresença e complexidade. Estudá-la como algo que contribui para nossa variável capacidade de compreender o mundo, de produzir e partilhar seus significados."
>
> SILVERSTONE, Roger. *Por que estudar a mídia?* São Paulo: Loyola, 2002. p. 13.

PINGOS NOS "IS"

O superespetáculo

As teorias que expusemos no presente capítulo dizem respeito principalmente à sociedade que se institui e se consagra no século XX, com o desenvolvimento das grandes empresas de informação e dos meios de comunicação. Entretanto, ao adentrarmos o século XXI, com a revolução da informática, essas teorias ganham importância e complexidade. A aldeia global, desenvolvida por McLuhan, parece premonitória da globalização proporcionada pelos meios de comunicação digitais. E a sociedade do espetáculo, denunciada por Guy Debord, parece concretizar-se numa sociedade em que cada vez mais se mesclam lazer e conhecimento, consumo e produção.

Numa sociedade em que valores consagrados como a nação e o trabalho parecem desmoronar, comportamentos, mentalidades, objetivos parecem cada vez mais fragmentários, temporários e sem substância. Nos meios de comunicação de massa, cada vez mais convergentes, tecnológica e ideologicamente, drama e humor mesclam-se, conhecimento e senso comum misturam-se, heróis nacionais e celebridades dividem a preferência do espectador. Toda essa realidade envolvida por uma rede mundial de comunicação, convivência, informação e consumo.

Assim, os conceitos aqui abordados e referenciados necessitam ser analisados em vista dos novos aparatos de comunicação, da interatividade e da globalização, da virtualidade e de uma dimensão planetária que a nossa sociedade insiste em apresentar. Para falar desses desafios, teremos o próximo capítulo sobre a globalização.

TOM MERTON/GETTY IMAGES

A interconectividade e a comunicação instantânea são características do momento atual da globalização.

SOCIOLOGIA NA MÍDIA

HOME | SOBRE | CONTATO | LINKS

REALITY SHOWS, O BURACO DA FECHADURA

Os ganhadores serão aqueles que resistirem ao assédio dos modelos.

"E se o mundo for uma espécie de *show*? E se todos nós formos apenas talentos reunidos pelo Grande Descobridor de Talentos Lá de Cima? O Grande *Show* da Vida!, escreveu, em 1970, o romancista americano Philip Roth. Foi profético. Antecipou a moda dos programas de *reality show* ("TV Realidade") — em que gente comum é exposta a banhos de celebridade em gincanas exibicionistas cujos cenários são ilhas desertas, casas lacradas e paragens agrestes.

Os *reality shows* atravessaram continentes despertando controvérsia. Na França, o programa *Loft Story* dividiu os espectadores. Apresentado no primeiro semestre pelo canal M6, *Loft Story* mostrava o cotidiano de um grupo de voluntários confinados num apartamento de Paris. Enquanto a francesada se deliciava com a "vida real" registrada pelas câmeras, os jornais eram palco de acirrados debates sobre a espetacularização do real.

E como tudo começou? Ainda em 1997, os suecos se vidravam em *Expedition Robinson*, no qual um punhado de gente era despejada numa ilha e tinha que se arranjar de alguma maneira. Era uma espécie de laboratório da democracia, segundo os planos de um dos seus idealizadores, o músico Bob Geldof, o mesmo que concebeu o *Live Aid*, megaconcerto de *rock* beneficente, em 1985.

Pouco depois, na Holanda, apareceria um programa que criaria um padrão para os *reality shows*: *Big Brother*, referência ao romance *1984*, do inglês George Orwell. O monitoramento era total na casa alugada para abrigar a mistura de cárcere com cenário de novela. O público aprovou. Em seguida, começaram a pipocar em todos os quadrantes do globo atrações que colocavam gente como a gente sob os holofotes.

Nos Estados Unidos, por exemplo, o programa *Survivor* elevou às alturas o índice de audiência da CBS durante 13 semanas de 2000. E, no Brasil, as coisas não seriam diferentes. *No Limite*, da TV Globo, a versão verde-amarela do *reality show*, mesmerizou a plateia em sua primeira edição ambientada no Nordeste. Já a terceira versão do programa, atualmente no ar, está tendo que brigar pelos pontos no Ibope com uma invenção marota do arquirrival SBT: *Casa dos Artistas*, que escancara o cotidiano de alguns famosos "encarcerados" numa mansão em São Paulo.

Bizarrices não faltam. *Temptation Island II*, rebento sensual dos *reality shows* produzido pela Fox, coloca quatro casais mais duas dezenas de modelos numa ilha. Os ganhadores serão aqueles que resistirem ao assédio dos modelos. A lógica perversa disso tudo é que nós, espectadores, passamos a enxergá-los como atores.

O estranho é que, justo nos dias de hoje, quando a vida assume aspectos de ficção, com a artificialização de tudo, a ficção mais delirante acaba expondo a realidade nua e crua. Resta saber se o filão dos *reality shows* vai ter alguma sobrevida depois do dia 11 de setembro, quando o planeta assistiu, ao vivo, ao pior atentado terrorista da história. Ainda não há *show* que supere a realidade."

SARMATZ, Leandro. *Reality shows*, o buraco da fechadura. Revista *Superinteressante*, ed. 171, dez. 2001. Disponível em: <http://super.abril.com.br/comportamento/reality-shows-o-buraco-da-fechadura>. Acesso em: jun. 2016.

ATIVIDADES

1 Na situação abaixo, criada pela charge, identifique quem é o emissor e quem é o receptor. Explique o que você entendeu da relação que se estabeleceu com o diálogo.

KAYSER

2 De acordo com o capítulo, o que você entendeu como sociedade de massas?

3 Os filósofos da Escola de Frankfurt cunharam uma expressão para a produção cultural que atende aos interesses do Estado e ao desenvolvimento capitalista, programada para entreter e levar o público à passividade que é a:

a) opinião pública.

b) indústria cultural.

c) sociedade do espetáculo.

d) emissor/receptor.

4 O autor que considerou que as mídias fazem parte de nossa cultura e de nossa vida cotidiana e que nos ajudam em nossa relação com o mundo e a realidade, sendo por isso necessário estudá-las, foi:

a) Roger Silverstone.

b) Theodor Adorno.

c) Guy Debord.

d) Pierre Bourdieu.

5 Leia o trecho abaixo, que aborda recente pesquisa a respeito da opinião pública sobre o aumento da imigração no mundo. Responda de que modo ela pode interferir nas políticas de imigração dos países para onde os imigrantes se dirigem. Devemos admitir, conforme Norbert Elias, que a opinião pública constitui uma força política?

Opinião pública global é mais favorável à migração do que parece, aponta pesquisa

"Embora manifestações xenófobas e anti-imigração têm sido comuns no noticiário internacional, a maioria da opinião pública global tem uma visão positiva sobre a migração e os migrantes. É o que conclui uma pesquisa do instituto Gallup, encomendada pela Organização Internacional para as Migrações (OIM, IOM na sigla em inglês).

Intitulado "How the world views migration" ("Como o mundo vê a migração", em tradução livre), o estudo completo será divulgado oficialmente apenas durante a primavera, mas algumas das principais conclusões foram apresentadas durante o Fórum Econômico Mundial, que aconteceu na semana passada em Davos (Suíça)."

DELFIM, Rodrigo Borges. Opinião pública global é mais favorável à migração do que parece, aponta pesquisa. *Migra Mundo*, 29 jan. 2015. Disponível em: <http://migramundo.com/opiniao-publica-global-e-mais-favoravel-a-migracao-do-que-parece-aponta-pesquisa/>. Acesso em: jun. 2016.

6 Sabendo que o fetiche da mercadoria significa *valor abstrato e simbólico de um produto que é agregado ideologicamente a ele, tornando obscuro o fato de que seu verdadeiro valor está no trabalho humano transformador*, qual é a relação que Guy Debord estabelece entre ele, as mídias e a sociedade do espetáculo?

7 Os estudos culturais valorizam a cultura popular e estudam as relações entre elas e a cultura de massa. Encontre um exemplo que mostre como a indústria cultural atualiza a cultura popular e a valoriza.

8 O que expressa o conceito de *poder simbólico* desenvolvido por Pierre Bourdieu?

EXAMES DE SELEÇÃO

1 **(Enem, 2011)**

"Um volume imenso de pesquisas tem sido produzido para tentar avaliar os efeitos dos programas de televisão. A maioria desses estudos diz respeito às crianças — o que é bastante compreensível pela quantidade de tempo que elas passam em frente ao aparelho e pelas possíveis implicações desse comportamento para a socialização. Dois dos tópicos mais pesquisados são o impacto da televisão no âmbito do crime e da violência e a natureza das notícias exibidas na televisão."

GIDDENS, A. *Sociologia*. Porto Alegre: Artmed, 2005.

O texto indica que existe uma significativa produção científica sobre os impactos socioculturais da televisão na vida do ser humano. E as crianças, em particular, são as mais vulneráveis a essas influências, porque

a) codificam informações transmitidas nos programas infantis por meio da observação.

b) adquirem conhecimentos variados que incentivam o processo de interação social.

c) interiorizam padrões de comportamento e papéis sociais com menor visão crítica.

d) observam formas de convivência social baseadas na tolerância e no respeito.

e) apreendem modelos de sociedade pautados na observância das leis.

2 **(UFFS, 2011)** É uma forma de cultura produzida industrialmente, e tem por objetivo a lucratividade das corporações de mídia que nela investem grande capital em máquinas e infraestrutura fabril. Utiliza tecnologia de ponta, destina-se a um grande público anônimo e impessoal e é distribuída através do mercado e depende de patrocinadores:

a) Cultura Erudita.

b) Cultura Popular.

c) Cultura de Massa.

d) Cultura Midiática.

e) Cultura Eletrônica.

3 **(Ufal, 2010)** Mudanças na tecnologia e massificação da sociedade contribuíram para o crescimento da globalização. Hoje, o mundo se transformou num grande mercado, com informações circulando nos meios de comunicação de maneira veloz. Com a globalização, a sociedade internacional:

a) extinguiu as diferenças sociais entre as culturas, abrindo as portas para a afirmação de governos democráticos.

b) realizou feitos culturais importantes para a solidariedade entre os povos, apesar das dificuldades socioeconômicas existentes.

c) criou condições imediatas para a consolidação de uma sociedade sem violência, graças às riquezas sociais existentes.

d) entrou num período de paz trazido pela atuação da Organização das Nações Unidas, da qual participam todos os países do mundo.

e) afirmou sua vontade política radical de democratizar o mundo, impedindo a volta do fascismo e da violência política.

4 **(UFPA, 2013)** As novas tecnologias da informação e comunicação tornaram-se uma realidade nas relações sociais contemporâneas e contribuem para a maior integração das pessoas neste início do século XXI. Sobre as alterações nas práticas culturais decorrentes dessas novas tecnologias informacionais, é correto afirmar:

a) As pessoas deixaram de contatar as redes sociais já consolidadas e as substituíram por encontros presenciais realizados por meio da rede mundial de computadores.

b) As dinâmicas das culturas vinculadas à virtualidade dos meios de comunicação consolidam a cultura popular em detrimento da cultura de massa e da indústria cultural.

c) A violência urbana impede que sejam ampliadas as redes e grupos sociais tradicionalmente vinculados ao capitalismo, o que intensifica o uso convencional dos serviços dos correios.

d) A educação e a religião estão apartadas do processo de utilização de mídias eletrônicas, e isso causou o afastamento das pessoas das lutas por causas sociais mais amplas.

e) As novas tecnologias de informação e comunicação têm sido utilizadas nas ações coletivas de pessoas envolvidas com as demandas dos movimentos sociais.

OUTRAS MÍDIAS

Para assistir

Cinema Paradiso

Direção: Giuseppe Tornatore. País: Itália/França. Ano: 1988.

Imperdível para quem se interessa por meios de comunicação e, especialmente, pelo cinema. Quando menino, o diretor de cinema Salvatore Di Vita, protagonista da história, torna-se amigo de Alfredo, operador do cinema de sua pequena cidade da Sicília. Esse filme traz a cultura do cinema da primeira metade do século XX por meio das memórias de Salvatore, que se relembra dos acontecimentos do passado ao receber a notícia da morte de Alfredo.

Com um difícil equilíbrio entre humor e nostalgia, o filme recupera a importância do cinema como espaço de diversão e sociabilidade. *Cinema Paradiso* mostra que a indústria cultural não é apenas uma vilã responsável pela alienação das plateias, mas também desempenha importante papel para seus espectadores.

Para ler

A civilização do espetáculo

Mario Vargas Llosa. Rio de Janeiro: Objetiva, 2013.

Primeiro livro do escritor Mario Vargas Llosa publicado depois de ele ganhar o Prêmio Nobel de Literatura. Nessa obra, com seu olhar sempre inconformista, busca analisar a cultura do século XXI. Segundo o autor, a banalização da literatura, o interesse por um jornalismo sensacionalista e a pouca seriedade da prática política criam o ambiente necessário e ideal para a superficialidade e o mero entretenimento. A cultura, que, no passado, era um espaço para a tomada de consciência e para a elaboração de ideias críticas, hoje cede às pressões do mercado e da indústria da diversão. Escritores, pesquisadores e intelectuais que antes tinham espaço garantido no debate público agora se distanciam e não mais têm influência nos acontecimentos. As ideias expostas na obra abordam questões que muitos cientistas sociais trabalham e que foram tratadas no capítulo.

Para acessar

Grupo de Pesquisa Análise de Telejornalismo

<http://telejornalismo.org/>

Criado em 2001, o Grupo de Pesquisa em Análise do Telejornalismo está vinculado ao Programa de Pós-Graduação em Comunicação e Cultura da Universidade Federal da Bahia (UFBA). Com o auxílio de conceitos e da metodologia dos Estudos Culturais, o grupo analisa programas telejornalísticos e vale-se ainda dos estudos da linguagem levando em consideração aspectos ao mesmo tempo históricos, sociais, ideológicos e culturais do telejornalismo. O *site* traz artigos e matérias de análise dos pesquisadores pertencentes ao grupo, bibliografia recomendada e notícias sobre as atividades do GPAT.

Capítulo 24

Globalização e diversidade

Objetivos

- Entender como surgiram os diferentes grupos humanos com idioma e cultura próprios.
- Analisar o processo histórico de expansão da Europa sobre os demais continentes.
- Compreender as características do colonialismo europeu e de sua atuação nos demais continentes.
- Estudar as diferentes fases da globalização, desde o Renascimento até a atualidade.
- Conhecer as diferentes teorias que analisam a globalização e suas características.
- Pensar as características da globalização: avanço tecnológico, interdependência, concorrência e proximidade.
- Pensar o global, o local e o nacional diante da globalização.
- Analisar as necessidades éticas de um mundo em que pessoas, grupos, nações e culturas são interdependentes e próximos.

Neste capítulo, vamos estudar um dos mais importantes processos sociais que marcam a sociedade contemporânea — a globalização. Para isso vamos começar com a migração de nossos antepassados pelo mundo, que resultou na dispersão dos seres humanos e na formação de grupos com idiomas, crenças e valores próprios, que acabaram por se localizar em diferentes ambientes no planeta. Essa heterogeneidade, por vezes, encobriu o fato de que somos uma mesma espécie, criando a falsa ideia de um grupo ser superior a outro (ou mais humano).

A ideia de deixar o local onde estávamos para conquistar novas terras foi um objetivo acalentado pela humanidade desde a Antiguidade e deu origem aos impérios e, com eles, a segregação para com os estrangeiros ou para com os "diferentes". Mas o processo de globalização, tal como o conhecemos hoje, teve início com o *capitalismo comercial*, no século XIV, quando os europeus dirigiram-se a outros continentes para guerrear e obter produtos raros, capazes de despertar o desejo de possuí-los ou para trocá-los, estimulando, assim, o renascimento comercial.

Depois, no século XIX, o *colonialismo* também levou conquistadores a se apoderarem de outras terras e a transformarem seus habitantes em mão de obra e consumidores da indústria europeia. O *desenvolvimento tecnológico*, que acompanhou todo esse expansionismo, foi responsável por uma terceira fase de globalização, no século XX, com a era da informação, da robótica, da tecnologia via satélite e da criação da rede mundial de computadores, a internet.

A globalização, da forma como a compreendemos, só foi possível graças ao fim da Guerra Fria, quando se estabeleceram as condições políticas, econômicas e tecnológicas para um sistema econômico planetário. O objetivo deste capítulo é estudar o processo de globalização e analisar os avanços e as dificuldades que ele ocasiona.

ROBERT SLADE/ALAMY/LATINSTOCK

VOVAN/SHUTTERSTOCK

A economia global, para Octavio Ianni, é um sistema gerado pela globalização da produção e das finanças, e a produção global beneficia-se das divisões territoriais da economia internacional. Porém, ao mesmo tempo que a globalização produz uma rápida revolução científica e tecnológica, ela também aumenta a exploração e a exclusão de vários segmentos da população mundial.

Para refletir

1. O que você entende por "cidadão do mundo", expressão tão utilizada na atualidade?
2. Você se sente mais próximo ou mais distante do que acontece em outros países e continentes, levando em consideração o que se divulga nos meios de comunicação?
3. De que notícias e acontecimentos você se lembra de ter tomado conhecimento pelos meios de comunicação e que dizem respeito a países e cidades estrangeiras?

AFP

Com sua frase espontânea "A Terra é azul", Yuri Gagarin (1934-1968) mostrou para o planeta, dividido por uma hostilidade intransponível, que nós constituímos uma totalidade. Ele era o primeiro ser humano a sobreviver em uma nave espacial e representou todos os habitantes da Terra, que, como ele, poderiam se ver de cima e perceber quão diferentes e homogêneos podemos ser, dependendo da perspectiva de nosso olhar.

Em 12 de abril de 1961, o cosmonauta Yuri Gagarin, de 27 anos, filho de operários, participava do primeiro voo tripulado ao espaço, na nave Vostok 1, lançada da região conhecida, hoje, como Cosmódromo de Baikonur, no Cazaquistão. Piloto militar soviético, Gagarin ficou uma hora e quarenta e oito minutos no espaço, a 315 km de altitude, a uma velocidade de 28 mil quilômetros horários, e completou uma volta ao redor da Terra. Não chegou à Lua, façanha que se realizaria oito anos depois, em 1969, com a missão Apolo 11, dos Estados Unidos. Mas a ele foi dada a chance de ser o primeiro ser humano a ver a Terra a distância. Depois de passar por momentos difíceis durante a reentrada da espaçonave na atmosfera, em que a temperatura na nave elevou-se perigosamente, Gagarin saltou de paraquedas e pousou no rio Volga, na Rússia.

Gagarin esteve o tempo todo conectado com a Terra por meio de rádio com diferentes canais, telefone e telégrafo. Além desse aparato tecnológico, ele se serviu de gravadores que registraram suas impressões, mas, de tudo o que informou, ele passou à história ao proferir a seguinte frase: "A Terra é azul".

Neste capítulo, vamos compreender como essa visão do planeta como uma totalidade foi possível, mesmo em uma época de grandes oposições, rivalidades e diferenças. Vamos refletir também como, por trás de uma aparência que nos une, sobrevivem diferenças que podem e necessitam ser respeitadas.

No início, a diversidade

Em seus primórdios, a história da humanidade foi marcada por um processo constante e ininterrupto de diferenciação. Nossos antepassados nômades perambularam pelo mundo em longas migrações em busca de melhores paragens. Nossa capacidade de adaptação aos mais diferentes ambientes fez que habitássemos regiões muito diferentes, o que nos obrigou a desenvolver características e estilos de vida díspares. A cultura teve papel importante nessa organização, que acabou por criar formas muito distintas de viver e sobreviver.

Embora ainda seja difícil precisar o rumo das primeiras migrações, hoje, o exame do DNA dos achados arqueológicos permite entender certas tendências e, pelo que as pesquisas indicam, os primeiros migrantes do planeta saíram da África, cruzaram o Oriente Médio, passaram pelo sul da Ásia e chegaram à América, enquanto outro ramo chegou à Austrália. Isso ocorreu entre 90 mil e 30 mil anos atrás.

Outros caminhos foram as descobertas vindas do norte para a Europa. Há, entretanto, outros cursos possíveis, mas sem comprovação científica até o momento: teria sido possível atravessar o Atlântico com as embarcações pré-históricas? Perguntas como essa ainda estão sem respostas. O importante, para nós, é perceber que essa mobilidade foi responsável pela diversidade dos estilos de vida que diferentes grupos desenvolveram.

As dificuldades de conquista de um território, de aproveitamento dos recursos materiais das diferentes regiões e de adaptabilidade ao clima foram responsáveis por uma coesão interna importante nesses grupos, que resultou na criação de sistemas simbólicos e de comportamentos diferentes. Havia o sentimento de identidade e pertencimento ao grupo, reforçado pelo idioma comum, pelas crenças, lendas e mitos. Esse forte sentimento de identidade se refletia, por sua vez, em um sentimento de hostilidade em relação aos demais grupos com os quais entravam em contato, considerados rivais, inimigos ou estrangeiros.

Com o surgimento de grandes impérios na Antiguidade, começa a surgir a necessidade de convívio de grupos de diferentes origens étnica, regional, religiosa e cultural sob um mesmo governo, em um mesmo território e sob as mesmas leis, levando à instituição de relações de poder e dominação. A tolerância foi sempre difícil, e assim se estabeleceram relações de desprestígio, preconceito e intolerância em relação aos "estrangeiros", ou *outsiders*, como os chama Norbert Elias, ao estudar as relações entre habitantes originais e forasteiros em uma pequena cidade da Inglaterra.

PIETER BRUEGEL - MUSEU DE HISTÓRIA DA ARTE, VIENA

O mito de Babel é parte do Gênesis, da *Bíblia*, e narra a história de homens que, por desejarem alcançar Deus, construíram uma enorme torre para chegar aos céus. Deus, ao ver a ousadia dos seres humanos, decidiu impedi-los, fazendo que os construtores passassem a falar línguas diferentes. Ao perder a unidade linguística, eles não mais se entenderam e a construção teve fim. Pesquisadores que interpretam mitos dizem que a narrativa alude à difícil convivência, no Império Babilônico, na Antiguidade, de grupos de origem e idiomas diferentes. Pintura em óleo sobre madeira, *Torre de Babel* (1563), de Pieter Bruegel, O Velho (*c.* 1525-1569).

Expansão europeia na modernidade

A decadência do Império Romano teve entre suas causas as invasões de povos estrangeiros, ou "bárbaros", como foram chamados os germânicos do norte, que invadiram as fronteiras do império. Manter sob um único modelo de sociedade — imperial e centralizadora — povos muito diferentes, tornara-se uma tarefa praticamente impossível. Ao fim do Império Romano, a Europa fragmentou-se em reinos, ducados, baronatos, condados, marcas etc., enquanto a economia se feudalizou.

Nesse contexto, ressurgiu, com outro espírito, o sentimento de pertencimento; volta a ser importante pertencer a uma região, nela viver e permanecer, e manter relações sociais com pessoas próximas, parentes, vizinhos e grupos afins. Nesse novo modelo, apenas a Igreja Católica, herdeira das tradições imperiais, manteve o caráter universal do Império Romano, tendo uma ação mais totalizante sobre a população do mundo, compreendida como um mesmo "rebanho", como relatam os livros sagrados.

No entanto, após uma dezena de séculos, o capitalismo, inicialmente comercial e depois industrial, fez ruir essa sociedade baseada em reinos, condados e marcas e recuperou o anseio por conhecer, alcançar, dominar e relacionar-se com outros povos e territórios de outras partes do mundo.

A associação entre as monarquias europeias e a Igreja Católica promoveu as Grandes Navegações e a expansão da Europa sobre os outros continentes em busca de riquezas, matéria-prima, mão de obra e consumidores. Era a globalização, experimentada pelos impérios antigos, que recomeçava com novos objetivos e estratégias: desenvolvimento da ciência, exploração econômica e dominação cultural.

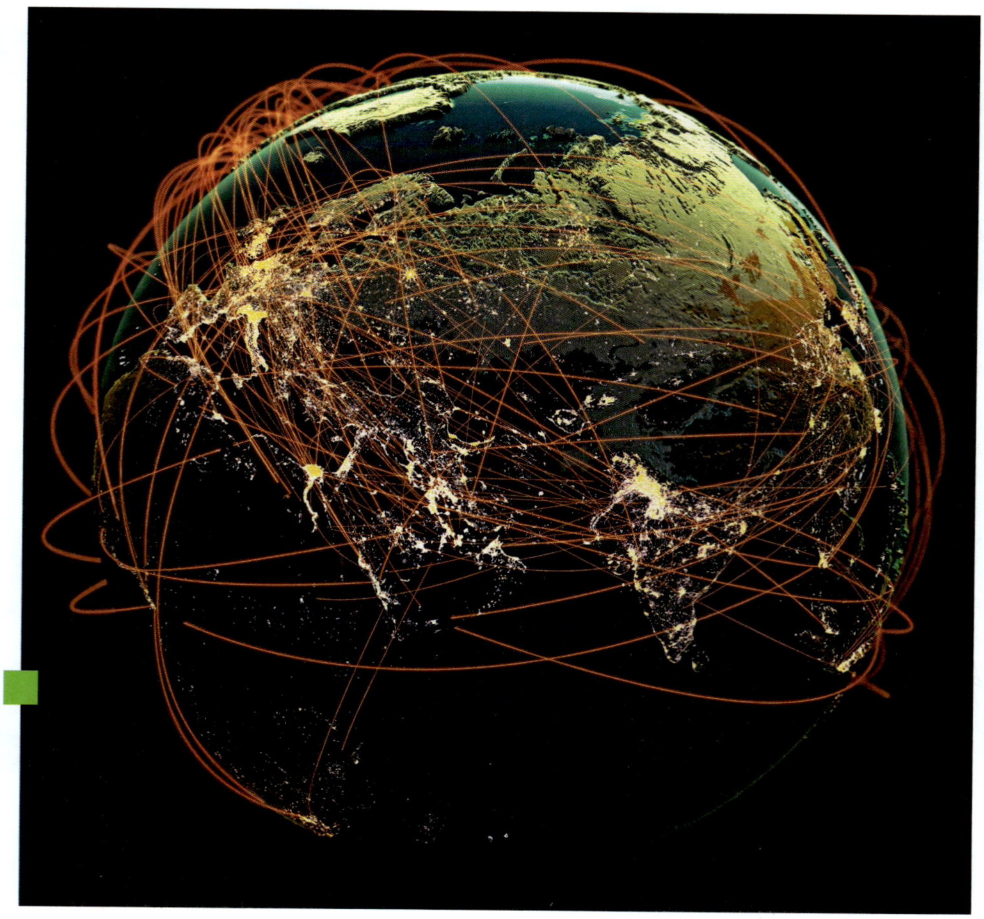

3ALEXD/GETTY IMAGES

Com a expansão do capitalismo comercial, a globalização, que teve início na modernidade, tende a aproximar países, regiões, cidades e pessoas, tornando todos mais interdependentes. Essa relação articulada pela política e pelos meios de comunicação ultrapassa fronteiras e tende a se disseminar pelo planeta. Imagem em 3D simulando a comunicação global.

Desde então, esse anseio por alcançar todo o planeta não tem feito senão crescer, eliminando distâncias, aproximando povos e criando uma cultura global, que é difundida pelos meios de comunicação. A globalização surgiu, efetivamente, em bases capitalistas no renascimento comercial, mas o termo "globalização" é recente e corresponde à sociedade que se institui no mundo, com o desenvolvimento dos meios de comunicação por redes mundiais de computadores e com o fim da Guerra Fria, marcado pela derrocada da União Soviética e a consequente expansão mundial do capitalismo.

Essas condições possibilitaram a aproximação entre os continentes, os países, as cidades e sua interdependência comercial e política, baseadas no desenvolvimento tecnológico e na hegemonia da política neoliberal capitalista. A globalização tende a tornar realidade a percepção de Yuri Gagarin — ver a Terra como uma totalidade de uma só cor, porém, não necessariamente azul.

Etapas da globalização

Octavio Ianni procurou identificar os diferentes momentos do desenvolvimento capitalista que resultaram na globalização. O primeiro corresponde à emergência da economia capitalista e sua instalação na Europa, ao estabelecer o trabalho livre, a mercantilização da produção e a organização do mundo na forma de Estados nacionais. O capitalismo era alimentado pelo colonialismo. As colônias forneciam às respectivas metrópoles europeias matérias-primas e escravos. Como resultado, a Europa conheceu um período de acumulação de capital e de emergência da burguesia como classe dominante, e as colônias foram integradas à economia europeia.

O segundo momento é o da industrialização e de um processo mais efetivo de implantação do capitalismo no mundo, por meio de estreitas relações internacionais de dependência econômica e política, que submeteram as nações a centros hegemônicos. Isso caracterizou o *imperialismo*. O capitalismo instalou-se por todo o mundo, abarcou os mais diversos continentes, mares e oceanos e promoveu um forte processo de centralização com a formação de impérios. A economia entrou em um estágio de produção ampliada e tornou-se altamente planificada. A tecnologia passou a desempenhar papel preponderante em atividades bélicas de conquista e manutenção de territórios e na produção de mercadorias. Houve fortes movimentos de resistência em diferentes partes do mundo, que geraram graves conflitos e a emergência do movimento mais forte de oposição ao capitalismo — o comunismo, que instaurou um modelo alternativo de produção e organização política. A cultura globalizou-se e homogeneizou-se com a criação da indústria cultural e da cultura de massa. Houve intensa mobilização populacional provocada pelo êxodo rural e pela emigração, levando multidões a se instalar definitivamente em outros territórios.

O terceiro momento é aquele que recebe o nome de globalização. Os modelos alternativos ao capitalismo, em especial o mundo comunista, entraram em decadência, e houve um processo de enfraquecimento do nacionalismo e da relação de proximidade entre Estado e cidadão. Formaram-se organismos internacionais para a administração econômica, social e política, como a Organização das Nações Unidas (ONU), o Fundo Monetário Internacional (FMI) e o Banco Mundial. A informática revolucionou a produção de bens e a divisão internacional do trabalho por meio das mídias digitais. O capitalismo entrou em sua fase efetivamente planetária, tendo como centro hegemônico os Estados Unidos. A racionalização econômica atingiu níveis jamais pensados, e as relações internacionais redefiniram-se.

VCG/GETTY IMAGES

A Apple na China é um exemplo das empresas transnacionais que, com sede em um país, espalham-se pelo mundo e adaptam-se a diferentes culturas. Estão em busca de matéria-prima e mão de obra mais baratas, além de mercado consumidor. (Pequim, China, 2016.)

O Estado-nação no mundo globalizado

Um dos fatores mais importantes da globalização, segundo sociólogos que estudam a atualidade, é um novo posicionamento dos Estados nacionais na condução da economia e em sua relação com o cidadão. O capitalismo desenvolveu-se, desde o início, paralelamente à formação do Estado nacional como instituição capaz de reunir pessoas em um território delimitado, ligadas por fortes laços de identidade e sentimento de pertencimento, que chamamos de nacionalismo.

A dura experiência das duas guerras mundiais, provocadas, entre outros fatores, pelo excesso de rivalidade entre nações, pelas atrocidades cometidas em nome do nacionalismo e pela destruição econômica e política dos países europeus, colocou em xeque a hegemonia do Estado-nação e exigiu o surgimento de instituições como a Organização das Nações Unidas.

A internacionalização do mercado e a transnacionalização da economia colocou em risco o poder e a hegemonia dos Estados nacionais, que se viram obrigados a redefinir suas funções. Isso aconteceu porque inúmeras empresas começaram a instalar filiais em diferentes países — em busca de menores custos da matéria-prima, do transporte e da mão de obra —, enquanto outras — atraídas por custos menores da mão de obra, dos impostos e da matéria-prima, mesmo sem deixar seus países de origem — passaram a utilizar serviços e profissionais estrangeiros que trabalham conectados por plataformas digitais. Como um Estado-nação pode gerir uma economia nesses moldes?

Embora as nações ainda tenham papel fundamental nas relações políticas e econômicas da atualidade, especialmente na condução interna de sua população e de seu território, novas forças disputam o comando político e administrativo da sociedade: corporações econômicas, organizações não governamentais, como o *Greenpeace*, e intergovernamentais, como a União Europeia. Essas novas forças políticas têm especial importância no mundo globalizado e caracterizam a nova sociedade em que vivemos.

Tecnologia, desemprego e migração

O desenvolvimento da informática, da automação e das telecomunicações foi fator decisivo na constituição da globalização — isso porque não se tratou apenas de mais um invento tecnológico, mas também da radical transformação na maneira de conceber os processos produtivos, que se tornaram mais integrados, centralizados e planejados. A comunicação em rede, por sua vez, possibilitou novas formas de cooperação e articulação em todo o planeta.

Dotada de intensa penetração, a informática passou a fazer parte do dia a dia das pessoas, dos sistemas de defesa, da comunicação, da engenharia genética e, principalmente, da produção e do mercado. A agilidade da produção, das trocas comerciais e dos fluxos financeiros deu à economia um ritmo mais acelerado, o que propiciou a mercantilização das relações sociais presentes na globalização.

PRINCIPAIS MOVIMENTOS MIGRATÓRIOS – 2013

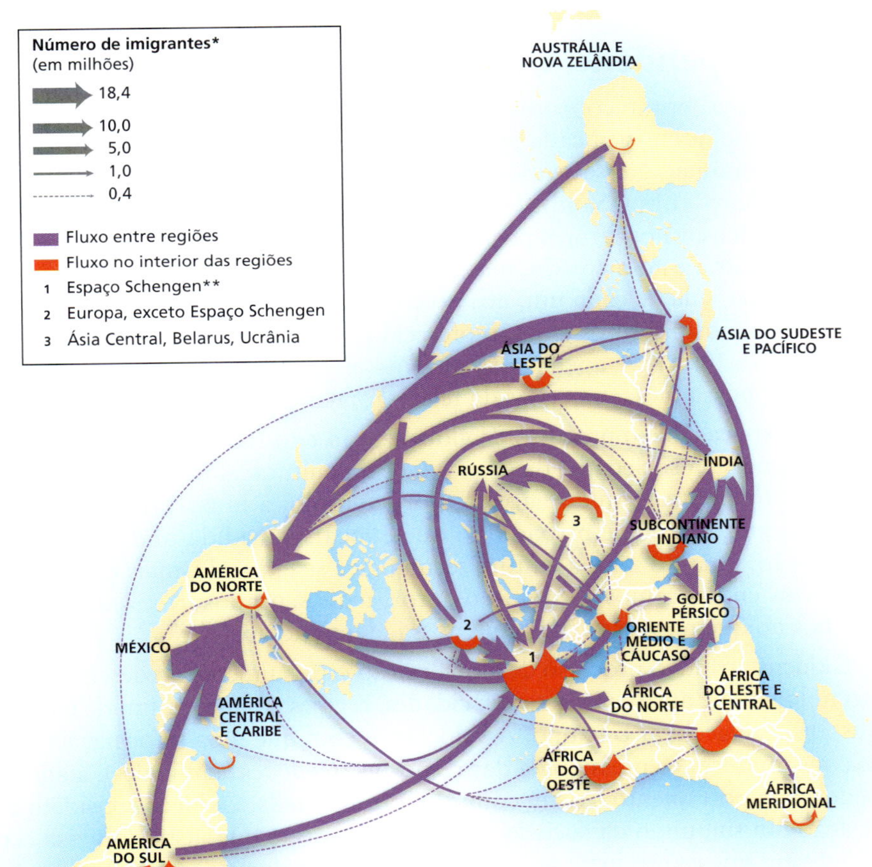

Representação sem escala.

* Os dados não representam o número de migrantes absolutos, mas uma margem dos números efetivos em 2013. As flechas mostram a origem e o destino dos imigrantes que se deslocaram antes de 2013.

** A Convenção de Schengen aboliu as fronteiras internas entre os Estados integrantes da União Europeia e criou um espaço de segurança e livre circulação de pessoas, com uma fronteira externa única, onde são efetuados os controles de acesso ao espaço de acordo com procedimentos idênticos.

ANDERSON DE ANDRADE PIMENTEL

Fonte: SCIENCES PO. Atelier de Cartographie. Disponível em: <http://cartographie.sciences-po.fr/fr/migrations-principauxmouvements-2013>. Acesso em: jul. 2016.

Como nossos antepassados, assistimos, atualmente, a um fluxo migratório intenso. Populações são expulsas de seus países de origem devido a guerras, perseguições, pobreza e crises econômicas. Por um lado, a globalização facilita a mobilidade, por outro, acirra os conflitos étnicos e desestabiliza a economia de diversos países.

O investimento na comunicação, especialmente nos Estados Unidos, criou um mosaico de redes que penetraram nas mais distintas relações e processos produtivos. Isso resultou na implosão das formas de regulamentação existentes que organizavam o trabalho, a produção, as relações entre as pessoas e as comunicações. Esse processo recebeu o nome de "desregulamentação", e nele estão incluídas as privatizações dos serviços públicos, em especial os de comunicação, as leis de direito autoral e a distinção entre trabalho manual e intelectual. Enfim, num efeito cascata, as práticas administrativas e produtivas, além das mais elementares rotinas de nossa vida cotidiana, foram afetadas por essa "desregulamentação".

A informatização acabou por gerar modificações radicais nos processos produtivos, o que levou à reengenharia industrial com a adoção crescente de sistemas automatizados em substituição à mão de obra humana. Um dos resultados disso é a grande onda de desemprego que afeta o mundo todo, além da obsolescência de tecnologias e de profissões que se tornaram desnecessárias. Esse contingente de desempregados, graças à nova proximidade proporcionada pela globalização, promove uma grande mobilidade pelo planeta — são pessoas em busca de trabalho e sobrevivência, que alimentam novas ondas de migração, como as que mobilizaram nossos ancestrais a se deslocar pelo planeta.

Interdependência, reflexividade e informação

O sociólogo britânico Anthony Giddens (1938-) define a globalização como o processo que intensifica cada vez mais a interdependência e as relações sociais em âmbito mundial. Nesse sentido, Giddens, assim como outros autores — o geógrafo brasileiro Milton Santos (1926-2001) é um deles —, afirma que não podemos apenas pensar nos fatores positivos e nas transformações que a globalização impõe à indústria e ao mercado, mas também nas modificações que se processam localmente, na vida de cada um, nos preços que pagamos pelos produtos nos supermercados, nos produtos que são oferecidos e na migração das culturas, pois a globalização não ocorre apenas nas relações internacionais, mas estão presentes também em nossa mesa, nas telas da televisão, nas antenas parabólicas etc.

Para explicar que o processo de globalização tem sua contrapartida nos setores tradicionais da sociedade, da economia e da cultura, Anthony Giddens utiliza o termo *reflexividade*, que se aplica, por exemplo, à importância que assume o que está perto, o que é próximo, o que é local, à medida que se dissemina a globalização. Quanto mais a cultura tecnológica se expande, mais conectados ao mundo nos encontramos, segundo o autor, mais sentimos necessidade de estar próximos ao que nos cerca e garante nossa identidade pessoal.

Giddens atribui o processo de globalização especialmente ao desenvolvimento da tecnologia que aproxima pessoas, cidades, regiões e países, a fim de comprimir as distâncias e acelerar o tempo. A velocidade com que uma informação chega a seus consumidores os pressiona a dar respostas (*feedback*, em inglês), a agir, a ter atitude e comportamento. Assim como Manuel Castells, Giddens considera a globalização um sinônimo da sociedade da informação, o que instaurou essa economia *light* em que se produz e se consome uma mercadoria abstrata e valiosa — a informação. É o que o professor e pesquisador Marcos Dantas também sustenta:

> "O que a grande maioria das pessoas vem produzindo em seu trabalho é informação social. Registrada em patentes de produtos ou processos; comunicada em relatórios, protótipos, desenhos, painéis de controle de máquinas; gravada em películas cinematográficas; transmitida em programas de rádio ou televisão, por telegrama ou telefone".

DANTAS, Marcos. *A lógica do capital-informação*. Rio de Janeiro: Contraponto, 2002. p. 117.

Debate acalorado

O filósofo, semiólogo e escritor italiano Umberto Eco (1932-2016) escreveu um livro que se tornou famoso, *Apocalípticos e integrados*, no qual divide os analistas dos meios de comunicação em duas alas divergentes e opostas. **Apocalípticos** é como ele chamou os intelectuais críticos em relação aos meios de comunicação por considerá-los fonte de alienação e de homogeneização da cultura. Integrados foi como chamou os pesquisadores otimistas e defensores dos meios de comunicação, por julgar que estes seriam condição para a democratização da cultura e da informação.

O livro fez sucesso e consagrou essas categorias. Em relação à globalização, podemos identificar um grupo de analistas *apocalípticos*, que a consideram fonte de acumulação de capital, causa de crescimento das desigualdades sociais e de desarticulação das tradições e formas seculares de relações sociais. Giddens chama esses autores de *céticos*, por julgarem que, na verdade (ou seja, de acordo com as estatísticas), a única integração que existe é a do mercado financeiro, e não a das nações como um todo. Para eles, a *Terra não é azul*.

Entre esses autores, devemos colocar o etnólogo e antropólogo francês Marc Augé (1935-), que, ao estudar a repercussão do desenvolvimento dos meios de comunicação em sociedades tribais, conclui que a proliferação de imagens produzidas tecnicamente está deteriorando práticas ancestrais como o **xamanismo**. A globalização dos meios de comunicação desorganiza a cultura e, consequentemente, a sociedade, e coloca dentro das casas, das ocas e dos lares imagens em relação às quais os receptores não possuem referências.

Termos e conceitos

Apocalíptico: derivado de apocalipse, palavra que vem do grego e significa "revelação". É o último livro do Novo Testamento da *Bíblia* cristã e diz respeito à vitória de Cristo sobre o anti-Cristo, ao castigo dos pecadores e à revelação de mistérios. Diz respeito também ao final dos tempos e às profecias que ainda se cumprirão. Da religião a palavra passou ao uso comum com o significado de tragédia. Nas Ciências Sociais, remete às teorias que preveem catástrofes. Apocalíptico é o adjetivo relativo a essa previsão de tragédia e catástrofes. Catastrofista é um sinônimo.

Xamanismo: palavra que designa fenômenos mágico-religiosos existentes, principalmente, em sociedades tribais e reconhece a existência de procedimentos sobrenaturais na prática sacerdotal das religiões, como profecias, curas e adivinhações.

Antena parabólica em oca de aldeia indígena em Querência (MT, 2009) mostra que a globalização vai muito além dos mercados financeiros e das empresas transnacionais. Ela chega ao nosso cotidiano, à miscigenação das culturas e das etnias.

DELFIM MARTINS/ PULSAR IMAGENS

Integrados poderiam ser chamados os autores que consideram a globalização uma forma de libertação das amarras autoritárias dos Estados nacionais, uma possibilidade de dar mobilidade ao cidadão, assim como oportunidades de ação independentes e autônomas proporcionadas pelos meios de comunicação em rede. Entre eles, o que Giddens denomina *hiperglobalizadores*, estão **Pierre Lévy** e Manuel Castells. Para eles, a *Terra é azul*, ou seja, é uma comunidade em que o trânsito é possível desde que se tenha acesso aos meios tecnológicos adequados.

Pierre Lévy (1956-)

Filósofo e sociólogo francês nascido na Tunísia, especializou-se no estudo do impacto da cultura digital na sociedade contemporânea. Conhecido internacionalmente, Lévy escreveu inúmeros livros que tratam da revolução cognitiva promovida pela internet, como: *A máquina Universo*, *Cibercultura*, *As tecnologias da inteligência*, *O que é o virtual*, entre outras obras de igual importância. Foi professor visitante da Universidade de Quebec, no Canadá, quando se dedicou ao estudo da hipermídia. Atuou também como professor na Universidade de Paris, em St-Denis, França, e como titular na Universidade de Ottawa, no Canadá. É professor do departamento de Hipermídia da Universidade Paris VIII.

ORMUZD ALVES/FOLHAPRESS

Em meio a esse debate surgem os estudiosos da pós-modernidade, que julgam estarmos vivendo uma época nova, instituidora de novos padrões de relações sociais com a realidade e com nossos pares, e de condições inovadoras de produção material e simbólica. Entre eles podemos citar o sociólogo francês Edgar Morin (1921-), que estuda as consequências de novos padrões societários na formação de metodologias diferentes de conhecimento e educação. Podemos também citar Néstor García Canclini (1939-), que aborda as transformações e a resistência da cultura exposta a forças hegemônicas de interpretação do mundo. Também nesse grupo está Jesús Martín-Barbero (1937-), que analisa a reinterpretação do popular numa sociedade conectada às redes de comunicação globais. Anthony Giddens chama esse grupo de *transformacionistas*. Para eles, *o espaço é azul*, ou seja, as possibilidades abertas pelo desenvolvimento tecnológico e pelas novas relações internacionais podem trazer benefícios à humanidade.

O estudo dessas diferentes teorias coloca questões importantes:

- Estamos caminhando em direção a um mundo melhor, ou estamos prestes a destruir nossas tradições e referências?
- Vivemos em um mundo com mais oportunidades individuais e coletivas, ou, ao contrário, estamos aprisionados em relações tecnologicamente planejadas?

A saída para essas dúvidas e dificuldades é a análise centrada em casos particulares, nos quais se analisam as circunstâncias, as condições e sua especificidade. Assim, chegamos a uma proposta teórico-metodológica que valoriza, antes de mais nada, a diversidade.

Como se voltássemos ao início de nosso texto, ao lado de um processo crescente de globalização, precisamos centrar nossos esforços para entender a diversidade e a especificidade de cada fenômeno social. Quanto mais se amplia a dimensão da sociedade a ser estudada, mais o particular, o específico, nos aparece como dotado de sentido e significado.

PINGOS NOS "IS"

Tolerância, diversidade e ética

Como vimos, ao iniciarmos o capítulo com a primeira viagem do ser humano ao espaço e sua visão da Terra, compreender o planeta como um todo e a humanidade como uma única espécie é um anseio antigo que enche de orgulho e satisfação quem consegue alcançar, de alguma forma, essa percepção. É como se, desde a diáspora de nossos ancestrais pelos continentes, sentíssemos que parte de nós ficou pelo caminho e reencontrá-la é restabelecer uma identidade, uma complementaridade.

A globalização é um processo tão profundo quanto recente (em sua modalidade atual, baseado nas tecnologias da informação e no capitalismo pós-industrial), que buscamos entender e em relação ao qual tentamos nos posicionar. Por um lado, amplia nossa visão de mundo e nos faz entender a expressão sensível de Yuri Gagarin ao ver seu planeta de longe. Por outro lado, desfaz as fronteiras que tão bem erguemos e mantemos, as quais nos protegem, nos separam e, às vezes, nos isolam dos demais.

A globalização permite proximidade, mobilidade, alternativas, espaço, mas propicia também controle, disciplina e relações por vezes difíceis e pouco amigáveis com a tecnologia. Traz liberdade ao nos oferecer possibilidades de manifestação e expressão ao mesmo tempo que nos traz dependência. Podemos nos comunicar com o mundo, porém, estamos dependentes de nossas telas e de nossos celulares, *smartphones*, *tablets*, que, por sua vez, nos trazem informações, mas registram as nossas.

Viver nessa aldeia global, nesse planeta azul, exige que deixemos de nos sentir como uma espécie incomum ou como um povo eleito e que nos tornemos dispostos a conviver (pessoalmente ou não) com outros de diferentes lugares, origens, tradições, histórias, memórias, aparência física, crenças, valores, sabendo que fazemos parte de uma mesma rede. Uma rede absolutamente bem engendrada, de modo que cada ponto está articulado com outros e que, como em um jogo de dominó, cada movimento repercute nos demais. Isso nos obriga a pensar nas diferenças e a conviver com elas, para desenvolver a tolerância e a ética, que são um conjunto de valores morais que regulam a conduta humana e buscam, para além da conformidade com as regras, a realização da justiça social.

A organização Combatentes pela Paz é um movimento formado por ex-combatentes israelenses e palestinos que busca o diálogo entre Israel e Palestina, visando à aproximação pacífica entre esses povos. A união de povos com culturas diferentes mostra que é possível construir um pacto pela paz. (Beit Jala, Cisjordânia, 2016.)

WISAM HASHLAMOUN/ANADOLU AGENCY/GETTY IMAGES

Por uma globalização mais humana

MÔNICA ZARATTINI/ESTADÃO CONTEÚDO

Geógrafo Milton Santos (1926-2001).

"A globalização é o estágio supremo da internacionalização. O processo de intercâmbio entre países, que marcou o desenvolvimento do capitalismo desde o período mercantil dos séculos 17 e 18, expande-se com a industrialização, ganha novas bases com a grande indústria nos fins do século 19 [...]. Vivemos um novo período na história da humanidade. A base dessa verdadeira revolução é o progresso técnico, obtido em razão do desenvolvimento científico e baseado na importância obtida pela tecnologia, a chamada ciência da produção.

[...]

Graças às novas técnicas, a informação pode se difundir instantaneamente por todo o planeta, e o conhecimento do que se passa em um lugar é possível em todos os pontos da Terra.

A produção globalizada e a informação globalizada permitem a emergência de um lucro em escala mundial, buscado pelas firmas globais que constituem o verdadeiro motor da atividade econômica.

Tudo isso é movido por uma concorrência superlativa entre os principais agentes econômicos — a competitividade.

Num mundo assim transformado, todos os lugares tendem a tornar-se globais, e o que acontece em qualquer ponto do ecúmeno (parte habitada da Terra) tem relação com o que acontece em todos os demais.

Daí a ilusão de vivermos num mundo sem fronteiras, uma aldeia global. Na realidade, as relações chamadas globais são reservadas a um pequeno número de agentes, os grandes bancos e empresas transnacionais, alguns Estados, as grandes organizações internacionais.

Infelizmente, o estágio atual da globalização está produzindo ainda mais desigualdades. E, ao contrário do que se esperava, crescem o desemprego, a pobreza, a fome, a insegurança do cotidiano, num mundo que se fragmenta e onde se ampliam as fraturas sociais. [...]

Não cabe, todavia, perder a esperança, porque os progressos técnicos obtidos neste fim de século 20, se usados de uma outra maneira, bastariam para produzir muito mais alimentos do que a população atual necessita e, aplicados à medicina, reduziriam drasticamente as doenças e a mortalidade.

Um mundo solidário produzirá muitos empregos, ampliando um intercâmbio pacífico entre os povos e eliminando a belicosidade do processo competitivo, que todos os dias reduz a mão de obra. É possível pensar na realização de um mundo de bem-estar, onde os homens serão mais felizes, um outro tipo de globalização."

SANTOS, Milton. Por uma globalização mais humana. In: *Folha de S.Paulo*, 15 out. 2009. Disponível em: <www1.folha.uol.com.br/folha/publifolha/351805-leia-por-uma-globalizacao-mais-humana-texto-do-geografo-milton-santos.shtml>. Acesso em: jul. 2016.

ATIVIDADES

1 Leia o texto e responda à questão.

Bebê globalizado

"Adquira o óvulo em um país, faça a fertilização em outro e contrate a mãe de aluguel num terceiro. Está pronto o seu filho — com muita economia

Seu celular é *made in* China. A camiseta foi produzida no Vietnã. O vinho que você bebe veio da Argentina. Se tudo é globalizado, por que o seu filho não pode ser? A nova moda entre os casais que precisam de ajuda para ter filhos é recorrer a países como Índia, Grécia e Panamá, onde é possível comprar óvulos ou esperma, fazer a inseminação, alugar uma barriga e até fazer o parto. A vantagem disso é que fica bem mais barato e permite realizar legalmente procedimentos que são proibidos em muitos países — como o comércio de óvulos e esperma e a barriga de aluguel remunerada. O negócio é explorado por empresas como a Planet Hospital, em cujo *site* o cliente pode escolher de qual país virá o óvulo e/ou o esperma, onde nascerá o bebê, onde vai morar a mãe de aluguel e até selecionar o sexo da criança. Dos clientes da Planet Hospital, 40% são casais homossexuais que querem ter filhos biológicos. Os outros são casais heterossexuais, geralmente com mais de 40 anos. A prática é legal, mas é vista com maus olhos por alguns cientistas. 'Por mais que seja aceitável do ponto de vista médico, isso é exploração da pobreza [da mãe de aluguel]', diz o especialista em reprodução Carlos Petta, da Unicamp. [...]"

COSTA, Camilla. Bebê globalizado. *Superinteressante*, São Paulo, n. 296, out. 2011. Disponível em: <http://super.abril.com.br/comportamento/bebe-globalizado>. Acesso em: jul. 2016.

Reúnam-se em grupo e, com base no texto, discutam se o que diz a reportagem é possível.

2 Explique por que a Guerra Fria foi um entrave à globalização.

3 Anthony Giddens afirma que a globalização não se realiza apenas nos mercados financeiros e na produção transnacional, mas também em nosso dia a dia, em nossos hábitos e costumes. Faça uma pesquisa em sua casa e procure descobrir que produtos importados você e sua família consomem e quais, entre os que são fabricados aqui, dependem de tecnologia estrangeira. Ponderem também sobre as mudanças de hábitos com relação às tecnologias — celulares, *games* etc.

4 Leia o trecho a seguir.

"O investimento na comunicação, especialmente nos Estados Unidos, criou um mosaico de redes que penetraram nas mais distintas relações e processos produtivos. Isso resultou na implosão das formas de regulamentação existentes que organizavam o trabalho, a produção, as relações entre as pessoas e as comunicações."

O processo a que se refere o texto recebeu o nome de:

a) Estado Nacional.

b) Desregulamentação.

c) Guerra Fria.

d) Reflexividade.

5 Faça uma pesquisa na internet e responda: das empresas abaixo, qual delas é transnacional? Explique por quê.

a) Nike

b) Drogasil

c) Banco do Brasil

d) Casas Pernambucanas

6 Profissões como datilógrafos, cobradores de ônibus e telegrafistas estão desaparecendo no mundo, especialmente nos centros mais desenvolvidos. Encontre no texto uma explicação para essas mudanças.

7 Conforme estudado no capítulo, há um intenso debate acerca da globalização, no qual alguns autores se posicionam de forma otimista (integrados) em relação a ela, enquanto outros se posicionam de forma pessimista (apocalípticos). Há ainda os moderados, que enxergam pontos positivos e negativos. Como você se coloca nessa discussão? Argumente.

8 De acordo com Giddens, a globalização é um sinônimo da sociedade da informação, instaurando uma economia *light* (leve) em que se produz e se consome uma mercadoria abstrata e valiosa — a informação.

Por que Giddens considera a produção de informação como uma economia *light*? Justifique sua resposta.

9 Imigrantes ilegais chegam aos Estados Unidos e à Europa vindos de países em guerra ou com graves crises econômicas. Explique como esse fenômeno migratório se relaciona com a globalização.

EXAMES DE SELEÇÃO

1 **(Uerj, 2010)** No admirável mundo novo das oportunidades fugazes e das seguranças frágeis, a sabedoria popular foi rápida em perceber os novos requisitos. Em 1994, um cartaz espalhado pelas ruas de Berlim ridicularizava a lealdade a estruturas que não eram mais capazes de conter as realidades do mundo:

> "Seu Cristo é judeu. Seu carro é japonês. Sua pizza é italiana. Sua democracia, grega. Seu café, brasileiro. Seu feriado, turco. Seus algarismos, arábicos. Suas letras, latinas. Só o seu vizinho é estrangeiro".
>
> BAUMAN, Zygmunt. *Identidade*. Rio de Janeiro: Zahar, 2005 (adaptado).

A alteração de valores culturais em diversas sociedades é um dos efeitos da globalização da economia. O cartaz citado no texto ironiza uma referência cultural que pode ser associada ao conceito de:

a) localismo.
b) nacionalismo.
c) regionalismo.
d) eurocentrismo.

2 **(Uepa, 2008)** Nas últimas décadas ocorreu no espaço mundial uma forte expansão da economia capitalista, considerada por muitos analistas geopolíticos como excludente e violenta. Sobre essa nova realidade do espaço mundial como fruto dessa expansão, afirma-se que:

a) ocorre uma difusão mundial de marcas e produtos apoiada numa universalização da informação, que, amparada em campanhas publicitárias de convencimento, induz a um maior consumo e à mudança de hábitos e costumes, produzindo significativas transformações nas culturas locais.

b) nos países que anteriormente adotavam a economia socialista, ocorreu uma fácil transição para a economia capitalista, tendo suas populações se adaptado facilmente à nova realidade, sem ocorrência da generalização do consumo.

c) nos países do "antigo leste europeu", ocorre uma forte generalização do consumo de bens duráveis, principalmente eletrodomésticos e automóveis, fato já presente no período da Guerra Fria e estimulado pelo avanço tecnológico desses países no referido período.

d) há em todos os lugares uma nova cultura moldada pelo consumo, cuja distribuição harmônica evidencia uma desconcentração da riqueza no mundo.

e) as grandes empresas passaram a produzir apenas os produtos que buscam satisfazer as necessidades básicas das populações, haja vista que o capitalismo se caracteriza pela ideia de que todos os indivíduos são comuns quanto às possibilidades de aquisição de bens de consumo.

3 **(Unioeste, 2012)**

> "A globalização é, de certa forma, o ápice do processo de internacionalização do mundo capitalista. [...] No fim do século XX e graças aos avanços da ciência, produziu-se um sistema de técnicas presidido pelas técnicas da informação, que passaram a exercer um papel de elo entre as demais, unindo-as e assegurando ao novo sistema técnico uma presença planetária. Só que a globalização não é apenas a existência desse novo sistema de técnicas. Ela é também o resultado das ações que asseguram a emergência de um mercado dito global, responsável pelo essencial dos processos políticos atualmente eficazes."
>
> SANTOS, Milton. *Por uma outra globalização: do pensamento único à consciência universal*. Rio de Janeiro: Record, 2000, p. 23-24.

Considerando o enunciado anterior, sobre o processo de globalização na sociedade contemporânea, assinale a alternativa correta.

a) A globalização é um processo exclusivamente baseado no desenvolvimento das novas técnicas de informação e sua origem está diretamente relacionada com a difusão e universalização do uso da internet, que se deu a partir do final da década de 1990.

b) Entre as características próprias da globalização, temos a alteração profunda na divisão internacional do trabalho, em que a distribuição das funções produtivas tende a se concentrar cada vez mais em poucos países, como é o caso dos Estados Unidos e do Japão.

c) Sobre as ações que asseguram a emergência do mercado global, o autor está se referindo à doutrina econômica neoliberal, que, entre outros princípios, defende o fortalecimento do Estado e a intervenção estatal como reguladora direta dos mercados — industrial, comercial e financeiro.

d) Atualmente, as relações econômicas mundiais, compreendendo a dinâmica dos meios de produção, das forças produtivas, da tecnologia, da divisão internacional do trabalho e do mercado mundial, são amplamente influenciadas pelas exigências das empresas, corporações ou conglomerados multinacionais.

e) As estratégias protecionistas tomadas pelos governos em todo o mundo, dificultando a entrada de produtos estrangeiros em seus mercados nacionais, são consideradas características marcantes do processo de globalização.

OUTRAS MÍDIAS

Para assistir

Perdido em Marte

Direção: Ridley Scott.
País: EUA. Ano: 2015.

Ficção científica em que o astronauta Mark Watney participa de uma expedição a Marte e tem de sobreviver sozinho no planeta vermelho até ser resgatado com a ajuda da tecnologia.

O enigma chinês

Direção: Cédric Klapisch.
País: França. Ano: 2014.

Esta comédia dramática mostra o choque entre a cultura francesa e a estadunidense e as trapalhadas em que o personagem Xavier se mete para escapar da fiscalização da imigração nos Estados Unidos, sobreviver e ainda ver os filhos.

Para ler

Não lugares: introdução a uma antropologia da supermodernidade

Marc Augé. Campinas: Papirus, 9ª edição, 2011.

Marc Augé aborda nesta obra espaços criados pela globalização tecnologicamente definidos e planejados. Com informações importantes e uma linguagem clara, o livro ajuda a desvendar o mundo da globalização.

Globalização: as consequências humanas

Zygmunt Bauman. Rio de Janeiro: Zahar, 1999.

Com esta obra, Bauman pretende explicar o que é globalização, desvendar esse termo da "moda" e apreender suas origens e consequências, as etapas do processo, o fenômeno de compressão espaço-tempo.

A política mudou de lugar

Octavio Ianni. In: DOWBOR, L.; IANNI, O.; REZENDE, P. E. A. (Org.). *Desafios da globalização.* Petrópolis: Vozes, 1998. p. 17-27.

Neste trabalho, o autor analisa o conceito e as consequências do processo de globalização, em especial em suas consequências políticas.

Para acessar

Observatório das Migrações

<www.acm.gov.pt/inicio>

O Observatório das Migrações faz o estudo das migrações no país e a organização de processos de difusão de seus resultados. No *site*, o aluno encontrará subsídios para pesquisar a respeito de globalização, migração e trabalho.

Escola do Futuro

<http://futuro.usp.br/portal/website.ef>

A Escola do Futuro dedica-se ao estudo das novas tecnologias e da comunicação em rede — internet e linguagens multimídia — pensando nas suas aplicações no ensino-aprendizagem. O *site* disponibiliza referências sobre artigos, livros, capítulos de livros, dissertações e teses sobre o tema para os visitantes e noticia outras atividades da Escola do Futuro, como cursos e seminários.

Fundação Calouste Gulbenkian

<www.gulbenkian.pt/Institucional/pt/Homepage>

A Fundação Calouste Gulbenkian é um centro de cultura mundial, com museu, acervo, galerias com exposições temporárias, jardins, livraria, biblioteca com obras raras, auditórios e salas de aulas.

OBRA DE ARTE

Tecnologia sem fronteiras

> "[...] sei que ao penetrar nesse produto de mediação de massa entro também em problemas que ultrapassam e estão além da mídia: as identidades, as memórias, os desenraizamentos, as novas culturas urbanas, as relações e os conflitos interétnicos, a desigualdade cada vez mais profunda entre riqueza e pobreza. Temas que também são investigados por disciplinas... a sociologia, os estudos culturais e interculturais, a etnografia, o urbanismo etc."
>
> FORD, Aníbal. *Navegações*: comunicação, cultura e crise. Rio de Janeiro: UFRJ, 1999. p. 170.

Nesta Unidade, tratamos da pós-modernidade —, fruto das transformações radicais que se estabeleceram do século XX para o XXI, no qual as relações sociais são mediadas por meios de comunicação e tecnologia, em que distâncias diminuem e o tempo se contrai, transformando a informação no mais importante produto da atualidade. Para encerrá-la, apresentaremos experiências de artistas que usam a engenharia genética para obter efeitos artísticos e propor novas formas de relacionamento humano.

São experiências que transformam a arte em processo, ultrapassam as fronteiras das ciências e propõem novas percepções estéticas. Elas aliam arte à ciência, informação à percepção e nos anunciam uma sociedade em transformação que se avista nas entrelinhas, nas experiências, nas galerias, assim como nos laboratórios.

Em 2000, o artista brasileiro Eduardo Kac realizou um trabalho que incluía uma proteína de medusa em um DNA de uma coelha albina, tornando-a fluorescente em um ambiente com determinada iluminação. De acordo com o artista, sua experiência propõe criar, por meio da engenharia genética, seres únicos e originais capazes de estabelecer uma relação diferenciada entre artista, público e obra (organismo transgênico). A mutação genética artificial representa um desafio à lei da evolução desenvolvida por Charles Darwin.

Coelho fluorescente verde denominado *GFP Bunny* (2000), bioarte de Eduardo Kac.

EDUARDO KAC

Na Universidade de Tóquio, o cientista Takashi Sakudoh manipulou os genes do bicho-da-seda para que eles produzissem fios vermelhos, amarelos e verdes, cores que, naturalmente, não produziriam. Por meio de cruzamentos, as novas cores se tornaram mais fortes. A *designer* japonesa Yumi Katsura desenvolve vestidos de noiva que utilizam uma seda, fruto de mutação genética, que se torna translúcida quando exposta à luz ultravioleta.

Atividade

Bioarte, ou arte transgênica, é um conceito vinculado ao artista Eduardo Kac e engloba pesquisa em arte, ciência e tecnologia.

- Consulte em *sites*, jornais, revistas ou livros outras informações e imagens sobre manipulações genéticas ou manifestações artísticas realizadas por meio de biotecnologia e elabore um dossiê com os dados encontrados.

TORU HANAI/REUTERS/LATINSTOCK

Quimono feito de fios de seda que brilham no escuro quando expostos a LEDs azuis. Objeto em exposição no Museu Nacional de Natureza e Ciência de Tóquio (Japão), entre outubro de 2014 e fevereiro de 2015.

Referências bibliográficas

ABRAMOVAY, Miriam. *Juventude, violência e vulnerabilidade social na América Latina e outros*. Brasília: Unesco/BID, 2002.

ADORNO, Sérgio. Insegurança *versus* direitos humanos: entre a lei e a ordem. *Tempo Social*. Revista de Sociologia da USP, São Paulo, v. 11, n. 2, p. 129-153, out. 1999 (editado em fev. 2000).

ADORNO, Theodor W. A indústria cultural. In: COHN, Gabriel. *Comunicação e indústria cultural*. São Paulo: Companhia Editora Nacional, 1977.

AGOSTINI, João Carlos. *Brasileiro, sim senhor!*: uma reflexão sobre nossa identidade. 2. ed. São Paulo: Moderna, 2014.

ALONSO, Ângela. As teorias dos movimentos sociais: um balanço do debate. Revista *Lua Nova*, n. 76, p. 49-86, 2009.

ALVES, Giovanni. *Trabalho e mundialização do capital*: o novo (e precário) salariato tardio. Londrina: Praxis, 1999.

AMARAL, Lia Q. Bipedalismo: solução para carregar crias, correlacionada com a redução de pelos. *Revista da Biologia*, v. 11, p. 19-27, 2013. Disponível em: <www.ib.usp.br/revista/node/156>.

ANTUNES, Ricardo. *Os sentidos do trabalho*: ensaios sobre a afirmação e a negação do trabalho. São Paulo: Boitempo, 2005.

__________; ALVES, Giovanni. As mutações no mundo do trabalho na era da mundialização do capital. *Educação e Sociedade*, Campinas, v. 25, n. 87, p. 335-351, maio-ago. 2004. Disponível em: <www.cedes.unicamp.br/>.

APPADURAI, Arjun. *A vida social das coisas*. Niterói: Editora da Universidade Federal Fluminense, 2008.

ARANHA, Maria Lúcia de Arruda; MARTINS, Maria Helena Pires. *Temas de filosofia*. São Paulo: Moderna, 1992.

ARBIX, Glauco et al. *Razões e ficções do desenvolvimento*. São Paulo: Unesp/Edusp, 2001.

ARENDT, Hannah. *A condição humana*. 11. ed. Rio de Janeiro: Forense Universitária/GEN, 2010.

ARENSBERG, Conrad M.; KIMBALL, Sólon T. O método do estudo de comunidade. In: FERNANDES, Florestan (Org.). *Comunidade e sociedade*. São Paulo: Companhia Editora Nacional/Edusp, 1973.

ARIÈS, Philippe; BÉJIN, André (Orgs.). *Sexualidades ocidentais*: contribuição para a sociologia da sexualidade. São Paulo: Brasiliense, 1985.

AUGÉ, Marc. *Não lugares*: introdução a uma antropologia da supermodernidade. 9. ed. Campinas: Papirus, 2011.

AZCONA, Jesús. *Antropologia II. Cultura*. Petrópolis: Vozes, 1993.

BACCEGA, Maria Aparecida (Org.). *Comunicação e culturas do consumo*. São Paulo: Atlas, 2008.

BAIARDI, Amilcar. Mudanças técnicas na agricultura medieval e o processo de transição para o capitalismo. *Cadernos de Ciência e Tecnologia*, v. 14, n. 3, set.-dez. 1997.

BARROS FILHO, Clóvis de et al. *Violência em debate*. São Paulo: Moderna, 1977.

BASTIDE, Roger. *Le rêve, la transe et la folie*. Paris: Éditions du Seuil, 2003.

BAUDRILLARD, Jean. *Para uma crítica da economia política do signo*. São Paulo: Martins Fontes, 1972.

BAUMAN, Zygmunt. *Comunidade*: a busca por segurança no mundo atual. Rio de Janeiro: Jorge Zahar, 2003.

__________. *Identidade*. Rio de Janeiro: Zahar, 2005.

BÉNOIT, Francis-Paul. *La démocratie libérale*. Paris: Presses Universitaire de France, 1978.

BINZER, Ina von. *Os meus romanos*: alegrias e tristezas de uma educadora alemã no Brasil. 6. ed. São Paulo: Paz e Terra, 1994.

BLIKSTEIN, Izidoro. *Kaspar Hauser ou a fabricação da realidade*. São Paulo: Cultrix, 1990.

BOSI, Ecléa. *Cultura de massa e cultura popular*: leituras operárias. 2. ed. Petrópolis: Vozes, 1973.

BOURDIEU, Pierre. *As regras da arte*: gênese e estrutura do campo literário. 2. ed. São Paulo: Companhia das Letras, 1996.

__________. *O mercado de bens simbólicos*. A economia das trocas simbólicas. São Paulo: Perspectiva, 1974.

__________. *O poder simbólico*. 3. ed. Rio de Janeiro: Bertrand Brasil, 2000.

BURKE, Peter. *Cultura popular na idade moderna*. São Paulo: Companhia das Letras, 1993.

__________; BRIGGS, Asa. *Uma história social da mídia*: de Gutenberg à internet. Rio de Janeiro: Jorge Zahar, 2004.

CALVINO, Italo. *Por que ler os clássicos*. São Paulo: Companhia das Letras, 1993.

CAMPANELLA, Tommaso. *La ciudad del sol*. Madri: Aguilar, 1972.

CANCLINI, Néstor Garcia. *A globalização imaginada*. São Paulo: Iluminuras, 2003.

__________. *Consumidores e cidadãos*: conflitos multiculturais da globalização. Rio de Janeiro: Editora da UFRJ, 1977.

__________. *Cultura y comunicación*: entre lo global e lo local. La Plata: Universidad Nacional de la Plata, 1997.

__________. *Culturas híbridas*. São Paulo: Edusp, 1997.

CANDIDO, Antonio. *Os parceiros do Rio Bonito*: estudo sobre o caipira paulista e a transformação dos seus meios de vida. 2. ed. São Paulo: Livraria Duas Cidades, 1971.

CANEVACCI, Massimo. *Sincretismos*: uma exploração das hibridações culturais. São Paulo: Studio Nobel/Instituto Cultural Ítalo-Brasileiro/Istituto Italiano di Cultura, 1996.

CARDOSO, Fernando Henrique. *Ideologias de la burguesia industrial en sociedades dependientes (Argentina y Brasil).* 2. ed. Cidade do México: Siglo Veinteuno, 1972.

__________. *Pensadores que inventaram o Brasil*. São Paulo: Companhia das Letras, 2013.

__________. Teoría de la dependencia o análisis de situaciones concretas de dependencia?. *Revista Latino-americana de Ciencia Política*, I, dez. 1971.

CARDOSO, Ruth. Movimentos sociais na América Latina. *Revista Brasileira de Ciências Sociais — RBCS*. São Paulo, v. 3, n. 1, jan. 1987.

CARVALHO, Julia Manso Paes de. *O patrimônio imaterial da comunidade caiçara do Pouso da Cajaíba* e a *Escola*: em busca de uma educação diferenciada. Paraty, Rio de Janeiro. Dissertação apresentada à Universidade Federal Rural do Rio de Janeiro (UFRRJ), em 2010. Disponível em: <http://r1.ufrrj.br/cpda/wp-content/uploads/2011/08/dissertacao_julia_manso_2010.pdf>.

CASTELLS, Manuel. *A era da informação*: economia, sociedade e cultura. São Paulo: Paz e Terra, 1999. v. 1, 2 e 3.

__________. *A galáxia da internet*: reflexões sobre a internet, os negócios e a sociedade. Rio de Janeiro: Jorge Zahar, 2003.

CASTRO, Celso. Sociologia e a arte da manutenção de motocicletas. In: MILLS, C. Wright. *Sobre o artesanato intelectual e outros ensaios*. Rio de Janeiro: Zahar, 2009.

CASTRO, E. B. Viveiro de; ARAÚJO, Ricardo Benzaquen. Romeu e Julieta e a origem do Estado. In: VELHO, Gilberto (Org.). *Arte e sociedade*. Rio de Janeiro: Zahar, 1977.

CASTRO, João Paulo Macedo e. Da favela à comunidade: formas de classificação e identificação de populações no Rio de Janeiro. Revista *Anthropológicas*, Recife, ano 8, v. 15, n. 2, p. 171-198, 2004.

CASTRO, Josué. *Geopolítica da fome*. Rio de Janeiro: Casa do Estudante do Brasil, 1955.

CHAUI, Marilena. *A questão democrática*. Rio de Janeiro: Paz e Terra, 1980.

CHAUNU, Pierre. *A civilização da Europa clássica*. Lisboa: Editorial Estampa, 1987. v. 1.

CHEVALLIER, Jean-Jacques. *As grandes obras políticas*: de Maquiavel a nossos dias. Rio de Janeiro: Agir, 1982.

COHN, Gabriel. *Comunicação e indústria cultural*. São Paulo: Companhia Editora Nacional, 1977.

COMPARATO, Fábio Konder. *A afirmação histórica dos direitos humanos*. São Paulo: Saraiva, 2010.

COSTA, Maria Cristina Castilho. *Democracia*. São Paulo: Global, 1986.

__________. *Ficção, comunicação e mídias*. São Paulo: Senac, 2002.

__________ (Org.). *Gestão da comunicação. Terceiro Setor, Organizações não-governamentais, responsabilidade social e novas formas de cidadania*. São Paulo: Atlas, 2006.

COSTER, Michel de. *Introdução à sociologia*. Lisboa: Editorial Estampa, 1998.

COUCHOT, Edmond. *A tecnologia na arte*: da fotografia à realidade virtual. Porto Alegre: Editora da UFRGS, 2003.

CUCHE, Denys. *A noção de cultura nas ciências sociais*. Bauru: Edusc, 1999.

DAMATTA, Roberto. Você tem cultura?. *Jornal da Embratel*, Rio de Janeiro, 1981.

DARNTON, Robert. *O beijo de Lamourette*: mídia, cultura e revolução. São Paulo: Companhia das Letras, 2010.

DEBORD, Guy. *A sociedade do espetáculo*. Lisboa: Afrodite, 1972.

DeFLEUR, Melvin L.; BALL-ROKEACH, Sandra. *Teorias da comunicação de massa*. Rio de Janeiro: Jorge Zahar, 1993.

DIBIE, Pascal. *O quarto de dormir*: um estudo etnológico. Rio de Janeiro: Globo, 1988.

DORNELLES, João Ricardo W. *O que são direitos humanos*. São Paulo: Brasiliense, 1993.

DOS SANTOS, Theotônio. *Imperialismo e dependência*. México: Era, 1978.

__________. *A teoria da dependência*: um balanço histórico e teórico. Rio de Janeiro: Civilização Brasileira, 2000.

DUARTE, Fábio. *Arquitetura e tecnologias de informação*: da revolução industrial à revolução digital. São Paulo/Campinas: Annablume/Ed. da Unicamp/Fapesp, 1999.

DUMAZEDIER, Jofre. *Lazer e cultura popular*. São Paulo: Perspectiva, 1973.

DURKHEIM, Émile. *As regras do método sociológico*. São Paulo: Companhia Editora Nacional, 1963.

__________. *Lições de sociologia*: a moral, o direito e o estado. São Paulo: T. A. Queiroz/Edusp, 1983.

ECO, Umberto. *Apocalípticos e integrados*. 5. ed. São Paulo: Perspectiva, 2000.

ELIAS, Norbert. *A sociedade dos indivíduos*. Rio de Janeiro: Jorge Zahar, 1994.

__________. *Escritos e ensaios*: estado, processo e opinião pública. Rio de janeiro: Jorge Zahar, 2006.

__________. *Introdução à sociologia*. Lisboa: Edições 70, 2011.

__________; SCOTSON, John L. *Os estabelecidos e os outsiders*: sociologia das relações de poder a partir de uma pequena comunidade. Rio de Janeiro: Jorge Zahar, 2000.

FERNANDES, Florestan. *A integração do negro na sociedade de classes*. São Paulo: Dominus Editora/Edusp, 1965. v. 1 e 2.

FERRER, Florência. *Reestruturação capitalista*: caminhos e descaminhos da tecnologia da informação. São Paulo: Moderna, 1998.

FOUCAULT, Michel. *As palavras e as coisas*. São Paulo: Martins Fontes, 1981.

______. *A arqueologia do saber*. 4. ed. Rio de Janeiro: Forense Universitária, 1995.

______. *Vigiar e punir*. Petrópolis: Vozes, 1975.

FRANK, André Gunder. *El desarollo des subdesarollo* — un ensayo autobiografico. Caracas: Nueva Sociedad, 1991.

FRIEDMANN, Georges. *O trabalho em migalhas*. São Paulo: Perspectiva, 1983.

GALARD, Jean. *A beleza do gesto*: uma estética das condutas. São Paulo: Edusp, 1997.

GIDDENS, Anthony. *As consequências da modernidade*. São Paulo: Unesp, 1991.

______. *O mundo na era da globalização*. Lisboa: Editorial Presença, 2000.

______. *Política, sociologia e teoria social*. São Paulo: Unesp, 1998.

______. *Sociologia*. Lisboa: Fundação Calouste Gulbenkian, 2008.

GINZBURG, Carlo. *Mitos, emblemas, sinais*: morfologia e história. São Paulo: Companhia das Letras, 1989.

GOFFMAN, Erving. *A representação do eu na vida cotidiana*. 8. ed. Petrópolis: Vozes, 1985.

GOHN, Maria da Glória Marcondes. Abordagens teóricas no estudo dos movimentos sociais na América Latina. *Caderno CRH*, Salvador, v. 21, n. 54, 2008.

______. *Teoria dos movimentos sociais*: paradigmas clássicos e contemporâneos. São Paulo: Loyola, 2007.

GREGOR, Thomas. *Mehináku*: o drama da vida diária em uma aldeia do Alto Xingu. São Paulo/Brasília: Companhia Editora Nacional/INL, 1982.

GUARINELLO, Norberto Luiz. Escravos sem senhores: escravidão, trabalho e poder no mundo romano. *Revista Brasileira de História*, São Paulo, v. 26, n. 52, dez. 2006.

GUINDANI, Joel Felipe. Pesquisa documental: pistas teóricas e metodológicas. *Revista Brasileira de História & Ciências Sociais*, São Leopoldo, ano I, n. 1, jul. 2009.

HALL, Stuart. *Identidade e cultura*. São Paulo: Fundação Memorial da América Latina, 1997.

______. *Identidade e cultura*. São Paulo: Fundação Memorial da América Latina, 1997.

HARVEY, David. *Condição pós-moderna*: uma pesquisa sobre as origens da mudança cultural. São Paulo: Loyola, 2001.

HOBSBAWM, Eric. *Era dos extremos*: o breve século XX (1914-1991). 2. ed. São Paulo: Companhia das Letras, 1995.

HUBERMAN, Leo. *História da riqueza do homem*. 20. ed. Rio de Janeiro: Jorge Zahar, 1985.

IANNI, Octavio. *A sociedade global*. 2. ed. Rio de Janeiro: Civilização Brasileira, 1993.

______. *Enigmas da modernidade-mundo*. Rio de Janeiro: Civilização Brasileira, 2000.

______. La sociologia de la dependencia en America Latina. *Revista Paraguaya de Sociologia*, Asunción, v. I, n. 21, maio-ago. 1971.

______. *Pensamento social no Brasil*. Bauru: Edusc, 2004.

IGLÉSIAS, Francisco. *A revolução industrial*. São Paulo: Brasiliense, 1986.

KELLENER, Douglas. A cultura da mídia e o triunfo do espetáculo. *Líbero*, São Paulo, v. 6, n. 11, p. 4-15, 2003.

KERCKHOVE, Derrick de. *A pele da cultura*: uma investigação sobre a nova realidade eletrônica. Lisboa: Relógio d'Água, 1995.

LALLEMENT, Michel. *História das ideias sociológicas*: das origens a Max Weber. Petrópolis: Vozes, 2003.

______. *História das ideias sociológicas*: de Parsons aos contemporâneos. Petrópolis: Vozes, 2004.

LEAKEY, Richard E.; LEWIN, Roger. *O povo do lago*. O homem: suas origens, natureza e futuro. São Paulo: Melhoramentos, 1988.

LEITE, Ilka Boaventura. Os quilombos no Brasil: questões conceituais normativas. *Revista Etnográfica*, Lisboa, v. 4, n. 2, 2000.

LESSA, Andrea. Arqueologia da agressividade humana: a violência sob uma perspectiva paleoepidemiológica. *História, Ciências, Saúde — Manguinhos*, Rio de Janeiro, v. 11, n. 2, maio-ago. 2004.

LÉVY, Pierre. *As tecnologias da inteligência*: o futuro do pensamento na era da informática. São Paulo: Editora 34, 1993.

______. *Cibercultura*. São Paulo: Editora 34, 1999.

LINTON, Ralph. *O homem*: uma introdução à antropologia. São Paulo: Martins Editora, 1943.

LISSNER, Ivar. *Assim viviam nossos antepassados*. Belo Horizonte: Itatiaia, 1968.

LOPES, Juarez Rubens Brandão. *Desenvolvimento e mudança social*. 2. ed. São Paulo: Companhia Editora Nacional, 1970.

LYOTARD, Jean-François. *A condição pós-moderna*. Lisboa: Gradiva, 1989.

MACHADO, Arlindo. *Máquina e imaginário*. 3. ed. São Paulo: Edusp, 2001.

MAFFESOLI, Michel. *O tempo das tribos*: o declínio do individualismo nas sociedades de massa. Rio de Janeiro: Forense Universitária, 1987.

MANNHEIM, Karl. *Ideologia e utopia*. Rio de Janeiro: Zahar Editores, 1968.

MAQUIAVEL, Nicolau. *O príncipe*. São Paulo: Exposição do Livro, s.d.

MARCÍLIO, Maria Luiza (Org.). *Dez anos da Comissão de Direitos Humanos da Universidade de São Paulo*. São Paulo: Edusp, 2007.

______ (Org.). *A Declaração Universal dos Direitos Humanos*: sessenta anos: sonhos e realidades. São Paulo: Edusp, 2008.

MARCONDES F., Ciro. *Violência política*. São Paulo: Moderna, 1987.

MARTIN-BARBERO, Jesús. *De los medios a la comunicación*: comunicación, cultura y hegemonia. Cidade do México: Gustavo Gili, 1993.

____________. *Dos meios às mediações*. Rio de Janeiro: Editora da UFRJ, 1997.

MARTINS, José de Souza. *Expropriação e violência:* a questão política no campo. São Paulo: Hucitec, 1980.

MARX, Karl. *Contribuição para a crítica da economia política*. Lisboa: Estampa, 1973.

____________. *Manifesto del partido comunista*. Buenos Aires: Editorial Anteo, 1972.

____________. *O capital*: crítica da economia política. Livro 1: O processo de produção capitalista. Rio de Janeiro: Civilização Brasileira, 1971.

MATTELART, Armand; MATTELART, Michèle. *História das teorias da comunicação.* São Paulo: Loyola, 1999.

McLUHAN, Marshall. *Os meios de comunicação como extensões do homem*. 3. ed. São Paulo: Cultrix, 1971.

MICELI, Sergio. *História das Ciências Sociais no Brasil*. São Paulo: Sumaré, 2001.

MILLER, Daniel. Consumo como cultura material. Revista *Horizontes Antropológicos*, Porto Alegre, v. 13, n. 28, jul.-dez. 2007.

MIRANDA, Danilo Santos de (Org.). *Memória e cultura*: a importância da memória na formação cultural humana. São Paulo: Sesc, 2007.

MORIN, Edgar. *Cultura de massas no século XX:* o espírito do tempo — I Neurose. 6. ed. Rio de Janeiro: Forense Universitária, 1984.

MORRIS, Desmond. *O macaco nu*. São Paulo: Círculo do Livro, s.d.

MORUS, Thomas. *A utopia*. São Paulo: Martins Fontes, 1993.

MOSCOVICI, S. On social representation. In: FORGAS, J. (Ed.). *Social cognition*. Londres: Academic Press, 1981.

NEEDELL, Jeffrey. Belle Époque *tropical:* sociedade e cultura de elite no Rio de Janeiro na virada do século. São Paulo: Companhia das Letras, 1993.

NIETZSCHE, Friedrich. *O nascimento da tragédia ou Helenismo e pessimismo.* 2. ed. São Paulo: Companhia das Letras, 1992.

OLIVEIRA, Nemuel da Silva; MAIO, Marcos Chor. Estudos de comunidade e ciências sociais no Brasil. *Sociedade e Estado*, Brasília, v. 26, n. 3, set.-dez. 2011.

OLIVEIRA, Roberto Cardoso de. *Caminhos da identidade*: ensaios sobre etnicidade e multiculturalismo. São Paulo/Brasília: Editora Unesp/ Paralelo 15, 2006.

OLIVEN, Ruben George. *Violência e cultura no Brasil*. Petrópolis: Vozes, 1982.

ORTIZ, Renato. *Cultura brasileira e identidade nacional.* São Paulo: Brasiliense, 2012.

____________. *Cultura e modernidade*. São Paulo: Brasiliense, 1991.

OTTA, Emma. *O sorriso e seus significados*. Petrópolis: Vozes, 1994.

PAIVA, Ana. *Pensamento sociológico*: uma introdução didática às teorias clássicas. Lisboa: Pactor, 2014.

PAX, Salam. *O* blog *de Bagdá*: o diário de um jovem numa cidade bombardeada. São Paulo: Companhia das Letras, 2003.

PEREIRA, Luiz (Org.). *Ensaios de sociologia do desenvolvimento*. São Paulo: Pioneira, 1970.

____________. *Subdesenvolvimento e desenvolvimento.* 3. ed. Rio de Janeiro: Zahar, s.d.

PINHEIRO, Paulo Sérgio (Org.). *Crime, violência e poder.* São Paulo: Brasiliense, 1983.

____________. Violência, crime e sistemas policiais em países de novas democracias. *Tempo Social* — Revista de Sociologia da USP, São Paulo, v. 9, n. 1, p. 43-52, maio 1997.

PINTO, José Madureira. Considerações sobre a produção social de identidade. *Revista Crítica de Ciências Sociais*, Universidade do Porto, Porto, n. 32, jun. 1991.

PINTO, L. A. Costa. *Sociologia e desenvolvimento*: temas e problemas do nosso tempo. 3. ed. Rio de Janeiro: Civilização Brasileira, 1970.

PLATÃO. *Apologia de Sócrates*. Rio de Janeiro: Ediouro, 1967.

____________. *Timeu e Crítias ou A Atlântida*. São Paulo: Hemus, 1981.

PROSS, Harry. *Estrutura simbólica del poder.* Barcelona: Gustavo Gili, 1980.

RAGA, Elza Maria Franco; BARREIRA, Irlys Alencar Firmo (Orgs.). *A política da escassez:* lutas urbanas e programas sociais governamentais. Fortaleza: Fundação Demócrito Rocha/Stylus Comunicações, 1991.

REMOND, René. *O século XIX*: 1815-1914. São Paulo: Cultrix, s.d.

RODRIGUES, José Alberto (Org.). *Émile Durkheim*: sociologia. 2. ed. São Paulo: Ática, 1981.

ROSTOV, W. W. *Etapas do crescimento econômico*. Rio de Janeiro: Zahar, 1961.

SACKS, Oliver W. *A ilha dos daltônicos*: e a ilha das cicadáceas. São Paulo: Companhia das Letras, 1997.

____________. *Um antropólogo em Marte*. São Paulo: Companhia das Letras, 1995.

SANTOS, Boaventura de Sousa (Org.). *Democratizar a democracia*: os caminhos da democracia participativa. Porto: Edições Afrontamento, 2003.

____________; CHAUI, Marilena. *Direitos humanos, democracia e desenvolvimento.* São Paulo: Cortez, 2013.

____________; MENESES, Maria Paula (Orgs.). *Epistemologias do Sul*. Coimbra: Almedina, 2009.

SANTOS, Milton et al. (Org.). *Fim de século e a globalização*: o novo mapa do mundo. 4. ed. São Paulo: Annablume/ Hucitec, 2002.

____________. *Território, globalização e fragmentação*. São Paulo: Hucitec/Anpur, 1994.

SANTOS, R. P. dos. Álgebra com computador. *Cadernos de Educação* — Instituto Piaget, Lisboa, n. 4, p. 2-14, 27 fev. 1995.

SÁ-SILVA, Jackson Ronie; ALMEIDA, Cristóvão Domingos de; GUINDANI, Joel Felipe. Pesquisa documental: pistas teóricas e metodológicas. *Revista Brasileira de História & Ciências Sociais*, São Leopoldo, ano I, n. 1, jul. 2009.

SCHAFF, Adam. *A sociedade da informática*. 4. ed. São Paulo: Editora Unesp/Brasiliense, 1993.

SCHERER-WARREN, Ilse. Das mobilizações às redes de movimentos sociais. *Sociedade e Estado*, Brasília, v. 21, n. 1, p. 109-130, jan./abr. 2006.

SEVCENKO, Nicolau. *A corrida para o século XXI*: no *loop* da montanha-russa. São Paulo: Companhia das Letras, 2001.

___________. *Orfeu extático na metrópole:* São Paulo, sociedade e cultura nos frenéticos anos 20. São Paulo: Companhia das Letras, 1992.

SHAKESPEARE, William. *Romeu e Julieta — MacBeth — Hamlet, príncipe da Dinamarca — Otelo, o mouro de Veneza*. São Paulo: Abril Cultural, 1981.

SILVA, Geraldo Gomes da. *Arquitetura do ferro no Brasil*. São Paulo: Nobel, 1986.

SILVERSTONE, Roger. *Por que estudar a mídia?* São Paulo: Loyola, 2002.

SINGER, Paul. De dependência em dependência: consentida, tolerada, desejada. *Estudos Avançados*, São Paulo, v. 12, n. 33, maio/ago. 1998.

___________. *Economia política do trabalho*: elementos para uma análise histórico-estrutural do emprego e da força de trabalho no desenvolvimento capitalista. São Paulo: Hucitec, 1977.

STAROBINSKI, Jean. *1798*: os emblemas da razão. São Paulo: Companhia das Letras, 1988.

TODOROV, Tzvetan. *A vida em comum*: ensaio de antropologia geral. Campinas: Papirus, 1996.

___________. *Os inimigos íntimos da democracia*. São Paulo: Companhia das Letras, 2012.

TOURRAINE, Alan. *Um novo paradigma para compreender o mundo hoje*. Lisboa: Instituto Piaget, 2005.

TOYNBEE, Arnold. Joseph. *A herança dos gregos*. Rio de Janeiro: Zahar, 1985.

TRIGO, Marlene et al. Tabus alimentares em região do norte do Brasil. *Revista de Saúde Pública*, São Paulo, n. 23, p. 455-464, 1989.

URRY, John. *Sociologie des mobilités*. Paris: Armand Colin, 2005.

UNIVERSIDADE DE SÃO PAULO. Dossiê direitos humanos no limiar do séc. XXI. *Revista da USP*, São Paulo, n. 37, mar.-abr.-maio 1998.

VIEIRA, Isabel Maria de Carvalho. *A violência e a guerra*: uma abordagem sociopsicanalítica. Tese de doutorado. Salvador: Universidade Federal de Brasília — UFBA, 2007.

WARNKE, Martin. *O artista da corte*: os antecedentes dos Artistas Modernos. São Paulo: Edusp, 2001.

WEBER, Max. *Conceitos básicos de sociologia*. São Paulo: Moraes, 1989.

WEFFORT, Francisco. *Por que democracia?* São Paulo: Brasiliense, 1985.

WIEVIORKA, Michel. *Nove lições de sociologia*. Lisboa: Teorema, 2010.

XAVIER, Ismail. *O olhar e a cena*: melodrama, Hollywood, cinema novo. Nelson Rodrigues. São Paulo: Cosac Naify, 2003.

ZANON, Maria Cecilia. *A sociedade carioca da* Belle Époque *nas páginas do Fon-Fon*. Patrimônio e Memória, Universidade Estadual Paulista — Unesp, Assis, v. 11, n. 1, jan.-jun. 2015.